TEMPO, TRABALHO E DOMINAÇÃO SOCIAL

TEMPO, TRABALHO E DOMINAÇÃO SOCIAL

Uma reinterpretação da teoria crítica de Marx

MOISHE POSTONE

Tradução
Amilton Reis e
Paulo Cézar Castanheira

Copyright desta edição © Boitempo Editorial, 2014
Copyright © Cambridge University Press, 1993

Título original: *Time, labor, and social domination: a reinterpretation of Marx's critical theory*

Esta edição contou com o apoio da University of Chicago para a tradução.

Coordenação editorial
Ivana Jinkings

Edição
Bibiana Leme, Isabella Marcatti e João Alexandre Peschanski

Assistência editorial
Thaisa Burani

Tradução
Paulo Cézar Castanheira (cap. 1, 2, 3, 4 e 6), Amilton Reis (cap. 5, 7, 8, 9 e 10, com revisão de Paula Nabuco) e Artur Renzo (prefácio à edição brasileira)

Revisão técnica
Paulo Henrique Furtado de Araújo
com a colaboração de *Mario Duayer*

Preparação
Alícia Toffani

Revisão
Cíntia da Silva Leitão

Diagramação
Schäffer Editorial

Capa
Ronaldo Alves
sobre imagem de Ronaldo Alves e Daniel Gasienica

Coordenação de produção
Juliana Brandt

Assistência de produção
Livia Viganó

CIP-BRASIL. CATALOGAÇÃO NA FONTE
SINDICATO NACIONAL DOS EDITORES DE LIVROS, RJ

P89t

Postone, Moishe, 1942-
   Tempo, trabalho e dominação social : uma reinterpretação da teoria crítica de Marx / Moishe Postone ; tradução Amilton Reis, Paulo Cézar Castanheira. - 1. ed. - São Paulo : Boitempo, 2014.
   Tradução de: Time, labor, and social domination: a reinterpretation of Marx's critical theory

   ISBN 978-85-7559-398-1

   1. Marx, Karl, 1818-1883. 2. Socialismo - História - Séc. XX. 3. Filosofia marxista. 4. Teoria crítica. I. Título.

14-13520   CDD: 335.409
                                                                        CDU: 330.85(09)

É vedada, nos termos da lei, a reprodução de qualquer parte
deste livro sem a expressa autorização da editora.

1ª edição: agosto de 2014; 2ª reimpressão: abril de 2025

BOITEMPO
Jinkings Editores Associados Ltda.
Rua Pereira Leite, 373
05442-000 São Paulo SP
Tel.: (11) 3875-7250 / 3872-6869
editor@boitempoeditorial.com.br | boitempoeditorial.com.br
blogdaboitempo.com.br | youtube.com/tvboitempo

SUMÁRIO

Prefácio à edição brasileira 9

Agradecimentos 13

Parte I
Uma crítica do marxismo tradicional 15

1. Repensar a crítica de Marx do capitalismo 17

2. Pressupostos do marxismo tradicional 61

3. Os limites do marxismo tradicional e
   o viés pessimista da teoria crítica 105

Parte II
Rumo à reconstrução da crítica marxiana: a mercadoria 145

4. O trabalho abstrato 147

5. Tempo abstrato 217

6. A crítica de Marx por Habermas 261

Parte III
Rumo à reconstrução da crítica marxiana: o capital 299

7. Rumo a uma teoria do capital 301

8. A dialética do trabalho e do tempo 329

9. A trajetória da produção 355

10. Considerações finais 447

Bibliografia selecionada pelo autor 465

Índice onomástico 481

Sobre o autor 485

Para meus pais, Abraham e Evelyn Postone.

PREFÁCIO À EDIÇÃO BRASILEIRA

Este livro busca repensar fundamentalmente as categorias centrais da crítica da economia política de Marx como base para uma rigorosa reconceitualização crítica da natureza da modernidade capitalista contemporânea. Ele responde ao que pode ser considerado o fracasso do marxismo tradicional (a crítica do mercado e da propriedade privada dos meios de produção do ponto de vista do trabalho e da produção) em fornecer uma teoria crítica do capitalismo adequada – um fracasso que se tornou cada vez mais evidente no decorrer do século XX. Ao mesmo tempo, o livro também defende que uma crítica fundamental do capitalismo permanece essencial para compreender o mundo contemporâneo. A atual crise financeira reforçou essas duas proposições. Ela desnudou o caráter contraditório e instável do capitalismo contemporâneo. Além do mais, as respostas à crise, essencialmente carentes de definição formal, ainda que muito difundidas, revelaram a dramática ausência de um imaginário pós-capitalista sólido e, consequentemente, de uma sólida crítica do capital. Resultado disso é a persistência da hegemonia dos discursos e das políticas neoliberais.

Este livro defende que a crítica da economia política do Marx maduro, tal como elaborada nos *Grundrisse* e no *Capital*, fornece as bases para uma teoria crítica da modernidade diferente e de relevância contemporânea. No coração dessa reinterpretação está uma inversão fundamental do sentido e da importância da marxiana categoria-chave do trabalho. Enquanto nas interpretações marxistas tradicionais o trabalho constitui o *ponto de vista* da crítica de Marx à modernidade capitalista e a *base* de uma possível ordem social pós-capitalista, na interpretação desenvolvida aqui, o trabalho constitui o *objeto* fundamental da crítica de Marx. Isso não se refere apenas ao tratamento que Marx dedica aos tipos de práticas laborais que cada vez mais caracterizam o capitalismo, mas também à sua análise da forma do trabalho no capitalismo como a base de uma estrutura historicamente específica de imperativos e amarras que caracterizam tal sociedade. Essa reconsideração da análise do trabalho feita por Marx como a base para

10 TEMPO, TRABALHO E DOMINAÇÃO SOCIAL

estruturas de alienação acarreta uma crítica fundamental do marxismo tradicional na medida em que reformula os alicerces de uma teoria crítica do capital.

Essa reinterpretação necessariamente visa esclarecer as categorias fundamentais da crítica de Marx num nível lógico abstrato. Tal abordagem tem sido reforçada por uma consideração retrospectiva das diversas configurações históricas do capital. Tornou--se evidente, considerada retrospectivamente a partir do início do século XXI, que a configuração social/política/econômica/cultural da hegemonia do capital tem variado historicamente – do mercantilismo ao capitalismo neoliberal global contemporâneo, passando pelo capitalismo liberal do século XIX e o capitalismo organizado e centrado no Estado do século XX. Cada configuração tem provocado uma série de críticas contundentes – da exploração e do crescimento desigual e injusto, por exemplo, ou de formas tecnocráticas e burocráticas de dominação. Cada uma dessas críticas é, no entanto, incompleta; como se vê agora, o capitalismo não pode ser identificado completamente com nenhuma de suas configurações históricas. Tenho procurado desenvolver uma teoria do capital num nível suficientemente abstrato, de modo que ela não se restrinja necessariamente a nenhuma dessas configurações específicas, mas que possa fornecer as bases para considerar todas elas como configurações do capitalismo.

Defendo que a categoria do capital é essencialmente temporal. Ela delineia um processo historicamente dinâmico que distingue, de modo singular, o capitalismo como uma forma de vida social. Esse processo dinâmico é uma característica nuclear do mundo moderno. Ele acarreta tanto uma transformação em curso da vida social e cultural quanto uma contínua reconstituição da base da ordem existente. Essa dinâmica dialética não pode ser apreendida nem nos termos do Estado nem nos da sociedade civil. Ela constitui uma forma historicamente específica de heteronomia que restringe severamente a verdadeira autodeterminação – uma forma de lógica histórica que é exclusiva do capitalismo (mesmo que tenha sido projetada sobre toda a vida social humana como História). Essa dinâmica – uma forma de heteronomia que também suscita a possibilidade de uma nova e emancipada forma de vida social – precisa ser compreendida se uma teoria crítica do capitalismo há de se adequar a seu objeto.

A reinterpretação apresentada nesta obra busca fornecer os fundamentos para tal teoria crítica do capitalismo, que poderia servir então como ponto de partida para uma análise das transições monumentais no capitalismo, bem como para as subjetividades historicamente cambiantes expressas em movimentos sociais historicamente determinados. Este texto, no entanto, permanece focado em elaborar uma compreensão da essência do capitalismo como uma formação social singularmente dinâmica, repensando os significados das categorias marxianas básicas de mercadoria e capital de formas bastante diferentes das interpretações marxistas tradicionais. Com essa reinterpretação, espero contribuir à constituição de uma rigorosa teoria crítica do mundo contemporâneo.

A edição brasileira deste livro não teria sido possível sem uma grande quantidade de apoio, comprometimento e trabalho árduo. Sou grato ao College of the University of Chicago, pelo apoio à tradução, bem como aos tradutores, Paulo Cézar Castanheira e Amilton Reis, aos editores, Ivana Jinkings, João Alexandre Peschanski, Bibiana Leme e Isabella Marcatti, a Mario Duayer, Paulo Henrique Furtado de Araújo e Paula Nabuco, que colaboraram com esta edição, e aos funcionários da Boitempo.

Moishe Postone

Chicago, junho de 2014

AGRADECIMENTOS

Este livro teve sua origem há alguns anos quando, como estudante de pós-graduação, tive o primeiro contato com os *Grundrisse* de Marx. Na época impressionou-me o grande alcance das suas implicações, que me sugeriram uma reinterpretação da teoria social crítica madura de Marx, o que romperia com algumas suposições centrais do marxismo tradicional. Ocorreu-me também que essa reinterpretação poderia fornecer um ponto de partida para uma análise persuasiva e sofisticada da sociedade moderna.

Na tentativa de reapropriar a teoria de Marx, tive a sorte de receber considerável apoio moral e intelectual de muitas pessoas. Para dar início ao projeto, tive forte incentivo de dois dos meus professores da Universidade de Chicago, Gerhard Meyer e Leonard Krieger. Desenvolvi ainda mais as minhas ideias durante uma longa permanência em Frankfurt, onde colhi os benefícios da atmosfera teórica geral e das intensas discussões com amigos de lá. Devo agradecimentos especiais a Barbara Brick, Dan Diner e Wolfram Wolfer-Melior, que me ofereceram importante apoio pessoal e intelectual e me ajudaram a refinar a minha abordagem de muitas das questões levantadas neste livro. Gostaria também de agradecer a Klaus Bergmann, Helmut Reinicke e Peter Schmitt--Egner pelas muitas conversas esclarecedoras. Completei a primeira versão desta obra como uma dissertação para o Departamento de Ciências Sociais da Universidade J. W. Goethe, em Frankfurt, onde recebi valiosa orientação e incentivo de Iring Fetscher, e longos e úteis comentários críticos de Heinz Steinert, Albrecht Wellmer e Jeremy Gaines, além de Gerhard Brandt e Jürgen Ritsert. Através do Canada Council, recebi generosa assistência financeira do Serviço Alemão de Intercâmbio Acadêmico durante a minha estada em Frankfurt.

Em seguida, o Centro de Estudos Psicossociais, em Chicago, me ofereceu uma bolsa de pós-doutorado, além de um ambiente intelectual vivo e estimulante que tornaram possível a retomada da minha dissertação neste volume. Tive a rara oportunidade de apresentar meu trabalho numa série de seminários para plateias intelectual e academicamente diversificadas, cujas reações foram extremamente encorajadoras. Agradeço a Ed LiPuma, John Lucy, Beth Metz, Lee Schlesinger, Barney Weissbourd e Jim Wertsch, cujos comentários e críticas me ajudaram a esclarecer ainda mais as minhas ideias. Sou especialmente grato a Craig Calhoun e Ben Lee, que dedicaram seu tempo à leitura cuidadosa do manuscrito original e da versão revisada, e cujas sugestões críticas foram muito úteis.

Completei este manuscrito na Universidade de Chicago e continuo a me beneficiar do clima excitante, aberto e intelectualmente rigoroso criado por meus colegas e alunos.

Devo muito a estes amigos por seu interesse pela minha obra e, de forma mais geral, pelo apoio moral e intelectual: Andrew Arato, Leora Auslander, Ike Balbus, Seyla Benhabib, Fernando Coronil, Norma Field, Harry Harootunian, Martin Jay, Bob Jessop, Tom McCarthy, György Márkus, Rafael Sanchez, George Steinmetz, Sharon Stephens, bem como John Boyer, Jean Cohen, Bert Cohler, Jean Comaroff, John Comaroff, Michael Geyer, Gail Kligman, Terry Shtob e Betsy Traube. Agradeço também a Fred Block, Cornelius Castoriadis, Geoff Eley, Don Levine, Bertell Ollman e Terry Turner por seus comentários valiosos.

Devo um agradecimento especial ao meu irmão Norman Postone, que acompanhou e apoiou este projeto desde o início. E sou particularmente grato a Patrick Murray, que leu mais versões do manuscrito do que eu consigo me lembrar e cujos comentários foram úteis e generosos. Aprendi muito com nossas frequentes conversas.

Emily Loose, que já pertenceu aos quadros da Cambridge University Press, reagiu positivamente a este trabalho e foi extremamente prestativa na preparação para a publicação. Agradeço a Elvia Alvarez, Diane New e Kitty Pucci pela digitação nas várias etapas do manuscrito e por sua solicitude de maneira geral, além de Ted Byfield pela edição deste volume. Também quero agradecer a Anjali Fedson, Bronwyn McFarland e Mike Reay pela ajuda na revisão e preparação do índice.

Finalmente, quero expressar minha profunda gratidão à minha esposa, Margret Nickels, que por muitos anos e de muitas maneiras foi intelectual e emocionalmente fundamental para este projeto.

PARTE I
Uma crítica do marxismo tradicional

1
REPENSAR A CRÍTICA DE MARX DO CAPITALISMO

Introdução

Para reconceituar a natureza da sociedade capitalista, desenvolverei neste livro uma reinterpretação fundamental da teoria crítica madura de Marx. Sua análise das relações sociais e formas de dominação que caracterizam a sociedade capitalista pode ser melhor reinterpretada ao repensar as categorias fundamentais da sua crítica da economia política[1]. Com tal propósito, procurarei desenvolver conceitos que atendam a dois critérios: primeiro, eles devem apreender o caráter essencial e o desenvolvimento histórico da sociedade moderna; e, segundo, devem superar as conhecidas dicotomias teóricas de estrutura e ação, sentido e vida material. Com base nessa abordagem, tentarei reformular a relação da teoria marxiana com os discursos atuais das teorias social e política de maneira que tenha hoje significância teórica e ofereça uma crítica básica das teorias marxistas tradicionais e do que foi chamado de "socialismo realmente existente". Assim procedendo, espero lançar a base para uma análise crítica diferente e mais persuasiva da formação social capitalista, adequada ao final do século XX.

Com base na análise de Marx, tentarei desenvolver essa compreensão do capitalismo separando conceitualmente o núcleo fundamental do capitalismo das suas formas do século XIX. Mas esse desenvolvimento coloca em questão muitos pressupostos básicos das interpretações marxistas tradicionais; por exemplo, não analiso o capitalismo

---

[1] Recentemente Patrick Murray e Derek Sayer reescreveram interpretações sobre a teoria de Marx que, sob muitos aspectos, apresentam paralelos com a que presento aqui; ver Patrick Murray, *Marx's Theory of Scientific Knowledge* (Atlantic Highlands, Humanities, 1988); e Derek Sayer, *Marx's Method* (Atlantic Highlands, Humanities, 1979) e *The Violence of Abstraction* (Oxford/ Nova York, Blackwell, 1987).

primariamente em termos de propriedade privada dos meios de produção ou de mercado. Pelo contrário, como se tornará claro, conceituo o capitalismo em termos de uma forma historicamente específica de interdependência social com um caráter impessoal e aparentemente objetivo. Essa forma de interdependência se realiza por intermédio de relações sociais constituídas por formas determinadas de prática social que, não obstante, se tornam quase independentes das pessoas engajadas nessas práticas. O resultado é uma forma nova e crescentemente abstrata de dominação, que sujeita as pessoas a imperativos e coerções estruturais impessoais que não podem ser adequadamente compreendidos em termos de dominação concreta (por exemplo, dominação pessoal ou de grupo), que também gera uma dinâmica histórica contínua. Ao reconceituar as relações e formas sociais de dominação que caracterizam o capitalismo, tentarei oferecer a base de uma teoria da prática capaz de analisar as características sistêmicas da sociedade moderna, tal como seu caráter historicamente dinâmico, seus processos de racionalização, sua forma particular de "crescimento" econômico e seu modo específico de produção.

Essa reinterpretação trata a teoria do capitalismo de Marx menos como uma teoria das formas de exploração e dominação *na* sociedade moderna e mais como uma teoria social crítica da própria natureza da modernidade. A modernidade não é um estágio evolutivo para o qual evoluem todas as sociedades, mas uma forma específica de vida social originada na Europa ocidental que se desenvolveu em um complexo sistema global[2]. Embora a modernidade tenha assumido diferentes formas em diferentes países e áreas, meu interesse não é examinar essas diferenças, mas explorar teoricamente a natureza da modernidade *per se*. Dentro da estrutura de uma abordagem não evolutiva, essa exploração deve explicar os aspectos característicos da modernidade com referência a formas sociais historicamente específicas. Argumento que a análise de Marx das conhecidas formas sociais fundamentais que estruturam o capitalismo – a mercadoria e o capital – fornece um excelente ponto de partida para uma tentativa de basear *socialmente* as características da modernidade e indica que a sociedade moderna pode ser profundamente transformada. Ademais, tal abordagem é capaz de elucidar de maneira sistemática as características da sociedade moderna que, na estrutura de teorias de progresso linear ou de desenvolvimento histórico evolutivo, podem parecer anômalas: notadamente a contínua produção de pobreza em meio à abundância e o grau em que aspectos importantes da vida moderna foram modelados por forças impessoais abstratas, ficando sujeitos a seus imperativos, ainda que tenha aumentado enormemente a possibilidade de controle coletivo sobre as circunstâncias da vida social.

---

[2] Shmuel N. Eisenstadt também formulou uma visão não evolutiva da modernidade. Seu principal interesse está nas diferenças entre os vários tipos de sociedades modernas, ao passo que o meu está na modernidade em si, como forma de vida social. Ver, por exemplo, Shmuel N. Eisenstadt, "The Structuring of Social Protest in Modern Societies: The Limits and Direction of Convergence", em *World Society Studies* (Londres, World Society Foundation, 1992), v. 2.

Minha leitura da teoria crítica de Marx concentra-se na concepção da centralidade do trabalho para a vida social, geralmente considerada a base de sua teoria. Eu argumento que o significado da categoria do trabalho é diferente do que geralmente tem sido aceito: ela é historicamente específica, mas não trans-histórica. Na crítica madura de Marx, a noção de que o trabalho constitui o mundo social e é fonte de toda a riqueza não se refere à sociedade em geral, mas exclusivamente ao capitalismo, ou à sociedade moderna. Ademais, e isso é crucial, a análise de Marx não se refere ao trabalho como geral e trans-historicamente concebido – uma atividade finalística que medeia entre os seres humanos e a natureza, criando produtos específicos para satisfazer necessidades humanas específicas – mas a um papel peculiar desempenhado pelo trabalho somente na sociedade capitalista. Como elaborarei, o caráter historicamente específico desse trabalho está relacionado de maneira intrínseca à forma de interdependência social característica da sociedade capitalista. Ele constitui uma forma de mediação social historicamente específica, quase objetivo que, no âmbito da análise de Marx, serve como o fundamento social central das características essenciais da sociedade.

É essa reconsideração da importância do conceito marxiano de trabalho que fornece a base da minha reinterpretação de sua análise do capitalismo e coloca em seu centro considerações de temporalidade e uma crítica da produção, preparando o terreno para uma análise da moderna sociedade capitalista como sendo direcionalmente dinâmica e estruturada por uma forma historicamente única de mediação social que, apesar de socialmente constituída, tem um caráter abstrato, impessoal e quase objetivo. Essa forma de mediação é estruturada por uma forma historicamente determinada de prática social (o trabalho, o capitalismo) e, por sua vez, estrutura ações, visões de mundo e disposições das pessoas. Essa abordagem redefine a questão da relação entre cultura e vida material em termos da relação entre uma forma historicamente específica de mediação social e formas de "objetividade" e "subjetividade" sociais. Como teoria de mediação social, ela é um esforço para superar a dicotomia teórica clássica entre sujeito e objeto, enquanto explica historicamente essa dicotomia.

Então, em geral, estou sugerindo que a teoria marxiana deve ser entendida não como universalmente aplicável, mas como teoria crítica específica da sociedade capitalista. Ela analisa a especificidade histórica do capitalismo e a possibilidade da sua superação por meio de categorias que captam suas formas específicas de trabalho, riqueza e tempo[3]. Ademais, a teoria marxiana, de acordo com essa abordagem, é autorreflexiva

---

[3] Anthony Giddens chama atenção para a noção da especificidade da sociedade capitalista implícita no tratamento de Marx das sociedades não capitalistas nos *Grundrisse*: ver Anthony Giddens, *A Contemporary Critique of Historical Materialism* (Berkeley, University of California Press, 1981), p. 76-89. Pretendo apoiar essa noção na análise categorial de Marx, portanto, em sua concepção sobre a especificidade do trabalho no capitalismo, a fim de reinterpretar a sua compreensão do capitalismo e repensar a própria natureza da sua teoria crítica.

Tempo, trabalho e dominação social

e, portanto, historicamente específica: sua análise da relação entre teoria e sociedade é tal que ela é capaz, de uma forma epistemologicamente consistente, de se situar historicamente por meio das mesmas categorias com que analisa seu contexto social.

Essa abordagem da teoria crítica madura de Marx tem implicações importantes que vou tentar desenvolver ao longo deste livro. Começarei distinguindo entre dois modos fundamentalmente diferentes de análise crítica: de um lado, uma crítica do capitalismo *do ponto de vista do* trabalho e, de outro, uma crítica *do* trabalho no capitalismo. O primeiro, que se baseia na compreensão trans-histórica do trabalho, pressupõe a existência de uma tensão estrutural entre aspectos da vida social que caracterizam o capitalismo (por exemplo, o mercado e a propriedade privada) e a esfera social constituída pelo trabalho. O trabalho, portanto, forma a base da crítica do capitalismo, o *ponto de vista* de onde essa crítica é elaborada. De acordo com o segundo modo de análise, o trabalho no capitalismo é historicamente específico e constitui as estruturas essenciais dessa sociedade. Assim, o trabalho é o *objeto* da crítica da sociedade capitalista. Do ponto de vista do segundo modo de análise, torna-se claro que diversas interpretações de Marx têm em comum pressupostos básicos do primeiro modo de análise; consequentemente, caracterizo essas interpretações como "tradicionais". Investigarei suas interpretações do ponto de vista da minha interpretação da teoria de Marx como crítica *do* trabalho no capitalismo para elucidar as limitações da análise tradicional – e investigá-las de maneira que implique outra teoria crítica, mais adequada, da sociedade capitalista.

Interpretar a análise de Marx como uma crítica historicamente específica do trabalho no capitalismo leva a uma compreensão da sociedade capitalista muito diferente das interpretações marxistas tradicionais. Sugere, por exemplo, que as relações sociais e formas de dominação que caracterizam o capitalismo, na análise de Marx, não podem ser suficientemente compreendidas em termos de relações de classe, enraizadas em relações de propriedade e mediadas pelo mercado. Pelo contrário, sua análise da mercadoria e do capital – ou seja, as formas quase objetivas de mediação social constituídas pelo trabalho no capitalismo – deve ser entendida como das relações sociais fundamentais dessa sociedade. Essas formas sociais impessoais e abstratas não apenas *velam* o que tradicionalmente tem sido considerado como relações sociais "reais" da sociedade capitalista, ou seja, as relações de classe; elas *são* as relações reais da sociedade capitalista, estruturam sua trajetória dinâmica e sua forma de produção.

Longe de considerar que o trabalho seja o princípio da constituição social e a fonte de riqueza em *todas* as sociedades, a teoria de Marx propõe que o traço distintivo que caracteriza o capitalismo é precisamente o fato de suas relações sociais básicas serem constituídas pelo trabalho e, portanto, serem de uma espécie fundamentalmente diferente das que caracterizam as sociedades não capitalistas. Embora inclua de fato uma crítica da exploração, desigualdade social e dominação de classe, sua análise crítica do capitalismo vai além: busca elucidar o tecido mesmo das relações sociais na sociedade moderna e a forma abstrata de dominação social intrínseca a elas, por meio de uma teoria que baseia a constituição social de tais relações em formas de prática determinadas e estruturadas.

Essa reinterpretação da teoria crítica madura de Marx desloca o foco principal da sua crítica de considerações sobre propriedade e mercado. Diferentemente de abordagens marxistas tradicionais, ela oferece uma base para uma crítica da natureza da produção, trabalho e "crescimento" na sociedade capitalista, argumentando que são socialmente, e não tecnicamente, constituídos. Tendo deslocado a crítica do capitalismo para a esfera do trabalho, a interpretação apresentada aqui leva a uma crítica do processo de produção industrial – portanto, a uma reconceituação das determinações básicas do socialismo e a uma reavaliação do papel político e social tradicionalmente atribuído ao proletariado na possível superação histórica do capitalismo.

Na medida em que implica uma crítica do capitalismo que não está presa às condições do capitalismo liberal do século XIX e envolve uma crítica da produção industrial capitalista, essa reinterpretação oferece a base para uma teoria crítica capaz de esclarecer a natureza e a dinâmica da sociedade capitalista contemporânea. Essa teoria crítica poderia também servir como o ponto de partida para uma análise do "socialismo realmente existente" como uma forma alternativa (e fracassada) de acumulação de capital – e não como uma forma de sociedade que representou, ainda que imperfeitamente, a negação histórica do capitalismo.

A crise do marxismo tradicional

Essa reconsideração se desenvolveu contra o pano de fundo da crise do marxismo tradicional e da emergência do que parece ser uma nova fase no desenvolvimento do capitalismo industrial avançado. Neste livro, a expressão "marxismo tradicional" não se refere a uma tendência histórica específica no marxismo, mas, de modo geral, a todas as abordagens teóricas que analisam o capitalismo do ponto de vista do trabalho e que caracterizam tal sociedade essencialmente em termos de relações de classe estruturadas pela propriedade privada dos meios de produção e uma economia regulada pelo mercado. As relações de dominação são entendidas primariamente em termos de dominação e exploração de classe. Como é sabido, Marx argumentou que no curso do desenvolvimento do capitalismo emerge uma tensão estrutural, ou contradição, entre as relações sociais que caracterizam o capitalismo e as "forças produtivas". Em geral, essa contradição tem sido interpretada como uma oposição entre, de um lado, propriedade privada e mercado e, de outro, o modo de produção industrial, pela qual a propriedade privada e o mercado são tratados como as marcas distintivas do

22 TEMPO, TRABALHO E DOMINAÇÃO SOCIAL

capitalismo, e a produção industrial é postulada como a base de uma futura sociedade socialista. O socialismo é entendido implicitamente como propriedade coletiva dos meios de produção e de planejamento econômico num contexto industrializado. Ou seja, a negação histórica do capitalismo é vista essencialmente como uma sociedade em que se supera a dominação e exploração de uma classe por outra.

Essa caracterização ampla e preliminar do marxismo tradicional é útil na medida em que delineia uma estrutura interpretativa geral compartilhada por uma ampla gama de teorias que, em outros níveis, podem diferir consideravelmente umas das outras. Minha intenção neste livro é analisar criticamente os pressupostos básicos dessa estrutura teórica geral, e não buscar a história das várias orientações teóricas e escolas de pensamento no âmbito da tradição marxista.

No centro de todas as formas de marxismo tradicional existe uma concepção trans-histórica do trabalho. A categoria do trabalho de Marx é entendida como uma atividade social finalística que medeia entre os seres humanos e a natureza, criando produtos específicos para satisfazer a determinadas necessidades humanas. Considera-se que o trabalho, assim entendido, está no centro de toda vida social: ele constitui o mundo social e é a fonte de toda riqueza social. Essa abordagem atribui *trans-historicamente* ao trabalho social o que Marx analisou como características historicamente específicas do trabalho no capitalismo. Essa concepção trans-histórica do trabalho é ligada a uma determinada concepção das categorias básicas da crítica de Marx da economia política e, portanto, da sua análise do capitalismo. A teoria do valor marxiana, por exemplo, tem sido interpretada geralmente como uma tentativa de demonstrar que a riqueza social é sempre e por toda parte criada pelo trabalho humano e que, no capitalismo, o trabalho constituía a base do modo de distribuição "automático", não consciente e mediado pelo mercado[4]. Sua teoria do mais-valor, de acordo com esse modo de ver, tenta demonstrar que, apesar das aparências, o produto excedente no capitalismo é criado apenas pelo trabalho e apropriado pela classe capitalista. Nessa estrutura geral, então, a análise crítica do capitalismo de Marx é inicialmente uma crítica da exploração *do ponto de vista do trabalho*: ela desmistifica a sociedade capitalista, primeiro, ao revelar que o trabalho é a verdadeira fonte da riqueza social e, segundo, ao demonstrar que essa sociedade se apoia num sistema de exploração.

Evidentemente, a teoria crítica de Marx também delineia um desenvolvimento histórico que aponta para a possibilidade emergente de uma sociedade livre. Sua análise

---

[4] Ver Paul Sweezy, *The Theory of Capitalist Development* (Nova York, Monthly Review, 1969), p. 52-3 [ed. bras.: *Teoria do desenvolvimento capitalista*, Rio de Janeiro, Zahar, 1976]; Maurice Dobb, *Political Economy and Capitalism* (Londres, G. Routledge & Sons Ltd., 1940), p. 70-1 [ed. bras.: *Economia política e capitalismo*, Rio de Janeiro, Graal, 1978]; Ronald Meek, *Studies in the Labour Theory of Value* (2. ed., Nova York, Monthly Review, 1956), p. 155.

do curso do desenvolvimento capitalista, conforme as interpretações tradicionais, pode ser assim esboçada: a estrutura do capitalismo de livre mercado deu origem à produção industrial, o que aumentou enormemente a quantidade de riqueza social criada. Mas no capitalismo essa riqueza continua a ser extraída pela exploração e é distribuída de maneira altamente injusta. No entanto, desenvolve-se uma contradição crescente entre a produção industrial e as relações de produção existentes. O resultado do contínuo processo de acumulação de capital, caracterizado por concorrência e crises, é que o modo de distribuição social baseado no mercado e na propriedade privada torna-se cada vez menos adequado à produção industrial desenvolvida. Entretanto, a dinâmica histórica do capitalismo não somente torna anacrônicas as antigas relações sociais de produção, mas também enseja a possibilidade de um conjunto mais novo de relações sociais. Ela gera as precondições técnicas, sociais e organizacionais para abolição da propriedade privada e para o planejamento centralizado – por exemplo, a centralização e concentração dos meios de produção, a separação de propriedade e administração e a constituição e concentração de um proletariado industrial. Esses desenvolvimentos criam a possibilidade histórica para abolir a exploração e dominação de classe e dar origem a um novo modo de distribuição, justo e racionalmente regulado. Conforme essa interpretação, o enfoque da crítica histórica de Marx é o modo de *distribuição*.

Essa afirmação pode parecer paradoxal, porque o marxismo é geralmente considerado uma teoria da *produção*. Consideremos, portanto, brevemente o papel da produção na interpretação tradicional. Se as forças produtivas (que, de acordo com Marx, entram em contradição com as relações capitalistas de produção) se identificam com o modo industrial de produção, então esse modo é implicitamente visto como um processo puramente técnico, intrinsecamente independente do capitalismo, que é tratado como um conjunto de fatores extrínsecos agindo sobre o processo de produção: propriedade privada e condições exógenas da valorização do capital numa economia de mercado. A dominação social no capitalismo é percebida essencialmente como dominação de classe, que continua externa ao processo de produção. Essa análise implica que a produção industrial, uma vez historicamente constituída, é independente do capitalismo, e não intrinsecamente ligada a ele. A contradição marxiana entre forças e relações de produção, quando entendida como uma tensão estrutural entre, de um lado, produção industrial e, de outro, propriedade privada e mercado, é percebida como uma contradição entre o modo de produção e o de distribuição. Portanto, a transição do capitalismo para o socialismo é vista como uma transformação do modo de distribuição (propriedade privada e mercado), mas não do de produção. Pelo contrário, o desenvolvimento da produção industrial em grande escala é tratado como a mediação histórica que liga o modo capitalista de distribuição à possibilidade de outra organização social de distribuição. Mas, uma vez desenvolvido, o modo industrial de produção baseado no trabalho proletário é considerado historicamente final.

24 Tempo, trabalho e dominação social

Essa interpretação da trajetória do desenvolvimento capitalista expressa claramente uma atitude afirmativa em relação à produção industrial como um modo de produção capaz de gerar as condições para a abolição do capitalismo e constituir o alicerce do socialismo, que é visto como um novo modo de administrar politicamente e regular economicamente o *mesmo* modo industrial de produção gerado pelo capitalismo; é considerado também uma forma social de distribuição que não é somente mais justa, mas mais *adequada* à produção industrial. Assim, essa adequação é considerada uma precondição histórica fundamental de uma sociedade justa. Essa crítica social é essencialmente uma crítica histórica do modo de distribuição. Como *teoria* de produção, o marxismo tradicional não envolve uma *crítica* da produção. Muito pelo contrário: o modo de produção oferece o ponto de vista da crítica e o critério contra o qual é julgada a adequação histórica do modo de distribuição.

Outra forma de conceituar o socialismo, ensejada por essa crítica do capitalismo, é uma sociedade em que o trabalho, desempedido das relações capitalistas, estrutura abertamente a vida social, e a riqueza que cria é distribuída de forma mais justa. Na estrutura tradicional, a "realização" histórica do trabalho – seu pleno desenvolvimento histórico e sua emergência como a base da vida e da riqueza sociais – é a condição fundamental de emancipação social geral.

A visão do socialismo como a realização histórica do trabalho está também evidente na ideia de que o proletariado – a classe trabalhadora intrinsecamente ligada à produção industrial – vai realizar seu potencial como a classe universal no socialismo. Ou seja, a contradição estrutural do capitalismo é vista, em outro nível, como uma oposição de classe entre os capitalistas, que possuem e controlam a produção, e os proletários, que com seu trabalho criam a riqueza da sociedade (e dos capitalistas), e ainda assim são forçados a vender sua força de trabalho para sobreviver. Essa oposição de classe, por se basear na contradição estrutural do capitalismo, tem uma dimensão histórica: enquanto a classe capitalista é a classe dominante na ordem atual, a classe trabalhadora está enraizada na produção industrial e, portanto, nas fundações históricas de uma nova ordem socialista. A oposição entre essas duas classes é vista, ao mesmo tempo, como a oposição entre exploradores e explorados e a existente entre interesses universais e particulares. A riqueza social geral produzida pelos trabalhadores não beneficia a todos os membros da sociedade sob o capitalismo, é apropriada pelos capitalistas para seus fins individuais. A crítica do capitalismo do ponto de vista do trabalho é uma crítica em que as relações sociais dominantes (propriedade privada) são criticadas como particularistas a partir de uma posição universalista: o que é universal e verdadeiramente social é constituído pelo trabalho, mas é impedido por relações capitalistas individuais de se realizar completamente. A visão de emancipação sugerida por esse entendimento do capitalismo é, como observaremos a seguir, totalizante.

Dentro dessa estrutura básica, que nomeei "marxismo tradicional", há diferenças políticas e teóricas extremamente importantes: teorias determinísticas por oposição a tentativas de tratar a subjetividade social e a luta de classes como aspectos da história do capitalismo; comunistas de conselho *versus* comunistas de partido; teorias "científicas" *versus* outras que buscam de várias formas sintetizar o marxismo e a psicanálise, ou desenvolver uma teoria crítica da cultura ou da vida diária. Entretanto, na medida em que todas se basearam nas suposições básicas relativas ao trabalho e nas características essenciais do capitalismo e socialismo delineadas anteriormente, permanecem todas presas à estrutura do marxismo tradicional. E por mais incisivas que sejam as diversas análises sociais, políticas, históricas, culturais e econômicas geradas por essa estrutura teórica, suas limitações se tornaram crescentemente evidentes à luz de vários desenvolvimentos do século XX. Por exemplo, a teoria foi capaz de analisar a trajetória histórica do capitalismo liberal que o levou a um estágio caracterizado pela suplantação total ou parcial do mercado pelo Estado intervencionista como agente primário de distribuição. Mas, dado que o enfoque da crítica tradicional é o modo de distribuição, a ascensão do capitalismo de Estado intervencionista criou problemas graves para essa abordagem teórica. Se as categorias da crítica da economia política se aplicam apenas a uma economia mediada por um mercado autorregulado e à apropriação privada do excedente, o crescimento do Estado intervencionista implica que essas categorias se tornaram menos ajustadas à crítica social contemporânea. Elas já não apreendem adequadamente a realidade social. Em consequência, a teoria marxista tradicional se tornou cada vez menos capaz de oferecer uma crítica do capitalismo pós-liberal e se vê diante de duas opções. Ela pode abstrair-se das transformações qualitativas do capitalismo no século XX e concentrar-se nos aspectos do mercado que continuam a existir – e assim conceder implicitamente que se tornou uma crítica parcial – ou pode limitar a aplicabilidade das categorias marxianas ao capitalismo do século XIX e tentar desenvolver uma nova crítica, presumivelmente mais adequada às condições contemporâneas. Ao longo deste livro discutirei as dificuldades teóricas envolvidas em algumas tentativas desse último tipo.

As fraquezas do marxismo tradicional ao tratar da sociedade pós-liberal são particularmente evidentes nas tentativas de análise do "socialismo realmente existente". Nem todas as formas de marxismo tradicional endossaram as sociedades "socialistas realmente existentes", como a União Soviética. Não obstante, essa abordagem teórica não permite uma análise crítica dessa forma de sociedade. As categorias marxianas, tal como tradicionalmente interpretadas, não se prestam à formulação de uma crítica social de uma sociedade regulada e dominada pelo Estado. Assim, a União Soviética foi geralmente considerada socialista por ter abolido a propriedade privada e o mercado; a ausência continuada de liberdade foi atribuída a instituições burocráticas repressivas. Mas, essa posição sugere que não existe relação entre a natureza da esfera socioeconômica e o caráter da esfera política. Ela indica que as categorias da crítica social de Marx (como o valor), quando entendidas em termos de mercado e propriedade privada, não são capazes de apreender os fundamentos da falta de liberdade continuada e crescente no "socialismo realmente existente" e, portanto, não têm condições de oferecer a base para uma crítica histórica dessas sociedades. Nessa estrutura, a relação entre o socialismo e a liberdade se tornou contingente; isso implica que uma crítica histórica do capitalismo desenvolvida do ponto de vista do socialismo não pode ser considerada uma crítica dos fundamentos da falta de liberdade e alienação do ponto de vista da emancipação humana em geral[5]. Esses problemas fundamentais indicam os limites da interpretação tradicional. Demonstram que uma análise do capitalismo concentrada exclusivamente no mercado e na propriedade privada não serve como a base adequada para uma teoria crítica emancipadora.

Quando essa fraqueza fundamental se tornou mais evidente, o marxismo tradicional passou a ser cada vez mais colocado em questão. Ademais, a base teórica da sua crítica social do capitalismo – a alegação de que o trabalho humano é a fonte social de toda a riqueza – foi criticada à luz da importância crescente do conhecimento científico e da tecnologia avançada no processo de produção. Não somente o marxismo tradicional falhou em oferecer a base para uma análise histórica adequada do "socialismo realmente existente" (ou do seu colapso), mas a sua análise crítica do capitalismo e seus ideais emancipadores tornaram-se cada vez mais afastados dos temas e fontes da atual inquietação social nos países industrializados avançados. Isso é particularmente verdadeiro do seu foco exclusivo e positivo em classe, e sua afirmação do trabalho proletário industrial e as formas específicas de produção e "progresso" tecnológico que caracterizam o capitalismo. Numa época de crítica crescente desse "progresso" e "crescimento", uma consciência mais aguçada dos problemas ecológicos, insatisfação generalizada com as formas de trabalho, aumento da preocupação com a liberdade política, e a importância crescente das identidades sociais não baseadas em classe (por exemplo, gênero ou etnia), o marxismo tradicional parece a cada dia mais anacrônico. No Oriente e no Ocidente, os desenvolvimentos do século XX revelaram a sua inadequação histórica.

Mas a crise do marxismo tradicional não torna de forma alguma desnecessária uma crítica social adequada ao capitalismo contemporâneo[6]. Pelo contrário, chama atenção para a necessidade dessa crítica. Nossa situação histórica pode ser entendida em termos de uma transformação da moderna sociedade capitalista que tenha alcance tão grande – social, política, econômica e culturalmente – quanto o da transforma-

---

[5] É possível apresentar argumentação semelhante acerca da relação entre socialismo, quando determinado em termos de planejamento econômico e propriedade pública dos meios de produção, e a superação da dominação com base no gênero.

[6] Ver Stanley Aronowitz, *The Crisis of Historical Materialism* (Nova York, Bachelard, 1981).

REPENSAR A CRÍTICA DE MARX DO CAPITALISMO   27

ção anterior do capitalismo liberal no intervencionista-estatal. Parece que estamos entrando em mais uma fase do capitalismo desenvolvido[7]. Os contornos dessa nova fase ainda não estão claros, mas as duas últimas décadas viram o relativo declínio em importância das instituições e centros de poder que estiveram no centro do capitalismo intervencionista-estatal – uma forma caracterizada pela produção centralizada, grandes sindicatos industriais, intervenção contínua do Estado na economia e um vasto Estado de bem-estar social. Duas tendências aparentemente opostas contribuíram para o enfraquecimento das instituições centrais da fase capitalista intervencionista-estatal: de um lado, uma descentralização parcial da produção e da política e, com ela, a emergência de uma pluralidade de agrupamentos, organizações, movimentos, partidos e subculturas sociais; e, de outro, um processo de globalização e concentração de capital que ocorreu em um nível novo e altamente abstrato, muito afastado da experiência imediata e, agora, aparentemente além do controle efetivo do Estado.

Essas tendências não devem ser entendidas em termos de um processo histórico linear. Incluem desenvolvimentos que realçam o caráter anacrônico e inadequado da teoria tradicional – por exemplo, a ascensão dos novos movimentos sociais, como os movimentos de massa pela ecologia, movimentos de mulheres, movimentos de emancipação de minorias, além de um crescente descontentamento (e polarização) com relação a formas existentes de trabalho e instituições e sistemas de valor tradicionais. Ainda assim, nossa situação histórica desde o início da década de 1970 se caracterizou também pela reemergência de manifestações "clássicas" de capitalismo industrial, como distúrbios econômicos por todo o mundo e intensificação da rivalidade intercapitalista em escala global. Tomados em conjunto, esses desenvolvimentos sugerem que uma análise crítica adequada à sociedade capitalista contemporânea deve ser capaz de apreender suas novas dimensões significativas e sua continuidade subjacente como capitalismo.

Em outras palavras, essa análise deve evitar o caráter unilateral das versões mais ortodoxas do marxismo tradicional, que geralmente são capazes de indicar que crises e rivalidades intercapitalistas são características contínuas do capitalismo (a despeito da emergência do Estado intervencionista); mas não tratam das mudanças históricas

---

[7]   Para as tentativas de delinear e teorizar essa nova fase do capitalismo, ver David Harvey, *The Condition of Postmodernity* (Oxford/Cambridge, Blackwell, 1989) [ed. bras.: *Condição pós-moderna*, São Paulo, Loyola, 1992]; Scott Lash e John Urry, *The End of Organized Capitalism* (Madison, University of Wisconsin Press, 1987); Claus Offe, *Disorganized Capitalism* (org. John Keane, Cambridge, MIT Press, 1985) [ed. bras.: *Capitalismo desorganizado: transformações contemporâneas do trabalho e da política*, São Paulo, Brasiliense, 1989]; Michael J. Piore e Charles F. Sabel, *The Second Industrial Divide* (Nova York, Basic Books, 1984); Ernest Mandel, *Late Capitalism* (trad. Joris de Bres, Londres, New Left Books, 1975) [ed. bras.: *O capitalismo tardio*, São Paulo, Nova Cultural, 1985]; Joachim Hirsch e Roland Roth, *Das neue Gesichte des Kapitalismus* (Hamburgo, VSA, 1986).

28 Tempo, trabalho e dominação social

qualitativas da identidade e natureza dos grupamentos sociais que expressam descontentamento e oposição ou do caráter das suas necessidades, insatisfações, aspirações e formas de consciência. Além disso, uma análise adequada deve também evitar a tendência igualmente unilateral de tratar apenas das últimas mudanças, seja por ignorar a "esfera econômica", seja por simplesmente supor que, com o surgimento do Estado intervencionista, as considerações econômicas passaram a ser menos importantes. Finalmente, nenhuma crítica adequada será formulada simplesmente juntando análises que se concentraram nas questões econômicas com outras que trataram das mudanças sociais e culturais qualitativas – na medida em que os pressupostos teóricos básicos dessa crítica continuam a ser os da teoria marxista tradicional. O caráter crescentemente anacrônico do marxismo tradicional e suas sérias debilidades como teoria crítica emancipadora são cada vez mais intrínsecos a ele; basicamente, estão enraizados na sua incapacidade de entender adequadamente o capitalismo.

Essa incapacidade tornou-se mais evidente à luz da atual transformação da sociedade capitalista moderna. Assim como a Grande Depressão revelou os limites da "autorregulação" econômica mediada pelo mercado e demonstrou as deficiências das concepções que equiparavam capitalismo e capitalismo liberal, o período de crise que terminou a era de prosperidade e expansão econômica do pós-guerra enfatizou os limites da capacidade do Estado intervencionista de regular a economia, o que colocou em dúvida as concepções lineares do desenvolvimento do capitalismo de uma fase liberal para outra centrada no Estado. A expansão do Estado de bem-estar social após a Segunda Guerra Mundial tornou-se possível pela recuperação de longo prazo da economia mundial capitalista, que desde então provou ser uma fase do desenvolvimento capitalista; *não* foi um efeito do controle exitoso e contínuo das esferas políticas sobre a esfera econômica. De fato, o desenvolvimento do capitalismo ao longo das duas últimas décadas reverteu as tendências aparentes do período anterior ao enfraquecer e impor limites ao intervencionismo de Estado. Esse fato se tornou evidente na crise do Estado de bem-estar social no Ocidente – que anunciou a morte do keynesianismo e manifestamente reafirmou a dinâmica contraditória do capitalismo – bem como na crise e colapso da maioria dos Estados e partidos comunistas no Leste[8].

É importante observar que, comparados à situação do capitalismo liberal no final da década de 1920, as crises e os distúrbios mundiais associados a essa nova transformação do capitalismo precipitaram as poucas análises feitas de um ponto de vista que indica

---

[8] A relação histórica entre os dois indica implicitamente que o "socialismo realmente existente" e os sistemas de bem-estar social no Ocidente não devem ser concebidos como formações sociais fundamentalmente diferentes, mas como variações significativamente diferentes da forma geral do capitalismo intervencionista-estatal vigente no mundo durante o século XX. Longe de demonstrar a vitória do capitalismo sobre o socialismo, o colapso recente do "socialismo realmente existente" poderia ser entendido como significativo do colapso da forma mais rígida, vulnerável e opressiva do capitalismo intervencionista-estatal.

a possível superação do capitalismo. Isso pode ser interpretado como incerteza teórica. A crise do capitalismo intervencionista-estatal indica que o capitalismo continua a se desenvolver com uma dinâmica quase autônoma. Portanto, esse desenvolvimento exige uma reconsideração crítica das teorias que interpretaram o deslocamento do mercado pelo Estado como o final efetivo das crises econômicas. Entretanto, não está clara a natureza fundamental do capitalismo, do processo dinâmico que, uma vez mais, se afirmou manifestamente. Já não é convincente afirmar que o "socialismo" representa a resposta para os problemas do capitalismo, quando ele significa apenas a introdução do planejamento centralizado e propriedade estatal (ou até mesmo pública).

Então, a frequentemente invocada "crise do marxismo" não expressa apenas a rejeição desiludida do "socialismo realmente existente", desapontamento com o proletariado e incerteza com relação a outros possíveis agentes sociais de transformação social basilar. Mais substancialmente, ela é expressão de uma profunda incerteza relativa à natureza essencial do capitalismo e, ao que poderia significar, sua superação. Várias posições teóricas das últimas décadas – o dogmatismo de muitos grupos da Nova Esquerda no final da década de 1960 e início da de 1970, as críticas puramente políticas que ressurgiram subsequentemente e muitas posições "pós-modernas" contemporâneas – podem ser vistas como expressões dessa incerteza com relação à natureza da sociedade capitalista ou mesmo de uma renúncia da própria tentativa de entendê-la. Essa incerteza pode ser compreendida em parte como expressão de uma falha básica da abordagem marxista tradicional. Suas debilidades foram reveladas não só por suas dificuldades com o "socialismo realmente existente" e com as necessidades e insatisfações expressas pelos novos movimentos sociais; tornou-se claro que o paradigma teórico não oferece uma concepção satisfatória da natureza do próprio capitalismo, uma concepção que sirva de base para uma análise adequada das condições mutáveis do capitalismo e apreenda suas estruturas fundamentais de maneira que indique a possibilidade de sua transformação histórica. A transformação sugerida pelo marxismo tradicional já não é plausível como "solução" para os males da sociedade moderna.

Se a sociedade moderna deve ser analisada como capitalista e, portanto, como transformável em um nível fundamental, será necessário reconceituar o núcleo do capitalismo. Nessa base, seria possível formular uma teoria crítica diferente da natureza e trajetória da sociedade moderna – uma teoria que tente entender social e historicamente as bases da ausência de liberdade e da alienação na sociedade moderna. Essa análise poderia também contribuir para uma teoria política democrática. A história do marxismo tradicional já demonstrou com clareza que a questão da liberdade política deve ser fundamental para toda posição crítica. Entretanto, ainda é possível que uma teoria democrática adequada exija a análise histórica das condições sociais de liberdade, e não seja conduzida a partir de uma posição abstratamente normativa nem de uma posição que hipostasie a esfera da política.

30   Tempo, trabalho e dominação social

Reconstruir uma teoria crítica da sociedade moderna

Minha reconceituação da natureza da teoria crítica de Marx é uma resposta à transformação histórica do capitalismo e às debilidades do marxismo tradicional esboçadas anteriormente[9]. Minha leitura dos *Grundrisse* de Marx, numa versão preliminar da sua crítica completamente desenvolvida da economia política, levou-me a reavaliar a teoria crítica que ele desenvolveu nos seus escritos maduros, particularmente em *O capital*. Para mim, essa teoria crítica é diferente e mais poderosa que o marxismo tradicional e tem maior significância contemporânea. A reinterpretação da concepção de Marx sobre as relações estruturantes básicas da sociedade capitalista apresentada neste livro poderia, na minha opinião, servir como ponto de partida para uma teoria crítica do capitalismo capaz de superar muitas das limitações da interpretação tradicional e tratar de modo mais satisfatório muitos dos problemas e desenvolvimentos recentes.

Essa reinterpretação foi influenciada e é proposta como uma crítica às abordagens desenvolvidas por György Lukács (especialmente em *História e consciência de classe*) e por membros da teoria crítica da Escola de Frankfurt. Essas abordagens, baseadas em sofisticadas compreensões da crítica de Marx, responderam teoricamente, pela reconceituação do capitalismo, à transformação histórica deste, de uma forma liberal e centrada no mercado para uma forma organizada, burocrática e centrada no Estado. Nessa tradição interpretativa, a teoria de Marx não é considerada apenas uma teoria da produção material e da estrutura de classes, muito menos uma teoria de economia. Pelo contrário, ela é compreendida como a constituição histórica de formas determinadas e reificadas de objetividade e subjetividade sociais; sua crítica da economia política é considerada uma tentativa de analisar criticamente as formas culturais e estruturas sociais da civilização capitalista[10]. Ademais, considera-se que a teoria de Marx apreende

---

[9]   Iring Fetscher também criticou alguns dos dogmas centrais das noções de socialismo sugeridas por críticas mais tradicionais do capitalismo. Ele sublinhava a necessidade uma análise democrática renovada do capitalismo, bem como do "socialismo realmente existente", capaz de criticar o crescimento incontrolado e as técnicas modernas de produção, interessada nas condições sociais e políticas de genuína heterogeneidade individual e cultural e sensível à questão de uma relação ecologicamente sadia dos seres humanos com a natureza. Ver Iring Fetscher, "The Changing Goals of Socialism in the Twentieth Century", *Social Research* 47, 1980. Para uma versão anterior dessa posição, ver Fetscher, *Karl Marx und der Marxismus* (Munique, Piper, 1967).

[10]   Para elaborações dessa posição, ver, por exemplo, György Lukács, *History and Class Consciousness*, (trad. Rodney Livingstone, Londres, Merlin, 1971) [ed. bras.: *História e consciência de classe: estudos sobre a dialética marxista*, 2. ed., São Paulo, WMF, Martins Fontes, 2012], Max Horkheimer, "Traditional and Critical Theory", em *Critical Theory* (trad. Matthew J. O'Connell et al., Nova York, Herder & Herder, 1972) [ed. bras.: "Teoria tradicional e teoria crítica", em Walter Benjamin, Max Horkheimer, Theodor W. Adorno e Jürgen Habermas, *Textos escolhidos*, São Paulo, Abril Cultural, 1983, Os Pensadores, v. XLVIII]; Herbert Marcuse, "Philosophy and Critical Theory",

REPENSAR A CRÍTICA DE MARX DO CAPITALISMO 31

autorreflexivamente a relação entre teoria e sociedade, tentando analisar o seu contexto – a sociedade capitalista – de uma forma que situa a si mesma historicamente e certifica a possibilidade do seu próprio ponto de vista. (Essa tentativa de basear socialmente a possibilidade da crítica teórica é vista como um aspecto necessário de qualquer tentativa de basear a possibilidade de ação social de oposição ou transformação.)

Estou de acordo com o projeto geral de desenvolver uma crítica política, social e cultural coerente e adequada à sociedade capitalista contemporânea por meio de uma teoria social autorreflexiva com intenção emancipadora. Porém, como vou elaborar adiante, alguns dos seus pressupostos teóricos básicos evitaram que Lukács e os membros da Escola de Frankfurt, de formas diferentes, realizassem completamente os seus objetivos teóricos. De um lado, eles reconheceram as inadequações de uma teoria crítica da modernidade que definiu o capitalismo apenas em termos do século XIX, ou seja, em termos de mercado e propriedade privada; mas, de outro, eles se prenderam exatamente a alguns pressupostos daquele tipo de teoria, em particular, à sua concepção trans-histórica do trabalho. Seu objetivo programático de desenvolver uma concepção do capitalismo adequada ao século XX não poderia ser realizada com base nessa concepção de trabalho. Pretendo apropriar a força crítica dessa tradição interpretativa reinterpretando a análise de Marx da natureza e significância do trabalho no capitalismo.

Embora a análise marxiana do capitalismo não imponha uma crítica da exploração e do modo burguês de distribuição (o mercado, a propriedade privada), ela não é desenvolvida do ponto de vista do trabalho, de acordo com a minha reinterpretação; pelo contrário, ela se baseia numa crítica do trabalho no capitalismo. A teoria crítica de Marx tenta demonstrar que o trabalho no capitalismo desempenha um papel historicamente único na mediação das relações sociais, e elucidar as consequências dessa forma de mediação. Seu interesse no trabalho no capitalismo não quer dizer que o processo material de produção seja mais importante que outras esferas da vida social. Pelo contrário, sua análise da especificidade do trabalho indica que a produção no capitalismo não é um processo puramente técnico; está indissociavelmente relacionada às relações sociais básicas da sociedade e é por elas modelada. Esta última, então, não pode ser entendida apenas com relação ao mercado e à propriedade privada. Essa interpretação da teoria de Marx oferece uma base para uma crítica da forma de produção

---

em Steven Bronner e Douglas Kellner (orgs.), *Critical Theory and Society* (Nova York, Routledge, 1989) [ed. bras.: "Filosofia e crítica política", em *Cultura e sociedade*, São Paulo, Paz e Terra, 2010, v. I]; Theodor Adorno, *Negative Dialectics* (trad. E. B. Ashton, Nova York, Seabury, 1973) [ed. bras.: *Dialética negativa*, trad. Marco Antonio Casanova, Rio de Janeiro, Zahar, 2009]; Alfred Schmidt, "Zum Erkenntnisbegriff der Kritik der politischen Ökonomie", em Walter Euchner e Alfred Schmidt (orgs.), *Kritik der politischen Ökonomie heute: 100 Jahre Kapital* (Frankfurt, Europäische Verlagsanstalt, 1968).

e da forma de riqueza (ou seja, valor) que caracteriza o capitalismo, sem simplesmente colocar em questão a sua apropriação privada. Ela caracteriza o capitalismo em termos de uma forma abstrata de dominação associada à natureza peculiar do trabalho naquela sociedade e coloca nessa forma de dominação a base social central do "crescimento incontrolado" e do caráter crescentemente fragmentado do trabalho e até mesmo da existência individual nessa sociedade. Sugere também que a classe trabalhadora é parte *constutiva do* capitalismo e não a corporificação da sua negação. Como veremos, essa abordagem reinterpreta a concepção da alienação de Marx à luz da sua crítica madura do trabalho no capitalismo – e coloca sua concepção reinterpretada de alienação no centro da sua crítica dessa sociedade.

Claramente, essa crítica da sociedade capitalista é em tudo diferente do tipo de crítica "produtivista", característica de muitas interpretações marxistas tradicionais, que aceitam o trabalho proletário, a produção industrial e o "crescimento" industrial irrestrito. De fato, do ponto de vista da reconsideração apresentada aqui, a posição produtivista não representa uma crítica fundamental: ela não somente é incapaz de indicar, depois do capitalismo, uma possível sociedade futura, mas aceita alguns aspectos centrais do próprio capitalismo. Sob esse aspecto, a reconstrução da teoria crítica madura de Marx executada neste livro oferece um ponto de vista para uma crítica do paradigma produtivista na tradição marxista. Vou indicar que aquilo que a tradição marxista sempre tratou afirmativamente é precisamente o objeto de crítica nas obras tardias de Marx. Pretendo não somente indicar essa diferença para mostrar que Marx *não* era produtivista – e, portanto, questionar uma tradição teórica que alega se basear nos textos de Marx –, mas também mostrar como a própria teoria de Marx oferece uma crítica poderosa do paradigma produtivista que não apenas o rejeita como falso e também tenta torná-lo compreensível em termos sociais e históricos. E o faz baseando teoricamente a possibilidade de tal pensamento nas formas sociais estruturantes da sociedade capitalista. Dessa forma, a análise categorial[11] do capitalismo de Marx lança a base de uma crítica do paradigma da produção como uma posição que realmente expressa um momento da realidade histórica da sociedade capitalista – mas o faz de uma forma trans-histórica e, portanto, acrítica e afirmativa.

Vou apresentar uma interpretação semelhante da teoria da história de Marx. Sua noção de uma lógica imanente do desenvolvimento histórico também não é trans--histórica nem afirmativa na sua obra madura, mas é crítica e se refere especificamente à sociedade capitalista. Marx localiza a base de uma forma particular de lógica histórica nas formas sociais específicas da sociedade capitalista. Sua posição nem afirma a

---

[11] Para evitar mal-entendidos que poderiam ser incentivados pelo uso do termo "categórico", uso "categorial" para referir à tentativa de Marx de entender as formas da vida social moderna por meio das categorias da sua crítica madura.

existência de uma lógica trans-histórica da história, nem nega a existência de qualquer tipo de lógica histórica, mas trata essa lógica como uma característica da sociedade capitalista que pode ser, e já foi, projetada sobre toda a história humana.

A teoria de Marx, ao procurar tornar plausíveis as formas de pensamento social e historicamente, tenta também reflexivamente tornar plausíveis suas próprias categorias. A teoria é tratada como parte da realidade social em que existe. A abordagem que proponho é uma tentativa de formular uma crítica do paradigma de produção com base nas categorias sociais da crítica marxiana da produção, e assim ligar a crítica da teoria a uma possível crítica social. Essa abordagem oferece a base para uma teoria crítica da sociedade moderna que nem resulta numa afirmação abstratamente universalista e racionalista nem numa crítica antirracionalista e antimoderna. Pelo contrário, ela busca superar essas duas posições tratando sua oposição como historicamente determinada e enraizada na natureza das relações sociais capitalistas.

A reinterpretação da teoria crítica de Marx apresentada aqui se baseia numa reconsideração das categorias fundamentais da sua crítica da economia política – como valor, trabalho abstrato, mercadoria e capital. Essas categorias, de acordo com Marx, "expressam as formas de ser [*Daseinformen*], as determinações de existência [*Existenzbestimmungen*] [...] dessa sociedade determinada"[12]. Elas são, por assim dizer, categorias de uma etnografia crítica da sociedade capitalista, elaboradas em seu interior – categorias que supostamente expressam as formas básicas de objetividade e subjetividade sociais que estruturam as dimensões sociais, econômicas, históricas e culturais da vida nessa sociedade, e são elas próprias constituídas por formas determinadas de prática social.

Mas, com frequência, as categorias da crítica de Marx foram tomadas como categorias puramente econômicas. A "teoria do valor-trabalho" de Marx, por exemplo, foi entendida como uma tentativa de explicar "primeiro, preços relativos e a taxa de lucro em equilíbrio; segundo, a condição de possibilidade de valor de troca e lucro; e, finalmente, a alocação racional de bens numa economia planejada"[13]. Essa abordagem estreita das categorias, se é que chega a tratar das dimensões social, histórica e cultural-epistemológica da teoria crítica de Marx, só as compreende com referência a trechos que tratam explicitamente dessas dimensões, tomadas fora do seu contexto na sua análise categorial. Mas a amplitude e a natureza sistemática da teoria crítica de Marx só podem ser completamente entendidas por meio de uma análise de suas categorias, compreendidas como determinações do ser social no capitalismo. Somente quando as afirmações explícitas de Marx são compreendidas com referência ao desdobramento

---

[12] Karl Marx, *Grundrisse: manuscritos econômicos de 1857-1858 – esboços da crítica da economia política* (trad. Mario Duayer e Nélio Schneider, São Paulo, Boitempo, 2011), p. 59.

[13] Jon Elster, *Making Sense of Marx* (Cambridge/Paris, Cambridge University Press/Éditions de la Maison des Sciences de l'Homme, 1985), p. 127.

das suas categorias é possível reconstruir adequadamente a lógica interna da sua crítica. Portanto, dedicarei considerável atenção à reconsideração das determinações e implicações das categorias básicas da teoria crítica de Marx.

Ao reinterpretar a crítica marxiana, tentarei reconstruir sua natureza sistemática e recuperar sua lógica interna. Não examinarei a possibilidade de tendências divergentes ou contraditórias na obra madura de Marx nem seguirei a evolução do seu pensamento. Metodologicamente, minha intenção é interpretar as categorias fundamentais da crítica da economia política de Marx de uma forma tão lógica, coerente e sistematicamente poderosa quanto possível, a fim de formular a teoria do núcleo do capitalismo – a que define o capitalismo como tal ao longo dos seus vários estágios – sugerido pelas categorias. Minha crítica do marxismo tradicional é parte dessa reconceituação da teoria marxiana no seu nível mais coerente.

Essa abordagem pode também servir como ponto de partida para um esforço visando localizar historicamente as obras de Marx. Essa tentativa reflexiva poderia examinar nessas obras, do ponto de vista teórico, possíveis tensões internas e elementos "tradicionais", sugeridos por suas categorias fundamentais, da natureza subjacente e trajetória do capitalismo. Algumas dessas tensões internas poderiam ser entendidas como uma tensão entre, de um lado, a lógica da análise categorial marxiana do capitalismo como um todo e, de outro, sua crítica mais imediata do capitalismo liberal – ou seja, em termos de uma tensão entre dois níveis diferentes de localização histórica. Mas, neste livro, escreverei como se a autocompreensão de Marx fosse a implicada pela lógica da sua teoria do núcleo da formação social capitalista. Como espero aqui contribuir para a reconstituição de uma teoria social crítica e sistemática do capitalismo, a questão de se o autoentendimento de Marx seria adequado para essa lógica tem, para os nossos objetivos, importância secundária.

Este livro foi concebido como o estágio inicial da minha reinterpretação da crítica marxiana. É proposto primeiramente como uma obra de esclarecimento teórico fundamental, e não como uma exposição completamente elaborada dessa crítica, muito menos como uma teoria desenvolvida do capitalismo contemporâneo. Portanto, não tratarei diretamente da fase mais recente da sociedade capitalista desenvolvida. Pelo contrário, tentarei interpretar a concepção de Marx das relações estruturantes fundamentais da sociedade moderna, tal como expressas por suas categorias de mercadoria e capital, de forma a não limitá-las a qualquer uma das fases principais do capitalismo desenvolvido – e quem sabe, assim, permitir que elas iluminem a natureza subjacente da formação social como um todo. Ele poderá fornecer uma base para uma análise da sociedade moderna do século XX em termos de um afastamento crescente do capitalismo da sua forma burguesa anterior.

Começarei com um esboço geral da minha reinterpretação baseada em uma análise de várias seções dos *Grundrisse* de Marx. Sobre essa base, no Capítulo 2 passarei a examinar em mais detalhe as suposições fundamentais do marxismo tradicional. Para tornar mais clara a minha abordagem e para indicar sua relevância para uma teoria crítica contemporânea, no Capítulo 3, examinarei as tentativas dos membros do círculo da Escola de Frankfurt – em particular, de Friedrich Pollock e Max Horkheimer – de desenvolvimento de uma teoria social crítica adequada às importantes mudanças na sociedade capitalista do século XX. Com relação às minhas interpretações do marxismo tradicional e de Marx, examinarei os dilemas e debilidades teóricas envolvidos nessas tentativas, que, em minha opinião, indicam os limites de uma teoria que tenta entender o capitalismo pós-liberal retendo, porém, alguns pressupostos do marxismo tradicional.

A minha análise desses limites é entendida como uma resposta crítica aos dilemas teóricos da teoria crítica. Evidentemente, a obra de Jürgen Habermas pode ser vista como outra dessas respostas; mas ele também retém o que considero ser uma compreensão tradicional do trabalho. Minha crítica desse entendimento, tenta indicar a possibilidade de uma teoria social crítica reconstituída diferente da de Habermas. Essa teoria prescinde de concepções evolutivas de história e da noção de que a vida social humana seja baseada num princípio ontológico que "se realiza" no curso do desenvolvimento histórico (por exemplo, o trabalho, no marxismo tradicional ou a ação comunicativa na obra recente de Habermas)[14].

Na segunda metade deste livro, começarei minha reconstrução da crítica marxiana que deverá esclarecer, ainda que retrospectivamente, a base da minha crítica do marxismo tradicional. Em *O capital*, Marx tenta explicar a sociedade capitalista localizando suas formas sociais fundamentais e desenvolvendo cuidadosamente, sobre essa base, um conjunto de categorias inter-relacionadas com que se explica o seu funcionamento oculto. Começando com as categorias que ele acredita apreender as estruturas centrais da formação social – como mercadoria, valor e trabalho abstrato –, Marx as expõe sistematicamente para abranger níveis cada vez mais complexos e concretos da realidade social. Minha intenção aqui é esclarecer as categorias fundamentais com que Marx dá início à sua análise, ou seja, o nível mais abstrato e básico dessa análise. Na minha opinião, muitos intérpretes passaram depressa demais pelo nível analítico da realidade social concreta e imediata e, consequentemente, negligenciaram alguns aspectos cruciais das próprias categorias estruturantes fundamentais.

No Capítulo 4 examinarei a categoria do trabalho abstrato, e no Capítulo 5 a do tempo abstrato. Com base nelas, no Capítulo 6 examinarei a crítica de Habermas e, então, nos Capítulos 7, 8 e 9, reconstruirei as determinações iniciais do conceito de Marx de capital e suas noções de contradição e dinâmica histórica. Nesses capítulos,

---

[14] Ver Jürgen Habermas, *The Theory of Communicative Action* (trad. Thomas McCarthy, Boston, Beacon, 1984-1987), v. 1, *Reason and Rationalization of Society*, e v. 2, *Lifeworld and System: A Critique of Functionalistic Reason*.

tentarei esclarecer as categorias mais básicas da teoria marxiana, a fim de basear minha crítica do marxismo tradicional e justificar minha asserção de que a lógica da exposição categorial em *O capital* aponta para uma direção coerente com a apresentação nos *Grundrisse* da contradição do capitalismo e da natureza do socialismo. Ao estabelecer a base para o posterior desenvolvimento da minha reconstrução, também vou, por vezes, extrapolar meus argumentos para indicar suas implicações para uma análise da sociedade contemporânea. Essas extrapolações são determinações abstratas e iniciais de aspectos do capitalismo moderno, com base na minha reconstrução do nível mais fundamental da teoria crítica de Marx; elas não representam uma tentativa de analisar diretamente, sem mediações, um nível mais concreto da realidade social a partir de categorias mais básicas.

Com base no que desenvolvi aqui, pretendo prosseguir o meu projeto de reconstrução numa obra futura. Acredito que este livro demonstra a plausibilidade da minha reinterpretação da crítica de Marx da economia política e da crítica do marxismo tradicional associada a ela. Ela indica a força teórica da teoria marxiana e sua possível relevância para a reconstrução de uma teoria crítica da sociedade moderna. Não obstante, a abordagem tem de ser mais completamente desenvolvida antes que se possa considerar adequadamente a questão da sua viabilidade como teoria crítica da sociedade contemporânea.

OS *GRUNDRISSE*: REPENSAR A CONCEPÇÃO DO CAPITALISMO E SUA SUPERAÇÃO

Minha reinterpretação da teoria crítica madura de Marx tem origem numa consideração dos *Grundrisse der Kritik der politischen Ökonomie*, um manuscrito redigido por Marx em 1857-1858[15]. Os *Grundrisse* se prestam bem a servir como ponto de partida para essa reinterpretação: eles são mais fáceis de decifrar que *O capital*, que é sujeito a erros de interpretação por ser estruturado de uma maneira compactamente lógica como crítica imanente – ou seja, uma crítica realizada de um ponto de vista imanente, e não externo, ao seu objeto de investigação. Como os *Grundrisse* não são tão rigorosamente estruturados, o objetivo estratégico geral da análise categorial de Marx é mais acessível, particularmente nas seções em que apresenta o seu conceito da contradição primária da sociedade capitalista. Nelas, a sua análise do núcleo essencial do capitalismo e da natureza da sua superação tem significância contemporânea; ela

---

[15] Alguns dos argumentos apresentados nesta seção foram desenvolvidos pela primeira vez em Moishe Postone, "Necessity, Labor, and Time", *Social Research*, 45, 1978.

REPENSAR A CRÍTICA DE MARX DO CAPITALISMO   37

lança dúvidas sobre as interpretações da sua teoria centradas em considerações sobre mercado, dominação e exploração de classe[16].

Tentarei mostrar como essas seções dos *Grundrisse* indicam que as categorias da teoria de Marx são historicamente específicas, que a sua crítica do capitalismo é dirigida tanto ao seu modo de produção quanto ao seu modo de distribuição, e que a sua noção da contradição básica do capitalismo não pode ser concebida como apenas uma contradição entre, de um lado, o mercado e a propriedade privada e, de outro, a produção industrial. Em outras palavras, a minha discussão do tratamento de Marx da contradição do capitalismo nos *Grundrisse* indica a necessidade de uma profunda reconsideração da natureza da sua teoria crítica madura: em particular, ela há de sugerir que a sua análise do trabalho no capitalismo é historicamente específica, e sua teoria crítica madura é uma crítica do trabalho no capitalismo, não uma crítica do capitalismo do ponto de vista do trabalho. Depois de estabelecer isso, terei condições de tratar do problema das razões pelas quais, na crítica de Marx, as categorias fundamentais da vida social no capitalismo são categorias do trabalho, o que não é de forma alguma evidente por si só, e não pode ser justificado apenas indicando a óbvia importância do trabalho para a vida humana em geral[17].

Nos *Grundrisse*, a análise de Marx sobre a contradição entre "relações de produção" e "forças de produção" no capitalismo difere da que existe nas teorias do marxismo tradicional, que se concentram no modo de distribuição e percebem a contradição como a que existe entre as esferas de distribuição e produção. Ele critica explicitamente as abordagens teóricas que conceituam a transformação histórica em termos do modo de distribuição sem considerar a possibilidade de o modo de produção poder ser transformado. Marx toma como exemplo dessas abordagens a declaração de John Stuart Mill de que "as leis e condições da produção da riqueza compartilham o caráter das verdades físicas. [...] Não é assim com a distribuição da riqueza. Esta é exclusivamente uma questão da instituição humana"[18]. De acordo com Marx, essa separação é ilegítima: "as 'leis e condições' da produção de riqueza e as leis da 'distribuição de riqueza' são

---

[16]   A possível significância contemporânea dos *Grundrisse* também foi reconhecida por Herbert Marcuse em *One-Dimensional Man* (Boston, Beacon, 1964) [ed. bras.: *Ideologia da sociedade industrial: o homem unidimensional*, Rio de Janeiro, Zahar, 1967] e, mais recentemente, por André Gorz em *Paths to Paradise: On the Liberation from Work* (trad. Malcolm Imrie, Boston, South End, 1985). Para uma análise rica e extensa dos *Grundrisse* e da sua relação com *O capital*, ver Roman Rosdolsky, *The Making of Marx's* Capital (trad. Pete Burgess, Londres, Pluto, 1977).

[17]   Pode-se usar o mesmo argumento com relação às teorias que colocam a língua no centro das suas análises da vida social.

[18]   John Stuart Mill, *Principles of Political Economy* (2. ed., Londres, John W. Parker, 1849), t. 1, p. 239-40 (citado por Marx em *Grundrisse*, cit., p. 706).

38 TEMPO, TRABALHO E DOMINAÇÃO SOCIAL

as mesmas leis sob formas diferentes, e ambas mudam, passam pelo mesmo processo histórico; são tão somente momentos de um processo histórico"[19].

A noção de Marx sobre o modo de distribuição não se refere apenas à maneira como bens e trabalho são distribuídos socialmente (por exemplo, por meio do mercado); ele passa a descrever: "a ausência de propriedade do trabalhador e a [...] apropriação do trabalho alheio pelo capital"[20], ou seja, as relações capitalistas de propriedade, como "modos de distribuição [que] são as próprias relações de produção, só que *sub specie distributionis*"[21]. Esses trechos indicam que a noção de Marx sobre o modo de distribuição abrange as relações capitalistas de propriedade. Eles também implicam que a sua noção de "relações de produção" não pode ser entendida apenas em termos do modo de distribuição, mas devem ser consideradas *sub specie produtionis* – em outras palavras, que as relações de produção não devem ser entendidas como o foram tradicionalmente. Se Marx considera que as relações de propriedade são relações de distribuição[22], segue-se que seu conceito de relações de produção não pode ser completamente entendido em termos de relações capitalistas de classe, enraizadas na propriedade privada dos meios de produção e expressas na distribuição desigual do poder e riqueza. Pelo contrário, o conceito deve também ser entendido por referência ao modo de produção no capitalismo[23].

Se o processo de produção e as relações sociais fundamentais do capitalismo são inter-relacionados, o modo de produção não pode ser identificado com as forças de produção, que no final entram em contradição com as relações capitalistas de produção. Pelo contrário, o próprio modo de produção deve ser visto como intrinsecamente associado ao capitalismo. Em outras palavras, esses trechos sugerem que a contradição marxiana não deve ser entendida como a que existe entre, de um lado, a produção industrial e, do outro, o mercado e a propriedade privada capitalista; portanto, sua compreensão das forças e relações de produção deve ser fundamentalmente repensada. Ao que parece, a noção de Marx da superação do capitalismo não envolve apenas uma transformação do modo existente de distribuição, mas também do modo de

---

[19] Karl Marx, *Grundrisse*, cit., p. 706-7.

[20] Ibidem, p. 706.

[21] Idem.

[22] Para simplificar, vou me referir às "relações de produção *sub specie distributionis*" como "relações de distribuição".

[23] Como discutirei adiante, a distinção entre as relações de produção propriamente ditas e as relações de distribuição é importante para a compreensão da relação entre as categorias do Livro I d'*O capital*, como valor, mais-valor, processo de valorização e acumulação, e as do Livro III, como preço, lucro e renda. As primeiras categorias supostamente expressam as relações ocultas do capitalismo, suas fundamentais "relações de produção"; as últimas, segundo Marx, são categorias de distribuição.

produção. É precisamente sob esse aspecto que ele aponta com aprovação a importância do pensamento de Charles Fourier: "o trabalho não pode vir a ser um jogo, como quer Fourier, a quem cabe o grande mérito de ter anunciado como objeto último, não a abolição da distribuição e sua passagem a uma forma mais elevada, mas a abolição do próprio modo de produção"[24].

Admitindo que o "objetivo último" seja a "abolição" ou superação do próprio modo de produção, este tem de incorporar as relações capitalistas. E, de fato, a crítica de Marx dessas relações aponta em passagem subsequente para a possibilidade de uma transformação histórica da produção:

> Não é preciso ter uma perspicácia fora do comum para compreender que, partindo, p. ex., do trabalho livre ou trabalho assalariado resultante da dissolução da servidão, as máquinas só podem *surgir* em contraposição ao trabalho vivo, como propriedade alheia e poder hostil diante dele; i.e., que elas têm de se contrapor a ele como capital. Porém, é igualmente fácil perceber que as máquinas não deixarão de ser agentes da produção social tão logo devêm, p. ex., propriedade dos trabalhadores associados. No primeiro caso, todavia, sua distribuição, i.e., o fato de *não pertencerem* ao trabalhador, é da mesma maneira condição do modo de produção fundado no trabalho assalariado. No segundo caso, a distribuição modificada partiria de uma base da produção nova, *modificada*, originada somente por meio do processo histórico.[25]

Para entender com mais clareza a natureza da análise de Marx e apreender o que ele quer dizer com uma transformação do modo de produção, teremos de examinar o seu conceito de "fundação" da produção (capitalista). Ou seja, devemos analisar a sua noção do "modo de produção fundado no trabalho assalariado" e considerar o que poderia significar uma "fundação modificada da produção".

O núcleo fundamental do capitalismo

Minha investigação sobre a análise de Marx se inicia por uma seção crucialmente importante dos *Grundrisse* intitulada "Contradição entre a *fundação* da produção burguesa (valor como medida) e seu desenvolvimento"[26]. Marx escreve nessa seção:

---

[24] Karl Marx, *Grundrisse*, cit., p. 594.

[25] Ibidem, p. 707.

[26] Ibidem, p. 778 (grifos meus). [Na edição brasileira, que segue o original alemão da MEGA-2, este capítulo aparece com o título "Capital fixo e desenvolvimento das forças produtivas da sociedade". (N. E.)]

40 Tempo, trabalho e dominação social

"A troca de trabalho vivo por trabalho objetivado, *i.e.*, o pôr do trabalho social na forma de oposição entre capital e trabalho assalariado, é o último desenvolvimento da *relação de valor* e da produção baseada no valor"[27]. O título e o trecho citado dessa seção dos *Grundrisse* indicam que, para Marx, a categoria do valor expressa as relações básicas de produção do capitalismo – as relações sociais que caracterizam o capitalismo como modo de vida social – bem como o fato de a produção no capitalismo se basear no valor. Em outras palavras, valor, na análise de Marx, constitui a "fundação da produção burguesa".

Uma peculiaridade da categoria do valor é que ela expressa uma forma determinada de relação social e uma forma particular de riqueza. Qualquer análise de valor deve elucidar esses dois aspectos. Já vimos que valor como categoria de riqueza foi geralmente concebido como categoria de mercado; no entanto, quando Marx se refere à "troca" ao considerar a "relação de valor" nos trechos citados, ele o faz com relação ao próprio processo de produção capitalista. A troca a que se refere não é a da circulação, mas a da produção – "a troca de trabalho vivo por trabalho objetivado". Isso quer dizer que o valor não deve ser entendido meramente como uma categoria do modo de distribuição de mercadorias, ou seja, como uma tentativa de basear o automatismo do mercado autorregulado; pelo contrário, ela deve ser entendida como uma categoria da própria produção capitalista. Então, parece que a noção marxiana da contradição entre as forças e relações de produção deve ser reinterpretada como referida a momentos diferenciáveis do processo de produção. "Produção baseada em valor" e "modo de produção baseado no trabalho assalariado" parecem intimamente associados, e isso exige um exame mais detalhado.

Quando Marx discute a produção baseada no valor, ele a descreve como um modo de produção cujo "pressuposto é e continua sendo a massa do tempo de trabalho imediato, o *quantum* de trabalho empregado como o fator decisivo da produção da riqueza"[28]. O que caracteriza o valor como forma de riqueza, de acordo com Marx, é ele ser constituído pelo dispêndio de trabalho humano imediato no processo de produção, permanecer preso a esse dispêndio como o fator determinante na produção de riqueza e possuir dimensão temporal. Valor é uma forma social que expressa e é baseada no dispêndio de tempo de trabalho imediato. Para Marx, essa forma está no cerne da sociedade capitalista. Como categoria das relações sociais fundamentais que constituem o capitalismo, o valor expressa o que é e continua a ser a fundação básica da produção capitalista. Ainda assim, emerge uma tensão crescente entre essa base do modo de produção capitalista e os resultados do seu próprio desenvolvimento histórico:

---

[27] Ibidem, p. 587.

[28] Idem (grifos meus).

> No entanto, à medida que a grande indústria se desenvolve, a criação da riqueza efetiva passa a depender menos do tempo de trabalho e do *quantum* de trabalho empregado que do poder dos agentes postos em movimento durante o tempo de trabalho, poder que – sua poderosa efetividade –, por sua vez, não tem nenhuma relação com o tempo de trabalho imediato que custa sua produção, mas que depende, ao contrário, do nível geral da ciência e do progresso da tecnologia [...]. A riqueza efetiva se manifesta antes – e isso o revela a grande indústria – na tremenda desproporção entre o tempo de trabalho empregado e seu produto, bem como na desproporção qualitativa entre o trabalho reduzido à pura abstração e o poder do processo de produção que ele supervisiona.[29]

O contraste entre valor e "riqueza efetiva" – ou seja, o contraste entre uma forma de riqueza que depende "do tempo de trabalho e da quantidade de trabalho empregado" e outra que não depende – é decisivo para esses trechos e para a compreensão da teoria de Marx do valor e da sua noção de contradição básica da sociedade capitalista. Isso indica claramente que o valor não se refere à riqueza em geral, mas é uma categoria historicamente específica e transitória que supostamente apreende a fundação da sociedade capitalista. Ademais, não se trata apenas de uma categoria do mercado que detém um modo particularmente histórico de distribuição social da riqueza. Essa interpretação centrada no mercado – relacionada à posição de Mill de que o modo de distribuição é historicamente mutável, mas o modo de produção não o é – implica a existência de uma forma trans-histórica que é distribuída de forma diferente em diferentes sociedades. Mas, de acordo com Marx, o valor é uma forma historicamente específica de riqueza social e se relaciona intrinsecamente com um modo historicamente específico de produção. Que formas de riqueza possam ser historicamente específicas implica, obviamente, que a riqueza social não é a mesma em todas as sociedades. A discussão de Marx desses aspectos do valor sugere, como veremos, que a forma do trabalho e o tecido das relações sociais são diferentes nas diversas formações sociais.

Neste livro, investigarei o caráter histórico de valor e esclarecer a relação postulada por Marx entre valor e tempo de trabalho. Dando um passo à frente, por um momento, muitos argumentos relativos à análise de Marx da unicidade do trabalho como fonte de valor não reconhecem essa distinção entre "riqueza efetiva" (ou "riqueza material") e valor. Mas a "teoria do valor-trabalho" de Marx não é uma teoria das propriedades únicas do trabalho em geral, mas uma análise da especificidade histórica do valor como forma de riqueza e do trabalho que supostamente o constitui. Consequentemente, é irrelevante, para Marx, argumentar a favor ou contra a sua teoria de valor, como se ela fosse proposta como uma teoria da riqueza-trabalho (trans-histórica) – ou seja, como

---

[29] Ibidem, p. 587-8.

42 Tempo, trabalho e dominação social

se Marx tivesse escrito uma economia política e não uma *crítica* da economia política[30]. Isso não quer dizer, é claro, que a interpretação da categoria marxiana de valor como uma categoria historicamente específica prove a correção da sua análise da sociedade moderna; mas exige que a análise de Marx seja considerada nos seus próprios termos historicamente determinados e não como se ela fosse uma teoria trans-histórica de economia política do tipo que ele criticou severamente.

O valor, na estrutura da análise de Marx, é uma categoria crítica que revela a especificidade histórica das formas de riqueza e produção características do capitalismo. O trecho aqui citado mostra que, de acordo com Marx, a forma de produção baseada no valor se desenvolve de uma forma que indica a possível negação histórica do valor em si. Numa análise que parece relevante para as condições contemporâneas, Marx argumenta que, durante o desenvolvimento da produção industrial capitalista, o valor se torna cada vez menos adequado como medida da "riqueza efetiva" produzida. Ele define o contraste entre valor, forma de riqueza ligada ao dispêndio de tempo de trabalho humano, e o gigantesco potencial de produção de riqueza da ciência e da tecnologia modernas. O valor se torna anacrônico em termos do potencial do sistema de produção gerado por ele; a realização desse potencial resultaria na abolição do valor.

Mas essa possibilidade histórica não significa que massas cada vez maiores de bens possam ser produzidas com base no sistema existente de produção, e que eles possam ser mais equitativamente distribuídos. A lógica da contradição crescente entre "riqueza efetiva" e valor, que indica a possibilidade de a primeira superar o segundo como a forma determinante de riqueza social, também implica a possibilidade de um processo diferente de produção baseado numa estrutura nova e emancipadora de trabalho social:

> O trabalho não aparece mais tão envolvido no processo de produção quando o ser humano se relaciona ao processo de produção muito mais como supervisor e regulador. [...] Ele se coloca ao lado do processo de produção, em lugar de ser o seu agente principal. Nessa transformação, o que aparece como a grande coluna de sustentação da produção e da riqueza não é nem o trabalho imediato que o próprio ser humano executa nem o tempo que ele trabalha, mas a apropriação de sua própria força produtiva geral, sua compreensão e seu domínio da natureza por sua existência como corpo social – em suma, o desenvolvimento do

---

[30] Jon Elster oferece um exemplo desse argumento. Ele argumenta contra a teoria do valor e mais--valor de Marx negando "que os trabalhadores tenham uma capacidade misteriosa de criar *ex nihilo*"; insiste, pelo contrário, que "a capacidade do homem de se beneficiar do ambiente torna possível um excedente acima de qualquer nível de consumo" (*Making Sense of Marx*, cit., p. 141). Ao tratar da questão da criação de riqueza de uma maneira trans-histórica, o argumento de Elster implicitamente toma o valor como uma categoria trans-histórica, e assim confunde valor e riqueza.

indivíduo social. O roubo de tempo de trabalho alheio, sobre o qual a riqueza atual se baseia, aparece como fundamento miserável em comparação com esse novo fundamento desenvolvido, criado por meio da própria grande indústria.[31]

A seção dos *Grundrisse* que estamos considerando deixa claro que, para Marx, superar o capitalismo envolve abolir o valor como forma social de riqueza, o que, por sua vez, resulta na superação do modo determinado de produção desenvolvido sob o capitalismo. Ele afirma explicitamente que a abolição do valor significaria que o tempo de trabalho deixaria de servir como a medida de riqueza e que a produção de riqueza deixaria de ser efetuada primariamente pelo trabalho humano imediato no processo de produção: "tão logo o trabalho na sua forma imediata deixa de ser a grande fonte da riqueza, o tempo de trabalho deixa, e tem de deixar, de ser a sua medida e, em consequência, o valor de troca deixa de ser [a medida] do valor de uso"[32].

Em outras palavras, com a sua teoria do valor, Marx analisa as relações sociais básicas do capitalismo, sua forma de riqueza e sua forma material de produção como sendo interligadas. Dado que, de acordo com a análise de Marx, a produção baseada no valor, o modo de produção baseado no trabalho assalariado e a produção industrial baseada no trabalho proletário são intrinsecamente interligados, sua concepção do caráter cada vez mais anacrônico do valor também se aplica ao caráter cada vez mais anacrônico do processo industrial desenvolvido no capitalismo. De acordo com Marx, superar o capitalismo implica em uma transformação fundamental da forma material de produção, da maneira como as pessoas trabalham.

Está claro que essa posição é fundamentalmente distinta do marxismo tradicional. Este último, como já observado, concentra sua crítica apenas no modo de distribuição e trata o modo de produção industrial como um desenvolvimento técnico que se torna incompatível com o capitalismo. Mas, aqui fica claro que Marx *não* viu a contradição do capitalismo como sendo entre produção industrial e valor, ou seja, entre a produção industrial e as relações sociais capitalistas. Pelo contrário, ele via a primeira como sendo moldada pelo último: produção industrial é o "modo de produção baseado no valor". É *nesse* sentido que, nos seus textos posteriores, Marx se refere explicitamente ao modo de produção industrial como uma "forma especificamente capitalista de produção [...] (também no nível tecnológico)"[33], e ao fazê-lo quer dizer que esse modo deverá ser transformado com a superação do capitalismo.

---

[31] Karl Marx, *Grundrisse*, cit., p. 588.

[32] Idem.

[33] Karl Marx, "Results of the Immediate Process of Production" (trad. Rodney Livingstone), em *Capital* (trad. Ben Fowles, Londres, Penguin, 1976), Livro I, p. 1.024 (ver também p. 1.034-5) [ed. bras.: Capítulo VI inédito de *O capital*: Resultado do processo de produção imediata, trad. J. J. de Faria e M. C. de Faria, São Paulo, Moraes, s. d., p. 92 (ver também p. 104-5)].

44 TEMPO, TRABALHO E DOMINAÇÃO SOCIAL

Evidentemente, o significado das categorias básicas de Marx não pode ser resumido em poucas frases. A segunda metade deste livro deverá lidar com a elaboração da sua análise do valor e do seu papel na conformação do processo de produção. Nesse ponto, devo simplesmente notar que a teoria crítica de Marx, como expressa nesses trechos dos *Grundrisse*, não é uma forma de determinismo histórico, mas trata a tecnologia e os processos de produção como socialmente constituídos, no sentido de que são conformados pelo valor. Não se deve, portanto, identificá-los com a sua noção de forças produtivas que entram em contradição com as relações sociais capitalistas. Ainda assim, eles incorporam uma contradição: a análise de Marx distingue a *realidade* da forma de produção constituída pelo valor e seu *potencial* – que serve como base da possibilidade de uma nova forma de produção.

Não há dúvidas nas passagens citadas de que, nos *Grundrisse*, quando Marx descreve a superação das contradições do capitalismo e afirma que "a própria massa de trabalhadores tem de se apropriar do seu trabalho excedente"[34], ele não se refere apenas à expropriação da propriedade privada e ao uso do produto excedente de uma forma mais racional, humana e eficiente. A apropriação de que ele fala vai muito além disso, pois envolve também a aplicação reflexiva das forças produtivas desenvolvidas sob o capitalismo ao próprio processo de produção. Ou seja, ele imagina que o potencial incorporado na produção capitalista avançada poderia se tornar o meio pelo qual se transformaria o próprio processo de produção industrial; poderia ser abolido o sistema de produção industrial em que a riqueza é criada pela apropriação do tempo de trabalho imediato e do trabalho dos operários como peças de um aparato produtivo. De acordo com Marx, esses dois aspectos do modo de produção capitalista industrial estão relacionados. Portanto, a superação do capitalismo, como apresentada nos *Grundrisse*, envolve implicitamente a superação dos aspectos formais e materiais do modo de produção firmado no trabalho assalariado. Ela deverá resultar na abolição de um sistema de distribuição baseado na troca da força de trabalho, como uma mercadoria, por um salário, com o qual se adquirem os meios de consumo; ela também deverá resultar na abolição de um sistema de produção baseado no trabalho proletário, ou seja, na característica unilateral e fragmentada da produção industrial capitalista. Em outras palavras, a superação do capitalismo envolve também a superação do trabalho concreto executado pelo proletariado.

Essa interpretação, ao oferecer a base para uma crítica histórica da forma concreta de produção no capitalismo, lança luz sobre a afirmativa conhecida de Marx de que a formação social capitalista marca o fim da pré-história da sociedade humana[35]. A noção

---

[34] Idem, *Grundrisse*, cit., p. 590-1.

[35] Karl Marx, *Contribuição à crítica da economia política*, (trad. Florestan Fernandes, 2. ed., São Paulo, Expressão Popular, 2008]), p. 48.

Repensar a crítica de Marx do capitalismo   45

da superação do trabalho proletário exige que a "pré-história" seja entendida como uma referência às formações sociais em que há excedente de produção e este se baseia primariamente no trabalho humano imediato. Essa característica é comum a sociedades nas quais o excedente é criado por escravos, servos ou trabalhadores assalariados. Ainda assim, a formação baseada no trabalho assalariado, de acordo com Marx, se caracteriza de maneira única por uma dinâmica da qual emerge a possibilidade histórica de que se possa superar a produção de excedentes baseada no trabalho humano como elemento interno do processo de produção. Pode ser criada uma nova formação social em que "o *trabalho excedente da massa* deixa de ser condição para o desenvolvimento da riqueza geral, assim como o não *trabalho dos poucos* deixa de ser condição do desenvolvimento das forças gerais do cérebro humano"[36].

Então, para Marx, o fim da pré-história significa a superação da oposição entre o trabalho manual e o intelectual. Mas, na estrutura da sua crítica histórica, essa oposição não pode ser superada pela mera fusão do trabalho intelectual com o manual existentes (como foi promulgado, por exemplo, na República Popular da China na década de 1960). O tratamento da produção nos *Grundrisse* implica que a separação desses dois modos de trabalho e também as características determinantes de cada um deles têm raízes na forma existente de produção. A separação deles só poderia ser superada transformando os modos existentes de trabalho manual e intelectual existentes, ou seja, pela constituição histórica de uma nova estrutura e organização social do trabalho. Essa nova estrutura se torna possível, de acordo com a análise de Marx, quando a produção de excedentes já não se basear necessária e primariamente no trabalho humano imediato.

Capitalismo, trabalho e dominação

A teoria social de Marx – por oposição a uma posição marxista tradicional – sugere uma análise crítica da forma de produção desenvolvida sob o capitalismo e da possibilidade da sua transformação radical. Ela claramente não envolve a glorificação produtivista dessa forma. O fato de Marx tratar o valor como uma categoria historicamente determinada de um modo de produção específico, e não como apenas um modo de distribuição, sugere – e isso é crucial – que o trabalho que constitui o valor não deve ser identificado com o trabalho que existe trans-historicamente. Pelo contrário, trata-se de uma forma historicamente específica que seria abolida, e não realizada, com a superação do capitalismo. A concepção da especificidade histórica do trabalho no capitalismo exige uma reinterpretação fundamental da sua compreensão das relações

---

[36] Idem, *Grundrisse*, cit., p. 588.

46 Tempo, trabalho e dominação social

sociais que caracterizam aquela sociedade. Essas relações são, de acordo com Marx, constituídas pelo próprio trabalho e, consequentemente, têm um caráter peculiar quase objetivo; não podem ser completamente entendidas em termos de relações de classe.

São consideráveis as diferenças entre a interpretação "categorial" e a "centrada em classe" das relações sociais fundamentais do capitalismo. A primeira é uma crítica do trabalho no capitalismo, a segunda uma crítica do capitalismo do ponto de vista do trabalho; elas implicam concepções muito diferentes do modo determinante de dominação no capitalismo e, portanto, da natureza da sua superação. As consequências dessas diferenças ficarão mais claras quando eu analisar mais detalhadamente a discussão de Marx sobre como o caráter específico do trabalho no capitalismo constitui suas relações sociais básicas, e sobre como ele se oculta atrás da especificidade do valor como forma de riqueza e do modo industrial de produção. O caráter específico do trabalho – para dar um salto à frente por um momento – também constitui a base de uma forma historicamente específica, abstrata e impessoal de dominação social.

Na análise de Marx, a dominação social no capitalismo, no seu nível mais fundamental, não consiste na dominação das pessoas por outras pessoas, mas na dominação das pessoas por estruturas sociais abstratas constituídas pelas próprias pessoas. Marx tentou apreender essa forma de dominação abstrata e estrutural – que abrange e se estende além da dominação de classe – com as suas categorias de mercadoria e capital. Essa dominação abstrata não apenas determina o objetivo da produção no capitalismo, de acordo com Marx, mas é também a sua forma material. Na estrutura da análise de Marx, a forma de dominação social que caracteriza o capitalismo não é uma função da propriedade privada, da propriedade pelos capitalistas do produto excedente e dos meios de produção; pelo contrário, ela se baseia na forma de valor da riqueza em si, uma forma de riqueza social contrária ao trabalho vivo (os trabalhadores) como um poder estruturalmente hostil e dominante[37]. Tentarei mostrar como, para Marx, essa oposição entre riqueza social e pessoas se baseia no caráter único do trabalho na sociedade capitalista.

De acordo com Marx, o processo pelo qual o trabalho no capitalismo constitui estruturas sociais abstratas que dominam as pessoas é o que induz um rápido desenvolvimento histórico das forças produtivas e do conhecimento da humanidade. Ainda assim, isso é feito pela fragmentação do trabalho social – ou seja, à custa do estreitamento e esvaziamento do indivíduo particular[38]. Marx argumenta que a produção baseada no valor cria enormes possibilidades de riqueza, mas apenas "pôr todo o tempo do indivíduo como tempo de trabalho, [o que resulta em] degradação do

---

[37] Ibidem, p. 705.

[38] Karl Marx, *O capital* (trad. Rubens Enderle, São Paulo, Boitempo, 2013), Livro I, p. 412-3, 423, 434-5, 438-41, 494.

indivíduo a mero trabalhador"[39]. Sob o capitalismo aumentam enormemente o poder e conhecimento da humanidade, mas de uma forma alienada que oprime as pessoas e tende a destruir a natureza[40].

Uma marca central do capitalismo, é que as pessoas não controlam sua própria atividade produtiva ou o que produzem, mas são, em última análise, dominadas pelos resultados dessa atividade. Essa forma de dominação é expressa como oposição entre indivíduos e sociedade, constituída como uma estrutura abstrata. A análise de Marx dessa forma de dominação é uma tentativa de basear e explicar o que, nos seus primeiros textos, ele chamou de alienação. Sem entrar numa discussão extensa da relação entre os primeiros textos de Marx e sua teoria crítica posterior, tentarei mostrar que ele não abandonou todos os temas centrais das suas primeiras obras, mas que alguns – por exemplo, a alienação – continuam centrais na sua teoria. De fato, foi somente nas suas obras tardias que Marx fundamentou rigorosamente a posição que apresenta em *Manuscritos econômico-filosóficos* – a saber, que a propriedade privada não é a causa social, mas a consequência do trabalho alienado e que, portanto, a superação do capitalismo não deve ser concebida apenas em termos da abolição da propriedade privada, mas deve resultar na superação desse trabalho[41]. Na sua obra tardia ele apoia essa posição com a análise do caráter específico do trabalho no capitalismo. Ainda assim, essa análise traz também uma modificação da noção anterior de alienação. A teoria da alienação, sugerida pela teoria crítica madura de Marx, não se refere ao estranhamento do que existia antes como uma propriedade dos trabalhadores (e que, portanto, devia ser reclamado por eles); pelo contrário, ela se refere a um processo de constituição histórica dos poderes e conhecimento sociais que não pode ser entendido com referência aos poderes e habilidades do proletariado. Com a sua categoria do capital, Marx analisou como são constituídos esses poderes e conhecimento sociais em formas objetivadas que se tornam quase independentes dos indivíduos que as constituem, e que sobre eles exercem uma forma de dominação social abstrata.

O processo de dominação estrutural autogerada não pode ser completamente entendido em termos de exploração e dominação de classe nem em termos estáticos, não direcionais e "sincrônicos". A forma fundamental de dominação social que

---

[39] Idem, *Grundrisse*, cit., p. 591.

[40] Idem, *O capital*, cit., Livro I, p. 338, 574.

[41] Idem, *Manuscritos econômico-filosóficos* (São Paulo, Boitempo, 2003), p. 85. Uma discussão mais abrangente sobre a relação entre os primeiros manuscritos de Marx e suas obras posteriores mostrará que muitos outros temas dos primeiros (por exemplo, as relações entre pessoas e natureza, entre mulheres e homens, entre trabalho e diversão) continuam implicitamente centrais nos últimos, ainda que transformados pela sua análise do caráter historicamente específico do trabalho no capitalismo.

48 TEMPO, TRABALHO E DOMINAÇÃO SOCIAL

caracteriza a sociedade moderna, aquela que Marx analisou em termos de valor e capital, é a que gera uma dinâmica histórica além do controle dos indivíduos que a constituem. Um objetivo central da análise de Marx da especificidade do trabalho na sociedade capitalista é explicar essa dinâmica; não apenas uma teoria da exploração, ou do funcionamento da economia restritivamente entendida, a teoria crítica do capital de Marx é uma teoria da natureza da história da sociedade moderna. Ela trata essa história como socialmente constituída e, ainda assim, como tendo uma lógica quase autônoma de desenvolvimento.

Essa discussão preliminar implica uma compreensão da superação da alienação muito diferente daquela postulada pelo marxismo tradicional. Ela sugere que Marx considerava o modo industrial de produção desenvolvido sob o capitalismo e a dinâmica histórica intrínseca dessa sociedade como características da formação social capitalista. A negação histórica dessa formação social resultaria na abolição do sistema historicamente dinâmico de dominação abstrata, e do modo capitalista de produção industrial. Da mesma forma, a teoria desenvolvida sobre alienação implica que Marx via a negação do núcleo estrutural do capitalismo como aquilo que permite a apropriação pelo povo dos poderes e conhecimento historicamente constituídos de forma alienada. Essa apropriação resultaria na transcendência material da separação anterior entre o indivíduo diminuído e empobrecido e o conhecimento produtivo geral alienado da sociedade pela incorporação do último no primeiro. Isso permitiria que o "mero trabalhador"[42] se tornasse o "indivíduo social"[43] – aquele que incorpora conhecimento e potencial humanos inicialmente desenvolvidos em forma alienada.

A noção do indivíduo social expressa a ideia de Marx de que a superação do capitalismo resulta na superação da oposição entre indivíduo e sociedade. Conforme essa análise, tanto o indivíduo burguês quanto a sociedade como um todo abstrato que confronta os indivíduos foram constituídos quando o capitalismo suplantou as formas anteriores de vida social. Mas, para Marx, superar essa oposição não resulta na subsunção do indivíduo sob a sociedade nem na sua unidade não mediada. A crítica marxiana da relação entre indivíduo e sociedade não é, como geralmente se admitiu, limitada a uma crítica do indivíduo burguês isolado e fragmentado. Assim como Marx não criticou o capitalismo do ponto de vista da produção industrial, ele não avaliou positivamente a coletividade, de que todas as pessoas são parte, como o ponto de vista do qual criticar o indivíduo atomizado. Além de relacionar a constituição do indivíduo monadário com a esfera de circulação de mercadorias, Marx também analisa o meta-aparato em que as pessoas são meras engrenagens como *característico* da esfera

---

[42] Idem, *Grundrisse*, cit., p. 591.

[43] Ibidem, p. 705.

da produção determinada pelo capital[44]. Essa coletividade não representa a superação do capitalismo. Então, a oposição entre o indivíduo atomizado e a coletividade (como uma espécie de "supersujeito") não representa a oposição entre o modo de vida social no capitalismo e na sociedade pós-capitalista; pelo contrário, é uma oposição entre duas determinações unilaterais da relação entre indivíduo e sociedade que, juntas, constituem mais uma antinomia da formação social capitalista.

Para Marx, o indivíduo social representa a superação dessa oposição. Essa noção não se refere apenas a uma pessoa que trabalha comunal e altruisticamente com outras pessoas; pelo contrário, ela expressa a possibilidade de todas as pessoas existirem como seres plenos e amplamente desenvolvidos. Uma condição necessária para a realização dessa possibilidade é ser o trabalho de cada um completa e positivamente autoconstituinte de formas que correspondam à riqueza, diversidade, poder e conhecimento gerais da sociedade como um todo; o trabalho individual não seria mais a base fragmentada da riqueza da sociedade. Superar a alienação resulta não na reapropriação de uma essência que existiu antes, mas na apropriação do que foi constituído de forma alienada.

Até aqui, essa discussão implica que Marx via o trabalho proletário como expressão materializada do trabalho alienado. Essa posição sugere que, na melhor das hipóteses, se o trabalho concreto de cada um continua o mesmo que era sob o capitalismo, seria ideológico afirmar que a emancipação do trabalho se realiza quando se abole a propriedade privada e as pessoas têm uma atitude coletiva e socialmente responsável com relação ao seu trabalho. Pelo contrário, a emancipação do trabalho pressupõe uma nova estrutura de trabalho social; na estrutura da análise de Marx, o trabalho só pode ser constitutivo do indivíduo social quando o potencial das forças produtivas de uma forma que revolucione completamente a organização do próprio processo de trabalho. As pessoas devem ser capazes de se retirar do processo de trabalho imediato em que antes atuavam como peças, e controlá-lo de cima. O controle do "processo natural, que ele converte em um processo industrial"[45], tem de estar disponível não somente para a sociedade como um todo, mas também a todos os seus membros. Uma condição material necessária para o completo desenvolvimento de todos os indivíduos é que "deixou de existir [...] o trabalho no qual o ser humano faz o que pode deixar as coisas fazerem por ele"[46].

A noção de Marx da apropriação pela "massa de trabalhadores [...] de seu próprio trabalho excedente"[47] resulta em um processo de autoabolição como um processo de

---

[44] Idem, *O capital*, cit., Livro I, p. 428-30, 493-4, 554-5.

[45] Idem, *Grundrisse*, cit., p. 588.

[46] Ibidem, p. 255.

[47] Ibidem, p. 590-1 .

50 Tempo, trabalho e dominação social

autotransformação material. Longe de levar à *realização* do proletariado, a superação do capitalismo envolve a *abolição* material do trabalho proletário. A emancipação do trabalho exige a emancipação em relação ao trabalho (alienado).

No curso das nossas investigações, veremos que o capitalismo, na análise de Marx, é uma formação social em que a produção social se faz em nome da produção, enquanto o indivíduo trabalha para consumir. Minha discussão, até aqui, imaginou sua negação como uma formação social em que a produção social é para o consumo, ao passo que o trabalho do indivíduo é feito em nome dele mesmo[48].

A contradição do capitalismo

A sociedade socialista, segundo Marx, não surge como resultado de um desenvolvimento evolutivo histórico linear. A transformação radical do processo produtivo delineada anteriormente *não* é uma consequência automática do aumento rápido do conhecimento científico e tecnológico ou de sua aplicação. É, pelo contrário, uma possibilidade que emerge de uma crescente contradição social intrínseca.

Qual é a natureza dessa contradição? Está claro que, para Marx, no curso do desenvolvimento capitalista, emerge a possibilidade de uma nova estrutura emancipatória de trabalho social, mas que sua realização geral é impossível sob o capitalismo.

---

[48] Como discutirei no Capítulo 9, é importante distinguir duas formas de necessidade e liberdade na análise de Marx do trabalho social. Ele ter pensado que o trabalho social numa sociedade futura pudesse ser estruturado de forma a ser satisfatório e agradável não significa, como já vimos, que ele considerasse que esse trabalho pudesse ser divertimento. A noção de Marx sobre o trabalho não alienado é ele ser livre de relações de dominação social direta ou abstrata; ele pode tornar-se uma atividade de autorrealização, portanto, mais semelhante a uma diversão. Ainda assim, essa liberdade da dominação não implica liberdade de *todas* as restrições, pois para sobreviver toda sociedade humana exige alguma forma de trabalho. Que o trabalho nunca será uma esfera de liberdade absoluta, não significa que o trabalho não alienado seja tão sem liberdade da mesma forma e no mesmo grau que o trabalho restringido pelas formas de dominação social. Em outras palavras, ao negar que a liberdade absoluta possa existir no reino do trabalho, Marx não estava revertendo à oposição indiferenciada do trabalho à liberdade e felicidade, conforme Adam Smith (ver Karl Marx, *Grundrisse*, cit., p. 509-10).

Está claro, evidentemente, que todo trabalho unilateral e fragmentado não poderá ser abolido imediatamente com superação do capitalismo. Ademais, é concebível que uma parte desse trabalho nunca poderá ser completamente abolido (embora o tempo necessário possa ser drasticamente reduzido, e essas tarefas alternadas entre a população). Ainda assim, para enfatizar o que considero ser o principal objetivo da análise de Marx do trabalho na sociedade capitalista e a noção associada de trabalho numa sociedade futura, não vou considerar esses problemas neste livro. (Para uma breve discussão desses problemas, ver André Gorz, *Paths to Paradise*, cit., p. 47s.)

O próprio capital é a contradição em processo, [pelo fato] de que procura reduzir o tempo de trabalho a um mínimo, ao mesmo tempo que, por outro lado, põe o tempo de trabalho como única medida e fonte da riqueza. Por essa razão, ele diminui o tempo de trabalho na forma do trabalho necessário para aumentá-lo na forma do supérfluo; por isso, põe em medida crescente o trabalho supérfluo como condição – questão de vida e morte – do necessário.[49]

Considerarei, a seguir, com mais detalhes, a questão do trabalho "necessário" ou "supérfluo". Aqui basta notar que, de acordo com Marx, embora o capitalismo tenda a desenvolver forças produtivas poderosas cujo potencial torna cada vez mais obsoleta a organização de produção baseada no dispêndio de tempo de trabalho imediato, ele não é capaz de permitir a completa realização dessas forças. A única forma de riqueza que constitui capital é a que se baseia no dispêndio de tempo de trabalho imediato. Portanto, o valor, apesar da sua inadequação crescente como medida da riqueza material produzida, não é simplesmente suplantado por uma nova forma de riqueza. Pelo contrário, de acordo com Marx, ele continua sendo a precondição estrutural necessária da sociedade capitalista (embora, como ele argumenta no Livro III d'*O capital*, este não seja explicitamente o caso). Assim, embora o capitalismo se caracterize por uma dinâmica intrínseca de desenvolvimento, esta continua presa ao capitalismo; ela não é autossuperável. O que se torna "supérfluo" em um nível, continua "necessário" em outro: ou seja, o capitalismo *de fato* dá origem à possibilidade de sua própria negação, mas *não* evolui automaticamente para outra coisa. O fato de o dispêndio de tempo de trabalho humano imediato continuar central e indispensável para o capitalismo, apesar de ter se tornado anacrônico pelo desenvolvimento do capitalismo, gera uma tensão interna. Como vou elaborar, Marx analisa a natureza da produção industrial e sua trajetória de desenvolvimento com referência a essa tensão.

Essa importante dimensão da contradição fundamental do capitalismo, tal como entendida por Marx, indica que não deve ser identificada imediatamente com relações sociais concretas de antagonismo ou conflito, tal como as da luta de classes. Uma contradição fundamental é intrínseca aos elementos estruturantes da sociedade capitalista: ela transfere ao todo uma dinâmica contraditória e gera a possibilidade imanente de uma nova ordem social. Os trechos citados indicam, ademais, que a noção de Marx de que a contradição estrutural entre as forças e as relações de produção não devem ser interpretadas da forma tradicional, segundo a qual, as "relações de produção" são entendidas apenas em termos do modo de distribuição, e as "forças de produção" são identificadas com o modo industrial de produção, visto como um processo puramente técnico. Nessa interpretação, os resultados da liberação dessas "forças" de seus "grilhões" relacionais seriam presumivelmente uma aceleração da dinâmica de produção,

---

[49] Karl Marx, *Grundrisse*, cit., p. 588-9.

52 TEMPO, TRABALHO E DOMINAÇÃO SOCIAL

baseada na mesma forma concreta do processo de produção e da estrutura do trabalho. Assim, os trechos dos *Grundrisse* discutidos aqui sugerem que Marx trata o modo industrial de produção e a dinâmica histórica do capitalismo como traços característicos da sociedade capitalista, e não como desenvolvimentos históricos que apontam para além das relações capitalistas, mas são inibidas por elas. Seu entendimento da contradição do capitalismo parece não se referir essencialmente a uma contradição entre apropriação privada e produção socializada[50], mas a uma *no interior* da própria esfera da produção, a qual inclui o processo imediato de produção *e* a estrutura de relações sociais constituídas pelo trabalho no capitalismo. Então, com relação à estrutura do trabalho social, a contradição marxiana deve ser entendida como contradição crescente o tipo de trabalho que as pessoas executam sob o capitalismo e o tipo de trabalho que poderiam executar se o valor fosse abolido e o potencial produtivo desenvolvido sob o capitalismo fosse usado reflexivamente para libertar as pessoas do domínio das estruturas alienadas constituídas por seu próprio trabalho.

Ao longo deste livro, mostrarei como Marx funda essa contradição na forma social estruturante do capitalismo (ou seja, a mercadoria), e também elaborarei como, para Marx, "libertar" as forças produtivas dos "grilhões" das relações de produção exige a abolição do valor e do caráter específico do trabalho no capitalismo. Isso resultaria na negação da lógica histórica intrínseca e do modo industrial de produção característico da formação social capitalista.

Essa exposição preliminar da noção marxiana de alienação e da contradição do capitalismo indica que sua análise busca apreender o curso do desenvolvimento do capitalismo como possuidor de duas faces de enriquecimento e empobrecimento. Ela implica que esse desenvolvimento não pode ser entendido adequadamente de modo unidimensional, seja como o progresso do conhecimento e felicidade, seja como o "progresso" da dominação e destruição. De acordo com a sua análise, apesar da emergência da *possibilidade* histórica de que o modo de trabalho social possa ser enriquecedor para a maioria, o trabalho social se tornou *efetivamente* empobrecedor para a maioria. Portanto, o rápido crescimento do conhecimento científico e tecnológico sob o capitalismo não significa o progresso linear em direção à emancipação. De acordo com a análise de Marx de mercadoria e capital, esse conhecimento aumentado, socialmente constituído, levou à fragmentação e ao esvaziamento do trabalho individual e ao controle crescente da humanidade pelos resultados da atividade objetivante;

---

[50] O argumento de que a contradição primária do capitalismo é, para Marx, estrutural e não se refere simplesmente ao antagonismo social foi proposto também por Anthony Giddens. Mas ele a localiza entre a apropriação privada e produção socializada, ou seja, entre as relações burguesas de distribuição e a produção industrial: ver Anthony Giddens, *Central Problems in Social Theory* (Berkeley, University of California Press, 1979), p. 135-41. Minha leitura dos *Grundrisse* justifica uma interpretação muito diferente.

apesar disso, ele também aumentou a possibilidade de o trabalho ser individualmente enriquecedor e de a humanidade exercer um controle maior sobre o seu destino. Esse desenvolvimento bipolar está enraizado nas estruturas alienadas da sociedade capitalista e pode ser superado. A análise dialética de Marx não deve ser de forma alguma identificada com a fé positivista no progresso científico linear e no progresso social, ou na correlação dos dois[51].

Assim, a análise de Marx implica uma noção da superação do capitalismo que não resulte na afirmação acrítica da produção industrial como a condição do progresso humano nem na rejeição romântica do progresso tecnológico *per se*. Ao indicar que o potencial do sistema de produção desenvolvido sob o capitalismo poderia ser usado para transformar o próprio sistema, a análise de Marx supera a oposição entre essas duas posturas e mostra que cada uma delas toma como a totalidade o que é apenas um momento de um desenvolvimento histórico mais complexo. Ou seja, a abordagem de Marx capta a oposição entre a fé no progresso linear e a rejeição romântica como expressão de uma antinomia que, nos seus *dois* termos, é característica da época capitalista[52]. De modo mais geral, sua teoria crítica não se coloca a favor de simplesmente reter tampouco a favor de abolir o que foi constituído historicamente no capitalismo. Pelo contrário, sua teoria ressalta a possibilidade de que aquilo que foi constituído de forma alienada seja apropriado, e assim transformado fundamentalmente.

Movimentos sociais, subjetividade e análise histórica

Essa interpretação da análise marxiana sobre capitalismo e a natureza da sua contradição fundamental reformula o problema da relação entre classe social, movimentos sociais e a possibilidade de superação do capitalismo. Ao questionar as análises em que o modo de produção industrial é visto como fundamentalmente em tensão com o capitalismo, essa abordagem rejeita a ideia de que o proletariado represente um contraprincípio social do capitalismo. De acordo com Marx, manifestações de luta de classes entre os representantes do capital e os trabalhadores em torno de questões associadas ao tempo de trabalho ou da relação entre salários e lucros, por exemplo, são estruturalmente intrínsecas ao capitalismo e, portanto, um importante elemento

---

[51] Nos Capítulos 4 e 5 tratarei mais extensamente dessa posição, tal como foi proposta por Jürgen Habermas em *Knowledge and Human Interests* (trad. Jeremy Shapiro, Boston, Beacon, 1971) [ed. bras.: *Conhecimento e interesse*, Rio de Janeiro, Guanabara, 1987], e Albrecht Wellmer em *Critical Theory of Society* (trad. John Cumming, Nova York, Herder and Herder, 1974).

[52] Karl Marx, *O capital*, cit., Livro I, p. 513-4, 719s.

54 TEMPO, TRABALHO E DOMINAÇÃO SOCIAL

constitutivo da dinâmica do sistema[53]. Ainda assim, sua análise de valor implica necessariamente que a base do capital é, e continua sendo, o trabalho proletário. Esse trabalho, então, não é a base da negação potencial da formação social capitalista. A contradição do capitalismo apresentada nos *Grundrisse* não é entre o trabalho proletário e o capitalismo, mas aquela que existe entre o trabalho proletário – ou seja, a estrutura existente de trabalho – e a possibilidade de outro modo de produção. A crítica, apresentada neste livro, do socialismo concebido como um modo mais eficiente, humano e justo de administrar o modo de produção industrial que surgiu sob o capitalismo é também uma crítica da noção do proletariado como o sujeito revolucionário, isto é, um agente social que constitui a história e se realiza no socialismo.

Isso implica que não existe uma continuidade linear entre as demandas e concepções da classe trabalhadora que se constitui e se afirma historicamente, e as necessidades, demandas e concepções que apontam além do capitalismo. Estas últimas – que poderiam incluir, por exemplo, a necessidade de uma atividade autorrealizadora – não se limitariam a uma esfera de consumo ou de justiça distributiva, mas colocariam em questão a natureza do trabalho e a estrutura das coerções objetivas que caracterizam o capitalismo. Isso sugere que uma teoria crítica do capitalismo e da sua possível superação tem de incluir uma teoria da constituição social dessas necessidades e formas de consciência – uma teoria capaz de enfrentar as transformações históricas qualitativas de subjetividade e de entender nesses termos os movimentos sociais. Essa abordagem poderia lançar nova luz sobre a noção de Marx da autoabolição do proletariado e poderia ser útil para a análise dos novos movimentos sociais das duas últimas décadas.

As categorias da teoria crítica de Marx, quando interpretadas como formas estruturadas de prática que são determinações de "objetividade" e "subjetividade" sociais (e não como categorias apenas de objetividade social, muito menos como categorias econômicas), podem oferecer a base para uma teoria histórica da subjetividade. Nessa leitura, a análise do caráter dinâmico do capitalismo também é potencialmente uma análise das transformações históricas da subjetividade. Se, além disso, puder mostrar que as formas sociais que estruturam a sociedade capitalista são contraditórias, será possível tratar a consciência crítica e opositiva como sendo socialmente constituída.

Essa interpretação da contradição marxiana como "objetiva" e "subjetiva" não deve, entretanto, ser entendida como implicando que a consciência de oposição vá necessariamente emergir, muito menos que se alcançará automaticamente a emancipação. Não me interessa aqui o nível teórico da *probabilidade*, por exemplo, de surgir essa consciência; pelo contrário, estou considerando o nível de *possibilidade*, ou seja, a formulação mais fundamental de uma abordagem do problema da constituição social da subjetividade, inclusive a possibilidade de consciência crítica ou de oposição. A ideia

---

[53] Ibidem, p. 308-9.

de contradição torna possível uma teoria que dê fundamentação social à possibilidade dessa consciência. Se a sociedade capitalista não for vista como um todo unitário e suas formas sociais não forem consideradas "unidimensionais", podem-se analisar formas de consciência críticas e de oposição como possibilidades socialmente constituídas.

Essa teoria da constituição social da subjetividade (inclusive a subjetividade crítica do seu próprio contexto) se opõe à noção implicitamente funcionalista de que só é socialmente formada a consciência que afirma ou perpetua a ordem existente. Ela se opõe também à noção dissimuladamente associada à primeira de que a possibilidade de consciência crítica, de oposição ou revolucionária deva estar ontológica ou transcendentalmente enraizada em elementos da vida social supostamente não capitalistas. A abordagem que vou delinear não nega a existência nem a importância de tendências residuais não capitalistas capazes de introduzir alguma heterogeneidade na ordem dominante e promover distanciamento crítico dela; mas *fornece* a base para uma crítica das tentativas teóricas que se concentram exclusivamente nessas tendências *porque* consideram que o capitalismo é um todo unitário. Enquanto essas abordagens sobre o problema da resistência e oposição concebem a sociedade capitalista apenas como reificada e deformante e tratam o pensamento e as práticas críticos como historicamente indeterminados, a análise do capitalismo como uma sociedade contraditória pretende indicar que as possibilidades de distanciamento crítico e heterogeneidade são geradas socialmente a partir do interior da estrutura do próprio capitalismo. Ela lança a base de uma teoria histórica da subjetividade (até mesmo formas opositivas de subjetividade) que, a meu juízo, é muito mais poderosa que os esforços que pressupõem um simples antagonismo entre a ordem social existente e as formas de subjetividade e práticas críticas. Essa abordagem permite que se investigue a relação entre várias concepções e práticas críticas e seu contexto histórico – em termos da constituição dessas concepções e práticas, e também dos seus possíveis efeitos históricos – e que se considere o papel que essa subjetividade e práticas opositivas poderiam desempenhar em relação à possível negação determinada do capitalismo. Resumindo, essa abordagem permite que se analise a possibilidade de que a ordem existente possa ser transformada.

Ver o capitalismo como contraditório nesses termos permite uma crítica social que é autorreflexivamente consistente e que compreende a si mesma com referência ao seu contexto. Essa abordagem permite que se avalie a relação intrínseca, ainda que mediada, entre a teoria crítica e o surgimento, em nível popular, de necessidades negadoras do capital e formas de consciência de oposição. Essa teoria reflexiva social da subjetividade contrasta nitidamente com as críticas incapazes de basear a possibilidade de consciência fundamentalmente opositiva na ordem existente, ou só fazê-lo de maneira objetivista, postulando de maneira implícita uma posição privilegiada para pensadores críticos cujo conhecimento inexplicavelmente tenha escapado da deformação social. Essas abordagens recuam até as antinomias do materialismo iluminista, já criticadas por Marx

56 TEMPO, TRABALHO E DOMINAÇÃO SOCIAL

nas suas "Teses sobre Feuerbach", em que uma população é dividida na maioria dos que são socialmente determinados e os poucos críticos que, por qualquer razão, não o são[54]. Elas implicitamente representam um modo epistemologicamente inconsistente de crítica social que não pode explicar sua própria existência e tem de se apresentar na forma de uma postura trágica ou de pedagogia de vanguarda.

Algumas implicações atuais

Neste ponto, eu gostaria de indicar brevemente algumas outras implicações da teoria crítica de Marx, baseada nos *Grundrisse*, que comecei a esboçar. Concentrar a forma historicamente específica do trabalho no capitalismo estabelece o fundamento de um conceito de capital e de um entendimento da dinâmica da formação social capitalista que não dependem em essência do modo de distribuição mediado pelo mercado – em outras palavras, permite uma análise do capitalismo que não é limitada por suas formas do século XIX. Essa abordagem oferece a base para analisar como capitalista a natureza e a dinâmica da sociedade moderna num período em que instituições de Estado e outras grandes organizações burocráticas se tornaram agentes significativos, por vezes principais, de regulação e distribuição social. Poderia também servir como ponto de partida para a compreensão das atuais transformações sociais e econômicas globais, como transformações do capitalismo.

Ademais, enfocar a crítica da produção permite recuperar a noção marxiana de socialismo como uma forma *pós*-capitalista de vida social. Já afirmei que a relação histórica entre socialismo e capitalismo, para Marx, não é simplesmente uma questão de precondições históricas da abolição da propriedade privada dos meios de produção, e da substituição do mercado pelo planejamento. Essa relação deve também ser concebida em termos da possibilidade crescente de que o papel historicamente específico do trabalho no capitalismo possa ser suplantado por outra forma de mediação social. Essa possibilidade, de acordo com Marx, é baseada numa tensão crescente gerada pelo desenvolvimento capitalista entre valor e "riqueza real". Tal tensão indica a possível abolição sistêmica do valor e, portanto, da dominação abstrata, da necessidade abstrata de uma forma particular de "crescimento" e de trabalho humano imediato como elemento interno de produção. A base material de uma sociedade sem classes, de acordo com a exposição de Marx nos *Grundrisse*, é uma forma de produção em que o produto excedente deixa de ser criado pelo trabalho humano imediato. De acordo

---

[54] Idem, "Ad Feuerbach (1845)", em Karl Marx e Friedrich Engels, *A ideologia alemã* (São Paulo, Boitempo, 2007), p. 533-5.

com essa abordagem, a questão crucial do socialismo não é se a classe capitalista existe, mas se ainda existe um proletariado.

Teorias críticas do capitalismo que tratam apenas da superação do modo de distribuição burguês não são capazes de apreender completamente essa dimensão do capitalismo e, pior, ocultam o fato de que superar uma sociedade de classes leva à superação do fundamento do modo de produção. Assim, uma variante do marxismo tradicional transformou-se numa ideologia de legitimação das formas sociais – os países "socialistas realmente existentes" – em que se aboliu o modo de distribuição liberal burguês, mas não o modo de produção determinado pelo capital – e a abolição do primeiro serviu para ocultar a existência do segundo[55].

A noção de Marx de sociedade pós-capitalista deve ser distinguida dos modos de acumulação de capital dirigidos pelo Estado. A interpretação delineada anteriormente, com ênfase na forma específica de trabalho como constituinte do capital, está em consonância com a análise histórica da ascensão dos países "socialistas realmente existentes" em termos das inter-relações entre o desenvolvimento do capitalismo industrial nos centros metropolitanos da economia mundial e o papel crescente do Estado nos países "periféricos". Pode-se argumentar que, durante uma fase do desenvolvimento capitalista global, o Estado serviu para efetuar a criação nacional do capital total. Nessa situação a suspensão da livre circulação de mercadorias, dinheiro e capital não implicou o socialismo. Pelo contrário, ela foi um dos poucos, se não o único, meios pelo qual

---

[55] Não vou, neste livro, buscar as implicações das minhas reconsiderações da concepção de Marx sobre os parâmetros básicos do capitalismo para a questão dos estágios ou formas de sociedade pós-capitalista (por exemplo, "socialismo" e "comunismo"). Devo, entretanto, notar que os termos da questão mudam quando as formas de dominação e exploração sociais centrais ao capitalismo, e características dele, não se localizam mais na propriedade privada dos meios de produção, mas, pelo contrário, nas estruturas alienadas das relações sociais expressas pelas categorias da mercadoria e capital, assim como quando o processo de alienação é entendido como uma forma de constituição social e histórica, e não como o estranhamento de uma essência humana preexistente. Para uma abordagem diferente dessa questão, ver Stanley Moore, *Marx on the Choice between Socialism and Communism* (Cambridge, Harvard University Press, 1980). Moore identifica exploração com a propriedade privada capitalista e, sobre essa base, argumenta a favor da superioridade de uma sociedade em que haja trocas, mas não a propriedade privada dos meios de produção (sua determinação do que seja "socialismo") em relação a outra em que não haja nenhuma das duas ("comunismo"): ver p. viii-ix, 34-35, 82. A intenção de Moore é argumentar contra a visão de que socialismo, assim determinado, seja meramente uma forma incompleta de sociedade pós--capitalista, um prelúdio para o "comunismo". Ao fazê-lo, ele busca minar uma justificação ideológica da repressão política, social e cultural nas sociedades "socialistas realmente existentes" (p. x). Nesse sentido, existe um paralelo em intenção estratégica entre a abordagem de Moore e a interpretação muito diferente de Marx apresentada aqui, segundo a qual essas sociedades não devem de forma alguma ser consideradas pós-capitalistas.

58 Tempo, trabalho e dominação social

a "revolução do capital" pôde ser vitoriosa na periferia de um contexto de mercado mundial onde já não existia a ligação histórica original da revolução burguesa com a consolidação do capital nacional total. Mas o resultado não foi, e nunca poderia ter sido, uma sociedade pós-capitalista. A sociedade determinada pelo capital não é simplesmente uma função do mercado e da propriedade privada; não pode ser reduzida sociologicamente à dominação da burguesia.

Claramente, considerar as organizações estatais da sociedade moderna em termos do desenvolvimento da formação social capitalista, e não como a negação do capitalismo, também reformula o problema da democracia pós-capitalista. Essa análise fundamenta um modo de compulsões e coerções abstratas, historicamente específicas do capitalismo nas formas sociais de valor e capital. O fato de as relações sociais expressas por essas categorias não serem absolutamente idênticas ao mercado e à propriedade privada implica que essas compulsões poderiam continuar a existir na ausência das relações de distribuição da burguesia. Se for assim, a questão da democracia pós-capitalista não pode ser adequadamente posta apenas diante de uma oposição entre as concepções estatais e não estatais de política. Pelo contrário, é preciso considerar mais uma dimensão crítica: a natureza das coerções impostas às decisões políticas pelas formas de valor e capital. Isso quer dizer que a abordagem que começarei a desenvolver neste livro sugere que a democracia pós-capitalista envolve mais do que formas políticas democráticas na ausência da propriedade privada dos meios de produção. Ela exige também a abolição das compulsões sociais abstratas enraizadas nas formas sociais apreendidas pelas categorias marxianas.

Essa reconstrução da teoria marxiana torna-a mais útil hoje em dia como maneira de analisar criticamente a sociedade moderna. Ela é proposta como uma crítica do marxismo tradicional e como uma tentativa de lançar a base de uma teoria crítica capaz de responder às análises pessimistas de grandes pensadores sociais como Georg Simmel, Émile Durkheim e Max Weber, cada um dos quais identificou e analisou elementos dos aspectos negativos do desenvolvimento da sociedade moderna. (Por exemplo, o exame de Simmel do abismo crescente entre a riqueza da "cultura objetiva" e a relativa miséria da "cultura subjetiva" individual; a investigação de Durkheim do aumento da anomia com a substituição da solidariedade mecânica pela orgânica; e a análise de Weber da racionalização de todas as esferas da vida social.) Escrevendo durante a transição de uma forma mais liberal de capitalismo para outra mais organizada, cada um deles sustentou, a sua própria maneira, que uma teoria crítica do capitalismo – entendida como uma crítica da propriedade privada e do mercado – não poderia apreender adequadamente as características essenciais da sociedade moderna; e cada um reconheceu que aspectos centralmente importantes da vida social industrial moderna continuam intocados quando somente se transformam o modo de distribuição e as relações de poder de classe. Para esses pensadores, a superação do capitalismo pelo socialismo, como imaginado pelo marxismo tradicional, envolvia uma transformação não essencial da formação social, quando não uma intensificação dos seus aspectos negativos.

A reinterpretação da teoria crítica de Marx que apresento aqui é uma tentativa de enfrentar o desafio posto pelas várias críticas desses pensadores da sociedade moderna pelo desenvolvimento de uma teoria mais ampla e mais profunda do capitalismo, capaz de abranger essas críticas. Essa abordagem, em vez de considerar vários processos – como o crescimento de uma lacuna entre as culturas "objetiva" e "subjetiva", ou a crescente racionalização instrumental da vida moderna – como resultados necessários e irreversíveis de um desenvolvimento fatídico, permitiria que baseassem socialmente esses processos em formas de prática social historicamente determinadas, e apreender a sua trajetória de desenvolvimento como não linear e transformável. Essa reinterpretação de Marx implica também, como já notado, uma teoria sócio-histórica da subjetividade, com base na qual se poderia desenvolver uma poderosa abordagem da problemática weberiana da modernidade e da racionalização. Apesar de atribuir importância às formas de pensamento que foram cruciais para o desenvolvimento do capitalismo e aos processos contínuos de diferenciação e racionalização, tal abordagem poderia tratar aquele pensamento e aqueles processos em termos das formas de vida social expressas pelas categorias marxianas. Finalmente, veremos também que a teoria de Marx da constituição das estruturas sociais e dinâmica histórica da sociedade moderna por formas historicamente determinadas de prática pode ser lida como uma sofisticada teoria do tipo proposto recentemente por Pierre Bourdieu – ou seja, como uma teoria da relação mutuamente constituinte entre estrutura social e formas diárias de prática e pensamento[56]. Essa teoria seria capaz de superar a antinomia correntemente difundida de funcionalismo e individualismo metodológico, nenhum dos quais é capaz de relacionar intrinsecamente as dimensões objetiva e subjetiva da vida social.

Mais importante, entretanto, uma teoria do caráter socialmente constituído das estruturas e dos processos históricos do capitalismo é também uma teoria da sua possível superação. Essa superação pode ser concebida em termos da reversão dialética esboçada neste capítulo, como a apropriação subjetiva da cultura objetiva e sua transformação, tornada possível pela superação da estrutura de compulsão social abstrata fundamentalmente enraizada no trabalho alienado. A diferença entre o capitalismo, assim definido, e sua possível negação histórica poderia então ser tratada como a diferença entre uma formação social e outra.

---

[56] Pierre Bourdieu, *Outline of a Theory of Practice* (trad. Richard Nice, Cambridge/Nova York, Cambridge University Press, 1977), p. 1-30, 87-95 [ed. bras.: "Esboço de uma teoria da prática", em *Pierre Bourdieu: sociologia*, org. Renato Ortiz, São Paulo, Ática, 1986, coleção Grandes Cientistas Sociais, 39].

2
PRESSUPOSTOS DO MARXISMO TRADICIONAL

Valor e trabalho

A abordagem que comecei a delinear representa um tipo de teoria crítica fundamentalmente distinta da crítica marxista tradicional do capitalismo. Ela coloca em questão o entendimento tradicional da natureza do capitalismo e nele a contradição básica entre as "forças" e as "relações" de produção, assim como a concepção tradicional de socialismo e o papel histórico da classe trabalhadora. Essa abordagem não se limita a completar a visão tradicional do capitalismo – ou seja, a ênfase primária no mercado e na propriedade privada – com uma crítica da forma de produção[1]. Pelo contrário, ela reconceitua a natureza da sociedade capitalista com base na interpretação da teoria de Marx como uma teoria crítica historicamente específica da sociedade capitalista moderna – teoria que se baseia numa crítica do trabalho, da forma de mediação e do modo de produção naquela sociedade. Essa abordagem, sugerida pela leitura dos Grundrisse já descrita, leva a uma crítica dos pressupostos básicos das interpretações marxistas tradicionais e implica a necessidade de uma reinterpretação fundamental das categorias centrais da teoria crítica madura de Marx.

---

[1] As tensões entre essas duas abordagens críticas permeiam *Late Capitalism* de Ernest Mandel, cit., um importante estudo da trajetória histórica do capitalismo moderno. Embora sua investigação da fase contemporânea do capitalismo, o período marcado pela "terceira revolução tecnológica", se baseie na análise da contradição do capitalismo realizada por Marx nos *Grundrisse*, Mandel não extrai consistentemente as implicações dessa análise. Em vez disso, o seu tratamento das várias épocas do desenvolvimento capitalista se concentra em questões de concorrência e "desenvolvimento desigual" de maneira a manter-se implicitamente preso ao entendimento do marxismo tradicional do capitalismo e da União Soviética como socialista.

62 TEMPO, TRABALHO E DOMINAÇÃO SOCIAL

Para elucidar as várias dimensões dessa reinterpretação categorial, analisarei mais detalhadamente os pressupostos da crítica marxista tradicional. (Como observado, este livro não é um levantamento do pensamento marxista, mas, em parte, uma análise das hipóteses ocultas sob todas as formas de marxismo tradicional, não importando como possam se diferenciar sob outros aspectos.) Essa investigação deixará claro que a abordagem aqui apresentada e a do marxismo tradicional são formas fundamentalmente diferentes de crítica social, sendo a segunda uma crítica do capitalismo do ponto de vista do trabalho, e a primeira uma crítica do caráter historicamente determinado do trabalho no capitalismo como constituinte daquela sociedade. (Ao longo dessa análise, farei referência às categorias marxianas, como valor, cujo significado completo só poderá ser desenvolvido na segunda parte deste livro.)

As relações sociais que caracterizam o capitalismo, às quais Marx dá o nome de "relações de produção", são supostamente apreendidas pelas categorias básicas da sua crítica madura da economia política. Marx inicia sua análise crítica da sociedade capitalista moderna com a categoria da mercadoria. Nos limites da estrutura da sua análise, essa categoria se refere não somente a um produto, mas também à mais fundamental forma social estruturante da sociedade capitalista, constituída por um modo historicamente determinado de prática social. Marx passa a expor uma série de categorias, como dinheiro e capital, com as quais ele tenta explicar a natureza e a dinâmica de desenvolvimento do capitalismo. Ele analisa a própria categoria de mercadoria por meio de uma oposição entre o que chama de "valor" e "valor de uso"[2]. Examinarei essas categorias mais extensamente adiante, mas agora basta lembrar que, nos *Grundrisse*, Marx trata valor como uma categoria que expressa, ao mesmo tempo, a forma determinada de relações sociais e a forma particular de riqueza que caracteriza o capitalismo. É a determinação inicial e a mais abstrata logicamente das relações sociais capitalistas na análise de Marx[3]. Também já vimos que a categoria de valor de Marx, e, portanto, sua concepção das relações capitalistas de produção, não pode ser entendida adequadamente apenas em relação ao modo de distribuição, tem de ser captada também de acordo com o modo de produção.

Dito isso, podemos passar ao exame dos pressupostos categoriais do marxismo tradicional analisando várias interpretações conhecidas da categoria de valor de Marx, a "lei do valor" e o caráter do trabalho constituinte de valor. Em *Teoria do desenvolvimento capitalista*, Paul Sweezy enfatiza que o valor não deve ser entendido como categoria econômica no sentido mais estreito, mas como "uma forma externa de relação social

---

[2]   Karl Marx, *O capital* cit., Livro I, fp. 113s.

[3]   Ibidem, nota 22, p. 137.

entre os proprietários de mercadorias"[4]. A natureza básica dessa relação, de acordo com Sweezy, é que "produtores individuais, cada um trabalhando isoladamente, estão na verdade trabalhando uns para os outros"[5]. Em outras palavras, embora exista a interdependência social, ela não é expressa abertamente na organização da sociedade, mas funciona indiretamente. O valor é a forma externa dessa interdependência não aberta, que expressa um modo indireto de distribuição social do trabalho e seus produtos. Sweezy interpreta a categoria do valor somente em termos de mercado. Consequentemente, ele descreve assim a lei marxiana de valor: "O que Marx chamou de 'lei de valor' resume as forças que operam numa sociedade produtora de mercadorias que regulam a) as razões de troca entre mercadorias, b) a quantidade produzida de cada uma, e c) a alocação da força de trabalho aos vários ramos de produção"[6]. De acordo com essa interpretação, a lei de valor é "essencialmente uma teoria do equilíbrio geral"[7]. Uma das suas funções primárias é "tornar claro que numa sociedade produtora de mercadorias, apesar da ausência de tomada de decisões centralizada e coordenada, existe ordem e não simplesmente o caos"[8]. Então, de acordo com Sweezy, a lei de valor é uma tentativa de explicar o funcionamento do mercado autorregulado, o que implica ser o valor uma categoria apenas de distribuição, uma expressão do modo de distribuição não consciente, "automático", mediado pelo mercado no capitalismo. Não chega a surpreender, portanto, que Sweezy abstratamente oponha o valor, como princípio do capitalismo, ao planejamento, como o princípio do socialismo[9]. O modo pelo qual se efetua a distribuição é o foco crítico essencial dessa interpretação.

É inegável que a superação do capitalismo, para Marx, envolve a superação de um modo "automático" de distribuição. Ainda assim, a categoria de valor não pode ser entendida adequadamente apenas em termos do modo de distribuição; Marx analisa não somente como se efetua a distribuição, mas também o que é distribuído. Como já vimos, ele trata o valor como uma forma historicamente específica de riqueza, opondo-a à "riqueza efetiva" nos Grundrisse. Entretanto, quando é visto apenas como uma categoria de distribuição mediada pelo mercado, o valor será tratado como um modo de distribuição de riqueza historicamente específico, mas não ele próprio como uma específica forma de riqueza. Veremos que, de acordo com Marx, a emergência do valor como forma de riqueza pode ter sido historicamente relacionada à ascensão

---

[4]   Paul Sweezy, *The Theory of Capitalist Development*, cit., p. 27.

[5]   Idem.

[6]   Ibidem, p. 52-3.

[7]   Ibidem, p. 53.

[8]   Idem.

[9]   Ibidem, p. 53-4.

64 TEMPO, TRABALHO E DOMINAÇÃO SOCIAL

de um modo particular de distribuição, mas não permanece presa àquela forma. Uma vez estabelecido socialmente, ele pode ser distribuído de várias formas. De fato, argumentarei que, contrariamente às hipóteses de Sweezy, Ernest Mandel[10] e outros, não existe nem mesmo uma oposição lógica essencial entre valor e planejamento. A existência deste último não significa necessariamente a ausência do primeiro; o valor também pode ser distribuído por meio do planejamento.

Dado que a interpretação tradicional de valor como categoria de distribuição de riqueza despreza a oposição de Marx entre valor e o que ele chama de "riqueza material" ou "riqueza efetiva", ela não tem capacidade de analisar a especificidade histórica da forma de trabalho que constitui valor. Se valor é uma forma historicamente específica de riqueza, o trabalho que o cria deve também ser historicamente determinado. (Uma análise dessa especificidade permitiria uma análise de como a forma-valor estrutura a esfera da produção, bem como a da distribuição.) Mas se o valor fosse apenas uma categoria de distribuição de riqueza, o trabalho que cria essa riqueza não seria intrinsecamente diferente do trabalho em formações não capitalistas. A diferença entre eles seria extrínseca, uma mera questão de como os dois se coordenam socialmente.

Portanto, não deve ser surpresa que as tentativas tradicionais de especificação do caráter do trabalho no capitalismo o façam em termos dessa diferença extrínseca. Por exemplo, Vitali Vygodski que, tal como Sweezy, interpreta valor como uma categoria de distribuição de mercado, descreve a especificidade do trabalho no capitalismo: "apesar de social, como todo trabalho, sob as condições de propriedade privada dos meios de produção [...] ele não tem um caráter diretamente social"[11]. Antes de analisar o que Vygodski quer dizer com "social", é preciso notar que sua caracterização implica ser o trabalho no capitalismo intrinsecamente semelhante ao trabalho em todas as sociedades; difere apenas na medida em que o seu caráter social não é expresso diretamente. Ernest Mandel apresenta uma interpretação semelhante. Embora se diferencie de Vygodski quanto à centralidade da propriedade privada para o capitalismo[12], ele também caracterizou a especificidade do trabalho no capitalismo tendo em vista seu caráter indiretamente social:

> quando o trabalho individual é diretamente reconhecido como trabalho social – e esta é uma das características fundamentais da sociedade socialista – é obviamente

---

[10] Ernest Mandel, *The Formation of the Economic Thought of Karl Marx* (Nova York, Monthly Review, 1971), p. 98 [ed. bras.: *A formação do pensamento econômico de Karl Marx*, Rio de Janeiro, Zahar, 1968].

[11] Vitali Solomonovich Vygodski, *The Story of a Great Discovery* (Berlim, Die Wirtschaft, 1973), p. 54.

[12] Ernest Mandel, *The Formation of the Economic Thought of Karl Marx*, cit., p. 98.

absurdo tomar o caminho mais longo que passa pelo mercado para "redescobrir" a qualidade social desse trabalho.[13]

O objetivo da teoria de Marx sobre o valor, de acordo com Mandel, é expressar a maneira indireta pela qual se estabelece a qualidade social do trabalho no capitalismo[14].

Essas interpretações, que caracterizam o trabalho no capitalismo como indiretamente social, são muito comuns[15]. Observe, entretanto, que o que elas apresentam como o "caráter" ou "qualidade" social específico do trabalho no capitalismo é, na verdade, o modo da sua distribuição. Essa determinação permanece extrínseca ao trabalho em si. A caracterização marxiana do trabalho no capitalismo como simultaneamente particular e social pode ajudar a esclarecer a distinção entre uma determinação extrínseca e outra intrínseca da especificidade do trabalho[16].

Quando o valor é interpretado como categoria de mercado, os vários trechos citados sugerem que a descrição do trabalho no capitalismo, como simultaneamente privado e social, seja entendida como significando que o trabalho é social porque as pessoas "na verdade" trabalham umas para as outras como membros de um organismo social maior; mas que, numa sociedade estruturada pelo mercado e pela propriedade privada, ele *parece* ser privado porque as pessoas trabalham diretamente para si mesmas e só indiretamente para as outras. Na medida em que o trabalho é mediado pelas relações capitalistas de produção, seu caráter social não pode aparecer como tal. Mas, nesse esquema, "social" é simplesmente o que não é "privado", o que supostamente pertence à coletividade e não ao indivíduo. Não se investiga a natureza específica das relações sociais envolvidas nem a oposição entre o social e o privado gerada por essa concepção genérica do "social".

Essas interpretações implicam que superar o capitalismo envolveria a suplantação de uma forma mediada de relações sociais por uma forma direta não mediada. O trabalho poderia realizar diretamente o seu caráter social. Esse tipo de análise é uma crítica ao caráter individuado, indiretamente social do trabalho no capitalismo do ponto de vista do seu caráter "verdadeiro", diretamente social e totalizante. De modo mais geral, ela é uma crítica das relações sociais mediadas do ponto de vista das relações sociais não mediadas (diretas).

---

[13]   Ibidem, p. 97.

[14]   Idem.

[15]   Ver, por exemplo, Helmut Reichelt, *Zur logischen Struktur des Kapitalbegriffs bei Karl Marx* (Frankfurt, Europäische Verlagsanstalt, 1970), p. 146-7; Anwar Shaikh, "The Poverty of Algebra", em Ian Steedman, Paul Sweezy et al., *The Value Controversy* (Londres, New Left Books, 1981), p. 271.

[16]   Karl Marx, *Contribuição à crítica da economia política*, cit., p. 57

Mas, contrariamente a essas interpretações, a caracterização feita por Marx sobre o trabalho no capitalismo como simultaneamente privado e social não é uma crítica ao seu aspecto privado do ponto de vista da sua dimensão social. Ela se refere não à diferença entre a "essência" verdadeira, trans-histórica do trabalho e sua forma de aparência no capitalismo, mas, pelo contrário, a dois momentos do trabalho no próprio capitalismo: "o trabalho que se expressa como valor de troca é pressuposto como o trabalho do indivíduo isolado. Ele se torna social ao assumir a forma do seu oposto imediato, a forma da generalidade abstrata"[17]. Aqui, a caracterização de Marx é parte da sua análise do que chamou de caráter "dobrado" ou "duplo" do trabalho determinado pela mercadoria; trata-se do "trabalho do indivíduo isolado" e "assume a forma de generalidade abstrata". (Como veremos, Marx define esta última forma como direta ou imediatamente social.) Deve-se notar que a descrição de Marx sobre o duplo caráter do trabalho no capitalismo sugere uma abordagem muito diferente daquela baseada na noção indiferenciada do "social" aqui esboçada. Seu interesse é apreender a especificidade de uma forma particular de vida social. Longe de tratar a oposição entre o social e o privado como a que existe entre o que é potencialmente não capitalista e o que é específico da sociedade capitalista, ele trata a oposição em si, e seus dois termos, como peculiarmente característica do trabalho no capitalismo e da própria sociedade capitalista. Em outras palavras, a oposição entre o trabalho privado e o diretamente social é a de termos unilaterais que se complementam e dependem um do outro. Isso sugere que é precisamente o trabalho no capitalismo que tem dimensão diretamente social e que só existe numa estrutura social marcada também pela existência do "trabalho privado". Contrariamente à interpretação resumida até agora, Marx afirma de maneira explícita que o caráter imediatamente social do trabalho está no centro da sociedade capitalista. Ele considera que esse caráter diretamente social é central aos processos históricos que caracterizam o capitalismo, nos quais são desenvolvidos poderes e riqueza socialmente gerais, mas à custa dos indivíduos:

> De fato, na época da história que precede diretamente a reconstrução consciente da sociedade humana, foi somente por meio do mais colossal desperdício de desenvolvimento individual que se garantiu e se buscou o desenvolvimento da humanidade em geral. Dado que toda a economia que estamos discutindo aqui resulta do caráter social do trabalho, é precisamente esse caráter imediatamente social que produz esse desperdício da vida e saúde do trabalhador.[18]

---

[17] Idem.

[18] Karl Marx, *Capital* (trad. David Fernbach, Londres, Penguin, 1981), Livro III, p. 182 (grifos meus) [ed. bras.: *O capital*, Livro III, trad. Rubens Enderle, São Paulo, Boitempo, no prelo].

Começamos a descobrir uma oposição notável. Conforme interpretações de valor, como categoria de mercado, o trabalho é diretamente social em todas as sociedades, *exceto* no capitalismo; ainda assim, de acordo com Marx, *somente* no capitalismo o trabalho tem uma dimensão diretamente social. Aquilo que, conforme a abordagem tradicional, seria realizado na superação do capitalismo, é precisamente o que, de acordo com Marx, deveria ser abolido.

Uma preocupação central deste livro é examinar essa diferença básica analisando a concepção de Marx da dimensão diretamente social do trabalho no capitalismo. Anteciparei essa análise resumindo-a aqui: na estrutura da teoria crítica madura de Marx, o trabalho no capitalismo é diretamente social porque age como uma atividade de mediação social. Essa qualidade, que é historicamente única, distingue o trabalho no capitalismo do trabalho em outras sociedades e determina o caráter das relações sociais na formação capitalista. Longe de significar a ausência de mediação (ou seja, a existência de relações sociais não mediadas), o caráter diretamente social do trabalho constitui uma forma de mediação social específica do capitalismo.

A crítica de Marx ao capitalismo, como já observado, não deve ser entendida como uma crítica do modo atomizado de existência social individual naquela sociedade do ponto de vista da coletividade de que as pessoas são partes componentes. Em vez disso, ela analisa a sociedade capitalista em termos de uma oposição entre os indivíduos isolados e a coletividade social. A crítica se aplica aos dois termos; ela afirma que eles são estruturalmente relacionados e que formam uma oposição específica do capitalismo. A análise crítica de Marx dessa oposição é desenvolvida do ponto de vista da possibilidade histórica da sua superação, representado pela noção marxiana do indivíduo social. Pela mesma razão, vemos agora que a crítica marxiana do trabalho no capitalismo não é uma crítica do caráter privado do trabalho sob o ponto de vista do trabalho diretamente social; pelo contrário, é uma crítica do trabalho privado e do trabalho imediatamente social como complementares, como termos unilaterais de uma oposição elementar que caracteriza a sociedade capitalista.

Essa interpretação de Marx sugere não ser adequado conceber as relações sociais – ou seja, as formas de interdependência social – como diretas ou indiretas. Marx critica a natureza da mediação social no capitalismo, e não a da circunstância de as relações sociais serem mediadas. A interdependência social é sempre mediada (interdependência não mediada é uma contradição em termos). O que caracteriza a sociedade é o caráter específico dessa mediação, das suas relações sociais. A análise de Marx é uma crítica das relações sociais mediadas pelo trabalho sob o ponto de vista da possibilidade historicamente emergente de outras mediações sociais e políticas. Como tal, ela é uma teoria crítica das formas de mediação social, não uma crítica da mediação do ponto de vista da imediação. Assim, essa interpretação evita as armadilhas da segunda posição: a visão de uma possível sociedade pós-capitalista, em termos de superação da

68 Tempo, trabalho e dominação social

mediação *per se*, pode levar a uma visão essencialmente apolítica do socialismo, seja ela da variedade estatizante ou da comunitária utópica[19]. Ademais, a crítica marxiana, vista como crítica de uma forma específica de mediação, e não da mediação em si, está de acordo com o interesse em formas possíveis de mediação social e política numa sociedade pós-capitalista; de fato, ao fundamentar social e historicamente esse interesse, essa teoria torna-o capaz de avaliar a viabilidade histórica e as consequências sociais de possíveis formas pós-capitalistas.

Esbocei uma teoria cujo objeto essencial de investigação crítica é a forma historicamente específica de trabalho, uma teoria para a qual a forma de trabalho permanece um ponto de partida não examinado de um estudo crítico das formas de distribuição. Essas diferenças se relacionam com as divergências entre a visão de socialismo apresentada nos *Grundrisse* – na qual as formas de riqueza e trabalho específicas do capitalismo seriam abolidas com a superação daquela formação – e a que é implicada por uma interpretação de valor como categoria de mercado, segundo a qual as mesmas formas de riqueza e trabalho que são distribuídas por mediação no capitalismo seriam coordenadas diretamente no socialismo. A extensão dessa divergência exige que eu ainda investigue as premissas das teorias críticas do modo de distribuição, o que eu farei comparando a crítica de Marx com a da economia política clássica.

Ricardo e Marx

Em *Political Economy and Capitalism*, Maurice Dobb oferece uma definição da lei de valor semelhante à dada por Sweezy:

> A lei de valor era um princípio de relações de troca entre mercadorias, inclusive a força de trabalho. Era simultaneamente um determinante do modo em que o trabalho era alocado entre diferentes indústrias na divisão social geral do trabalho e da distribuição de produtos entre as classes.[20]

Ao interpretar valor como categoria de mercado, Dobb caracteriza o capitalismo essencialmente como um sistema de regulação social não consciente. A lei do valor, de acordo com Dobb, indica que "um sistema de produção e troca de mercadorias pode

---

[19] Para uma discussão mais longa dessa questão, ver Jean Cohen, *Class and Civil Society: The Limits of Marxian Critical Theory* (Amherst, University of Massachusetts Press, 1982). Apesar de identificar a visão tradicional da superação da mediação com a crítica de Marx, o intento estratégico de Cohen, ao criticar a noção de que a mediação poderia ser transcendida, é paralelo à minha interpretação dessa noção.

[20] Maurice Dobb, *Political Economy and Capitalism*, cit., p. 70-1.

PRESSUPOSTOS DO MARXISMO TRADICIONAL 69

operar por si só, sem regulação coletiva nem propósito único"[21]. Ele descreve a operação desse modo "automático" de distribuição com referência às teorias da economia política clássica[22]: a lei de valor mostra que "essa disposição da força de trabalho social não era arbitrária, mas seguia uma lei determinada de custo em virtude da 'mão invisível' de forças competitivas de Adam Smith"[23]. A formulação de Dobb deixa explícito o que está implícito nas interpretações da lei do valor de Marx – o fato de essa lei ser basicamente semelhante à "mão invisível" de Adam Smith. A questão é, entretanto, se as duas podem realmente ser identificadas. Dito de forma mais geral: qual é a diferença entre a economia política clássica e a crítica de Marx da economia política?

Os economistas clássicos, de acordo com Dobb, "ao demonstrar as leis do *laissez--faire* ofereceram uma crítica das ordens anteriores da sociedade; mas não ofereceram uma crítica histórica do próprio capitalismo"[24]. Esta última tarefa foi a contribuição de Marx[25]. Tal como está, há pouco a objetar na declaração de Dobb. Entretanto, é necessário especificar o que Dobb quer dizer com a crítica social em geral e a crítica do capitalismo em particular.

De acordo com Dobb, o elemento crítico fundamental da economia política era indicar que a regulação da sociedade pelo Estado, apesar de considerada essencial sob o mercantilismo, era desnecessária[26]. Ademais, ao mostrar que as relações que controlam o comportamento dos valores de troca são relações entre pessoas na condição de produtores, a economia tornou-se primariamente uma teoria da produção[27]. Ela implicava que uma classe consumidora, que não tinha nenhuma relação ativa com a produção de mercadorias, não desempenhava papel econômico positivo na sociedade[28]. Assim, os ricardianos, por exemplo, podiam usar a teoria para atacar os interesses vinculados à terra pois, na visão deles, os únicos fatores ativos na produção são o trabalho e o capital – mas não a renda agrária[29]. Em outras palavras, a noção de Dobb de crítica social é uma crítica de agrupamentos sociais não produtivos do ponto de vista da produtividade.

---

[21]   Ibidem, p. 37.

[22]   Ibidem, p. 9.

[23]   Ibidem, p. 63.

[24]   Ibidem, p. 55.

[25]   Idem.

[26]   Ibidem, p. 49.

[27]   Ibidem, p. 38-9.

[28]   Ibidem, p. 50.

[29]   Idem.

70 TEMPO, TRABALHO E DOMINAÇÃO SOCIAL

A crítica histórica do capitalismo de Marx, de acordo com Dobb, envolveu a tomada de uma teoria clássica do valor e, refinando-a, aplicou contra a burguesia. Marx, afirma, foi além dos ricardianos ao mostrar que o lucro não podia ser explicado com referência a nenhuma propriedade intrínseca do capital, e que somente o trabalho era produtivo[30]. No centro do argumento de Marx está o conceito de mais-valor. Ele partiu de uma análise da estrutura de classes da sociedade capitalista – em que os membros de uma classe numerosa não têm propriedade e são forçados a vender sua força de trabalho para sobreviver – e em seguida mostrou que o valor da força de trabalho como mercadoria (a quantidade necessária para sua reprodução) é menor que o valor produzido pelo trabalho em ação[31]. A diferença entre os dois constitui o mais-valor apropriado pelos capitalistas.

Ao localizar a diferença entre a análise de Marx e economia política clássica na teoria do mais-valor, Dobb admite que as duas têm em comum teorias substancialmente idênticas do valor e da lei do valor. Assim, ele afirma que Marx "tomou posse" da teoria de valor da economia política[32] e a desenvolveu mostrando que o lucro é função apenas do trabalho[33]. Consequentemente, "a diferença essencial entre Marx e a economia política clássica estava [...] na teoria do mais-valor"[34]. De acordo com essa interpretação muito comum, "a teoria de valor de Marx é uma versão mais refinada e consistente da teoria de valor do trabalho de Ricardo"[35]. Portanto, sua lei de valor tem também uma função semelhante – explicar a operação do modo *laissez-faire* de distribuição em termos do trabalho. Entretanto, o próprio Dobb mostra que embora a categoria de valor e a lei do valor desenvolvida pela economia política clássica ofereçam uma crítica das ordens anteriores da sociedade, elas não oferecem sozinhas a base de uma crítica histórica do capitalismo[36]. Então, a implicação dessa posição é que a crítica de Marx do capitalismo ainda não é expressa pelas categorias com que ele começou sua crítica da economia política – categorias como mercadoria, trabalho

---

[30] Ibidem, p. 58.

[31] Ibidem, p. 58-62.

[32] Ibidem, p. 67.

[33] Ibidem, p. 56, 58.

[34] Ibidem, p. 75.

[35] Ver, por exemplo, Ernest Mandel, *The Formation of Economic Thought of Karl Marx*, cit., p. 82-8; Paul Walton e Andrew Gamble, *From Alienation to Surplus Value* (Londres, Sheed and Ward, 1972), p. 179; George Lichtheim, *Marxism: An Historical and Critical Study* (Nova York/ Washington, Praeger, 1965), p. 172s.

[36] Maurice Dobb, *Political Economy and Capitalism*, cit., p. 55.

PRESSUPOSTOS DO MARXISMO TRADICIONAL 71

abstrato e valor são desenvolvidas no nível lógico inicial da sua análise[37]. Pelo contrário, esse nível da sua análise é implicitamente tomado como prefácio de uma crítica; presumivelmente, ele apenas prepara o terreno para a "crítica real", que começa pela introdução da categoria mais-valor[38].

A questão de se as categorias iniciais da análise marxiana expressam uma crítica do capitalismo está relacionada à questão de se elas fundamentarem teoricamente a característica dinâmica histórica daquela sociedade[39]. De acordo com Oskar Lange, por exemplo, a superioridade real da economia marxiana está "no campo da explicação e antecipação de um processo de evolução econômica"[40]. Ainda assim, partindo de uma interpretação da lei de valor semelhante a de Dobb e Sweezy, Lange argumenta que "o significado econômico da teoria do valor-trabalho [...] nada mais é que uma teoria estática do equilíbrio econômico"[41]. Como tal, ela só é realmente aplicável à economia de trocas pré-capitalista de pequenos produtores independentes e não é capaz de explicar o desenvolvimento capitalista[42]. A base real da análise de Marx sobre a dinâmica do capitalismo, de acordo com Lange, é um dado institucional: a divisão da população em uma classe que possui os meios de produção, e uma classe que só possui a sua força de trabalho[43]. É por essa razão que o lucro capitalista só pode existir numa economia progressista[44]. O progresso técnico resulta das necessidades dos capitalistas de evitar

---

[37] Essa posição está intimamente ligada à interpretação espúria dos primeiros capítulos d'*O capital* como uma análise de um estágio pré-capitalista de "simples produção de mercadorias". Discutirei essa questão com mais detalhes a seguir.

[38] Martin Nicolaus fornece um exemplo mais recente dessa abordagem: na introdução da sua tradução dos *Grundrisse*, Nicolaus afirma que "com o conceito de 'força de trabalho', Marx resolve a contradição intrínseca da teoria clássica de valor. Ele preserva o que é bom nela, a saber, a determinação do valor pelo tempo de trabalho [...]. Ao romper as limitações nela contidas, Marx transformou a velha teoria no seu oposto; de uma legitimação da dominação burguesa na teoria [...] que explica como a classe capitalista enriquece com o trabalho dos operários". Martin Nicolaus, "Introdução", em Karl Marx, *Grundrisse: Foundations of the Critique of Political Economy* (trad. Martin Nicolaus, Londres, Penguin, 1973, p. 46).

[39] Ver Henryk Grossman, *Marx, die klassische Nationalökonomie und das Problem der Dynamik* (Frankfurt, Europäische Verlagsanstalt, 1969).

[40] Oskar Lange, "Marxian Economics and Modern Economic Theory", em David Horowitz (org.), *Marx and Modern Economics* (Londres, MacGibbon & Kee, 1968), p. 76. (Esse artigo foi publicado na edição de junho de 1935 de *The Review of Economic Studies*.)

[41] Idem.

[42] Ibidem, p. 78-9.

[43] Ibidem, p. 81.

[44] Ibidem, p. 82.

que os salários cresçam a ponto de engolir os lucros[45]. Em outras palavras, partindo da interpretação comum da teoria do valor de Marx como essencialmente parecida com a da economia política clássica, Lange argumenta que existe uma lacuna entre os "conceitos econômicos específicos" estáticos usados por Marx e sua "especificação definida da estrutura em que se desenvolve o processo econômico na sociedade capitalista"[46]. Somente esta última é capaz de explicar a dinâmica histórica da formação social. A lei do valor, de acordo com Lange, é uma teoria de equilíbrio; como tal, ela nada tem a ver com a dinâmica de desenvolvimento do capitalismo.

Vimos que, se a teoria marxiana de valor for basicamente a mesma da economia política clássica, ela não fornece diretamente, nem pode fornecer, a base para uma crítica histórica do capitalismo nem para uma explicação do seu caráter dinâmico. (Então, por implicação, a minha reinterpretação deve mostrar que as categorias marxianas básicas desenvolvidas no nível lógico inicial da sua análise são de fato críticas do capitalismo e implicam uma dinâmica histórica imanente.)

De acordo com as interpretações resumidas até agora, a teoria de Marx do valor-trabalho desmistifica (ou "*desfetichiza*") a sociedade capitalista revelando ser o trabalho a verdadeira fonte de toda riqueza social. Essa riqueza é distribuída "automaticamente" pelo mercado e é apropriada pela classe capitalista de maneira não aberta. O significado essencial da crítica de Marx é, portanto, revelar sob a aparência de troca de equivalentes a existência da exploração de classe. Considera-se que o mercado e a propriedade privada dos meios de produção são as relações capitalistas de produção essenciais, expressas pelas categorias do valor e mais-valor. A dominação social é tratada como função da dominação de classe que, por sua vez, está enraizada na "propriedade privada na terra e no capital"[47]. No âmbito dessa estrutura geral, as categorias do valor e mais-valor expressam como o trabalho e seus produtos são distribuídos numa sociedade de classe baseada no mercado. Mas eles não são interpretados como categorias de formas *particulares* de riqueza e trabalho.

Qual é a base dessa crítica do modo burguês de distribuição e apropriação? Nas palavras de Dobb, ela é uma "teoria da produção"[48]. Como já vimos, Dobb considera ser essa a teoria que, ao identificar as classes que verdadeiramente contribuem produtivamente para a sociedade econômica, oferece uma base para colocar em questão o papel das classes não produtivas. A economia política clássica, pelo menos na forma ricardiana, mostrou que a classe dos grandes proprietários de terras não era produtiva; Marx, ao desenvolver a teoria do mais-valor, fez o mesmo com a burguesia.

---

[45] Ibidem, p. 84.

[46] Ibidem, p. 74.

[47] Maurice Dobb, *Political Economy and Capitalism*, cit., p. 78.

[48] Ibidem, p. 39.

PRESSUPOSTOS DO MARXISMO TRADICIONAL **73**

Deve-se notar, e isso é crucial, que essa posição implica que o caráter da crítica de Marx sobre o capitalismo é basicamente idêntico ao da crítica burguesa sobre as ordens anteriores da sociedade. Nos dois casos, trata-se de uma crítica das relações sociais sob o ponto de vista do trabalho. Mas, se o trabalho é o ponto de vista da crítica, ele não é, nem pode ser, seu objeto. O que Dobb chama de "teoria da produção" gera uma crítica não da produção, mas do modo de distribuição, e o faz baseado numa análise da "verdadeira" fonte produtiva da riqueza, o trabalho.

Nesse ponto, pode-se perguntar se a crítica marxiana é fundamentalmente semelhante em estrutura à economia política clássica. Como já vimos, esse entendimento pressupõe que a teoria marxiana de valor é idêntica à da economia política; portanto, sua crítica do capitalismo ainda não é expressa pelo nível lógico inicial da sua análise. Vista assim, a crítica de Marx começa mais tarde na exposição da sua teoria em *O capital*, a saber, na distinção que faz entre as categorias de trabalho e força de trabalho e, por associação, no seu argumento de que o trabalho é a única fonte de mais-valor. Em outras palavras, considera-se que sua crítica se interessa primariamente em demonstrar que a exploração é estruturalmente intrínseca ao capitalismo. O pressuposto de que a categoria de valor de Marx é basicamente a mesma de Ricardo indica que suas concepções do trabalho que constitui valor devem também ser basicamente idênticas. A ideia de que o trabalho é a fonte da riqueza e o ponto de vista de uma crítica social é, como já observado, típica da crítica social burguesa e tem origem nos textos de John Locke e encontrou sua expressão mais consistente na economia política de Ricardo. A leitura tradicional de Marx – que interpreta suas categorias como as da distribuição (o mercado e a propriedade privada) e identifica as forças de produção no capitalismo com o processo (industrial) de produção – depende, em última análise, da identificação da noção de trabalho como fonte de valor de Ricardo, com a de Marx.

Mas essa identificação é enganosa. A diferença *essencial* entre a crítica de Marx da economia política e a economia política clássica é exatamente o tratamento do trabalho.

É verdade que, ao examinar a análise de Ricardo, Marx o elogia assim:

> A base, o ponto de partida da fisiologia do sistema burguês [...] é a determinação do *valor pelo tempo de trabalho*. Ricardo começa com isso e força a ciência [...] a examinar como ficam as coisas com a contradição entre os movimentos aparentes e reais do sistema. Esse é então o grande significado histórico de Ricardo para a ciência.[49]

Mas essa homenagem não implica, de forma alguma, que Marx tenha adotado a teoria do valor-trabalho de Ricardo. Nem se devem entender as diferenças entre os dois

---

[49] Karl Marx, *Theories of Surplus Value* (trad. Renate Simpson, Moscou, Progress, 1968), parte 2, p. 166 [ed. bras.: *Teorias da mais-valia: história crítica do pensamento econômico*, trad. Reginaldo Sant'Anna, São Paulo, Bertrand Brasil, 1987].

74 TEMPO, TRABALHO E DOMINAÇÃO SOCIAL

apenas em termos dos métodos diferentes de apresentação analítica. É verdade que, no que se refere a Marx, a exposição de Ricardo avançou depressa e diretamente demais da determinação da grandeza do valor pelo tempo de trabalho até a consideração de se outras relações e categorias econômicas contradizem ou modificam essa determinação[50]. Marx age de modo diferente: no final do primeiro capítulo de *Contribuição à crítica da economia política*, relaciona as principais objeções à teoria do valor-trabalho e afirma que elas serão respondidas pelas suas teorias de salário, capital, concorrência e renda[51]. Essas teorias são expostas por categoria ao longo dos três livros d'*O capital*. No entanto, seria enganoso sustentar, como Mandel, que elas representam "a contribuição própria de Marx para o desenvolvimento da teoria econômica"[52] – como se Marx tivesse se limitado a repassar a teoria de Ricardo e não tivesse desenvolvido uma crítica fundamental dela.

A principal diferença entre Ricardo e Marx é muito mais fundamental. Marx não se limita a tornar mais consistente "a determinação do valor de troca pelo tempo de trabalho"[53]. Afinal, depois de ter adotado e refinado a teoria do valor-trabalho de Ricardo, Marx o critica por ter postulado uma noção indiferenciada de "trabalho" como fonte de valor sem ter examinado em mais detalhe a especificidade do trabalho produtor de mercadoria:

> Ricardo parte da determinação dos valores relativos (ou valores de troca) das mercadorias pela "*quantidade de trabalho*". [...] Mas *Ricardo não examina* a forma – a característica peculiar do trabalho que cria o valor de troca ou se manifesta em valores de troca – a natureza desse trabalho.[54]

Ricardo não reconheceu a determinação histórica da forma do trabalho associada com a forma-mercadoria das relações sociais, mas, pelo contrário, a trans-historizou: "Ricardo considera a forma burguesa de trabalho como a forma natural e eterna do

---

[50] Ibidem, p. 164.

[51] As objeções relacionadas por ele são as seguintes: primeira, dado o tempo de trabalho como a medida imanente de valor, como os salários serão determinados nessa base? Segunda, como a produção baseada no valor de troca determinado apenas pelo tempo de trabalho pode levar ao resultado de ser o valor de troca do trabalho inferior ao valor de troca do seu produto? Terceira, como, com base no valor de troca, poderia surgir um preço de mercado diferente desse valor de troca? (Em outras palavras, valores e preços não são idênticos.) Quarta, como pode acontecer de mercadorias que não contêm trabalho terem valor de troca? (Ver *Contribuição à crítica da economia política*, cit., p. 191-2.) Muitos críticos da teoria de valor de Marx parecem não saber que ele reconhece esses problemas para não mencionarem as suas soluções propostas.

[52] Ernest Mandel, *The Formation of Economic Thought of Karl Marx*, cit., p. 82-3.

[53] Karl Marx, *Contribuição à crítica da economia política*, cit., p. 91.

[54] Idem, *Theories of Surplus Value*, cit., parte 2, p. 164.

Pressupostos do marxismo tradicional 75

trabalho social"[55]. E é precisamente essa concepção trans-histórica do trabalho constituinte de valor que impede uma análise adequada da formação social capitalista.

A forma de valor do produto do trabalho é a forma mais abstrata, mas também mais geral do modo burguês de produção, que assim se caracteriza como um tipo particular de produção social e, ao mesmo tempo, um tipo histórico. Se tal forma é tomada pela forma natural eterna da produção social, também se perde de vista necessariamente a especificidade da forma de valor, e assim também da forma-mercadoria e, num estágio mais desenvolvido, da forma-dinheiro, da forma-capital etc.[56]

Uma análise adequada do capitalismo só será possível, de acordo com Marx, se partir de uma análise do caráter historicamente específico do trabalho no capitalismo. A determinação inicial e básica dessa especificidade é o que Marx chama de "duplo caráter" do trabalho determinado por mercadoria.

> O melhor com relação ao meu livro é 1. (o entendimento *total* dos fatos depende disso) o *duplo caráter do trabalho* dependendo de ele se expressar como valor de uso ou valor de troca – como já enfatizado no *primeiro* capítulo; 2. O tratamento da mais valia *independentemente das suas formas particulares*, como lucros, juros, renda etc.[57]

Na segunda parte deste livro desenvolverei uma discussão extensa da noção de Marx do "duplo caráter" do trabalho no capitalismo. Neste ponto notarei apenas que, de acordo com o relato do próprio Marx, sua crítica do capitalismo não começa com a introdução da categoria de mais-valor; ela começa no primeiro capítulo d'*O capital* com a sua análise da especificidade do trabalho determinado por mercadoria. Isso marca a distinção fundamental entre a crítica de Marx e a economia política clássica, distinção de que depende o "entendimento total dos fatos". Smith e Ricardo, de acordo com Marx, analisaram a mercadoria em termos de uma noção indiferenciada de "trabalho"[58] como "*Arbeit sans phrase*"[59]. Se sua especificidade histórica não for reconhecida, o trabalho no capitalismo será considerado de maneira trans-histórica e, em última análise, acrítica como "'o' trabalho"[60], ou seja, como "a atividade produtiva dos seres humanos em geral, pela qual eles medeiam seu metabolismo material com

---

[55] Idem, *Contribuição à crítica da economia política*, cit., p. 90.

[56] Idem, *O capital*, cit., Livro I, nota 32, p. 155.

[57] Marx para Engels, 24 de agosto de 1867, em *Marx-Engels Werke* (a partir de agora MEW), v. 31 (Berlim, Dietz, 1956-1968), p. 326.

[58] Karl Marx, "Results of the Immediate Process of Production"cit., p. 992.

[59] Marx para Engels, 8 de janeiro 1868, *MEW*, v. 32, p. 11.

[60] Karl Marx, *Capital*, cit., Livro III, p. 954.

76 Tempo, trabalho e dominação social

a natureza, despojado [...] de toda forma social e caráter determinado"[61]. Mas, de acordo com Marx, o trabalho social *per se* – "a atividade produtiva dos seres humanos em geral" — é um reles fantasma, uma abstração que, considerada por si só, não existe de forma alguma[62].

Então, contrariamente à interpretação comum, Marx não adota a teoria do valor--trabalho de Ricardo, torna-a mais consistente e a usa para provar que o lucro é criado apenas pelo trabalho. Ele escreve uma *critique* da economia política, uma crítica imanente da teoria do valor-trabalho clássica. Marx toma as categorias da economia política clássica e desvela sua base social historicamente específica não examinada. Assim, ele as transforma de categorias trans-históricas da constituição de riqueza em categorias críticas da especificidade das formas de riqueza e relações sociais no capitalismo. Ao analisar o valor como uma forma historicamente determinada de riqueza, e expor a natureza "dupla" do trabalho que a constitui, Marx argumenta que o trabalho que cria valor não pode ser adequadamente entendido como trabalho tal como é geralmente entendido, ou seja, como uma atividade intencional que muda a forma da matéria de uma maneira determinada[63]. Ou melhor, o trabalho no capitalismo possui uma dimensão social adicional. O problema, de acordo com Marx, é que, apesar de o trabalho determinado por mercadoria ser social e historicamente específico, ele se apresenta numa forma trans-histórica como uma atividade que medeia entre seres humanos e natureza, como "trabalho". Então, a economia política clássica se baseou na forma trans-histórica da aparência de uma forma social historicamente determinada.

É crucial a diferença entre uma análise baseada na noção de "trabalho", como na economia política clássica, e outra baseada no conceito do duplo caráter, concreto e abstrato, do trabalho no capitalismo; nas palavras de Marx, esse é "todo o segredo da concepção crítica"[64]. Ela resume a diferença entre uma crítica social que parte do ponto de vista do "trabalho", um ponto de vista que não é ele próprio examinado, e outra em que *a forma do trabalho em si* é objeto de investigação crítica. A primeira permanece confinada nos limites da formação social capitalista, ao passo que a segunda aponta além dela.

---

[61] Idem.

[62] Idem.

[63] "Os economistas, sem exceção, não entenderam a questão simples segundo a qual se a mercadoria é uma dualidade de valor de uso e valor de troca, o trabalho representado na mercadoria tem também de ter duplo caráter, ao passo que a mera análise de trabalho *sans phrase*, como em Smith, Ricardo etc. deverá por toda parte enfrentar o inexplicável. Esse é, na verdade, todo o segredo da concepção crítica". Marx para Engels, 8 de janeiro de 1868, *MEW*, v. 32, p. 11.

[64] Idem.

Se a economia política clássica oferece a base para uma crítica da sociedade do ponto de vista do "trabalho", a crítica da economia política resulta numa crítica daquele ponto de vista. Portanto, Marx não aceita a formulação de Ricardo do objetivo da investigação político-econômica, a saber, "determinar as leis que regulam essa distribuição" da riqueza social entre as várias classes da sociedade[65], pois tal investigação toma como verdadeira a forma do trabalho e da riqueza. Pelo contrário, em sua crítica Marx redefine o objeto da investigação. O centro do seu interesse passa a ser as formas de trabalho, riqueza e produção no capitalismo, e não somente a forma de distribuição.

A redeterminação fundamental de Marx sobre o objeto da investigação crítica também implica uma importante reconceituação analítica da estrutura da ordem social capitalista.

A economia política clássica expressou a crescente diferenciação histórica entre Estado e sociedade civil e se interessou pela segunda esfera. Já se argumentou que a análise de Marx foi uma continuação desse estudo e que ele identificou a sociedade civil como a esfera social governada pelas formas estruturantes do capitalismo[66]. Como elaborarei adiante, as diferenças entre as abordagens de Marx e as da economia política sugerem que ele tenta ir além da conceituação da sociedade capitalista em termos da oposição entre Estado e sociedade civil. A crítica de Marx da economia política (escrita depois da ascensão da produção industrial em larga escala) argumenta de maneira implícita que o que é central à sociedade capitalista é o seu caráter direcionalmente dinâmico, uma dimensão da vida social moderna que não pode ser adequadamente baseada em nenhuma dessas esferas diferenciadas da sociedade moderna. Ele prefere tentar entender essa dinâmica delineando *outra* dimensão social da sociedade moderna. É essa a significância fundamental da sua análise da produção. Marx investiga a esfera da sociedade civil, mas em termos das relações burguesas de *distribuição*. Sua análise da especificidade do trabalho no capitalismo e das relações capitalistas de *produção* tem outro objetivo teórico; é uma tentativa de basear e explicar a *dinâmica histórica* da sociedade capitalista. Portanto, a análise de Marx sobre a esfera da produção não deve ser entendida em termos de "trabalho" nem consideradas como privilegiando o "ponto de produção" sobre outras esferas da vida social. (De fato, ele indica que a produção no capitalismo não é um processo puramente técnico regulado pelas relações sociais, mas que incorpora essas relações; ele determina e é determinado por elas.) Como tentativa de elucidar a dimensão social historicamente dinâmica da sociedade capitalista, a análise de Marx da produção argumenta implicitamente que essa dimensão não pode ser entendida em termos de Estado ou sociedade civil. Pelo contrário,

---

[65] David Ricardo, *Principles of Political Economy and Taxation*, (org. Piero Sraffa e Maurice Dobb, Cambridge, University Press for the Royal Economic Society, 1951), p. 5.

[66] Ver, por exemplo, Jean Cohen, *Class and Civil Society*, cit.

78 Tempo, trabalho e dominação social

a dinâmica histórica do capitalismo desenvolvido embute e transforma cada vez mais essas duas esferas. Portanto, não está em questão a importância relativa "da economia" e "do Estado", mas a natureza da mediação social no capitalismo, e a relação entre essa mediação e a dinâmica direcional característica dessa sociedade.

"Trabalho", riqueza e constituição social

Interpretar o valor como, antes de mais nada, uma categoria do modo de distribuição mediado pelo mercado – como faz o marxismo tradicional – implica que a categoria marxiana de valor e seu entendimento do trabalho criador de valor são idênticos aos da economia política clássica. Mas já vimos que Marx distingue a sua categoria da análise da economia política exatamente com relação à questão do trabalho constituinte de valor, e critica a economia política por conceituar o trabalho no capitalismo como "trabalho" trans-histórico. Essa distinção é fundamental, pois acentua as diferenças entre duas formas basicamente diferentes de crítica social. A importância dessas diferenças se tornará mais clara quando eu elaborar o papel desempenhado pelo "trabalho" na crítica tradicional e delinear algumas de suas implicações.

Já argumentei que se o "trabalho" é o ponto de vista de uma teoria crítica, o enfoque da crítica torna-se necessariamente o modo da distribuição e apropriação do trabalho e de seus produtos[67]. De um lado, as relações sociais que caracterizam o capitalismo são vistas como extrínsecas ao trabalho em si (por exemplo, as relações de propriedade); de outro, o que é representado como a especificidade do trabalho no capitalismo é, na verdade, a especificidade da forma como ele é distribuído[68]. Entretanto, a teoria de

---

[67] Um exemplo extremo disso é oferecido por Dobb: "Ainda mais essencialmente do que em Ricardo, o seu [de Marx] interesse estava nos movimentos das principais classes de renda da sociedade como chave das 'leis de movimento da sociedade capitalista', que sua análise foi desenvolvida primariamente para revelar" (Maurice Dobb, *Political Economy and Capitalism*, cit., p. 23). Porém, na análise de Marx, o problema da renda – a distribuição entre as diversas classes da sociedade de mais-valor criado por somente uma dessas classes – é investigado no livro III d'*O capital*, ou seja, depois de terem sido investigadas a forma de valor da produção e sua dinâmica imanente. Esta última representa o nível lógico em que se desenvolvem as "leis de movimento"; a primeira é parte de uma tentativa de indicar como essas "leis" prevalecem por trás das costas dos atores sociais – apesar de eles desconhecerem valor e sua operação.

[68] A crítica unilateral do modo de distribuição raramente foi reconhecida como tal, o que pode ser visto, por exemplo, num artigo de Rudolf Hilferding – "Zur Problemstellung der theoretischen Ökonomie bei Karl Marx", *Die Neue Zeit* 1904-1905, 23, n. 1, p. 101-12 – em que ele tenta elucidar a diferença entre Marx e Ricardo. No processo, ele criticou os socialistas, como Ricardo, que se interessam primariamente pelo problema da distribuição (p. 103). Ainda assim, apesar das

PRESSUPOSTOS DO MARXISMO TRADICIONAL 79

Marx leva a um conceito muito diferente das relações básicas do capitalismo. Ademais, como veremos, o que ele analisa como sendo específico do trabalho no capitalismo é o que o marxismo tradicional atribui ao "trabalho" entendido trans-historicamente como uma atividade que medeia as interações dos seres humanos com a natureza. Consequentemente, a crítica tradicional atribui ao trabalho enorme significância para a sociedade humana e para a história – e o faz de uma forma que, do ponto de vista da interpretação desenvolvida neste livro, é essencialmente metafísica e obscurece o papel social específico desempenhado pelo trabalho no capitalismo.

Em primeiro lugar, a interpretação tradicional toma o "trabalho" como a fonte trans-histórica da riqueza social. Esse pressuposto está na base de interpretações como a de Joan Robinson, que afirma, de acordo com Marx, que a teoria do valor-trabalho vai se realizar sob o socialismo[69]. Mas essa interpretação também é característica de posições como a de Dobb, que não atribui validade trans-histórica à categoria do valor, mas interpreta-a somente em termos de mercado. Essa posição, que considera a

---

aparências, a crítica de Hilferding não é feita do ponto de vista de uma crítica da produção. Ele enfatiza que, diferentemente de Marx, Ricardo não pesquisou a forma da riqueza no capitalismo (p. 104), postulou como dadas, naturais e imutáveis as relações de produção (p. 109), e se interessou somente pela distribuição (p. 103). Mas somente a um primeiro exame sua posição parece ser a mesma defendida aqui. Um exame mais detalhado revela que a interpretação de Hilferding é basicamente a de uma crítica do modo de distribuição; sua investigação da forma da riqueza não está relacionada a um exame da produção, que ele considera apenas a relação entre pessoas e natureza (p. 104-5); pelo contrário, ele interpreta a forma da riqueza apenas em termos da forma que o produto assume *depois* de ter sido produzido, como função de um mercado autor-regulado (p. 105s.). Portanto, Hilferding não tem realmente uma noção de valor como forma social de riqueza diferente da riqueza material; ele encara valor como uma diferente *forma da aparência* (a mesma forma) de riqueza (p. 104). Numa disposição semelhante, ele interpreta a lei de valor em termos da operação do mercado e entende as relações de produção apenas como relações sociais entre produtores privados não conscientemente reguladas mediadas pelo mercado (p. 105-10). Mais adiante, Hilferding finalmente especifica e estreita a acusação de que Ricardo só estava interessado na distribuição referindo-se à atenção de Ricardo na distribuição de produtos existentes na ordem existentes e não na distribuição de pessoas em classes opostas nas várias esferas da produção (p. 110). Em outras palavras, a crítica de Hilferding dos socialistas que enfatizam o problema da distribuição é dirigida contra os que se interessam pela distribuição justa de bens no modo existente de produção. Ele o faz de um ponto de vista que coloca em questão a estrutura de distribuição burguesa, mas não a estrutura da produção capitalista. Ele critica a crítica quantitativa da distribuição em nome de uma crítica qualitativa das relações de distribuição, mas erra na interpretação desta última como uma crítica das relações de produção.

[69] Joan Robinson, *An Essay on Marxian Economics* (2. ed., Londres/Nova York/Toronto, Macmillan/ St. Martin's Press, 1967), p. 23 [ed. bras.: Economia marxista, Rio de Janeiro, Fundo de Cultura, 1960]. Esse tipo de erro de interpretação quanto ao caráter histórico do valor na análise de Marx torna impossível uma compreensão da significância dessa categoria na crítica da economia política.

80 TEMPO, TRABALHO E DOMINAÇÃO SOCIAL

categoria do valor uma forma historicamente determinada da *distribuição de* riqueza, e não uma *forma* específica de riqueza, é trans-histórica de outra forma, já que postula implicitamente uma correlação trans-histórica entre o trabalho humano e a riqueza social; ela implica que, embora a "forma-valor" – nessa interpretação, a forma de distribuição mediada pelo mercado – devesse ser superada no socialismo, o trabalho humano direto no processo de produção continuaria necessariamente a ser a fonte de riqueza social. Diferentemente da abordagem de Marx nos *Grundrisse*, esse tipo de análise não questiona historicamente a ligação "necessária" entre o trabalho imediato e a riqueza social; também não trata categoricamente o problema do potencial de criação de riqueza da ciência e tecnologia. Portanto, a crítica marxiana da produção capitalista está fora desse entendimento. Essa posição levou a considerável confusão em torno da razão pela qual somente o trabalho deveria ser visto como constituinte de valor e de como ciência e tecnologia deveriam ser consideradas teoricamente.

Segundo essa visão, não somente o trabalho é considerado a fonte trans-histórica de riqueza, mas também aquela que estrutura a vida social. A relação entre as duas está evidente na resposta de Rudolf Hilferding à crítica de Marx feita por Eugen Böhm-Bawerk:

> Marx parte de uma consideração do trabalho na sua significância como o elemento que constitui a sociedade humana e [...] determina, em última análise, o desenvolvimento da sociedade. Ao fazê-lo ele capta, com seu princípio do valor, o fator cuja qualidade e quantidade [...] controla causalmente a vida social.[70]

"Trabalho" aqui se tornou a base ontológica da sociedade – aquela que constitui, determina e controla causalmente a vida social. Se, como afirmam as interpretações tradicionais, o trabalho for a única fonte de riqueza e o elemento constituinte essencial da vida social em todas as sociedades, a diferença entre as várias sociedades só poderia ser função das diferentes maneiras em que prevalece esse elemento regulador – seja numa forma velada e "indireta", seja (preferivelmente) numa forma aberta e "direta". Como afirma Hilferding:

> O alcance da análise econômica está restrito à época particular do desenvolvimento social [...] em que um bem se transforma em mercadoria, ou seja, o trabalho e a disposição para ele não tenham sido elevados conscientemente a princípio regulador do metabolismo e predominância sociais, mas em que esse princípio prevalece inconsciente e automaticamente como atributo material das coisas.[71]

---

[70] Rudolf Hilferding, "Böhm-Brawerk's Criticism of Marx", em Paul M. Sweezy (org.), *"Karl Marx and the Close of His System" by Eugen Böhm-Brawerk and "Böhm-Brawerk's Criticism of Marx" by Rudof Hilferding* (Nova York, A. M. Kelley, 1949), p. 133 (tradução corrigida).

[71] Ibidem, p. 133 (tradução corrigida).

PRESSUPOSTOS DO MARXISMO TRADICIONAL 81

Esse trecho torna explícita uma implicação central das posições que caracterizam o trabalho no capitalismo de acordo com o seu caráter social indireto e consideram ser o valor uma categoria de distribuição. "Trabalho" é considerado o elemento regulador do "metabolismo social" e da distribuição do poder social. Então, a diferença entre socialismo e capitalismo, além da existência da propriedade privada dos meios de produção, é entendida essencialmente como uma questão de o trabalho ser reconhecido como aquilo que constitui e regula a sociedade – e ser conscientemente tratado como tal – ou de a regulação social ocorrer inconscientemente. Então, no socialismo o princípio ontológico da sociedade aparece abertamente, ao passo que no capitalismo ele é oculto.

Essa crítica do ponto de vista do "trabalho" tem implicações para a questão da relação entre forma e conteúdo. Dizer que a categoria do valor expressa a maneira não consciente e automática em que o "trabalho" prevalece no capitalismo é dizer que um conteúdo trans-histórico e ontológico assume várias formas históricas em várias sociedades. Um exemplo dessa interpretação é dado por Helmut Reichelt:

> Onde, entretanto, o *conteúdo* do valor e a grandeza do valor são conscientemente elevados a princípio da economia, a teoria marxiana terá perdido o seu objeto de investigação, que só pode ser apresentado e entendido como objeto *histórico* quando aquele conteúdo é concebido como o conteúdo de outras formas e, portanto, pode ser descrito separadamente da sua forma histórica de aparência.[72]

Como Hilferding, Reichelt afirma que no socialismo o conteúdo do valor do capitalismo será "conscientemente elevado a princípio da economia". Assim, a "forma" (valor) é completamente separável do "conteúdo" ("trabalho"). Segue-se que a forma é uma determinação não do trabalho, mas do modo da sua distribuição; de acordo com essa interpretação, não existe nenhuma relação intrínseca entre forma e conteúdo – nem poderia haver, dado o caráter presumivelmente trans-histórico do último.

Essa interpretação da relação entre forma e conteúdo é, ao mesmo tempo, uma interpretação da relação entre aparência e essência. O valor, na análise de Marx, expressa e oculta uma essência social – em outras palavras, como forma de aparência, ele é "mistificador". Dentro da estrutura de interpretações da noção de "trabalho", a função da crítica é desmistificar (ou *desfetichizar*) teoricamente, ou seja, revelar que, apesar das aparências, o trabalho é na verdade a fonte trans-histórica da riqueza social e o princípio regulador da sociedade. O socialismo é a "desmistificação" prática do capitalismo. Como observa Paul Matick, essa posição afirma que "é somente a *mistificação* da organização social da produção como 'lei de valor' que chega ao fim com o fim do capitalismo. Seus resultados *desmistificados* reaparecem numa economia conscientemente regulada"[73]. Em outras palavras , quando o "trabalho" é tido como a

---

[72] Helmet Reichelt, *Zur logischen Struktur des Kapitalbegriffs bei Karl Marx*, cit., p. 145.

[73] Paul Matick, *Marx and Keynes: The Limits of Mixed Economy* (Boston, Extending Horizons/Porter Sargent, 1969), p. 32.

82 TEMPO, TRABALHO E DOMINAÇÃO SOCIAL

essência trans-histórica da vida social, a mistificação é necessariamente entendida como se segue: a forma historicamente transitória que mistifica e deve ser abolida (o valor) é independente da essência trans-histórica que ela vela ("o trabalho"). A desmistificação é entendida como um processo pelo qual aparece aberta e diretamente a essência.

Entretanto, tentarei demonstrar que as características que esbocei de uma crítica social do ponto de vista do "trabalho" diferem fundamentalmente das características da crítica marxiana madura da economia política. Veremos que, de acordo com Marx, o trabalho é socialmente constituinte e determinante, mas *somente* no capitalismo. É assim por causa do seu caráter historicamente específico e não apenas por ser uma atividade que medeia as interações materiais entre os seres humanos e a natureza. O que teóricos como Hilferding atribuem ao "trabalho" é, segundo a abordagem de Marx, uma hipóstase trans-histórica da especificidade do trabalho no capitalismo. De fato, na medida em que a análise de Marx da especificidade do trabalho indica que aquilo que se apresenta como uma base ontológica trans-histórica da vida social é, na verdade, historicamente determinado, essa análise resulta numa crítica do tipo de ontologia social que caracteriza o marxismo tradicional.

A análise de Marx da especificidade do trabalho no capitalismo também gera uma abordagem da relação entre forma e conteúdo sociais diametralmente oposta à associada a uma crítica do ponto de vista do "trabalho". Já vimos que a noção de "trabalho" implica uma concepção de mistificação segundo a qual não existe relação intrínseca entre o "conteúdo" social e sua forma mistificada. Mas, na análise de Marx, formas de mistificação (do que ele chamou de "fetiche") *são* definitivamente relacionadas de maneira intrínseca com seu "conteúdo" – são tratadas como formas *necessárias* de aparência de uma "essência" que expressam e ocultam[74]. Relações sociais determinadas por mercadoria, por exemplo, são expressas necessariamente em formas fetichizadas, de acordo com Marx: as relações sociais se apresentam como "*elas são*, ou seja, [...] como relações reificadas [*sachliche*] entre pessoas e relações sociais entre coisas"[75]. Em outras palavras, as formas sociais impessoais, quase objetivas expressas por categorias como mercadoria e valor, não disfarçam somente as relações sociais "reais" do capitalismo (ou seja, as relações de classe); pelo contrário, as estruturas abstratas expressas por essas categorias *são* essas relações sociais reais.

A relação entre forma e conteúdo na crítica de Marx é necessária, não contingente. A especificidade histórica da forma de aparência implica a especificidade histórica do que expressa, pois o que é historicamente determinado não pode ser a forma necessária de aparência de um "conteúdo" trans-histórico. No centro dessa abordagem está a análise de Marx da especificidade do trabalho no capitalismo: o "conteúdo" (ou

---

[74] Ver a discussão de Marx das formas de valor relativo e equivalente em *O capital*, cit., Livro I, p. 124-46.

[75] Ibidem, p. 148.

"essência") social na análise de Marx não é o "trabalho", mas uma forma historicamente específica de trabalho.

Marx acusa a economia política de ter sido incapaz de tratar da questão da relação intrínseca e necessária entre formas sociais e conteúdo no capitalismo: "Mas ela jamais sequer colocou a seguinte questão: por que esse conteúdo assume aquela forma, e por que, portanto, o trabalho se representa no valor e a medida do trabalho, por meio de sua duração temporal, na grandeza de valor do produto do trabalho?"[76]. Sua análise da especificidade do conteúdo historicamente determinado do trabalho no capitalismo fornece um ponto de partida para sua resposta a essa pergunta. Como vamos discutir a seguir, o caráter do trabalho no capitalismo, de acordo com Marx, tem de existir na forma de valor (que, por sua vez, aparece sob outras formas). O trabalho no capitalismo aparece necessariamente de uma forma que ao mesmo tempo o expressa e o oculta. Mas interpretações baseadas numa noção indiferenciada, trans-historicizada de "trabalho" implicam uma relação contingente entre aquele "conteúdo" e a forma de valor; consequentemente, elas têm uma capacidade de enfrentar a questão da relação entre conteúdo e forma sociais, entre trabalho e valor, que não é maior que a da economia política clássica.

A relação necessária entre forma e conteúdo sociais na crítica de Marx indica que é contrário à sua análise conceber a superação do capitalismo – sua verdadeira desmistificação – de uma maneira que não envolva uma transformação do "conteúdo" que necessariamente aparece de forma mistificada. A análise implica que superar o valor e as relações sociais abstratas que lhe são associadas é inseparável da superação do trabalho que cria o valor. A "essência" apreendida pela análise de Marx não é a da sociedade humana, mas a do capitalismo; ela deve ser abolida, não realizada, na superação daquela sociedade. Mas, como já vimos, quando o trabalho no capitalismo é hipostasiado como "trabalho", superar o capitalismo é considerado em termos da libertação do "conteúdo" do valor da sua forma mistificada que, assim, permite que o "conteúdo" seja "conscientemente elevado a princípio de economia". Isso é meramente uma expressão um tanto sofisticada da oposição abstrata entre o planejamento, como princípio do socialismo, e o mercado, como princípio do capitalismo, que critiquei há pouco. Ela não explica o que deve ser planejado nem o grau em que o planejamento é realmente consciente e livre dos impedimentos da dominação estrutural. A crítica unilateral do modo de distribuição e a ontologia social trans-histórica do trabalho estão relacionadas.

Ao formular uma crítica do trabalho no capitalismo com base na análise marxiana da especificidade histórica do trabalho, Marx transformou a natureza da crítica social baseada na teoria do valor-trabalho de "positiva" para "negativa". A crítica do capitalismo que retém o ponto de partida da economia clássica – uma noção indiferenciada e trans-histórica de "trabalho" – e o usa para provar a existência estrutural da exploração

---

[76] Ibidem, p. 155.

é, em termos da sua forma, uma crítica positiva. Essa crítica das condições (exploração) e estruturas (mercado e propriedade privada) sociais existentes é conduzida com base no que também já existe ("trabalho" na forma da produção industrial). Ela pretende revelar que, apesar das aparências, o trabalho é "na verdade" social e não privado, e que o lucro é "na verdade" função apenas do trabalho. Isso está ligado a um entendimento da mistificação social segundo a qual não existe relação intrínseca entre o que está na base da sociedade capitalista ("trabalho") e as formas sociais de aparência que o ocultam. Uma crítica positiva – que critica o que existe com base no que também existe – aponta em última análise para outra variação da formação social capitalista existente. Veremos como a crítica marxiana do trabalho no capitalismo oferece a base de uma crítica "negativa" – que critica o que está com base no que poderia ser – que aponta a possibilidade de outra formação social. Nesse sentido (e só nesse sentido redutivo não sociológico), a diferença entre as duas formas de crítica social é a que existe entre uma crítica "burguesa" da sociedade e uma crítica da sociedade burguesa. Do ponto de vista da crítica da especificidade do trabalho no capitalismo, a crítica do ponto de vista do "trabalho" implica uma visão do socialismo que resulta na realização da essência da sociedade capitalista.

A CRÍTICA DA SOCIEDADE DO PONTO DE VISTA DO TRABALHO

Essas duas formas de crítica social também diferem nas suas dimensões normativas e históricas. Como já vimos, o argumento de que Marx adotou a teoria clássica do valor-trabalho, refinou-a, e assim provou que o mais-valor (e, portanto, o lucro) era uma função apenas do trabalho, é baseado numa noção indiferenciada de "trabalho". Sua crítica é considerada a do modo e das relações de distribuição – um modo de distribuição não consciente, "anárquico" – e da apropriação dissimulada e privada do excedente pela classe capitalista. A dominação social é concebida essencialmente em termos de dominação de classe. Assim, superar valor é entendido em termos da abolição de uma forma de distribuição mediada e não consciente, tornando possível um modo de vida social consciente e racionalmente regulado. Superar o mais-valor é concebido em termos da abolição da propriedade privada e, portanto, da expropriação por uma classe não reprodutiva do excedente social geral criado somente pelo trabalho: a classe trabalhadora produtiva poderia então reapropriar os resultados do seu próprio trabalho coletivo[77]. No socialismo, o trabalho surgiria abertamente como o princípio regulador da vida social, que forneceria a base de realização de uma sociedade racional e justa, baseada em princípios gerais.

---

[77] Ver, por exemplo, Maurice Dobb, *Political Economy and Capitalism*, cit., p. 76-8.

Pressupostos do marxismo tradicional **85**

Já vimos que o caráter dessa crítica é essencialmente idêntico ao da crítica burguesa inicial da aristocracia agrária e das primeiras formas de sociedade. É uma crítica normativa dos agrupamentos sociais não reprodutivos do ponto de vista dos agrupamentos que são "verdadeiramente" produtivos; torna a "capacidade de produzir" o critério de valor social. Ademais, por pressupor que a sociedade como um todo é constituída pelo trabalho, ela identifica o trabalho (ou seja, as classes trabalhadoras) com os interesses gerais da sociedade e considera os interesses da classe capitalista particulares e opostos aos interesses gerais. Por isso, o ataque teórico contra uma ordem social caracterizada como sociedade de classes, em que agrupamentos não produtivos desempenham um papel importante e dominante, tem o caráter de uma crítica do particular em nome do geral[78]. Finalmente, dado que o trabalho, segundo essa visão, constitui a relação entre a humanidade e a natureza, ela serve como o ponto de vista do qual as relações entre pessoas poderão ser julgadas: relações em harmonia com o trabalho e que refletem a sua significância fundamental são consideradas socialmente "naturais". A crítica social do ponto de vista do "trabalho" é, portanto, uma crítica de um ponto de vista quase natural, o ponto de vista de uma ontologia social. Trata-se de uma crítica do que é artificial em nome da "verdadeira" natureza da sociedade. A categoria do trabalho, no marxismo tradicional, oferece um ponto de vista normativo para uma crítica social em nome da justiça, razão, universalidade e natureza.

O ponto de vista do "trabalho" implica uma crítica histórica. Essa crítica não somente condena as relações existentes, mas pretende mostrar que elas se tornam cada vez mais anacrônicas e que a realização da boa sociedade se torna uma possibilidade real com o desenvolvimento do capitalismo. Quando o "trabalho" é o ponto de vista da crítica, considera-se que o nível histórico de desenvolvimento da produção determina a adequação relativa dessas relações existentes, que são interpretadas em termos do modo existente de distribuição. A produção industrial não é o objeto da crítica histórica, mas é postulada como a dimensão social que, cada vez mais "agrilhoada" pela propriedade privada e pelo mercado, servirá como base da sociedade socialista[79]. A contradição do capitalismo é vista como a que existe entre o "trabalho" e o modo de distribuição supostamente apreendido pelas categorias de valor e mais-valor. Dentro dessa estrutura, o curso do desenvolvimento capitalista resulta em anacronismo crescente do mercado

---

[78] Esta questão mostra a relação entre a economia política clássica e a crítica social de Saint-Simon. Momentos das duas complementam aspectos do pensamento de Hegel. Enquanto a análise marxiana madura do capitalismo resulta numa crítica imanente que aponta além do conhecido trio economia política inglesa, teoria social francesa e filosofia alemã e trata-as como formas de pensamento que se mantêm dentro dos limites da civilização capitalista, a posição marxista tradicional discutida neste livro é, sob certos aspectos, a sua síntese "crítica".

[79] Ver, por exemplo, Karl Kautsky, *Karl Marx' Öekonomische Lehren* (Stuttgart, Dietz, 1906), p. 262-3.

86 Tempo, trabalho e dominação social

e da propriedade privada – que se tornam a cada dia menos adequados às condições da produção industrial – e enseja a possibilidade da abolição dos dois. O socialismo, então, leva ao estabelecimento de um modo de distribuição – planejamento público em lugar da propriedade privada, adequado à produção industrial.

Quando o socialismo é visto como uma transformação do modo de distribuição que o torna *adequado* ao modo industrial de produção, essa adequação histórica é implicitamente considerada a condição de felicidade humana geral. Esta última é baseada no modo industrial de produção, uma vez libertado dos grilhões do "valor" (ou seja, o mercado) e da propriedade privada. Conforme essa visão, a emancipação é baseada no "trabalho" – é realizada numa formação social em que o "trabalho" efetivou o seu caráter diretamente social e emergiu abertamente como o elemento essencial da sociedade. É evidente que esse entendimento está ligado inseparavelmente ao da revolução socialista como a "recuperação" do proletariado: como o elemento produtivo da sociedade, a classe trabalhadora se realiza como a classe universal no socialismo.

Assim, a crítica normativa e histórica baseada no "trabalho" é positiva por natureza; seu ponto de vista é uma estrutura já existente de trabalho e a classe que o executa. A emancipação se realiza quando uma estrutura de trabalho já existente não é mais contida pelas relações capitalistas e usada para satisfazer a interesses particularistas, mas é sujeita ao controle consciente em nome dos interesses de todos. Portanto, a classe capitalista deve ser abolida no socialismo, mas não a classe trabalhadora; a apropriação privada do excedente e o modo de distribuição com base no mercado têm de ser negados historicamente, mas não a estrutura de produção[80].

Do ponto de vista de uma crítica do caráter específico do trabalho no capitalismo, entretanto, a crítica de uma dimensão da formação social existente do ponto de vista de outra das suas dimensões existentes – ou seja, a crítica do modo de distribuição do ponto de vista da produção industrial – tem graves problemas e consequências. Em vez de apontar além da formação social capitalista, a crítica positiva tradicional, feita do ponto de vista do "trabalho", hipostasia e projeta sobre todas as histórias e sociedades as formas de riqueza e trabalho historicamente específicas do capitalismo. Essa projeção impede a consideração da especificidade de uma sociedade em que o trabalho desempenha um papel constituinte único e torna obscura a natureza da possível superação daquela sociedade. A diferença entre os dois modos de crítica social é a que existe entre uma análise crítica do capitalismo como forma de exploração e dominação de classe *na sociedade moderna* e uma análise crítica da *forma da sociedade moderna em si*.

---

[80] Ver Maurice Dobb, *Political Economy and Capitalism*, cit., p. 75-9. Voltarei mais adiante à noção de forças de produção como o ponto de vista da crítica, mas no contexto de uma tentativa de esboçar uma crítica negativa cujo ponto de vista não é a produção tal como é, mas como poderia ser.

Esses entendimentos diferentes do capitalismo implicam abordagens diferentes da dimensão normativa da crítica. Por exemplo, minha afirmação de que uma crítica baseada no "trabalho" resulta numa projeção trans-histórica do que é específico do capitalismo implica, em outro nível, uma reconsideração histórica das concepções de razão, universalidade e justiça que servem como ponto de vista normativo da crítica. Na estrutura da crítica positiva do capitalismo, essas concepções (que foram expressas historicamente como ideais das revoluções burguesas) representam um momento não capitalista da sociedade moderna; elas não se realizaram na sociedade capitalista por causa dos interesses particularistas da classe capitalista, mas presumivelmente se realizariam no socialismo. Considera-se então que o socialismo leve à realização social geral dos ideais da sociedade moderna e, nesse sentido, represente a realização completa da sociedade moderna em si. Na segunda parte deste livro, vou argumentar que os ideais da razão, universalidade e justiça, tal como entendidos pela crítica social do marxismo tradicional e pelas primeiras críticas sociais burguesas, não representam um momento não capitalista da sociedade moderna; pelo contrário, elas devem ser entendidas em termos do tipo de constituição social efetuada pelo trabalho no capitalismo. De fato, a própria oposição – entre a universalidade abstrata e a particularidade concreta – que caracteriza a crítica tradicional, não é a que existe entre os ideais que apontam além do capitalismo e a realidade daquela sociedade; pelo contrário, como oposição, ela é uma característica da sociedade e está enraizada no próprio modo mediado pelo trabalho de constituição social.

Argumentar que essas concepções normativas podem estar relacionadas à forma de constituição social característica da sociedade capitalista, e que elas não apontam além dos limites da formação social capitalista, não significa que elas sejam artifícios que disfarçam ideologicamente os interesses da classe capitalista nem que o hiato entre esses ideais e a realidade da existência capitalista tenha significância emancipadora. Mas querem dizer que aquele hiato e a forma de emancipação implicitamente associada com ele permanecem dentro dos limites do capitalismo. Em questão está o nível no qual a crítica trata o capitalismo – se o capitalismo é entendido como uma forma de sociedade ou simplesmente como uma forma de dominação de classe, e se os valores e concepções sociais são tratados em termos de uma teoria de constituição social e não em termos funcionalistas (ou idealistas). Tanto a noção de que essas concepções representam um momento não capitalista da sociedade moderna quanto a ideia de que não passam de artifícios, compartilham um entendimento comum do capitalismo como modo de exploração e dominação de classe na sociedade moderna.

Ao contrário da crítica tradicional, a crítica social do caráter específico do trabalho no capitalismo é uma teoria da estruturação determinada e das formas estruturadas da prática social que constituem sociedade moderna em si. É uma tentativa de entender a especificidade da sociedade moderna baseando nessas formas sociais tanto

88 Tempo, trabalho e dominação social

os ideais quanto a realidade da sociedade, e de evitar a posição a-histórica de que os ideais da sociedade burguesa serão realizados no socialismo, bem como sua posição antinômica – a ideia de que os ideais da sociedade burguesa são engodos. Essa teoria da constituição social é a base da crítica negativa que vou esboçar. Tentarei localizar a possibilidade de crítica teórica e prática não no hiato entre os ideais e realidade da sociedade capitalista moderna, mas na natureza contraditória da forma de mediação social que constitui aquela sociedade.

O aspecto normativo da crítica tradicional está intrinsecamente relacionado com sua dimensão histórica. A noção de que os ideais da sociedade moderna representam um momento não capitalista daquela sociedade corre paralela à ideia de que existe uma contradição estrutural entre o modo proletário de produzir, como um momento não capitalista da sociedade moderna, e o mercado e a propriedade privada. Esta adota o "trabalho" como o ponto de vista da sua crítica e não tem a concepção da especificidade histórica da riqueza e do trabalho no capitalismo. Portanto, ela implica que a mesma forma de riqueza, que no capitalismo é expropriada por uma classe de proprietários privados, seria apropriada coletivamente e regulada conscientemente no socialismo. Pelo mesmo motivo, ela sugere que o modo de produção no socialismo será essencialmente o mesmo que o do capitalismo; o proletariado e seu trabalho se realizarão no socialismo.

A ideia de que o modo de produção é intrinsecamente independente do capitalismo implica uma compreensão linear unidimensional do progresso técnico – "o progresso do trabalho" – que, por sua vez, é identificado com o progresso social. Esse entendimento difere consideravelmente da posição de Marx, segundo a qual o modo industrial de produção determinado pelo capital aumentou enormemente a capacidade produtiva da humanidade, mas de uma forma alienada; portanto, essa capacidade aumentada também domina os indivíduos que trabalham e é destruidora da natureza[81].

A diferença entre as duas formas de crítica também fica evidente nas maneiras como concebem a forma fundamental de dominação social característica do capitalismo. A crítica social do ponto de vista do "trabalho" entende aquela forma de dominação essencialmente em termos de dominação de classe, arraigada na propriedade privada dos meios de produção; entretanto, a crítica social do trabalho no capitalismo caracteriza a forma mais fundamental de dominação naquela sociedade como uma forma estrutural abstrata e impessoal de dominação ocultada sob a dinâmica histórica do capitalismo. Esta abordagem coloca a base daquela forma de dominação nas formas sociais historicamente específicas do valor e do trabalho que produz valor.

Esta última leitura da teoria crítica do capitalismo de Marx fornece a base de uma crítica de longo alcance da dominação abstrata – da dominação das pessoas pelo seu

---

[81] Karl Marx, *O capital*, cit., Livro I, p. 574.

Pressupostos do marxismo tradicional   89

trabalho – e, num significado associado, de uma teoria da constituição social de uma forma de vida social caracterizada por uma dinâmica direcional intrínseca. Mas, nas mãos do marxismo tradicional, a crítica é achatada e reduzida a uma crítica do mercado e da propriedade privada que projeta no socialismo a forma de trabalho e o modo de produção característicos do capitalismo. O desenvolvimento do "trabalho", de acordo com a teoria tradicional, atingiu o seu ponto final histórico com a produção industrial; uma vez que o modo industrial de produção seja libertado dos grilhões do mercado e da propriedade privada, o "trabalho" se realizará como o princípio constitutivo quase natural da sociedade.

Como já observado, a crítica do marxismo tradicional e a da burguesia nascente compartilham uma noção de progresso histórico que, paradoxalmente, é um movimento em direção ao "naturalmente" humano, em direção à possibilidade de que o ontologicamente humano (por exemplo, Razão, "trabalho") vá se realizar e prevalecer sobre a artificialidade existente. Sob este aspecto, a crítica baseada no "trabalho" está aberta à crítica de Marx dirigida ao pensamento iluminista em geral e à economia política clássica em particular:

> Os economistas procedem de um modo curioso. Para eles, há apenas dois tipos de instituições, as artificiais e as naturais. As instituições do feudalismo seriam artificiais, ao passo que as da burguesia seriam naturais. [...] Desse modo, houve uma história, mas agora não há mais.[82]

O que é visto como instituição natural, evidentemente, não é a mesma coisa para "os economistas" e os marxistas tradicionais. Mas a forma do pensamento é: os dois naturalizam o que é socialmente constituído e historicamente específico e veem a história como um movimento em direção à realização do que consideram "naturalmente humano".

Como já vimos, interpretações das relações determinantes do capitalismo em termos do mercado autorregulado e da propriedade privada dos meios de produção se baseiam numa interpretação do que seja a categoria marxista do valor que permanece presa à estrutura da economia política clássica. Consequentemente, essa forma de teoria social crítica – a crítica social do ponto de vista do "trabalho" – permanece presa a essa estrutura. Sob certos aspectos, ela é sem dúvida diferente da economia política: por exemplo, ela não aceita como final o modo burguês de distribuição e o coloca historicamente em discussão. Ainda assim, a esfera da distribuição continua sendo o foco do seu interesse crítico. Enquanto a forma do trabalho (portanto, da produção) é o objeto da crítica de Marx, um "trabalho" não estudado é, para o marxismo tradicional, a fonte trans-histórica da riqueza e a base da constituição social. O resultado

---

[82]   Ibidem, nota 33, p. 156.

90 Tempo, trabalho e dominação social

não é uma *crítica da economia política*, mas uma *economia política crítica*, ou seja, uma crítica apenas do modo de distribuição. Trata-se de uma crítica que, em termos do seu tratamento do trabalho, merece o nome de "marxismo ricardiano"[83]. O marxismo tradicional substitui a crítica de Marx do modo de produção e distribuição por uma crítica apenas do modo de distribuição, e sua teoria da autoabolição do proletariado por uma teoria da realização do proletariado. A diferença entre as duas formas de crítica é profunda: o que na análise de Marx é o objeto central da crítica do capitalismo transforma-se para o marxismo tradicional na base social da libertação.

Essa "reversão" não pode ser adequadamente explicada por referência a um método exegético – como a alegação de que os textos de Marx não foram adequadamente interpretados na tradição marxista. Ela exige uma explicação social e histórica a ser desenvolvida em dois níveis: primeiro, ela deverá tentar fundamentar teoricamente a possibilidade da crítica tradicional do capitalismo. Por exemplo, ela poderia, seguindo o procedimento de Marx, tentar fundamentar a possibilidade daquela teoria nas formas em que se manifestam as relações sociais do capitalismo. Mais adiante darei um passo nessa direção, mostrando como o caráter historicamente específico do trabalho no capitalismo é de tal modo, de acordo com Marx, que ele parece ser "trabalho" trans-histórico. Mais um passo – que esboçarei neste livro – mostraria como as relações de distribuição poderiam se tornar o enfoque exclusivo de uma crítica social, o que seria feito pela exposição das implicações da relação entre os livros I e III d'*O capital*. No primeiro, a análise de Marx das categorias de valor e capital trata das relações sociais subjacentes ao capitalismo, suas relações fundamentais de produção; no segundo, sua análise das categorias dos preços de produção e lucros trata das relações de distribuição. As relações de produção e de distribuição são relacionadas, mas não são idênticas. Marx indica que as relações de distribuição são categorias da experiência diária imediata, formas manifestas das relações de produção que ao mesmo tempo expressam e velam essas relações de uma forma que pode levar as primeiras a serem tomadas pelas últimas. Quando o conceito marxiano das relações de produção é interpretado apenas em termos do modo de distribuição, como no marxismo tradicional, as formas manifestadas são tomadas pelo todo. Esse tipo de erro de reconhecimento, que está enraizado nas formas determinadas de aparência das relações sociais capitalistas é o que Marx tenta apreender com a noção de "fetiche".

Segundo, depois de estabelecer a possibilidade da aparência das próprias relações sociais (em vez de atribuí-las a um pensamento confuso), pode-se tentar elucidar as

---

[83] Para uma crítica extensiva do que ele denomina de "ricardianismo de esquerda", ver Hans Georg Backhaus, "Materialien zur Rekonstruktion der Marxschen Werttheorie", *Gesellschaft: Beiträge zur Marxschen Theorie*, Frankfurt, Suhrkamp, n. 1 (1974), 3 (1975) e 11 (1978).

PRESSUPOSTOS DO MARXISMO TRADICIONAL 91

condições históricas da emergência dessa forma de pensamento[84]. Muito provavelmente um elemento importante dessa tentativa envolveria uma análise da formulação e apropriação da teoria social no final do século XIX e início do XX pelos movimentos operários na sua luta para se constituírem, serem reconhecidos e efetuarem mudanças políticas. É evidente que a posição aqui delineada busca afirmar a dignidade do trabalho e contribuir para a realização da sociedade em que se reconheça a importância essencial do trabalho em termos materiais e morais. Ela postula o trabalho humano direto no processo de produção como a fonte trans-histórica de riqueza e, portanto, concebe a superação do valor não em termos da superação do trabalho humano direto na produção, mas da afirmação social não mistificada do trabalho humano direto. O resultado é uma crítica da distribuição desigual de riqueza e poder e da falta de reconhecimento social dado à significância única do trabalho humano direto como elemento de produção – em vez de uma crítica daquele trabalho e de uma análise da possibilidade histórica de ele ser abolido. Mas isso é compreensível: no processo de formação e consolidação das classes trabalhadoras e de suas organizações, a questão da sua autoabolição e do trabalho que executam dificilmente seria um problema fundamental. A noção da autorrealização do proletariado, com base na afirmação do "trabalho" como fonte de riqueza social, era adequada à imediação daquele contexto histórico, como o era a crítica associada do mercado livre e da propriedade privada. Mas essa noção foi projetada no futuro como determinação do socialismo; mas ela implica a existência desenvolvida do capital, e não da sua abolição.

Para Marx, a abolição do capital é precondição necessária da dignidade do trabalho, pois só então se poderiam generalizar socialmente outra estrutura de trabalho social, outra relação de trabalho e recreação, e outras formas de trabalho individual. A posição tradicional atribui dignidade ao trabalho fragmentado e alienado. Pode-se dar que essa dignidade, que está no centro dos movimentos operários clássicos, tenha sido importante para a autoestima dos operários e um fator poderoso de democratização e humanização das sociedades capitalistas industrializadas. Mas a ironia dessa posição é

---

[84] Apesar de esse procedimento proposto resultar no uso da análise de Marx para examinar o marxismo, ele tem apenas uma semelhança externa com a noção de Karl Korsch da aplicação do "princípio do materialismo dialético de Marx [...] a toda a história do marxismo" (*Marxism and Philosophy*, trad. Fred Halliday, Nova York/Londres, Monthly Review, 1970, p. 56). Korsch não faz uso da dimensão epistemológica d'*O capital* em que formas de pensamento são relacionadas às formas das relações sociais do capitalismo. Ele também não se interessa primariamente pelo problema do caráter substantivo da crítica social – a crítica da produção e distribuição por oposição à da distribuição apenas. O procedimento de Korsch é mais extrínseco: ele tenta estabelecer uma correlação entre os períodos revolucionários e uma crítica social mais holística e radical, e entre períodos não revolucionários e uma crítica social fragmentada, mais acadêmica e passiva (ibidem, p. 56-67).

92 TEMPO, TRABALHO E DOMINAÇÃO SOCIAL

ela postular a perpetuação desse trabalho e da forma de crescimento intrinsecamente associada a ele como necessária à existência humana. Enquanto Marx via a superação histórica do "mero operário" como precondição da realização do ser humano completo[85], a implicação da posição tradicional é que o ser humano completo deverá se realizar como "mero operário".

A interpretação que apresento neste livro também deve ser entendida historicamente. A crítica do capitalismo baseada na especificidade das formas de trabalho e riqueza naquela sociedade deve ser vista no contexto dos desenvolvimentos históricos delineados no Capítulo 1, que revelou as inadequações das interpretações tradicionais. Como tentei deixar claro, minha crítica do marxismo tradicional não é simplesmente uma retrospectiva: ela pretende se validar pelo desenvolvimento de uma abordagem capaz de evitar as armadilhas e falhas do marxismo tradicional *e* fundamentar a interpretação tradicional das categorias na sua própria interpretação categorial. Assim, ela poderia começar a fundamentar socialmente a sua própria possibilidade.

TRABALHO E TOTALIDADE: HEGEL E MARX

Devo agora, mais uma vez, dar um salto para completar este breve exame das premissas fundamentais do marxismo tradicional. Houve recentemente muita discussão crítica acerca do proletariado como sujeito da história e do conceito de totalidade no marxismo – ou seja, as consequências politicamente problemáticas de postular afirmativamente aquele conceito como ponto de vista de uma crítica social[86]. O significado e importância dos dois conceitos na análise de Marx estão ligados intrinsecamente à questão da relação entre a sua crítica madura e a filosofia de Hegel. Uma discussão extensa dessa problemática excederia os limites deste livro, mas é necessário um esboço superficial dessa relação, reinterpretada à luz da discussão precedente.

Descreverei brevemente a noção de Marx de sujeito e seu conceito de totalidade tal como são implicados pela sua análise da especificidade do trabalho no capitalismo, e os contrastarei com os implicados pela crítica tradicional baseada no "trabalho".

Hegel tenta superar a clássica dicotomia teórica entre sujeito e objeto com sua teoria de que toda a realidade, natural bem como social, subjetiva bem como objetiva, é constituída pela prática – mais especificamente, pela prática objetivante do *Geist*, o sujeito histórico-mundial. O *Geist* constitui a realidade objetiva por meio de

---

[85] *Grundrisse*, cit., p.590-1.

[86] Para uma discussão muito boa dessa problemática no marxismo ocidental, ver Martin Jay, *Marxism and Totality* (Berkeley, University of California Press, 1984).

um processo de exteriorização ou auto-objetivação e, no processo, se constitui reflexivamente. Dado que tanto a objetividade quanto a subjetividade são constituídas pelo *Geist* quando este se desenvolve dialeticamente, elas são da mesma substância, em vez de necessariamente díspares: as duas são momentos de um todo geral que é substancialmente homogêneo – uma totalidade.

Então, para Hegel, o *Geist* é simultaneamente objetivo e subjetivo – é o sujeito--objeto idêntico, a "substância" que é, ao mesmo tempo, "sujeito": "A substância viva é, ademais, aquele Ser que é na verdade *sujeito* ou, o que é a mesma coisa, o que é na verdade real apenas na medida em que é o movimento de se postular, ou a mediação do processo de tornar-se diferente de si mesmo consigo mesmo"[87].

O processo pelo qual essa substância/sujeito automovente, o *Geist*, constitui objetividade e subjetividade quando ele se desenvolve dialeticamente é um processo histórico baseado nas contradições internas da totalidade. Esse processo histórico de auto-objetivação, de acordo com Hegel, é um processo de autoalienação e ao final leva à reapropriação pelo *Geist* do que foi alienado durante o seu desenvolvimento. Ou seja, o desenvolvimento histórico tem um ponto final: a realização pelo *Geist* de si mesmo como sujeito totalizante e totalizado.

No seu brilhante ensaio, "A reificação e a consciência do proletariado", György Lukács tenta apropriar a teoria de Hegel de maneira "materialista", restringindo a sua validade à realidade social. E ele o faz para colocar a categoria da prática no centro de uma teoria social dialética. A apropriação de Hegel por Lukács é central para sua tentativa teórica geral de formular uma crítica do capitalismo que fosse adequada ao capitalismo do século XX. Nesse contexto, Lukács adota a caracterização da sociedade moderna de Max Weber em termos de um processo histórico de racionalização, e tenta embutir essa análise na estrutura da análise marxiana do capitalismo. E ele o faz baseando o processo de racionalização na análise de Marx da forma-mercadoria como o princípio básico estruturante da sociedade capitalista. Assim, Lukács tenta mostrar que o processo de racionalização é socialmente constituído, que ele se desenvolve não linearmente, e que o que Weber descreve como a "jaula de aço" da vida moderna não é um acompanhante necessário de qualquer forma de sociedade "pós-tradicional", mas uma função do capitalismo – e, portanto, pode ser transformado. Assim, Lukács responde ao argumento de Weber de que as relações de propriedade não são a característica estruturante mais fundamental da sociedade moderna incorporando-o na estrutura de uma concepção mais ampla de capitalismo.

Alguns aspectos dos argumentos de Lukács são muito ricos e promissores. Ao caracterizar a sociedade capitalista em termos da racionalização de todas as esfe-

---

[87] G. W. F. Hegel, Prefácio de *Phenomenology*, em Walter Kaufman (org.), *Hegel: Texts and Comentary* (Garden City, University of Notre Dame Press, 1966), p. 28 (grifos meus).

94 TEMPO, TRABALHO E DOMINAÇÃO SOCIAL

ras da vida, e baseando esses processos na forma-mercadoria das relações sociais, ele implicitamente aponta uma concepção de capitalismo mais profunda e mais ampla que a de um sistema de exploração baseado na propriedade privada. Ademais, por meio da sua apropriação materialista de Hegel, Lukács torna explícita a ideia de que as categorias de Marx representam uma tentativa poderosa de superar o clássico dualismo sujeito-objeto. Elas se referem a formas estruturadas de prática que são simultaneamente formas de objetividade e subjetividade. Essa abordagem permite uma análise das maneiras em que estruturas sociais historicamente específicas constituem a prática e por ela são constituídas. Como vou elaborar mais adiante neste livro, ela também aponta na direção de uma teoria das formas de pensamento e sua transformação em capitalismo que evita o reducionismo materialista gerado pelo modelo base-estrutura, bem como o idealismo de muitos modelos culturalistas. Com base nessa abordagem, Lukács analisa criticamente o pensamento e instituições da sociedade burguesa, bem como o marxismo determinista da Segunda Internacional.

Ainda assim, apesar de todo o seu brilho, a tentativa de Lukács de reconceituar o capitalismo é profundamente inconsistente. Embora aponte além do marxismo tradicional, a sua abordagem permanece presa a alguns dos seus pressupostos teóricos básicos. Sua apropriação materialista de Hegel é tal que ele analisa a sociedade como uma totalidade, constituída pelo trabalho tradicionalmente entendido. Essa totalidade, de acordo com Lukács, é velada pelo caráter fragmentado e particularista das relações sociais burguesas e só se realizará abertamente no socialismo. Então, a totalidade fornece o ponto de vista da sua análise crítica da sociedade capitalista. Lukács identifica o proletariado em termos hegelianos "materializados" como o sujeito-objeto idêntico do processo histórico, como o sujeito histórico que constitui o mundo social e a si mesmo por meio do trabalho. Ao derrubar a ordem capitalista, esse sujeito histórico se realizaria[88].

A ideia de que o proletariado corporifica uma possível forma pós-capitalista de vida social só tem sentido se o capitalismo for definido essencialmente como propriedade privada dos meios de produção, e se "trabalho" for considerado do ponto de vista da crítica. Em outras palavras, apesar de a sua análise implicar que o capitalismo não pode ser definido em termos tradicionais, espera-se que sua crítica seja adequada como teoria crítica da modernidade, Lukács solapa sua compreensão implícita quando continua a encarar exatamente nesses termos o ponto de vista da crítica.

---

[88] György Lukács, "Reification and the Consciousness of the Proletariat", em *History and Class Consciousness* (trad. Rodney Livingstone, Londres, Merlin, 1971), p. 102-21,135, 145, 151-53,162, 175, 197-200 [ed. bras.: "A reificação e a consciência do proletariado", em *História e consciência de classe* (trad. Rodnei Nascimento, São Paulo, Martins Fontes, 1971)]. Para uma discussão sobre esse ensaio, ver Andrew Arato e Paul Breines, *The Young Lukács and the Origins of Western Marxism* (Nova York, Seabury, 1979), p. 111-60.

Uma discussão mais completa sobre a abordagem de Lukács mostraria em mais detalhes como a natureza da sua apropriação materialista de Hegel oculta a sua tentativa de analisar o processo histórico de racionalização de acordo com a forma-mercadoria. Mas, em vez de desenvolver diretamente essa discussão, quero apenas indicar uma diferença importante entre a abordagem de Lukács e a de Marx. A leitura de Lukács, em particular sua identificação do proletariado com o sujeito-objeto idêntico, foi geralmente identificada à posição de Marx[89]. Entretanto, sua compreensão do sujeito-objeto idêntico está tão longe da abordagem teórica de Marx quanto a teoria do valor-trabalho de Ricardo. A crítica de Marx da economia política é baseada num conjunto de pressupostos muito diferente dos que estão na base da leitura de Lukács. Em *O capital*, Marx tenta realmente explicar social e historicamente o que Hegel tenta apreender com o seu conceito de *Geist*. Mas a sua abordagem é fundamentalmente diferente da de Lukács, ou seja, de uma abordagem que encara afirmativamente a totalidade como ponto de vista da crítica, e identifica o sujeito-objeto idêntico com o proletariado. As diferenças entre a crítica histórica marxiana de Hegel e a apropriação marxista proposta por Lukács se relacionam diretamente com as duas formas de crítica social que investigamos. Ela tem ramificações de longo alcance com relação aos conceitos de totalidade e proletariado e, de modo mais geral, para uma compreensão do caráter básico do capitalismo e de sua negação histórica.

A natureza da crítica marxiana de Hegel é muito diferente na sua teoria madura do que foi nas suas primeiras obras[90]. Ele já não segue a maneira de Feuerbach de inverter sujeito e objeto como o fez na *Crítica da filosofia do direito de Hegel* (1843); também não trata trans-historicamente o trabalho como nos *Manuscritos econômico-filosóficos*, em que ele argumenta que Hegel metaforizou o trabalho como o trabalho do conceito. Em *O capital* (1847), Marx não se limita a inverter os conceitos de Hegel de uma maneira "materialista". Pelo contrário, num esforço para apreender a natureza peculiar das

---

[89] Ver, por exemplo, Paul Piccone, "General Introduction", em Andrew Arato e Eike Gebhardt (orgs.), *The Essential Frankfurt School Reader* (Nova York, Urizen, 1978), p. xvii.

[90] Como ficará evidente ao longo deste livro, minha interpretação rejeita leituras, como a de Althusser, que postula um rompimento entre os primeiros textos de Marx como "filosóficos" e sua obra tardia como "científica". Mas ela também rejeita a reação humanista ao neo-objetivismo estrutural, que não reconhece as mudanças importantes no desenvolvimento das análises críticas de Marx. Nas suas primeiras obras, as categorias de Marx ainda são trans-históricas; embora seus primeiros interesses continuem fundamentais para sua obra posterior – sua análise da alienação, por exemplo – eles passam a ser historicizados e portanto transformados. A centralidade da especificidade histórica das formas sociais nas obras maduras de Marx associada à crítica das teorias que trans-historicizam essa especificidade, indica que as categorias das primeiras obras não podem ser identificadas diretamente com, nem usadas diretamente para elucidar, as da crítica da economia política.

relações sociais no capitalismo, Marx analisa a validade social para a sociedade capitalista desses conceitos idealistas de Hegel que antes ele tinha condenado como inversões mistificadas. Assim, enquanto em *A sagrada família* (1845) Marx critica o conceito filosófico de "substância" e, em particular, o entendimento de Hegel da "substância" como "sujeito"[91], no início d'*O capital* ele faz uso da categoria de "substância". Ele se refere a valor como tendo uma "substância", que ele identifica com o trabalho humano abstrato[92]. Marx, então, já não considera "substância" uma simples hipostasia teórica; agora a entende como um atributo das relações sociais mediadas pelo trabalho, como expressão de um tipo determinado de realidade social. Em *O capital* ele investiga a natureza dessa realidade social desenvolvendo logicamente as formas de mercadoria e dinheiro a partir das suas categorias de valor de uso, valor e sua "substância". Sobre essa base, Marx começa a analisar a complexa estrutura de relações sociais expressas pela sua categoria do capital. Inicialmente ele determina capital em termos de valor que se autovaloriza. Nesse ponto da sua exposição, Marx descreve o seu conceito de capital em termos que se relacionam claramente com o conceito hegeliano de *Geist*.

> O valor passa constantemente de uma forma a outra, sem se perder nesse movimento, e, com isso, transforma-se no *sujeito automático* do processo. [...] Na verdade, porém, o valor se torna, aqui, o *sujeito* de um processo em que ele, por debaixo de sua constante variação de forma, aparecendo ora como dinheiro, ora como mercadoria, altera sua própria grandeza [...] [e assim] valoriza a si mesmo. Pois o movimento em que ele adiciona mais-valor é seu próprio movimento; sua valorização é, portanto, autovalorização. [...] [o valor] se apresenta, de repente, como uma *substância em processo*, que move a si mesma e para a qual mercadorias e dinheiro não são mais do que meras formas.[93]

Marx caracteriza explicitamente o capital como a substância em processo que é o sujeito. Ao fazê-lo, Marx sugere que um sujeito histórico no sentido hegeliano existe realmente no capitalismo, mas ainda assim ele não o identifica com nenhum grupamento social, como o proletariado ou a humanidade. Pelo contrário, Marx o analisa em termos da estrutura de relações sociais constituídas pelas formas de prática objetivante e apreendidas pela categoria do capital (e, portanto, valor). Sua análise sugere que as relações sociais que caracterizam o capitalismo são de um tipo muito peculiar – elas possuem os atributos que Hegel atribuiu ao *Geist*. Então, é nesse sentido que existe no capitalismo um sujeito histórico tal como concebido por Hegel.

---

[91] Karl Marx, *A sagrada família ou A crítica da Crítica crítica contra Bruno Bauer e seus consortes* (trad. Marcelo Backes, São Paulo, Boitempo, 2003), p. 72-6.

[92] Idem, *O capital*, cit., Livro I, p. 113.

[93] Ibidem, p. 229-30 (grifos meus).

Já deveria estar claro nas determinações preliminares do conceito marxiano de capital que ele não pode ser entendido adequadamente em termos físicos e materiais, ou seja, em termos de estoque de edifícios, materiais, máquinas e dinheiro possuídos pelos capitalistas; pelo contrário, ele se refere a uma forma de relações sociais. Ainda assim, mesmo entendido em termos sociais, o trecho citado indica que a categoria marxiana do capital não pode ser completamente entendida em termos de propriedade privada, da exploração e dominação do proletariado pela burguesia. Ao sugerir que o que Hegel tentava conceituar com seu conceito de *Geist* devia ser entendido em termos das relações sociais expressas pela categoria do capital, Marx deduz que as relações sociais que caracterizam o capitalismo têm um caráter dialético e histórico peculiar, que não pode ser conceituado adequadamente em termos apenas de classe. Ele também sugere que essas relações constituem a base social do próprio conceito de Hegel. Os dois momentos indicam uma mudança na natureza da teoria crítica de Marx – e, portanto, na natureza da sua crítica materialista de Hegel – com importantes implicações para o seu tratamento do problema epistemológico da relação entre sujeito e objeto, a questão do sujeito histórico, e a noção de totalidade.

A interpretação de Marx sobre o sujeito histórico com referência à categoria do capital indica uma mudança de uma teoria de relações sociais entendidas apenas em termos de classes sociais para uma teoria de formas de mediação social expressas por categorias como valor e capital. Essa diferença está relacionada à que existe entre as duas formas de crítica social que discuti neste capítulo, ou seja, à diferença entre, de um lado, entender o capitalismo como um sistema de exploração e dominação de classe na sociedade moderna e, de outro, o que constitui o próprio tecido da sociedade moderna. O "sujeito", para Marx, é uma determinação conceitual desse tecido. Como já vimos, a diferença entre o conceito idealista hegeliano do sujeito e o que Marx apresenta como o "núcleo racional" materialista daquele conceito não é o fato de o primeiro ser abstrato e supra-humano, enquanto o segundo é concreto e humano. De fato, até o ponto em que a noção de Hegel do sujeito tem validade social e histórica, de acordo com Marx, esse sujeito *não* é um agente social concreto e humano, coletivo ou individual. Pelo contrário, o sujeito histórico analisado por Marx é composto por relações objetivadas, as formas categoriais subjetivo-objetivas características do capitalismo, cuja "substância" é o trabalho abstrato, ou seja, o caráter específico do trabalho como atividade socialmente mediadora no capitalismo. O sujeito de Marx, tal como o de Hegel, então, é abstrato e não pode ser identificado com nenhum ator social. Ademais, os dois se desenvolvem no tempo de uma forma que é independente da vontade individual.

Em *O capital*, Marx tenta analisar o capitalismo diante de um desenvolvimento dialético que é de fato independente da vontade individual e que, portanto, se apresenta como uma lógica. Ele investiga o desenvolvimento da lógica dialética como

98 Tempo, trabalho e dominação social

expressão real de relações sociais alienadas que são constituídas pela prática e, ainda assim, existem quase independentemente. Não trata essa lógica como uma ilusão ou simplesmente como consequência do conhecimento insuficiente da parte do povo. Como ele afirma, o conhecimento por si só não muda o caráter dessas relações[94]. Veremos que, dentro da estrutura da sua análise, essa lógica de desenvolvimento é, em última análise, uma função das formas sociais do capitalismo, e não é característico da história humana como tal[95].

Como o sujeito, o capital é um "sujeito" notável. Enquanto o sujeito de Hegel é trans-histórico e conhecedor, na análise de Marx ele é historicamente determinado e cego. O capital, como estrutura constituída por formas determinadas de prática, pode, por sua vez, ser constituinte de formas de prática social e subjetividade; ainda assim, como sujeito, ele não tem ego. É autorreflexivo e, como forma social, pode induzir autoconsciência, mas, diferentemente do *Geist* de Hegel, ele não possui autoconsciência. É necessário distinguir subjetividade e sujeito sócio-histórico na análise de Marx.

A identificação do sujeito-objeto idêntico com estruturas determinadas de relações sociais tem importantes implicações para uma teoria da subjetividade. Ela indica que Marx se afastou do paradigma e da epistemologia do sujeito-objeto por uma teoria social da consciência. Ou seja, na medida em que ele não se limita a identificar o conceito de sujeito-objeto idêntico (a tentativa de Hegel de superar a dicotomia sujeito-objeto da epistemologia clássica) com um agente social, Marx altera os termos do problema epistemológico. Ele desvia a atenção do problema do conhecimento do sujeito individual (ou supraindividual) cognoscente e sua relação com um mundo exterior (ou externalizado) para as formas de relações sociais, vistas como determinações de subjetividade bem como de objetividade sociais. O problema do conhecimento torna-se agora uma questão da relação entre formas de mediação social e formas de pensamento. De fato, como vou discutir adiante, a análise marxiana da formação social capitalista implica a possibilidade de analisar social e historicamente a questão epistemológica propriamente dita predicada que é na noção de um sujeito autônomo em nítida contradição com

---

[94] Ibidem, p. 80.

[95] Sob esse aspecto, a posição de Louis Althusser pode ser considerada o oposto unilateral da de Lukács. Enquanto Lukács identificou subjetivamente o *Geist* com o proletariado, Althusser afirmou que Marx devia a Hegel a ideia de que história é um processo sem sujeito. Em outras palavras, Althusser hipostasiou trans-historicamente como história, de maneira objetivista, o que Marx analisou em *O capital* como estrutura constituída, historicamente específica de relações sociais. Nem a posição de Lukács, nem a de Althusser são capazes de apreender adequadamente a categoria de capital. Ver Louis Althusser, "Lenin before Hegel", em *Lenin and Philosophy* (trad. Ben Brewster, Londres, New Left Books, 1971), p. 120-5.

um universo objetivo[96]. Essa espécie de crítica da dicotomia sujeito-objeto clássica é característica da abordagem que Marx desenvolveu implicitamente na sua teoria crítica madura. Ela é diferente de outros tipos de crítica – por exemplo, as que têm raízes na tradição fenomenológica –, que refutam a noção clássica do sujeito descorporificado e descontextualizado argumentando que "na realidade" as pessoas estão sempre inseridas em contextos determinados. Em vez de simplesmente desconsiderar posições como o dualismo sujeito-objeto clássico como resultado de um pensamento errôneo (que deixa sem resposta a fonte da ideia "superior" da posição que refuta), a abordagem de Marx tenta explicá-las historicamente, tornando-as plausíveis em relação à natureza do seu contexto – ou seja, analisando-as como formas de pensamento ligadas às formas estruturadas e estruturantes constitutivas da sociedade capitalista.

A crítica de Marx em relação a Hegel é, portanto, diferente da apropriação materialista que Lukács faz de Hegel, na medida em que não identifica um sujeito social concreto e consciente (por exemplo, o proletariado) que se desenvolve historicamente, alcançando uma autoconsciência plena por um processo de objetivação autorreflexiva. Se o fizesse, estaria implicitamente sugerindo que o "trabalho" é a substância constitutiva do sujeito, que as relações capitalistas impedem de se realizar. Como supus em minha discussão do "Marxismo ricardiano", o sujeito histórico nesse caso seria uma versão coletiva do sujeito burguês, constituindo-se e constituindo o mundo por meio do "trabalho". Os conceitos de "trabalho" e sujeito burguês (interpretado como indivíduo ou classe) estão intrinsecamente relacionados: expressam uma realidade social historicamente específica na forma ontológica.

A crítica marxiana de Hegel rompe com os pressupostos dessa posição (que, entretanto, se tornou dominante na tradição socialista). Em vez de encarar as relações capitalistas como extrínsecas ao sujeito, como o que impede sua realização completa, Marx analisa essas mesmas relações como constituintes do sujeito. Essa diferença fundamental está associada com a que foi delineada anteriormente: as estruturas quase objetivas apreendidas pelas categorias da crítica da economia política não *velam* as relações sociais "reais" do capitalismo (relações de classe) nem o sujeito histórico "real" (o proletariado). Pelo contrário, essas estruturas *são* as relações fundamentais da

---

[96] Apesar de o afastamento de Marx do paradigma sujeito-objeto ser crucial, ele foi esquecido. Assim, Habermas justificou a adoção de uma teoria de ação comunicativa como uma tentativa de lançar a base para uma teoria crítica com intenção emancipadora que não se liga às implicações objetivistas e cognitivo-instrumentais do paradigma sujeito-objeto clássico – um paradigma que, na sua opinião, mutilou o marxismo (ver Jürgen Habermas, *The Theory of Communicative Action*, cit., v. 1, p. xi). Como argumentarei a seguir, Marx, entretanto, ofereceu uma crítica do paradigma sujeito-objeto – com uma teoria historicamente específica das formas de mediação social que, para mim, oferece um ponto de partida para uma teoria social crítica mais satisfatório que a adoção por Habermas de teoria evolutiva trans-histórica.

sociedade capitalista que, dadas as suas propriedades peculiares, *constituem* o que Hegel apreende como sujeito histórico. Esse desvio teórico significa que a teoria marxiana não postula nem está presa à noção de um metassujeito histórico, como o proletariado, que vai se realizar numa sociedade futura. De fato, o movimento de uma teoria do sujeito coletivo (burguês) para uma teoria de relações sociais alienadas implica uma crítica dessa noção. É o aspecto de uma mudança importante de perspectiva crítica a partir de uma crítica social com base no "trabalho" para uma crítica social da natureza peculiar do trabalho no capitalismo, pela qual o ponto de vista da primeira passa a ser o objeto de crítica da segunda.

Esse desvio se torna ainda mais claro quando se considera o conceito de totalidade. Este não deve ser simplesmente pensado indeterminadamente como referente ao "todo" em geral. Para Hegel, o *Geist* constitui uma totalidade substancialmente homogênea que não é somente o Ser do início do processo histórico, mas, desenvolvido, é o resultado do seu próprio desenvolvimento. O desenvolvimento completo e a autorrecuperação do *Geist* é o ponto final do seu desenvolvimento. Já vimos que as premissas tradicionais relativas ao trabalho e às relações sociais no capitalismo levam ao conceito hegeliano da totalidade a ser adotado e traduzido assim em termos "materialistas": a totalidade social é constituída pelo "trabalho", mas é velada, aparentemente fragmentada e impedida de se realizar pelas relações capitalistas. Ela representa o ponto de vista da crítica do presente capitalista e vai realizará no socialismo.

Mas a determinação categorial marxiana do capital como o sujeito histórico indica que a totalidade tornou-se o *objeto* da crítica de Marx. Como será discutido mais adiante, a totalidade social, na análise de Marx, é uma característica essencial da formação capitalista e uma expressão de alienação. A formação social capitalista, de acordo com Marx, é única na medida em que é constituída de uma "substância" social homogênea; portanto, ela existe como totalidade social. Outras formações sociais não são tão totalizadas: suas relações sociais fundamentais não são qualitativamente homogêneas. Não podem ser apreendidas pelo conceito de "substância", não podem ser desenvolvidas a partir de um único princípio estruturante e não exibem uma lógica histórica imanente, necessária.

A afirmação de Marx de que o capital, e não o proletariado ou a espécie, é o sujeito total implica claramente que a negação histórica do capitalismo envolveria não a *realização*, mas a *abolição* da totalidade. Segue-se que a contradição que aciona o desenvolvimento dessa totalidade também tem de ser concebida de modo muito diferente – presumivelmente, ela dirige a totalidade não em direção à sua completa realização, mas em direção à possibilidade de sua abolição histórica. Ou seja, a contradição expressa a finitude temporal da totalidade ao apontar além dela. (Mais adiante, discutirei as diferenças entre a maneira de entender contradição e a forma do marxismo tradicional.) A concepção de Marx da negação histórica do capitalismo em termos da abolição, e não da realização, da totalidade está relacionada à sua noção de que o socialismo representa o início, e não o fim, da história humana e à ideia de que a negação do capitalismo resulta na superação de uma forma de mediação social, e não na superação da mediação *per se*. Considerada em outro nível, ela indica que a compreensão madura de Marx de história não pode ser adequadamente apreendida como uma concepção essencialmente escatológica em forma secular.

Finalmente, a noção de que o capital constitui o sujeito histórico também sugere que o reino da política numa sociedade pós-capitalista não deve ser visto em termos de uma totalidade que no capitalismo é impedida de emergir integralmente. Na verdade, ela implica o contrário – que uma forma institucionalmente totalizante de política deva ser interpretada como expressão da coordenação política do capital tido como a totalidade, sujeita às suas restrições e imperativos, e não como a superação do capital. A abolição da totalidade permitiria a possível constituição de formas muito diferentes, não totalizantes, de coordenação política e regulação da sociedade.

À primeira vista, a determinação do capital como sujeito histórico talvez pareça negar as práticas de fazer história dos humanos. Entretanto, ela é consistente com uma análise que pretende explicar a dinâmica direcional da sociedade capitalista com referência a relações sociais alienadas, ou seja, relações sociais que são constituídas por formas estruturadas de prática e, ainda assim, adquirem uma existência e sujeitam as pessoas a restrições determinadas quase objetivas. Essa interpretação também possui um momento emancipatório não disponível a interpretações que explícita ou implicitamente identificam o sujeito histórico com a classe trabalhadora. Interpretações "materialistas" de Hegel que postulam a classe ou a espécie como sujeito histórico parecem acentuar a dignidade humana enfatizando o papel da prática na criação da história; mas só aparentemente elas são emancipatórias, pois o chamado pela realização integral do sujeito só pode significar a realização integral de uma forma social alienada. Por outro lado, muitas posições atualmente populares que criticam a afirmação da totalidade em nome da emancipação o fazem pela negação da existência da totalidade[97]. Na medida em que tratam a totalidade como mero artefato de posições teóricas determinadas e ignoram a realidade de estruturas sociais alienadas, essas abordagens não conseguem apreender as tendências históricas da sociedade capitalista nem formular uma crítica adequada da ordem existente. Da perspectiva que eu defendo, de um lado, essas posições que afirmam a existência de uma totalidade apenas para afirmá-la e, de outro, as que reconhecem que a realização de uma totalidade social seria hostil à emancipação e que, portanto, negariam sua própria existência, são antinomicamente relacionadas. As

---

[97] Martin Jay oferece uma visão geral proveitosa dessas posições que, especialmente na França, tornaram-se crescentemente populares na última década. Ver Martin Jay, *Marxism and Totality*, cit., p. 510-37.

duas espécies de posição são unilaterais, pois ambas postulam, de maneiras opostas, uma identidade trans-histórica entre o que é e o que deveria ser.

A crítica marxiana da totalidade é uma crítica historicamente específica que não confunde o que é com o que deveria ser. Ela não aborda a questão da totalidade em termos ontológicos; ou seja, ela não afirma ontologicamente a existência trans-histórica da totalidade nem nega que a totalidade exista (o que, dada a existência do capital, só poderia ser uma mistificação). Pelo contrário, ela analisa a totalidade em termos das formas estruturantes da sociedade capitalista. Em Hegel, a totalidade se desenvolve como a realização do sujeito; no marxismo tradicional, ela se torna a realização do proletariado como o sujeito concreto. Na crítica de Marx, a totalidade está fundada como historicamente específica e se desenvolve de uma forma que aponta a possibilidade de sua abolição. A explicação histórica de Marx do sujeito como capital, e não como classe, pretende basear socialmente a dialética de Hegel e assim fornecer a crítica desta[98].

A estrutura do desenvolvimento dialético do argumento de Marx em *O capital* deveria ser lida como um metacomentário sobre Hegel. Marx não "aplicou" Hegel à economia política clássica, mas contextualizou os conceitos hegelianos em termos das formas sociais da sociedade capitalista. Ou seja, a crítica marxiana madura de Hegel é imanente ao desenvolvimento das categorias em *O capital* – que, traçando um paralelo à maneira como Hegel desenvolve esses conceitos, sugere implicitamente o contexto sócio-histórico determinado de que eles são expressão. Em termos da análise de Marx, os conceitos hegelianos de dialética, contradição e sujeito-objeto idêntico expressam aspectos fundamentais da realidade capitalista, mas não os apreendem adequadamente[99]. As categorias de Hegel não elucidam o capital como sujeito de um modo alienado de produção nem analisam a dinâmica historicamente específica das formas impelidas pelas suas contradições imanentes particulares. Em vez disso, Hegel postula o *Geist* como o sujeito e a dialética como a lei universal do movimento. Em outras palavras, Marx argumenta implicitamente que Hegel captou as formas sociais abstratas e contraditórias do capitalismo, *mas não na sua especificidade histórica*. Ele as hipostasiou e expressou de uma forma idealista. O idealismo de Hegel, entretanto, expressa essas formas, ainda que inadequadamente: ele as apresenta por meio de categorias que são a identidade de sujeito e objeto, e parecem ter vida própria. Essa análise crítica é muito diferente do tipo de materialismo que simplesmente inverteria

---

[98] Para um argumento semelhante, ver Iring Fetscher, "Vier Thesen zur Gesichtsauffassung bei Hegel und Marx", em Hans Georg Gadamer (org.), *Stuttgarter Hegel-Tage 1970* (Bonn, Bouvier, 1974), p. 481-8.

[99] Esse argumento também foi defendido por Alfred Schmidt e Iring Fetscher. Cf. seus comentários em W. Euchner e A. Schmidt (eds.), *Kritik der politischen Ökonomie heute: 100 Jahre Kapital* (Frankfurt, Europäische Verlagsanstalt, 1968), p. 26-57. Também cf. Hiroshi Uchida, *Marx's Grundrisse and Hegel's Logic* (Londres e Boston, Routledge, 1988).

Pressupostos do marxismo tradicional   103

antropologicamente essas categorias idealistas; essa abordagem não permite uma análise adequada dessas estruturas sociais alienadas características do capitalismo que de fato dominam as pessoas e são independentes da vontade delas.

A crítica madura de Marx, portanto, não exige uma inversão "materialista" antropológica da dialética idealista mas, em certo sentido, é a sua "justificação" materialista. Marx pretende implicitamente mostrar que o "núcleo racional" da dialética de Hegel é exatamente o seu caráter idealista[100]: é a expressão de um modo de dominação social constituído por estruturas de relações sociais que, por serem alienadas, adquirem uma existência quase independente em relação aos indivíduos e que, dada a sua natureza dualística típica, têm caráter dialético. O sujeito histórico, de acordo com Marx, é a estrutura alienada de mediação social que constitui a formação de capital.

O capital é então uma crítica de Hegel e de Ricardo – dois autores que, para Marx, representaram o desenvolvimento máximo do pensamento que continua preso na formação social existente. Marx não se limitou a "radicalizar" Ricardo e a "materializar" Hegel. Sua crítica – que se origina no "duplo caráter" historicamente específico do trabalho no capitalismo – é essencialmente histórica. Ele argumenta que, com suas respectivas concepções de "trabalho" e *Geist*, Ricardo e Hegel postularam como trans--histórico e, portanto, não tiveram condições de apreender integralmente o caráter historicamente específico dos objetos que investigavam. A forma de exposição da análise madura de Marx não é uma "aplicação" da dialética de Hegel à problemática do capital, assim como sua investigação crítica da mercadoria não indica que ele tenha "tomado" a teoria do valor de Ricardo. Pelo contrário, seu argumento é uma exposição imanentemente crítica que pretende basear e tornar plausíveis as teorias de Hegel e Ricardo com relação ao caráter peculiar das formas sociais do seu contexto.

Paradoxalmente, a análise do próprio Marx, pretende ir além dos limites da totalidade atual limitando-se historicamente. Como discutirei a seguir, sua crítica imanente do capitalismo é tal que a indicação da especificidade histórica do objeto do pensamento implica reflexivamente a especificidade histórica da sua teoria, ou seja, o próprio pensamento que apreende o objeto.

Resumindo, o que denominei de "marxismo tradicional" pode ser considerado uma síntese crítica "materialista" de Ricardo e Hegel. Uma afirmação em teoria social do conceito hegeliano da totalidade (por exemplo, tal como desenvolvido por Lukács) pode oferecer uma crítica eficaz de um aspecto da sociedade capitalista, bem como das tendências evolucionistas, fatalistas e deterministas do marxismo da Segunda Internacional. Entretanto, ela não deve ser vista, de forma alguma, como um delineamento de uma crítica do capitalismo do ponto de vista de sua negação histórica. A identificação do proletariado (ou da espécie) com o sujeito histórico se apoia na mesma

---

[100] Cf. Moishe Postone e Helmut Reinicke, "On Nicolaus", *Telos*, n. 22, 1974-1975, p. 139.

104 TEMPO, TRABALHO E DOMINAÇÃO SOCIAL

noção historicamente indiferenciada de "trabalho" na qual se apoia o "marxismo ricardiano". "Trabalho" é postulado como a fonte trans-histórica de riqueza social e, como a substância do sujeito, é considerado aquilo que constitui a sociedade. As relações sociais do capitalismo são vistas como o que impede que o sujeito se realize. O ponto de vista da crítica se torna a totalidade, tal como é constituída pelo "trabalho", e a dialética de Marx se transforma de um movimento historicamente específico autoimpelido das formas sociais da sociedade capitalista na expressão da prática criadora de história da humanidade. Qualquer teoria que postule o proletariado ou a espécie como sujeito implica que a atividade que o constitui deve ser cumprida e não superada. Portanto, a atividade em si não pode ser vista como alienada. Na crítica baseada no "trabalho", a alienação está enraizada fora do trabalho, no seu controle pelo Outro concreto, a classe capitalista. O socialismo envolve a realização de si próprio pelo sujeito e a reapropriação da mesma riqueza que, no capitalismo, tinha sido privadamente expropriada. Resulta na recuperação do "trabalho".

Dentro dessa interpretação geral, o caráter da crítica marxiana é essencialmente de "desmascaramento". Supostamente, ela prova que, apesar das aparências, o "trabalho" é a fonte da riqueza e o proletariado representa o sujeito histórico, ou seja, a humanidade autoconstituinte. Essa posição é intimamente relacionada à noção de que o socialismo leva à realização dos ideais universalistas das revoluções burguesas que foram traídos pelos interesses particularistas da burguesia.

Mais adiante, tentarei mostrar como a crítica marxiana inclui esse desmascaramento, mas como um momento de uma teoria mais fundamental da constituição social e histórica dos ideais *e* realidade da sociedade capitalista. Marx analisa a constituição pelo trabalho das relações sociais e de uma dialética histórica como característica da estrutura profunda do capitalismo – e não como a base ontológica da sociedade humana que se realizará integralmente no socialismo. Então, qualquer crítica que argumente trans-historicamente que o trabalho gera riqueza e constitui sociedade de maneira única, que opõe positivamente os ideais da sociedade burguesa à sua realidade e que formula uma crítica do modo de distribuição do ponto de vista do "trabalho" mantém-se necessariamente dentro dos limites da totalidade. A contradição postulada por essa crítica entre, de um lado, o mercado e a propriedade privada e, de outro, a produção industrial de base proletária, aponta para a abolição da classe burguesa – mas não para além da totalidade social. Pelo contrário, ela aponta para a superação histórica das primeiras relações burguesas de distribuição por outra forma talvez mais adequada em nível nacional às relações capitalistas avançadas de produção. Ou seja, ela delineia a superação de uma forma anterior, aparentemente mais abstrata de totalidade por uma forma aparentemente mais concreta. Se a própria totalidade é entendida como capital, essa crítica se revela como uma crítica que, inconscientemente, aponta para a plena realização do capital como uma totalidade quase concreta, e não para a sua abolição.

3
OS LIMITES DO MARXISMO TRADICIONAL E
O VIÉS PESSIMISTA DA TEORIA CRÍTICA

Nos capítulos anteriores examinei algumas premissas fundamentais subjacentes à interpretação tradicional da contradição básica do capitalismo como a que existe entre, de um lado, o mercado e a propriedade privada e, de outro, a produção industrial. Os limites e dilemas dessa interpretação tornaram-se cada vez mais evidentes ao longo do desenvolvimento histórico do capitalismo pós-liberal. Neste capítulo investigarei tais limites mais de perto, examinando criticamente alguns aspectos básicos das respostas teóricas mais ricas e poderosas a esse desenvolvimento histórico – a abordagem que passou a ser conhecida como a da "Escola de Frankfurt" ou "teoria crítica"[1].

Os formuladores da estrutura geral da teoria crítica – Theodor W. Adorno, Max Horkheimer, Leo Lowenthal, Herbert Marcuse, Friedrich Pollock e outros associados ao Instituto de Pesquisa Social, em Frankfurt, ou à sua revista, *Zeitschrift für Sozialforschung* – tentaram desenvolver uma crítica social fundamental que seria adequada às condições transformadas do capitalismo pós-liberal. Influenciados em parte por *História e consciência de classe*, de György Lukács (sem, entretanto, adotar a identificação deste do proletariado como o sujeito-objeto da história), eles partem de uma compreensão sofisticada da teoria de Marx como análise crítica e autorreflexiva da inter-relação intrínseca das dimensões sociais, econômicas, políticas e culturais da vida no capitalismo. Durante o processo de enfrentar e conceituar as significativas

---

[1] Alguns dos argumentos apresentados neste capítulo foram desenvolvidos primeiramente por Barbara Brick e Moishe Postone em "Critical Pessimism and the Limits of Traditional Marxism", *Theory and Society* 11, 1982.

106 TEMPO, TRABALHO E DOMINAÇÃO SOCIAL

transformações do capitalismo no século XX, eles desenvolveram e colocaram no centro do seu interesse uma crítica da razão instrumental e dominação da natureza, uma crítica da cultura e ideologia, e uma crítica da dominação política. Essas tentativas ampliaram e aprofundaram consideravelmente o alcance da crítica social e colocaram em questão a adequação do marxismo tradicional como crítica da sociedade moderna pós-liberal. Ainda assim, ao pretender formular uma crítica mais adequada, a teoria crítica encontrou sérias dificuldades e dilemas teóricos, que se tornaram evidentes numa variação teórica adotada no final da década de 1930, segundo a qual o capitalismo pós-liberal passou a ser concebido como uma sociedade completamente administrada, integrada e unidimensional, uma sociedade que não gera mais nenhuma possibilidade imanente de emancipação social.

Vou elucidar os problemas gerados por essa variação pessimista e argumentar que eles indicam que apesar de a teoria crítica ser baseada numa consciência das limitações da crítica marxista tradicional, ela não foi capaz de ir além das premissas mais fundamentais daquela crítica. Uma análise dessa variação teórica, portanto, servirá para esclarecer os limites do marxismo tradicional e para sugerir uma teoria crítica mais adequada da sociedade moderna.

No meu exame da visão pessimista da teoria crítica do capitalismo pós-liberal, tentarei esclarecer sua base teórica em termos da distinção, discutida há pouco, entre uma crítica social do ponto de vista do "trabalho" e uma crítica historicamente específica do trabalho no capitalismo. Essa abordagem não deverá considerar o pessimismo da teoria crítica apenas com referência imediata ao seu contexto histórico mais amplo. Esse contexto – o fracasso da revolução no Ocidente, o desenvolvimento do stalinismo, a vitória do nacional-socialismo e, mais tarde, o caráter do capitalismo do pós-guerra – torna certamente compreensível uma reação pessimista. Entretanto, o caráter específico da análise pessimista da teoria crítica não pode ser integralmente entendido apenas em termos de eventos históricos, nem mesmo a Segunda Guerra Mundial, nem o holocausto. Apesar de esses eventos terem surtido efeito importante sobre a teoria, uma compreensão dessa análise exige também uma compreensão das premissas teóricas fundamentais sobre as quais foram interpretados esses importantes desenvolvimentos[2]. Mostrarei como a resposta teórica pessimista a esses aconteci-

---

[2] Para uma interpretação que enfatiza os efeitos diretos das mudanças históricas sobre o desenvolvimento da teoria crítica, ver Helmut Dubiel, *Theory and Politics: Studies in the Development of Critical Theory* (trad. Benjamin Gregg, Cambridge/Londres, MIT Press, 1985). Para tratamentos gerais da teoria crítica, ver o livro pioneiro de Martin Jay, *The Dialectical Imagination* (Boston/Toronto, Little, Brown, 1973), bem como Andrew Arato e Eike Gebhardt (orgs.), *The Essential Frankfurt School Reader*, cit.; Seyla Benhabib, *Critique, Norm, and Utopia: A Study of the Foundations of Critical Social Theory* (Nova York, Columbia University Press, 1986); David Held, *Introduction to Critical Theory* (Berkley, University of California Press, 1980); Douglas Kellner, *Critical Theory*,

Os limites do marxismo tradicional **107**

mentos e erupções foi profundamente enraizada em vários pressupostos tradicionais relativos à natureza e curso do desenvolvimento capitalista. Os formuladores da teoria crítica reconheceram muito cedo a significância da morfologia alterada do capitalismo pós-liberal e analisaram incisivamente algumas de suas dimensões. Mas interpretaram essas alterações em termos da constituição de uma nova forma de totalidade social sem uma contradição estrutural intrínseca e, portanto, sem uma dinâmica histórica intrínseca da qual poderia emergir a possibilidade de uma nova formação social[3]. Consequentemente, o pessimismo a que me refiro não foi contingente; ele não se limitou a expressar dúvidas com relação à possibilidade de mudança social e política significativa. Pelo contrário, ele foi um momento integral da análise da teoria crítica, das mudanças de longo alcance da sociedade capitalista do século XX. Ou seja, foi um pessimismo *necessário*; dizia respeito à *possibilidade* histórica imanente de que o capitalismo pudesse ser superado – e não apenas a *probabilidade* de que isso pudesse ocorrer[4]. Essa análise pessimista tornou problemática a base da teoria crítica em si.

Investigarei as premissas básicas desse pessimismo necessário a partir de vários artigos escritos por Friedrich Pollock e Max Horkheimer, nas décadas de 1930 e 1940, que tiveram importância central no desenvolvimento da teoria crítica. Em particular, examinarei a relação entre a análise de Pollock da relação alterada entre Estado e sociedade civil no capitalismo pós-liberal e as mudanças na compreensão de Horkheimer de uma teoria crítica da sociedade entre 1937 e 1941. Abordando a questão da contradição social, mostrarei como a obra de Pollock na década de 1930 ofereceu os pressupostos político-econômicos implícitos da variação pessimista da teoria de Horkheimer e das mudanças da sua concepção de crítica social. De modo mais geral, com base no exame das investigações de Pollock, discutirei a relação intrínseca entre a dimensão político-econômica da teoria crítica e suas dimensões sociais, políticas e epistemológicas[5]. Como

---

Marxism and Modernity (Baltimore, Johns Hopkins University Press, 1989); e Rolfs Wiggershaus, *Die Frankfurter Schule* (Munique, C. Hanser, 1986).

[3] Ao concentrar o problema da contradição, tratarei da questão da forma e dinâmica do capitalismo como totalidade, e não mais diretamente da questão da luta de classes e do problema do proletariado como sujeito revolucionário. A dialética histórica do capitalismo, na análise de Marx, abrange a luta de classes, mas não pode ser reduzida a ela. Assim, uma posição que afirme que a totalidade social não possui mais uma contradição intrínseca vai além da afirmação de que a classe trabalhadora se tornou integrada.

[4] Sob esse aspecto, Marcuse representa uma exceção parcial. Ele tentou encontrar uma possibilidade imanente de emancipação, mesmo quando via o capitalismo pós-liberal como uma totalidade unidimensional. Assim, por exemplo, em *Eros and Civilization* (Nova York, Vintage, 1962) [ed. bras.: *Eros e civilização*, Rio de Janeiro, Zahar, 1981], ele procurou aquela possibilidade transpondo o local da contradição para o nível da formação psíquica (ver p. 85-95, 137-43).

[5] Com base numa análise semelhante da importância dos pressupostos político-econômicos para o desenvolvimento da teoria social crítica de Horkheimer, Jeremy Gaines desenvolveu uma

108 TEMPO, TRABALHO E DOMINAÇÃO SOCIAL

veremos, a interpretação de Pollock sobre o capitalismo pós-liberal lançou dúvidas sobre a adequação do capitalismo tradicional como teoria crítica e indicou seus limites como teoria da emancipação; mas sua abordagem não resultou em nenhuma reconsideração, com alcance suficiente, dos pressupostos básicos daquela teoria e, portanto, permaneceu presa àqueles pressupostos. Vou então argumentar que, quando Horkheimer adotou uma análise do capitalismo pós-liberal essencialmente semelhante à de Pollock, o caráter da sua teoria crítica foi transformado de uma forma que solapou a possibilidade da sua autorreflexão epistemológica e resultou no seu pessimismo fundamental. Na análise pessimista de Horkheimer encontramos, teórica e historicamente, os limites das abordagens baseadas nos pressupostos do marxismo tradicional.

Ao examinar os limites da compreensão tradicional marxista do capitalismo e a extensão em que a teoria crítica permaneceu presa a ela, pretendo colocar em questão o pessimismo necessário desta última[6]. Minha análise dos dilemas teóricos da teoria crítica aponta na direção de uma teoria social crítica reconstituída capaz de apropriar aspectos importantes das abordagens de Lukács e da Escola de Frankfurt na estrutura de uma forma fundamentalmente diferente de crítica social. Ela é diferente da tentativa recente de Jürgen Habermas de ressuscitar teoricamente a possibilidade de uma teoria social crítica com objetivo emancipatório, que também foi formulada contra o pano de fundo dos dilemas teóricos da teoria crítica[7], na medida em que se apoia numa compreensão diferente do marxismo tradicional e nas limitações da teoria crítica. De fato, com base naquela análise e nos primeiros estágios da minha reconstrução da teoria de Marx, argumentarei que o próprio Habermas adotou várias premissas tradicionais da teoria crítica, e que isso debilitou o seu esforço de reconstituição de uma teoria crítica da sociedade moderna.

---

investigação iluminadora da relação entre esses pressupostos, tal como mediados por aquela teoria, e as teorias estéticas de Adorno, Lowenthal e Marcuse. Ver *Critical Aesthetic Theory* (tese de doutorado, Coventry/Londres, University of Warwick, 1985).

Para a relação entre as análises político-econômicas de Pollock e outras dimensões da teoria crítica, ver também Andrew Arato, "Introduction", em A. Arato e E. Gebhardt (orgs.), *The Essential Frankfurt School Reader*, cit., p. 3; Helmut Dubiel, "Einleitung", *Friedrich Pollock: Stadien des Kapitalismus* (Munique, Beck, 1975), p. 7, 17, 18; Giacomo Marramao, "Political Economy and Critical Theory", *Telos*, n. 24, 1975, p. 74-80; Martin Jay, *The Dialectical Imagination*, cit., p. 152-8.

[6] Minha crítica sobre o pessimismo fundamental da teoria crítica se pretende como uma investigação dos limites da interpretação tradicional na análise do capital. Não deve ser entendida como sugestão de que uma teoria social mais adequada resultaria necessariamente numa avaliação otimista da *probabilidade* de que se realize uma sociedade pós-capitalista.

[7] Jürgen Habermas, *The Theory of Communicative Action*, cit., v. 1, p. 339-99.

CRÍTICA E CONTRADIÇÃO

Antes de examinar aquele pessimismo fundamental, devo elaborar brevemente a noção de contradição e sua centralidade para uma crítica social imanente. Se uma teoria, como a de Marx, que critica a sociedade e pressupõe que as pessoas são constituídas socialmente, pretende permanecer consistente, ela não pode partir de um ponto de vista que, implícita ou explicitamente, se declare exterior ao seu próprio universo social; pelo contrário, ele deve se ver inserido no seu contexto. Essa teoria é uma crítica social imanente; não pode assumir uma posição normativa extrínseca àquela que investiga (que é o contexto da própria crítica) – de fato, ela deve considerar espúria a própria noção de um ponto de vista descontextualizado, arquimediano. Os conceitos usados por essa teoria social devem estar relacionados ao seu contexto. Quando esse contexto é, ele próprio, o objeto de investigação, a natureza desses conceitos está intrinsecamente ligada à natureza do seu objeto. Isso quer dizer que uma crítica imanente não julga criticamente o que "ser" de uma posição conceitual externa ao seu objeto – por exemplo, um "dever ser" transcendente. Pelo contrário, ela tem de ser capaz de localizar esse "dever ser" como uma dimensão de seu próprio contexto, como uma possibilidade imanente à sociedade existente. Essa crítica tem de ser também imanente no sentido de ser capaz de se compreender reflexivamente e basear a possibilidade de sua própria existência na natureza do seu contexto social. Ou seja, espera-se que seja internamente consistente, ela deve ser capaz de basear seu próprio ponto de vista nas categorias sociais com as quais ela entende o seu objeto, e não simplesmente postular ou admitir esse ponto de vista. Em outras palavras, o que existe tem de ser entendido nos seus próprios termos a fim de englobar a possibilidade da sua crítica: essa crítica deve ser capaz de mostrar que a natureza do seu contexto social é capaz de gerar a possibilidade de uma atitude crítica com relação a si mesma. Segue-se então que uma crítica social imanente tem de mostrar que seu objeto, o todo social de que é parte, não é um todo unitário. Ademais, se essa crítica deve basear socialmente o desenvolvimento histórico e evitar hipostasiar a história postulando um desenvolvimento evolutivo trans-histórico, ela deve mostrar que as estruturas relacionais fundamentais da sociedade devem ser suficientes para sustentar uma dinâmica direcional corrente.

A noção de que as estruturas, as relações sociais subjacentes, da sociedade moderna sejam contraditórias oferece a base teórica dessa crítica histórica imanente. Ela permite que a crítica imanente elucide a dinâmica histórica intrínseca à formação social, uma dinâmica dialética que aponta além de si mesma – um "dever ser" realizável que é imanente ao "ser" e serve como ponto de vista da sua crítica. A contradição social, de acordo com essa abordagem, é a precondição de uma dinâmica histórica intrínseca e da existência da própria crítica social. A possibilidade desta última está intrinsecamente relacionada com a possibilidade socialmente gerada de outras formas de distância e oposição críticas – também no nível popular. Ou seja, a noção de contradição social

110 TEMPO, TRABALHO E DOMINAÇÃO SOCIAL

também permite uma teoria da constituição histórica de formas de oposição que apontam além da ordem existente. Assim, a significância da noção de contradição social vai além da sua interpretação mais estreita como a base das crises econômicas do capitalismo. Como já argumentei, ela não deve ser entendida simplesmente como o antagonismo entre as classes trabalhadoras e as expropriadoras; pelo contrário, contradição social se refere ao tecido mesmo da sociedade, a uma "não identidade" autogeradora intrínseca às suas estruturas de relações sociais que, portanto, não constituem um todo unitário estável.

A teoria social crítica clássica baseada na noção de que uma contradição social intrínseca caracteriza seu universo social é, evidentemente, de Marx. Discutirei adiante como Marx tenta analisar a sociedade capitalista como intrinsecamente contraditória e direcionalmente dinâmica, e enraizar essas características básicas no caráter historicamente específico do trabalho no capitalismo. Ao fazê-lo, Marx estabelece a base da possibilidade da sua crítica de uma maneira autorreflexiva e epistemologicamente consistente ao mesmo tempo que rompe com todas as noções da lógica intrínseca de desenvolvimento da história humana como um todo.

Como já notado, a crítica imanente do capitalismo de Marx não consiste simplesmente na oposição entre a realidade daquela sociedade e seus ideais. Esse entendimento da crítica imanente pressupõe que o objetivo essencial da crítica é desmascarar as ideologias burguesas, como a da troca igual, e revelar a realidade sórdida que ocultam – a exploração, por exemplo. Isso está evidentemente relacionado à crítica do capitalismo do ponto de vista do "trabalho" esboçada anteriormente[8]. Entretanto, a crítica baseada na análise da especificidade do trabalho no capitalismo tem um caráter diferente; ela não pretende olhar atrás do nível das aparências da sociedade burguesa para opor criticamente aquela superfície (como "capitalista") à totalidade social subjacente constituída pelo "trabalho". Pelo contrário, a crítica imanente que Marx desenvolve em *O capital* analisa essa totalidade subjacente em si – e não apenas o nível superficial das aparências – como característica do capitalismo. A teoria pretende apreender a

---

[8] A ideia de que uma crítica imanente revele o hiato entre os ideais e a realidade da sociedade capitalista moderna é apresentada, por exemplo, por Theodor Adorno em "On the Logic of the Social Sciences", em *The Positivist Dispute in German Sociology* (trad. Glyn Adey e David Frisby, Londres, Heinemann, 1976), p. 115 [ed. bras.: "Sobre a lógica das ciências sociais", em Gabriel Cohn, *Theodor W. Adorno*, São Paulo, Ática, 1986, Coleção Grandes Cientistas Sociais]. Em geral, a teoria crítica e seus comentadores simpáticos dão forte ênfase ao caráter imanente da crítica social de Marx; mas eles entendem a natureza daquela crítica imanente como a que julga a realidade da sociedade capitalista com base nos seus ideais liberais burgueses. Ver, por exemplo, Steven Seidman, "Introduction", em Steven Seidman (org.), *Jürgen Habermas on Society and Politics* (Boston, Beacon, 1989), p. 4-5. Este último entendimento revela até que ponto a teoria crítica continua presa a alguns pressupostos da crítica tradicional do ponto de vista do "trabalho".

realidade superficial e a oculta de maneira que aponta para a possível superação histórica do todo – o que significa, em outro nível, que pretende explicar a realidade e os ideais da sociedade capitalista, indicando o caráter historicamente determinado de ambos. Especificar historicamente dessa forma o objeto da teoria implica especificar historicamente a própria teoria.

A crítica social imanente também tem um momento prático: ela é capaz de se compreender como contribuição à transformação social e política. A crítica imanente rejeita posições que afirmam a ordem dada, o "ser", bem como as críticas utópicas dessa ordem. Dado que o ponto de vista da crítica não é alheio ao seu objeto, mas, pelo contrário, é uma possibilidade imanente a ele, o caráter da crítica não é nem teórica nem praticamente exortativo. As consequências reais das ações políticas e sociais são sempre codeterminadas pelo contexto em que têm lugar, não importando as justificativas e objetivos dessas ações. Na medida em que a crítica imanente, ao analisar o seu contexto, revela suas possibilidades imanentes, ela contribui para a realização destas. Revelar o potencial que existe no real ajuda a ação a ser socialmente transformadora de uma forma consciente.

A adequação de uma crítica social imanente depende da adequação das suas categorias. Se as categorias fundamentais da crítica (o valor, por exemplo) devem ser consideradas categorias críticas adequadas à sociedade capitalista, também devem expressar a especificidade daquela sociedade. Ademais, como categorias de uma crítica histórica, é necessário mostrar que elas apreendem a base de uma dinâmica intrínseca daquela sociedade, levando à possibilidade de sua negação histórica – ao "dever ser" que emerge como uma possibilidade histórica imanente ao "ser". De forma semelhante, supõe-se que a sociedade é contraditória, essa contradição deve ser expressa pelas categorias usadas para expressar as formas básicas das relações sociais dessa sociedade. Como vimos no capítulo anterior, essa contradição deve apontar para além da existência da totalidade. Somente se as próprias categorias expressarem essa contradição, a crítica será capaz de evitar ser positiva, ou, em outras palavras, aquela que critica o que é com base no que também é e, portanto, não aponta realmente para além da totalidade existente. A crítica negativa, adequada, não é desenvolvida com base no que é, mas no que poderia ser, como um potencial imanente da sociedade existente. Finalmente, categorias de uma crítica social imanente com objetivo emancipatório têm de apreender de maneira adequada as bases determinadas de não liberdade no capitalismo, de forma que a abolição histórica do que expressam implicaria a possibilidade de liberdade social e histórica.

Essas condições de uma crítica imanente adequada não são cumpridas pela crítica social do ponto de vista do "trabalho". As tentativas de Pollock e Horkheimer de analisar o caráter alterado do capitalismo pós-liberal revelam que as categorias da crítica tradicional não são expressões adequadas do núcleo do capitalismo nem das bases da não liberdade naquela sociedade, e que a contradição que expressam não apontam além da totalidade

112 TEMPO, TRABALHO E DOMINAÇÃO SOCIAL

presente para uma sociedade emancipada. Mas, depois de mostrar que essas categorias são inadequadas, Pollock e Horkheimer não colocaram em discussão os seus pressupostos tradicionais. O resultado foi eles não terem sido capazes de reconstituir uma crítica social mais adequada. Foi a combinação desses dois elementos da sua abordagem que resultou no pessimismo da teoria crítica.

FRIEDRICH POLLOCK E "A PRIMAZIA DO POLÍTICO"

Começarei minha discussão do viés pessimista da teoria crítica examinando os pressupostos político-econômicos da análise de Friedrich Pollock da transformação do capitalismo associada à ascensão do Estado intervencionista. Inicialmente, Pollock desenvolve essa análise no início da década de 1930 com Gerhard Meyer e Kurt Mandelbaum e a estende durante a década seguinte. Diante da Grande Depressão e do papel cada vez mais ativo do Estado na esfera socioeconômica, bem como a experiência soviética com o planejamento, Pollock conclui que a esfera política suplantou a esfera econômica como local da regulação econômica e da articulação dos problemas sociais. Ele caracteriza essa mudança como a primazia do político sobre o econômico[9]. Essa noção, que desde então se generalizou[10], implica que a crítica marxiana da economia política era válida para o período do capitalismo *laissez-faire*, mas desde então se tornou anacrônica na sociedade repolitizada do capitalismo pós-liberal. Essa posição pode parecer uma consequência evidente da transformação do capitalismo no século XX. Mas, como mostrarei, ela se baseia num conjunto de pressupostos discutíveis que geram problemas sérios na análise do capitalismo pós-liberal. Minha crítica não contesta a ideia básica de Pollock – o desenvolvimento do Estado intervencionista acarretou consequências econômicas, sociais e políticas de longo alcance –, mas revela as implicações problemáticas da estrutura teórica de Pollock para a análise dessas mudanças, ou seja, o seu entendimento da esfera econômica e da contradição básica entre as forças e as relações de produção.

Pollock desenvolve o seu conceito da ordem social que emerge da Grande Depressão em duas fases cada vez mais pessimistas. Na análise das causas fundamentais da Grande Depressão e dos seus possíveis resultados históricos, seu ponto de partida é a interpretação tradicional das contradições do capitalismo. Em dois ensaios, escritos

---

[9] Friedrich Pollock, "Is National Socialism a New Order?", *Studies in Philosophy and Social Science*, 9, 1941, p. 453.

[10] Jürgen Habermas, por exemplo, apresenta uma versão dessa posição em "Technology and Science as 'Ideology'", em *Towards a Rational Society* (trad. Jeremy J. Shapiro, Boston, Beacon, 1970), e a desenvolve mais em *Legitimation Crisis* (trad. Thomas McCarthy, Boston, Beacon, 1975).

nos anos 1932 e 1933 – "Die gegenwärtige Lage des Kapitalismus und die Aussichten einer planwirtschaftlichen Neuordnung"[11] e "Bemerkungen zur Wirtschftskrise"[12] – Pollock caracteriza o curso do desenvolvimento capitalista nos termos tradicionais de contradição crescente entre as forças da produção (interpretadas como o modo industrial de produção) e a apropriação privada mediada socialmente pelo mercado "autorregulatório"[13]. Essa contradição crescente está na base das crises econômicas que, ao diminuir violentamente as forças de produção (por exemplo, pelo uso de máquinas abaixo da plena capacidade, destruição de matérias-primas e o desemprego de milhares de trabalhadores), são os meios pelos quais o capitalismo tenta resolver "automaticamente" a contradição[14]. Nesse sentido, a depressão mundial não representa nada de novo. Ainda assim, a intensidade da depressão e a densidade da lacuna entre a riqueza social produzida, que potencialmente poderia servir para atender às necessidades humanas gerais, e o empobrecimento de grandes segmentos da população marcam o fim da era do mercado livre ou capitalismo liberal[15]. Elas indicam que "a forma econômica presente é incapaz de usar as forças desenvolvidas por ela própria para o benefício de todos os membros da sociedade"[16]. Dado que esse desenvolvimento não é historicamente contingente, mas resulta da dinâmica do próprio capitalismo, qualquer tentativa de reconstituir uma organização social baseada nos mecanismos econômicos liberais estaria historicamente condenada ao fracasso: "De acordo com todas as indicações, seria um esforço perdido tentar restabelecer as condições técnicas, econômicas e sociopsicológicas para uma economia de livre mercado"[17].

Apesar de o capitalismo liberal, de acordo com Pollock, não poder ser reconstituído, ele gerou a possibilidade de uma nova ordem social que poderia resolver as dificuldades da ordem anterior: a dialética das forças e relações de produção subjacente ao desenvolvimento do capitalismo de livre mercado gerou a possibilidade de uma economia centralmente planejada[18]. Ainda assim – e esse é o ponto decisivo de inflexão – essa economia não precisa ser socialista. Pollock afirma que *laissez-faire* e capitalismo não

---

[11] Friedrich Pollock, "Die gegenwärtige Lage des Kapitalismus und die Aussichten einer planwirtschaftlichen Neuordnung", *Zeitschrift für Sozialforschung*, 1, 1932.

[12] Idem,"Bemerkungen zur Wirtschftskrise", *Zeitschrift für Sozialforschung*, 2, 1933.

[13] Idem, "Die gegenwärtige Lage des Kapitalismus und die Aussichten einer planwirtschaftlichen Neuordnung", cit., p. 21.

[14] Ibidem, p. 15.

[15] Ibidem, p. 10.

[16] Idem,"Bemerkungen zur Wirtschftskrise", cit., p. 337.

[17] Ibidem, p. 332.

[18] Idem, "Die gegenwärtige Lage des Kapitalismus und die Aussichten einer planwirtschaftlichen Neuordnung", cit., p. 19-20.

114 TEMPO, TRABALHO E DOMINAÇÃO SOCIAL

são necessariamente idênticos e que a situação econômica pode ser estabilizada dentro da estrutura do próprio capitalismo, através da intervenção contínua e pesada do Estado na economia[19]. Em vez de identificar socialismo com planejamento, Pollock distingue dois tipos principais de sistemas de planejamento econômico:

> uma economia planejada capitalista baseada na propriedade privada dos meios de produção e, portanto, inserida na estrutura social de uma sociedade de classes, e uma economia planejada socialista caracterizada pela propriedade social dos meios de produção no âmbito de uma sociedade sem classes.[20]

Pollock rejeita qualquer teoria de colapso automático do capitalismo e enfatiza que o socialismo não segue necessariamente o capitalismo. Sua realização histórica depende não só de fatores técnicos e econômicos, mas também do poder de resistência dos que carregam o peso da ordem existente. E, para Pollock, é pouco provável que haja em futuro próximo uma resistência pesada por parte do proletariado por causa do peso reduzido da classe trabalhadora no processo econômico, das mudanças na tecnologia de armas e dos meios recém-desenvolvidos de dominação psíquica e cultural das massas[21].

Pollock considera uma economia capitalista planejada, e não o socialismo, o resultado mais provável da Grande Depressão: "O que está chegando ao fim não é o capitalismo, mas a sua fase liberal"[22]. Nesse estágio do pensamento de Pollock, a diferença entre capitalismo e socialismo numa era de planejamento se reduziu à que existe entre a propriedade privada e a social dos meios de produção. Nos dois casos, a economia de livre mercado seria substituída pela regulação pelo Estado.

Mas, mesmo a distinção baseada nas formas de propriedade tornou-se problemática. Ao descrever a reação do capitalismo à crise, Pollock se refere à violenta redução das forças de produção e a um "afrouxamento dos grilhões" – uma modificação das "relações de produção" – por meio da intervenção do Estado[23]. Ele afirma, de um lado, que seria possível ocorrer os dois sem modificar a base do sistema capitalista – a propriedade privada e sua valorização[24]. De outro, ele observa que a intervenção contínua do Estado envolve uma limitação mais ou menos drástica do poder do proprietário individual de administrar o seu capital, o que ele associa à tendência, já presente antes

---

[19] Ibidem, p. 16.

[20] Ibidem, p. 18.

[21] Idem, "Bemerkungen zur Wirtschftskrise", cit., p. 350.

[22] Idem.

[23] Ibidem, p. 338.

[24] Ibidem, p. 349.

da Primeira Guerra Mundial, de separação entre propriedade e administração efetiva[25]. A determinação do capitalismo em termos de propriedade privada tornou-se, portanto, um tanto ambígua. Pollock a rejeita efetivamente nos seus ensaios de 1941, nos quais a teoria da primazia do político já está completamente desenvolvida.

Nos "State Capitalism" e "Is National Socialism a New Order?"[26], Pollock analisa a ordem social recém-emergente como capitalismo de Estado. Nesse caso, o seu método é construir tipos ideais: enquanto em 1932 ele opõe uma economia planejada socialista a outra capitalista, em 1941 ele coloca em oposição o Estado capitalista totalitário e o democrático como os dois tipos ideais primários da nova ordem[27]. (Em 1941, Pollock descreve a União Soviética como uma sociedade capitalista de Estado.)[28] Na forma totalitária, o Estado está nas mãos de um estrato dominante, um amálgama de líderes burocratas nos negócios, no Estado e no partido[29]; na forma democrática, ele é controlado pelo povo. A análise ideal-típica de Pollock se concentra na forma do Estado capitalista totalitário. Quando despida dos aspectos específicos do totalitarismo, o seu exame da mudança fundamental na relação entre o Estado e a sociedade civil pode ser vista como compondo a dimensão político-econômica de uma teoria crítica geral do capitalismo pós-liberal, que Horkheimer, Marcuse e Adorno desenvolvem mais detalhadamente.

A característica central da ordem capitalista de Estado, de acordo com Pollock, é a suplantação da esfera econômica pelo âmbito político. Equilibrar produção e distribuição passou a ser função do Estado, e não do mercado[30]. Embora um mercado, um sistema de preços e salários possam continuar existindo, já não servem para regular o processo econômico[31]. Ademais, mesmo que se mantenha a instituição da propriedade privada, suas funções econômicas foram efetivamente abolidas, na medida em que o direito de administrar o capital individual foi em grande parte transferido do capitalista individual para o Estado[32]. O capitalista se transformou em mero rentista[33]. O Estado formula um plano geral e impõe o seu cumprimento. Por isso, a propriedade

---

[25]   Ibidem, p. 345-6.

[26]   Idem, "State Capitalism", *Studies in Philosophy and Social Sciences*, 9, 1941; "Is National Socialism a New Order?", cit.

[27]   Idem, "State Capitalism", cit., p. 200.

[28]   Ibidem, nota 1, p. 211.

[29]   Ibidem, p. 201.

[30]   Idem.

[31]   Ibidem, p. 204-5; "Is National Socialism a New Order?", cit., p. 444.

[32]   Idem, "Is National Socialism a New Order?", cit., p. 442.

[33]   Idem, "State Capitalism", cit., p. 208-9.

116 TEMPO, TRABALHO E DOMINAÇÃO SOCIAL

privada, a lei do mercado, ou outras "leis" – como a da equalização da taxa de lucro ou sua tendência a cair – não mantêm suas funções antes essenciais[34]. Nenhuma esfera econômica autônoma e em processo existe no capitalismo de Estado. Problemas de administração, portanto, substituíram os de troca[35].

Essa transição, de acordo com Pollock, tem grandes implicações sociais. Ele afirma que todas as relações sociais sob o capitalismo liberal são determinadas pelo mercado; pessoas e classes se enfrentam na esfera pública como agentes quase autônomos. Apesar das ineficiências e injustiças do sistema, a relação de mercado implica que as regras que governam a esfera pública geram obrigações mútuas. O direito é a racionalidade em dobro, e se aplica a governantes e governados. Esse âmbito legal impessoal contribui para a separação das esferas pública e privada e, por implicação, para a formação do indivíduo burguês. Posição social é função de mercado e renda. Os empregados são obrigados a trabalhar pelo medo da fome e pelo desejo de uma vida melhor[36].

Sob o capitalismo de Estado, o Estado se torna o determinante de todas as esferas da vida social[37]; a hierarquia das estruturas políticas burocráticas ocupa o centro da existência social. Relações de mercado são substituídas por aquelas de uma hierarquia de comando em que, no lugar do direito, reina uma racionalidade técnica unilateral. A maioria da população se transforma, com efeito, em empregados assalariados do aparelho político; faltam-lhes direitos políticos, poderes de auto-organização e direito de greve. O impulso de trabalhar é resultado, de um lado, do terror político e, de outro, da manipulação psíquica. Indivíduos e grupos, não mais autônomos, são subordinados ao todo; por causa da sua produtividade, as pessoas são tratadas como meios, e não com fins em si mesmas. Mas isso é velado, pois elas são compensadas pela perda de independência por meio da transgressão socialmente sancionada de normas sociais anteriores, especialmente as sexuais. Ao derrubar a parede que separa a esfera íntima da sociedade e do Estado, essa compensação permite outras manipulações[38].

De acordo com Pollock, tanto o mercado quanto a propriedade privada – ou seja, as relações sociais capitalistas básicas (tradicionalmente entendidas) – foram efetivamente abolidos no capitalismo de Estado. As consequências sociais, políticas e culturais, entretanto, não foram necessariamente emancipatórias. Ao expressar essa visão em categorias marxianas, Pollock afirma que a produção no capitalismo de Estado não gera

---

[34] Idem.

[35] Ibidem, p. 217.

[36] Ibidem, p. 207; "Is National Socialism a New Order?", cit., p. 443, 447.

[37] Idem, "State Capitalism", cit., p. 206.

[38] Idem, "Is National Socialism a New Order?", cit., p. 448-9. Sob muitos aspectos, os comentários breves de Pollock sobre esse tema prenunciam o que Marcuse desenvolveria em mais detalhe com o seu conceito de dessublimação repressiva.

mais a produção de mercadorias, tendo passado a se orientar para o uso. Entretanto, essa última determinação não garante que a produção atenda às "necessidades de seres humanos livres numa sociedade harmoniosa"[39].

Dadas a análise do caráter não emancipatório do capitalismo de Estado e a sua afirmação de que uma volta ao capitalismo liberal é impossível, o problema passa a ser se o capitalismo de Estado poderia ser suplantado pelo socialismo[40]. Essa possibilidade não pode mais ser considerada imanente à sociedade atual – ou seja, a que emerge do desenvolvimento de uma contradição intrínseca na base de uma economia em processo – porque, de acordo com Pollock, a economia se tornou totalmente administrável. Segundo ele, a economia de comando, por oposição ao capitalismo de livre mercado, tem a sua disposição os meios para reprimir as causas econômicas das depressões[41]. Pollock enfatiza repetidamente que não existem leis nem funções econômicas capazes de impedir ou limitar o funcionamento do capitalismo de Estado[42].

Se for esse o caso, não há possibilidade de se superar o capitalismo de Estado? Na sua tentativa de resposta, Pollock esboça o início de uma teoria das crises políticas – crises de legitimação política. O capitalismo de Estado, de acordo com ele, emergiu historicamente como a solução para os males econômicos do capitalismo liberal. Portanto, as tarefas principais da nova ordem social são manter o pleno emprego e capacitar as forças de produção para se desenvolverem sem impedimentos, enquanto mantêm a base da velha estrutura social[43]. A substituição do mercado pelo Estado significa que o desemprego em massa imediatamente geraria uma crise política que lançaria dúvidas sobre o sistema. Para se legitimar, o capitalismo de Estado exige necessariamente o pleno emprego.

A variante totalitária do capitalismo de Estado enfrenta mais problemas. Ela representa a pior forma de sociedade antagonística "em que os interesses de poder da classe dominante não permitem que as pessoas usem as forças produtivas para seu próprio bem-estar e detenham o controle da organização e das atividades da sociedade"[44]. Dada a intensidade desse antagonismo, o capitalismo de Estado totalitário não permite aumento sensível do padrão de vida, pois isso deixaria as pessoas livres para refletir criticamente sobre a sua situação, o que poderia levar ao surgimento de um espírito revolucionário, com sua demanda de liberdade e justiça[45].

---

[39] Ibidem, p. 446.

[40] Ibidem, p. 452-5.

[41] Ibidem, p. 454.

[42] Idem, "State Capitalism", cit., p. 217.

[43] Ibidem, p. 203.

[44] Ibidem, p. 223.

[45] Ibidem, p. 220. Pollock parece considerar a consciência de massa numa era do primado político somente em termos de manipulação externa e uma vaga noção dos possíveis efeitos revolucionários

118 TEMPO, TRABALHO E DOMINAÇÃO SOCIAL

Portanto, o capitalismo de Estado totalitário tem de enfrentar o problema de manter o pleno emprego, promovendo o avanço do progresso técnico, *sem*, entretanto, permitir o aumento apreciável do padrão de vida. De acordo com Pollock, somente uma economia permanente de guerra poderia realizar essas duas tarefas simultaneamente. A maior ameaça à forma totalitária é a paz. Numa economia de paz o sistema não se mantém, apesar da manipulação psicológica de massa e do terror[46]. Ela não toleraria um alto padrão de vida e não sobreviveria ao desemprego em massa. Um alto padrão de vida poderia ser mantido pelo capitalismo de Estado democrático, mas Pollock descreve essa forma como instável e transitória: ou as diferenças de classe se afirmariam e, neste caso, a forma democrática se desenvolveria em direção à totalitária, ou o controle democrático do Estado resultaria na abolição dos últimos resquícios da sociedade de classes, levando ao socialismo[47]. Mas, esta última possibilidade parece pouco provável na estrutura da abordagem de Pollock – ou seja, a sua tese da administrabilidade da economia e sua consciência de que a "prontidão", que torna possível uma economia permanente de guerra sem guerra, é uma marca característica da era do capitalismo de Estado[48]. A análise de Pollock não pode ser a base da sua esperança de que o capitalismo de Estado democrático possa ser estabelecido e desenvolvido em direção ao socialismo. Sua posição é fundamentalmente pessimista: a superação da nova ordem não deriva imanentemente do sistema em si, mas, pelo contrário, tornou-se dependente de uma improvável circunstância "extrínseca": a paz mundial.

PREMISSAS E DILEMAS DA TESE DE POLLOCK

Vários aspectos da análise de Pollock são problemáticos. O seu exame sobre o capitalismo liberal indica a dinamicidade do seu desenvolvimento e da sua historicidade. Ele mostra como a contradição imanente entre suas forças e relações de

---

do aumento do padrão de vida. Parece que, ao tratar da sociedade determinada pelo Estado, ele não tem nenhum conceito da consciência social como um aspecto imanente dessa forma (embora esse talvez não seja o caso nas suas considerações da sociedade determinada pelo mercado). Pode-se argumentar que Pollock não desenvolveu nenhuma versão adequada da relação entre subjetividade e objetividade sociais. Portanto, ele apenas especifica as "condições materiais" que tornariam possível o pensamento crítico, mas não podem indicar por que esse pensamento seria crítico numa direção particular.

[46] Idem.

[47] Ibidem, p. 219, 225.

[48] Ibidem, p. 220.

produção levam à possibilidade de uma sociedade economicamente planejada como sua negação histórica. A análise de Pollock sobre o capitalismo de Estado carece dessa dimensão histórica; ela é estática e apenas descreve vários tipos ideais. É preciso reconhecer que a formulação inicial de Pollock de uma teoria da crise política procurou descobrir momentos de instabilidade e conflito, mas que não se relacionam com nenhum tipo de dinâmica histórica imanente da qual poderiam emergir os contornos e a possibilidade de outra formação social. Assim, temos de considerar as razões que fazem com que, para Pollock, o estágio do capitalismo caracterizado pela "primazia do econômico" seja contraditório e dinâmico, enquanto o que se caracteriza pela "primazia do político" não o seja.

Esse problema pode ser elucidado considerando o entendimento de Pollock sobre o econômico. Ao postular a primazia do político sobre o econômico, ele conceitua este último em termos da coordenação quase automática mediada pelo mercado das necessidades e recursos, por meio da qual os preços dirigem a produção e a distribuição[49]. Sob o capitalismo liberal, lucros e salários dirigem o fluxo de capital e a distribuição da força de trabalho no processo econômico[50]. O mercado está no centro do entendimento de Pollock da economia. Sua afirmação de que as "leis" econômicas perdem sua função essencial quando o Estado suplanta o mercado indica que, na sua opinião, essas leis estão enraizadas apenas no modo de mercado de regulação social. A centralidade do mercado para a noção de Pollock do econômico é também indicada num nível categorial pela sua interpretação de mercadoria: um bem é uma mercadoria só quando é circulado pelo mercado, caso contrário ele é um valor de uso. Essa abordagem, é claro, implica uma interpretação da categoria marxiana de valor – supostamente fundamental sobre as relações de produção no capitalismo – apenas em termos do mercado. Dito de outra forma, Pollock entende a esfera econômica e, implicitamente, as categorias marxianas somente em termos do modo de distribuição.

Em consequência, Pollock interpreta a contradição entre as forças e relações de produção como a que existe entre a produção industrial e o modo burguês de distribuição (mercado, propriedade privada). Assim, ele afirma que a concentração e a centralização crescentes da produção tornam a propriedade privada cada vez mais disfuncional e anacrônica[51], ao passo que as crises periódicas indicam que o modo "automático" de regulação não é harmonioso e que as operações anárquicas das leis

---

[49] Ibidem, p. 203.

[50] Idem, "Is National Socialism a New Order?", cit., p. 445s.

[51] Idem, "Bemerkungen zur Wirtschftskrise", cit., p. 345s.

se tornaram cada vez mais destrutivas[52]. Essa contradição provoca uma dinâmica que exige e torna possível a suplantação do modo burguês de distribuição por uma forma caracterizada pelo planejamento e pela ausência da propriedade privada.

Segue-se dessa interpretação que quando o Estado suplanta o mercado como agente de distribuição, a esfera econômica é essencialmente suspensa. Portanto, de acordo com Pollock, a economia como ciência social perde o seu objeto de investigação: "Enquanto antes o economista quebrava a cabeça para resolver o problema do processo de intercâmbio, ele, sob o capitalismo de Estado, só enfrenta meros problemas de administração"[53]. Em outras palavras, com o planejamento de Estado, um modo consciente de regulação e distribuição sociais substituiu o modo econômico não consciente. Subjacente à noção de Pollock da primazia do político é um entendimento do econômico que pressupõe a primazia do modo de distribuição.

Agora deve estar clara a razão pela qual o capitalismo de Estado, de acordo com essa interpretação, não possui dinâmica imanente, que pressupõe uma lógica de desenvolvimento, acima e além do controle consciente, baseada numa contradição intrínseca ao sistema. Na análise de Pollock, o mercado é a fonte de todas as estruturas sociais não conscientes de necessidade e regulação; por isso ele constitui a base das "leis do movimento" da formação social capitalista. Ademais, Pollock afirma que só o planejamento implica pleno controle consciente e, portanto, não é limitado por nenhuma lei econômica. Segue-se, então, que a suplantação do mercado pelo planejamento de Estado deve significar o fim de qualquer lógica cega de desenvolvimento: o desenvolvimento histórico é agora conscientemente regulado. Ademais, uma compreensão da contradição entre as forças e relações de produção como a que existe entre produção e distribuição – expressada pela inadequação crescente do mercado e propriedade privada às condições da produção industrial avançada – implica que um modo baseado no planejamento e na efetiva abolição da propriedade privada *é* adequado a essas condições. Na estrutura de uma teoria que parte da interpretação tradicional, orientada pela distribuição, das relações de produção, uma contradição social intrínseca não mais existe entre essas novas "relações de produção" e o modo industrial de produção. Portanto, a noção marxiana do caráter contraditório do capitalismo é relegada implicitamente ao período do capitalismo liberal. Assim, a noção de Pollock sobre a primazia do político refere-se a uma sociedade antagonística possuidora de uma dinâmica imanente que aponte para a possibilidade do socialismo como negação dela; o pessimismo da sua teoria está enraizado na sua análise do capitalismo pós-liberal como uma sociedade não livre, mas não contraditória.

---

[52] "Die gegenwärtige Lage des Kapitalismus und die Aussichten einer planwirtschaftlichen Neu-ordnung", cit., p. 15.

[53] Idem, "State Capitalism", cit., p. 217.

A análise de Pollock indica os problemas de uma crítica da formação social que pressupõe a primazia do modo de distribuição. De acordo com a sua análise ideal--típica, com o desenvolvimento do capitalismo de Estado o valor foi suplantado e a propriedade privada foi efetivamente abolida. Ainda assim, a abolição dessas relações sociais não lança necessariamente os alicerces da "boa sociedade"; pelo contrário, ela pode levar – e leva – a formas de maior opressão e tirania, formas que não podem mais ser criticadas adequadamente por meio da categoria de valor. Ademais, de acordo com a sua interpretação, superar o mercado significa que o sistema de produção de mercadorias foi substituído por outro de produção de valor de uso. Ainda assim, Pollock mostra que essa é uma determinação insuficiente de emancipação; ela não significa necessariamente que "as necessidades de seres humanos livres numa sociedade harmoniosa" estejam sendo atendidas. Entretanto, valor e a mercadoria podem ser considerados categorias críticas adequadas à formação social capitalista só quando sustentam uma dinâmica imanente dessa formação social que leve à possibilidade da sua negação histórica. Eles devem apreender suficientemente o núcleo dessa sociedade contraditória a fim de que a abolição dos dois implique a base social da liberdade. A análise de Pollock indica que as categorias marxianas, entendidas em termos do modo de distribuição, não captam adequadamente a base da não liberdade no capitalismo. Mas ele não reconsidera a fonte dessas limitações das categorias, a saber, a ênfase unilateral no modo de distribuição; prefere reter essa ênfase enquanto limita implicitamente a validade das categorias marxianas ao capitalismo liberal.

Mas a premissa tradicional de Pollock da primazia da distribuição provoca sérias dificuldades teóricas no tratamento do capitalismo de Estado. Com já vimos, o capitalismo – como o de Estado – pode existir, de acordo com Pollock, na ausência do mercado e da propriedade privada. Mas estes definem as suas características essenciais, de acordo com a linha da teoria marxista tradicional. Na ausência dessas duas "relações de produção", o que caracteriza como capitalista a nova fase? Pollock relaciona os seguintes motivos para a sua caracterização: "O capitalismo de Estado é o sucessor do capitalismo privado, [...] o Estado assume várias funções do capitalista privado, [...] lucro e juros ainda têm um papel significativo, e [...] ele não é socialismo"[54]. Parece, à primeira vista, que a chave da especificação como capitalista da sociedade de classes pós-liberal é a sua afirmação de que o lucro e os juros continuam a desempenhar papel importante. Embora, de acordo com Pollock, esses juros passem a se subordinar a um plano geral, "nenhum governo de Estado capitalista vai poder ou querer abrir mão do motivo do lucro"[55]: a abolição deste destruiria o "caráter do sistema inteiro"[56].

---

[54] Ibidem, p. 201.

[55] Ibidem, p. 205.

[56] Idem.

122 TEMPO, TRABALHO E DOMINAÇÃO SOCIAL

Parece que o caráter específico do "sistema inteiro" poderia ser esclarecido por uma consideração do lucro.

Mas esse esclarecimento não é oferecido por Pollock. Em vez de desenvolver uma análise do lucro, que ajudaria a determinar o caráter capitalista da nova forma social, Pollock trata essa categoria de maneira indeterminada:

> Outro aspecto da situação alterada sob o capitalismo de Estado é ser o motivo do lucro suplantado pelo motivo do poder. Obviamente, o motivo do lucro é uma forma específica do motivo do poder. [...] Mas a diferença é [...] que este último está essencialmente preso à posição de poder do grupo dominante, enquanto o primeiro pertence apenas ao indivíduo.[57]

Deixando de lado considerações relativas às fraquezas de posições que implicitamente extraem relações de poder de um motivo de poder, torna-se claro que essa abordagem apenas acentua o caráter político do capitalismo de Estado sem esclarecimentos da sua dimensão capitalista. O fato de a esfera econômica, de acordo com Pollock, não desempenhar mais um papel essencial está refletido no seu tratamento basicamente vazio do lucro. Categorias econômicas (lucro) se transformaram em subespécies das categorias políticas (poder).

O fundamento último da caracterização de Pollock da sociedade pós-liberal como capitalista de Estado é o fato de ela permanecer antagonística, ou seja, uma sociedade de classes[58]. Mas o termo "capitalismo" exige uma determinação mais específica que a de antagonismo social, pois todas as formas históricas desenvolvidas de sociedade foram antagonísticas no sentido de o excedente social ser expropriado dos seus produtores imediatos e não ser usado em benefício de todos. Ademais, o termo "classe" exige determinação mais específica; ele não se refere simplesmente a grupos sociais existentes nessas relações antagônicas. Pelo contrário, como mostrarei, as noções marxianas de classe e de luta de classes só adquirem sua completa significância como categorias de um sistema inerentemente contraditório e dinâmico. Em outras palavras, antagonismo social e contradição social não são idênticos.

O conceito de capitalismo de Estado implica necessariamente que o que é politicamente regulado é o capitalismo; ele exige, portanto, um conceito de capital. Mas essas considerações não são encontradas no tratamento de Pollock. Sua intenção estratégica ao usar "capitalismo de Estado" parece clara – enfatizar que a abolição do mercado e da propriedade privada não basta para a transformação do capitalismo em socialismo. Ainda assim, Pollock não consegue dar uma base adequada a sua caracterização como capitalista da sociedade antagônica pós-liberal.

---

[57] Ibidem, p. 207.

[58] Ibidem, p. 219.

OS LIMITES DO MARXISMO TRADICIONAL   123

Ademais, a posição de Pollock não é capaz de explicar a origem do contínuo antagonismo de classe no capitalismo pós-liberal. Seu entendimento da esfera econômica torna opacas as condições materiais subjacentes às diferenças entre capitalismo de Estado e socialismo. Na análise marxista tradicional, o sistema baseado no mercado e na propriedade privada implica necessariamente um sistema de classes; a superação dessas relações de produção é entendida como o pressuposto econômico de uma sociedade sem classes. Uma organização social fundamentalmente diferente é presa a uma organização econômica fundamentalmente diferente. Enquanto Pollock parte das mesmas premissas relativas à estrutura do capitalismo liberal, a ligação intrínseca entre a organização econômica e a estrutura social é rompida no seu tratamento das sociedades pós-liberais. Apesar de caracterizar o capitalismo de Estado como um sistema de classes, ele considera que a sua organização econômica básica (em sentido mais amplo) é a mesma que a do socialismo: planejamento central e abolição efetiva da propriedade privada sob condições de produção industrial desenvolvida. Mas isso implica que a diferença entre um sistema de classes e uma sociedade sem classes não está relacionada com as diferenças fundamentais na sua organização econômica; pelo contrário, ela é simplesmente uma função do modo e do objetivo da sua administração. Assim, a estrutura básica da sociedade se tornou presumivelmente independente da sua forma econômica. A abordagem de Pollock implica que não existe nenhuma relação entre estrutura social e organização econômica.

Este resultado paradoxal está latente no ponto de partida teórico de Pollock. Se as categorias marxianas e a noção das relações de produção são entendidas em termos do modo de distribuição, é inevitável a conclusão de que a dialética do desenvolvimento econômico chegou ao seu fim quando o mercado e a propriedade privada são superados. A organização econômica politicamente mediada que emerge representa, assim, o desfecho histórico do modo de distribuição. A continuação da existência da sociedade de classes nessa situação não pode, portanto, se basear nesse modo de distribuição – o que, presumivelmente, estaria também na base de uma sociedade sem classes. Sob esse aspecto, o antagonismo de classe não pode estar enraizado na esfera da produção. Como já vimos, na interpretação tradicional das categorias marxianas, a transformação das relações de produção resulta não na transformação do modo industrial de produção, mas em um "ajuste" adequado a esse modo de produção que, supostamente, já teria adquirido a sua forma historicamente final. Então, nessa estrutura, a existência continuada da sociedade de classes não pode se basear nem na produção nem na distribuição.

Em outras palavras, a organização econômica tornou-se uma invariante histórica na análise de Pollock, uma organização que está na base de várias formas políticas e já sem relação com a estrutura social. Dada a ausência de qualquer relação entre estruturas sociais e organização econômica na sua análise da sociedade pós-liberal, Pollock é obrigado a postular uma esfera política que não somente mantém e reforça as diferenças de classe, mas é a sua origem. Relações de classe se reduzem a relações de poder, cuja fonte permanece obscura. Mas, dado o seu ponto de partida, parece que Pollock não tem escolha ao analisar de forma tão redutiva a repolitização da vida social na sociedade pós-liberal.

Finalmente, os limites das premissas ocultas de Pollock para apreender adequadamente a morfologia alterada do capitalismo pós-liberal tornam-se claros no seu tratamento das relações capitalistas de produção. A própria noção se refere ao que caracteriza o capitalismo como capitalismo, ou seja, à essência da formação social. A lógica da interpretação de Pollock deveria ter induzido uma reconsideração fundamental: se o mercado e a propriedade privada devem, de fato, ser encarados como as relações capitalistas de produção, a forma ideal-típica pós-liberal não deveria ser considerada capitalista. Por outro lado, caracterizar como capitalista a nova forma, apesar da (presumida) abolição dessas estruturas relacionais, exige implicitamente uma determinação diferente das relações de produção essenciais ao capitalismo. Em outras palavras, essa abordagem deveria colocar em discussão a identificação de mercado e de propriedade privada com as relações essenciais de produção da sociedade capitalista – mesmo para a fase liberal do capitalismo.

Mas Pollock não desenvolve essa reconsideração. Em vez disso, ele modifica a determinação tradicional das relações de produção limitando sua validade à fase liberal do capitalismo, e postula sua substituição pelo modo político de distribuição. O resultado é um novo conjunto de problemas e fraquezas teóricos que aponta para a necessidade de um reexame mais radical da teoria tradicional. Se se afirma, como faz Pollock, que a formação social capitalista possui sucessivamente conjuntos diferentes de "relações de produção", tem-se necessariamente de postular um núcleo daquela formação que não é integralmente apreendido por nenhum daqueles conjuntos de relações. Essa separação da essência da formação de todas as relações determinadas de produção indica que estas foram inadequadamente determinadas. Além do mais, o que na análise de Pollock permanece como a essência, o antagonismo de "classe", é historicamente indeterminado demais para ser útil à especificação da formação social capitalista. As duas fraquezas indicam a inadequação e limites do ponto de partida de Pollock, ou seja, localizar as relações de produção apenas na esfera de distribuição.

A análise de Pollock das transformações significativas da vida social e da estrutura de dominação associada ao desenvolvimento do capitalismo pós-liberal contém muitas ideias importantes. Mas a sua análise deve ser colocada sobre uma base teórica mais firme. Essa base, ainda argumentarei, também colocaria em questão o caráter necessário do pessimismo de Pollock.

Mas já deve estar claro que eu considero inadequada a crítica de Pollock que parte dos pressupostos do marxismo tradicional. Essa abordagem poderia reintroduzir uma dinâmica na análise ao indicar que de forma alguma a concorrência de mercado e a propriedade privada não desapareceram nem perderam suas funções sob o capitalismo de Estado intervencionista. (Isso evidentemente não se aplica às variantes do "socialismo realmente existente" do capitalismo de Estado. Uma fraqueza do marxismo tradicional é ele não poder oferecer a base para uma crítica adequada dessas sociedades.) De fato, num nível menos imediatamente empírico, pode-se perguntar se seria possível ao capitalismo burguês chegar a um estágio em que são superados todos os elementos do capitalismo de mercado. Entretanto, reintroduzir uma dinâmica na análise do capitalismo de Estado intervencionista com base na continuação da significância do mercado e da propriedade privada não chega às raízes do pessimismo de Pollock; evita simplesmente os problemas fundamentais levantados quando esse desenvolvimento é pensado até o seu ponto final – a abolição dessas "relações de produção". Deve-se enfrentar a questão de ser ou não a abolição uma condição suficiente para o socialismo. Como já procurei mostrar, a abordagem de Pollock, apesar do seu caráter congelado e das bases teóricas questionáveis, indica que uma interpretação das relações de produção e, portanto, de valor em termos da esfera de distribuição, não apreende suficientemente o núcleo da não liberdade no capitalismo. Criticá-lo do ponto de vista daquela interpretação seria, portanto, um recuo a partir do nível do problema tal como surgiu na consideração da análise de Pollock[59].

Apesar das dificuldades associadas à abordagem ideal-típica de Pollock, ela tem o valor heurístico não intencional de permitir uma percepção do caráter problemático das premissas do marxismo tradicional. Na estrutura da crítica unilateral do modo de distribuição do ponto de vista do "trabalho", as categorias marxianas não podem apreender criticamente a totalidade social. Mas isso só se torna historicamente evidente quando o mercado perde seu papel central como agência de distribuição. A análise de Pollock mostra que qualquer tentativa baseada na interpretação tradicional de caracterizar como capitalista a ordem social politicamente regulada resultante deve continuar indeterminada. Ela também torna claro que a mera abolição do mercado e da propriedade privada e, consequentemente, a "conquista do reconhecimento" da produção industrial são condições insuficientes para a emancipação humana. Assim,

---

[59] Ver, por exemplo, Giacomo Marramao, "Political Economy and Critical Theory", cit. Concordo com a tese geral de Marramao que relaciona a obra de Pollock com as de Horkheimer, Marcuse e Adorno, e com sua conclusão geral de que Pollock não é capaz de localizar os "elementos dialéticos" no novo estágio do capitalismo. Mas, apesar de Marramao apresentar com aprovação aspectos da análise de Henryk Grossmann como uma interpretação de Marx, muito diferente da dominante na tradição marxista (p. 59s), ele não completa suas implicações. Pelo contrário, ao identificar a interpretação de Pollock do conflito entre as forças e relações de produção com a de Marx, ele implicitamente a aceita (p. 67). Isso não lhe permite apoiar sua acusação, a de que Pollock toma como essência o nível ilusório da aparência (p. 74), de um ponto de vista que passaria além dos limites do marxismo tradicional.

o tratamento de Pollock do capitalismo pós-liberal indica inadvertidamente que o mercado e a propriedade privada não são determinações adequadas das categorias mais básicas do capitalismo e, consequentemente, que as categorias marxistas tradicionais são inadequadas como categorias críticas da totalidade social capitalista. A abolição do que elas expressam não constitui a condição de liberdade geral.

A análise de Pollock acentua precisamente essas limitações da interpretação marxista tradicional e também mostra que a noção marxiana da contradição como marca da formação social capitalista não é idêntica à noção de antagonismo social. Enquanto uma forma social antagonística pode ser estática, a noção de contradição implica necessariamente uma dinâmica intrínseca. Ao considerar que o capitalismo de Estado é uma forma antagonística que não possui essa dinâmica, a abordagem de Pollock chama atenção para o problema da contradição social como a que deve estar localizada estruturalmente de uma forma que se estenda além das considerações de classe e propriedade. Finalmente, a recusa de Pollock de considerar, nos seus contornos mais abstratos, a nova forma simplesmente como uma forma que ainda não é completamente socialista, permite a ele revelar seus novos modos mais negativos de dominação política, social e cultural.

Pollock e os outros membros da Escola de Frankfurt rompem com o marxismo tradicional em um aspecto decisivo. Uma das ideias básicas de Pollock é que um sistema de planejamento central na ausência efetiva da propriedade privada não é, por si só, emancipador, embora essa forma de distribuição seja adequada à produção industrial. Isso implicitamente coloca em questão a ideia de que "trabalho" – por exemplo, na forma do modo industrial de produção ou, em outro nível, a totalidade social constituída pelo trabalho – seja a base da liberdade humana geral. Ainda assim, a análise de Pollock permanece presa demais a algumas proposições fundamentais do marxismo tradicional para constituir uma crítica adequada. Dado que ela adota a ênfase unilateral dessa análise no modo de distribuição, o rompimento de Pollock com a teoria tradicional não supera realmente suas premissas básicas relativas à natureza do trabalho no capitalismo. Pelo contrário, ele mantém a noção de "trabalho", mas implicitamente reverte a sua avaliação do seu papel. De acordo com Pollock, a dialética histórica percorreu o seu curso: "trabalho" se realizou. A totalidade se realizou, mas, ainda assim, o resultado é tudo, menos emancipatório. Sua análise sugere que o resultado deve, portanto, estar enraizado no caráter do "trabalho". O "trabalho" já tinha sido considerado o lugar da liberdade, mas ele hoje passa a ser visto como fonte de não liberdade. Essa reversão é expressa mais explicitamente nos livros de Horkheimer, como pretendo demonstrar. Tanto as posições otimistas quanto as pessimistas que estive examinando têm em comum um entendimento do trabalho no capitalismo como "trabalho", um entendimento que fica atrás do nível da crítica marxiana madura de Ricardo e de Hegel. Pollock mantém essa noção e continua com a visão da contradição do capitalismo como a que existe entre produção e distribuição. Portanto, ele conclui que não existe contradição imanente no capitalismo de Estado. Sua análise resulta numa concepção de uma totalidade social antagonística e repressiva que se tornou essencialmente não contraditória e que não possui mais uma dinâmica imanente. Trata-se de uma concepção que lança dúvidas sobre o papel emancipatório atribuído ao "trabalho" e à realização da totalidade, mas que ao fim não se move além dos horizontes da crítica marxista tradicional do capitalismo.

O VIÉS PESSIMISTA DE MAX HORKHEIMER

A transformação qualitativa da sociedade capitalista – portanto, o objeto da crítica social – sugerida pela análise de Pollock do capitalismo pós-liberal como uma totalidade não contraditória leva a uma transformação da natureza própria crítica. Investigarei essa transformação e seus aspectos problemáticos considerando as implicações da análise de Pollock para o conceito da teoria crítica de Max Horkheimer. Essa transformação da teoria crítica foi descrita em termos da substituição da crítica da economia política pela crítica da política, a crítica da ideologia e a crítica da razão instrumental[60]. Foi frequentemente entendida como um desvio de uma análise crítica da sociedade moderna cujo enfoque é restrito a uma esfera da vida social, para uma abordagem mais ampla e profunda. Minha discussão sugere ainda que essa avaliação seja modificada. Já vimos que o ponto de partida da teoria crítica, tal como rearticulada por Pollock, foi o entendimento tradicional das categorias básicas de Marx, combinado com o reconhecimento de que essas categorias tradicionais tinham se tornado inadequadas pelo desenvolvimento do capitalismo do século XX. Entretanto, dado que esse reconhecimento não levou a uma reconceitualização fundamental das categorias marxianas, a ampliação da crítica social do capitalismo pela teoria crítica envolveu várias dificuldades teóricas. Isso também enfraqueceu a capacidade da teoria de apreender aspectos da sociedade capitalista que foram preocupações centrais da crítica de Marx da economia política.

Em outras palavras, é um erro ver a diferença entre a crítica da economia política e a crítica da razão instrumental (e das outras) como simplesmente uma questão da importância relativa atribuída a esferas particulares da vida social. O trabalho é fundamental para a análise de Marx não porque pressupõe ser a produção material como tal o aspecto mais importante da vida social ou a essência da sociedade humana, mas porque ele considera ser o caráter peculiarmente abstrato e direcionalmente dinâmico da sociedade capitalista sua

---

[60] Ver Andrew Arato, "Introduction", em *The Essential Frankfurt School Reader*, cit., p. 12, 19.

128 Tempo, trabalho e dominação social

marca central e afirma que essas características básicas podem ser apreendidas e elucidadas em termos da natureza historicamente específica do trabalho naquela sociedade. Por sua análise daquela natureza específica, Marx pretende esclarecer e basear socialmente uma forma abstrata das relações e de dominação sociais como característica do capitalismo. Sua crítica o faz de maneira que mostra ser o capitalismo uma totalidade intrinsecamente contraditória e, portanto, imanentemente dinâmica. Sob esse aspecto, uma crítica das instituições políticas ou da razão instrumental poderia ser vista como a que substitui (não amplia ou suplementa) a crítica de Marx da economia política, se fosse também capaz de explicar o dinamismo histórico da formação social – ao indicar, por exemplo, uma contradição intrínseca à natureza do seu objeto de investigação. Para mim, esta é uma proposição incrivelmente improvável. Ademais, o desvio de enfoque da teoria crítica delineado anteriormente foi relacionado exatamente com a premissa de que, visto que a totalidade social pós-liberal tinha se tornado não contraditória, ela não tinha nenhuma dinâmica histórica. Essa análise não somente resultou numa posição fundamentalmente pessimista, mas também solapou a possibilidade de a teoria crítica ser consistentemente autorreflexiva como crítica imanente. Além disso, em retrospectiva ela se mostrou historicamente questionável.

Elaborarei esses problemas e investigarei a transformação da natureza da crítica associada a uma análise do capitalismo de Estado como uma sociedade não contraditória examinando dois ensaios de Horkheimer escritos em 1937 e 1940. No seu ensaio clássico "Teoria tradicional e teoria crítica"[61], Horkheimer ainda baseia a teoria crítica no caráter contraditório da sociedade capitalista. Ele parte da premissa de que a relação entre sujeito e objeto deve ser entendida em termos da constituição social dos dois:

> De fato, a prática social sempre contém conhecimento disponível e aplicado. O fato percebido é, portanto, codeterminado por ideias e conceitos humanos mesmo antes da sua assimilação consciente pelo indivíduo conhecedor. [...] Nos estágios mais altos de civilização, a prática humana consciente determina inconscientemente não somente o lado subjetivo da percepção, mas também, em grau crescente, o objetivo.[62]

Essa abordagem implica que o pensamento é historicamente determinado e exige, portanto, que as teorias crítica e tradicional tenham base sócio-histórica. A teoria tradicional, segundo Horkheimer, é uma expressão do fato de que apesar de sujeito e objeto serem sempre intrinsecamente relacionados numa totalidade historicamente constituída, essa relação intrínseca não se manifesta no capitalismo. Dado que a forma da síntese social naquela teoria é mediada e abstrata, o que é constituído pela atividade

---

[61] Max Horkheimer, "Traditional and Critical Theory", cit., p. 188-243 [ed. bras.: "Teoria tradicional e teoria crítica", cit., p. 117-61].

[62] Ibidem, p. 200-1 (tradução corrigida).

Os limites do marxismo tradicional **129**

humana cooperativa é alienado e aparece como uma facticidade quase natural[63]. Essa forma alienada de aparência encontra expressão teórica, por exemplo, na premissa cartesiana da imutabilidade essencial da relação entre sujeito, objeto e teoria[64]. Esse dualismo hipostasiado de pensamento e ser, afirma Horkheimer, não permite à teoria tradicional conceituar a unidade de teoria e prática[65]. Ademais, a forma da síntese social característica do capitalismo faz com que as várias áreas da atividade produtiva não pareçam relacionadas, constituindo um todo, mas fragmentadas e existentes numa relação mediada e aparentemente contingente de umas com as outras. O resultado é uma ilusão da independência de cada esfera de atividade produtiva, semelhante à da liberdade do indivíduo como sujeito econômico na sociedade burguesa[66]. Consequentemente, na teoria tradicional, desenvolvimentos científicos e teóricos são vistos como funções imanentes do pensamento ou de disciplinas independentes, e não são entendidos com referência a processos sociais reais[67].

Horkheimer afirma que o problema da adequação do pensamento e do ser deve ser tratado em termos de uma teoria da constituição deles pela atividade social[68]. Kant, de acordo com Horkheimer, começou a desenvolver essa abordagem, mas de maneira idealista: afirmou que as aparências sensuais já eram formadas pelo sujeito transcendental, ou seja, atividade racional, quando são percebidas e conscientemente avaliadas[69]. Horkheimer afirma que os conceitos desenvolvidos por Kant têm duplo caráter: expressam, de um lado, unidade e orientação para objetivo e, de outro, uma dimensão opaca e inconsciente. Para Horkheimer, essa dualidade é expressiva da sociedade capitalista, mas não autoconscientemente; ela corresponde à "forma contraditória da atividade humana na era moderna"[70]:

> A cooperação das pessoas em sociedade é o modo de existência da sua razão. [...]
> Entretanto, ao mesmo tempo, esse processo, paralelamente aos seus resultados,
> é alienado delas e parece, com todo o seu desperdício de força de trabalho e vida
> humana, ser [...] uma força inalterável, um destino além do controle humano.[71]

---

[63] Ibidem, p. 199, 204, 207.

[64] Ibidem, p. 211.

[65] Ibidem, p. 231. Horkheimer não se refere à unidade de teoria e prática simplesmente em termos de atividade política, mas, mais fundamentalmente, no nível de constituição social.

[66] Ibidem, p. 197.

[67] Ibidem, p. 194-5.

[68] Ibidem, p. 202.

[69] Idem.

[70] Ibidem, p. 204 (tradução corrigida).

[71] Idem (tradução corrigida).

130 TEMPO, TRABALHO E DOMINAÇÃO SOCIAL

Horkheimer baseia essa contradição na que existe entre as forças e as relações de produção. Dentro da estrutura teórica apresentada por ele, a produção humana coletiva constitui um todo que é potencialmente organizado racionalmente. Ainda, a forma mediada pelo mercado de interconexão social e a dominação de classe baseada na propriedade privada conferem uma forma fragmentada e irracional a esse todo social[72]. Portanto, a sociedade capitalista é caracterizada por uma necessidade cega, mecânica, desenvolvente e pela utilização dos poderes humanos desenvolvidos de controle da natureza para atender a interesses particulares e conflitantes, não para o interesse geral[73]. De acordo com a descrição de Horkheimer sobre a trajetória do capitalismo, o sistema econômico baseado na forma de mercadoria se caracterizou em seus estágios iniciais pela noção da congruência da felicidade individual e social; à medida que emergia e se consolidava, o sistema trouxe o desenvolvimento dos poderes humanos, a emancipação do indivíduo e o controle crescente sobre a natureza. Mas, sua dinâmica gerou, desde então, uma sociedade que não favorece o desenvolvimento humano, mas cada vez mais o impede e conduz a humanidade na direção de uma nova barbárie[74]. Dentro dessa estrutura, a produção é socialmente totalizadora, mas alienada, fragmentada e cada vez mais restrita ao seu desenvolvimento pelo mercado e pela propriedade privada. As relações sociais capitalistas impedem a totalidade de se realizar.

Essa contradição, afirma Horkheimer, é a condição sob a qual a teoria crítica se torna possível. A teoria crítica não aceita os aspectos fragmentados da realidade como dados necessários, mas tenta apreender a sociedade como um todo. Isso gera necessariamente uma percepção de suas contradições internas, do que fragmenta a totalidade e impede a sua realização como todo racional. Assim, apreender o todo implica um interesse em suplantar a sua forma presente com uma condição humana racional, em vez de se limitar a modificá-la[75]. Então, a teoria crítica não aceita a ordem social dada nem a crítica utópica dessa ordem[76]. Horkheimer descreve a teoria crítica como uma análise imanente do capitalismo que, com base nas contradições internas dessa sociedade, expõe a crescente discrepância entre o que é e o que poderia ser[77].

No ensaio de Horkheimer, razão, produção social, totalidade e emancipação humana são entrelaçadas e fornecem o ponto de vista de uma crítica histórica. Para ele, a ideia de uma organização social racional adequada a todos os seus membros – uma

---

[72] Ibidem, p. 207, 217.

[73] Ibidem, p. 213, 229.

[74] Ibidem, p. 212-3, 227.

[75] Ibidem, p. 207, 217.

[76] Ibidem, p. 216.

[77] Ibidem, p. 207, 219.

comunidade de pessoas livres – é uma possibilidade imanente ao trabalho humano[78]. Se, no passado, a miséria de grandes segmentos da população produtiva era em parte condicionada pelo baixo nível de desenvolvimento técnico – portanto, em certo sentido, "racional" –, mas esse não é mais o caso. Condições sociais negativas, como fome, desemprego, crises e militarização se baseiam hoje apenas "em relações que não são mais adequadas ao presente, sob as quais ocorre a produção"[79]. Essas relações agora impedem "a aplicação de todos os meios intelectuais e físicos para a dominação da natureza"[80]. A miséria social geral, causada por relações anacrônicas e particularistas, tornou-se irracional em termos do potencial das forças de produção. Na medida em que esse potencial enseja a possibilidade de que a regulação e o desenvolvimento sociais planejados possam suplantar a forma cega mediada pelo mercado característica do capitalismo, ele revela que essa forma também é irracional[81]. Finalmente, em outro nível, a possibilidade histórica de uma organização social racional baseada no trabalho também mostra que a relação dicotômica entre sujeito e objeto na sociedade atual é irracional:

> A correspondência misteriosa entre pensamento e ser, compreensão e sensibilidade, necessidades humanas e sua satisfação na atual economia caótica – uma correspondência que parece acidental na época burguesa – vai, em uma época futura, se tornar a relação entre intenção racional e realização.[82]

A crítica dialética imanente esboçada por Horkheimer é uma versão epistemológica sofisticada do marxismo tradicional. As forças de produção são identificadas com o processo social de produção, que é impedido de realizar o seu potencial pelo mercado e pela propriedade privada. Essas relações, de acordo com essa abordagem, fragmentam e velam a inteireza e conectividade do universo social constituído pelo trabalho. O trabalho é identificado por Horkheimer com o mero controle sobre a natureza. Ele questiona o modo de sua organização e aplicação, mas não sua forma. Assim, enquanto para Marx (como veremos), a constituição da estrutura da vida social no capitalismo é função do trabalho que medeia as relações entre pessoas, assim como as relações entre pessoas e natureza, para Horkheimer ela é função apenas da segunda mediação, a do "trabalho". O ponto de vista da sua crítica da ordem existente em nome da razão e justiça é oferecido pelo "trabalho". Horkheimer baseia a possibilidade de emancipação e realização da razão na autorrealização do "trabalho" e na sua emergência aberta

---

[78] Ibidem, p. 213, 217.

[79] Ibidem, p. 213 (tradução corrigida).

[80] Idem.

[81] Ibidem, p. 208, 219.

[82] Ibidem, p. 217 (tradução corrigida).

132 Tempo, trabalho e dominação social

como o que constitui a totalidade social[83]. Portanto, o objeto da crítica é a estrutura de relações que impede aquela emergência aberta. Essa posição é mais próxima do tipo de síntese de Ricardo-Hegel, já resumida neste livro, do que da crítica de Marx.

A visão positiva do "trabalho" e da totalidade mais tarde abre caminho, no pensamento de Horkheimer, a uma avaliação dos efeitos da dominação da natureza, depois que ele passa a considerar as relações de produção adequadas às forças de produção. Mas, ao longo desse desenvolvimento, ele conceitua o processo de produção apenas em termos da relação entre a humanidade e a natureza.

O posterior viés pessimista no pensamento de Horkheimer não deve ser relacionado direta e exclusivamente demais ao fracasso da revolução proletária e à derrota das organizações operárias para o fascismo, pois Horkheimer escreve "Teoria tradicional e teoria crítica" muito depois da tomada do poder pelo nacional-socialismo. Ele continuou a interpretar a formação social como essencialmente contraditória, o que significa que continuou a desenvolver uma crítica imanente. Embora a sua avaliação da situação política seja certamente pessimista, esse pessimismo ainda não adquiriu um caráter necessário. Horkheimer acredita que, devido aos recuos, estreiteza ideológica e corrupção da classe trabalhadora, a teoria crítica é apoiada por um pequeno grupo de pessoas[84]. Ainda assim, o fato de ele continuar a basear a possibilidade de uma teoria crítica nas contradições da ordem atual implica que a integração ou derrota da classe trabalhadora não significa por si só que a formação social não é mais contraditória. Em outras palavras, a noção de contradição para Horkheimer refere-se a um nível estrutural mais profundo da sociedade do que o do antagonismo imediato de classe. Assim, ele afirma que a teoria crítica, como elemento de mudança social, existe como parte de uma unidade dinâmica com a classe dominada, mas não é imediatamente idêntica a essa classe[85]. Se a teoria crítica se limitasse a formular passivamente os sentimentos e visões atuais daquela classe, ela não seria estruturalmente diferente das ciências disciplinares[86]. A teoria crítica trata do presente de acordo com o seu potencial imanente; não pode, portanto,

---

[83] Em *Dämmerung*, (notas ocasionais escritas entre 1926 e 1931 e publicadas em 1934 sob o pseudônimo Heinrich Regius), Horkheimer critica a máxima de que "quem não trabalha não deve comer" como uma ideologia ascética que apoia o *status quo* no capitalismo. Entretanto, afirma que ela seria válida para uma futura sociedade racional. Sua crítica coloca em discussão a justificação da ordem capitalista com base na máxima – mas não a noção de que o trabalho é o princípio constituinte fundamental da vida social. Ver Max Horkheimer, *Dawn and Decline* (trad. Michael Shaw, Nova York, Seabury, 1978), p. 83-4.

[84] Max Horkheimer, "Traditional and Critical Theory", cit., p. 214-5, 241.

[85] Ibidem, p. 215.

[86] Ibidem, p. 214.

basear-se apenas no que é dado[87]. Nesse ponto, o pessimismo de Horkheimer tem a ver com a *probabilidade* de que uma transformação socialista possa ocorrer num futuro previsível; mas a *possibilidade* dessa transformação permanece, conforme a sua análise, imanente ao presente contraditório capitalista.

Ele afirma que o caráter alterado do capitalismo exige mudanças nos *elementos* da teoria crítica – e passa a delinear as possibilidades de dominação social consciente ao alcance do pequeno círculo dos muito poderosos em virtude da enorme concentração e centralização do capital. Ele argumenta que essa mudança está relacionada a uma tendência histórica de a esfera cultural perder sua posição anterior de relativa autonomia e se tornar mais diretamente inserida na estrutura de dominação social[88]. Horkheimer lança aqui a base de um enfoque crítico na dominação política, manipulação ideológica e na indústria cultural. Ele insiste que a *base* da teoria permanece inalterada na medida em que a estrutura econômica básica da sociedade não se alterou[89].

Nesse ponto, Horkheimer não propõe que a sociedade tenha mudado tão fundamentalmente a ponto de a esfera econômica ter sido substituída pela política. Pelo contrário, ele argumenta que a propriedade privada e o lucro ainda desempenham papéis decisivos e que a vida das pessoas é agora mais imediatamente determinada pela dimensão econômica da vida social, cuja dinâmica descontrolada gera novos desenvolvimentos e infortúnios em um ritmo cada vez mais acelerado[90]. Essa alteração proposta do objeto de investigação da teoria crítica, a ênfase crescente na dominação e manipulação conscientes, está ligada à noção de que o mercado – portanto, a forma indireta e velada de dominação associada a ele – não desempenha mais o papel que tinha no capitalismo liberal. Entretanto, essa mudança ainda não está presa à visão de que a contradição imanente entre forças e relações de produção tenha sido superada. A crítica de Horkheimer permanece imanente, mas o seu caráter muda após o estouro da Segunda Guerra Mundial. Essa mudança está relacionada à mudança da avaliação teórica expressada pela noção de Pollock da primazia do político.

No ensaio "O Estado autoritário", escrito em 1940[91], Horkheimer descreve a nova forma social como "capitalismo de Estado, [...] o Estado autoritário do presente"[92]. A posição aqui desenvolvida é basicamente semelhante à de Pollock, embora Horkheimer

---

[87] Ibidem, p. 219-20.

[88] Ibidem, p. 234-7.

[89] Ibidem, p. 234-5.

[90] Ibidem, p. 237.

[91] Max Horkheimer, "The Authoritarian State", em Arato e Gebhardt (orgs.), *The Essential Frankfurt School Reader*, cit., p. 95-117.

[92] Ibidem, p. 96.

134 Tempo, trabalho e dominação social

caracterize mais explicitamente a União Soviética como a forma mais consistente de capitalismo de Estado e considere que o fascismo é uma forma mista, na medida em que o mais-valor ganho e distribuído sob o controle do Estado é transferido aos magnatas industriais e aos grandes proprietários de terras sob o velho título de lucro[93]. Todas as formas de capitalismo de Estado são repressivas, exploradoras e antagonísticas[94]. E, apesar de ele prever que o capitalismo de Estado não estaria sujeito a crises econômicas porque o mercado tinha sido abolido, ainda assim, afirma que aquela forma seria transitória em vez de estável[95].

Ao discutir o caráter possivelmente transitório do capitalismo de Estado, Horkheimer expressa uma atitude nova e profundamente ambígua com relação ao potencial emancipatório das forças de produção. O ensaio contém passagens em que são descritas as forças de produção (tradicionalmente interpretadas) como potencialmente emancipatórias; Horkheimer argumenta que elas são conscientemente contidas como uma condição de dominação[96]. A racionalização e a simplificação aumentadas da produção, distribuição e administração tornaram anacrônica e basicamente irracional a forma existente de dominação política. Até o ponto em que o Estado se tornou potencialmente anacrônico, ele tem de se tornar mais autoritário, ou seja, tem de se valer em maior grau da força e da ameaça permanente de guerra para se manter[97]. Horkheimer prevê um possível colapso do sistema que ele baseia na restrição da produtividade pelas burocracias. Afirma que a utilização da produção no interesse da dominação, e não da satisfação das necessidades humanas, resultaria numa crise. Mas a crise não seria econômica (como se deu no caso do capitalismo de mercado), seria uma crise política internacional ligada à constante ameaça de guerra[98].

Horkheimer faz alusão aos grilhões impostos às forças da produção. A lacuna que ele descreve entre o que é e o que poderia ser, não fosse por aqueles grilhões, só acentua a natureza antagonística e repressiva do sistema: já não tem a forma de uma contradição intrínseca. Horkheimer não trata a crise política internacional descrita por ele como um momento emergente da possível negação determinada do sistema; pelo contrário, ele a representa como um resultado perigoso que *exige* essa negação. Horkheimer fala do colapso, mas não especifica suas precondições. Prefere elucidar essas possibilidades democráticas emancipatórias que não se realizam ou que são esmagadas no

---

[93] Ibidem, p. 101-2.

[94] Ibidem, p. 102.

[95] Ibidem, p. 97, 109-10.

[96] Ibidem, p. 102-3.

[97] Ibidem, p. 109-11.

[98] Idem.

Os limites do marxismo tradicional **135**

capitalismo de Estado, na esperança de que as pessoas se oponham ao sistema, movidas pela infelicidade e pela ameaça a sua existência.

Ademais, a tendência dominante do artigo é insistir que não existe, de fato, nenhuma contradição, nem mesmo a necessária separação entre as forças desenvolvidas de produção (tradicionalmente entendidas) e a dominação política autoritária. Pelo contrário, Horkheimer agora escreve ceticamente que, apesar de o desenvolvimento da produtividade *poder* ter aumentado a possibilidade de emancipação, ele certamente *teve* a maior repressão[99]. As forças da produção, liberadas das restrições do mercado e da propriedade privada, não provaram ser a fonte de liberdade e de uma ordem social racional: "Com cada passo de planejamento realizado, supunha-se originalmente que uma porção de repressão se tornaria supérflua. Mas a administração dos planos trouxe mais repressão"[100].

A adequação de um novo modo de distribuição às forças desenvolvidas de produção se mostrou negativa nas suas consequências. A afirmação de Horkheimer de que "o capitalismo de Estado parece por vezes quase uma paródia da sociedade sem classes"[101] implica que o capitalismo repressivo de Estado e o socialismo emancipador possuem a mesma base "material", indicando os dilemas da teoria marxista tradicional ao chegar aos seus limites. Mas, diante desse dilema, Horkheimer (tal como Pollock) não reconsidera as determinações básicas daquela teoria. Pelo contrário, ele continua a identificar as forças de produção com o modo industrial de produção[102]. Por isso, ele é forçado a reavaliar a produção e a repensar a relação entre história e emancipação. Agora, Horkheimer contesta radicalmente todo levante social baseado no desenvolvimento das forças de produção: "Os levantes burgueses dependeram da maturidade da situação. Seus sucessos, desde a reforma até a revolução legal do fascismo foram associados às realizações técnicas e econômicas que marcam o progresso do capitalismo"[103].

Aqui ele reavalia negativamente o desenvolvimento da produção, como a base do desenvolvimento da dominação dentro da civilização capitalista. Horkheimer começa a se voltar para uma teoria pessimista da história. Como as leis do desenvolvimento histórico, impelidas pela contradição entre as forças e relações de produção, levaram apenas ao capitalismo de Estado, uma teoria revolucionária baseada nesse desenvolvimento histórico – uma teoria que exija que "as primeiras tentativas de planejamento devem ser reforçadas, e a distribuição tornada mais racional" – só poderiam apressar a

---

[99] Ibidem, p. 106-7, 109, 112.

[100] Ibidem, p. 112 (tradução corrigida).

[101] Ibidem, p. 114.

[102] Idem.

[103] Ibidem, p. 106 (tradução corrigida).

136 TEMPO, TRABALHO E DOMINAÇÃO SOCIAL

transição para a forma do capitalismo de Estado[104]. Assim, Horkheimer reconceitua a relação entre emancipação e história conferindo à revolução social dois momentos:

> A revolução provoca o que também aconteceria sem espontaneidade: a socialização dos meios de produção, a administração planejada da produção e o controle ilimitado da natureza. Ela também gera o que nunca aconteceria sem resistência ativa e esforços constantemente renovados para conquistar a liberdade: o fim da exploração.[105]

Mas o fato de Horkheimer atribuir esses dois momentos à revolução indica que ele recuou para uma posição caracterizada por uma antinomia entre necessidade e liberdade. Sua visão de história tornou-se completamente determinista: ele agora a apresenta como um desenvolvimento completamente automático em que o trabalho se afirma – mas não como uma fonte de emancipação. A liberdade está baseada numa aparência puramente voluntarista, como um ato de vontade contra a história[106]. Horkheimer agora admite, como fica claro nesses textos, que as condições materiais da vida em que se pode conquistar a liberdade para todos são idênticas àquelas em que a liberdade para todos é negada; que, portanto, essas condições são essencialmente irrelevantes para a questão da liberdade; e que elas emergem automaticamente. Para contestar essas premissas, não é necessário discordar da sua afirmação de que a liberdade nunca é conquistada automaticamente. Preso a uma visão marxista tradicional das condições materiais do capitalismo e do socialismo, Horkheimer não questiona o pressuposto de que um modo publicamente planejado de produção industrial na ausência da propriedade privada é condição material suficiente para o socialismo. Também não se pergunta se a produção industrial em si não poderia ser mais bem considerada, em termos sociais, como tendo sido moldada pela forma social do capital. Fosse isso verdade, conquistar outra forma de produção não seria mais automático que conquistar a liberdade. Mas, não tendo desenvolvido nenhuma dessas considerações, Horkheimer não considera mais a liberdade como uma possibilidade histórica determinada, mas uma que, portanto, é histórica e socialmente indeterminada:

> A teoria crítica [...] coloca diante da história a possibilidade sempre visível nela. [...] O aperfeiçoamento dos meios de produção pode ter aperfeiçoado não somente as oportunidades de opressão, mas também as da sua eliminação. Mas a consequência que resulta do materialismo histórico hoje, como resultou de Rousseau ou da Bíblia, ou seja, a ideia de que "agora ou em cem anos" o horror chegará ao fim, foi sempre oportuna.[107]

---

[104] Ibidem, p. 107.

[105] Idem (tradução corrigida).

[106] Ibidem, p. 107-8, 117.

[107] Ibidem, p. 106 (tradução corrigida).

Essa posição enfatiza que sempre foi possível um grau maior de liberdade, mas seu caráter historicamente indeterminado não permite que se considere a relação entre vários contextos sócio-históricos, concepções diferentes de liberdade nem o tipo (em vez do grau) de emancipação que se pode conquistar num contexto particular. Essa posição não se pergunta, para usar um dos exemplos de Horkheimer, se o tipo de liberdade que seria conquistada no caso do sucesso de Thomas Münzer, e não de Martinho Lutero, é comparável ao que se concebe hoje[108]. A noção de história de Horkheimer tornou-se indeterminada; não está claro se no trecho citado ele se refere à história do capitalismo ou à história como tal. Essa falta de especificidade está relacionada à noção historicamente indeterminada de trabalho como domínio da natureza que se oculta sob a atitude positiva anterior de Horkheimer com relação ao desenvolvimento da produção, bem como o seu complemento negativo.

Ao conceber o capitalismo de Estado como uma forma em que as contradições do capitalismo foram superadas, Horkheimer percebe a inadequação do marxismo tradicional como teoria histórica de emancipação. Ainda assim, ele permanece preso aos seus pressupostos para desenvolver uma reconsideração da crítica marxiana do capitalismo que lhe permitisse uma teoria histórica adequada. Essa posição teórica dicotômica é expressa pela oposição antinômica entre emancipação e história e pelo afastamento de Horkheimer da sua epistemologia dialeticamente autorreflexiva. Se a emancipação não é mais baseada numa contradição historicamente determinada, uma teoria crítica com intenção emancipatória tem também de sair da história.

Já vimos que a teoria de Horkheimer sobre o conhecimento tinha se baseado na premissa de que a constituição social é função do "trabalho", que no capitalismo é fragmentado e impedido pelas relações de produção de se desenvolver integralmente. Ele começa a considerar que as contradições do capitalismo não são nada mais que o motor de um desenvolvimento repressivo, que ele expressa categorialmente com a sua afirmação de que o "automovimento do conceito de mercadoria leva ao conceito de capitalismo de Estado, assim como, para Hegel a certeza dos dados dos sentidos leva ao conhecimento absoluto"[109]. Horkheimer chegou, assim, à conclusão de que uma dialética hegeliana, em que as contradições das categorias levam à compreensão autorrevelada do sujeito como totalidade (em vez da abolição da totalidade), só poderia resultar na afirmação da ordem existente. Ainda assim, ele não formula a sua posição de uma forma que vá além dos limites dessa ordem, por exemplo, em termos da crítica marxiana de Hegel e de Ricardo. Pelo contrário, Horkheimer reverte sua posição anterior: "trabalho" e totalidade, que antes foram o ponto de vista da crítica, tornam-se agora a base da opressão, e não da liberdade.

---

[108] Idem.

[109] Ibidem, p. 108.

138 TEMPO, TRABALHO E DOMINAÇÃO SOCIAL

O resultado é uma série de rupturas. Não somente Horkheimer coloca a emancipação fora da história, mas, para preservar a sua possibilidade, ele se sente compelido a introduzir uma disjunção entre conceito e objeto: "A identidade de ideal e realidade é a exploração universal. [...] A diferença entre conceito e realidade – não o conceito em si – é a base da possibilidade da prática revolucionária"[110]. Esse passo torna-se necessário pela conjunção da paixão contínua de Horkheimer pela emancipação humana geral com a sua análise do capitalismo de Estado como uma ordem em que foi superada a contradição intrínseca do capitalismo. (Embora, como já vimos, essa análise não seja completamente inequívoca em 1940.) Como já foi resumido, uma crítica social imanente pressupõe que seu objeto – o universo social que é seu contexto – e as categorias que apreendem esse objeto não sejam unidimensionais. Mas, a crença de que a contradição do capitalismo tenha sido superada implica que o objeto social *tornou-se* unidimensional. Com essa estrutura, o "dever ser" não é mais um aspecto imanente de um "ser" contraditório, portanto o resultado de uma análise que capte qual seria necessariamente afirmativo. Agora que não considera mais que o todo é intrinsecamente contraditório, Horkheimer postula a diferença entre conceito e realidade para abrir espaço para outra realidade possível. Essa posição converge, sob certos aspectos, com a noção de Adorno da totalidade como necessariamente afirmativa (e não contraditória e apontando além de si mesma, ainda que completamente revelada). Ao dar esse passo, Horkheimer enfraquece a consistência epistemológica do seu próprio argumento.

Como indicado pelas suas afirmações relativas ao automovimento do conceito de mercadoria e à identidade de ideal e realidade, Horkheimer não adota repentinamente uma posição de que conceitos são uma coisa e a realidade, outra. Pelo contrário, suas afirmações implicam que conceitos são de fato adequados para seus objetos, mas de maneira afirmativa, não crítica. Dados os pressupostos fundamentais dessa posição, o conceito que presumivelmente não corresponde mais integralmente ao seu objeto não pode ser considerado uma determinação exaustiva do conceito, se espera-se que a teoria continue sendo autorreflexiva. A posição de Horkheimer – de que a base da crítica deve estar fora do conceito – postula necessariamente a indeterminação como base da crítica. Essa posição afirma essencialmente que uma vez que a totalidade não inclui integralmente a vida, a possibilidade de emancipação, ainda que obscura, não é extinta. Ela não é, ainda, capaz de apontar uma negação possível determinada da ordem social existente; nem de explicar a si mesma como uma possibilidade determinada e, portanto, como uma teoria crítica adequada do seu universo social.

A teoria crítica de Horkheimer poderia ter mantido o seu caráter autorreflexivo somente se tivesse inserido a relação afirmativa que postulava entre o conceito e seu objeto dentro de outro conjunto mais abrangente de conceitos que teria continuado a

---

[110] Ibidem, p. 108-9.

permitir teoricamente a possibilidade imanente da crítica e da transformação histórica. Horkheimer, entretanto, não desenvolveu essa reconsideração que, em outro nível, teria resultado numa crítica das categorias marxistas tradicionais com base num conjunto mais essencial, "abstrato" e complexo de categorias. Em vez disso, ao postular a não identidade de conceito e realidade visando preservar a possibilidade de liberdade num suposto universo social unidimensional, Horkheimer destruiu a possível explicação autorreflexiva da sua crítica. A disjunção que ele afirmou entre conceito e realidade tornou sua própria posição semelhante à da teoria tradicional, que ele criticou em 1937 quando mostrou que teoria não é entendida como parte do universo em que existe, mas recebe uma posição espúria independente. O entendimento de Horkheimer sobre a disjunção entre conceito e realidade paira misteriosamente acima do seu objeto. Ele é incapaz de explicar a si mesmo.

O dilema epistemológico que surge nesse viés pessimista acentua retrospectivamente uma fraqueza da epistemologia anterior de Horkheimer, que antes tinha parecido consistente. Em "Teoria tradicional e teoria crítica", a possibilidade de uma crítica social abrangente, bem como da superação da formação capitalista, era baseada no caráter contraditório dessa sociedade. Essa contradição foi interpretada como a que existe entre "trabalho" social e as relações que fragmentam a sua realização total e inibem seu completo desenvolvimento. Nessa interpretação, as categorias marxianas, como valor e capital, expressam essas relações sociais inibidoras e são extrínsecas ao próprio conceito de "trabalho". Mas isso indica que, nessa interpretação, as categorias de mercadoria e capital não apreendem de fato a totalidade social quando expressam o seu caráter contraditório. Pelo contrário, elas especificam apenas uma dimensão da sociedade capitalista, a das relações de distribuição, que no final passam a se opor à outra dimensão, o "trabalho" social. Em outras palavras, quando as categorias marxianas são entendidas apenas em termos de mercado e propriedade privada, elas são, *a priori,* essencialmente unidimensionais: elas não apreendem a contradição, mas somente um dos seus termos, o que significa que mesmo no ensaio anterior de Horkheimer, a crítica é externa às categorias, e não baseada nelas. É uma crítica do ponto de vista do "trabalho" das formas sociais expressas pelas categorias.

Numa versão sofisticada da crítica marxista tradicional – aquela que trata as categorias marxianas como formas determinadas de ser social e de consciência social – o entendimento implícito dessas categorias como unilaterais é refletido pelo termo "reificação", tal como usado por Lukács. Embora esteja além do escopo deste livro elaborar sobre o tema, devo notar que o termo representa uma convergência da interpretação marxista tradicional e a noção de racionalização de Weber – duas tendências que têm a unidimensionalidade em comum. O legado ambíguo de Weber em tendências do marxismo ocidental, tal como mediado por Lukács, envolve a ampliação "horizontal" do alcance das categorias marxianas para incluir dimensões da vida social ignoradas

140   Tempo, trabalho e dominação social

em interpretações mais estreitamente ortodoxas e, ao mesmo tempo, o seu achatamento "vertical". Em *O capital*, as categorias são expressões de uma totalidade social contraditória; são bidimensionais. Mas a noção de reificação no marxismo ocidental implica unidimensionalidade; portanto, a possível negação determinada da ordem existente não pode estar enraizada na ordem que supostamente a apreendem.

Então, apesar do seu caráter supostamente dialético, a teoria crítica anterior de Horkheimer não conseguiu se fixar como crítica no conceito, o que teria exigido a recuperação do caráter contraditório das categorias marxianas, uma tarefa que teria exigido a reconceitualização dessas categorias a fim de incorporar a forma historicamente determinada do trabalho como uma das suas dimensões. Esse esforço, capaz de formular categorias mais adequadas de mercadoria e capital, fundamentalmente difere de qualquer visão que trate o "trabalho" de forma trans-histórica como um processo social quase natural, como simplesmente uma questão de dominação técnica da natureza por meio do esforço cooperativo dos humanos. Sem essa reconsideração, a análise autorreflexiva do capitalismo só será crítica se se basear na contradição entre as formas categoriais e o "trabalho", e não nas formas categoriais de mercadoria e capital. A primeira constitui uma crítica positiva; a segunda é a condição categorial de uma crítica negativa.

Então, o ponto de partida marxista tradicional de Horkheimer significou desde o início que a adequação de conceito à realidade era implicitamente afirmativa – mas de apenas uma dimensão da realidade. A crítica era baseada, fora das categorias, no conceito de "trabalho". Quando "trabalho" não parecia mais ser o princípio de emancipação, dados os resultados repressivos da abolição do mercado e da propriedade privada, a fraqueza anterior da teoria emergiu manifestamente como um dilema.

Mas o dilema ilumina a inadequação do ponto de partida. Ao discutir Pollock, argumentei que as fraquezas da sua tentativa de caracterizar a sociedade pós-liberal como capitalismo de Estado revela que a determinação das relações capitalistas essenciais de produção em termos de mercado e de propriedade privada sempre tinha sido inadequada. Pelo mesmo motivo, as fraquezas da teoria social autorreflexiva de Horkheimer indicam a inadequação de uma teoria crítica baseada na noção de "trabalho". As fraquezas de cada uma indicam que as formas ricardianas e hegelianas que critiquei no capítulo anterior são conceitualmente relacionadas. A identificação das relações de produção com as da distribuição é baseada na teoria ricardiana do valor-trabalho. Mas somente superar essas relações burguesas de distribuição não significa superar o capital, mas apenas a emergência de um modo mais concreto de sua existência total, mediada por gigantescas organizações burocráticas, e não por formas liberais. Da mesma forma, uma teoria dialética materialista baseada na noção de "trabalho" afirma basicamente a totalidade revelada. Enquanto Marx tenta revelar as relações sociais que são mediadas pelo trabalho no capitalismo e, por sua vez, modelam a forma concreta do trabalho, o conceito de "trabalho" no coração do marxismo ricardiano-hegeliano implica que a atividade de mediação é apreendida afirmativamente, como a que se opõe às relações sociais do capitalismo. O resultado é uma crítica adequada apenas ao capitalismo liberal, e somente do ponto de vista de uma negação histórica que não supera o capital – o capitalismo de Estado.

Horkheimer tomou consciência da inadequação daquela teoria sem, entretanto, reconsiderar as suas premissas. O resultado foi uma reversão de uma posição marxista tradicional anterior. Em 1937, Horkheimer ainda encarava positivamente "trabalho" como o que, na sua contradição com relação às relações sociais do capitalismo, constitui a base da possibilidade de pensamento crítico, além de emancipação; em 1940 ele tinha passado a ver – ainda que erroneamente – o desenvolvimento da produção como o progresso da dominação. Em *Dialética do esclarecimento* (1944) e em *O eclipse da razão* ("Zur Kritik der instrumentellen Vernunft", 1946), a avaliação de Horkheimer da relação entre produção e emancipação se torna mais inequivocamente negativa: "O avanço das facilidades técnicas para o iluminismo é acompanhado por um processo de desumanização"[111]. Ele afirma que a natureza da dominação social mudou e se tornou cada vez mais uma função da razão tecnocrática ou instrumental, cuja base ele coloca no "trabalho"[112]. A produção se tornou uma fonte de não liberdade. Horkheimer afirma que o declínio contemporâneo do indivíduo e a dominação da razão instrumental devem ser atribuídos não à técnica ou à produção, mas às formas das relações sociais em que ocorrem[113]. Entretanto, a sua noção dessas formas permanece vazia. Ele trata o desenvolvimento tecnológico de uma forma histórica e socialmente indeterminada como a dominação da natureza. Seguindo Pollock, Horkheimer encara o capitalismo pós-liberal como uma sociedade antagonística na qual a utilidade para a estrutura de poder, e não para as necessidades de todos, é a medida de importância econômica[114]. Ele trata de maneira redutiva a forma social no capitalismo pós-liberal, em termos de relações de poder e de práticas políticas particularistas dos líderes da economia[115]. Essa noção de forma social só pode ser relacionada extrinsecamente à tecnologia, de acordo com o uso a que é aplicada; não pode, portanto, ser relacionada intrinsecamente à forma de produção. Ainda uma explicação social, por oposição a uma técnica, da instrumentalização do mundo só pode ser dada com base nessa relação intrínseca. Portanto, apesar de a negação de Horkheimer de que a dominação instrumental e destruição da individualidade deva

---

[111] Max Horkheimer, *Eclipse of Reason* (Nova York, Oxford University Press, 1974), p. vi [ed. bras.: *O eclipse da razão*, São Paulo, Centauro, 2007].

[112] Ibidem, p. 21.

[113] Ibidem, p. 153.

[114] Ibidem, p. 154.

[115] Ibidem, p. 156.

142 TEMPO, TRABALHO E DOMINAÇÃO SOCIAL

ser explicada em termos sociais e atribuída à produção como tal, eu argumento que ele associa a razão instrumental e o "trabalho"[116].

As possibilidades de emancipação no universo pós-liberal descrito por Horkheimer se tornaram muito escassas. Ao elaborar uma ideia desenvolvida por Marcuse em 1941[117], Horkheimer sugere que um desses processos econômicos e culturais que destroem a individualidade talvez possa lançar a base para uma nova era menos ideológica e mais humana. Mas rapidamente ele acrescenta que os sinais dessa possibilidade são, de fato, muito fracos[118]. Privado da possibilidade de uma crítica social imanente, a tarefa de filosofia crítica é reduzida à revelação dos valores anti-instrumentalistas sedimentados na linguagem, ou seja, a atrair a atenção para o hiato entre a realidade e os ideais da civilização na esperança de induzir maior autoconsciência popular[119]. A teoria crítica não é mais capaz de delinear as bases sociais de uma ordem em que seria possível uma existência mais humana. A tentativa de atribuir uma determinação à linguagem que, se realizada, teria consequências emancipatórias[120] é muito fraca e incapaz de ocultar o fato de que a teoria passou a ser exortativa.

Esse caráter exortativo não é uma consequência infeliz, mas, sim, necessária da transformação do capitalismo industrial do século XX – é função das premissas com que essa transformação foi interpretada. Pollock e Horkheimer tinham consciência das consequências políticas, sociais e culturais do surgimento da nova totalidade na forma do burocrata e do capitalista de Estado. A nova fase da formação social ofereceu a "refutação prática" do marxismo tradicional como teoria da emancipação. Mas, como retiveram algumas premissas básicas da teoria tradicional, Pollock e Horkheimer não tiveram condições de incorporar aquela "refutação" numa crítica mais fundamental e adequada do capitalismo. Consequentemente, a posição resultante se caracterizou por várias fraquezas teóricas. A crítica da

---

[116] Ibidem, p. 21, 50, 102.

[117] Em "Some Social Implications of Modern Technology", *Studies in Philosophy and Social Science* 9 (1941), Marcuse descreve os efeitos negativos e desumanizadores da tecnologia moderna. Afirma que essa tecnologia é social, e não técnica, e continua a discutir seus possíveis efeitos emancipatórios (p. 414, 436-9). Mas, Marcuse também não determina com mais detalhes esse caráter supostamente social; não baseia o possível momento da tecnologia moderna numa contradição interna, mas exatamente nos possíveis efeitos positivos de desenvolvimentos negativos, como padronização, desqualificação etc. A noção de que uma situação de total alienação possa dar ensejo ao seu oposto é a que Marcuse desenvolveu em *Eros e civilização*.

[118] Max Horkheimer, *Eclipse of Reason*, cit., p. 160-1.

[119] Ibidem, p. 177-82, 186-7.

[120] Ibidem, p. 179-80.

razão desenvolvida por Horkheimer e Adorno em meados da década de 1940, por exemplo, apresentou um dilema para a teoria crítica. Gerhard Brandt, entre outros, notou que na *Dialética do esclarecimento*,

> o caráter reificado do pensamento burguês não é mais baseado na produção de mercadorias, como se deu na crítica materialista da ideologia de Marx a Lukács. Pelo contrário, ele agora é baseado na interação da humanidade com a natureza, na sua história como espécie.[121]

As consequências dessa posição enfraquecem o próprio projeto de uma teoria crítica; elas solapam a possibilidade de que tal teoria possa basear socialmente as condições de sua própria existência e, de forma análoga, as condições de uma possível transformação social.

A análise apresentada neste livro oferece uma interpretação plausível dos pressupostos subjacentes a esse dilema. Como já vimos, em 1937, Horkheimer partiu de uma premissa de que "trabalho" constitui trans-historicamente a sociedade, e que a mercadoria é uma categoria do modo de distribuição. Sobre tal base ele apoiou a diferença entre o pensamento burguês reificado e a razão emancipatória na oposição entre o modo capitalista de distribuição e "trabalho". De acordo com a tese do capitalismo de Estado de Pollock, que Horkheimer adotou subsequentemente, essa oposição tinha deixado de existir. O trabalho tinha se realizado – ainda assim a opressão e dominação da razão reificada tinham ficado mais fortes. Dado que a fonte desse desenvolvimento, como já demonstrei, agora só poderia se localizar no "trabalho" em si, segue-se que as origens da razão reificada, baseada no "trabalho", tem de se localizar anteriormente à generalização e dominação da forma-mercadoria. Ela tem de se localizar no processo de interação humana com a natureza. Por carecer de uma concepção do caráter específico do trabalho no capitalismo, a teoria crítica atribuiu suas consequências ao trabalho *per se*. Então, o desvio geralmente descrito da teoria crítica da análise da economia política para uma crítica da razão instrumental não significa que os teóricos da Escola de Frankfurt tenham simplesmente abandonado a primeira em favor da segunda[122]. Pelo contrário, o desvio resultou de – e se baseou em – uma análise particular da economia política, mais especificamente um entendimento da crítica de Marx da economia política.

---

[121] Gerhard Brandt, "Max Horkheimer und das Projekt einer materialistischen Gesellschaftstheorie", em Alfred Schmidt e Norbert Alwicker (orgs.), *Max Horkheimer heute: Werke und Wirkung* (Frankfurt, Seabury, 1986), p. 282. Brandt prossegue argumentando que as notas de Horkheimer de 1950 a 1969 indicam que ele começou mais tarde a enfatizar o potencial crítico com enfoque na especificidade histórica dos objetos da investigação social.

[122] Ver Steven Seidman, "Introduction", cit., p. 5.

A análise de Pollock e Horkheimer da totalidade social como não contraditória – ou seja, unidimensional –, antagonística e repressiva implica que a história chegou a um beco sem saída. Procurei argumentar que ela indica, pelo contrário, os limites de qualquer teoria crítica que se apoie na noção do "trabalho". O pessimismo crítico, tão energicamente expressado na *Dialética do esclarecimento* e em *O eclipse da razão*, não pode ser entendido somente com referência ao seu contexto histórico. Tem também de ser visto como expressão de uma consciência dos limites do marxismo tradicional na ausência de uma reconstituição fundamental da crítica dialética do que, apesar de transformações significativas, permanece uma totalidade social dialética.

Essa visão foi reforçada pela transformação histórica corrente do capitalismo, que tornou manifestamente dramáticos os limites do Estado de bem-estar social no Ocidente (e do Estado-partido totalitário no Leste), e pode ser entendida, por sua vez, como uma "refutação prática" da tese da primazia do político. Retrospectivamente, ela mostra que a análise quase weberiana pela teoria crítica da transformação importante anterior do capitalismo foi linear demais e sugere que a totalidade permaneceu de fato dialética.

Nas próximas seções deste livro, tentarei esboçar uma base teórica da noção de uma totalidade dialética pós-liberal que será a base da minha crítica do marxismo tradicional. Durante a minha exposição, distinguirei meu esforço para passar teoricamente além do pessimismo necessário da teoria crítica a partir da abordagem de Habermas desse problema. O viés teórico analisado neste capítulo – o pessimismo de Horkheimer, sua crítica da razão instrumental e o início sugerido de uma "versão linguística" – foi uma importante dimensão do contexto teórico em que Jürgen Habermas começou, durante a década de 1960, questionar o papel socialmente sintético e constitutivo atribuído ao trabalho. Sua intenção estratégica pode ser vista como uma tentativa de superar o pessimismo da teoria crítica contestando a centralidade do trabalho – uma vez que já se tinha mostrado que era uma base inadequada de liberdade. Sua intenção, em outras palavras, foi restabelecer teoricamente a possibilidade de emancipação. Mais adiante, tratarei de alguns aspectos da crítica inicial de Marx de Habermas. Nesse ponto, devo notar que Habermas, ao tentar superar o pessimismo da teoria crítica, mantém o entendimento tradicional do trabalho compartilhado por Pollock e Horkheimer, e em seguida tenta limitar o alcance da sua significância social. Ele parte precisamente daquela noção de "trabalho" pela qual Marx criticou Ricardo. A análise de Marx do duplo caráter do trabalho no capitalismo pode servir como a base de uma crítica do capitalismo tardio que, para mim, é mais adequada que outra originada na interpretação tradicional do trabalho no capitalismo – se aquele "trabalho" é avaliado positivamente como emancipatório ou, mais negativamente, como atividade instrumental.

PARTE II
Rumo à reconstrução da crítica marxiana: a mercadoria

4
O TRABALHO ABSTRATO

Requisitos de uma reinterpretação categorial

Até aqui a exposição lançou as bases para uma reconstrução da teoria crítica de Marx. Como já vimos, os trechos dos *Grundrisse* apresentados no Capítulo 1 sugerem uma crítica do capitalismo cujas premissas são muito diferentes dos pressupostos da crítica tradicional. Essas passagens não representam visões utópicas que mais tarde seriam excluídas das análises mais "sóbrias" de Marx em *O capital*, mas são uma chave para o entendimento daquela análise; oferecem o ponto de partida para uma reinterpretação das categorias básicas da crítica madura de Marx capazes de superar os limites do paradigma marxista tradicional. Meu exame dos pressupostos desse paradigma enfatizou alguns requisitos a serem atendidos por essa reinterpretação.

Examinei abordagens que, partindo de uma noção trans-histórica de "trabalho" como ponto de vista da crítica, conceituam as relações sociais que caracterizam o capitalismo apenas por meio do modo de distribuição e localizam a contradição fundamental do sistema entre os modos de produção e distribuição. Fundamental para esse exame foi o argumento de que a categoria marxiana de valor não deve ser entendida simplesmente como a que exprime a forma mediada pelo mercado de distribuição de riqueza. Portanto, uma reinterpretação categorial deve se concentrar na distinção feita por Marx entre valor e riqueza material; tem de mostrar que, na sua análise, valor não é essencialmente uma categoria de mercado, e que a "lei do valor" não é simplesmente uma lei do equilíbrio econômico geral. A afirmação de que no capitalismo "o tempo de trabalho imediato [é o] fator decisivo da produção da riqueza"[1] sugere que sua categoria de valor deveria ser examinada como uma forma de riqueza cuja especificidade

---

[1] Karl Marx, *Grundrisse*, cit., p. 587.

148 Tempo, trabalho e dominação social

está relacionada à sua determinação temporal. Uma reinterpretação adequada de valor deve demonstrar a importância da determinação temporal de valor para a crítica de Marx e para a questão da dinâmica histórica do capitalismo.

O problema do trabalho está associado ao do valor. Como já mostrei, desde que se admita que a categoria de valor – e, portanto, as relações capitalistas de produção – é adequadamente entendida em termos de mercado e propriedade privada, o significado de trabalho parece estar claro. Essas relações, assim concebidas, são supostamente o meio pelo qual o trabalho e seus produtos são socialmente organizados e distribuídos; em outras palavras, elas são extrínsecas ao trabalho em si. Consequentemente, pode-se concluir que o trabalho no capitalismo é o trabalho tal como geralmente entendido: uma atividade social útil que envolve a transformação de materiais de forma determinada que é condição indispensável de reprodução da sociedade humana. O trabalho é então entendido de maneira trans-histórica; o que varia historicamente é o modo de suas distribuição e administração sociais. Por conseguinte, o trabalho e, portanto, o processo de produção são "forças de produção" inseridas em diversos conjuntos de "relações de produção" que supostamente são extrínsecas ao trabalho e à produção.

Uma abordagem diferente reformularia valor como uma forma historicamente específica de riqueza, diferente da riqueza material. Isso implica que o trabalho que constitui valor não pode ser entendido em termos válidos trans-historicamente para o trabalho em todas as formações sociais; pelo contrário, esse trabalho tem de ser visto como possuidor de um caráter socialmente determinado específico da formação social capitalista. Analisarei essa qualidade específica elucidando a concepção de Marx do "duplo caráter" do trabalho no capitalismo, aqui mencionado, que permitirá que eu distinga esse trabalho da concepção tradicional de "trabalho". Sobre essa base poderei determinar adequadamente valor como uma forma historicamente específica de riqueza e de relações sociais e mostrar que o processo de produção incorpora tanto as "forças" quanto as "relações" de produção, e não se limita a corporificar somente as forças de produção. Vou fazê-lo demonstrando que, de acordo com a análise de Marx, o modo de produzir no capitalismo não é simplesmente um processo técnico, é, na verdade, moldado pelas formas objetivadas de relações sociais (valor, capital). Daí se torna claro que a crítica marxiana é uma crítica do trabalho no capitalismo, não apenas uma crítica da exploração do trabalho e do modo de distribuição, e que a contradição fundamental da totalidade capitalista deve ser vista como intrínseca ao reino da produção em si, e não apenas uma contradição entre as esferas de produção e distribuição. Resumindo, pretendo redeterminar as categorias marxianas de forma que elas captem de fato como contraditório o núcleo da totalidade social – e não me referir a apenas uma de suas dimensões, que então será oposta à do "trabalho", ou incorporada por ela. Ao reinterpretar a contradição marxiana, a abordagem baseada numa crítica da noção de "trabalho" poderia evitar os dilemas da teoria crítica e mostrar que o capitalismo

O TRABALHO ABSTRATO **149**

pós-liberal não é "unidimensional". A adequação do conceito ao seu objeto poderia continuar crítica; não teria de ser afirmativa. Portanto, a crítica social não precisaria se basear na disjunção entre o conceito e seu objeto, como Horkheimer chegou a pensar, mas poderia se basear no conceito em si, nas formas categoriais. Isso, por sua vez, poderia restabelecer a consistência epistemológica autorreflexiva da crítica.

As categorias da crítica adequada, como já afirmei, têm de compreender não somente o caráter contraditório da totalidade, mas também a base do tipo de não liberdade que a caracteriza. É necessário mostrar que a abolição histórica das formas sociais expressas categorialmente é uma possibilidade determinada que implica a base social da liberdade. A forma característica de dominação social do capitalismo, de acordo com Marx, relaciona-se com a forma do trabalho social. Nos *Grundrisse* ele delineia as três formas históricas básicas. A primeira, nas suas muitas variações, é baseada nas "relações de dependência pessoal"[2]. Ela foi superada historicamente pela "segunda grande forma" de sociedade – capitalismo, a formação social baseada na forma-mercadoria[3], que se caracteriza pela *independência pessoal* na estrutura de um sistema de *dependência coisal* [*sachlicher*][4]. O que constitui aquela dependência "objetiva" é social; não é "nada mais é do que as relações sociais autônomas contrapostas a indivíduos aparentemente independentes, *i.e.*, suas relações de produção recíprocas deles próprios autonomizadas""[5].

Uma característica do capitalismo é que suas relações sociais essenciais são sociais de uma maneira peculiar. Elas existem não como relações interpessoais abertas, mas como um conjunto quase independente de estruturas que se opõem aos indivíduos, uma esfera de necessidade impessoal "*coisal*" e "dependência *coisal*". Consequentemente, a forma de dominação social característica do capitalismo não é abertamente social e pessoal: "Essas relações de dependência *coisal* [...] aparecem de maneira tal que os indivíduos são agora dominados por abstrações, ao passo que antes dependiam uns dos outros"[6]. O capitalismo é um sistema de dominação abstrata e impessoal. Em relação a formas sociais anteriores, as pessoas parecem independentes; mas, na verdade, são sujeitas a um sistema de dominação social que não parece social, e sim "objetivo".

A forma de dominação peculiar ao capitalismo é também descrita por Marx como a dominação de pessoas pela produção: "Os indivíduos estão subsumidos à

---

[2] Ibidem, p. 106.

[3] Idem.

[4] Idem. Marx caracteriza a terceira grande forma social, a possível superação do capitalismo, em termos de "fundada sobre o desenvolvimento universal dos indivíduos e a subordinação de sua produtividade coletiva, social, como seu poder social".

[5] Ibidem, p. 112.

[6] Idem.

150 Tempo, trabalho e dominação social

produção social que existe fora deles como uma fatalidade; mas a produção social não está subsumida aos indivíduos que a utilizam como seu poder comum"[7]. Esse trecho é de importância fundamental. Dizer que os indivíduos são incluídos sob a produção é dizer que são dominados pelo trabalho social. Isso sugere que a dominação social no capitalismo não pode ser suficientemente entendida como dominação e controle dos muitos e de seu trabalho por poucos. No capitalismo, o trabalho social não é somente o *objeto* de dominação e exploração, mas é, ele próprio, o *terreno* de dominação. A forma não pessoal, abstrata, "objetiva" de dominação característica do capitalismo está aparentemente relacionada à dominação dos indivíduos *por* seu trabalho social.

Dominação abstrata, a forma de dominação que caracteriza o capitalismo, não pode ser simplesmente identificada com a operação do mercado; não se refere simplesmente à forma mediada pelo mercado em que se efetua a dominação de classe no capitalismo. Essa interpretação centrada no mercado admite que o terreno invariável de dominação social é a dominação de classe, e que o que varia é apenas a forma em que ela prevalece (diretamente ou via mercado). Essa interpretação é intimamente relacionada às posições que admitem que o "trabalho" seja a fonte de riqueza e constitua trans-historicamente a sociedade, e que só examinam criticamente o modo com que se efetua a distribuição do "trabalho".

De acordo com a interpretação apresentada aqui, a noção de dominação abstrata rompe com essas concepções. Ela se refere à dominação das pessoas por estruturas abstratas, quase independentes de relações sociais, mediadas pelo trabalho determinado por mercadoria, que Marx tenta compreender com suas categorias de valor e capital. Nos seus livros da maturidade, essas formas de relação social representam a concretização sócio-histórica completamente elaborada da alienação como dominação autogerada. Ao analisar a categoria do capital de Marx, tentarei mostrar que essas formas sociais estão na base de uma lógica de desenvolvimento histórico que restringe e compele os indivíduos. Essas formas de relação não podem ser compreendidas adequadamente em termos de mercado; também, dado que são formas quase independentes que existem acima e em oposição a indivíduos e classes, elas não podem ser entendidas integralmente em termos de relações sociais abertas (por exemplo, as relações de classe). Como veremos, embora o capitalismo seja, evidentemente, uma sociedade de classes, dominação de classe não é, de acordo com Marx, o terreno último de dominação social nessa sociedade, mas se torna, ela própria, uma função de uma forma superior "abstrata" de dominação[8].

---

[7] Ibidem, p. 106-7.

[8] Em *Legitimation Crisis*, cit., Habermas trata da dominação abstrata, mas não como uma forma de dominação, diferente da dominação social direta, que leva à dominação das pessoas por formas sociais abstratas, quase independentes nas quais são estruturadas as relações entre indivíduos e

O TRABALHO ABSTRATO **151**

Ao discutir a trajetória da teoria crítica, já toquei na questão da dominação abstrata. Pollock, ao postular a primazia do político, afirmou que o sistema de dominação abstrata compreendido pelas categorias de Marx tinha sido superado por uma nova forma de dominação direta. Essa posição admite que toda forma de dependência *coisal* e toda estrutura não consciente de necessidade social abstrata analisada por Marx está enraizada no mercado. Questionar isso é questionar a premissa de que, com a supressão do mercado pelo Estado, o controle consciente não só substituiu as estruturas não conscientes em esferas particulares, mas superou todas as estruturas de compulsão abstrata e, consequentemente, a dialética histórica.

Em outras palavras, a maneira como se entende a dominação abstrata está intimamente ligada a como se interpreta a categoria de valor. Tentarei mostrar que valor, como forma de riqueza, está no centro das estruturas de dominação abstrata, cuja significância se estende além do mercado e da esfera de circulação (à esfera da produção, por exemplo). Essa análise implica que, quando valor permanece a forma de riqueza, o próprio planejamento é submetido às exigências da dominação abstrata. Ou seja, o planejamento público, por si só, não é suficiente para superar o sistema de dominação abstrata – a forma impessoal, não consciente, não volitiva, mediada de necessidade característica do capitalismo. Então, o planejamento público não deve se opor abstratamente ao mercado como o princípio do socialismo ao do capitalismo.

Isso sugere que devemos reconceituar as precondições sociais fundamentais da realização mais integral possível da liberdade humana geral. Essa realização envolveria a superação de formas de dominação pessoal abertamente social, além de estruturas de dominação abstrata. Analisar as estruturas de dominação abstrata como o terreno último de não liberdade no capitalismo e redeterminar as categorias marxianas como categorias críticas que apreendem essas estruturas seriam os primeiros passos para restabelecer a relação entre socialismo e liberdade, uma relação que se tornou problemática no marxismo tradicional.

Nesta parte do livro, começarei a reconstrução da teoria marxiana no nível lógico inicial e mais abstrato da sua apresentação crítica em *O capital*, o da sua análise da forma-mercadoria. Por oposição às interpretações tradicionais apresentadas no Capítulo 2,

---

classes. Em vez disso, ele a trata como uma *forma* diferente *de aparência* de dominação social direta, como dominação de classe que é velada pela forma não política de trocas (p. 52). A existência dessa forma de dominação, de acordo com Habermas, forneceu a base para a tentativa de Marx de compreender o desenvolvimento tendente a crises do sistema social por meio de uma análise das leis de movimento do capital. Com a repolitização do sistema social no capitalismo pós-liberal, a dominação torna-se mais uma vez aberta; a validade da tentativa de Marx é implicitamente limitada ao capitalismo liberal (idem). Então, a noção de dominação abstrata de Habermas é a do marxismo tradicional – dominação de classe mediada pelo mercado autorregulado.

152 Tempo, trabalho e dominação social

tentarei mostrar que as categorias com que Marx inicia a sua análise são, de fato, críticas e implicam uma dinâmica histórica.

O caráter historicamente determinado da crítica marxiana

Marx inicia *O capital* com uma análise da mercadoria como um bem, um valor de uso, que, ao mesmo tempo, é um valor[9]. Em seguida, ele relaciona as duas dimensões da mercadoria ao duplo caráter do trabalho que ela incorpora. Como um valor de uso particular, a mercadoria é o produto de um trabalho concreto particular; como valor, ela é a objetivação do trabalho humano abstrato[10]. Antes de continuar a investigação dessas duas categorias – especialmente a do duplo caráter do trabalho produtor de mercadoria, que Marx vê como "esse ponto é o centro em torno do qual gira o entendimento de economia política"[11] – é importante enfatizar a sua especificidade histórica.

A análise de Marx da mercadoria não é um exame de um produto que é trocado independentemente da sociedade em que ocorre; não se trata da investigação da mercadoria arrancada do seu contexto social nem de como ela pode contingentemente existir em muitas sociedades. Em vez disso, a análise de Marx trata "*a forma-mercadoria* como a forma social geralmente necessária do produto"[12] e como a "*forma elementar geral da riqueza*"[13]. Mas, de acordo com ele, a mercadoria é a forma geral do produto *apenas* no capitalismo[14].

Portanto, a análise de Marx da mercadoria é a da forma geral do produto e a forma mais elementar de riqueza na sociedade capitalista[15]. Se, no capitalismo, "a característica dominante e determinante do seu produto é o fato de ele ser uma mercadoria"[16], isso implica necessariamente que "o próprio trabalhador existe apenas como vendedor de mercadorias, e portanto como um trabalhador assalariado livre, que o trabalho existe em geral como trabalho assalariado"[17]. Em outras palavras, uma mercadoria, tal como examinada em *O capital*, pressupõe o trabalho assalariado e, consequentemente, o

---

[9] Karl Marx, *O capital*, cit., Livro I, p. 113-9.

[10] Ibidem, p. 114-20.

[11] Ibidem, p. 119.

[12] Idem, "Results of the Immediate Process of Production", cit., p. 949.

[13] Ibidem, p. 951.

[14] Idem.

[15] Ibidem, p. 949.

[16] Idem, *Capital*, cit., Livro III, p. 1.019.

[17] Idem.

capital. Assim, "produção de mercadoria, na sua forma universal e absoluta [é] produção capitalista de mercadoria"[18].

Roman Rosdolsky mostrou que na crítica de Marx da economia política a existência do capitalismo é pressuposta desde o início da apresentação das categorias; cada categoria pressupõe as que se seguem[19]. Discutirei a seguir, a significância desse modo de apresentação, mas devo observar aqui que se a análise de Marx da mercadoria pressupõe a categoria do capital, suas determinações da categoria anterior não se referem à mercadoria *per se*, mas somente à mercadoria como uma forma social geral, ou seja, tal como existe no capitalismo. Assim, por exemplo, a simples existência de intercâmbio não significa que a mercadoria exista como categoria social estruturante e que o trabalho social tenha um duplo caráter. Somente no capitalismo o trabalho social tem duplo caráter[20] e valor existe como forma social específica de atividade humana[21].

O modo de Marx apresentar os primeiros capítulos d'*O capital* tem sido visto frequentemente como histórico, pois começa com a categoria da mercadoria, em seguida considera o dinheiro e, então, o capital. Mas essa progressão não deve ser interpretada como uma análise de um desenvolvimento histórico imanentemente lógico que leva do aparecimento inicial das mercadorias até um sistema capitalista completamente desenvolvido. Marx afirma explicitamente que suas categorias expressam as formas sociais não como surgiram inicialmente na história, mas como existem, completamente desenvolvidas, no capitalismo:

> Se na teoria o conceito de valor precede o de capital, mas, por outro lado, subentende um modo de produção fundado no capital para seu desenvolvimento puro, o mesmo sucede na prática.[22]

> Seria impraticável e falso, portanto, deixar as categorias econômicas sucederem-se umas às outras na sequência em que foram determinantes historicamente. A sua ordem é determinada, ao contrário, pela relação que têm entre si na moderna sociedade burguesa, e que é exatamente o inverso do [...] que corresponde ao desenvolvimento histórico.[23]

Até o ponto em que se apresenta um desenvolvimento histórico lógico que leve ao capitalismo – como na análise da forma de valor no primeiro capítulo d'*O capital*[24],

---

[18] Karl Marx, *Capital* (trad. David Fernbach, Londres, New Left Books, 1978), Livro II, p. 217 [ed. bras.: *O capital*, Livro II, trad. Rubens Enderle, São Paulo, Boitempo, no prelo].

[19] Roman Rosdolsky, *The Making of Marx's Capital*, cit., p. 46.

[20] Karl Marx, *O capital*, cit., Livro I, p. 147-9.

[21] Idem, *Theories of Surplus Value*, (trad. Emile Burns, Moscou, Progress, 1963), parte 1, p. 46.

[22] Idem, *Grundrisse*, cit., p. 194.

[23] Ibidem, p. 60.

[24] Idem, *O capital*, cit., Livro I, p. 124-46. A assimetria da forma de valor (formas relativas e equivalentes), que é tão importante no desenvolvimento do fetiche das mercadorias em Marx,

154 Tempo, trabalho e dominação social

essa lógica deve ser entendida como *retrospectivamente aparente*, e não como *imanentemente necessária*. Esta última forma de lógica histórica existe, de acordo com Marx, mas, como veremos, é um atributo apenas da formação social capitalista.

As formas sociais categorialmente compreendidas da crítica de Marx da economia política são historicamente *determinadas* e não podem simplesmente ser aplicadas a outras sociedades. São também historicamente *determinantes*. No início da sua análise categorial, Marx afirma explicitamente que ela deve ser entendida como uma investigação da especificidade do capitalismo: "a forma de valor do produto do trabalho é a forma mais abstrata mas também mais geral do modo burguês de produção, que assim se caracteriza como um tipo particular de produção social e, ao mesmo tempo, um tipo histórico"[25].

Em outras palavras, a análise da mercadoria com que Marx inicia a sua crítica é a análise de uma forma social historicamente específica. Ele passa a tratar a mercadoria como uma forma estruturada e estruturante de prática que é a determinação inicial e mais geral das relações sociais da formação social capitalista. Se a mercadoria, como uma forma geral e totalizante, é a "forma elementar" da formação capitalista[26], uma investigação dela deveria revelar as determinações essenciais da análise de Marx sobre o capitalismo e, em particular, as características específicas do trabalho que estão na base da forma-mercadoria, e são determinadas por ela.

Especificidade histórica: valor e preço

Como já vimos, Marx analisa a mercadoria como uma forma social generalizada no centro da sociedade capitalista. Então, não é legítimo para o seu autoentendimento admitir que a lei do valor e, consequentemente, a generalização da forma-mercadoria pertençam a uma situação pré-capitalista. Ainda assim, Ronald Meek, por exemplo, parte da premissa de que a formulação inicial de Marx da teoria do valor conduz à postulação de um modelo de sociedade pré-capitalista em que "embora fosse possível admitir que a produção de mercadoria e a competição livre reinassem mais ou menos supremas, os trabalhadores ainda possuíam todo o produto do seu trabalho"[27]. Diferentemente de Oskar Lange, cuja posição foi delineada no Capítulo 2, Meek não

---

pressupõe o dinheiro e indica que a análise de Marx da troca de mercadorias não tem nada a ver com o escambo direto.

[25] Ibidem, nota 32, p. 155.

[26] Ibidem, p. 113.

[27] Ronald Meek, *Studies in the Labour Theory of Value*, cit., p. 303.

O TRABALHO ABSTRATO 155

relega simplesmente a validade da lei do valor a essa sociedade. Nem afirma, como Rudolf Schlesinger, que esse ponto de partida seja a fonte de um erro fundamental na medida em que Marx procura desenvolver leis válidas para o capitalismo com base nas que se aplicam a uma sociedade mais simples e historicamente anterior[28]. Meek admite que a sociedade pré-capitalista, que Marx presumivelmente postula, não foi proposta como uma representação precisa da realidade histórica em nada além do sentido mais amplo. Esse modelo – que Meek vê como essencialmente semelhante à sociedade "primitiva e rude" de Adam Smith, habitada por caçadores de veados e castores – é, pelo contrário, "claramente parte de um instrumento analítico complexo"[29]. Ao analisar a forma como o capitalismo abusa dessa sociedade, "Marx acreditava que se estaria no caminho de revelar a verdadeira essência do modo capitalista de produção"[30]. No Livro I d'*O capital*, de acordo com Meek, Marx parte do modelo pré-capitalista postulado[31], um sistema de "produção simples de mercadoria"[32]; no Livro III, ele "trata de mercadoria e relações de valor que se tornaram 'capitalisticamente modificadas' no sentido mais completo. Seu ponto de partida histórico é um sistema capitalista razoavelmente bem desenvolvido"[33].

Mas a análise de Marx de valor é muito mais historicamente específica do que reconhece a interpretação de Meek. Marx procura compreender o núcleo do capitalismo com as categorias de mercadoria e valor. A própria noção de um estágio pré-capitalista de circulação simples de mercadorias é espúria no âmbito da estrutura da crítica de Marx da economia política; como mostrou Hans-Georg Backhaus, essa noção se

---

[28] Para essa argumentação, ver Rudolf Schlesinger, *Marx: His Time and Ours* (Londres, Routledge & K. Paul, 1950), p. 96-7. George Lichtheim propõe um argumento semelhante: pode-se sustentar que, ao aplicar uma teoria de valor com base no custo do trabalho deduzido a partir das condições sociais primitivas até um modelo econômico pertencente a um estágio superior, os clássicos foram culpados de terem confundido níveis diferentes de abstração" (*Marxism: An Historical and Critical Study*, cit., p. 174-5). Nesta seção, Lichtheim não distingue "os clássicos" e Marx. Sua própria apresentação agrupa interpretações diferentes e opostas da relação entre os Livros I e III d'*O capital* sem sintetizá-las nem superar suas diferenças. Nesse trecho, ele sugere que a lei de valor no Livro I é baseada num modelo pré-capitalista e, ainda assim, várias páginas adiante, segue Maurice Dobb e descreve esse nível de análise como "uma qualificação sensata de uma aproximação teórica" (p. 15).

[29] Ronald Meek, *Studies in the Labour Theory of Value*, cit., p. 303.

[30] Idem.

[31] Ibidem, p. 305.

[32] Ibidem, p. xv.

[33] Ibidem, p. 308.

156   Tempo, trabalho e dominação social

origina não em Marx, mas em Engels[34]. Marx rejeita, explícita e enfaticamente, a noção de que a lei do valor era válida para uma sociedade pré-capitalista de proprietários de mercadorias, ou dela fosse derivada. Embora Meek identifique a lei do valor de Adam Smith com a que foi usada por Marx, este critica Smith precisamente por relegar a validade da lei do valor à sociedade pré-capitalista:

> Sem dúvida, Adam Smith determina o valor da mercadoria pelo tempo de trabalho que contém, mas para relegar em seguida a realidade dessa determinação do valor aos tempos pré-adamitas. Em outros termos: o que lhe parece certo do ponto de vista da simples mercadoria torna-se-lhe obscuro quando esta é substituída pelas formas superiores e mais complicadas do capital, do trabalho assalariado, da renda fundiária. Expressa isso dizendo: o valor das mercadorias era medido pelo trabalho contido, nas mesmas no *paradise lost* (paraíso perdido) da burguesia, onde os homens não se confrontavam ainda como capitalistas, operários assalariados, proprietários rurais, granjeiros, usuários etc., mas unicamente como simples produtores e cambistas de mercadorias[35].

Entretanto, de acordo com Marx, nunca existiu uma sociedade composta de produtores independentes de mercadorias:

> A produção original é baseada em entidades comunais surgidas na antiguidade em que a permuta privada só aparece como uma exceção completamente superficial e secundária. Mas, com a dissolução histórica dessas entidades comunais, surgiram imediatamente relações de dominação e subjugação. Essas relações de violência de destacam em nítida contradição com a suave circulação de mercadorias e suas relações correspondentes.[36]

Marx não postula essa sociedade como um construto hipotético do qual deduzir a lei do valor nem busca analisar o capitalismo investigando como ele "usurpa" um modelo social no qual se presume que a lei do valor opere em forma pura. Pelo contrário, como indica claramente a crítica de Marx a Robert Torrens e Adam Smith, ele considera a lei do valor válida somente para o capitalismo:

> Torrens [...] reverte a Adam Smith [...] conforme quem o valor das mercadorias foi determinado pelo tempo de trabalho incorporado nelas "naquele período inicial", quando as pessoas se confrontavam apenas como proprietários e cambiadores de mercadorias, mas não quando o capital e a propriedade da terra já tinham evoluído.

---

[34]   Hans-Georg Backhaus, "Materialien zur Rekonstruktion der Marxschen Werttheorie", cit., p. 53.

[35]   Karl Marx, *Contribuição à crítica da economia política,* cit., p. 89.

[36]   Idem, "Fragment des Urtextes von *Zur Kritik der politischen Ökonomie*", em *Grundrisse: der Kritik der politischen Ökonomie* (Berlim, Dietz, 1953), p. 904.

O TRABALHO ABSTRATO 157

Isso significou [...] que a lei que é válida para mercadorias *qua* mercadorias, não é mais válida para elas quando são vistas como capital ou como produtos de capital. [...] *Por outro lado, o produto só assume totalmente a forma de mercadoria [...] com o desenvolvimento e sobre a base da produção de capital.* Assim se deve supor que a lei da mercadoria é válida para um tipo de produção que não produz mercadorias (ou só as produz em extensão limitada), e não é válida para um tipo de produção baseada na existência do produto como mercadoria.[37]

De acordo com Marx, a forma-mercadoria e, consequentemente, a lei de valor, só estão completamente desenvolvidas no capitalismo e são determinações fundamentais dessa formação social. Quando são consideradas válidas para outras sociedades, o resultado é que "a verdade da lei de apropriação da sociedade burguesa tem de ser transposta para uma época em que essa sociedade ainda não existia"[38].

Então, para Marx, a teoria de valor apreende a "verdade da lei de apropriação" da formação social capitalista e não se aplica a outras sociedades. Assim, fica claro que as categorias iniciais d'*O capital* devem ser vistas como historicamente específicas; elas captam as formas sociais básicas do capitalismo. Uma discussão completa da especificidade histórica dessas categorias básicas deveria, evidentemente, considerar a razão pela qual elas não parecem ser válidas para as "formas superiores e mais complicadas do capital, do trabalho assalariado, da renda fundiária"[39]. Esboçarei a tentativa de Marx de tratar desse problema analisando a relação entre a sua investigação de valor no Livro I e sua investigação de preço e, consequentemente, dessas "formas mais altas e mais complexas" no Livro III. Apesar de esse problema não poder ser analisado completamente neste livro, cabe aqui uma discussão preliminar das questões envolvidas.

O debate sobre a relação entre os Livros III e I foi iniciado por Eugen von Böhm--Bawerk em 1896[40]. Böhm-Bawerk afirma que, ao analisar, no Livro I, o capitalismo baseado no valor, Marx admitiu que "a composição orgânica do capital" (a razão entre o capital vivo, expressado como "capital variável", e o trabalho objetivado, expressado como "capital constante") é igual nos vários ramos de produção. Mas não é esse o caso, como o próprio Marx reconheceu mais tarde. Foi isso que o levou, no

---

[37] Idem, *Theories of Surplus Value* (trad. Jack Cohen e S. W. Ryazanskaya, Moscou, Progress, 1971), parte 3, p. 74 (grifos meus).

[38] Idem, "Fragement des Urtextes von *Zur Kritik der politischen Ökonomie*", cit., p. 904.

[39] Idem, *Contribuição à crítica da economia política*, cit., p. 89.

[40] Eugen Böhm-Bawerk, "Karl Marx and the Close of his System", em Paul M. Sweezy (org.), *"Karl Marx and the Close of his System", by Eugen Böhm-Bawerk, and "Böhm-Bawerk's Criticism of Marx by Rudolf Hilferding*, cit. O artigo foi publicado originalmente como "Zum Abschluss des Marxschen Systems", em Otto von Boenigk (org.), *Staatswissenschaftliche Arbeiten* (Berlim, O. Haering, 1896).

158 TEMPO, TRABALHO E DOMINAÇÃO SOCIAL

Livro III, a admitir uma diferença de preços em relação a valores que, de acordo com Böhm-Bawerk, contradiz diretamente a teoria do valor-trabalho original e indica sua inadequação. Desde a crítica de Böhm-Bawerk, houve considerável discussão do "problema da transformação" (de valores em preços) em *O capital*[41], grande parte da qual, na minha opinião, sofreu da premissa de que Marx pretendia escrever uma crítica da economia política.

No que se refere ao argumento de Böhm-Bawerk, duas observações devem ser feitas. Primeira, contrariamente à premissa de Böhm-Bawerk, Marx não completou o Livro I e só mais tarde, quando escrevia o Livro III, percebeu que preços e valores divergem, minando assim o seu ponto de partida. Marx escreveu os manuscritos do Livro III entre 1863-1867, ou seja, antes da publicação do Livro I[42].

Segunda, como já observado no Capítulo 2, longe de se surpreender ou se embaraçar pela divergência entre preços e valores, já em 1859 Marx escreveu em *Contribuição à crítica da economia política* que, em um estágio posterior da sua análise, ele trataria das objeções à sua teoria do valor-trabalho, que são baseadas na divergência entre os preços de mercado das mercadorias e seus valores de troca[43]. De fato, Marx não só reconheceu essa divergência, como insistiu na sua centralidade para compreensão do capitalismo e das suas mistificações. Segundo escreveu a Engels: "No que se refere às modestas objeções de Herr Dühring à determinação de valor, ele vai ficar muito surpreso ao ver, no Livro II, como a determinação de valor tem pouca validade 'imediata' na sociedade burguesa"[44].

Uma dificuldade com grande parte da discussão do problema da transformação é que geralmente se pressupõe que Marx pretendia operacionalizar a lei de valor para explicar a operação do mercado. Mas, parece claro que a intenção de Marx era diferente[45]. Seu tratamento da relação entre valor e preço não é, como Dobb gostaria, o de aproximações sucessivas à realidade do capitalismo[46]; pelo contrário, é parte de uma complexa estratégia de argumentação para tornar plausível a sua análise de mercadoria e capital como constituintes do núcleo fundamental da sociedade capitalista, enquanto explicava o fato

---

[41] Ver o resumo de Sweezy dessa discussão em *The Theory of Capitalist Development*, cit., p. 109-33.

[42] Ver a introdução de Engels ao Livro III de *Capital*, cit., p. 93; ver também ibidem, nota 37, p. 278.

[43] Karl Marx, *Contribuição à crítica da economia política*, cit., p. 92.

[44] Marx a Engels, 8 de janeiro de 1868, em *Marx-Engels Werke* (a partir de agora *MEW*) (Berlim, Dietz, 1956-1968), v. 32, p. 12.

[45] Joseph Schumpeter reconhece que criticar Marx com base no desvio de preços em relação a valores é confundir Marx com Ricardo: ver *History of Economic Analysis* (Nova York, Oxford University Press, 1954), p. 596-7.

[46] Maurice Dobb, *Political Economy and Capitalism*, cit., p. 69.

O TRABALHO ABSTRATO 159

de a categoria de valor não parecer empiricamente válida para o capitalismo (razão pela qual Adam Smith relegou sua validade à sociedade pré-capitalista). Em *O capital*, Marx tenta resolver o problema mostrando que esses fenômenos (preços, lucros e rendas) que contradizem a validade do que ele tinha postulado como as determinações fundamentais da formação social (valor e capital) são, na verdade, expressões dessas determinações – em outras palavras, tenta mostrar que o primeiro ao mesmo tempo expressa e resguarda o segundo. Nesse sentido, a relação entre o que apreendem as categorias de valor e preço é apresentada por Marx como uma relação entre essência e sua forma de aparência. Uma peculiaridade da sociedade capitalista, que torna tão difícil a sua análise, é que essa sociedade tem uma essência, objetivada como valor, que é velada por sua forma de aparência:

> O economista vulgar não tem a menor ideia de que as relações reais, diárias de troca e as grandezas de valor *não podem ser imediatamente idênticas*. [...] Vulgar, ele então acredita que fez uma grande descoberta quando se opõe à posição que revela o *nexo interno de conexões* insistindo que, no nível manifesto, as coisas parecem diferentes. Na verdade, ele insiste em se prender às aparências acreditando serem elas finais.[47]

O nível de realidade social expressada pelos preços representa, na análise de Marx, a forma de aparência de valor que vela a essência subjacente. A categoria de valor não é a primeira aproximação grosseira da realidade capitalista nem uma categoria válida para sociedades pré-capitalistas; pelo contrário, ela expressa "o nexo interno de conexões" (*inneren Zusammenhang*) da formação social capitalista.

O movimento da apresentação de Marx entre os Livros I e III d'*O capital* deveria, portanto, ser entendido não como um movimento de abordagem da "realidade" do capitalismo, mas como abordagem de suas múltiplas aparências superficiais. Marx não prefacia o terceiro volume com uma afirmação de que vai examinar um sistema capitalista completamente desenvolvido nem afirma que vai introduzir um novo conjunto de aproximações para compreender mais adequadamente a realidade capitalista. Pelo contrário, ele declara que "as várias formas de capital, tal como deduzidas neste livro, abordam passo a passo *a forma que assumem na superfície da sociedade*, na ação de diversos capitais uns sobre os outros, em competição, e na consciência comum dos próprios agentes de produção"[48]. Enquanto a análise de valor de Marx no Livro I é a análise da essência do capitalismo, sua análise do preço no Livro III examina como essa essência aparece na "superfície da sociedade".

A divergência entre preços e valores deve então ser entendida como parte da análise de Marx, não como uma contradição lógica dentro dela: sua intenção não é formular uma teoria de preços, mas mostrar como o valor induz um nível de aparência que o disfarça.

---

[47] Marx a Kugelmann, 11 de julho de 1868, em *MEW*, v. 32, p. 553 (grifos meus).

[48] Karl Marx, *Capital*, cit., Livro III, p. 25 (grifos meus).

160   TEMPO, TRABALHO E DOMINAÇÃO SOCIAL

No Livro III d'*O capital*, Marx deduz categorias empíricas, como preço de custo e lucro de categorias como valor e mais-valor, e mostra como as primeiras parecem contradizer as últimas. Assim, no Livro I, por exemplo, ele afirma que o mais-valor é criado somente pelo trabalho; no Livro III, entretanto, ele mostra como a especificidade de valor como forma de riqueza e a especificidade do trabalho que o constitui são veladas. Marx começa observando que o lucro que cabe a uma unidade individual de capital não é, de fato, idêntico ao mais-valor gerado pelo trabalho que ela comanda. Ele tenta explicar esse resultado argumentando que o mais-valor é uma categoria do todo social distribuída entre capitais individuais conforme suas cotas relativas do capital total. Mas isso significa que, no nível da experiência imediata, o lucro de uma unidade individual de capital é, na verdade, função não só do trabalho ("capital variável"), mas também do capital total aplicado[49]; consequentemente, em um nível empírico imediato, as únicas características do valor como forma de riqueza e mediação social constituídas somente pelo trabalho estão ocultas.

O argumento de Marx tem muitas dimensões. Já mencionei a primeira, a saber, que as categorias que ele desenvolve no Livro I d'*O capital*, como mercadoria, valor, capital e mais-valor, são categorias da estrutura profunda da sociedade capitalista. Sobre a base dessas categorias, ele busca elucidar a natureza fundamental dessa sociedade e suas "leis do movimento", ou seja, o processo da transformação constante no capitalismo da produção e de todos os aspectos da vida social. Marx afirma que esse nível de realidade social não pode ser elucidado por meio das categorias econômicas "superficiais", como preço e lucro. Ele também revela suas categorias da estrutura profunda do capitalismo de uma maneira que indica como os fenômenos que contradizem essas categorias profundas são, na verdade, formas da sua aparência. Desse modo, Marx tenta validar sua análise da estrutura profunda e, ao mesmo tempo, mostrar como as "leis do movimento" da formação social são veladas no nível da realidade empírica imediata.

Ademais, a relação entre o que é apreendido pelo nível analítico de valor e pelo de preço pode ser entendido como constituindo uma teoria (nunca integralmente completada)[50] da constituição mútua das estruturas profundas e de ação e pensamentos diários. Tal processo é mediado pelas formas de aparência dessas estruturas profundas, que constituem o contexto dessa ação e pensamento: diariamente, ações e pensamentos são baseados nas formas manifestas de estruturas profundas e, por sua vez, reconstituem essas estruturas profundas. Essa trajetória tenta explicar como as "leis do movimento" do capitalismo são constituídas por indivíduos e prevalecem, mesmo que esses indivíduos não tenham consciência da sua existência[51].

---

[49]   Ibidem, p. 157-9.

[50]   Engels editou os manuscritos que seriam os Livros II e III d'*O capital*.

[51]   Nesse sentido, a teoria marxiana é semelhante ao tipo de teoria da prática delineada por Pierre Bourdieu (*Outline of a Theory of Practice*, cit.), que trata da "relação dialética entre as estruturas

O TRABALHO ABSTRATO 161

Com essa elaboração, Marx busca indicar que teorias de economia política, bem como a "consciência comum" do dia a dia, permanecem ligadas ao nível das aparências, que os objetos de investigação da economia política são formas mistificadas de aparência de valor e capital. Em outras palavras, é no Livro III que Marx completa a sua crítica de Smith e Ricardo, sua crítica da economia política em um sentido mais estreito. Ricardo, por exemplo, começa assim a sua economia política:

> O produto da terra – tudo que é derivado da sua superfície pela aplicação unida do trabalho, maquinário e capital – é dividido entre três classes da comunidade, a saber, o proprietário da terra, o proprietário do estoque ou do capital necessário para cultivá-la, e os trabalhadores por cuja indústria ela é cultivada. [...] Em diferentes estágios de sociedade, a proporção da produção total da terra que será destinada a cada uma dessas classes sob o nome de aluguel, lucro, salários, será diferente. [...] Determinar as leis que regulam essa distribuição é o principal problema da economia política.[52]

O ponto de partida de Ricardo, com sua ênfase unilateral na distribuição e sua identificação implícita de riqueza e valor, pressupõe a natureza trans-histórica de riqueza e trabalho. No Livro III, Marx tenta explicar esse pressuposto mostrando como as formas estruturantes social e historicamente específicas de relações sociais no capitalismo aparecem na superfície de uma forma naturalizada e trans-histórica. Assim, como observado, Marx afirma que o papel social historicamente único do trabalho no capitalismo é oculto pelo fato de o lucro ganho pelas unidades individuais de capital não depender apenas do trabalho, mas é função do capital total aplicado (em outras palavras, os vários "fatores de produção"). Esse valor criado apenas pelo trabalho é, de acordo com Marx, ainda mais oculto pela forma de salário: salários parecem ser a compensação pelo valor do trabalho e não pelo valor da força de trabalho. Em consequência, o lucro não parece ser gerado basicamente pelo trabalho. Marx passa então a mostrar como o capital, sob a forma de juros, parece ser autogerador e independente do trabalho. Finalmente, ele mostra como o aluguel, uma forma de renda em que o mais-valor é distribuído aos proprietários de terra, parece estar relacionado intrinsecamente à terra. Em outras palavras, as categorias empíricas em que se baseiam as teorias da economia política – lucros, salários, juros, aluguéis assim por diante – são formas de aparência de valor e de trabalho produtor de mercadorias que desvirtuam a especificidade histórica e social do que representam. Perto

---

objetivas e as estruturas cognitivas e motivantes que produzem e que tendem a reproduzi-las" (p. 83), e tentativas de "explicar uma prática objetivamente governada por regras desconhecidas dos agentes [de uma forma que] não mascara a questão dos mecanismos que produzem essa conformidade na ausência da intenção de se conformar" (p. 29). A tentativa de mediar essa relação por meio de uma teoria sócio-histórica do conhecimento e de uma análise das formas de aparência das "estruturas objetivas" é consoante com a abordagem de Bourdieu, mas não idêntica a ela.

[52] David Ricardo, *Principles of Political Economy and Taxation,* cit., p. 5.

do fim do Livro III, depois de uma longa e complicada análise que começa no Livro I com um exame da essência reificada do capitalismo e passa a níveis crescentemente mistificados de aparência, Marx resume essa análise examinando o que denomina de "fórmula trinitária":

> Capital-lucro (ou, ainda melhor, capital-juros), terra-terreno-aluguel, trabalho-salários, essa trindade econômica como ligação entre os componentes de valor e riqueza em geral e suas origens completa a mistificação do modo capitalista de produção, a reificação das relações sociais e a coalescência das relações materiais de produção com sua especificidade histórica e social.[53]

Então, a crítica de Marx termina com a dedução do ponto de partida de Ricardo. Coerente com a sua abordagem imanente, a técnica de Marx de criticar teorias como a de Ricardo não tem mais a forma de refutação; pelo contrário, ele insere essas teorias nas suas próprias teorias, tornando-as plausíveis em termos das suas próprias categorias analíticas. Dito de outra forma, ele baseia nas suas próprias categorias as premissas fundamentais propostas por Smith e Ricardo relativas a trabalho, sociedade e natureza de uma maneira que explica o caráter trans-histórico dessas premissas. Além disso, ele mostra que os argumentos mais específicos dessas teorias baseiam-se em "dados" que são manifestações enganosas de uma estrutura mais profunda historicamente específica. Partindo da "essência" para a "superfície" da sociedade capitalista, Marx tenta mostrar como a sua análise categorial é capaz de explicar o problema e a formulação dele por Ricardo, indicando, assim, a inadequação desta última como tentativa de compreender a essência da totalidade social. Ao elucidar as formas de aparência que serviram de base para a teoria de Ricardo, Marx busca oferecer a crítica adequada da economia política de Ricardo.

Então, de acordo com Marx, a tendência de alguns economistas políticos, como Smith e Torrens, de transpor a validade da lei de valor para modelos de sociedade pré--capitalista não é simplesmente um resultado de mau pensamento. Pelo contrário, ela está baseada numa peculiaridade da formação social capitalista: sua essência parece *não* ser válida para as "formas mais altas e mais complexas de capital, trabalho assalariado e aluguel". A incapacidade de penetrar teoricamente o nível de aparência e determinar sua relação com a essência social específica da formação capitalista pode levar, de um lado, à aplicação trans-histórica de valor a outras sociedades e, de outro, a uma análise do capitalismo apenas em termos da sua "aparência ilusória".

Uma consequência do recurso de Marx a uma abordagem reflexiva e historicamente específica é, portanto, que a crítica de teorias que postulem trans--historicamente o que é historicamente determinado passa a ser central para a sua

---

[53] Karl Marx, *Capital*, cit., Livro III, p. 968-9.

investigação. Uma vez que afirme ter descoberto o núcleo historicamente específico do sistema capitalista, Marx tem de explicar por que tal determinação histórica não é evidente. Como veremos, central para essa dimensão epistemológica da sua crítica é o argumento de que estruturas sociais específicas do capitalismo aparecem de forma "fetichizada" – ou seja, parecem "objetivas" e trans-históricas. Na medida em que Marx mostra que as estruturas historicamente específicas que analisa se apresentam de formas trans-históricas manifestas, e que essas formas manifestas servem como objeto de várias teorias – especialmente as de Hegel e Ricardo –, ele tem condições de explicar e criticar essas teorias em termos sociais e históricos, como formas de pensamento que expressam, mas não apreendem em sua totalidade, as formas sociais determinadas no coração do seu contexto (sociedade capitalista). O caráter historicamente específico da crítica social imanente de Marx implica que o que é "falso" é a forma de pensamento temporariamente válida que, por carecer de autorreflexão, é incapaz de perceber seu próprio terreno historicamente específico e, portanto, se considera "verdadeira", ou seja, trans-historicamente válida.

O desenvolvimento do argumento de Marx nos três livros d'*O capital* deve ser entendido, em um nível, como apresentação do que ele descreve como o único método completamente adequado de uma teoria materialista crítica:

> De fato, é muito mais fácil encontrar, por meio da análise, o núcleo terreno das nebulosas representações religiosas do que, inversamente, desenvolver, a partir das condições reais de vida de cada momento, suas correspondentes formas celestializadas. Este é o único método materialista e, portanto, científico.[54]

Um aspecto importante do método de apresentação de Marx é que ele desenvolve a partir de valor e capital – ou seja, das categorias das "condições reais de vida de cada momento" – as formas superficiais de aparência (preço de custo, lucro, salários, juros, aluguéis e assim por diante) que foram "apoteotizadas" pelos economistas políticos e atores sociais. Assim, ele tenta tornar plausíveis as suas categorias estruturais profundas, enquanto explica as formas superficiais.

Ao deduzir logicamente os fenômenos que parecem contradizer as categorias com as quais analisa a essência do capitalismo da revelação dessas mesmas categorias e ao demonstrar que outras teorias (e a consciência da maioria dos atores sociais envolvidos) são presas às formas mistificadas de aparência daquela essência, Marx oferece uma exposição admirável do rigor e força da sua análise crítica.

---

[54] Idem, *O capital*, cit., Livro I, nota 89, p. 446.

164 Tempo, trabalho e dominação social

Especificidade histórica e crítica imanente

A especificidade histórica das categorias é, portanto, central para a teoria madura de Marx e marca uma distinção muito importante entre ela e sua obra inicial[55]. Esse desvio para a determinação histórica tem implicações de longo alcance para a natureza da teoria crítica de Marx – implicações que são inerentes ao ponto de partida da sua crítica madura. Na introdução da sua tradução dos *Grundrisse*, Martin Nicolaus chama a atenção para esse desvio, argumentando que o prefácio de Marx ao manuscrito se mostrou um falso início, pois as categorias usadas são simplesmente traduções diretas das categorias hegelianas em termos materialistas. Por exemplo, enquanto Hegel começa a sua *Lógica* com o puro e indeterminado *ser*, que imediatamente convoca o seu oposto, *nada*, Marx começa a sua introdução com *produção material* (em geral), que convoca o seu oposto, *consumo*. Ao longo da introdução, Marx indica sua insatisfação com esse ponto de partida e, depois de escrever o manuscrito, ele recomeça na seção intitulada "Valor" (que ele acrescentou ao fim). Ele o faz com um ponto de partida diferente, que retém em *Contribuição à crítica da economia política* e em *O capital* – a mercadoria[56]. Enquanto escrevia os *Grundrisse*, Marx descobre o elemento com que estrutura o seu modo de apresentação, o ponto de partida com base no qual ele revela as categorias da formação capitalista em *O capital*. De um ponto de partida trans-histórico, Marx passa a outro historicamente determinado. A categoria "mercadoria", na análise de Marx, não se refere simplesmente a um objeto, mas a uma forma "objetiva" historicamente específica de relações sociais – uma forma estruturante e estruturada de prática social que constitui uma forma radicalmente nova de interdependência social. Essa forma se caracteriza por uma dualidade historicamente específica supostamente no centro do sistema social: valor de uso e valor, trabalho concreto e trabalho abstrato. Partindo da categoria de mercadoria como forma dualística, unidade não idêntica, Marx busca desenvolver a estrutura em arco da sociedade capitalista como uma totalidade, a lógica intrínseca do seu desenvolvimento histórico, bem como os elementos da experiência social imediata que esconde a estrutura subjacente dessa sociedade. Ou seja, dentro da estrutura

---

[55] Neste livro não discutirei extensivamente as diferenças entre os primeiros textos e os textos de maturidade de Marx. Mas o meu tratamento da sua crítica madura da economia política deverá sugerir que muitos dos temas e conceitos explícitos nos primeiros textos (como a crítica da alienação, a preocupação com a possibilidade de formas de atividade humana não definidas minuciosamente em relação ao trabalho, divertimento ou lazer e o tema das relações entre homens e mulheres) permanecem centrais, ainda que implícitos, nos livros da maturidade de Marx. Entretanto, como discutirei a noção de alienação, alguns desses conceitos só foram completamente desenvolvidos – e modificados – quando Marx desenvolveu uma crítica social historicamente específica baseada em uma análise da especificidade do trabalho no capitalismo.

[56] Martin Nicolaus, "Introduction", em Karl Marx, *Grundrisse* (Londres, 1973), p. 35-7.

O TRABALHO ABSTRATO 165

da crítica marxiana da economia política, a mercadoria é a categoria essencial no coração do capital; ele a revela para iluminar a natureza do capital e sua dinâmica intrínseca.

Com esse recurso à especificidade histórica, Marx torna históricas as suas concepções trans-históricas anteriores de contradição social e a existência de uma lógica histórica intrínseca. Ele agora as trata como específicas do capitalismo e fixa-as na dualidade "instável" dos momentos materiais e sociais com que ele caracteriza suas formas sociais básicas, como mercadoria e capital. Na minha análise d'*O capital*, mostrarei como essa dualidade, de acordo com Marx, se torna externalizada e gera uma dialética histórica peculiar. Ao descrever o seu objeto de investigação de acordo com uma contradição historicamente específica e basear a dialética no duplo caráter das formas sociais peculiares subjacentes à formação social capitalista (trabalho, mercadoria, processo de produção e assim por diante), Marx rejeita implicitamente a ideia de uma lógica imanente da história humana e toda forma de dialética trans-histórica, seja ela inclusiva da natureza ou restrita à história. Nas obras da maturidade de Marx, a dialética histórica não resulta da interação de sujeito, trabalho e natureza, da operação reflexiva das objetivações materiais do "trabalho" do sujeito sobre si mesmo; pelo contrário, ela está enraizada no caráter contraditório das formas sociais capitalistas.

Uma dialética trans-histórica deve ter base ontológica, ou no ser como tal (Engels) ou no ser social (Lukács). Mas, à luz da análise historicamente específica de Marx, a ideia de que a realidade ou as relações sociais em geral são essencialmente contraditórias e dialéticas agora se revela como uma ideia que não pode ser explicada nem fundamentada; ela só pode ser entendida metafisicamente[57]. Em outras palavras, ao analisar a dialética histórica tendo em vista as peculiaridades das estruturas sociais fundamentais do capitalismo, Marx afasta-a do reino da filosofia da história e a coloca na estrutura de uma teoria social historicamente específica.

A passagem de um ponto de partida trans-histórico para outro historicamente específico sugere que não apenas as categorias, mas também a própria forma da teoria são historicamente específicas. Dada a premissa de Marx de que o pensamento é inserido socialmente, o seu recurso a uma análise da especificidade histórica das categorias da sociedade capitalista – seu próprio contexto social – envolve o recurso a uma noção da especificidade histórica da sua própria teoria. A relativização histórica do objeto de investigação é também reflexiva para a própria teoria.

Isso implica a necessidade de um novo tipo de crítica social autorreflexiva. Seu ponto de vista não pode ser localizado trans-historicamente ou transcendentalmente. Nessa estrutura conceitual, nenhuma teoria – nem mesmo a de Marx – tem validade trans-histórica absoluta. A impossibilidade de um ponto de vista teórico extrínseco ou privilegiado também não deve ser implicitamente contestado pela própria forma da teoria. Por isso, Marx se sente

---

[57] Ver Moishe Postone e Helmut Reinicke, "On Nicolaus", cit., p. 135-6.

166 Tempo, trabalho e dominação social

obrigado a construir sua apresentação crítica da sociedade capitalista de forma rigorosamente imanente, analisando essa sociedade, por assim dizer, nos seus próprios termos. O ponto de vista da crítica é imanente ao seu objeto social; está baseado no caráter contraditório da sociedade capitalista, que aponta a possibilidade de sua negação histórica.

O modo de argumentação de Marx em *O capital* deve, portanto, ser entendido como uma tentativa de desenvolver uma forma de análise crítica consoante à especificidade histórica tanto do seu objeto de investigação – ou seja, seu próprio contexto – quanto, reflexivamente, dos seus conceitos. Como veremos, Marx tenta reconstruir a totalidade social da civilização capitalista ao começar com um único princípio estruturante – a mercadoria – e desenvolvendo a partir dele as categorias do dinheiro e do capital. Esse modo de apresentação, visto em termos do seu novo autoentendimento, expressa as singularidades das formas sociais que são investigadas. Esse método expressa, por exemplo, que uma característica particular do capitalismo é ele existir como uma totalidade homogênea que pode se revelar a partir de um único princípio estruturante; o caráter dialético da apresentação supostamente o fato de as formas sociais são constituídos de forma única, de uma forma que sustenta uma dialética. *O capital*, em outras palavras, é uma tentativa de construir uma argumentação que não tenha uma forma lógica independente do objeto investigado, quando esse objeto é o próprio contexto da argumentação. Marx descreve assim esse método de apresentação:

> Sem dúvida, deve-se distinguir o modo de exposição segundo sua forma, do modo de investigação. A investigação tem de se apropriar da matéria [*Stoff*] em seus detalhes, analisar suas diferentes formas de desenvolvimento e rastrear seu nexo interno. Somente depois de consumado tal trabalho é que se pode expor adequadamente o movimento real. Se isso é realizado com sucesso, e se a vida da matéria é agora refletida idealmente, o observador pode ter a impressão de se encontrar diante de uma construção a priori.[58]

O que aparece como uma "construção *a priori*" é um modo de argumentação que se propõe adequado à sua própria especificidade histórica. Não se supõe então que a natureza da argumentação de Marx seja a de uma dedução lógica: ela não parte de primeiros princípios dos quais todo o resto pode ser deduzido, pois a própria forma desse procedimento implica um ponto de vista trans-histórico. Pelo contrário, a argumentação de Marx tem uma forma reflexiva muito peculiar: o ponto de partida, a mercadoria – que é postulada como o núcleo estruturante fundamental da formação social – é validada retroativamente pela argumentação à medida que ela se desenvolve, por sua capacidade de explicar as tendências de desenvolvimento do capitalismo e por sua capacidade de explicar os fenômenos que aparentemente contradizem a validade das categorias iniciais. Ou seja, a categoria da mercadoria pressupõe a do capital e é

---

[58] Karl Marx, "Posfácio da segunda edição", *O capital*, cit., Livro I, p. 90.

O TRABALHO ABSTRATO 167

validada pelo poder e rigor da análise do capitalismo para o qual ela serve como ponto de partida. Marx descreveu brevemente esse procedimento:

> Ainda que não houvesse um capítulo sobre "valor" no meu livro, a análise das relações reais que ofereço contém a prova e evidência da relação real de valor. A conversa vazia sobre a necessidade de provar o conceito de valor se baseia numa completa ignorância das questões envolvidas e dos métodos da ciência. [...] A ciência leva ao desenvolvimento da forma como prevalece a lei do valor. Se se quisesse explicar desde o início todos os fenômenos que aparentemente contradizem a lei, seria necessário apresentar a ciência *antes* da ciência.[59]

Sob essa luz, a argumentação efetiva de Marx relativa a valor, bem como à natureza e à historicidade da sociedade capitalista deve ser entendida como revelação completa das categorias d'*O capital*. Segue-se que sua argumentação explícita de dedução da existência de valor no primeiro capítulo daquele livro não se pretende – e não deve ser vista como – "prova" do conceito de valor[60]. Pelo contrário, *esses argumentos são apresentados por Marx como formas de pensamento características da sociedade cujas formas sociais subjacentes estão sendo analisadas criticamente.* Como mostrarei na próxima seção, esses argumentos – por exemplo, as determinações iniciais do "trabalho abstrato" – são trans-históricos; ou seja, já são apresentados em forma mistificada. O mesmo vale para a *forma* dos argumentos: ela representa um modo de pensar, tipificado por Descartes, que se desenvolve de maneira descontextualizada, logicamente dedutiva, descobrindo uma "essência verdadeira" por trás do mundo mutante das aparências[61]. Em outras palavras, estou sugerindo que os argumentos de Marx de dedução de valor devem ser lidos como parte de um metacomentário sobre formas de pensamento características da sociedade capitalista (por exemplo, da tradição da filosofia moderna, bem como da economia política). Esse "comentário" é imanente à revelação das categorias na sua apresentação, e implicitamente relaciona tais formas de pensamento às formas sociais da sociedade, ou seja, ao seu contexto. Na medida em que o modo de apresentação de Marx se pretende imanente ao seu objeto, as categorias são apresentadas "nos seus

---

[59] Karl Marx a Kugelmann, 11 de julho de 1868, em *MEW*, cit., v. 32, p. 552-3.

[60] Marx "deduz" valor no primeiro capítulo d'*O capital*, argumentando que várias mercadorias têm de ter um elemento não material em comum. A maneira da sua dedução é descontextualizada e essencializante: valor é deduzido como expressão de uma *substância* comum a todas as mercadorias (*substância* usada no sentido filosófico tradicional): ver *O capital*, cit., Livro I, p. 126-8.

[61] John Patrick Murray mostrou a semelhança entre a estrutura da argumentação de Marx de dedução de valor e a dedução de Descartes, em *Second Meditation*, da substância abstrata, de primeira qualidade, oculta sob a aparência mutante de um pedaço de cera. Murray também considera essa semelhança uma expressão de um argumento implícito de Marx: ver "Enlightenment Roots of Habermas' Critique of Marx", *The Modern Schoolman* 57, n. 1, nov. 1979, p. 13s.

168 Tempo, trabalho e dominação social

próprios termos" – nesse caso, como descontextualizadas. Então, a análise não se propõe a adotar um ponto de vista fora do seu contexto. A crítica só emerge completamente durante a apresentação em si, que, ao revelar as formas sociais estruturantes básicas do seu objeto de investigação, mostra a historicidade desse objeto.

A desvantagem dessa apresentação é que a abordagem reflexiva e imanente de Marx se presta facilmente a erros de interpretação. Se *O capital* é lido como qualquer coisa que não uma crítica imanente, o resultado é uma leitura que interpreta Marx como afirmando o que na verdade ele tenta criticar (por exemplo, a função historicamente determinada do trabalho como socialmente constitutivo).

Então, esse modo dialético de apresentação se propõe a ser o modo de apresentação adequado ao seu objeto e expressivo dele. Como crítica imanente, a análise marxiana se declara dialética porque mostra que seu objeto o é. Essa adequação presumida do conceito ao seu objeto implica uma rejeição tanto da dialética trans-histórica da história e de toda noção de dialética como método universalmente válido aplicável a vários problemas particulares. De fato, como já vimos, *O capital* é uma tentativa de oferecer uma crítica dessas concepções de métodos descontextualizados e não reflexivos – sejam eles dialéticos (Hegel) ou não (economia política clássica).

A guinada de Marx à especificidade histórica também muda o caráter da consciência crítica expressada pela crítica dialética. O ponto de partida de uma crítica dialética pressupõe o seu resultado. Como já mencionado, para Hegel, o ser do começo do processo dialético é o Absoluto que, revelado, é o resultado de seu próprio desenvolvimento. Consequentemente, a consciência crítica que se obtém quando a teoria toma consciência de seu próprio ponto de vista deve necessariamente ser conhecimento absoluto[62]. A mercadoria, como ponto de partida da crítica marxiana, também pressupõe a revelação total do todo; ainda assim, seu caráter historicamente determinado implica a finitude da totalidade que se revela. A indicação da historicidade do objeto, as formas sociais essenciais do capitalismo, implica a historicidade da consciência crítica que o compreende; a superação histórica do capitalismo levaria também à negação da sua crítica dialética. O recurso à especificidade histórica das formas sociais estruturantes básicas do capitalismo significa a especificidade histórica autorreflexiva da teoria crítica de Marx – e assim tanto livra a crítica imanente dos últimos vestígios da alegação de conhecimento absoluto, quanto permite sua autorreflexão crítica.

Ao especificar o caráter contraditório do seu próprio universo social, Marx tem condições de desenvolver uma crítica epistemologicamente consistente e finalmente

---

[62] Em *Knowledge and Human Interests*, cit., Habermas critica a identificação de Hegel de consciência crítica e conhecimento absoluto como a que solapa a autorreflexão crítica. Habermas atribui essa identificação à pressuposição de Hegel da identidade absoluta de sujeito e objeto, incluindo a natureza. Mas ele não considera as implicações negativas para a autorreflexão epistemológica de qualquer dialética trans-histórica, mesmo quando se exclui a natureza. Ver p. 19s.

O TRABALHO ABSTRATO 169

passar além do dilema das formas anteriores de materialismo que ele esboçou na terceira tese sobre Feuerbach[63]. Uma teoria que seja crítica da sociedade e pressuponha que os humanos e, portanto, seus modos de consciência são formados socialmente deve ser capaz de explicar a própria possibilidade de sua própria existência. A crítica marxiana baseia essa possibilidade no caráter contraditório das suas categorias, que pretende expressar as estruturas relacionais do seu universo social e, ao mesmo tempo, compreender formas de ser social e de consciência. Assim, a crítica é imanente em outro sentido: mostrar o caráter não unitário de seu próprio contexto permite à crítica explicar a si própria como possibilidade imanente àquilo que analisa.

Um dos aspectos mais poderosos da crítica de Marx à economia política é a forma como ela se localiza como um aspecto historicamente determinado daquilo que examina, e não como uma ciência positiva trans-historicamente válida que constitui uma exceção historicamente única (portanto, espúria) colocada acima da interação entre formas sociais e formas de consciência que analisa. Essa crítica não adota um ponto de vista fora do seu objeto e, portanto, é autorreflexiva e epistemologicamente consistente.

TRABALHO ABSTRATO

Minha alegação de que a análise de Marx do caráter historicamente específico do trabalho no capitalismo está no coração da sua teoria crítica é central para a interpretação apresentada neste livro. Já mostrei que a crítica marxiana parte de um exame da mercadoria como forma social dualística e que ele baseia o dualismo da forma social estruturante fundamental da sociedade capitalista no duplo caráter do trabalho produtor de mercadorias. Nesse ponto, deve-se analisar esse duplo caráter, especialmente a dimensão que Marx chama de "trabalho abstrato".

A distinção feita por Marx entre o trabalho concreto e útil que produz valores de uso, e o trabalho humano abstrato, que constitui valor, não se refere a dois tipos diferentes, mas a dois aspectos do mesmo trabalho em uma sociedade determinada por mercadorias:

> segue-se do que foi dito acima que a mercadoria não contém dois tipos diferentes de trabalho; mas o *mesmo* trabalho é determinado como diferente e como oposto a si mesmo, dependendo de ele estar relacionado ao *valor de uso* da mercadoria como seu produto, ou ao *valor como mercadoria* como sua simples expressão objetivada.[64]

---

[63] Karl Marx, "Ad Feuerbach", cit., p. 533-4.

[64] Idem, *Das Kapital*, Livro I (1. ed., 1867), em Iring Fetscher (org.), *Marx-Engels Studienausgabe* (Frankfurt, Fischer, 1966), v. 2, p. 224. [Essa citação não consta da edição da Boitempo

170 Tempo, trabalho e dominação social

Entretanto, o modo imanente de apresentação de Marx ao discutir o duplo caráter do trabalho produtor de mercadoria faz com que seja difícil compreender a importância que ele atribui explicitamente a essa distinção para sua análise crítica do capitalismo. Além disso, as definições de trabalho humano abstrato que ele oferece em *O capital* são muito problemáticas, parecem indicar que se trata de um resíduo biológico, que deve ser interpretado como o gasto de energia fisiológica humana. Por exemplo:

> Todo trabalho é, por um lado, dispêndio de força humana de trabalho em sentido fisiológico, e graças a essa sua propriedade de trabalho humano igual ou abstrato ele gera o valor das mercadorias. Por outro lado, todo trabalho é dispêndio de força humana de trabalho numa forma específica, determinada à realização de um fim, e, nessa qualidade de trabalho concreto e útil, ele produz valores de uso.[65]

> Abstraindo-se da determinidade da atividade produtiva e, portanto, do caráter útil do trabalho, resta o fato de que ela é um dispêndio de força humana de trabalho. Alfaiataria e tecelagem, embora atividades produtivas qualitativamente distintas, são ambas dispêndio produtivo de cérebro, músculos, nervos, mãos etc. humanos e, nesse sentido, ambas são trabalho humano. Elas não são mais do que duas formas diferentes de se despender força humana de trabalho.[66]

Ao mesmo tempo, Marx declara nitidamente que estamos tratando com uma categoria social. Ele se refere ao trabalho humano abstrato, que constitui a dimensão de valor das mercadorias, como a sua *"substância social* que lhes é comum"[67]. Consequentemente, embora as mercadorias como valores de uso sejam materiais, como valores elas são puramente objetos sociais:

> Exatamente ao contrário da objetividade sensível e crua dos corpos das mercadorias, na objetividade de seu valor não está contido um único átomo de matéria natural. [...] Lembremo-nos, todavia, de que as mercadorias possuem objetividade de valor apenas na medida em que são expressões da mesma unidade social, do trabalho humano, pois sua objetividade de valor é puramente social e, por isso, é evidente que ela só pode se manifestar numa relação social entre mercadorias.[68]

(2013) porque ela pertence à divisão do Capítulo 1 intitulada "A mercadoria", que só apareceu na 1ª edição d'*O capital*. A partir da 2ª edição, essa divisão foi integrada no que é hoje a seção 1ª ("Mercadoria e dinheiro") do Livro I. Note-se que a edição da Boitempo toma por referência a 4ª edição alemã, editada por Engels em 1890. – N. R. T.]

[65] Idem, *O capital*, cit., Livro I, p. 124.

[66] Ibidem, p. 121.

[67] Ibidem, p. 116 (grifos meus).

[68] Ibidem, p. 125.

O TRABALHO ABSTRATO **171**

Marx também enfatiza que essa categoria social deve ser entendida como historicamente determinada – como indica o seguinte trecho, já citado: "a forma de valor do produto do trabalho é a forma mais abstrata mas também mais geral do modo burguês de produção, que assim se caracteriza como um tipo particular de produção social e, ao mesmo tempo, um tipo histórico"[69].

Se, entretanto, a categoria de trabalho humano abstrato é uma determinação social, ela não pode ser uma categoria fisiológica. Ademais, como indicou a minha interpretação dos *Grundrisse* no Capítulo 1, e esse trecho confirma, é fundamental para a análise de Marx que valor seja entendido como uma forma historicamente específica de riqueza social. Se for esse o caso, sua "substância social" não poderia ser trans-histórica, resíduo natural, comum ao trabalho humano em todas as formações sociais. Como afirma Isaak I. Rubin:

> Uma de duas coisas é possível: se o trabalho abstrato é um gasto de energia humana em forma fisiológica, então valor também tem caráter reificado-material. Ou valor é um fenômeno social, e então o trabalho abstrato também deve ser entendido como fenômeno social ligado a uma forma social determinada de produção. Não é possível conciliar um conceito fisiológico de trabalho abstrato e o caráter histórico do valor que ele cria.[70]

O problema é passar além da definição fisiológica de trabalho humano abstrato oferecida por Marx e analisar o seu significado social e histórico. Ademais, uma análise adequada deve não somente mostrar *que* trabalho humano abstrato tem caráter social; deve também investigar as relações humanas historicamente específicas que estão na base do valor para explicar *por que* essas relações aparecem e são apresentadas por Marx como fisiológicas, como trans-históricas, naturais e, portanto, historicamente vazias. Em outras palavras, essa abordagem examinaria a categoria de trabalho humano abstrato como a determinação inicial e primária na base do "fetiche da mercadoria" na análise de Marx – o fato de as relações sociais no capitalismo aparecerem na forma de relações entre objetos e, portanto, parecerem trans-históricas. Essa análise mostraria que, para Marx, mesmo categorias da "essência" da formação social capitalista, como "valor" e "trabalho humano abstrato", são reificadas – e não somente suas formas categoriais de aparência, como valor de troca e, em nível mais evidente, preço e lucro. Isso é extremamente crucial, pois demonstraria que as categorias da análise de Marx das formas essenciais subjacentes às diversas formas categoriais de aparência se pretendem não como categorias ontológicas trans-historicamente válidas, mas supostamente apreendem

---

[69] Ibidem, nota 32, p. 155.

[70] Isaak I. Rubin, *Essays on Marx's Theory of Value* (trad. Milos Samardzija e Fredy Perlman, Detroit, Black and Red, 1972), p. 135.

172　Tempo, trabalho e dominação social

formas sociais que são elas próprias historicamente específicas. Entretanto, por causa do seu caráter singular, essas formas sociais parecem ser ontológicas. A tarefa que nos espera é descobrir uma forma historicamente específica de realidade social "por trás" do trabalho humano abstrato como uma categoria de essência. Teremos de explicar por que essa realidade específica existe nessa forma particular, que parece ser ontologicamente baseada e, portanto, historicamente inespecífica. A importância da categoria do trabalho abstrato para compreensão da crítica de Marx também foi discutida por Lucio Colletti em seu ensaio "Bernstein and the Marxism of the Second International"[71]. Colletti afirma que as condições contemporâneas revelaram as inadequações da interpretação da teoria do valor-trabalho desenvolvidas inicialmente pelos teóricos marxistas da Segunda Internacional. De acordo com o autor, essa interpretação ainda prevalece; ela reduz a teoria do valor de Marx à de Ricardo e leva a um entendimento estreito da esfera econômica[72]. Tal como Rubin, Colletti afirma que o que raramente foi entendido é que a teoria de Marx do valor é idêntica à sua teoria do fetiche. O que precisa ser explicado é por que o produto do trabalho assume a forma-mercadoria e, portanto, por que o trabalho humano aparece como um valor das coisas[73]. O conceito de trabalho abstrato é fundamental para essa explicação, e, de acordo com Colletti, a maioria dos marxistas – entre eles Karl Kautsky, Rosa Luxemburgo, Rudolf Hilferding e Paul Sweezy – nunca elucidou realmente essa categoria. O trabalho abstrato foi tratado implicitamente como uma generalização mental de vários tipos de trabalho concreto, e não como expressão de uma coisa real[74]. Mas, se fosse esse o caso, valor seria uma construção puramente mental e Böhm-Bawerk estaria certo ao argumentar que valor é valor de uso em geral e não, como afirmou Marx, uma categoria qualitativamente distinta[75].

Para mostrar que trabalho abstrato exprime de fato uma coisa real, Colletti examina a origem e significância da abstração do trabalho. Ao fazê-lo, ele se concentra no processo de troca: afirma que, para trocar seus produtos, as pessoas têm de equalizá--los, o que, por sua vez, gera uma abstração das diferenças físicas naturais entre os vários produtos e, portanto, das diferenças entre os vários trabalhos. Esse processo, que constitui o trabalho abstrato, é de alienação: o trabalho se torna uma força em si,

---

[71] Lucio Colletti, "Bernstein and the Marxism of the Second International", em *From Rousseau to Lenin* (trad. John Merrington e Judith White, Londres, New Left Books, 1972), p. 45-110.

[72] Ibidem, p. 77.

[73] Ibidem, p. 77-8.

[74] Ibidem, p. 78-80. Sweezy, por exemplo, define assim a categoria: "trabalho abstrato, em resumo, como atesta claramente o uso do próprio Marx, é equivalente a 'trabalho em geral'; é o que é comum a toda atividade produtiva" (*The Theory of Capitalist Development*, cit., p. 30).

[75] Lucio Colletti, "Bernstein and the Marxism of the Second International", cit., p. 18.

O TRABALHO ABSTRATO **173**

separada dos indivíduos. Valor, de acordo com Colletti, não é somente independente das pessoas, ele as domina[76].

O argumento de Colletti é paralelo, sob certos aspectos, ao que é desenvolvido neste livro. Como György Lukács, Isaak Rubin, Bertell Ollman e Derek Sayer, ele considera valor e trabalho abstrato como categorias historicamente específicas e considera que a análise de Marx se preocupa com as formas de relação social e de dominação que caracterizam o capitalismo. Entretanto, ele não fundamenta de fato sua descrição do trabalho alienado e não busca as implicações da sua própria interpretação. Colletti não parte de um exame do trabalho abstrato para uma crítica mais fundamental da interpretação marxista tradicional, para assim desenvolver uma crítica da forma de produção e da importância do trabalho no capitalismo. Isso teria exigido repensar a concepção marxista tradicional e ver que a análise marxiana do trabalho no capitalismo é a de uma forma historicamente específica de mediação social. Só pelo desenvolvimento de uma crítica centrada no papel historicamente único do trabalho no capitalismo, Colletti – e outros teóricos que defenderam a especificidade histórica de valor e trabalho abstrato – teria efetuado um rompimento teórico básico com o marxismo tradicional. Colletti, entretanto, permanece dentro dos limites de uma crítica social do ponto de vista do "trabalho": a função da crítica social, diz ele, é "desfetichizar" o mundo das mercadorias e ajudar o trabalho assalariado a reconhecer que a essência de valor e capital é uma objetivação de si mesma[77]. É esclarecedor que, apesar de Colletti começar essa seção do seu ensaio com uma crítica da noção de Sweezy de trabalho abstrato, ele a conclui citando com aprovação a oposição absoluta e historicamente abstrata entre valor de Sweezy, como princípio do capitalismo, e planejamento, como princípio do socialismo[78]. Ou seja, a reconsideração de Colletti do problema do trabalho abstrato não altera significativamente as conclusões a que ele chega: o problema do trabalho abstrato se reduz efetivamente a um detalhe de interpretação. Apesar da sua afirmação de que a maioria das interpretações marxistas da teoria do valor-trabalho foi ricardiana e da sua insistência na importância do trabalho abstrato como trabalho alienado na análise de Marx, Colletti acaba reproduzindo de maneira mais sofisticada a posição que tinha criticado. Sua crítica permanece uma crítica do modo de distribuição.

O problema teórico diante de nós é, portanto, reconsiderar a categoria do trabalho abstrato a fim de fornecer a base de uma crítica do modo de produção – em outras palavras, uma crítica que difira fundamentalmente do marxismo da Segunda Internacional, seja em forma historicamente específica ou trans-histórica.

---

[76] Ibidem, p. 82-7.

[77] Ibidem, p. 89-91.

[78] Ibidem, p. 92.

174 Tempo, trabalho e dominação social

Trabalho abstrato e mediação social

Podemos começar a entender as categorias marxianas de mercadoria, valor e trabalho abstrato abordando-as como categorias de uma forma determinada de interdependência social. (Ao não começar por certas questões comuns – por exemplo, se o intercâmbio de mercado é regulado por quantidades relativas de trabalho objetivado, por considerações de utilidade ou por outros fatores – essa abordagem evita que tratemos as categorias de Marx de maneira muito estreita como categorias político-econômicas que pressuponham o que ele tenta de fato explicar[79].) Uma sociedade em que a mercadoria é a forma geral do produto e, portanto, valor é a forma geral de riqueza, caracteriza-se por uma forma única de interdependência social – as pessoas não consomem o que produzem, mas produzem e trocam mercadorias para adquirirem outras mercadorias:

> para se tornar mercadoria, o produto não pode ser produzido como meio imediato de subsistência para o próprio produtor. Se tivéssemos avançado em nossa investigação e posto a questão "sob que circunstâncias todos os produtos – ou apenas a maioria deles – assumem a forma da mercadoria?", teríamos descoberto que isso só ocorre sobre a base de um modo de produção específico, o modo de produção capitalista.[80]

Estamos lidando com um novo tipo de interdependência, que emergiu historicamente de maneira lenta, espontânea e contingente. Mas, depois de a formação social baseada nessa nova forma de interdependência ter se desenvolvido completamente (o que aconteceu quando a força de trabalho se tornou uma mercadoria)[81], ela adquiriu um caráter necessário e sistemático; crescentemente, ela solapou, incorporou e suplantou outras formas sociais, tornando-se ao mesmo tempo global em escala. Minha preocupação é analisar a natureza dessa interdependência e seus princípios constituintes. Ao examinar essa forma peculiar de interdependência e o papel específico desempenhado

---

[79] A teoria de Marx deve ser vista como uma tentativa de análise das bases estruturais subjacentes de uma sociedade caracterizada pela permutabilidade universal de produtos – ou seja, uma sociedade em que todos os produtos e as relações entre pessoas e produtos se tornaram seculares no sentido de que, diferentemente de muitas sociedades "tradicionais", todos os produtos são considerados "objetos", e as pessoas teoricamente podem escolher entre todos os produtos. Essa teoria difere fundamentalmente das teorias de intercâmbio de mercado – sejam elas teorias de valor-trabalho ou teorias de utilidade-equivalência –, que pressupõem como condição de fundo precisamente o que a análise de Marx da mercadoria procura explicar. Ademais, como veremos, a análise de Marx da mercadoria pretende oferecer a base para elucidação da natureza do capital – ou seja, sua teoria tenta explicar a dinâmica histórica da sociedade capitalista. Como elaborarei, essa dinâmica está enraizada na dialética do trabalho abstrato e do concreto, de acordo com Marx, e não pode ser compreendida com teorias que abordam somente o intercâmbio de mercado.

[80] Karl Marx, *O capital*, Livro I, cit., p. 244.

[81] Idem.

O TRABALHO ABSTRATO **175**

pelo trabalho na sua constituição, elucidarei as determinações mais abstratas de Marx da sociedade capitalista. Com base nas determinações iniciais de Marx das formas de riqueza, das formas de trabalho e das formas de relações sociais que caracterizam o capitalismo, terei condições de esclarecer a sua noção de dominação social abstrata, analisando como essas formas enfrentam os indivíduos de uma maneira quase objetiva e como geram um modo particular de produção e uma dinâmica histórica intrínseca[82].

Em uma sociedade determinada por mercadoria, as objetivações do trabalho de alguém são meios pelos quais se adquirem bens produzidos por outros; trabalha-se para poder adquirir outros produtos. Os produtos próprios servem a outra pessoa como um bem, um valor de uso; servem ao produtor como um meio para adquirir produtos do trabalho de outros. É nesse sentido que um produto é uma mercadoria: ele é simultaneamente um valor de uso para o outro e um meio de troca para o produtor. Isso quer dizer que o trabalho de alguém tem função dupla: de um lado, é um tipo específico de trabalho que produz bens particulares para outros, de outro, o trabalho, independentemente do seu conteúdo específico, serve ao produtor como o meio pelo qual os produtos de outros são adquiridos. Isso que dizer que o trabalho se torna um meio peculiar de aquisição bens em uma sociedade determinada por mercadorias; a especificidade do trabalho dos produtores é *abstraída* dos produtos que adquirem com seu trabalho. Não existe relação intrínseca entre a natureza específica do trabalho despendido e a natureza específica do produto adquirido por meio daquele trabalho.

Isso é completamente diferente de formações sociais em que a produção e troca de mercadorias não predominam, nas quais a distribuição social do trabalho e seus produtos se faz por uma variedade de costumes, laços tradicionais, relações abertas de poder ou, concebivelmente, decisões conscientes[83]. O trabalho é distribuído por

---

[82]   Diane Elson também argumentou que o objeto da teoria do valor de Marx é o trabalho e que, com a sua categoria do trabalho abstrato, Marx tenta analisar os fundamentos de uma formação social em que o processo de produção tem domínio sobre as pessoas, e não o oposto. Com base nessa abordagem, porém, ela não coloca em questão o entendimento tradicional das relações básicas do capitalismo. Ver "The Value Theory of Labour", em Diane Elson (org.), *Value: The Representation of Labour in Capitalism* (Londres, CSE, 1979), p. 115-80.

[83]   Karl Polanyi também enfatiza a unicidade da sociedade capitalista moderna: em outras sociedades, a economia está inserida nas relações sociais, mas, no capitalismo moderno, as relações sociais estão inseridas no sistema econômico. Ver *The Great Transformation* (Nova York, Octagon, 1944), p. 57. Mas Polanyi atenta quase exclusivamente o mercado e afirma que o capitalismo completamente desenvolvido é definido pelo fato de ser baseado em uma ficção: o trabalho humano, terra e dinheiro são tratados como se fossem mercadoria, o que eles não são (p. 72). Assim, ele deduz que a existência de produtos do trabalho como mercadorias é, de alguma forma, socialmente "natural". Esse entendimento muito comum difere do de Marx, para quem nada é uma mercadoria "por natureza" e para quem a categoria de mercadoria se refere a uma forma historicamente específica de relação social, e não a pessoas, terra ou dinheiro. De fato,

176 Tempo, trabalho e dominação social

relações sociais manifestadas nas sociedades não capitalistas. Entretanto, em uma sociedade caracterizada pela universalidade da forma-mercadoria, um indivíduo não adquire bens produzidos por outros por meio de relações sociais abertas. Em vez disso, o próprio trabalho – seja diretamente ou como expressado nos seus produtos – substitui essas relações, servindo como um meio "objetivo" pelo qual os produtos de outros são adquiridos. *O trabalho em si constitui uma mediação social em lugar de relações sociais abertas.* Ou seja, uma nova forma de interdependência passa a existir. Ninguém consome o que produz, mas o próprio trabalho, ou os produtos do trabalho, funciona como o meio necessário de obtenção de produtos de outros. Ao servir como esse meio, o trabalho e seus produtos cumprem aquela função em lugar das relações sociais manifestas. Portanto, em vez de ser mediado por relações abertamente ou "reconhecivelmente" sociais, o trabalho determinado por mercadorias é mediado por um conjunto de estruturas que – como veremos – ele próprio constitui. O trabalho e seus produtos medeiam a si próprios no capitalismo, são socialmente automediantes. Essa forma de mediação social é única: na estrutura da abordagem de Marx, ela diferencia suficientemente a sociedade capitalista de todas as outras formas existentes de vida social, de maneira que, em relação à anterior, essas últimas podem ser vistas como possuidoras de características comuns – podem ser consideradas "não capitalistas", não importando o quanto difiram entre si.

Ao produzir valores de uso, o trabalho no capitalismo pode ser visto como uma atividade intencional que transforma o material de maneira determinada – o que Marx denomina de "trabalho concreto". A *função* do trabalho como atividade socialmente mediante é o que ele chama de "trabalho abstrato". Vários tipos do que ele poderia considerar trabalho existem em todas as sociedades (mesmo que não na forma geral "secularizada" originada pela categoria do trabalho concreto), mas o trabalho abstrato é específico do capitalismo e, portanto, justifica um exame mais detalhado. Já deve estar claro que a categoria do trabalho abstrato não se refere a um tipo particular de trabalho nem ao trabalho concreto em geral; pelo contrário, ela expressa uma função social única do trabalho no capitalismo além da sua função "normal" como atividade produtiva.

O trabalho, evidentemente, tem um caráter social em todas as formações sociais, mas, como observado no Capítulo 2, esse caráter social não pode ser compreendido adequadamente apenas por ser ele "direto" ou "indireto". Nas sociedades não capitalistas, as atividades de trabalho são sociais em virtude da matriz de todas de relações sociais abertas em que estão inseridas. Essa matriz é o princípio constituinte dessas sociedades;

---

essa forma de relação social se refere antes de tudo a uma forma historicamente determinada de trabalho social. A abordagem de Polanyi, com sua ontologia social implícita e enfoque exclusivo no mercado desvia a atenção de considerações sobre a forma "objetiva" de relações sociais e a dinâmica histórica intrínseca, característica do capitalismo.

O TRABALHO ABSTRATO **177**

vários trabalhos ganham seu caráter social por meio dessas relações[84]. Do ponto de vista da sociedade capitalista, relações em formações pré-capitalistas podem ser descritas como pessoais, abertamente sociais e qualitativamente particulares (diferenciadas de acordo com agrupamento e posição sociais e assim por diante). Consequentemente, atividades de trabalho são determinadas como abertamente sociais e qualitativamente particulares; vários trabalhos são imbuídos de significado pelas relações sociais que estão no seu contexto.

No capitalismo, o trabalho por si só constitui uma mediação social no lugar dessa matriz de relações. Isso quer dizer que as relações sociais abertas *não* conferem ao trabalho um caráter social; pelo contrário, uma vez que o trabalho medeia a si próprio, ele tanto constitui uma estrutura capaz de substituir os sistemas de relações sociais abertas quanto confere a si mesmo o seu caráter social. Esse momento reflexivo determina a natureza específica do caráter social automediado do trabalho, bem como das relações sociais estruturadas por essa mediação social. Como mostrarei adiante, esse momento de autofundamentação do trabalho no capitalismo dá ao capitalismo um caráter "objetivo" ao trabalho, seus produtos e às relações sociais que ele constitui. O caráter das relações sociais e o caráter social do trabalho no capitalismo passam a ser determinados por uma função social do trabalho que substitui a das relações sociais abertas. Em outras palavras, o trabalho fundamenta o seu próprio caráter social no capitalismo em virtude da sua função historicamente específica como uma atividade socialmente mediante. Nesse sentido, *o trabalho no capitalismo se torna seu próprio terreno social*.

Ao constituir uma mediação social autofundamentada, o trabalho constitui um tipo determinado de todo social – uma totalidade. A categoria de totalidade e a forma de universalidade associada a ele podem ser elucidadas considerando o tipo de generalidade relacionada à forma-mercadoria. Cada produtor produz mercadorias que são valores de uso particulares e, ao mesmo tempo, funcionam como mediações sociais. A função de uma mercadoria como medição social é independente da sua forma material particular e vale para todas as mercadorias. Nesse sentido, um par de sapatos é idêntico a um saco de batatas. Assim, cada mercadoria é ao mesmo tempo particular, como valor de uso, e geral, como mediação social. Como essa última, a mercadoria é um valor. Como o trabalho e seus produtos não são mediados nem recebem seu caráter social por meio de relações sociais diretas, eles adquirem duas dimensões: são qualitativamente particulares, mas também possuem uma dimensão geral subjacente. Essa dualidade corresponde à circunstância de o trabalho (e seus produtos) ser comprado por sua especificidade qualitativa, mas ser vendido como um meio geral. Consequentemente, o trabalho produtor de mercadorias tanto é particular – como trabalho concreto, uma

---

[84] Karl Marx, *O capital*, cit., Livro I, p. 151-2.

178 Tempo, trabalho e dominação social

atividade determinada que cria valores específicos de uso – quanto socialmente geral, como trabalho abstrato, um meio de adquirir bens de outros.

Essa determinação inicial do duplo caráter do trabalho no capitalismo não deve ser entendida fora de contexto como implicando simplesmente que todas as diversas formas de trabalho concreto são formas de trabalho em geral. Essa afirmação é analiticamente inútil, na medida em que poderia ser aplicada às atividades de trabalho em todas as sociedades, mesmo aquelas em que a produção de mercadorias tem apenas significância marginal. Afinal, todas as formas de trabalho têm em comum o fato de serem trabalho. Mas essa interpretação indeterminada não pode contribuir, e não contribui, para um entendimento do capitalismo precisamente porque trabalho abstrato e valor, de acordo com Marx, são específicos daquela formação social. O que torna geral o trabalho no capitalismo não é simplesmente o truísmo de ele ser o denominador comum de todos os vários tipos específicos de trabalho; pelo contrário, *é a função social do trabalho que o torna geral*. Como atividade socialmente mediadora, o trabalho é abstraído da especificidade do seu produto e, portanto, da especificidade de sua própria forma concreta. Na análise de Marx, a categoria de trabalho abstrato exprime esse processo social real de abstração; ele não se baseia simplesmente em um processo conceitual de abstração. Como prática que constitui uma mediação social, o trabalho é trabalho em geral. Ademais, estamos tratando com uma sociedade em que a forma-mercadoria é generalizada e, portanto, socialmente determinante; o trabalho de *todos* os produtores serve como meio pelo qual é possível obter os produtos de outros. Consequentemente, "trabalho em geral" serve de uma forma socialmente geral como atividade mediadora. Ainda assim, trabalho, como trabalho abstrato, é não apenas socialmente geral no sentido de que constitui uma mediação entre todos os produtores; o *caráter* da mediação também é socialmente geral.

Isso exige elucidação adicional. O trabalho de todos os produtores de mercadorias, tomado em conjunto, é uma coleção de vários trabalhos concretos; cada um é uma parte particular de um todo. Da mesma forma, seus produtos parecem "uma enorme coleção de mercadorias"[85] sob a forma de valores de uso. Ao mesmo tempo, todos os seus trabalhos constituem mediações sociais; mas, uma vez que cada trabalho individual funciona da *mesma* forma socialmente mediadora de todos os outros, seus trabalhos abstratos tomados em conjunto *não* constituem uma imensa coleção de vários trabalhos abstratos, mas uma mediação social *geral* – em outras palavras, trabalho abstrato socialmente total. Assim, seus produtos constituem uma *mediação socialmente total-valor*. A mediação é geral não só porque liga todos os produtores, mas também porque seu caráter é geral – abstraído de toda especificidade material bem como de toda particularidade abertamente social. A mediação tem, então, a mesma qualidade

---

[85] Ibidem, p. 113.

O trabalho abstrato 179

geral no nível individual que tem no nível da sociedade como um todo. Visto dessa perspectiva da sociedade como um todo, o trabalho concreto do indivíduo é particular e é *parte* de um *todo* qualitativamente heterogêneo; mas, como trabalho abstrato, ele é um *momento* individualizado de uma mediação social geral, qualitativamente homogênea que constitui uma *totalidade social*[86]. Essa dualidade do concreto e do abstrato caracteriza a formação social capitalista.

Depois de estabelecer a distinção entre trabalho concreto e trabalho abstrato, posso agora modificar o que disse sobre o trabalho em geral e observar que a constituição da dualidade de concreto e abstrato pela forma-mercadoria das relações sociais leva à constituição de dois tipos diferentes de generalidade. Já esbocei a natureza da dimensão geral abstrata, que está enraizada na função do trabalho como atividade de mediação social: todas as formas de trabalho e de produtos do trabalho tornam-se equivalentes. Mas essa função social do trabalho também estabelece outra forma de existência de atributos comuns entre os tipos particulares de trabalho e produtos do trabalho – ela implica sua classificação de fato como trabalho e produtos do trabalho. Dado que todo tipo particular de trabalho pode funcionar como trabalho abstrato e todo produto de trabalho pode servir como mercadoria, atividades e produtos, que em outras sociedades talvez não fossem classificados como equivalentes, *são* classificados como semelhantes no capitalismo, como variedades de trabalho (concreto) ou como valores de uso particulares. Em outras palavras, a generalidade abstrata historicamente constituída pelo trabalho abstrato também estabelece o "trabalho concreto" e o "valor de uso" como categorias gerais, mas essa generalidade é a do todo heterogêneo, composto por particulares, e não a da totalidade homogênea. Essa distinção entre essas duas formas de generalidade, da totalidade e do todo, deve ser mantida na mente ao considerar a dialética das formas historicamente constituídas de generalidade e particularidade na sociedade capitalista.

Sociedade não é simplesmente um conjunto de indivíduos, ela é composta de relações sociais. Fundamental para a análise de Marx é o argumento de que as relações que caracterizam a sociedade capitalista são muito diferentes das formas de relações sociais

---

[86] Deve-se notar que essa interpretação – em oposição à de Sartre, por exemplo – não pressupõe ontologicamente os conceitos de "momento" e "totalidade", ela não afirma que, em geral, o todo deve ser compreendido como estando presente nas suas partes: ver Jean-Paul Sartre, *Critique of Dialectical Reason* (trad. Alan Sheridan-Smith, Londres, New Left Books, 1976), p. 45 [ed. bras.: *Crítica da razão dialética*, trad. Guilherme João de Freitas Teixeira, Rio de Janeiro, DP&A, 2002]. Diferentemente de Althusser, essa interpretação não rejeita ontologicamente esses conceitos: ver Louis Althusser, *For Marx* (Nova York, Verso, 1970), p. 202-4 [ed. bras.: *A favor de Marx*, Rio de Janeiro, Zahar, 1979]). Pelo contrário, ela trata a relação de momento e totalidade como historicamente constituída, uma função das propriedades peculiares das formas sociais analisadas por Marx com suas categorias de valor, trabalho abstrato, mercadoria e capital.

abertas – como as relações de família ou relações de dominação pessoal ou direta – que caracterizam as sociedades não capitalistas. Esses últimos tipos de relação não são apenas manifestamente sociais, eles são qualitativamente particulares, nenhum tipo abstrato e homogêneo de relação está na base de todos os aspectos da vida social.

Mas, de acordo com Marx, o caso é diferente no capitalismo. Relações sociais abertas e diretas continuam a existir, mas a sociedade capitalista é basicamente estruturada por um novo nível subjacente de inter-relação que não pode ser compreendido adequadamente em termos das relações abertamente sociais entre pessoas ou grupos – incluindo as classes[87]. A teoria marxiana inclui, evidentemente, uma análise da exploração e dominação de classe, mas vai além da investigação da distribuição desigual da riqueza e do poder no capitalismo, e apreende a própria natureza do seu tecido social, sua forma singular de riqueza e sua forma intrínseca de dominação.

O que, para Marx, torna tão peculiar o tecido dessa estrutura social subjacente é ele ser constituído pelo trabalho, pela qualidade historicamente específica do trabalho no capitalismo. Portanto, as relações sociais específicas e características do capitalismo só existem no meio do trabalho. Uma vez que o trabalho é uma atividade que necessariamente se objetiva em produtos, a função do trabalho determinado por mercadoria como atividade socialmente mediadora é inseparavelmente entrelaçada com o ato da objetivação: o trabalho produtor de mercadorias, no próprio processo de se objetivar como trabalho concreto em valores particulares de uso, também se objetiva como trabalho abstrato nas relações sociais.

De acordo com Marx, um marco da sociedade moderna ou capitalista é que, dado que as relações sociais que essencialmente caracterizam tal sociedade são constituídas pelo trabalho, elas só existem em forma objetivada. Elas têm caráter objetivo e formal peculiar, não são abertamente sociais e se caracterizam pela dualidade antinômica do concreto e do abstrato, do particular e do homogeneamente geral. As relações sociais constituídas pelo trabalho determinado por mercadorias não prendem as pessoas umas às outras de maneira abertamente social; pelo contrário, o trabalho constitui uma esfera de relações sociais objetivadas que tem caráter aparentemente não social e objetivo e, como veremos, é separado do, e oposto ao, agregado social de indivíduos e suas relações imediatas[88]. Como a esfera social que caracteriza a formação social capitalista é objetivada, ela não pode ser adequadamente compreendida em termos das relações sociais concretas.

---

[87] Apesar de a análise de classe continuar sendo básica para o projeto crítico marxiano, a análise de valor, de mais-valor e do capital como formas sociais não pode ser inteiramente compreendida em termos de categorias de classe. Uma análise marxista que se mantém limitada a considerações de classe acarreta uma grave redução sociológica da crítica marxiana.

[88] Karl Marx, *Grundrisse*, cit., p. 105-10.

O TRABALHO ABSTRATO 181

Correspondentes às duas formas de trabalho objetivadas na mercadoria, existem duas formas de riqueza social: valor e riqueza material. Riqueza material é uma função dos produtos produzidos, da sua qualidade e quantidade. Como forma de riqueza, exprime a objetivação de vários tipos de trabalho, a relação ativa entre a humanidade e a natureza. Mas, tomada por si só, não constitui relações entre pessoas nem determina a sua própria distribuição. A existência da riqueza material como a forma dominante de riqueza social implica, portanto, a existência de formas abertas de relações sociais que a medeiam.

Valor, por outro lado, é a objetivação do trabalho abstrato. Na análise de Marx, ele é uma forma autodistribuidora de riqueza: a distribuição de mercadorias é feita pelo que parece inerente a elas – valor. Valor é então uma categoria de mediação: é ao mesmo tempo uma forma de riqueza historicamente determinada, autodistribuidora e uma forma de relação social objetivada automediadora. Sua medida, como veremos, é muito diferente da medida da riqueza material. Ademais, como já notado, valor é uma categoria da totalidade social: o valor de uma mercadoria é um momento individualizado da mediação social geral objetivada. Por existir em forma objetivada, essa mediação social tem caráter objetivo, não é abertamente social, é abstraída de toda particularidade e é independente das relações pessoais diretas. Uma ligação social é o resultado da função do trabalho como mediação social que, por essas qualidades, não depende das interações sociais imediatas, mas pode funcionar a uma distância espacial e temporal. Como forma objetivada do trabalho abstrato, valor é uma categoria essencial das relações capitalistas de produção.

Assim, a mercadoria, que Marx analisou como valor de uso e valor, é a objetivação material do duplo caráter do trabalho no capitalismo – como trabalho concreto e atividade socialmente mediadora. Ela é o princípio estruturante fundamental do capitalismo, a forma objetivada das relações das pessoas com a natureza, bem como delas entre si. A mercadoria é ao mesmo tempo um produto e uma mediação social. Não é um valor de uso que *tem* valor, mas, como objetivação materializada do trabalho concreto e do trabalho abstrato, ela é um valor de uso que *é* um valor e, portanto, tem valor de troca. Essa simultaneidade das dimensões substanciais e abstratas na forma do trabalho e seu produto é a base das várias oposições antinômicas do capital e, como mostrarei, a base do seu caráter dialético e basicamente contraditório. Na sua bilateralidade como concreto e abstrato, qualitativamente particular e quantitativamente geral-homogênea, a mercadoria é a expressão mais elementar do caráter fundamental do capitalismo. Como objeto, a mercadoria *tem* uma forma material, como mediação social, ela *é* uma forma social.

Depois de ter considerado as primeiras determinações das categorias críticas de Marx, é necessário notar aqui que sua análise de mercadoria, valor, capital e

182 Tempo, trabalho e dominação social

mais-valor no Livro I d'*O capital* não distingue nitidamente os níveis "micro" e "macro" de investigação, mas analisa formas estruturadas de prática na sociedade como um todo. Esse nível de análise social, das formas de mediação social que caracterizam o capitalismo, também abre espaço para uma teoria sócio-histórica das formas de subjetividade. Essa teoria é não funcionalista e não tenta fundamentar o pensamento apenas com relação à posição social e interesses sociais. Pelo contrário, ela analisa o pensamento ou, de maneira mais geral, a subjetividade, em termos de formas historicamente específicas de mediação social, ou seja, formas determinadamente estruturadas da prática diária que constituem o mundo social[89]. Mesmo uma forma de pensamento como a filosofia, que parece muito afastada da vida social imediata, pode, no âmbito dessa estrutura, ser analisada como social e culturalmente constituída, no sentido de que esse modo de pensamento pode ser entendido com referência a formas sociais historicamente determinadas.

Como já sugeri, a revelação por Marx das categorias da sua crítica pode também ser lida como um metacomentário imanente sobre a constituição do pensamento filosófico em geral e da filosofia de Hegel em particular. Para Hegel, o Absoluto, a totalidade das categorias subjetivo-objetivas, se fundamenta em si próprio. Como a "substância" em processo que é "sujeito", ele é a verdadeira *causa sui*, bem como o ponto final de seu próprio desenvolvimento. Em *O capital*, Marx apresenta as formas que estão na base da sociedade determinada por mercadorias como constituintes do contexto social de

---

[89] Neste livro começarei a esboçar aspectos da dimensão subjetiva da teoria de Marx da constituição da sociedade moderna por formas estruturadas determinadas de prática social, mas não tratarei de questões do possível papel da língua na constituição social da subjetividade – seja sob a forma da hipótese da relatividade linguística (Sapir-Whorf), por exemplo, ou a teoria do discurso. Para tentativas de relacionar formas culturalmente específicas de pensamento a formas linguísticas, ver Edward Sapir, *Language: An Introduction to the Stuady of Speech* (Nova York, Harcourt, Brace and Company, 1921), e Benjamin L. Whorf, *Language, Thought and Reality* (Cambridge, MIT Press, 1956). A noção de que língua não simplesmente transporta ideias preexistentes, mas codetermina a subjetividade, podem se juntar com análises sociais e históricas só com base em teorias linguísticas e sociais que abrem espaço para essa mediação na forma como concebem seus objetos. Minha intenção aqui é primeiro explicar uma abordagem social-teórica que enfoque a forma de mediação social, e não grupos sociais, interesses materiais e assim por diante. Essa abordagem poderia servir como ponto de partida para considerar a relação entre sociedade e cultura no mundo moderno de maneira que vá além da oposição clássica entre materialismo e idealismo – uma oposição que foi recapitulada entre teorias econômicas e sociológicas de sociedade e teorias idealistas de discurso e língua. Uma teoria social resultante poderia ser mais intrinsecamente capaz que as abordagens mais convencionalmente "materialistas" de tratamento das questões levantadas por teorias linguisticamente orientadas. Ela também exige implicitamente das teorias da relação entre linguagem e subjetividade que reconheçam e sejam intrinsecamente capazes de tratar das questões de especificidade histórica e transformações sociais correntes em grande escala.

O TRABALHO ABSTRATO **183**

noções, como a diferença entre essência e aparência, o conceito filosófico de substância, a dicotomia entre sujeito e objeto, a noção de totalidade e, no nível lógico da categoria de capital, o desenvolvimento da dialética do sujeito-objeto idêntico[90]. Sua análise do duplo caráter do trabalho no capitalismo como atividade produtiva e como mediação social permite entender o trabalho como uma *causa sui* não metafísica, historicamente específica. Como o trabalho medeia a si próprio, ele se fundamenta (socialmente) e portanto tem os atributos de "substância" no sentido filosófico. Já vimos que Marx se refere explicitamente à categoria de trabalho humano abstrato com o termo filosófico "substância" e que ele exprime a constituição de uma totalidade social pelo trabalho. A forma social é uma totalidade porque não é uma coleção de várias particularidades, mas, pelo contrário, é constituído por uma "substância" geral e homogênea que é seu próprio fundamento. Uma vez que a totalidade é autofundamentada, automediada e objetivada, ela existe quase independentemente. Como mostrarei, no nível lógico da categoria de capital, essa totalidade se torna concreta e em processo. O capitalismo, tal como analisado por Marx, é uma forma de vida social com atributos metafísicos – os atributos do sujeito absoluto.

Isso não quer dizer que Marx trate as categorias sociais de maneira filosófica, pelo contrário, ele trata as categorias filosóficas com referência aos atributos peculiares das formas que analisa. De acordo com a sua abordagem, os atributos das formas sociais são expressos de forma hipostasiada como categorias filosóficas. Por exemplo, sua análise

---

[90] A ascensão da filosofia na Grécia foi relacionada por Alferd Sohn-Rethel, entre outros, ao desenvolvimento da cunhagem e extensão da forma-mercadoria nos séculos VI e V a.C.: ver Alfred Sohn-Rethel, *Geistige und köperliche Arbeit* (Frankfurt, Suhrkamp, 1972); George Thomson, *The First Philosophers* (Londres, Lawrence and Wishart, 1955); e Rudolf W. Müller, *Geld und Geist* (Frankfurt/Nova York, Campus, 1977). Uma versão revisada do livro de Sohn-Rethel foi publicada em inglês como *Intellectual and Manual Labour: A Critique of Epistemology* (trad. Martin Sohn-Rethel, Atlantic Highlands, Humanities, 1978). Sohn-Rethel não faz distinção entre uma situação igual à da Ática no século V, onde a produção de mercadorias era generalizada, mas de maneira alguma a forma dominante de produção, e o capitalismo, uma situação em que a forma-mercadoria é totalizante. Portanto, ele não teve condições de fundamentar socialmente a distinção, enfatizada por György Lukács, entre a filosofia grega e o racionalismo moderno. A primeira, de acordo com Lukács, "não era estranha a certos aspectos da reificação [mas não os experimentava] como formas universais de existência; ela tinha um pé no mundo da reificação e o outro permanecia na sociedade 'natural'". O segundo se caracterizou por "sua afirmação cada vez mais insistente de que descobriu o princípio que liga todos os fenômenos que, na natureza e na sociedade, enfrentam a humanidade" (*History and Class Consciousness*, cit., p. 111, 113). Entretanto, por causa das suas premissas relativas ao "trabalho" e, portanto, sua afirmação de totalidade, o próprio Lukács não é suficientemente histórico com relação à época capitalista: ele não é capaz de analisar a noção de Hegel do desenvolvimento dialético do *Weltgeist* como expressão da época capitalista; e ele a interpreta como uma versão idealista de uma forma de pensamento que *transcende* o capitalismo.

184 Tempo, trabalho e dominação social

do duplo caráter do trabalho no capitalismo implicitamente trata a autofundamentação como um atributo da forma social historicamente específica, e não como o atributo de um Absoluto. Isso sugere uma interpretação histórica da tradição do pensamento filosófico que exige os primeiros princípios autofundamentados como seu ponto de partida. As categorias marxianas, tal como as de Hegel, apreendem a constituição de sujeito e objeto com referência ao desenvolvimento de um sujeito-objeto idêntico. Mas, na abordagem de Marx, o segundo é determinado em termos das formas categoriais das relações sociais no capitalismo, que estão enraizadas na dualidade do trabalho determinado por mercadorias. O que Hegel tentou captar com seu conceito de totalidade não é, de acordo com Marx, absoluto nem eterno, mas historicamente determinado. Uma *causa sui* de fato existe, mas é social; e não é o verdadeiro ponto final do seu próprio desenvolvimento. Ou seja, não existe ponto final: superar o capitalismo resultaria na abolição – não a realização – da "substância" do papel do trabalho na constituição de uma mediação social e, portanto, na abolição da totalidade.

Resumindo: na obra de maturidade de Marx, a noção de que trabalho está no âmago da vida social não se refere simplesmente ao fato de a produção material ser sempre uma precondição de vida social. Também não sugere que a produção é a esfera determinante historicamente específica da civilização capitalista – se produção é entendida apenas como a produção de bens. Em geral, a esfera da produção no capitalismo não deve ser entendida apenas em termos das interações materiais dos seres humanos com a natureza. Apesar de ser obviamente verdade que a interação "metabólica" com a natureza afetada pelo trabalho é uma precondição da existência de qualquer sociedade, o que determina uma sociedade é também a natureza das suas relações sociais. O capitalismo, de acordo com Marx, se caracteriza pelo fato de suas relações sociais fundamentais serem constituídas pelo trabalho. O trabalho no capitalismo se objetiva não somente nos produtos materiais – o que ocorre em todas as formações sociais – mas também nas relações sociais objetivadas. Em virtude do seu duplo caráter, ele constitui como totalidade uma esfera social objetiva e quase natural que não pode ser reduzida à soma das relações sociais diretas e, como veremos, se coloca em oposição ao agregado de indivíduos e grupos como um Outro abstrato. Em outras palavras, o duplo caráter do trabalho determinado por mercadorias é tal que a esfera do trabalho no capitalismo medeia relações que, em outras formações, existem como uma esfera de interação social aberta. Assim, ela constitui uma esfera social quase objetiva. Seu duplo caráter significa que o trabalho no capitalismo tem um caráter socialmente sintético que o trabalho em outras formações não possui[91]. O trabalho como tal *não* constitui uma sociedade *per se*; mas o trabalho no capitalismo constitui de fato essa sociedade.

---

[91] Como elaborarei em breve, a análise do duplo caráter do trabalho produtor de mercadorias mostra que *as duas* posições no debate iniciado por *Knowledge and Human Interests*, cit., de Habermas

O TRABALHO ABSTRATO 185

TRABALHO ABSTRATO E ALIENAÇÃO

Já vimos que, de acordo com Marx, as relações sociais essenciais do capitalismo, por sua qualidade objetiva e geral, são tais que constituem uma totalidade. Pode ser revelada a partir de uma única forma estruturante, a mercadoria. Esse argumento é uma dimensão importante da apresentação de Marx em *O capital*, que tenta reconstruir teoricamente as características centrais da sociedade capitalista a partir daquela forma básica. Partindo da categoria da mercadoria e da determinação inicial do trabalho como mediação social, Marx desenvolve as categorias do dinheiro e do capital. Nesse processo, ele mostra que a forma mediada pelo trabalho das relações sociais características do capitalismo não constituem simplesmente uma matriz social em que os indivíduos se localizam e se relacionam uns com os outros; pelo contrário, a mediação, inicialmente analisada como um meio (de adquirir produtos de outros), adquire vida própria, independente, por assim dizer, dos indivíduos que medeia. Ela se desenvolve em um tipo de sistema objetivo acima dos indivíduos e contra eles, e cada vez mais determina os objetivos e meios da atividade humana[92].

É importante observar que a análise de Marx não pressupõe ontologicamente a existência desse "sistema" social de uma maneira conceitualmente reificada. Pelo contrário, como já mostrei, ela fundamenta a qualidade sistêmica típica das estruturas fundamentais da vida moderna de formas determinadas de prática social. As relações sociais que fundamentalmente definem o capitalismo são "objetivas" em caráter e constituem um "sistema", porque são constituídas pelo trabalho como uma atividade socialmente mediadora e historicamente específica, ou seja, por uma forma de prática abstrata, homogênea e objetivante. Por sua vez, a ação social é condicionada por formas de aparência dessas estruturas fundamentais pela forma como essas relações sociais se manifestam e modelam a experiência imediata. A teoria crítica de Marx, em outras palavras, leva a uma análise complexa da constituição recíproca do sistema e da ação na sociedade capitalista que não postula a existência trans-histórica dessa mesma

---

— ou seja, sobre se o trabalho é uma categoria social suficientemente sintética para cumprir tudo que Marx exigia dele ou se a esfera do trabalho tem de ser suplementada conceitualmente por uma esfera de interação — tratam o trabalho como "trabalho" de uma maneira trans-histórica indiferenciada, e não com a estrutura historicamente sintética única do trabalho no capitalismo, como analisado na crítica da economia política.

[92] Neste livro não vou tratar a questão da relação entre a constituição da sociedade capitalista como totalidade social com uma dinâmica social intrínseca e diferenciação crescente das várias esferas da vida social que caracterizam essa sociedade. Para uma abordagem desse problema, ver György Lukács, "The Changing Function of Historical Materialism", em *History and Class Consciousness*, cit., p. 229s. [ed. bras.: "A mudança de função do materialismo histórico, em *História e consciência de classes*, cit.].

186 Tempo, trabalho e dominação social

oposição – entre sistema e ação –, mas fundamenta-a e a cada um dos seus termos nas formas determinadas da vida social moderna.

O sistema constituído pelo trabalho abstrato corporifica uma nova forma de dominação social que exerce uma forma de compulsão social cujo caráter objetivo é historicamente novo. A determinação inicial dessa compulsão social abstrata é serem os indivíduos compelidos a produzir e trocar mercadorias para sobreviver. Essa compulsão exercida não é função da dominação social direta, como se dá, por exemplo, com o trabalho escravo ou servil; ela é, pelo contrário, função das estruturas sociais "abstratas" e "objetivas" e representa uma forma de *dominação abstrata e impessoal*. Fundamentalmente, essa forma de dominação não é baseada em nenhuma pessoa, classe ou instituição, seu local básico são as formas sociais estruturantes difusas da sociedade capitalista que são constituídas por formas determinadas de prática social[93]. A sociedade, como o Outro quase independente, abstrato e universal que se coloca em oposição aos indivíduos e exerce sobre eles uma compulsão impessoal, é constituída como estrutura alienada pelo duplo caráter do trabalho no capitalismo. A categoria de valor, como categoria básica das relações capitalistas de produção, é também a determinação inicial das estruturas sociais alienadas. As relações sociais capitalistas e estruturas alienadas são idênticas[94].

É fato conhecido que, nos seus primeiros textos, Marx sustenta que o trabalho que se objetiva em produtos não precisa ser alienante e critica Hegel por não ter distinguido entre alienação e objetivação[95]. Ainda assim, a forma como se conceitua a relação entre alienação e objetivação depende de como se entende o trabalho. Se se parte de uma noção trans-histórica de "trabalho", a diferença entre objetivação e alienação deve necessariamente basear-se em fatores *extrínsecos* à atividade objetivadora – por exemplo, nas relações de propriedade, ou seja, no caso de os produtores imediatos serem capazes de dispor do próprio trabalho e de seus produtos ou de a classe capitalista apropriá-los. Essa noção de trabalho alienado não apreende adequadamente o tipo de necessidade abstrata socialmente constituída que comecei a analisar. Mas nos textos da maturidade de Marx a alienação está enraizada no duplo caráter do trabalho

---

[93] Essa análise da forma de dominação gerada pelas formas sociais de mercadoria e capital na teoria de Marx oferece uma abordagem diferente do tipo de forma de poder impessoal, intrínseca e difusa que Michel Foucault vê como característica das sociedades ocidentais modernas. Ver *Discipline and Punish: The Birth of the Prison* (trad. Alan Sheridan, Nova York, Pantheon, 1977) [ed. bras.: *Vigiar e punir: o nascimento da prisão*, Petrópolis, Vozes, 2012].

[94] No seu sofisticado e extenso estudo da noção de alienação como princípio estruturante fundamental da crítica de Marx, Bertell Ollman também interpretou a categoria de valor como aquela que apreende as relações sociais capitalistas como relações de alienação. Ver *Alienation* (2. ed., Cambridge, Cambridge University Press, 1976), p. 157, 176.

[95] Karl Marx, *Manuscritos econômico-filosóficos*, cit., p. 123-37.

O trabalho abstrato 187

determinado por mercadoria e, como tal, é *intrínseca* ao caráter desse trabalho mesmo. Sua função como atividade socialmente mediadora é exteriorizada como uma esfera social independente abstrata que exerce uma forma de compulsão impessoal sobre as pessoas que a constituem. O trabalho no capitalismo dá origem a uma estrutura que o domina. Essa forma de dominação reflexiva autogerada é alienação.

A análise da alienação implica outra compreensão da diferença entre objetivação e alienação. Essa diferença, nas obras da maturidade de Marx, não é função do que acontece com o trabalho concreto e seus produtos; pelo contrário, sua análise mostra que *objetivação é de fato alienação – se o que o trabalho objetiva são as relações sociais*. Mas essa identidade é historicamente determinada: é função da natureza específica do trabalho no capitalismo. Portanto, existe a possibilidade de que ele possa ser suplantado.

Assim, mais uma vez, está claro que a crítica da maturidade de Marx teve sucesso em captar o "núcleo racional" da posição de Hegel – neste caso, que objetivação é alienação –, analisando a especificidade do trabalho no capitalismo. Já notei anteriormente que a "transformação materialista" do pensamento de Hegel com base na noção historicamente indiferenciada de "trabalho" pode apreender socialmente a concepção de Hegel do sujeito histórico somente como um grupamento social, mas não como uma estrutura supra-humana de relações sociais. Vemos agora que ela também fracassa em captar a relação intrínseca (ainda que historicamente determinada) entre alienação e objetivação. Nos dois casos, a análise de Marx do duplo caráter do trabalho no capitalismo permite uma apropriação social mais adequada do pensamento de Hegel[96].

O trabalho alienado, então, constitui uma estrutura social de dominação abstrata, mas esse trabalho não deve necessariamente ser igualado a trabalho árduo, opressão ou exploração. O trabalho de um servo, uma porção do qual "pertence" ao senhor feudal, não é, em si mesmo, alienado: a dominação e exploração desse trabalho não são intrínsecas ao trabalho em si. É precisamente por esta razão que a expropriação nessa situação *era* e *tinha de ser* baseada na compulsão direta. O trabalho não alienado em sociedades nas quais o mais-valor existe e é expropriado pelas classes não trabalhadoras está necessariamente ligado à dominação social direta. Por comparação, exploração

---

[96] A discussão de Marx do trabalho alienado nos *Manuscritos econômico-filosóficos* indica que ele ainda não tinha desenvolvido inteiramente a base da sua própria análise. Por outro lado, ele afirma explicitamente que o trabalho alienado está no núcleo do capitalismo e não se baseia na propriedade privada, mas que, pelo contrário, a propriedade privada é produto do trabalho alienado (p. 279-80). Por outro lado, ele ainda não desenvolveu claramente uma concepção da especificidade do trabalho no capitalismo e, portanto, não pode, na verdade, fundamentar sua argumentação: só mais tarde a sua argumentação relativa à alienação será desenvolvida integralmente, com base na sua concepção do duplo caráter do trabalho no capitalismo. Esta concepção, por sua vez, modifica a sua noção de alienação em si.

188   Tempo, trabalho e dominação social

e dominação são momentos integrais do trabalho determinado por mercadoria[97]. Mesmo o trabalho de um produtor independente de mercadorias é alienado, ainda que não no mesmo grau que o trabalhador da indústria, porque a compulsão social se faz abstratamente em resultado das relações sociais objetivadas pelo trabalho quando este funciona como uma atividade socialmente mediadora. A dominação abstrata e a exploração da característica do trabalho no capitalismo são fundamentadas basicamente não na apropriação do mais-valor pelas classes não trabalhadoras, mas na forma do trabalho no capitalismo.

A estrutura de dominação abstrata constituída pelo trabalho que age como uma atividade socialmente mediadora não parece ser socialmente constituída, pelo contrário, ela aparece em forma naturalizada. Sua especificidade social e histórica é velada por vários fatores. A forma de necessidade social exercida – da qual só discuti a primeira determinação – existe na ausência de qualquer dominação social direta pessoal. Dado que a compulsão exercida é impessoal e "objetiva", ela não parece, de forma alguma, ser social, mas "natural" e, como explicarei mais adiante, condiciona as concepções sociais da realidade natural. Essa estrutura faz com que as necessidades próprias, e não a ameaça de força ou qualquer outra sanção social, pareçam ser a fonte dessa necessidade.

Essa naturalização da dominação abstrata é reforçada pela superposição de dois tipos muito diferentes de necessidade associados ao trabalho social. O trabalho de alguma forma é uma precondição necessária – uma *necessidade social "natural"* – da existência social humana como tal. Essa necessidade pode ocultar a especificidade do trabalho produtor de mercadorias – que, apesar de não se consumir o que se produz, o trabalho é ainda assim o meio social necessário para obtenção de produtos a serem consumidos. Esta última necessidade é uma *necessidade social historicamente determinada*. (A distinção entre essas duas formas de necessidade, como se tornará claro mais adiante, é importante para compreender a concepção de Marx da liberdade na sociedade pós-capitalista.) Dado que o papel mediador social específico desempenhado pelo trabalho produtor de mercadorias é velado, e esse trabalho aparece como trabalho *per se*, esses dois tipos de necessidades se combinam na forma de uma aparente necessidade trans-histórica: é preciso trabalhar para sobreviver. Portanto, uma forma de necessidade social específica do capitalismo aparece como a "ordem natural das coisas". Essa necessidade aparentemente trans-histórica – de que o trabalho do indivíduo é o meio

---

[97]   Giddens observa que nas sociedades pré-capitalistas "divididas em classes", as classes dominadas não precisam das classes dominantes para conduzir o processo de produção, mas que no capitalismo o trabalhador precisa de fato de um empregador para ganhar a vida: ver *A Contemporary Critique of Historical Materialism*, cit., p. 130. Ele descreve uma dimensão muito importante da especificidade da dominação do trabalho no capitalismo. Mas a minha intenção neste livro é delinear outra dimensão dessa especificidade, a da dominação do trabalho *pelo* trabalho. Essa forma pode ser desprezada quando se aborda apenas a propriedade dos meios de produção.

necessário para o seu próprio consumo (e o da sua família) – serve como base de uma ideologia legitimadora fundamental da formação social capitalista como um todo, ao longo das suas várias fases. Como afirmação da estrutura mais básica do capitalismo, essa ideologia de legitimação é mais fundamental que as que se ligam mais intimamente a fases específicas do capitalismo – por exemplo, as que se relacionam com a troca de equivalentes mediada pelo mercado.

A análise de Marx da especificidade do trabalho no capitalismo tem outras implicações para sua concepção de alienação. O significado de alienação varia consideravelmente dependendo de ela ser considerada no contexto de uma teoria baseada na noção de "trabalho" ou no contexto de uma análise da dualidade do trabalho no capitalismo. No primeiro caso, a alienação se torna um conceito de antropologia filosófica; refere-se à exteriorização de uma essência humana preexistente. Em outro nível, ela se refere a uma situação em que os capitalistas possuem o poder de dispor do trabalho dos trabalhadores e dos seus produtos. Dentro da estrutura dessa crítica, a alienação é um processo inequivocamente negativo – apesar de ser fundamentada em circunstâncias que podem ser superadas.

Na interpretação apresentada aqui, alienação é o processo de objetivação do trabalho abstrato. Ela não leva à exteriorização de uma essência humana preexistente, pelo contrário, leva ao surgimento dos poderes humanos na forma alienada. Em outras palavras, alienação se refere ao processo de constituição dos poderes humanos que se realiza pelo trabalho que se objetiva como atividade de mediação social. Por meio desse processo, emerge uma esfera social objetiva que adquire vida própria e existe como estrutura de dominação abstrata sobre os indivíduos e contra eles. Marx, ao elucidar e fundamentar os aspectos centrais da sociedade capitalista nesse processo, avalia os resultados como bilaterais, e não como inequivocamente negativos. Assim, por exemplo, em *O capital* ele analisa a constituição por trabalho alienado de uma forma social universal que é, ao mesmo tempo, uma estrutura em que capacidades humanas são criadas historicamente *e* uma estrutura de dominação abstrata. Essa forma alienada induz uma acumulação rápida de riqueza social e força produtiva da humanidade e leva também à fragmentação crescente do trabalho, à regulamentação formal do tempo e à destruição da natureza. As estruturas de dominação abstrata constituídas por formas determinadas de prática social produzem um processo social que está além do controle humano; ainda assim elas também produzem, na análise de Marx, a possibilidade histórica de que pessoas possam controlar o que constituíram socialmente de forma alienada.

A bilateralidade do processo de alienação como processo de constituição social pode também ser vista no tratamento de Marx da universalidade e igualdade. Como já observado, sempre se admitiu que a crítica de Marx da sociedade capitalista fizesse o contraste entre os valores articulados nas revoluções burguesas dos séculos XVII

190 Tempo, trabalho e dominação social

e XVIII e os valores injustos e particularistas subjacentes à realidade da sociedade capitalista ou que criticasse as formas universalistas da sociedade civil burguesa como servindo para mascarar os interesses particularistas da burguesia[98]. A teoria marxiana, entretanto, não opõe simplesmente – nem afirmativamente – o universal e o particular nem despreza o primeiro como um reles embuste; pelo contrário, como teoria de constituição social, ela examina criticamente e fundamenta socialmente o caráter da universalidade e igualdade modernas. De acordo com a análise de Marx, o universal não é uma ideia transcendente, mas é historicamente constituído com o desenvolvimento e a consolidação da forma determinada por mercadorias das relações sociais. O que emerge historicamente não é o universal *per se*, mas uma forma universal específica, relacionada às formas sociais de que é parte. Assim, em *O capital*, por exemplo, Marx descreve a difusão e generalização das relações capitalistas como um processo que abstrai do concreto especificidades de vários trabalhos e as reduz, ao mesmo tempo, ao seu denominador comum como trabalho humano[99]. Esse processo de universalização, de acordo com Marx, constitui a precondição sócio-histórica para emergência de uma noção popular de igualdade humana sobre a qual, por sua vez, estão baseadas as teorias modernas de economia política[100]. Em outras palavras, a ideia moderna de igualdade está enraizada em uma forma social de igualdade que emergiu historicamente do desenvolvimento da forma-mercadoria e, concomitantemente a ele – ou seja, ao processo de alienação.

Essa forma historicamente constituída de igualdade tem um caráter bilateral. De um lado, ela é universal: estabelece atributos comuns entre as pessoas. Mas o faz de uma forma abstraída de especificidade qualitativa de indivíduos ou grupos particulares. Surge uma oposição entre o universal e o particular fundamentada em um processo histórico de alienação. A universalidade e igualdade assim constituídas tiveram consequências políticas e sociais; mas, como levam à negação de especificidade, elas tiveram resultados negativos. Por exemplo, a história dos judeus na Europa após a Revolução Francesa pode ser vista como a de um grupo preso entre uma forma abstrata de universalismo, que abre espaço para a emancipação das pessoas somente enquanto indivíduos abstratos, mas também como a sua antítese antiuniversalista, pela qual indivíduos e grupos são identificados particularmente e julgados de maneira maniqueísta.

Essa oposição entre a universalidade abstrata do iluminismo e a especificidade particularizada não deve ser entendida de uma forma descontextualizada; trata-se de uma oposição historicamente constituída, enraizada nas formas sociais determinadas do capitalismo. Considerar universalidade abstrata, na sua oposição à especificidade

---

[98] Ver, por exemplo, Jean Cohen, *Class and Civil Society*, cit., p. 145-6.

[99] Karl Marx, O *capital*, cit., Livro I, p. 142.

[100] Ibidem, p. 135-6.

concreta, como um ideal que só pode se realizar numa sociedade pré-capitalista, é permanecer preso na estrutura de uma oposição característica daquela sociedade.

A forma de dominação relacionada a essa forma abstrata não é apenas uma relação de classe ocultada por uma fachada universalista. Pelo contrário, a dominação que Marx analisa é a de uma forma específica, historicamente constituída de universalismo que ele tenta compreender com suas categorias de valor e capital. A estrutura social que ele analisa também se caracteriza pela oposição historicamente constituída entre a esfera social abstrata e os indivíduos. Na sociedade determinada por mercadoria, o indivíduo moderno é historicamente constituído – uma pessoa independente de relações pessoais de dominação, obrigação e dependência que não está mais abertamente inserida em uma posição social fixa quase natural e assim, em certo sentido, é autodeterminada. Ainda, esse indivíduo "livre" tem de enfrentar um universo social de restrições objetivas e abstratas que funcionam de maneira semelhante à legal. Nos termos de Marx, de um contexto pré-capitalista marcado por relações de dependência pessoal emergiu um novo contexto caracterizado por liberdade pessoal individual em uma estrutura social de "dependência *coisal*"[101]. A oposição moderna entre o indivíduo livre e autodeterminado e uma esfera extrínseca de necessidade objetiva é, de acordo com sua análise, uma oposição "real" historicamente constituída com a ascensão e difusão da forma de relações sociais determinadas por mercadoria e se relaciona à oposição geral constituída entre o mundo de sujeitos e um mundo de objetos. Ela não é, porém, somente uma oposição entre indivíduos e seu contexto social alienado: também pode ser vista como a que existe dentro dos próprios indivíduos, ou melhor, como a que existe entre determinações diferentes de indivíduos na sociedade moderna. Esses indivíduos são não somente "sujeitos" autodeterminados agindo com base na vontade; são também submetidos a um sistema de compulsões e restrições objetivas que operam independentemente da sua vontade – e, nesse sentido, são também "objetos". Como a mercadoria, o indivíduo constituído na sociedade capitalista tem um duplo caráter[102].

A crítica marxiana não apenas "expõe" os valores e instituições da sociedade civil moderna como uma fachada que mascara as relações de classe, como também as fundamenta com relação às formas sociais compreendidas categorialmente. A crítica também

---

[101] Idem, *Grundrisse*, cit., p. 106.

[102] A estrutura marxiana implica uma abordagem do problema da natureza sujeito/objeto do indivíduo na sociedade moderna diferente da desenvolvida por Michel Foucault na sua extensa discussão do "homem" moderno como um par empírico-transcendental. Ver *The Order of Things* (Nova York, Vintage, 1973), p. 318s [ed. bras.: *As palavras e as coisas*, trad. Salma Tannus Muchail, São Paulo, Martins Fontes, 1999].

não exige a implementação nem a abolição dos ideais da sociedade burguesa[103]; e não aponta nem a realização da universalidade homogênea abstrata da formação existente nem a abolição da universalidade. Em vez disso, elucida como fundamentada socialmente a oposição entre o universalismo abstrato e a especificidade particularista de formas determinadas de relações sociais – e, como veremos, é o seu desenvolvimento que aponta a possibilidade de outra forma de universalismo não baseada na abstração de toda especificidade concreta. Com a superação do capitalismo, a unidade da sociedade já constituída de forma alienada poderia ser feita diferentemente pelas formas de prática política, de uma forma que não precisa negar especificidade qualitativa.

(Seria possível, à luz dessa abordagem, interpretar algumas tensões nos movimentos sociais recentes – principalmente entre mulheres e diversas minorias – como esforços para passar além da antinomia, associada à forma social da mercadoria, entre um universalismo homogêneo abstrato e uma forma de particularismo que exclui a universalidade. Uma análise adequada desses movimentos deveria, claro, ser histórica: deveria ser capaz de relacioná-los a desenvolvimentos das formas sociais subjacentes de uma maneira que caracterizasse o capitalismo.)

Existe um paralelo conceitual entre a crítica implícita de Marx da universalidade historicamente constituída e sua análise da produção industrial como intrinsecamente capitalista. Como já observei na discussão dos *Grundrisse*, a superação do capitalismo, para Marx, não levaria a um novo modo de distribuição baseado no mesmo modo industrial de produção nem na abolição do potencial produtivo desenvolvido ao longo dos últimos séculos. Ao contrário, tanto a forma como o objetivo da produção no socialismo seriam diferentes. Na análise da universalidade e do processo de produção, a crítica marxiana evita hipostasiar a forma existente e postulá-la como o *sine qua non* de uma futura sociedade livre, evitando também a noção de que o que foi constituído no capitalismo será completamente abolido no socialismo. A qualidade bilateral do processo de alienação significa, em outras palavras, que sua superação leva à apropriação pelo povo – e não a simples abolição – do que tinha sido constituído de forma alienada. Sob esse aspecto, a crítica marxiana difere tanto da crítica racionalista abstrata quanto da crítica romântica do capitalismo.

Então, na obra da maturidade de Marx, o processo de alienação é integral num processo pelo qual formas estruturadas de prática constituem historicamente as formas sociais básicas, formas de pensamento e valores culturais da sociedade capitalista. A noção de que valores são historicamente constituídos não deve, evidentemente, ser tomada como uma afirmação de que, por não serem eternos, eles são um embuste ou meramente convencionais e sem validade. Uma teoria autorreflexiva das maneiras em que se constituem formas da vida social deve ir além dessa oposição entre as

---

[103] Karl Marx, *Grundrisse*, cit., p. 191-3.

O TRABALHO ABSTRATO 193

abordagens abstrata absoluta e abstrata relativa, sugerindo as duas que os humanos podem de alguma forma agir e pensar fora dos seus universos sociais.

De acordo com a teoria de Marx da sociedade capitalista, o fato de as relações sociais constituídas de forma alienada pelo trabalho solaparem e transformarem formas sociais anteriores indica que essas formas anteriores também são constituídas. Entretanto, é necessário diferenciar entre os tipos de constituição social envolvidos. As pessoas no capitalismo constituem suas relações sociais e sua história por meio do trabalho. Embora também sejam controladas pelo que constituíram, elas "fazem" essas relações e essa história em um sentido diferente e mais enfático de que as pessoas também "fazem" as relações pré-capitalistas (que Marx caracteriza como geradas espontaneamente e quase naturais [*naturwüchsig*]). Se se tivesse de relacionar a teoria crítica de Marx ao dito de Vico de que as pessoas podem conhecer melhor a história, pois a fizeram, do que a natureza, que não fizeram[104], seria necessário fazê-lo de forma a distinguir entre "fazer" a sociedade capitalista e as pré-capitalistas. O modo alienado de constituição social mediado pelo trabalho, não só enfraquece as formas sociais tradicionais, mas o faz de uma maneira que introduz um novo tipo de contexto social caracterizado por uma forma de distância entre indivíduos e sociedade que abre espaço para – e talvez induza – reflexão social sobre a e análise da sociedade como um todo[105]. Ademais, dada a lógica dinâmica intrínseca do capitalismo, essa reflexão não precisa permanecer retrospectiva, já que a forma do capital está integralmente desenvolvida. Ao substituir uma estrutura dinâmica alienada de relações "feitas" para formas sociais tradicionais "quase naturais", o capitalismo abre espaço para a possibilidade objetiva e subjetiva de que se estabeleça uma forma mais nova de relações "feitas", uma forma que não é mais constituída "automaticamente" pelo trabalho.

TRABALHO ABSTRATO E FETICHE

Posso agora tratar do problema da razão pelo qual Marx apresenta o trabalho abstrato como trabalho fisiológico na sua análise imanente. Já vimos que trabalho, na sua função historicamente determinada como uma atividade socialmente mediadora,

---

[104] Ver, por exemplo, Martin Jay, *Marxism and Totality*, cit., p. 32-7.

[105] Nesse sentido, pode-se argumentar que a ascensão e difusão da forma-mercadoria está relacionada à transformação e à supressão parcial do que Bourdieu chama de "experiência *dóxica*", que ele caracteriza como "uma correspondência quase perfeita entre a ordem objetiva e os princípios subjetivos de organização (como nas sociedades antigas) [pelo qual] o mundo natural e social aparece como evidente em si" (*Outline of a Theory of Practice*, cit., p. 164).

é a "substância do valor", a essência determinante da formação social. Não é de forma alguma evidente em si falar da essência de uma formação social. A categoria de essência pressupõe a categoria da forma de aparência. Não tem significado falar de uma essência em que não existe diferença entre o que é e a forma como ele aparece. O que caracteriza a essência, então, é que ela não aparece diretamente, nem pode aparecer, mas tem de encontrar expressão numa forma distinta de aparência. Isso implica uma relação *necessária* entre essência e aparência; a essência tem de ter uma qualidade tal que ela apareça na forma manifesta em que o faz. A análise de Marx da relação entre valor e preço, por exemplo, é tal que o primeiro é expresso e velado pelo segundo. Minha preocupação aqui é com o nível lógico anterior – o nível de trabalho e valor.

Já vimos que o trabalho constitui relações sociais no capitalismo. Mas o trabalho é uma atividade social objetivadora que medeia entre os humanos e a natureza. Então, é necessariamente como uma atividade objetivadora que o trabalho realiza no capitalismo a sua função como atividade socialmente mediadora. Portanto, o papel social específico do trabalho no capitalismo tem *necessariamente* de ser expresso em formas de aparência que são as objetivações do trabalho como atividade produtiva. Mas a dimensão social historicamente específica do trabalho é ao mesmo tempo expressa e velada pela dimensão "material" aparentemente trans-histórica do trabalho. Essas formas manifestas são formas necessárias de aparência da função única do trabalho no capitalismo. Em outras sociedades, as atividades de trabalho estão inseridas numa matriz social aberta e, portanto, não são nem "essências" nem "formas de aparência". É o papel único do trabalho no capitalismo que constitui o trabalho ao mesmo tempo como uma essência e como uma forma de aparência. Em outras palavras, dado que as relações sociais que caracterizam o capitalismo como sendo mediado pelo trabalho, ter uma essência é uma peculiaridade daquela formação social.

"Essência" é uma determinação ontológica. Mas a essência que estou considerando aqui é histórica – uma função social historicamente específica do trabalho. Ainda assim, essa especificidade histórica não é aparente. Já vimos que as relações sociais mediadas pelo trabalho são autofundamentadas, têm uma essência e não parecem ser sociais, mas objetivas e trans-históricas. Em outras palavras, elas parecem ontológicas. A análise imanente de Marx *não* é uma crítica do ponto de vista de uma ontologia social – pelo contrário, ela oferece uma crítica dessa posição indicando que o que parece ser ontológico na verdade é historicamente específico do capitalismo.

Neste livro, já examinei criticamente essas posições que interpretam a especificidade do trabalho no capitalismo como sendo seu caráter indireto e formulam uma crítica social do ponto de vista do "trabalho". Agora está claro que essas posições tomam como verdadeira a aparência ontológica das formas sociais básicas do capitalismo, pois o trabalho é uma essência social apenas no capitalismo. Essa a ordem social não pode ser superada historicamente sem abolir a própria essência, ou seja, a função e

O TRABALHO ABSTRATO 195

forma historicamente específicas do trabalho. Uma sociedade não capitalista não é constituída somente pelo trabalho.

Posições que não apreendem a função particular do trabalho no capitalismo atribuem ao trabalho como tal um caráter sintético: elas o tratam como a essência trans-histórica da vida social. Mas não se pode explicar por que o trabalho como "trabalho" deveria constituir relações sociais. Ademais, a relação que acabamos de examinar, entre aparência e essência, não pode ser elucidada por críticas do ponto de vista do "trabalho". Como já vimos, essas interpretações postulam uma separação entre formas de aparência que são historicamente variáveis (valor como categoria de mercado) e uma essência historicamente invariável ("trabalho"). De acordo com essas posições, enquanto todas as sociedades são constituídas pelo "trabalho", uma sociedade não capitalista seria presumivelmente direta e abertamente assim constituída. No Capítulo 2, argumentei que relações sociais não podem *nunca* ser diretas, não mediadas. Nesse ponto, posso suplementar aquela crítica observando que relações sociais constituídas pelo trabalho não podem nunca ser abertamente sociais, mas têm necessariamente de existir em forma objetivada. Ao hipostasiar a essência do capitalismo como essência da sociedade humana, as posições tradicionais não são capazes de explicar a relação intrínseca entre essência e suas formas de aparência e, portanto, não podem admitir que uma característica distintiva do capitalismo pode ser o fato de que ele tem uma essência.

O erro de interpretação que acabamos de esboçar é certamente compreensível, pois é uma possibilidade imanente à forma em consideração. Acabamos de ver que valor é uma objetivação não do trabalho *per se*, mas uma função historicamente específica do trabalho. O trabalho não desempenha esse papel em outras formações sociais, ou só o faz perifericamente. Segue-se, então, que a função do trabalho na constituição de uma mediação social não é um atributo intrínseco do trabalho em si; ele não está enraizado em nenhuma característica do trabalho humano como tal. Mas o problema é que quando a análise parte de um exame de mercadorias para revelar o que constitui o seu valor, ela chega ao trabalho – mas não à sua função de mediação. Essa função específica não aparece, nem pode aparecer, como um atributo do trabalho; também não pode ser revelada pelo exame do trabalho como atividade produtiva, pois o que denominamos trabalho é uma atividade produtiva em todas as formações sociais. A função social única do trabalho no capitalismo não pode aparecer diretamente como um atributo do trabalho, pois trabalho, em si e por si, não é uma atividade de mediação social; somente uma relação social aberta pode aparecer como tal. A função historicamente específica do trabalho só pode aparecer objetivada como valor nas suas várias formas (mercadoria, dinheiro, capital)[106]. É, portanto, impossível revelar

---

[106] De acordo com a análise de Marx de preço e lucro, mesmo o nível de valor de aparências objetivadas é coberto por um nível mais superficial de aparências.

196 Tempo, trabalho e dominação social

uma forma manifesta de trabalho como atividade de mediação social olhando *atrás* da forma – valor – em que ela é *necessariamente* objetivada, uma forma que em si só pode aparecer materializada como mercadoria, dinheiro e assim por diante. O trabalho, evidentemente, aparece de fato – mas a forma do seu aparecimento não é como uma mediação social, mas simplesmente como "trabalho" em si.

Não se pode descobrir a função do trabalho como constituidor de um meio de relações sociais pelo exame do próprio trabalho, é preciso investigar suas objetivações. É por isso que Marx começou sua apresentação não com o trabalho, mas com a mercadoria, a objetivação mais básica das relações sociais capitalistas[107]. Mas mesmo na investigação da mercadoria como mediação social as aparências enganam. Como já vimos, uma mercadoria é uma mediação social boa e objetivada. Como valor de uso, ou um bem, a mercadoria é particular, a objetivação de um trabalho concreto particular; como valor, a mercadoria é geral, a objetivação de trabalho abstrato. Mas mercadorias *não podem* cumprir simultaneamente as duas determinações: não podem funcionar ao mesmo tempo como bens particulares e como mediação geral.

Isso implica que o caráter geral de cada mercadoria como mediação social tem de ter uma forma de expressão separada do caráter particular de cada mercadoria. É esse o ponto de partida da análise de Marx da forma de valor, que leva à sua análise do dinheiro[108]. A existência de cada mercadoria como mediação geral adquire uma forma materializada independente como equivalente entre as mercadorias. A dimensão de valor de todas as mercadorias torna-se exteriorizada na forma de uma mercadoria – dinheiro – que age como um equivalente universal entre outras mercadorias: ele aparece como mediação universal. Assim, a dualidade da mercadoria como valor de uso e como valor torna-se exteriorizada e aparece de um lado na forma-mercadoria e, de outro, como dinheiro. Mas, em resultado dessa exteriorização a mercadoria não parece ser uma mediação social em si. Em vez disso, ela aparece como um objeto "coisal", um bem socialmente mediado por dinheiro. Pela mesma razão, o dinheiro não aparece como exteriorização materializada do objeto, dimensão geral da mercadoria (e do trabalho) – ou seja, como uma expressão de uma forma determinada de mediação social – mas como uma mediação universal em si e de si externa às relações sociais. Então, o caráter mediado por objeto das relações sociais no capitalismo é expresso e velado por sua forma manifesta como mediação exteriorizada (dinheiro) entre objetos; a existência dessa mediação pode ser tomada como resultado de convenção[109].

---

[107] Karl Marx, "Marginal Notes on Adolf Wagner's *Lehrbuch der politischen Ökonomie*", em Karl Marx e Friedrich Engels, *Collected Works*, v. 24, *Marx and Engels: 1874-1883* (Nova York, Lawrence & Wishart, 1989), p. 544-5.

[108] Idem, *O capital*, cit., Livro I, p. 124-46.

[109] Ibidem, p. 169-219.

A aparência da mercadoria simplesmente como um bem ou um produto condiciona, por sua vez, concepções de valor e trabalho criador de valor. Ou seja, a mercadoria parece não *ser* valor, mas, pelo contrário, um valor de uso que *tem* valor de troca. Já não é evidente que valor é uma forma particular de riqueza, uma mediação social objetivada, que se materializa na mercadoria. Assim como a mercadoria parece ser um bem mediado pelo dinheiro, valor parece ser riqueza (trans-histórica) que, no capitalismo, é distribuída pelo mercado. Isso desloca o problema analítico, que passa de um problema da natureza da mediação social no capitalismo para outro de determinação das razões de troca. Pode-se discutir se as razões de troca são basicamente determinadas por fatores extrínsecos às mercadorias ou se são intrinsecamente determinadas, por exemplo, pela quantidade relativa de trabalho que entrou na sua produção. Mas nos dois casos, a especificidade da forma social – o fato de valor ser uma mediação social objetivada – se terá tornado embaçada.

Se valor é tomado como riqueza mediada pelo mercado e, se se admite que essa riqueza seja constituída pelo trabalho, então o trabalho que constitui valor parece ser simplesmente trabalho criador de riqueza em uma situação que seus produtos são trocados. Em outras palavras, se, como resultado de suas formas manifestadas, a natureza predeterminada das formas sociais básicas não é entendida, então, mesmo que valor seja visto como propriedade da mercadoria, não o é da mercadoria como mediação social, mas como produto. Consequentemente, valor parece ser criado pelo trabalho como atividade produtiva – trabalho na medida em que produz bens e riqueza material –, e não pelo trabalho como atividade de mediação social. Dado que o trabalho aparentemente cria valor independentemente da sua especificidade concreta, então ele parece fazê-lo simplesmente em virtude da sua capacidade como atividade produtiva em geral. Valor, então, parece ser constituído pelo dispêndio de trabalho *per se*. Na medida em que valor é considerado historicamente específico, é como forma de distribuição daquilo que é constituído pelo dispêndio de "trabalho".

A função social peculiar do trabalho, que torna constitutivo de valor o seu dispêndio indeterminado, não pode ser revelada diretamente. Como já afirmei, essa função não se revela ao ser buscada atrás da forma em que é necessariamente objetivada; o que assim se descobre, ao contrário, é que valor parece ser constituído pelo mero dispêndio de trabalho, sem referência à função do trabalho que a torna constituinte de valor. Torna-se indistinta a diferença entre riqueza material e valor, que está enraizada na diferença entre trabalho mediado por relações sociais nas sociedades não capitalistas, e trabalho mediado pelo próprio trabalho no capitalismo. Em outras palavras, quando a mercadoria parece ser um bem com valor de troca e, portanto, valor parece ser riqueza mediada pelo mercado, o trabalho criador de valor parece não ser uma atividade de mediação social, mas trabalho que cria riqueza em geral. Portanto, o trabalho parece criar valor meramente em virtude do seu dispêndio. O trabalho abstrato aparece na

198 Tempo, trabalho e dominação social

análise imanente de Marx como aquele que "está na base de" todas as formas de trabalho humano em todas as sociedades: o gasto de músculo, nervos etc.

Já mostrei como a "essência" social do capitalismo é uma função historicamente específica do trabalho como meio de relações sociais. Ainda assim, na estrutura do modo de apresentação de Marx – que já é imanente às formas categoriais e parte da mercadoria para examinar a fonte do seu valor – a categoria de trabalho abstrato parece ser uma expressão do trabalho *per se*, do trabalho concreto em geral. A "essência" historicamente específica do capitalismo aparece na análise imanente como uma essência fisiológica, ontológica, uma forma comum a todas as sociedades: "trabalho". A categoria de trabalho abstrato apresentada por Marx é assim uma determinação inicial do que ele explica com sua noção de fetiche: dado que as relações subjacentes do capitalismo são mediadas pelo trabalho, e portanto objetivadas, elas parecem não ser historicamente específicas e sociais, mas formas trans-historicamente válidas e ontologicamente fundamentadas. A aparência do caráter de mediação do trabalho no capitalismo como trabalho fisiológico é o núcleo fundamental do fetiche do capitalismo.

A aparência fetichizada do papel de mediação do trabalho em geral, aceito sem discussão, é o ponto de partida de várias críticas sociais do ponto de vista do "trabalho" a que dei o nome de "marxismo tradicional". A possibilidade de o objeto da crítica de Marx se transformar no que o marxismo tradicional afirma com seu "paradigma da produção" está enraizada na circunstância de o núcleo do capitalismo, de acordo com Marx, ter uma forma necessária de aparência que pode ser hipostasiada como essência da vida social. Dessa forma, a teoria marxiana indica uma crítica do paradigma da produção que é capaz de apreender seu "núcleo racional" nas formas sociais específicas do capitalismo.

Essa análise da categoria do trabalho humano abstrato é uma elaboração específica da natureza imanente da crítica de Marx. Sua definição fisiológica dessa categoria é parte de uma análise do capitalismo *nos seus próprios termos*, que é, como as formas se apresentam. A crítica não toma um ponto de vista fora do seu objeto, apoia-se sobre a revelação completa das categorias e suas contradições. Em termos do autoentendimento da crítica marxiana, as categorias que apreendem as formas das relações sociais são ao mesmo tempo categorias de objetividade e subjetividade sociais, e são elas próprias expressões dessa realidade social. São não descritivas, ou seja, exteriores ao seu objeto, não existem numa relação contingente a ele. É precisamente por causa do seu caráter imanente que a crítica marxiana pode ser tão facilmente mal entendida, e que aspas e conceitos fora de contexto possam ser tão facilmente usados para construir uma "ciência" positiva[110]. A interpretação

---

[110] Cornelius Castoriadis, por exemplo, despreza a natureza imanente da crítica de Marx quando admite que ela é metafísica e envolve uma transformação ontológica do trabalho: ver "From Marx

O TRABALHO ABSTRATO 199

tradicional de Marx e uma compreensão fetichizada do capitalismo são paralelas e inter-relacionadas.

Então, a *Materie* na crítica "materialista" de Marx é social – as formas de relações sociais. Mediada pelo trabalho, a dimensão social caracterizadora no capitalismo *só* pode aparecer em forma objetivada. Ao revelar o conteúdo histórico e social das formas reificadas, a análise marxiana se torna ao mesmo tempo uma crítica das variedades de materialismo que hipostasiam essas formas de trabalho e seus objetos. Sua análise oferece ao mesmo tempo uma crítica de idealismo e materialismo fundamentando cada um em relações sociais reificadas e alienadas.

RELAÇÕES SOCIAIS, TRABALHO E NATUREZA

As formas de relação social que caracterizam o capitalismo não são manifestamente sociais e, assim, parecem não ser de forma alguma sociais, mas "naturais" de maneira que envolve uma noção muito específica de natureza. As formas de aparência das relações sociais capitalistas não só condicionam as compreensões do mundo social, mas, como sugere a abordagem apresentada aqui, também as do mundo natural. Para estender a discussão da teoria sócio-histórica da subjetividade apresentada e sugerir uma aborda-gem do problema da relação entre concepções de natureza e seus contextos sociais – de que só vou ter condições de tratar aqui –, agora examinarei mais detalhadamente o caráter quase objetivo das relações capitalistas considerando brevemente a questão do significado atribuído ao trabalho e seus objetos.

Para fins heurísticos, partirei da comparação altamente simplificada entre as relações sociais capitalistas e as tradicionais com que comecei. Como já notado, nas sociedades tradicionais, as atividades de trabalho e seus produtos são mediados por relações sociais abertas e nela inseridos, ao passo que no capitalismo o trabalho e seus produtos medeiam a si mesmos. Em uma sociedade que estão inseridos uma matriz de relações sociais, o trabalho e seus produtos são informados por essas relações, e delas recebem o seu caráter – ainda assim, o caráter social atribuído a vários trabalhos parece intrínseco a eles. Nessa situação, a atividade produtiva não existe como um meio puro nem os instrumentos e produtos aparecem como meros objetos. Em vez disso,

---

to Aristotle", Social Research 45, n. 4, 1978, p. 669-84. Castoriadis implicitamente lê a crítica negativa de Marx como ciência positiva e a critica com base nessa leitura; ele não considera as relações entre a análise categorial de Marx e sua noção do fetiche da mercadoria e imputa um grau implausível de inconsistência a Marx. Sugere que, no mesmo capítulo d'*O capital*, Marx adota a mesma posição quase natural e não histórica que analisa criticamente nas suas discussões do fetiche.

informados pelas relações sociais, eles são imbuídos dos significados e significâncias – sejam manifestamente sociais ou quase sagrados – que parecem intrínsecos a eles[111].

Isso leva a uma inversão notável. Uma atividade, implemento ou objeto que é não conscientemente *determinado* por relações sociais parece, dado o seu caráter simbólico resultante, possuir um caráter socialmente *determinante*. Numa estrutura social rigidamente tradicional, por exemplo, o objeto ou atividade parece corporificar e determinar a posição social e definição de gênero[112]. Atividades de trabalho nas sociedades tradicionais não simplesmente parecem trabalho, mas cada forma de trabalho é socialmente impregnada e se apresenta como uma determinação particular de existência social. Essas formas de trabalho são muito diferentes do trabalho no capitalismo: não podem ser entendidas adequadamente como ação instrumental. Ademais, o caráter social desse trabalho não deve ser confundido com o que descrevi como caráter social específico do trabalho no capitalismo. Trabalho nas sociedades não capitalistas não constitui a sociedade, pois não possui o caráter sintético peculiar que marca o trabalho determinado por mercadorias. Apesar de social, ele não constitui relações sociais, mas é constituído por elas. O caráter social do trabalho nas sociedades tradicionais é, evidentemente, visto como "natural". Mas essa noção do natural – e, assim, também a da natureza – é muito diferente do natural de uma sociedade em que prevalece a forma-mercadoria. A natureza nas sociedades tradicionais é dotada de um caráter que é "essencialmente" variegado, personalizado e não relacional como as relações sociais que caracterizam a sociedade[113].

Como já vimos, o trabalho no capitalismo não é mediado por relações sociais, mas, pelo contrário, constitui ele próprio uma mediação social. *Se, em sociedades tradicionais, as relações sociais atribuem significado e significância ao trabalho, no capitalismo o trabalho atribui a si próprio e às relações sociais um caráter "objetivo".* Esse caráter objetivo é historicamente constituído quando o trabalho, que recebe vários significados específicos das relações sociais abertas em outras sociedades, medeia a si próprio e nega esses significados. Nesse sentido, objetividade pode ser vista como o "significado" não abertamente social que emerge historicamente quando a atividade social de objetivação reflexivamente se determina socialmente. Na estrutura dessa abordagem, as relações

---

[111] Ver a excelente discussão de György Márkus da relação entre normas explícitas e diretas e objetos e instrumentos nas sociedades pré-capitalistas em "Die Welt menschlicher Objekte: Zum Problem der Konstitution im Marxismus", em Axel Hommeth e Urs Jaeggi (orgs.), *Arbeit, Handlung, Normativität* (Frankfurt, Suhrkamp, 1980), p. 24-38.

[112] Márkus, por exemplo, menciona sociedades em que os objetos que pertencem a um grupo não são nem mesmo tocados por membros de outros grupos – como, as armas dos homens não devem ser tocadas pelas mulheres e crianças (ibidem, p. 31).

[113] Lukács sugeriu abordagem semelhante de concepções de natureza: ver "Reification and the Consciousness of Proletariat".

O TRABALHO ABSTRATO **201**

sociais nas sociedades tradicionais determinam trabalhos, implementos e objetos que, inversamente, parecem possuir um caráter socialmente determinante. No capitalismo, trabalho e seus produtos criam uma esfera de relações sociais objetivas: elas são de fato socialmente determinantes, mas não se apresentam como tal. Pelo contrário, parecem ser puramente "materiais".

Essa última inversão merece exame adicional. Já mostrei que o papel mediador específico do trabalho no capitalismo aparece necessariamente em forma objetivada e não diretamente como atributo do trabalho. Em vez disso, dado que o trabalho no capitalismo atribui a si próprio seu caráter social, ele aparece simplesmente com trabalho em geral, despido da aura de significação social atribuída a trabalhos diversos em sociedades mais tradicionais. Paradoxalmente, uma vez que precisamente a dimensão social do trabalho no capitalismo é reflexivamente constituída, e não é um atributo conferido por relações sociais abertas, esse trabalho não parece ser a atividade mediadora que realmente é nessa formação social. Pelo contrário, ele aparece como uma das suas dimensões, como trabalho concreto, uma atividade técnica que pode ser aplicada e regulada socialmente de maneira instrumental.

Esse processo de "objetivação" do trabalho na sociedade capitalista é também um processo de "secularização" paradoxal da mercadoria como objeto social. Apesar de a mercadoria como objeto não adquirir seu caráter social em resultado de relações sociais, mas, pelo contrário, ser um objeto intrinsecamente social (no sentido de ser uma mediação social materializada), ela aparece simplesmente uma coisa. Como já observado, apesar de a mercadoria ser simultaneamente um valor de uso e um valor, a segunda dimensão social se torna exteriorizada na forma de um equivalente universal, dinheiro. Como resultado dessa "duplicação" da mercadoria em mercadoria e dinheiro, a segunda aparece como a objetivação da dimensão abstrata, ao passo que o primeiro é apenas uma coisa. Em outras palavras, o fato de a mercadoria ser ela própria uma mediação social materializada implica a ausência de relações sociais abertas que impregnem os objetos com uma significação "supracoisal" (social ou sagrada). Como mediação, a mercadoria é ela própria uma coisa "supracomocoisa". A exteriorização da sua dimensão mediadora resulta, portanto, no aparecimento da mercadoria como um objeto *puramente* material[114].

---

[114] Não vou, neste nível abstrato de análise, tratar a questão do significado conferido aos valores de uso no capitalismo, mas apenas sugerir que qualquer exame dessa questão deveria levar em conta as relações muito diferentes entre objetos (e trabalho) e relações sociais em sociedades capitalistas e não capitalistas. Parece que objetos recebem significância no capitalismo com sentido diferente do que nas sociedades tradicionais. Seu significado não é visto tanto como intrínseco a elas, um atributo "essencial"; pelo contrário, eles são coisas "como coisas" que *têm* significado – são como sinais no sentido de que não existe relação necessária entre o significante e o significado. Pode-se tentar relacionar as diferenças entre o "intrínseco" e o "contingente", atributos "supracoisas" de

202 Tempo, trabalho e dominação social

Essa "secularização" do trabalho e dos seus produtos é um momento do processo histórico da dissolução e transformação dos elos sociais tradicionais por uma mediação social com um duplo caráter – concreto-material e abstrato-social. A precipitação da primeira dimensão avança paralelamente à construção da segunda. Portanto, como já vimos, só aparentemente é o caso de, com a superação das determinações e dos limites associados a relações sociais abertas e formas de dominação, os humanos agora disporem livremente do seu trabalho. Dado que o trabalho no capitalismo não é realmente livre da determinação social não consciente, mas, ele próprio, se tornou o meio dessa determinação, as pessoas se veem diante de uma nova compulsão, esta baseada precisamente no que superou as ligações das formas sociais tradicionais: as relações sociais alienadas, abstratas que são mediadas pelo trabalho. Essas relações constituem uma estrutura de restrições aparentemente não sociais nas quais indivíduos autodeterminantes perseguem seus interesses – nas quais "indivíduos" e "interesses" parecem ser ontologicamente dados, e não socialmente constituídos. Ou seja, é constituído um novo contexto social que não parece ser social nem contextual. Dito de forma simples, *a forma de contextualização social característica do capitalismo é a da aparente descontextualização*.

(Superar a compulsão social não consciente em uma sociedade emancipada, então, levaria à "libertação" do trabalho secularizado do seu papel como mediação social. As pessoas poderiam dispor do trabalho e dos seus produtos de uma maneira livre dos limites sociais tradicionais e compulsões sociais objetivas alienadas. Alternativamente, trabalho, ainda que secular, poderia ser mais uma vez imbuído de significância – não em resultado da tradição não consciente, mas por causa da sua reconhecida importância social, bem como da satisfação substancial e significado que poderia oferecer aos indivíduos.)

De acordo com a análise de Marx do capitalismo, o duplo caráter do trabalho determinado por mercadoria constitui um universo social caracterizado por dimensões concretas e abstratas. As primeiras aparecem como as superfícies variegadas da experiência social imediata, e as segundas existem como gerais, homogêneas e abstraídas de toda particularidade – mas às duas dimensões é conferido um caráter objetivo pela qualidade automediadora do trabalho no capitalismo. A dimensão concreta é constituída como objetiva no sentido de ser igual a objeto, "material" e "como coisa". A dimensão abstrata também tem uma qualidade objetiva, no sentido de ser uma esfera qualitativamente homogênea de necessidade abstrata que funciona de acordo com a lei, independente da vontade. A estrutura de relações sociais que caracteriza o capitalismo tem a forma de uma oposição quase natural entre a natureza "como coisa" e as leis

---

objetos, bem como o desenvolvimento histórico da importância social dos julgamentos de gosto para o desenvolvimento da mercadoria como a forma social totalizante da sociedade capitalista. Mas esse tema não será tratado aqui.

O TRABALHO ABSTRATO **203**

naturais abstratas, universais, "objetivas", uma oposição da qual desapareceram o social e o histórico. A relação entre esses dois mundos de objetividade pode ser interpretada como a que existe entre essência e aparência ou como a relação de oposição (como foi expressa historicamente, por exemplo, na oposição entre os modos romântico e positivo racional de pensamento)[115].

Como analisadas até aqui, há muitas semelhanças entre as características dessas formas sociais e as da natureza como conceituadas, por exemplo, pela ciência natural do século XVII. Elas sugerem que quando a mercadoria, como forma estruturada de prática social, se generaliza, condiciona a maneira como o mundo – o natural bem como social – é concebido.

O mundo das mercadorias é aquele em que objetos e ações não são mais imbuídos de significância sagrada. É um mundo secular de objetos "como coisas" presos entre si pelo e revolvendo em torno do abstrato brilhante do dinheiro. Para usar a frase de Weber, é um mundo desencantado. Pode-se, com razão, propor a hipótese de que as práticas que constituem e são constituídas por esse mundo social poderiam também gerar uma concepção de natureza como sem alma, secularizada e "como coisa", uma natureza, ademais, cujas outras características podem ser relacionadas ao caráter particular da mercadoria como objeto concreto e mediação abstrata. Tratar com mercadorias em um nível diário estabelece uma comunidade entre bens vistos como "como coisas" e envolve também um ato contínuo de abstração. Cada mercadoria não tem somente as suas qualidades concretas específicas, medidas em quantidades materiais concretas, mas todas as mercadorias compartilham um valor, uma qualidade abstrata não manifestada (como veremos) com uma magnitude temporariamente determinada. A grandeza do seu valor é função de medida abstrata, e não de quantidade material concreta. Como forma social, a mercadoria é completamente independente do seu conteúdo material. Em outras palavras, essa forma não é a forma de objetos qualitativamente específicos, é, sim, um abstrato e pode ser apreendido matematicamente. Ela possui características "formais". Mercadorias são ao mesmo tempo objetos sensitivos particulares (e como tal são avaliados pelo comprador) e valores, momentos de uma substância abstratamente

---

[115] Ver Moishe Postone, "Anti-Semitism and National Socialism", em A. Rabinbach e J. Zipes (orgs.), *German and Jews Since the Holocaust* (Nova York, Holmes and Meier, 1986), p. 302--14, em que eu analiso o antissemitismo moderno com relação a essa oposição quase natural na sociedade capitalista entre uma esfera "natural" concreta de vida social e outra abstrata e universal. A oposição entre as suas dimensões abstratas e concretas permite ao capitalismo ser percebido e entendido apenas em sua dimensão abstrata; sua dimensão concreta pode assim ser entendida como não capitalista. O antissemitismo moderno pode ser entendido como uma forma unilateral, feita fetiche de anticapitalismo que apreende o capitalismo somente por sua dimensão abstrata, e identifica biologicamente essa dimensão com os judeus e a dimensão concreta do capitalismo com os "arianos".

204 Tempo, trabalho e dominação social

homogênea que é matematicamente divisível e mensurável (por exemplo, em termos de tempo e dinheiro).

Da mesma forma, na ciência natural clássica moderna, atrás do mundo concreto das múltiplas aparências qualitativas, há um mundo que consiste em uma substância comum em movimento que possui qualidades "formais" e pode ser apreendido matematicamente. Os dois níveis são "secularizados". O da essência oculta da realidade é um reino "objetivo" no sentido de que é independente da subjetividade e opera de acordo com leis que podem ser captadas pela razão. Assim como o valor de uma mercadoria é abstraído das suas qualidades como valor de uso, a verdadeira natureza, de acordo com Descartes, por exemplo, consiste nas suas "qualidades primárias", matéria em movimento, que só pode ser apreendida pela abstração do nível das aparências de particularidade qualitativa ("qualidades secundárias"). Este último nível é função dos órgãos dos sentidos, o "olho de quem vê". Objetividade e subjetividade, mente e matéria, forma e conteúdo são constituídos como fundamentalmente opostos e diferentes. Sua possível correspondência se transforma em problema – eles têm de ser mediados[116].

Pode-se descrever e analisar ainda mais os pontos de semelhança entre a mercadoria e a forma de relações sociais e concepções europeias modernas de natureza (como o seu modo de funcionamento impessoal, como em obediência a leis). Sobre essa base, pode-se formular a hipótese de que não somente os paradigmas da física clássica, mas também a emergência de uma forma e conceito específicos de Razão nos séculos XVII e XVIII estão relacionados às estruturas alienadas da forma-mercadoria. Pode-se mesmo tentar relacionar as mudanças nas formas de pensamento no século XIX e o caráter dinâmico da forma do capital plenamente desenvolvida. Mas não pretendo desenvolver essa investigação agora. Este breve resumo é proposto apenas para sugerir que concepções de natureza e paradigmas de ciência natural podem ser social e historicamente fundamentados. Embora, na discussão do problema do tempo abstrato, eu continue a examinar certas implicações epistemológicas das categorias, não posso investigar mais extensivamente neste livro a relação entre concepções da natureza e seus contextos sociais. Mas tenho de deixar claro que o que esbocei aqui tem muito pouco em comum com tentativas de examinar influências sociais sobre a ciência em que social é entendido num sentido imediato – interesses de grupo ou de classe, "prioridades", e assim por diante. Apesar de essas considerações serem muito importantes ao examinar a aplicação da ciência, elas não podem explicar concepções de natureza ou dos próprios paradigmas científicos.

---

[116] Como mencionado, é importante observar sob esse aspecto que a forma da "dedução" inicial de Marx de valor na sua oposição ao valor de uso é um paralelo próximo da dedução de Descartes das qualidades primárias em oposição às qualidades secundárias.

O TRABALHO ABSTRATO 205

A teoria sócio-histórica não funcionalista do conhecimento sugerida pela crítica marxiana sustenta que as formas como as pessoas percebem e concebem o mundo na sociedade capitalista é modelada pelas formas das suas relações sociais, entendidas como formas estruturadas da prática social diária. Ela tem pouco em comum com a teoria de "reflexão" do conhecimento. A ênfase na *forma* das relações sociais como categoria epistemológica também distingue a abordagem sugerida aqui das tentativas de explicação materialista das ciências naturais, como as de Franz Borkenau e Henryk Grossmann. De acordo com Borkenau, a ascensão da ciência moderna, do "pensamento matemático-mecanista", se relacionou imediatamente ao sistema artesanal e à concentração do trabalho sob o mesmo teto[117]. Borkenau não tenta explicar a relação que postula entre as ciências naturais e a manufatura em termos de utilidade; pelo contrário, ele observa que a ciência desempenhou um papel desprezível no processo de produção durante o período da manufatura, ou seja, até o surgimento da produção industrial em grande escala. A relação entre produção e ciência postulada por Borkenau foi indireta: ele afirma que o processo de trabalho desenvolvido na manufatura no início do século XVII se caracterizou por uma divisão extremamente detalhada do trabalho em atividades relativamente não qualificadas, originando um substrato básico de trabalho homogêneo em geral. Isso, por sua vez, abriu espaço para o desenvolvimento de uma concepção de trabalho social e, portanto, para uma comparação quantitativa de unidades de tempo de trabalho. O pensamento mecanista, de acordo com Borkenau, surgiu da experiência de uma organização mecanista da produção.

Deixando de lado a tentativa de Borkenau de deduzir a categoria de trabalho abstrato diretamente da organização do trabalho concreto, não está clara, de forma alguma, a razão pela qual as pessoas deveriam ter começado a conceber o mundo em termos semelhantes aos da organização da produção na manufatura. Ao descrever os conflitos sociais do século XVII, Borkenau indica de fato que a nova visão de mundo foi vantajosa para os grupamentos associados à, e que lutavam pela, nova ordem política, econômica e social emergente. Mas sua *função* ideológica mal pode explicar o *fundamento* dessa forma de pensamento. Uma consideração da estrutura do trabalho concreto, suplementada pela do conflito social, não basta como base de epistemologia sócio-histórica.

Henryk Grossmann critica a interpretação de Borkenau, mas suas críticas se limitam ao nível empírico[118]. Grossmann afirma que a organização da produção que Borkenau atribui ao período da manufatura na verdade só existiu com a produção industrial; em

---

[117] Para o resumo seguinte, ver Franz Borkenau, "Zur Soziologie des mechanistischen Weltbildes", *Zeitschrift für Sozialforschung* 1, 1932, p. 311-35.

[118] Ver Henryk Grossmann, "Die gesellchaftlichen Grundlagen der mechanistischen Philosophie und die Manufaktur", *Zeitschrift für Sozialforschung*, 4, 1935, p. 161-229.

206 Tempo, trabalho e dominação social

geral, a manufatura não levou à decomposição e homogeneização do trabalho, mas reuniu artesãos qualificados numa fábrica sem alterar significativamente o seu modo de trabalho. Além disso, ele afirma que o surgimento do pensamento mecanista não deve ser buscado no século XVII, mas em época anterior, com Leonardo da Vinci. Grossmann sugere, então, outra explicação para as origens desse pensamento: ele emergiu da atividade prática de artesãos qualificados na invenção e produção de novos instrumentos mecânicos.

O que a hipótese de Grossmann tem em comum com a de Borkenau é tentar deduzir uma forma de pensamento diretamente de uma consideração do trabalho como atividade produtiva. Ainda, como Alfred Sohn-Rethel mostra em *Geistige und körperliche Arbeit*, a abordagem de Grossmann é inadequada porque, no seu ensaio, os instrumentos que supostamente geram o pensamento mecanista já são compreendidos e explicados em termos da lógica desse pensamento[119]. As origens de formas particulares de pensamento devem ser buscadas em nível mais profundo, de acordo com Sohn--Rethel. Tal como a interpretação esboçada neste livro, sua proposta é analisar estruturas ocultas de pensamento – por exemplo, aquelas que Kant postulou a-historicamente como categorias *a priori* transcendentais – em relação à sua constituição por formas de síntese social. Mas, o entendimento de constituição social de Sohn-Rethel difere do que é apresentado neste livro: ele não analisa a especificidade do trabalho no capitalismo como socialmente constituinte, mas, pelo contrário, postula duas formas de síntese social – uma executada por meio da troca e outra por meio do trabalho. Ele afirma que o tipo de abstração e forma de síntese social gerada na forma de valor não é uma abstração de trabalho, mas uma abstração de troca[120]. De acordo Sohn--Rethel, existe uma abstração de trabalho no capitalismo, mas ela ocorre no processo de produção, e não no processo de troca[121]. Mas Sohn-Rethel não relaciona a noção de abstração de trabalho à criação de estruturas sociais alienantes. Em vez disso, avalia positivamente como não capitalista o modo de síntese social supostamente executada pelo trabalho na produção industrial, e o opõe ao modo de socialização executado pelas trocas, que ele avalia negativamente[122]. Só este último modo de síntese social, de acordo com Sohn-Rethel, constitui a essência do capitalismo. Essa versão de uma interpretação tradicional da contradição do capitalismo leva Sohn-Rethel a afirmar que uma sociedade é potencialmente sem classes quando adquire diretamente a forma da sua síntese por meio do processo de produção e não por meio da apropriação

---

[119] Sohn-Rethel, *Geistige und körperliche Arbeit*, cit., nota 20, p. 85.

[120] Ibidem, p. 77-8.

[121] Idem.

[122] Ibidem, p. 123, 186.

O TRABALHO ABSTRATO 207

mediada por trocas[123]. Ela também enfraquece a sua tentativa sofisticada de leitura epistemológica das categorias de Marx.

Na estrutura deste livro, a síntese da socialização nunca é função do "trabalho", mas da forma de relações sociais em que tem lugar a produção. O trabalho executa essa função somente no capitalismo, em resultado da qualidade historicamente específica que revelamos ao examinar a forma-mercadoria. Mas Sohn-Rethel interpreta a forma-mercadoria como extrínseca ao trabalho determinado por mercadoria, e atribui à produção como tal um papel na socialização que ele não possui. Isso não lhe permite apreender adequadamente o caráter dessas estruturas sociais alienadas criadas pela socialização mediada pelo trabalho nem a especificidade do processo de produção no capitalismo.

No Capítulo 5 examinarei a compulsão social exercida pelo tempo abstrato como mais uma determinação básica das estruturas sociais alienadas apreendidas pela categoria do capital. Mas são precisamente essas estruturas que Sohn-Rethel avalia positivamente como não capitalistas: "A necessidade funcional de uma organização unitária do tempo, que caracteriza o processo contínuo moderno de trabalho, contém os elementos de uma nova síntese de socialização"[124]. Essa avaliação é consistente com uma abordagem do trabalho no capitalismo e, portanto, considera implicitamente o trabalho no capitalismo como "trabalho". A forma de síntese social alienada que é de fato executada pelo trabalho no capitalismo é, assim, avaliada positivamente como forma não capitalista de socialização, executada pelo trabalho *per se*.

Essa posição também impede que Sohn-Rethel se ocupe das formas de pensamento dos séculos XIX e XX em que a forma de produção em si assume uma forma fetichizada. Sua ênfase na troca, que exclui qualquer exame das implicações da forma-mercadoria para o trabalho, restringe a sua epistemologia social a uma consideração das formas de pensamento estático, abstrato e mecânico. Isso necessariamente exclui muitas formas do pensamento moderno do campo de ação da sua epistemologia social crítica. A incapacidade de considerar o papel mediador do trabalho no capitalismo indica que a compreensão de Sohn-Rethel da forma da síntese é diferente da forma das relações sociais que desenvolvi aqui. Apesar de a minha interpretação ser paralela, sob certos aspectos, à tentativa de Sohn-Rethel de relacionar o surgimento histórico do pensamento abstrato, da filosofia e ciência natural nas formas sociais abstratas, ele se baseia em uma compreensão diferente do caráter e constituição dessas formas.

Entretanto, uma teoria das formas sociais tem importância fundamental para uma teoria crítica. Uma teoria baseada numa análise da forma-mercadoria das relações sociais pode, a meu ver, explicar num alto nível de abstração lógica as condições sob as quais o pensamento científico se desviou, com a ascensão da civilização capitalista,

---

[123] Ibidem, p. 123.

[124] Ibidem, p. 186.

208   Tempo, trabalho e dominação social

de uma preocupação com a qualidade (valor de uso) e das questões relativas ao "que" e "por que" substantivos para uma preocupação com a quantidade (valor) e questões mais ligadas ao "como" instrumental.

Trabalho e ação instrumental

Já afirmei que as formas das relações sociais têm significância "cultural": elas condicionam os entendimentos da natureza bem como do mundo social. Uma característica básica da ciência natural moderna é o seu caráter instrumental – sua preocupação com questões de como a natureza funciona chegando à exclusão das questões de significado, seu caráter "livre de valor" com relação a objetivos substantivos. Embora eu não vá continuar a examinar diretamente neste ponto o problema da fundamentação social dessa ciência natural, essa questão pode ser esclarecida indiretamente pelo exame do problema de se o trabalho deve ser considerado atividade instrumental, considerando-se a relação entre essa atividade e a forma de constituição social que caracteriza o capitalismo.

Em *O eclipse da razão,* Max Horkheimer relaciona o trabalho à ação instrumental, que ele caracteriza como aquela forma reduzida de razão que se tornou dominante com a industrialização. Razão instrumental, de acordo com Horkheimer, se interessa apenas pela questão do meio mais correto ou mais eficiente para um dado fim. Ela se relaciona com a noção de Weber da racionalidade formal, por oposição à substantiva. Os objetivos em si não são determináveis pela razão humana[125]. A ideia de que a razão em si só é significativamente válida com relação aos instrumentos, ou é ela própria um instrumento, está intimamente ligada à deificação positivista das ciências naturais como único modelo de conhecimento[126]. Essa ideia resulta em completo relativismo em relação aos objetivos e sistemas substantivos de moral, política e economia[127]. Horkheimer relaciona essa instrumentalização ao desenvolvimento de métodos crescentemente complexos de produção:

> A transformação completa do mundo em um mundo de meios e não de fins é em si a consequência do desenvolvimento histórico dos métodos de produção. À medida que a produção material e a organização social se tornavam mais complicadas e reificadas, o reconhecimento dos meios como tal se torna cada vez mais difícil, pois assume a aparência de entidades autônomas.[128]

---

[125] Max Horkheimer, *Eclipse of Reason*, cit., p. 3-6.

[126] Ibidem, p. 59s., 105.

[127] Ibidem, p. 31.

[128] Ibidem, p. 102.

O TRABALHO ABSTRATO **209**

Horkheimer declara de fato que esse processo de instrumentalização crescente não é função da produção *per se*, mas do seu contexto social[129]. Como já argumentei, Horkheimer, apesar de algumas evasivas, identifica o trabalho em si e por si com a ação instrumental. Ainda que eu concorde que exista uma ligação entre ação instrumental e razão instrumental, discordo de sua identificação ação instrumental com o trabalho como tal. A explicação de Horkheimer para o crescente caráter instrumental do mundo diante da crescente complexidade da produção é menos que convincente. O trabalho sempre pode ser um meio técnico pragmático para se atingir objetivos particulares, além de qualquer outro significado que lhe possa ser atribuído, mas isso não chega a explicar o crescente caráter instrumental do mundo – a dominação crescente dos meios "livres de valor" sobre valores e objetivos substantivos, a transformação do mundo num mundo de meios. Só à primeira vista o trabalho parece ser o exemplo por excelência da ação instrumental. Gyórgy Márkus e Cornelius Castoriadis, por exemplo, afirmaram convincentemente que o trabalho social nunca é simplesmente uma ação instrumental[130]. Tendo em vista a argumentação que desenvolvi aqui, essa proposição pode ser modificada: o trabalho social como tal *não* é ação instrumental, mas o trabalho no capitalismo *é* ação instrumental.

A transformação do mundo em um mundo de meios, e não de fins, um processo que se estende até as pessoas[131], está relacionada ao caráter particular do trabalho mediado pela mercadoria como um meio. Embora o trabalho social seja sempre um meio para um fim, apenas isso não o torna instrumental. Como já observado, nas sociedades pré--capitalistas, por exemplo, o trabalho recebe significância pelas relações sociais abertas e é modelado pela tradição. Dado que o trabalho produtor de mercadoria não é mediado por essas relações, ele é, em certo sentido, privado de significado, "secularizado". Esse desenvolvimento pode ser uma condição necessária da crescente instrumentalização do mundo, mas não é condição suficiente para o caráter instrumental do trabalho – o fato de ele existir como puro meio. Esse caráter é uma função de um tipo de meio que o trabalho é no capitalismo.

Como já vimos, o trabalho determinado por mercadorias é, como o trabalho concreto, um meio de produzir um produto particular; ademais, e mais essencialmente, como trabalho abstrato, ele é automediador – é um *meio social* de aquisição de produtos de outros. Portanto, para os produtores, o trabalho é abstraído do seu produto concreto: ele serve a eles como puro meio, um instrumento para adquirir produtos

---

[129] Ibidem, p. 153-4.

[130] Cornelius Castoriadis, *Crossroads in the Labyrinth* (trad. Kate Soper e Martin H. Ryle, Cambridge, MIT Press, 1984), p. 244-9; Gyórgy Márkus, "Die Welt menschlicher Objekte: Zum Problem der Konstitution im Marxismus", cit., p. 24s.

[131] Max Horkheimer, *Eclipse of Reason*, cit., p. 151.

210 Tempo, trabalho e dominação social

que não têm relação intrínseca com o caráter substantivo da atividade produtiva por meio da qual eles são adquiridos[132].

O objetivo da produção no capitalismo não são os bens materiais produzidos nem os efeitos reflexivos da atividade do trabalho sobre o produtor, é o valor ou, mais precisamente, o mais-valor. Mas, valor é um objetivo puramente quantitativo, não existe diferença qualitativa entre o valor do trigo e o das armas. Valor é puramente quantitativo porque, como forma de riqueza, ele é um meio objetivado: ele é a objetivação do trabalho abstrato – do trabalho como meio objetivo de aquisição de bens que não produziu. Assim, produção para o (mais-)valor é produção cujo objetivo é em si um meio[133]. Portanto, a produção no capitalismo é necessariamente orientada quantitativamente para quantidades sempre crescentes de mais-valor. Essa é a base da análise de Marx da produção no capitalismo como produção pela produção[134]. Nessa estrutura, a instrumentalização do mundo é função da determinação da produção e das relações sociais por essa forma historicamente específica de mediação social – ela não é função da complexidade crescente da produção material como tal. Produção pela produção significa que a produção não é mais um meio para um fim substantivo, mas um meio para um fim que é ele próprio um meio, um momento em uma cadeia sem fim de expansão. *Produção no capitalismo se torna um meio para um meio.*

A emergência de um objetivo de produção social que é na verdade um meio que está na base da dominação crescente, observada por Horkheimer, dos meios sobre os fins. Ela não está enraizada no caráter do trabalho concreto como meio material determinado de criação de um produto específico, pelo contrário, está enraizada no caráter do trabalho no capitalismo como meio social que é quase objetivo e suplanta as relações abertamente sociais. Horkheimer, de fato, atribui ao trabalho em geral uma consequência do caráter específico do trabalho no capitalismo.

---

[132] Essa análise do trabalho oferece uma determinação lógica inicial e abstrata para o desenvolvimento no século XX, observada por André Gorz e Daniel Bell, entre outros, da autoconcepção dos trabalhadores como trabalhadores/consumidores e não como trabalhadores/produtores. Ver André Gorz, *Critique of Economic Reason* (trad. Gillian Handyside e Chris Turner, Londres/Nova York, Verso, 1989), p. 44s.; e Daniel Bell, "The Cultural Contradictions of Capitalism", em *The Cultural Contradictions of Capitalism* (Nova York, Basic Books, 1978), p. 65-72.

[133] A ascensão do formalismo social e político, bem como do teórico, pode ser investigada com relação a esse processo de separação da forma e conteúdo, pela qual a primeira domina a segunda. Em outro nível, Giddens sugeriu que, dado que o processo de comodificação destrói ao mesmo tempo os valores tradicionais e os modos de vida e resulta nessa separação de forma e conteúdo, ele induz sentimentos generalizados de falta de significado. Ver *A Contemporary Critique of Historical Materialism*, cit., p. 152-3.

[134] Karl Marx, *O capital*, cit., Livro I, p. 669-70; idem, "Results of the Immediate Process of Production", cit., p. 1.037-8.

O TRABALHO ABSTRATO 211

Apesar de o processo de instrumentalização ser logicamente implicado pelo duplo caráter do trabalho no capitalismo, esse processo é grandemente intensificado pela transformação dos humanos em meios. Como elaborarei adiante, o primeiro estágio dessa transformação é a mercantilização do trabalho em si como força de trabalho (o que Marx chama de "subsunção formal do trabalho sob o capital"), que não transforma necessariamente a forma material da produção. O segundo estágio é quando o processo de produção de mais-valor molda o processo de trabalho à sua imagem (a "subsunção real do trabalho sob o capital")[135]. Com a subsunção real, o objetivo da produção capitalista – que é na verdade um meio – molda o meio material de sua realização. A relação entre a forma material da produção e seu objetivo (valor) não é mais contingente. Pelo contrário, o trabalho abstrato começa a quantificar e moldar o trabalho concreto à sua imagem, a dominação abstrata do valor começa a se materializar no processo de trabalho em si. Um marco da subsunção real, de acordo com Marx, é que, apesar das aparências, as matérias-primas reais do processo de produção não são os materiais físicos que são transformados em produtos materiais, mas os *trabalhadores* cujo tempo de trabalho objetivado constitui o sangue vital da totalidade[136]. Com a subsunção real, essa determinação do processo de valorização se materializa: a pessoa, literalmente, se torna um meio.

O objetivo da produção no capitalismo exerce uma forma de necessidade sobre o produtor. Os objetivos do trabalho – sejam eles definidos em termos dos produtos ou dos efeitos do trabalho sobre os produtores – não são dados pela tradição social nem decididos conscientemente. Pelo contrário, *o objetivo fugiu do controle humano*: as pessoas não podem decidir o valor (ou mais-valor) como objetivo, pois esse objetivo enfrenta-as como necessidade externa. Só podem decidir que produtos têm maior probabilidade de maximizar o (mais-)valor obtido, a escolha dos produtos materiais como objetivos não é função das qualidades substantivas nem das necessidades a serem atendidas. Ainda assim, a "batalha dos bens" – tomando emprestado o termo de Weber – que reina de fato entre os objetivos substantivos só *parece* ser relativismo puro; o relativismo, que evita que alguém julgue com base em fundamentos substantivos os méritos de um objetivo de produção em relação a outro, resulta do fato de, na sociedade determinada pelo capital, *todos* os produtos corporificam o mesmo objetivo oculto da produção – o valor. Mas o objetivo real não é, ele mesmo, substantivo, daí a aparência de puro relativismo. O objetivo da produção no capitalismo é um dado absoluto que, paradoxalmente, é apenas um meio – mas um meio que não tem outro fim que não ele mesmo.

---

[135] Idem, "Results of the Immediate Process of Production", cit., p. 1.034s.

[136] Karl Marx, *O capital*, cit., Livro I, p. 265-7, 271-2, 381-2, 494-5.

212 TEMPO, TRABALHO E DOMINAÇÃO SOCIAL

Assim como a dualidade de trabalho concreto e interação mediada pelo trabalho, o trabalho no capitalismo tem caráter socialmente constituinte. Isso nos coloca diante da seguinte conclusão, paradoxal apenas na aparência: é exatamente devido ao seu caráter socialmente mediador que o trabalho no capitalismo é ação instrumental. Uma vez que a qualidade mediadora do trabalho não pode aparecer diretamente, a instrumentalidade aparece como atributo objetivo do trabalho como tal.

O caráter instrumental do trabalho como automediação é, ao mesmo tempo, o caráter instrumental das relações sociais mediadas pelo trabalho. O trabalho no capitalismo constitui a mediação social que caracteriza essa sociedade; como tal, ele é uma atividade "prática". Temos agora à nossa frente mais um paradoxo: o trabalho no capitalismo é ação instrumental precisamente por causa do seu caráter "prático" historicamente determinado. Reciprocamente, a esfera "prática", a da interação social, se funde com a do trabalho e tem caráter instrumental. No capitalismo, então, o caráter instrumental do trabalho e das relações sociais está enraizado no papel social específico do trabalho nessa formação. A instrumentalidade está enraizada na forma (mediada pelo trabalho) de constituição social no capitalismo.

Mas, essa análise não implica o pessimismo necessário da teoria crítica discutido no Capítulo 3. Dado que o caráter instrumental que investigamos é função do duplo caráter do trabalho no capitalismo – e não do trabalho *per se* – ele pode ser analisado como atributo de uma forma internamente contraditória. O caráter instrumental crescente do mundo não precisa ser entendido como um processo linear infinito preso ao desenvolvimento da produção. A forma social pode ser vista como aquela que não somente confere a si mesma um caráter instrumental, mas, partindo da mesma dualidade, enseja a possibilidade da sua crítica fundamental e as condições de possibilidade se sua própria abolição. Em outras palavras, o conceito do duplo caráter do trabalho oferece o ponto de partida para uma reconsideração do significado da contradição fundamental da sociedade capitalista.

TOTALIDADE ABSTRATA E SUBSTANTIVA

Já analisei valor como categoria que expressa a autodominação do trabalho, ou seja, a dominação dos trabalhadores pela dimensão mediadora historicamente específica do seu próprio trabalho. Com exceção da breve discussão da subsunção do trabalho sob o capital na seção anterior, minha análise até agora tratou como formal, e não substantiva, a totalidade social alienada constituída pelo trabalho no capitalismo – é a ligação social exteriorizada entre indivíduos que resulta da determinação simultânea do trabalho como atividade produtiva e como atividade socialmente mediadora. Se

O TRABALHO ABSTRATO **213**

a investigação tivesse de parar aqui, poderia parecer que o que analisei como ligação social alienada no capitalismo não difere – dado o seu caráter formal – fundamentalmente do mercado. A análise da alienação apresentada até agora pode ser apropriada e reinterpretada por uma teoria que se concentrasse no dinheiro como meio de troca, e não no trabalho como atividade mediadora.

Mas, ao continuar essa investigação e examinar a categoria de Marx do mais-valor, portanto, também do capital, veremos que, na sua análise, a ligação social alienada no capitalismo não permanece formal e estática. Ela tem, pelo contrário, um caráter direcionalmente dinâmico. O fato de o capitalismo se caracterizar por uma dinâmica histórica imanente se deve, na análise marxiana, à forma de dominação abstrata intrínseca à forma de valor da riqueza e da mediação social. Como já observado, uma característica essencial dessa dinâmica é um processo de produção pela produção sempre em aceleração. O que caracteriza o capitalismo é que, em nível sistêmico profundo, a produção não se faz em nome do consumo. Pelo contrário, ela é dirigida basicamente por um sistema de compulsões abstratas constituídas pelo duplo caráter do trabalho no capitalismo, que postula a produção como seu próprio objetivo. Em outras palavras, a "cultura" que medeia a produção no capitalismo é radicalmente diferente da de outras sociedades na medida em que é ela mesma constituída pelo trabalho[137]. O que distingue a teoria crítica baseada na noção do trabalho como atividade socialmente mediadora de abordagens que atentam ao mercado ou ao dinheiro é a análise do ca-

---

[137] Nesse sentido, a crítica de que Marx esquece de incorporar em sua teoria uma análise da especificidade histórica e cultural dos valores de uso no capitalismo – ou, de modo mais geral, uma análise da cultura na mediação da produção – enfoca um nível lógico de vida social no capitalismo diferente daquele que Marx tenta elucidar na sua crítica da maturidade. Ademais, essa crítica despreza o fato de Marx considerar a característica essencial e força motriz da formação social capitalista como uma forma de mediação social historicamente única que resulta na produção pela produção, e não para o consumo. Essa análise, como veremos, estuda a categoria do valor de uso, apesar de ela não se identificar com apenas o consumo. Entretanto, afirma que teorias de produção movida pelo consumo não podem explicar o dinamismo necessário da produção capitalista. (A interpretação que apresento neste livro lança dúvida sobre tendências recentes da teoria social de identificar consumo como a sede da cultura e subjetividade – que implica que a produção deve ser considerada essencialmente técnica e "objetiva"; e, mais fundamentalmente, ela lança dúvidas sobre qualquer noção de "cultura" como categoria universal trans-histórica, que, por toda parte e por todo tempo, se constitui da mesma maneira.) Essas críticas, porém, indicam de fato que outras considerações sobre o valor de uso – relativas ao consumo, por exemplo – são importantes para a investigação da sociedade capitalista em nível mais concreto. Mas é crucial distinguir entre níveis de análise e trabalho nas suas mediações. Para as críticas de Marx citadas, ver Marshall Sahlins, *Culture and Practical Reason* (Chicago, University of Chicago Press, 1976), p. 135, 148s.; e William Leiss, *The Limits to Satisfaction* (Toronto e Buffalo, University of Toronto Press, 1976), p. xvi-xx.

214 Tempo, trabalho e dominação social

pital na primeira – sua capacidade de apreender a dinâmica direcional e trajetória da produção da sociedade moderna.

Quando eu investigar a categoria do capital de Marx, tornar-se-á claro que a totalidade social adquire seu caráter dinâmico pela incorporação de uma dimensão social substantiva do trabalho. Até aqui, considerei uma dimensão social específica, abstrata, do trabalho no capitalismo como atividade socialmente mediadora. Essa dimensão não deve ser confundida com o caráter social do trabalho como atividade produtiva. Esta, de acordo com Marx, inclui a organização social do processo de produção, a qualificação média da população trabalhadora, o nível de desenvolvimento e a aplicação da ciência, entre outros fatores[138]. Essa dimensão – o caráter social do trabalho concreto como atividade produtiva – permaneceu fora das minhas considerações até agora, tratei a função do trabalho como atividade socialmente mediadora independentemente do trabalho concreto específico executado. Mas essas duas dimensões do trabalho no capitalismo não existem simplesmente uma ao lado da outra. Para analisar como elas se determinam, primeiro examinarei a dimensão quantitativa e temporal de valor; isso permitirá que eu demonstre – ao elucidar a dialética do trabalho e tempo – que, com a forma do capital, a dimensão social do trabalho concreto é incorporada na dimensão social alienada constituída pelo trabalho abstrato. A totalidade, que até aqui tratei apenas como abstrata, adquire um caráter substantivo por apropriar o caráter social da atividade produtiva. Desenvolverei essa análise na terceira parte deste livro para fornecer a base de uma compreensão da categoria de Marx do capital. Durante essa investigação, mostrarei que a totalidade social expressada pela categoria do capital também possui um "duplo caráter" – abstrato e substantivo – enraizado nas duas dimensões da forma-mercadoria. A diferença é que, com o capital, *ambas* as dimensões do trabalho são alienadas e, juntas, enfrentam os indivíduos como força impositiva. Essa dualidade é a razão pela qual a totalidade não é estática, mas possui um caráter intrinsecamente contraditório que está na base de uma dinâmica imanente historicamente direcional.

Essa análise das formas sociais alienadas como simultaneamente formais e substantivas, ainda assim contraditórias, difere das abordagens, como as de Sohn-Rethel, que buscam localizar a contradição do capitalismo entre a sua dimensão formal abstrata e uma dimensão substantiva – o processo industrial de produção de base proletária – e pressupõem não ser a segunda determinada pelo capital. Ao mesmo tempo, minha abordagem implica que qualquer noção fundamentalmente pessimista da totalidade como estrutura "unidimensional" de dominação (sem contradição intrínseca) não é integralmente adequada à análise marxiana. Enraizada no duplo caráter do trabalho determinado por mercadorias, a totalidade social alienada

---

[138] Karl Marx, *O capital*, cit., Livro I, p. 130.

não é, como quer Adorno, por exemplo, a identidade que incorpora o socialmente não idêntico de forma a tornar o todo uma unidade não contraditória, levando à universalização da dominação[139]. Estabelecer que a totalidade é intrinsecamente contraditória é mostrar que ela permanece uma identidade essencialmente contraditória de identidade e não identidade, e não se tornou uma identidade unitária que assimilou totalmente o não idêntico.

---

[139] Theodor W. Adorno, *Negative Dialectics*, cit.

5
TEMPO ABSTRATO

A grandeza do valor

Ao examinar a análise de Marx sobre as formas essenciais de estruturação social da sociedade capitalista, concentrei-me, até aqui, em sua categoria de trabalho abstrato e em algumas implicações básicas de seu argumento de que as relações sociais características do capitalismo são constituídas pelo trabalho. O que também caracteriza essas formas sociais, de acordo com Marx, é a sua dimensão temporal e sua quantificabilidade. Marx apresenta esses aspectos da forma-mercadoria no início de sua discussão, quando trata do problema da grandeza do valor[1]. Ao discutir o tratamento desse problema, mostrarei sua importância na análise de Marx sobre a natureza da sociedade capitalista. Com base nisso, examinarei mais de perto as diferenças entre valor e riqueza material e começarei a tratar da questão do capitalismo e da temporalidade – que estabelecerá as bases para minha consideração, na última parte deste livro, da concepção de Marx sobre a trajetória do desenvolvimento capitalista. Também desenvolverei outros aspectos da teoria sócio-histórica do conhecimento e da subjetividade descrita. Isso preparará o terreno para uma análise da crítica de Jürgen Habermas sobre Marx, que concluirá a minha discussão sobre a trajetória da teoria crítica como tentativa de formular uma crítica social adequada ao século XX. Nesse ponto, poderei começar a reconstruir a categoria capital de Marx.

O problema da grandeza do valor parece, à primeira vista, muito mais simples e mais direto do que o das categorias de valor e trabalho humano abstrato. Esse problema foi tratado por Franz Petry, Isaak Illich Rubin e Paul Sweezy, por exemplo, como a

---

[1] Karl Marx, *O capital*, cit., Livro I, p. 113s.

218 Tempo, trabalho e dominação social

"teoria quantitativa do valor" em contraposição à "teoria qualitativa do valor"[2]. Eles constroem essa distinção para enfatizar que a teoria do valor de Marx não é apenas uma teoria econômica no sentido mais estrito, mas uma tentativa de elucidar a estrutura básica das relações sociais no capitalismo. No entanto, ao deixar de lado as considerações críticas de suas análises específicas dessas relações sociais, tais teorias não vão longe o bastante. Empreendem uma análise qualitativa do conteúdo social do valor, mas tratam a grandeza do valor somente em termos quantitativos. A análise do valor como forma social historicamente específica deveria, porém, mudar os termos com que a grandeza do valor é considerada[3]. Marx não apenas escreve – como tem sido frequentemente citado – que a economia política "nunca sequer perguntou por que o trabalho é expresso em termos de valor", mas também pergunta por que "o trabalho se representa no valor e a medida do trabalho, por meio de sua duração temporal, na grandeza de valor do produto do trabalho"[4]. A segunda questão implica que não é suficiente realizar um exame qualitativo unicamente da forma de valor e, assim, excluir o problema da grandeza do valor – pois esse problema também implica uma análise social qualitativa.

As interpretações de Marx mencionadas certamente não tratam o problema da grandeza do valor em um sentido estritamente quantitativo – isto é, somente em termos do problema de valores de troca relativos – como faz a economia política, mas apenas como a quantificação da dimensão qualitativa do valor, em vez de uma nova determinação qualitativa da formação social. Sweezy, por exemplo, escreve: "Para além da simples determinação de relações de troca [...] o problema de valor quantitativo [...] nada mais é do que a investigação sobre as leis que regem a alocação da força de trabalho em diferentes esferas de produção em uma sociedade de produtores de

---

[2] Franz Petry, *Der soziale Gehalt der Marxschen Werttheorie* (Jena, Fischer, 1916), p. 3-5, 16; Isaak Illich Rubin, *A teoria marxista do valor* (trad. José Bonifácio de S. Amaral Filho, São Paulo, Brasiliense, 1980), p. 83, 135, 189; Paul Sweezy, *The Theory of Capitalist Development*, cit., p. 25.

[3] Geralmente, o ponto de partida para posições que enfatizam uma análise qualitativa da categoria de valor tem sido a crítica de Marx à economia política clássica por negligenciar tal análise: "Uma das insuficiências fundamentais da economia política clássica está no fato de ela nunca ter conseguido descobrir, a partir da análise da mercadoria e, mais especificamente, do valor das mercadorias, a forma do valor [...]. Justamente em seus melhores representantes, como A. Smith e Ricardo, ela trata a forma de valor como algo totalmente indiferente ou exterior à natureza do próprio valor. A razão disso não está apenas em que a análise da grandeza do valor absorve inteiramente sua atenção" (Karl Marx, *O capital*, cit., Livro I, nota 32, p. 155). Isto, contudo, não significa que a análise da magnitude do valor pela economia política possa ser mantida e simplesmente complementada por uma análise qualitativa da forma valor.

[4] Karl Marx, *O capital*, cit., Livro I, p. 155.

Tempo abstrato **219**

mercadorias"[5]. Se, para Sweezy, a tarefa da teoria do valor qualitativo é analisar essas leis em termos da natureza das relações sociais e modos de consciência, a tarefa da teoria do valor quantitativo é considerar sua natureza em termos puramente quantitativos[6]. De forma semelhante, Rubin diz:

> O erro básico da maioria dos críticos de Marx consiste em: 1) sua completa incapacidade de compreender o aspecto qualitativo, sociológico, da teoria de Marx sobre o valor , e 2) sua limitação do aspecto quantitativo ao exame de relações de troca [...]; eles ignoram as inter-relações quantitativas entre as quantidades de trabalho social distribuídas pelos diferentes ramos de produção e de diferentes empresas. [A] magnitude do valor [é] um regulador da distribuição quantitativa do trabalho social.[7]

Petry, por outro lado, vê o "problema do valor quantitativo" em termos de distribuição do valor total produzido pelo proletariado entre as várias classes de sociedade sob a forma de renda[8].

Essas interpretações do problema do valor quantitativo enfatizam exclusivamente a regulamentação inconsciente da distribuição social de mercadorias e trabalho (ou renda). Tais abordagens, que interpretam as categorias de valor e grandeza do valor somente com a falta de uma regulamentação consciente de distribuição social no capitalismo, concebem implicitamente a negação histórica do capitalismo apenas como planejamento público na ausência de propriedade privada. Elas não fornecem base adequada para uma crítica categorial da forma de produção determinada pelo capital. A análise marxiana da grandeza do valor é, no entanto, elemento integrante dessa mesma crítica: implica a determinação qualitativa da relação de trabalho, tempo e necessidade social na formação social capitalista. Ao investigar a dimensão temporal das categorias de Marx, serei capaz de comprovar minha afirmação anterior de que a lei do valor, longe de ser uma teoria dos mecanismos de equilíbrio do mercado, implica tanto uma dinâmica histórica quanto uma forma material específica de produção.

A medida de valor, de acordo com Marx, é muito diferente da medida de riqueza material. Essa última forma de riqueza, criada pela ação de vários tipos de trabalho concreto com matérias-primas, pode ser medida pela objetivação desses trabalhos, isto é, pelas quantidades e qualidades dos bens específicos produzidos. Tal modo de medição é uma função da especificidade qualitativa do produto, da atividade que

---

[5] Paul Sweezy, *The Theory of Capitalist Development*, cit., p. 33-4.

[6] Ibidem, p. 41.

[7] Isaak Illich Rubin, *A teoria marxista do valor*, cit., p. 89-90.

[8] Franz Petry, *Der soziale Gehalt der Marxschen Werttheorie*, cit., p. 29, 50. Marx trata da distribuição do valor total entre as várias classes na forma de renda, mas no nível lógico de preço e lucro, e não no do valor.

220 Tempo, trabalho e dominação social

o produz, das necessidades que pode satisfazer, bem como do costume – em outras palavras, o modo de medição da riqueza material é particular e não geral. Portanto, para se tornar a medida dominante de riqueza, deve ser mediada por vários tipos de relações sociais. A riqueza material não é mediada socialmente; nos lugares em que é a forma social dominante de riqueza, ela é "avaliada" e distribuída por relações sociais explícitas – laços sociais tradicionais, relações de poder, decisões conscientes, considerações de necessidades etc. O predomínio da riqueza material como a forma social da riqueza está relacionado a um modo de mediação social explícito.

O valor, como vimos, é uma forma peculiar de riqueza na medida em que não é mediado por relações sociais explícitas, mas é *uma mediação em si*: o valor é a dimensão automediadora das mercadorias. Isso é expresso por sua medida, que não é uma função direta da quantidade de bens produzidos. A medida material, como apontado, implicaria um modo de mediação manifestamente social. Embora o valor, assim como a riqueza material, seja uma objetivação do trabalho, ele é uma objetivação do trabalho abstrato. Como algo que constitui uma mediação social geral, "objetiva", o trabalho abstrato não é expresso pela objetivação de determinados trabalhos concretos, nem medido por sua quantidade. Sua objetivação é o valor – uma forma separável daquela do trabalho concreto objetivado, isto é, produtos específicos. Da mesma forma, a grandeza do valor, a medida quantitativa da objetivação do trabalho abstrato, difere das várias quantidades físicas das várias mercadorias produzidas e trocadas (50 metros de tecido, 450 toneladas de aço, 900 barris de petróleo etc.). No entanto, essa medida pode ser traduzida em quantidades físicas. A consequente comensurabilidade qualitativa e quantitativa das mercadorias é uma expressão da mediação social objetiva: constitui e é constituída por essa mediação. O valor, então, não é medido por meio de objetivações particulares de vários trabalhos, mas a partir do que todos eles têm em comum, independentemente da sua especificidade – o dispêndio de trabalho. A medida do dispêndio de trabalho humano, que não é uma função da quantidade e da natureza dos produtos é, na análise de Marx, o tempo:

> Mas como medir a grandeza de seu valor? Por meio da quantidade de "substância formadora de valor", isto é, da quantidade de trabalho nele contida. A própria quantidade de trabalho é medida por seu tempo de duração, e o tempo de trabalho possui, por sua vez, seu padrão de medida em frações determinadas de tempo, como hora, dia etc.[9]

Assim, quando o trabalho em si funciona como o meio geral quase objetivo de mediação de produtos, constitui-se uma medida geral quase objetiva de riqueza, independente da particularidade dos produtos e, portanto, de laços e contextos sociais

---

[9] Karl Marx, *O capital*, cit., Livro I, p. 116.

evidentes. Essa medida, de acordo com Marx, é o dispêndio socialmente necessário de tempo de trabalho humano, ou seja, como veremos, é uma forma determinada e "abstrata" de tempo. Devido ao caráter mediador do trabalho no capitalismo, a sua medida também tem um caráter socialmente mediador. A forma de riqueza (valor) *e* sua medida (tempo abstrato) são constituídas pelo trabalho no capitalismo como mediações sociais "objetivas".

A categoria do trabalho humano abstrato refere-se a um processo social que implica uma abstração das qualidades específicas dos vários trabalhos concretos envolvidos, bem como a redução de seu denominador comum, como trabalho humano[10]. Do mesmo modo, a categoria da grandeza do valor refere-se a uma abstração das quantidades físicas dos produtos trocados, bem como à redução a um denominador comum não manifesto – o tempo de trabalho envolvido em sua produção. No Capítulo 4, abordei algumas implicações socioepistemológicas da análise de Marx da forma-mercadoria entendida como uma análise das formas estruturadas de prática cotidiana que envolvem um processo contínuo de abstração da especificidade concreta de objetos, atividades e pessoas e sua redução a um denominador comum geral e "essencial". Indiquei que o surgimento da oposição moderna entre universalismo abstrato e particularismo concreto pode ser entendido com essa análise. Esse processo social de abstração ao qual a forma-mercadoria se refere implica ainda um processo determinado de quantificação. Abordarei a dimensão da forma-mercadoria das relações sociais enquanto investigo o tempo como medida.

É importante notar, neste ponto, que a afirmação de Marx, no Capítulo 1 d'*O capital*, de que o dispêndio de tempo de trabalho socialmente necessário é a medida do valor, não é sua demonstração completa dessa posição. Como demonstrei no Capítulo 4, o argumento de Marx em *O capital* é imanente ao seu modo de apresentação, ao pleno desdobramento das categorias, no qual o que é desdobrado destina-se a justificar retroativamente aquilo que o precedeu, e a partir do qual foi desenvolvido logicamente. Veremos que Marx procura apoiar retroativamente sua afirmação de que a grandeza do valor é determinada em termos do tempo de trabalho socialmente necessário, analisando, com base em suas determinações iniciais do valor e sua medida, do processo de produção no capitalismo e sua trajetória de desenvolvimento. Seu argumento pretende justificar a determinação temporal da grandeza do valor como uma determinação categorial da produção e da dinâmica do todo, e não – como poderia parecer de início – simplesmente como uma determinação da regulação da troca.

---

[10] Ibidem, p. 142-3.

Tempo, trabalho e dominação social

Tempo abstrato e necessidade social

Como o trabalho humano abstrato constitui uma mediação social geral, na análise de Marx, o tempo de trabalho que serve como medida do valor não é individual e contingente, mas *social* e *necessário*:

> A força de trabalho conjunta da sociedade, que se apresenta nos valores do mundo das mercadorias, vale aqui como uma única força de trabalho humana [...]. Cada uma dessas forças de trabalho individuais é a mesma força de trabalho humana que a outra, na medida em que possui o caráter de uma força de trabalho social média [...] portanto [...], ela só precisa do tempo de trabalho em média necessário ou tempo de trabalho socialmente necessário.[11]

Marx define assim o tempo de trabalho socialmente necessário: "Tempo de trabalho socialmente necessário é aquele requerido para produzir um valor de uso qualquer sob as condições normais para uma dada sociedade e com o grau social médio de destreza e intensidade do trabalho"[12]. O valor de uma mercadoria não é uma função do tempo de trabalho gasto nesse objeto em particular, mas da quantidade de tempo de trabalho socialmente necessário para a sua produção: "Portanto, é apenas a quantidade de trabalho socialmente necessário ou o tempo de trabalho socialmente necessário para a produção de um valor de uso que determina a grandeza de seu valor"[13].

A determinação da grandeza de valor de uma mercadoria em termos de tempo de trabalho socialmente necessário, ou médio, indica que o ponto de referência é a sociedade como um todo. Não vou, nesse momento, abordar o problema de como essa média é constituída – que ela resulta de um "processo social que ocorre pelas costas dos produtores" e que "lhes parecem, assim, ter sido legadas pela tradição"[14] – além de notar que esse "processo social" envolve uma mediação socialmente geral da ação individual. Isso implica a constituição, pela ação individual, de uma norma geral externa que se reflete sobre cada indivíduo.

O tipo de necessidade expressado no termo "tempo de trabalho socialmente necessário" é uma função dessa mediação geral e reflexiva. À primeira vista parece ser simplesmente uma declaração descritiva da quantidade média de tempo necessária para produzir uma determinada mercadoria. Uma análise mais aprofundada, no entanto, revela que essa categoria é uma nova determinação da forma de dominação social constituída pelo trabalho determinado pela mercadoria – que eu chamo de

---

[11] Ibidem, p. 117.

[12] Idem.

[13] Idem.

[14] Ibidem, p. 122.

necessidade social "historicamente determinada", em oposição à necessidade social "natural" e trans-histórica.

O tempo gasto na produção de um determinado produto é mediado de maneira socialmente geral e transformado em uma média que determina a grandeza do valor do produto. A categoria de tempo de trabalho socialmente necessário expressa, então, uma norma temporal geral resultante da ação dos produtores, que estes devem obedecer. O produtor é obrigado a produzir e trocar mercadorias para sobreviver e – se quiser receber o "valor integral" de seu tempo de trabalho – esse tempo deve ser igual à norma temporal expressa pelo tempo de trabalho socialmente necessário. Como categoria da totalidade, o tempo de trabalho socialmente necessário expressa uma necessidade social quase objetiva com a qual os produtores são confrontados. É a dimensão temporal da dominação abstrata que caracteriza as estruturas de relações sociais alienadas no capitalismo. A totalidade social constituída pelo trabalho como mediação geral objetiva tem um caráter temporal, no qual *o tempo se torna uma necessidade*.

Como já apontei, a abstração lógica das categorias de Marx no Livro I d'*O capital* alcança um nível muito alto: ela lida com a "essência" do capitalismo como um todo. Uma intenção estratégica de sua análise categorial nesse volume é fundamentar historicamente, em termos das formas de relações sociais no capitalismo, a oposição moderna entre o indivíduo livre e autodeterminado e a sociedade como uma esfera extrínseca de necessidade objetiva. Essa oposição é intrínseca à forma de valor da riqueza e das relações sociais. Embora o valor seja constituído pela produção de mercadorias particulares, a grandeza do valor de um determinado produto é, por reflexo, uma função de uma norma social geral constituída. O valor de uma mercadoria, em outras palavras, é o momento individualizado de uma mediação social geral; sua grandeza não é uma função do tempo de trabalho realmente necessário para produzir aquela mercadoria em particular, mas da mediação social geral expressada pela categoria de tempo de trabalho socialmente necessário. Diferentemente da medida da riqueza material, que é uma função da quantidade e da qualidade dos produtos particulares, a medida do valor expressa uma *relação* determinada – a saber, uma relação entre o particular e o geral-abstrato que tem a forma de uma relação entre momento e totalidade. Ambos os termos dessa relação são constituídos pelo trabalho, que funciona como atividade produtiva e socialmente mediadora. O duplo caráter do trabalho subjaz a medida temporal, abstrata e quase objetiva da riqueza social no capitalismo e gera uma oposição entre a gama de produtos ou trabalhos específicos e uma dimensão geral abstrata que constitui e é constituída por esses trabalhos específicos.

Em outro nível, a mercadoria como uma forma social dominante implica, necessariamente, tensão e oposição entre indivíduo e sociedade, o que aponta para uma tendência à subsunção do primeiro pela segunda. Quando o trabalho medeia e constitui relações sociais, torna-se o elemento central de uma totalidade que domina os indi-

224 Tempo, trabalho e dominação social

víduos – que, no entanto, estão livres de relações de dominação pessoal: "o trabalho que assim se mede com o tempo não aparece como trabalho de distintos indivíduos; os diferentes indivíduos que surgem antes como simples órgãos de trabalho"[15].

A sociedade capitalista se constitui como uma totalidade que não só se opõe aos indivíduos, mas também tende a subsumi-los: torna-os "simples órgãos" do todo. Essa determinação inicial da subsunção dos indivíduos pela totalidade na análise de Marx da forma-mercadoria prenuncia sua investigação crítica do processo de produção no capitalismo como a materialização dessa subsunção. Longe de criticar o caráter atomizado da existência individual no capitalismo do ponto de vista da totalidade, como implicam as interpretações tradicionais, Marx analisa a subsunção de indivíduos em estruturas objetivas abstratas como uma característica da forma social compreendida pela categoria de capital. Ele considera a subsunção o complemento antinômico da atomização individual e afirma que os dois momentos, bem como a sua oposição, são característicos da formação capitalista. Essa análise revela a perigosa unilateralidade de qualquer noção de socialismo que, equacionando o capitalismo com o modo burguês de distribuição, postula a sociedade socialista como a totalidade abertamente constituída pelo trabalho, ao qual os indivíduos são subsumidos.

A discussão sobre a determinação temporal de valor foi preliminar, vou desenvolvê-la de forma mais completa quando tratar da categoria de capital de Marx. No entanto, posso considerar mais adequadamente neste momento o significado da diferença entre valor e riqueza material na análise de Marx. Voltarei, então, a examinar o capitalismo e temporalidade investigando o tipo de tempo expresso pela categoria de tempo de trabalho socialmente necessário, e as implicações mais gerais da categoria para uma teoria da constituição social.

Valor e riqueza material

Ao distinguir valor e riqueza material, analisei o primeiro como uma forma de riqueza que é também uma relação social objetivada – em outras palavras, que se automedeia socialmente. Por outro lado, a existência da riqueza material como forma dominante de riqueza implica a existência de relações sociais explícitas que a medeiam. Como vimos, essas duas formas de riqueza social têm medidas diferentes: a grandeza do valor é uma função do dispêndio de tempo de trabalho abstrato, ao passo que a riqueza material é medida em termos de quantidade e qualidade dos produtos criados.

---

[15] Karl Marx, *Contribuição à crítica da economia política*, cit., p. 56.

Essa diferença tem implicações significativas para a relação entre valor e produtividade do trabalho e, finalmente, para a natureza da contradição fundamental do capitalismo.

A grandeza do valor de uma mercadoria individual é, como afirmado, uma função do tempo de trabalho socialmente necessário requerido para a sua produção. Um aumento na produtividade média aumenta o número médio de mercadorias produzidas por unidade de tempo. Assim, diminui a quantidade de tempo de trabalho socialmente necessário requerido para a produção de uma única mercadoria e, por conseguinte, o valor de cada uma delas. Em geral, "a grandeza de valor de uma mercadoria varia na razão direta da quantidade de trabalho que nela é realizado e na razão inversa da força produtiva desse trabalho"[16].

O aumento da produtividade leva à diminuição do valor de cada mercadoria produzida porque reduz o tempo de trabalho socialmente necessário gasto. Isso indica que o valor total produzido em determinado período de tempo (por exemplo, uma hora) permanece constante. A relação inversamente proporcional entre a produtividade média e a grandeza do valor de uma única mercadoria é uma função do fato de que a grandeza do valor total produzido depende apenas da quantidade de tempo de trabalho humano abstrato despendido. Mudanças na produtividade média não alteram o valor total criado em períodos de tempo iguais. Assim, se a produtividade média duplica, produz-se o dobro de mercadorias em determinado período de tempo, cada uma com a metade do valor anterior, pois o valor total nesse período de tempo permanece o mesmo. O único determinante do valor total é a quantidade de tempo de trabalho abstrato despendido, medido em unidades de tempo constantes. É, portanto, independente das variações de produtividade:

> o mesmo trabalho produz, nos mesmos períodos de tempo, sempre a mesma grandeza de valor, independentemente da variação da força produtiva. Mas ele fornece, no mesmo espaço de tempo, diferentes quantidades de valores de uso: uma quantidade maior quando a produtividade aumenta e menor quando ela diminui.[17]

Veremos que o caso da relação entre produtividade e tempo abstrato é mais complexo do que indica essa determinação inicial. No entanto, já ficou claro que a categoria marxiana de valor não é apenas a riqueza material que é mediada pelo mercado no capitalismo. Qualitativa e quantitativamente, valor e riqueza material são duas formas muito diferentes de riqueza, que podem até mesmo se opor:

> Uma quantidade maior de trabalho constitui, por si mesma, uma maior riqueza material, dois casacos em vez de um. Com dois casacos podem-se vestir duas pessoas;

---

[16] Karl Marx, *O capital*, cit., Livro I, p. 118.

[17] Ibidem, p. 123.

com um casaco, somente uma etc. No entanto, ao aumento da massa da riqueza material pode corresponder uma queda simultânea de sua grandeza de valor.[18]

O exame da categoria do valor mostra que a forma dominante de riqueza social no capitalismo é imaterial, embora deva ser expressa na mercadoria como sua "portadora" materializada[19]. É uma função imediata não da dimensão do valor de uso – da massa material ou da qualidade dos bens – mas do dispêndio de tempo de trabalho. Assim, Marx mostrou que a declaração com a qual começa *O capital* – "riqueza das sociedades onde reina o modo de produção capitalista aparece como uma 'enorme coleção de mercadorias'"[20] – só é válida aparentemente. No capitalismo, a medida temporal abstrata, mais do que a quantidade material concreta, é a medida da riqueza social. Essa diferença é a primeira determinação da possibilidade de existir, no capitalismo, pobreza (em termos de valor) em meio à abundância (em termos de riqueza material), não só para os pobres, mas para a sociedade como um todo. A riqueza material no capitalismo é, enfim, apenas aparente.

A diferença entre riqueza material e valor é central para a crítica marxiana do capitalismo. Sua raiz, de acordo com Marx, está no duplo caráter do trabalho nessa formação social[21]. A riqueza material é criada pelo trabalho concreto, mas o trabalho não é a única fonte de riqueza material[22], essa forma de riqueza resulta da transformação da matéria por pessoas com a ajuda de forças naturais[23]. A riqueza material surge, então, a partir das interações dos seres humanos com a natureza, mediadas pelo trabalho útil[24]. Como vimos, sua medida é uma função da quantidade e qualidade do que é objetivado pelo trabalho concreto, e não do dispêndio de tempo de trabalho humano direto. Consequentemente, a criação de riqueza material não está necessariamente vinculada ao dispêndio de tempo de trabalho. O aumento da produtividade resulta em maior riqueza material, quer aumente ou não a quantidade de tempo de trabalho despendido.

É importante observar que a dimensão concreta ou útil do trabalho no capitalismo tem uma natureza social diferente da dimensão historicamente específica do trabalho como atividade socialmente constituída, ou seja, do trabalho abstrato. Marx analisa a "força produtiva do trabalho" [*Produktivkraft der Arbeit*], como a produtividade do

---

[18] Ibidem, p. 123.

[19] Ibidem, p. 206.

[20] Ibidem, p. 113.

[21] Ibidem, p. 123.

[22] Ibidem, p. 121, 123.

[23] Idem.

[24] Karl Marx, *Crítica do Programa de Gotha* (trad. Rubens Enderle, São Paulo, Boitempo, 2012), p. 86.

trabalho concreto e útil[25]. Ela é determinada pela organização social da produção, o nível de desenvolvimento e aplicação da ciência e das habilidades adquiridas da população trabalhadora, entre outros fatores[26]. Em outras palavras, a dimensão concreta do trabalho, tal como concebida por Marx, tem um caráter social informado por organização e conhecimento sociais, que abrange aspectos de ambos – o que chamo de "caráter social do trabalho como atividade produtiva" – e não está restrito ao dispêndio de trabalho direto. A produtividade, na análise de Marx, é uma expressão desse caráter social, das habilidades produtivas adquiridas da humanidade. É uma função da dimensão concreta do trabalho, e não do trabalho, que constitui uma mediação social historicamente específica.

As determinações do valor, a forma dominante de riqueza no capitalismo, são muito diferentes das da riqueza material. O valor é peculiar na medida em que, embora seja uma forma de riqueza, não expressa diretamente a relação entre seres humanos e natureza, mas as relações interpessoais mediadas pelo trabalho. Assim, de acordo com Marx, a natureza não entra diretamente na constituição do valor[27]. Como mediação social, o valor é constituído unicamente pelo trabalho (abstrato): é uma objetivação da dimensão social historicamente específica do trabalho no capitalismo como atividade socialmente mediadora, como a "substância" das relações alienadas. Sua grandeza não é, pois, uma expressão direta da quantidade de produtos criados ou do poder das forças naturais aproveitadas; mas sim uma função apenas do tempo de trabalho abstrato. Ou seja, embora resulte em mais riqueza material, o aumento da produtividade não resulta em mais valor por unidade de tempo. Como uma forma de riqueza que é também uma forma de relações sociais, o valor não expressa diretamente as habilidades produtivas adquiridas da humanidade. (Mais tarde, ao discutir a concepção de Marx da categoria de capital, examinarei como essas habilidades produtivas, que são determinações da dimensão de valor de uso do trabalho, tornam-se atributos do capital.) Se o valor é constituído unicamente pelo trabalho e a única medida de valor é o tempo de trabalho direto, então a *produção de valor, diferentemente da produção de riqueza material, está necessariamente vinculada ao dispêndio de trabalho humano direto.*

A distinção entre valor e riqueza material é, como veremos, crucial para a análise de Marx do capitalismo. No entanto, antes de prosseguir, devo lembrar que Marx também argumenta que, na experiência imediata, essa distinção não é evidente. Vimos que uma das intenções de Marx no manuscrito publicado e editado postumamente como Livro III d'*O capital* é mostrar, com base em sua teoria do valor, que essa teoria não parece ser válida – e, especialmente, que o trabalho em si não

---

[25] Idem, *O capital*, cit., Livro I, p. 123.

[26] Ibidem, p. 118.

[27] Ibidem, p. 124.

228 Tempo, trabalho e dominação social

parece constituir o valor. Um dos objetivos de Marx ao discutir a renda da terra no Livro III, por exemplo, é mostrar como a natureza pode parecer ser um fator de criação de valor; como resultado, a distinção entre o caráter específico do trabalho no capitalismo e o trabalho em geral torna-se incerta, assim como a diferença entre valor e riqueza material[28].

(Uma exposição completa da análise de Marx sobre a natureza e o desenvolvimento do caráter contraditório do capitalismo deve, portanto, elucidar como uma distinção categorial – como aquela entre valor e riqueza material – é de fato socialmente operacional, embora os atores possam não estar cientes. Seria necessário mostrar como as pessoas, agindo com base em formas de aparência que disfarçam as estruturas essenciais subjacentes do capitalismo, reconstituem essas estruturas subjacentes. Tal exposição mostraria também como essas estruturas, mediadas por suas formas de aparência, não só originam práticas socialmente constituidoras, como também o fazem de modo a transmitir certas dinâmicas e restrições à sociedade como um todo. No entanto, como procuro apenas esclarecer a natureza da análise crítica de Marx sobre a sociedade capitalista em termos de suas categorias de base, não posso tratar essas questões a fundo neste livro.)

As diferenças entre valor e riqueza material, como expressões das duas dimensões do trabalho, dizem respeito ao problema da relação entre valor e tecnologia e à contradição básica do capitalismo. O tratamento dado por Marx às máquinas deve ser visto no contexto de sua análise do valor como forma de riqueza historicamente específica, diferente da riqueza material. Para Marx, apesar de produzirem um aumento da riqueza material, as máquinas não criam novo valor. Em vez disso, elas apenas transmitem a quantidade de valor (tempo de trabalho direto) que entrou em sua produção ou diminuem indiretamente o valor da força de trabalho (reduzindo o valor dos meios de consumo dos trabalhadores) e, assim, aumentam a quantidade de valor apropriável como excedente pelos capitalistas[29]. O fato de que as máquinas não criam novo valor não é um paradoxo nem indica uma insistência reducionista por parte de Marx ao postular a primazia do trabalho humano direto como constituinte social necessário da riqueza, independentemente da evolução tecnológica. Antes, fundamenta-se na diferença entre riqueza material e valor, uma diferença que estabelece as bases para o que Marx analisa como uma contradição crescente entre as duas dimensões sociais expressas pela forma-mercadoria. De fato, como veremos, o potencial de produção mecânica desempenha um papel importante na compreensão dessa contradição por Marx.

---

[28] Idem, *Capital*, cit., Livro III, p. 751-970.

[29] Idem, *Grundrisse*, cit., p. 584-5.

No Capítulo 1, examinei trechos dos *Grundrisse* que indicam que, para Marx, a contradição básica do capitalismo não está entre a produção industrial e as relações burguesas de distribuição, mas dentro da esfera da produção. Com base nisso, argumentei que sua análise é uma crítica do trabalho e da produção no capitalismo, não uma crítica do ponto de vista do "trabalho". A distinção entre valor e riqueza material, que Marx faz no início d'*O capital*, está em total conformidade com essa interpretação e a reforça. Na verdade, pode-se inferir a contradição básica apresentada nos *Grundrisse* a partir de sua distinção entre essas duas formas de riqueza, bem como da complexa relação implícita entre valor, produtividade e riqueza material.

Por um lado – como esclarecerei em breve com mais detalhes –, a análise de Marx indica que o sistema de produção baseado no valor gera níveis crescentes de produtividade com base em mudanças na organização do trabalho, no avanço tecnológico e na maior aplicação da ciência à produção. Com a produção tecnológica avançada, a riqueza material torna-se função de um elevado nível de produtividade, que depende do potencial de criação de riqueza da ciência e da tecnologia. O dispêndio de tempo de trabalho humano direto já não possui qualquer relação significativa com a produção dessa riqueza. No entanto, de acordo com Marx, o maior volume de riqueza material não significa, em si, maior quantidade da forma determinante da riqueza social no capitalismo – ou seja, de valor. Na verdade, a diferença entre os dois é crucial para o argumento de Marx sobre a contradição fundamental do capitalismo. O aumento da produtividade não acarreta, como se viu, maiores quantidades de valor por unidade de tempo. Por essa razão, os recursos para aumentar a produtividade, como ciência aplicada e tecnologia, *não* aumentam o valor produzido por unidade de tempo, mas fazem crescer consideravelmente a quantidade de riqueza material produzida[30]. O que subjaz à contradição central do capitalismo, segundo Marx, é que o valor continua a ser a forma determinante da riqueza e das relações sociais no capitalismo, independentemente da evolução da produtividade; no entanto, o valor também se torna cada vez mais anacrônico, tendo em vista o potencial de produção de riqueza material das forças produtivas a que dá origem.

Um momento central dessa contradição é o papel que o trabalho humano direto desempenha no processo de produção. Por um lado, ao induzir um enorme aumento de produtividade, as formas sociais de valor e capital geram a possibilidade de uma nova formação social em que o trabalho humano direto já não seria a principal fonte social de riqueza. Por outro lado, essas formas sociais são tais que o trabalho humano direto continua a ser necessário para o modo de produção e torna-se cada vez mais fragmentado e atomizado (na Parte III deste livro, discutirei os fundamentos estruturais

---

[30] Para fins de simplicidade e clareza, não estou considerando, neste ponto, questões de mais-valor ou de intensificação do trabalho.

230 Tempo, trabalho e dominação social

para essa necessidade persistente e suas implicações para uma análise da forma material do processo de produção). De acordo com essa interpretação, Marx não postula uma conexão necessária entre trabalho humano direto e riqueza social, independentemente da evolução tecnológica. Antes, sua crítica imanente atribui isso ao próprio capitalismo.

A contradição do capitalismo que Marx descreve nos *Grundrisse* pode então ser compreendida como uma crescente contradição entre valor e riqueza material – que, no entanto, não se mostra evidente, já que a diferença entre essas duas formas de riqueza não é nítida na "superfície" da sociedade, no plano da experiência imediata. Em resumo, só se pode entender a análise de Marx sobre essa contradição – como já deve estar claro – entendendo o valor como uma forma de riqueza historicamente específica, medida pelo dispêndio de tempo de trabalho humano. A distinção que Marx faz entre valor e riqueza material sustenta minha tese de que sua categoria de valor não tem a intenção de mostrar que a riqueza social é sempre e em toda parte uma função do trabalho humano direto, nem que essa "verdade" trans-histórica é encoberta por várias formas de mistificação no capitalismo, nem que a "verdade" da existência humana vem à tona no socialismo. Marx *de fato* procura mostrar que, sob a superfície das aparências, a forma social da riqueza dominante no capitalismo é constituída unicamente pelo trabalho (abstrato) – mas o objeto de sua crítica é essa forma "essencial" em si, e não simplesmente as formas superficiais que a encobrem. Ao chamar a atenção para a distinção entre valor e riqueza material, comecei a mostrar que a função crítica da "teoria do valor-trabalho" de Marx não é simplesmente "provar" que o excedente social no capitalismo é criado por meio da exploração da classe trabalhadora. Em vez disso, ela fornece uma crítica histórica do papel socialmente sintético desempenhado pelo trabalho no capitalismo, de modo a apontar para a possibilidade de sua abolição.

A esta altura deve estar claro que muito da discussão sobre a aplicabilidade das categorias de Marx na análise dos desdobramentos contemporâneos tem sido limitada pela falta de distinção entre valor e riqueza material. Isso é particularmente verdadeiro em relação à questão da relação entre tecnologia e valor. Como a categoria do valor tem sido frequentemente comparada à da riqueza social em geral, as tendências dominantes tendem a argumentar que o trabalho é sempre a única fonte social da riqueza, subsumindo, assim, a riqueza material ao valor, ou que o valor não é uma função unicamente do trabalho, mas pode ser criado diretamente pela aplicação do conhecimento científico e tecnológico, subsumindo, portanto, o valor à riqueza material. Paul Walton e Andrew Gamble, por exemplo, defenderam a abordagem de Marx enfatizando a singular capacidade do trabalho na criação do valor. No entanto, em vez de considerarem a particularidade dessa forma de riqueza, argumentam como se o trabalho, em virtude de suas qualidades especiais, fosse trans-historicamente uma fonte singular de riqueza social[31]. O motivo pelo qual as máquinas não produzem valor – entendido simplesmente como riqueza – não pode, no entanto, ser explicado de forma convincente. Por outro lado, em uma tentativa de explicar as óbvias possibilidades geradoras de riqueza da ciência e da tecnologia atuais, Joan Robinson critica Marx por sustentar que só o trabalho humano produz mais-valor[32]. Robinson, no entanto, também interpreta as categorias marxianas de valor e capital em termos de riqueza em geral, e não como formas específicas de riqueza e de relações sociais. Por isso, ela não faz distinção entre o que produz riqueza material e o que produz valor. Ao invés disso, ela reifica o capital como a riqueza por si só: "É mais convincente dizer que o capital, bem como a aplicação da ciência à indústria, são imensamente produtivos e que as instituições da propriedade privada, tornando-se monopólios, são nocivas, justamente porque nos impedem de ter o volume e o tipo de capital de que precisamos"[33]. Ao equiparar valor e capital com a riqueza material, a abordagem de Robinson identifica necessariamente as relações sociais do capitalismo de maneira tradicional, com a propriedade privada.

Interpretações que postulam a categoria do valor marxiana como uma categoria trans-historicamente válida de riqueza ou, inversamente, interpretam o seu caráter cada vez mais anacrônico como uma indicação da inadequação teórica da categoria, confundem valor e riqueza material. Tais abordagens esvaziam a categoria valor de sua especificidade histórica e não são capazes de compreender a concepção de Marx quanto ao caráter contraditório das formas sociais básicas que subjazem à sociedade capitalista. Elas tendem a ver o modo de produção como um processo essencialmente técnico imposto por forças e instituições sociais, e tendem a ver o desenvolvimento histórico da produção como um desenvolvimento tecnológico linear que pode ser contido por fatores sociais extrínsecos como a propriedade privada, em vez de um processo intrinsecamente técnico-social, cujo desenvolvimento é contraditório. Tais interpretações, em suma, falham em compreender fundamentalmente a natureza da análise crítica de Marx.

A análise de Marx sobre as diferenças entre valor e riqueza material é fundamental para a sua concepção do caráter contraditório da sociedade capitalista. Ele argumenta que o valor de fato não é suficiente para o potencial da ciência e da tecnologia quanto à produção da riqueza e, ainda assim, continua sendo a determinação básica da riqueza e das relações sociais no capitalismo. Essa contradição está enraizada na dualidade do trabalho no capitalismo. Ela estrutura, na sociedade capitalista, a crescente tensão interna que dá forma a uma ampla gama de desenvolvimentos históricos e fenômenos sociais. Na Parte III deste trabalho, tratarei das questões da dinâmica intrínseca da

---

[31] Paul Walton e Andrew Gamble, *From Alienation to Surplus Value*, cit., p. 203-4.

[32] Joan Robinson, *An Essay on Marxian Economics*, cit., p. 18.

[33] Ibidem, p. 19.

232 Tempo, trabalho e dominação social

sociedade capitalista e da configuração concreta do processo de produção do capitalismo em relação a essa tensão interna. Argumento que o modo de produção capitalista deve ser entendido não com base em "forças de produção" técnicas separadas das "relações de produção" sociais, mas sim em termos da contradição entre valor e riqueza material, isto é, como uma expressão materializada de ambas as dimensões do trabalho no capitalismo e, portanto, tanto das forças como das relações de produção[34] (também sugiro que essa contradição fornece um ponto de partida para a análise, em nível muito abstrato, do problema da transformação histórica das necessidades e da consciência como expresso, por exemplo, por diferentes movimentos sociais).

Interpretarei a dinâmica do capitalismo diante de uma dialética de trabalho e tempo que está enraizada na dualidade das formas de estruturação social desta sociedade. Para tanto, preciso primeiro analisar a forma abstrata de tempo associada ao tempo

---

[34] Em sua tentativa de conceituar as recentes mudanças na sociedade capitalista, Claus Offe trata as duas dimensões do trabalho no capitalismo como dois tipos diferentes de trabalho, que ele distingue levando em consideração se os produtos são criados para o mercado ou não. (Ver Claus Offe, "Tauschverhältnis und politische Steuerung: Zur Aktualität des Legitimationsproblems", em *Strukturprobleme des kapitalistischen Staates*, Frankfurt, Suhrkamp, 1972, p. 29-31). Ele define o trabalho abstrato como "produtivo", isto é, trabalho que produz mais-valor, e o trabalho concreto como "não produtivo". Offe argumenta que o crescimento do Estado e do setor de serviços no capitalismo tardio envolve um aumento do "trabalho concreto" que não produz mercadorias nem é uma mercadoria. Isso resulta em um dualismo de elementos capitalistas e não capitalistas (p. 32). De acordo com Offe, embora essas formas de "trabalho concreto" possam vir a ser funcionais para a criação de valor, elas não estão vinculadas à forma-mercadoria e, assim, levam a uma erosão da legitimação social baseada na troca de equivalentes. A abordagem de Offe difere da de Marx em vários aspectos importantes. As categorias marxianas de trabalho abstrato e concreto não se referem a dois tipos diferentes de trabalho, além disso, as categorias de trabalho produtivo e força de trabalho como mercadoria não são idênticas. Considerando que a dialética marxiana das duas dimensões do trabalho no capitalismo aponta para a possibilidade histórica de uma sociedade baseada em formas muito diferentes de trabalho, o que Offe chama de trabalho não capitalista não representa uma forma qualitativamente diferente. Parece que a intenção de Offe é explicar a insatisfação popular com as formas existentes de trabalho, defendendo que uma maior identificação como conteúdo do trabalho, e sua importância, caracteriza o setor de serviços (p. 47). Embora isso possa ser verdade em algumas partes muito específicas, essa tese é questionável como uma explicação geral, considerando o fato de que os maiores crescimentos no setor de serviços, aparentemente, foram em áreas como zeladoria, limpeza, cozinha e trabalho doméstico (ver Harry Braverman, *Labor and Monopoly Capitalism: The Degradation of Work in the Twentieth Century*, Nova York/Londres, Monthly Review, 1974, p. 372 [ed. bras.: *Trabalho e capital monopolista: a degradação do trabalho no século XX*, Rio de Janeiro, LTC, 1987]). O ponto principal do argumento de Offe é que o determinante essencial do capitalismo e a base de sua legitimação social é o mercado, que está cada vez mais comprometido com o crescimento do Estado do setor de serviços. Seu pressuposto básico é que a crítica marxiana do capitalismo pode ser adequadamente compreendida como uma crítica da sua forma de legitimação – e que a base dessa legitimação pode ser identificada com o mercado.

de trabalho socialmente necessário e considerar as implicações socioepistemológicas da minha discussão sobre a dimensão temporal das categorias de Marx.

TEMPO ABSTRATO

Ao discutir a grandeza do valor, examinei tanto os aspectos "sociais" como os aspectos "necessários" do tempo de trabalho socialmente necessário. Mas com que tipo de tempo estamos lidando? Como se sabe, as noções de tempo variam cultural e historicamente – sendo a distinção mais comum aquela entre as concepções cíclica e linear de tempo. Por exemplo, G. J. Whitrow ressalta que o tempo compreendido como uma espécie de progressão linear medida pelo relógio e pelo calendário geralmente substituiu concepções cíclicas do tempo na Europa apenas nos últimos séculos[35]. Considerarei diferentes formas de tempo (bem como diferentes concepções de tempo) e vou distingui-las de outra maneira – a saber, se o tempo é uma variável dependente ou independente – para investigar a relação entre a categoria de tempo de trabalho socialmente necessário, a natureza do tempo na sociedade capitalista moderna e o caráter historicamente dinâmico dessa sociedade.

Chamarei de "concretos" os vários tipos de tempo que são funções de eventos: eles tomam por base e são compreendidos por meio de ciclos naturais e períodos da vida humana, e também tarefas particulares ou processos, por exemplo, o tempo necessário para cozinhar arroz ou rezar um pai-nosso[36]. Antes do surgimento e do desenvolvimento da sociedade capitalista moderna na Europa ocidental, as concepções dominantes consistiam em várias formas de tempo concreto: o tempo não era uma categoria autônoma, independente dos eventos, e, portanto, poderia ser determinado qualitativamente como bom ou mau, sagrado ou profano[37]. O tempo concreto é uma categoria mais ampla do que o tempo cíclico, pois há concepções lineares de tempo essencialmente concretas, como a noção judaica de história, definida pelo Êxodo, pelo Exílio, e pela vinda do Messias, ou a concepção cristã em termos da queda, a Crucificação e a Segunda Vinda. O tempo concreto é caracterizado menos por sua direção do que pelo fato de ser uma variável dependente. Nas noções tradicionais

---

[35] Gerald J. Whitrow, *The Nature of Time* (Londres, Penguin, 1975), p. 11.

[36] Edward P. Thompson, "Time, Work-Discipline and Industrial Capitalism", *Past and Present*, n. 38, 1967, p. 58. Rico em materiais históricos e etnográficos, o artigo de Thompson, é uma excelente análise das mudanças na percepção e na medição do tempo e no vínculo entre tempo e trabalho ao longo do desenvolvimento do capitalismo industrial.

[37] Aaron J. Gurevich, "Time as a Problem of Cultural History", em L. Gardet et al., *Cultures and Time* (Paris, Unesco Press, 1976), p. 241.

234 Tempo, trabalho e dominação social

judaica e cristã da história, os eventos mencionados não ocorrem dentro do tempo, mas o estruturam e o determinam.

Os modos de cálculo associados ao tempo concreto não se baseiam em uma sucessão de unidades temporais constantes, mas sim em eventos – por exemplo, eventos naturais que se repetem, como dias, ciclos lunares ou estações do ano – ou em unidades temporais que variam. Este último modo de contagem de tempo – provavelmente desenvolvido no antigo Egito, difundiu-se em todo o mundo antigo, o Extremo Oriente e o mundo islâmico, e prevaleceu na Europa até o século XIV – usava unidades de comprimento variável para dividir dia e noite em um número fixo de segmentos[38]. Ou seja, períodos diários de luz e escuridão eram divididos igualmente em doze "horas" que variavam de comprimento conforme as estações do ano[39]. Somente nos equinócios uma "hora" diurna era igual a uma "hora" noturna. Tais unidades de tempo variáveis são frequentemente referidas como horas "variáveis" ou "temporais"[40]. Essa forma de contagem de tempo parece estar relacionada aos modos sociais fortemente dominados por ritmos de vida e trabalho agrários, "naturais", pautados nas estações do ano e nos períodos de dia e noite. Existe uma relação entre a medida do tempo e o tipo de tempo envolvido. O fato de a unidade de tempo não ser constante, mas variar, indica que essa forma de tempo é uma variável dependente, uma função dos acontecimentos, ocorrências ou ações.

Por outro lado, o "tempo abstrato", termo com que me refiro ao tempo uniforme, contínuo, homogêneo, "vazio", é independente dos eventos. O conceito de tempo abstrato, que se tornou cada vez mais dominante na Europa ocidental entre os séculos XIV e XVII, foi expresso de forma mais enfática na formulação de Newton de "tempo absoluto, verdadeiro e matemático [que] flui de modo igual, sem relação a qualquer coisa externa"[41]. O tempo abstrato é uma variável

---

[38] Gerald J. Whitrow, *The Nature of Time*, cit., p. 23; Gustav Bilfinger, *Die mittelalterlichen Horen und die modernen Stunden* (Stuttgart, W. Kohlhammer, 1892), p. 1.

[39] Os babilônios e os chineses aparentemente possuíam um sistema de subdivisão do dia em unidades de tempo constantes: ver Joseph Needham, Wang Ling e Derek de Solla Price, *Heavenly Clock-work: the Great Astronomical Clocks of Medieval China* (2. ed., Cambridge, Cambridge University Press, 1986), p. 199s; Gustav Bilfinger, *Die babylonische Doppelstunde: Eine chronologische Untersuchung* (Stuttgart, A. F. Prechter, 1888), p. 5, 27-30. Entretanto, como explicarei adiante, essas unidades de tempo constantes não podem ser equiparadas com as horas modernas e não implicam um conceito de tempo como variável independente.

[40] Gerald J. Whitrow, *The Nature of Time*, cit., p. 23; Gustav Bilfinger, *Die mittelalterlichen Horen und die modernen Stunden*, cit., p. 1.

[41] Isaac Newton, *Principia*, citado em Gerald J. Whitrow, *O tempo na história: concepções do tempo da pré-história aos nossos dias* (Rio de Janeiro, Zahar, 1993), p. 147. Newton, de fato, distinguia entre tempo absoluto e tempo relativo. Ele se referiu ao tempo relativo como "alguma medida perceptível e externa [...] de duração por meio do movimento [...] que é normalmente utilizada

Tempo abstrato 235

independente, que constitui um quadro independente dentro do qual ocorrem movimentos, eventos e ações. Esse tempo é dividido em unidades iguais, constantes e não qualitativas.

De acordo com Joseph Needham, o conceito de tempo como variável independente, com os fenômenos como sua função, só foi desenvolvido na Europa ocidental moderna[42]. Esse entendimento, que está relacionado à ideia de movimento como um deslocamento funcionalmente dependente do tempo, não existia na Grécia antiga, no mundo islâmico, na Europa medieval, na Índia ou na China (embora existissem unidades de tempo constantes nesta). A divisão do tempo em segmentos intercambiáveis e mensuráveis teria sido estranha ao mundo antigo e à baixa Idade Média[43]. O tempo abstrato é, portanto, historicamente único; mas em que condições ele surgiu?

As origens do tempo abstrato devem ser buscadas na pré-história do capitalismo, na alta Idade Média. Elas podem estar relacionadas a um tipo de prática social determinada e estruturada, que implicou a transformação do significado social do tempo em algumas esferas da sociedade europeia no século XIV e, até o final do século XVII, estava prestes a se tornar socialmente hegemônica. Mais especificamente, as origens históricas do conceito de tempo abstrato devem ser vistas à luz da constituição da realidade social com a disseminação das relações sociais baseadas na forma-mercadoria.

Como se observa, tanto na Europa medieval até o século XIV como na Antiguidade, o tempo não era concebido como contínuo. O ano era dividido qualitativamente de acordo com as estações e o zodíaco – segundo o qual cada período exerceria sua influência própria e especial[44] –, e o dia era dividido nas horas variáveis da Antiguidade, que serviram de base para as *horae canonicae*, as horas canônicas da Igreja[45]. O tempo

---

em lugar do tempo verdadeiro, tal como uma hora, um dia, um mês, um ano" (Louise. R. Heath, *The Concept of Time*, Chicago, University of Chicago Press, 1936, p. 88 [com tradução em português extraída de Isaac Newton, *Principia: princípios matemáticos de filosofia natural*, trad. Trieste Ricci et al., São Paulo, Nova Stella/Edusp, 1990, p. 6-7]). O fato de Newton não fazer distinção entre essas unidades, no entanto, sugere que ele considerava o tempo relativo um modo perceptível de aproximação do tempo absoluto, e não outra forma de tempo.

[42] Joseph Needham, *Science in Traditional China* (Cambridge/Hong Kong, Harvard University Press/The Chinese University Press, 1981), p. 108.

[43] Aaron J. Gurevich, "Time as a Problem of Cultural History", cit., p. 241.

[44] Gerald J. Whitrow, *The Nature of Time*, cit., p. 19.

[45] David S. Landes, *Revolution in Time* (Cambridge, Belknap Press of Harvard University Press, 1983), nota 15, p. 403; Gustav Bilfinger, *Die mittelalterlichen Horen und die modernen Stunden*, cit., p. 10-3. De acordo com Bilfinger, as origens das horas canônicas estão na divisão romana do dia em vigílias, que são baseadas em horas "temporais", às quais dois pontos de tempo adicionais foram somados na baixa Idade Média.

236 Tempo, trabalho e dominação social

contado na Europa medieval era, portanto, o tempo da Igreja[46]. Esse modo de contagem de tempo transformou-se drasticamente no curso do século XIV: de acordo com Gustav Bilfinger, as horas modernas, ou constantes, começaram a aparecer na literatura europeia na primeira metade daquele século e suplantariam as horas variáveis da Antiguidade clássica e as horas canônicas até o início do século XV[47]. A transição histórica de um modo de contagem de tempo baseado em horas variáveis para outro de horas constantes marcou implicitamente o surgimento do tempo abstrato, do tempo como uma variável independente.

A transição na contagem do tempo para um sistema de horas mensuráveis, intercambiáveis e invariáveis está intimamente relacionada com o desenvolvimento do relógio mecânico na Europa ocidental entre final do século XIII e início do século XIV[48]. O relógio, nas palavras de Lewis Mumford, "dissociou o tempo dos eventos humanos"[49]. O surgimento do tempo abstrato não pode, contudo, ser explicado unicamente por um desenvolvimento técnico como a invenção do relógio mecânico. Em vez disso, a própria aparição do relógio mecânico deve ser entendida com referência a um processo sociocultural que essa invenção, por sua vez, reforçou decididamente.

Muitos exemplos históricos indicam que o desenvolvimento de um meio de contagem do tempo baseado em unidades intercambiáveis e invariáveis deve ser entendido socialmente e não apenas em termos dos efeitos da tecnologia. Até o desenvolvimento do relógio mecânico (e seu refinamento no século XVII com a invenção do relógio de pêndulo por Christiaan Huygen), a forma mais sofisticada de marcar o tempo que se conhecia era a clepsidra – ou relógio de água. Vários tipos de relógios de água eram usados nas sociedades helenística e romana e tinham ampla difusão na Europa e na Ásia[50]. O importante para o nosso propósito é o fato de que, embora os relógios de água operassem com base em um processo mais ou menos uniforme – o fluxo da água –, eles eram usados para marcar horas variáveis[51]. Conseguia-se isso construindo as partes do relógio de maneira que, mesmo com o fluxo da água constante, o indicador

---

[46] David S. Landes, *Revolution in Time*, cit., p. 75; Jacques Le Goff, "Merchant's Time and Church's Time in the Middle Ages", em *Time, Work, and Culture in the Middle Ages* (trad. Arthur Goldhammer, Chicago/Londres, University of Chicago Press, 1980), p. 29-30, 36.

[47] Gustav Bilfinger, *Die mittelalterlichen Horen und die modernen Stunden*, cit., p. 157.

[48] David S. Landes, *Revolution in Time*, cit., p. 8, 75; Gustav Bilfinger, *Die mittelalterlichen Horen und die modernen Stunden*, cit., p. 157; Jacques Le Goff, "Labor Time in the 'Crisis' of the Fourteenth Century", em *Time, Work, and Culture in the Middle* Ages, cit., p. 43.

[49] Lewis Mumford, *Technics and Civilization* (Nova York, Harper, 1934), p. 15.

[50] David S. Landes, *Revolution in Time*, cit., p. 9.

[51] Gustav Bilfinger, *Die mittelalterlichen Horen und die modernen Stunden*, cit., p. 146; David S. Landes, *Revolution in Time*, cit., p. 8-9.

Tempo abstrato **237**

variasse de acordo com as estações. Menos frequentemente, foi adotado um mecanismo complexo que permitia que o próprio fluxo da água variasse com as estações. Com isso, foram construídos relógios de água complexos que marcavam as horas (variáveis) com campainhas. (O califa Haroun al-Rashid teria presenteado Carlos Magno com um relógio desse tipo em 807.)[52] Em todo caso, teria sido tecnicamente mais simples usar os relógios de água para marcar horas constantes e uniformes. A marcação de horas variáveis não se devia, portanto, a limitações técnicas. Em vez disso, os motivos parecem ter sido sociais e culturais: as horas variáveis aparentemente eram significativas, enquanto as horas uniformes não o eram.

O exemplo da China indica com nitidez que o surgimento do tempo abstrato e do relógio mecânico está relacionado a aspectos sociais e culturais, e não meramente ao caso da habilidade técnica ou da existência de algum tipo de unidade de tempo constante. Em vários aspectos, o nível de desenvolvimento tecnológico da China era mais alto do que o da Europa medieval antes do século XIV. De fato, o Ocidente apoderou-se de inovações chinesas como o papel e a pólvora, com consequências importantes[53]. Mesmo assim, os chineses não desenvolveram um relógio mecânico ou qualquer outro instrumento que, além de indicar horas uniformes, também fosse usado principalmente para a organização da vida social. Isso parece particularmente intrigante na medida em que o sistema mais antigo de horas variáveis, em uso na China desde cerca de 1270 a. C., havia sido substituído por um sistema de horas constantes: depois do século II a.C., a China adotou o sistema babilônio de contagem de tempo, que dividia o dia e a noite em doze "horas duplas" iguais e constantes[54]. Os chineses desenvolveram, ainda, a técnica de medir essas horas constantes. Entre 1088 e 1094 d.C., o diplomata e administrador Su Sung coordenou e planejou a construção de uma gigantesca torre com um relógio astronômico movido a água para o imperador chinês[55]. Esse era, talvez, o mais sofisticado dentre os vários mecanismos de relojoaria desenvolvidos na China entre os séculos II e XV[56]. Era sobretudo um instrumento para indicar e estudar os movimentos dos corpos celestes, que também indicava horas constantes e "quartos

---

[52] Gustav Bilfinger, *Die mittelalterlichen Horen und die modernen Stunden*, cit., p. 146, 158-9; David S. Landes, *Revolution in Time*, cit., figura 2, p. 236.

[53] Joseph Needham, *Science in Traditional China*, cit., p. 122.

[54] Ver Joseph Needham et al., *Heavenly Clockwork*, (Cambridge, Cambridge University Press, 1986), p. 199-203; Gustav Bilfinger, *Die babylonische Doppelstunde: Eine chronologische Untersuchung*, cit., p. 45-52. (Agradeço a Rick Biernacki por chamar minha atenção para o problema das horas constantes usadas na China.)

[55] David S. Landes, *Revolution in Time*, cit., p. 17-8; Joseph Needham et al., *Heavenly Clockwork*, cit., p. 1-59.

[56] Joseph Needham et al., *Heavenly Clockwork*, cit., p. 60-169.

238 Tempo, trabalho e dominação social

de hora" (*k'o*)[57]. Todavia, nem o aparelho nem a marcação de horas iguais parecem ter tido grande efeito social. Nenhum instrumento desse tipo – nem mesmo em versões menores e modificadas – foi produzido em larga escala e usado para organizar a vida diária. Não se pode alegar falta de sofisticação tecnológica nem desconhecimento de horas constantes para justificar a não invenção do relógio mecânico na China. O que parece mais importante é que as "horas duplas" constantes aparentemente não eram significativas para a vida social.

De acordo com David Landes, havia pouca necessidade social na China para o tempo fosse expresso em unidades constantes, como horas ou minutos. A vida no campo e nas cidades era regulada pelo ciclo diário de eventos naturais e tarefas, e a noção de produtividade, no sentido de produção por unidade de tempo, era desconhecida[58]. Além disso, a contagem de tempo urbana era regulada a partir de cima, tomando como referência, ao que parece, as cinco "vigílias da noite", que eram períodos de tempo variáveis[59].

Se fosse esse o caso, qual o significado das "horas duplas" constantes usadas na China? Embora uma discussão completa desse problema esteja além do escopo deste livro, é importante notar que, em vez de serem numeradas serialmente, essas unidades de tempo tinham nomes[60]. Isso não só significava que não existiam formas inequívocas de anunciar cada hora (por exemplo, com tambores ou gongos), mas sugere que, embora iguais, aquelas unidades não eram abstratas – ou seja, mensuráveis e intercambiáveis. Essa impressão é reforçada pelo fato de que as doze "horas duplas" estavam diretamente ligadas à sucessão astronômica dos signos do zodíaco, que certamente são unidades não intercambiáveis[61]. Havia um paralelismo consciente entre o percurso diário e anual do sol, e os "meses" e as "horas" de mesmo nome[62]. Em seu conjunto, esses signos designavam um "sistema cósmico" harmonioso e simétrico.

Parece, contudo, que esse sistema cósmico não servia para organizar o que consideraríamos o aspecto "prático" do cotidiano. Já vimos que os relógios chineses movidos a água inicialmente não foram concebidos como relógios, mas como instrumentos astronômicos. Assim, como aponta Landes, sua precisão era verificada "não pela comparação

---

[57] David S. Landes, *Revolution in Time*, cit., p. 18, 29-30.

[58] Ibidem, p. 25.

[59] Ibidem, p. 26, nota 24 p. 396; Joseph Needham et. al., *Heavenly Clockwork*, cit., p. 199, 203-5.

[60] David S. Landes, *Revolution in Time*, cit., p. 27.

[61] Joseph Needham et. al., *Heavenly Clockwork*, cit., p. 200.

[62] Gustav Bilfinger, *Die babylonische Doppelstunde: Eine chronologische Untersuchung*, cit., p. 38-43.

do tempo com os céus, mas pela cópia dos céus com os céus"[63]. Essa aparente separação entre o aspecto cósmico inscrito nos mecanismos chineses e a vida "prática" também é sugerida pelo fato de que, embora medissem o ano solar, os chineses recorriam a um calendário lunar para coordenar a vida social[64]. Também não usavam as doze "casas" do seu zodíaco "babilônio" para indicar a posição dos corpos celestes, mas adotavam para esse fim um "zodíaco lunar" de 28 partes[65]. Por fim, como já foi dito, as "horas duplas" constantes empregadas na China aparentemente não serviam para organizar a vida social cotidiana; o fato de que o instrumento técnico de Su Sung não fez diferença nesse aspecto sugere, portanto, que as unidades de tempo constantes "babilônias" em uso na China não eram do mesmo tipo de unidades constantes associadas ao relógio mecânico. Elas não eram realmente unidades de tempo abstrato, de tempo como variável independente, com fenômenos com sua função; em vez disso, poderiam ser mais bem entendidas como unidades de tempo concreto "celestial".

A origem de tempo abstrato, portanto, parece estar relacionada à organização do tempo social. O tempo abstrato, aparentemente, não pode ser entendido apenas como unidades invariáveis de tempo mais do que suas origens podem ser atribuídas a instrumentos técnicos. Assim como as torres chinesas de relógios de água não provocaram mudanças na organização da vida social, a introdução dos relógios mecânicos na China no final do século XVI pelo missionário jesuíta Matteo Ricci também foi inócua nesse aspecto. Grande quantidade de relógios europeus foi importada para a China por membros da corte imperial e outras pessoas de altos cargos, cópias inferiores eram até mesmo produzidas lá. Entretanto, eles aparentemente eram considerados e usados como brinquedos e não teriam adquirido um significado social prático[66]. A vida e o trabalho na China não eram organizados com base em unidades de tempo constantes nem passaram a sê-lo com a introdução do relógio mecânico[67]. O relógio mecânico portanto, em si e por si, não deu origem ao tempo abstrato.

Essa conclusão é reforçada ainda mais pelo exemplo do Japão. Ali, as horas antigas, variáveis, foram mantidas depois da adoção do relógio mecânico trazido pelos europeus no século XVI. Os japoneses chegaram a modificar o relógio mecânico construindo números móveis nos mostradores, que eram ajustados para indicar as horas variáveis

---

[63]   David S. Landes, *Revolution in Time*, cit., p. 30.

[64]   Gustav Bilfinger, *Die babylonische Doppelstunde: Eine chronologische Untersuchung*, cit., p. 33, 38.

[65]   Ibidem, p. 46.

[66]   David S. Landes, *Revolution in Time*, cit., p. 37-52; Carlo M. Cipolla, *Clocks and Culture*, 1300--1700 (Londres, Collins, 1967), p. 89.

[67]   David S. Landes, *Revolution in Time*, cit., p. 44.

240 Tempo, trabalho e dominação social

tradicionais[68]. A adoção das horas constantes no Japão no último terço do século XIX não foi resultado da introdução do relógio mecânico, mas parte do programa de ajuste econômico, social e científico ao mundo capitalista, que marcou a Restauração Meiji[69].

Um último exemplo da Europa bastará para mostrar que o surgimento histórico das horas constantes de tempo abstrato deve ser entendido a partir de seu significado social. Os *Libros del saber de astronomia*, uma obra preparada para o rei Alfonso X de Castela em 1276, descreve o relógio movido por um peso ligado a uma roda internamente dividida em compartimentos parcialmente cheios de mercúrio, que atuariam como freio inercial[70]. Apesar de o mecanismo ser de um relógio capaz de indicar horas invariáveis, o mostrador foi construído para exibir horas variáveis[71]. E embora as campainhas desse relógio, por causa da natureza do mecanismo, anunciassem horas regulares, o autor do livro não as considerava unidades de tempo significativas[72].

O problema duplo das origens do tempo entendido como variável independente e do desenvolvimento do relógio mecânico deve, pois, ser examinado à luz das circunstâncias sob as quais as horas invariáveis e constantes se tornaram formas significativas de organização da vida social.

Dois elementos institucionalizados de vida social na Europa medieval foram caracterizados por uma preocupação maior com o tempo e sua medida: os mosteiros e os centros urbanos. Nas ordens monásticas do Ocidente, os serviços religiosos foram ordenados temporalmente e vinculados às horas variáveis pela regra beneditina no século VI[73]. Essa organização do dia monástico estabeleceu-se mais firmemente e a importância da disciplina com relação ao horário ganhou maior ênfase entre os séculos XI e XIII. Isso foi particularmente verdadeiro para a Ordem de Cister, fundada no início do século XII, que executava projetos relativamente grandes de agricultura, manufatura e mineração e enfatizava a disciplina com relação ao horário tanto na organização do trabalho como na organização das preces, refeições e descanso[74]. Os períodos de tempo eram anunciados aos monges por sinos tocados manualmente. Parece ter havido uma relação entre o aumento da atenção ao tempo e o crescimento da demanda e melhorias em relógios de água nos séculos XII e XIII. Esses relógios provavelmente eram necessários para determinar com maior precisão quando as horas

---

[68] Ibidem, p. 77.

[69] Ibidem, nota 13, p. 409; Wilhelm Brandes, *Alte japanische Uhren* (Munique, Klinkhardt & Biermann, 1984), p. 4-5.

[70] David S. Landes, *Revolution in Time*, cit., p. 10.

[71] Gustav Bilfinger, *Die mittlelalterlichen Horen und die modernen Stunden*, cit., p. 159.

[72] Ibidem, p. 160.

[73] David S. Landes, *Revolution in Time*, cit., p. 61.

[74] Ibidem, p. 62, 69.

TEMPO ABSTRATO 241

(variáveis) deveriam ser tocadas. Além disso, formas rudimentares de "marcadores de tempo", equipados com campainhas, talvez acionadas mecanicamente, foram usadas para despertar os monges que tocavam os sinos para o serviço noturno[75].

Entretanto, apesar da ênfase monástica na disciplina com relação ao horário e das melhorias nos mecanismos de medição do tempo que lhe são associados, a transição do sistema de horas variáveis para o sistema de horas constantes e o desenvolvimento do relógio mecânico, aparentemente, não começaram nos mosteiros, mas nos centros urbanos ao final da Idade Média[76]. Por que isso aconteceu? No começo do século XIV, as comunas urbanas na Europa ocidental, que haviam crescido e se beneficiado enormemente da expansão econômica dos séculos anteriores, passaram a usar uma variedade de sinos para regular suas atividades. A vida urbana era cada vez mais marcada pelo toque de uma vasta gama de carrilhões que assinalavam a abertura e o fechamento de vários mercados, indicavam o início e o fim do dia de trabalho, anunciavam assembleias, alertavam para o toque de recolher e o horário a partir do qual não se podia mais servir nenhum tipo de álcool, davam o alarme de incêndio ou perigo, e assim por diante[77]. Como os mosteiros, as cidades desenvolveram a necessidade de organizar melhor o tempo.

Entretanto, o fato de um sistema de horas *constantes* ter surgido nas cidades e não nos mosteiros aponta para uma diferença significativa. Essa diferença, segundo Bilfinger, estava enraizada nos interesses muito diferentes envolvidos na manutenção do velho sistema de contagem do tempo. A relação entre a definição do tempo e seu controle social, por um lado, e a dominação social, por outro, estava em questão. Bilfinger argumenta que a Igreja poderia estar interessada em medir o tempo, mas não estava nem um pouco interessada em mudar o velho sistema de horas variáveis (as *horae canonicae*), estreitamente ligado à sua posição dominante na sociedade europeia[78]. As cidades, por sua vez, não tinham interesse em manter aquele sistema e, por isso, puderam explorar a fundo a invenção do relógio mecânico, introduzindo um novo sistema de horas[79]. O desenvolvimento de horas constantes, portanto, teve sua origem na transição de uma divisão eclesiástica do tempo para uma divisão secular, diz Bilfinger, e estava relacionado ao florescimento da burguesia urbana[80]. Esse argumento, na minha

---

[75] Ibidem, p. 63, 67-9.

[76] Ibidem, p. 71-6; Gustav Bilfinger, *Die mittelalterlichen Horen und die modernen Stunden*, cit., p. 160-5; Le Goff, "Labor Time in the 'Crisis' of the Fourteenth Century", cit., p. 44-52.

[77] Gustav Bilfinger, *Die mittelalterlichen Horen und die modernen Stunden*, cit., p. 163-5.

[78] Ibidem, p. 158-60.

[79] Ibidem, p. 163.

[80] Ibidem, p. 158.

242 Tempo, trabalho e dominação social

opinião, está subespecificado. Bilfinger concentra-se nos fatores que impediam a Igreja de adotar um sistema de horas constantes e percebe a ausência de tais restrições entre a burguesia urbana. Isso sugere que o sistema de horas constantes resultou de uma inovação tecnológica na ausência de restrições sociais. Como indiquei, entretanto, os recursos técnicos para a medição de horas constantes existiam desde muito antes do século XIV. Além disso, a mera ausência de razões para não adotar horas constantes não parece suficiente para explicar os motivos de sua adoção.

David Landes sugeriu que o sistema de horas constantes tinha suas raízes na organização temporal do dia "artificial" dos citadinos, que diferia do dia "natural" dos camponeses[81]. Entretanto, as diferenças entre o ambiente urbano e o rural, e entre os tipos de trabalho em cada um deles, são uma explicação insuficiente: afinal, grandes cidades existiram em muitas partes do mundo bem antes do surgimento do sistema de horas constantes nas cidades da Europa ocidental. O próprio Landes observa que na China o padrão da vida e trabalho nas cidades e no campo era regulado pelo mesmo ciclo diário de eventos naturais[82]. Além disso, o dia de trabalho nas cidades da Europa medieval até o século XIV – que era dividido aproximadamente de acordo com as *horae canonicae* – também era definido pelo tempo "natural" variável, desde o alvorecer até o pôr do sol[83].

A transição entre unidades de tempo variáveis e constantes nos centros urbanos europeus no século XIV não pode, pois, ser entendida adequadamente em termos da natureza da vida urbana em si. Antes, é necessária uma razão mais específica, que possa fundamentar essa transição socialmente. A diferença implícita na relação com o tempo nos dois sistemas não se limita a definir se a disciplina teve ou não um papel importante na estruturação do curso diário da vida e do trabalho; tal disciplina, como vimos, era sobretudo uma característica da vida monástica. A diferença entre o sistema de horas variáveis e o de horas constantes também é expressa em dois tipos diferentes de disciplina de tempo. Embora o estilo de vida desenvolvido nos mosteiros medievais fosse estritamente regulado pelo tempo, essa regulação era efetuada por uma série de horários definidos para a execução das diversas atividades. Essa forma de disciplina de tempo não exige, não implica nem depende de unidades de tempo constantes, ela é bastante distinta de uma outra forma de disciplina na qual as unidades de tempo servem como a *medida* da atividade. Como exporei, a transição para unidades de tempo constantes deve ser mais especificada à luz de uma nova forma de relações sociais, uma nova forma social que não pode ser totalmente apreendida em termos de categorias sociológicas como "vida rural" e "vida urbana", e que está ligada ao tempo abstrato.

---

[81] David S. Landes, *Revolution in Time*, cit., p. 72.

[82] Ibidem, p. 25.

[83] Le Goff, "Labor Time in the 'Crisis' of the Fourteenth Century", cit., p. 44.

Jacques Le Goff, em sua investigação sobre essa transição – que ele descreve como a transição entre o tempo da Igreja e o tempo dos mercadores[84], ou entre tempo medieval e o tempo moderno[85] –, concentra-se na proliferação de vários tipos de sinos nas cidades medievais europeias, especialmente as campainhas de trabalho, que surgiram e se difundiram rapidamente nas localidades produtoras de tecidos do século XIV[86]. Com base na discussão de Le Goff, sugerirei brevemente como os sinos de trabalho podem ter desempenhado um importante papel no surgimento de um sistema de unidades constantes de tempo e, por conseguinte, do relógio mecânico. Os sinos de trabalho em si eram uma expressão de uma nova forma social que começara a surgir, particularmente na indústria têxtil medieval. Essa indústria não produzia exclusivamente para o mercado local, como muitas "indústrias" medievais, mas, ao lado da indústria de metal, foi a primeira a dedicar-se à produção em massa para exportação[87]. Os artesãos da maioria das outras indústrias vendiam sua produção, mas na indústria têxtil havia uma separação rigorosa entre os mercadores de tecidos, que distribuíam a lã para os trabalhadores, recolhiam o tecido pronto e o vendiam, e os trabalhadores, muitos dos quais eram assalariados "puros", que possuíam apenas sua força de trabalho. O trabalho geralmente era feito em oficinas pequenas que pertenciam a tecelões-mestres, pisoeiros, tintureiros e cortadores, que possuíam ou alugavam equipamentos – como os teares –, recebiam a matéria-prima e os salários dos mercadores de tecidos e supervisionavam os trabalhadores contratados[88]. O princípio organizador da indústria têxtil medieval, em outras palavras, era uma forma primitiva de relação entre capital e trabalho assalariado. Era uma forma de produção de relativa larga escala, sob controle privado para troca (isto é, visando ao lucro) baseada em trabalho assalariado e que tanto pressupunha como contribuía para a crescente monetarização de alguns setores da sociedade medieval. Implícita nessa forma de produção estava a importância da produtividade. O lucro, objetivo dos mercadores, dependia em parte da diferença entre o valor do tecido produzido e os salários que pagavam – isto é, na produtividade da força de trabalho que contratavam. Assim, a produtividade, que de acordo com Landes era uma categoria desconhecida na China (em oposição a "negócio")[89] – foi constituída,

---

[84] Idem, "Merchant's Time and Church's Time in the Middle Ages", cit., p. 29-42.

[85] Idem, "Labor Time in the 'Crisis' of the Fourteenth Century", cit., p. 43-52.

[86] Ibidem, p. 47-8. David Landes também atenta ao significado dos sinos de trabalho: ver *Revolution in Time*, cit., p. 72-6.

[87] Henri Pirenne, *Belgian Democracy* (trad. James V. Saunders, Manchester, The University Press/ Longmans, Green & Co., 1915), p. 92.

[88] Ibidem, p. 92, 96-7.

[89] David S. Landes, *Revolution in Time*, cit., p. 25.

244 Tempo, trabalho e dominação social

pelo menos implicitamente, como uma importante categoria social na indústria têxtil da Europa ocidental medieval.

A produtividade do trabalho dependia, evidentemente, do grau em que este podia ser disciplinado e coordenado de maneira regular. Isso, de acordo com Le Goff, se tornou uma questão cada vez mais contenciosa entre os trabalhadores e os empregadores, como resultado da crise econômica do final do século XIII, que afetou fortemente a indústria têxtil[90]. Como os trabalhadores eram pagos diariamente, o conflito se concentrou na duração e na definição da jornada de trabalho[91]. Ao que parece, foram os trabalhadores que, no início do século XIV, exigiram o prolongamento da jornada para aumentar seus salários, cujo valor real tinha diminuído em consequência da crise. Muito rapidamente, contudo, os mercadores aproveitaram a questão da jornada e procuraram colocá-la a seu favor, regulando-a mais estritamente[92]. Foi nesse período, segundo Le Goff, que as campainhas de trabalho, que publicamente marcavam o começo e o fim da jornada, bem como os intervalos para as refeições, difundiram-se nas cidades produtoras de tecido da Europa[93]. Uma de suas funções primárias era coordenar o tempo de trabalho de grandes números de trabalhadores. As cidades produtoras de tecido em Flandres, naquela época, pareciam grandes fábricas. A cada manhã, milhares de trabalhadores enchiam suas ruas a caminho das oficinas, onde começavam e terminavam seu trabalho ao soar do sino municipal[94].

Igualmente importantes, os sinos de trabalho marcaram um período de tempo – a jornada de trabalho – que antes era determinado "naturalmente", do nascer ao pôr do sol. As reivindicações dos trabalhadores por um dia de trabalho mais longo (ou seja, mais longo do que o período de luz solar) já implicam um afrouxamento do vínculo com o tempo "natural" e o surgimento de uma nova medida de duração. De fato, isso não significa que um sistema padronizado de horas iguais foi introduzido imediata-mente, houve um período de transição durante o qual não está claro se as horas do dia de trabalho continuaram a ser as antigas horas variáveis, que mudavam conforme as estações, ou se inicialmente foram padronizadas em durações de verão e inverno[95]. No entanto, pode-se argumentar que o movimento em direção a unidades de tempo

---

[90] Le Goff, "Labor Time in the 'Crisis' of the Fourteenth Century", cit., p. 45-6.

[91] David S. Landes, *Revolution in Time*, cit., p. 73-4.

[92] Le Goff, "Labor Time in the 'Crisis' of the Fourteenth Century", cit., p. 45.

[93] Idem.

[94] Eleanora Carus-Wilson, "The Woolen Industry", em Michael Postan e Edwin E. Rich (orgs.), *The Cambridge Economic History of Europe* (Cambridge, Cambridge University Press, 1952), v. 2, p. 386.

[95] Sylvia Thrupp, "Medieval Industry 1000-1500", em Carlo M. Cipolla (org.), *The Fontana Economic History of Europe* (Glasgow, William Collins, 1972), v. 1, p. 255.

Tempo abstrato **245**

uniformes estava potencialmente presente, uma vez que o dia de trabalho regularizado e padronizado não mais vinculado diretamente ao ciclo diurno se constituiu historicamente. O dia de trabalho passou a ser definido de acordo com uma temporalidade que não era uma variável dependente das variações sazonais das durações de luz e escuridão. Esse é o significado do fato de a questão central das lutas dos trabalhadores no século XIV ter sido a duração da jornada de trabalho[96]. A duração da jornada de trabalho não constitui um problema enquanto for determinada "naturalmente", do nascer ao pôr do sol, o fato de ela ter se tornado um problema e ter sido determinada como resultado de uma luta e não pela tradição implica uma transformação no caráter social da temporalidade. A luta sobre a duração da jornada de trabalho não só é, como observa Anthony Giddens, "a expressão mais direta dos conflitos de classe na economia capitalista"[97], como também expressa e contribui para a constituição social do tempo como uma medida abstrata de atividade.

A temporalidade como uma medida de atividade é diferente de uma temporalidade medida por eventos. Implicitamente, é uma espécie uniforme de tempo. O sistema de sinos de trabalho, como vimos, desenvolveu-se dentro do contexto da produção em larga escala para troca, com base no trabalho assalariado. Marcou o surgimento histórico de uma relação social *de facto* entre o nível dos salários e a produção do trabalho medida temporalmente – que, por sua vez, implicava a noção de produtividade, da produção do trabalho por tempo medido em unidades. Em outras palavras, com o aparecimento das primeiras formas capitalistas de relações sociais nas comunas urbanas produtoras de tecido na Europa ocidental, surgiu uma forma de tempo que era não só uma medida, mas também uma norma obrigatória para a atividade. Esse tempo é divisível em unidades constantes e dentro de uma estrutura social constituída pela nascente forma-mercadoria, essas unidades também são socialmente significativas.

Estou sugerindo que a emergência dessa nova forma de tempo estava relacionada ao desenvolvimento das relações sociais da forma-mercadoria. Tinha suas raízes não apenas na esfera da produção, mas também na da circulação de mercadorias. Com a organização de redes comerciais no Mediterrâneo e na região dominada pela Liga Hanseática, maior ênfase foi colocada sobre o tempo como medida. Isso ocorreu por causa da questão crucial da duração do trabalho na produção e por fatores como a duração de uma viagem comercial ou a flutuação dos preços no decorrer de uma transação terem se tornado objetos de medição cada vez mais importantes[98].

---

[96] Le Goff, "Labor Time in the 'Crisis' of the Fourteenth Century", cit., p. 47.

[97] Anthony Giddens, *A Contemporary Critique of Historical Materialism*, cit., p. 120.

[98] Le Goff, "Merchants' Time and Church's Time in the Middle Ages", cit., p. 35; Kazimierz Piesowicz, "Lebensrhythmus und Zeitrechnung in der vorindustriellen und in der industriellen Gesellschaft", *Geschichte in Wissenschaft und Unterricht*, 31, n. 8, 1980, p. 477.

246 Tempo, trabalho e dominação social

Foi neste contexto social que os relógios mecânicos foram desenvolvidos na Europa ocidental. A introdução de relógios sonoros colocados em torres pertencentes aos municípios (e não à Igreja) ocorreu logo depois da adoção do sistema de sinos de trabalho e se espalhou muito rapidamente pelas principais áreas urbanizadas da Europa no segundo quartel do século XIV[99]. Os relógios mecânicos certamente contribuíram para a disseminação de um sistema de horas constantes; no final do século XIV, a hora de 60 minutos estava firmemente estabelecida nas principais áreas urbanizadas da Europa ocidental, substituindo o dia como unidade fundamental de tempo de trabalho[100]. Essa explicação sugeria, entretanto, que as origens desse sistema temporal e o surgimento de um conceito de tempo matemático abstrato não podem ser atribuídos à invenção e à difusão do relógio mecânico. Mais propriamente, essa invenção tecnológica em si, bem como o conceito de tempo abstrato, precisa ser entendida à luz da constituição "prática" desse tempo, isto é, com referência a uma forma nascente de relações sociais que deu origem a unidades de tempo constantes e, consequentemente, ao tempo abstrato, como socialmente "real" e significativo[101]. Conforme observa A. C. Crombie, "quando o relógio mecânico de Henri de Vick, dividido em 24 horas iguais, foi instalado no Palais Royale em Paris em 1370, o tempo da vida prática estava em vias de se tornar um tempo matemático abstrato de unidades em uma escala que pertence ao domínio da ciência"[102].

Embora tenha emergido socialmente no final da Idade Média, o tempo abstrato só se generalizou muito mais tarde. Não apenas a vida rural continuou sendo regida pelos ritmos das estações como, mesmo nas cidades, o tempo abstrato só afetava diretamente a vida dos mercadores e um número relativamente pequeno de assalariados. Além disso, o tempo abstrato permaneceu local por séculos e só recentemente o mesmo horário passou a ser compartilhado em grandes áreas[103]. Mesmo a hora zero, o começo do dia, variava muito depois da disseminação do relógio mecânico, até ser finalmente padronizada à meia-noite, isto é, em um ponto de tempo "abstrato", independente das transições perceptíveis do nascer e do pôr do sol. Foi a padronização dessa hora zero abstrata que completou a criação do que Bilfinger chama de "dia burguês"[104].

---

[99] Le Goff, "Labor Time in the 'Crisis' of the Fourteenth Century", cit., p. 49.

[100] Idem.

[101] David Landes, por exemplo, parece ter fundamentado a mudança nas unidades de tempo no próprio relógio mecânico: ver *Revolution in Time*, cit., p. 75-8.

[102] Alistair C. Crombie, "Quantification in Medieval Physics", em Sylvia Thrupp (org.), *Change in Medieval Society* (Nova York, Appleton-Century-Crofts, 1964), p. 201. Edward P. Thompson também observa que a medição do tempo de trabalho antecedeu a difusão do relógio: ver "Time, Work-Discipline, and Industrial Capitalism", cit., p. 61.

[103] Le Goff, "Labor Time in the 'Crisis' of the Fourteenth Century", cit., p. 49.

[104] Gustav Bilfinger, *Der bürgerliche Tag* (Stuttgart, W. Kohlhammer, 1888), p. 226-31, citado em Kazimierz Piesowicz, "Lebensrhythmus und Zeitrechnung in der vorindustriellen und in der industriellen Gesellschaft", cit., p. 479.

Tempo abstrato 247

O "progresso" do tempo abstrato como forma dominante de tempo está estreitamente ligado ao "progresso" do capitalismo como forma de vida. Ele se tornou crescentemente predominante à medida que a forma-mercadoria se tornava a forma dominante de estruturação da vida social ao longo dos séculos seguintes. Somente no século XVII que a invenção do relógio do pêndulo por Huygens fez do relógio mecânico um instrumento de medição confiável e que a noção do tempo matemático abstrato foi formulada explicitamente. Todavia, as mudanças no início do século XIV que sublinhei tiveram ramificações importantes. A igualdade e divisibilidade de unidades de tempo constantes abstraídas da realidade sensorial de luz ou escuridão e das estações tornaram-se uma característica do cotidiano das cidades (embora não tenham afetado igualmente a todos os moradores urbanos), assim como a igualdade e divisibilidade do valor, expresso na forma-dinheiro, que é abstraído da realidade sensorial de vários produtos. Esses momentos na crescente abstração e quantificação dos objetos cotidianos – na verdade, de vários aspectos da própria vida cotidiana – provavelmente desempenharam um importante papel na transformação da consciência social. Isso é sugerido, por exemplo, pelo tempo dotado de novo significado, pela maior importância da aritmética na Europa do século XIV[105] e pelo nascimento da mecânica moderna, com o desenvolvimento da teoria do ímpeto pela Escola de Paris[106].

A forma abstrata de tempo associada à nova estrutura de relações sociais também expressava uma nova forma de domínio. O novo tempo proclamado pelas torres de relógio – frequentemente erigidas em frente aos campanários das igrejas – era o tempo

---

[105] Landes frisa isso mas se concentra apenas na igualdade do tempo, que ele fundamenta no próprio relógio mecânico (ver *Revolution in Time*, cit., p. 77-8). Ele, assim, não dá atenção às outras dimensões da nascente forma-mercadoria. Sugeri algumas outras implicações da análise das categorias de Marx para uma teoria sócio-histórica do conhecimento. A consideração da relação entre formas de relações sociais e formas de subjetividade não deve ser limitada a formas de pensamento, ela pode ser estendida a outras dimensões da subjetividade e a transformações históricas nos modos de subjetividade. Os efeitos dos processos de abstração e de quantificação abstrata como processos cotidianos e das formas relacionadas de racionalidade que se tornaram dominantes com o crescente domínio da forma-mercadoria podem também, por exemplo, ser examinadas em relação à forma de educação e às determinações modificadas da infância que surgiram no início do período moderno (ver Philippe Ariès, *Centuries of Childhood*, Nova York, Knopf, 1962). As dimensões adicionais das transformações históricas na subjetividade poderiam ser examinadas, com referência a uma análise categórica da civilização capitalista, incluem as mudanças psíquicas e sócio-habituais no mesmo período, como o rebaixamento do limiar da vergonha, descrito por Norbert Elias em *The Civilizing Process* (Nova York, Pantheon Books, 1982), ou aqueles incluídos na tese de Marcuse, segundo a qual o princípio do desempenho é a forma histórica específica do princípio da realidade na sociedade capitalista (*Eros and Civilization*, cit.). Em geral, me parece que uma teoria das formas sociais poderia ser útil na abordagem da constituição social e histórica da subjetividade no nível das estruturas psíquicas e meios tácitos do estar no mundo, bem como as formas de pensamento.

[106] Le Goff, "Labor Time in the 'Crisis' of the Fourteenth Century", cit., p. 50.

248 Tempo, trabalho e dominação social

associado a uma nova ordem social, dominada pela burguesia, que não apenas controlava as cidades política e socialmente, como também começava a roubar a hegemonia cultural da Igreja[107]. Diferentemente do tempo concreto da Igreja, uma forma de temporalidade ostensivamente controlada por uma instituição social, o tempo abstrato, assim como outros aspectos da dominação na sociedade capitalista, é "objetivo". Seria, porém, um erro considerar esta "objetividade" como um mero disfarce para os interesses concretos e particularistas da burguesia. Quanto a outras formas de categorias sociais investigadas nesta obra, o tempo abstrato é uma forma que emergiu historicamente com o desenvolvimento da dominação da burguesia e serviu aos interesses daquela classe, mas também ajudou a constituir esses interesses historicamente (de fato, a própria categoria de "interesses") e expressa uma forma de dominação além daquela da classe dominante. As formas sociais temporais, como demonstrarei, têm uma vida própria e são imperiosas para todos os membros da sociedade capitalista – embora de uma maneira que beneficia materialmente a classe burguesa. Apesar de constituído socialmente, o tempo no capitalismo exerce uma forma abstrata de obrigatoriedade. Como diz Aaron Gurevich:

> A cidade se tornou dona do seu próprio tempo [...] no sentido de que o tempo foi tirado do controle da Igreja. Mas é também verdade que exatamente na cidade o homem deixou de ser dono do tempo, porque o tempo, agora livre para passar independentemente do homem e dos acontecimentos, estabeleceu sua tirania, à qual os homens são obrigados a se submeter.[108]

A tirania do tempo na sociedade capitalista é uma dimensão central na análise das categorias marxianas. Na minha consideração da categoria do tempo de trabalho socialmente necessário, demonstrei até agora que ela não descreve simplesmente o tempo despendido na produção de uma determinada mercadoria, mas é uma categoria que, em virtude de um processo de mediação social geral, determina a quantidade de tempo que os produtores *devem* gastar se quiserem receber o valor total do seu tempo de trabalho. Em outras palavras, como resultado da mediação social geral, o dispêndio de tempo de trabalho é transformado em uma norma temporal que não apenas é abstraída de, mas também se sobrepõe à ação individual e a determina. Tal como o trabalho é transformado da ação de indivíduos em princípio geral alienado da totalidade a qual estes estão submetidos, o dispêndio de tempo é transformado de um resultado *da* atividade em uma medida normativa *para* a atividade. Embora, como veremos, a grandeza do tempo de trabalho socialmente necessário seja uma variável

---

[107] Ibidem, p. 46; Gustav Bilfinger, *Die mittelalterlichen Horen und die modernen Stunden*, cit., p. 142, 160-3; Aaron J. Gurevich, "Time as a Problem of Cultural History", cit., p. 241.

[108] Aaron J. Gurevich, "Time as a Problem of Cultural History", cit., p. 242. Ver também Guy Debord, *Society of the Spectacle* (Detroit, Black & Red, 1983).

TEMPO ABSTRATO 249

dependente da sociedade como um todo, ela é uma variável independente em relação à atividade individual. Esse processo, por meio do qual uma variável concreta e dependente da atividade humana se torna uma variável abstrata e independente que rege essa atividade, é real e não ilusório. Ele é intrínseco ao processo de constituição social alienada efetuado pelo trabalho.

Sugeri que essa forma de alienação temporal envolve uma transformação da natureza do tempo em si. Não apenas o tempo de trabalho socialmente necessário é constituído como uma norma temporal "objetiva", que exerce uma obrigatoriedade externa sobre os produtores, mas o próprio tempo foi constituído como absoluto e abstrato. A quantidade de tempo que determina a grandeza de valor de uma única mercadoria é uma variável dependente. O tempo em si, contudo, tornou-se independente da atividade – seja ela individual, social ou natural. Ele se tornou uma variável independente, medida em convencionais unidades constantes, contínuas, comensuráveis e intercambiáveis (horas, minutos, segundos), que servem como medida absoluta do movimento e do trabalho como custo. Os acontecimentos e a ação em geral, o trabalho e a produção em particular agora têm lugar no tempo e são por ele determinados – um tempo que se tornou abstrato, absoluto e homogêneo[109].

A dominação temporal constituída pelas formas mercadoria e capital não se restringe ao processo de produção, mas se estende a todas as áreas da vida. Giddens diz:

> A mercantilização do tempo [...] possui a chave para as maiores transformações da vida social cotidiana surgidas com o nascimento do capitalismo. Elas estão ligadas tanto ao fenômeno central da organização dos processos de produção, como ao "local de trabalho" e às tessituras íntimas de como a vida social cotidiana é vivenciada.[110]

---

[109] Lukács também analisa o tempo abstrato como um produto da sociedade capitalista. Ele considera esse tempo como essencialmente espacial no caráter: "O tempo perde, assim, o seu caráter qualitativo, mutável e fluido: ele se fixa num *continuum* delimitado com precisão, quantitativamente mensurável, pleno de 'coisas' quantitativamente mensuráveis [...] torna-se um espaço" (*História e consciência de classe: estudos sobre a dialética marxista*, cit., p. 205). O problema com a análise de Lukács é que ele opõe a qualidade estática do tempo abstrato ao processo histórico, como se este, em e por si mesmo, representasse uma realidade social não capitalista. Entretanto, como discutirei na Parte III, o capitalismo é caracterizado não apenas pelo tempo abstrato imutável, mas também por uma dinâmica histórica além do controle humano. O processo histórico como tal não pode se opor ao capitalismo. A posição de Lukács indica o quanto seu entendimento da categoria capital é inadequado e relacionado à sua identificação do sujeito-objeto idêntico de Hegel com o proletariado.

[110] Anthony Giddens, *A Contemporary Critique of Historical Materialism*, cit., p. 131.

250 Tempo, trabalho e dominação social

Não vou, neste livro, tratar dos efeitos dessa dominação temporal na tessitura da experiência do cotidiano[111]. Em vez disso, discutirei algumas das implicações socioepistemológicas de nossa investigação sobre a temporalidade; em seguida, na Parte III, voltarei à questão da constituição social do tempo na sociedade capitalista investigando o dualismo temporal das formas sociais subjacentes do capitalismo e, com base nisso, delineando o conceito de história implicado pela teoria das categorias de Marx.

A oposição entre tempo abstrato e concreto sobrepõe-se, mas não totalmente, à oposição entre o tempo nas sociedades capitalista e nas pré-capitalistas. A ascensão do capitalismo sem dúvida acarretou a substituição de antigas formas de tempo concreto pelo tempo abstrato. E. P. Thompson, por exemplo, descreve o domínio de uma marcação de tempo orientada por tarefas nas sociedades pré-industriais e sua substituição pelo tempo do trabalho com o desenvolvimento do capitalismo industrial[112]. Naquele caso, o tempo é medido pelo trabalho, enquanto neste último, ele mede o trabalho. Escolhi falar do tempo concreto e abstrato para enfatizar que são dois tipos diferentes de tempo, e não simplesmente dois modos diferentes de medir o tempo. Além disso, como desenvolverei no Capítulo 8, o tempo abstrato não é a única forma de tempo constituída na sociedade capitalista, uma forma peculiar de tempo concreto também é constituída. Veremos que a dialética do desenvolvimento capitalista é, em um nível, a dialética dos dois tipos de tempo constituídos na sociedade capitalista e, portanto, não pode ser entendida adequadamente em termos de substituição de todas as formas de tempo concreto pelo tempo abstrato.

---

[111] David Gross, seguindo Lukács em alguns aspectos, considera os efeitos do tempo abstrato no cotidiano em termos de "espacialização do pensamento e da experiência", com o que ele quer dizer "a tendência a condensar as relações de tempo [...] em relações de espaço" ("Space, Time, and Modern Culture", *Telos*, n. 50, 1981-1982, p. 59). Gross considera as consequências sociais dessa "espacialização" extremamente negativas, ocasionando a perda da memória histórica e a destruição gradual das possibilidades de crítica social na sociedade contemporânea (ibidem, p. 65-71). A descrição crítica de Gross é esclarecedora, mas ele não fundamenta a constituição histórica da "espacialização" nas formas de relações sociais características do capitalismo. Em vez disso, como ele entende essas relações unicamente como relações de classe, tenta fundamentar a espacialização no desenvolvimento da urbanização e tecnologia em si (ibidem, p. 65) e nos interesses das elites dominantes (ibidem, p. 72). Entretanto, como procurei demonstrar, não é suficiente considerar apenas o primeiro sem se referir às formas de relações sociais; aquilo não pode, por exemplo, explicar adequadamente as origens do tempo abstrato. Além disso, o recurso a considerar os interesses dos estratos dominantes não pode explicar a gênese, a natureza e a eficácia social de formas que podem muito bem constituir e servir a esses interesses.

[112] Edward P. Thompson, "Time, Work-Discipline, and Industrial Capitalism", cit., p. 58-61.

Tempo abstrato 251

Formas de mediação social e formas de consciência

A determinação da grandeza do valor de Marx, na minha interpretação, implica o tempo como variável independente, o tempo matemático absoluto e homogêneo que veio a organizar muito da vida social em nossa sociedade e foi constituído socialmente. Essa tentativa de relacionar o tempo matemático abstrato, bem como seu conceito, à forma de relações sociais determinadas pela mercadoria é um exemplo da teoria sócio--histórica do conhecimento e da subjetividade apresentada neste estudo, que analisa tanto a objetividade e subjetividade sociais como constituídas socialmente por formas específicas de práticas historicamente estruturadas. Tal teoria transforma o problema clássico epistemológico da relação sujeito-objeto e enseja uma reconceitualização e crítica dos termos desse problema em si.

A noção da constituição pelo sujeito do objeto do conhecimento é fundamental para a "virada copernicana" de Kant desde o exame do objeto até a consideração das condições subjetivas do conhecimento, que ele assume depois de elucidar as antinomias geradas pela problemática sujeito-objeto, como concebidas classicamente. Kant concebe a constituição em termos do papel constitutivo do sujeito. Argumentando que a realidade em si, o número, não está disponível para o conhecimento humano, Kant afirma que nosso conhecimento das coisas é uma função de categorias transcendentais *a priori* com que a percepção é organizada. Ou seja, na medida em que nosso conhecimento e percepção são organizados por tais categorias subjetivas que coconstituem os fenômenos que percebemos. Esse processo de constituição, no entanto, não é uma função da ação e não se refere ao objeto, mas é uma função das estruturas subjetivas do saber. Tempo e espaço, para Kant, são categorias transcendentais *a priori*.

Ao criticar Kant, Hegel sustenta que sua epistemologia resulta em um dilema: ela requer o conhecimento das faculdades cognitivas como uma precondição do conhecimento[113]. Usando uma teoria diferente da constituição pelo sujeito do objeto do conhecimento, Hegel busca superar a dicotomia sujeito-objeto demonstrando sua conexão intrínseca. Discuti como ele trata toda a realidade, incluindo a natureza, como constituída pela prática – como uma externalização, um produto e expressão, do sujeito histórico-mundial: o *Geist*, em seu desdobramento, constitui a realidade objetiva como uma objetivação determinada do ser, que, por sua vez, efetua reflexivamente desenvolvimentos determinados na consciência do ser. O *Geist*, em outras palavras, forma-se no processo de constituição da realidade objetiva: ele é o sujeito--objeto idêntico. Categorias adequadas, de acordo com Hegel, não expressam as formas subjetivas de cognição finita e as aparências das coisas, como Kant teria feito, elas apreendem, em vez disso, a identidade do sujeito e do objeto como estruturas de saber

---

[113] Ver Jürgen Habermas, *Knowledge and Human Interests*, cit., p. 7.

252 Tempo, trabalho e dominação social

absoluto. O Absoluto é a totalidade das categorias subjetivo-objetivas, ele se expressa e prevalece na consciência individual. A noção de Hegel do sujeito-objeto idêntico é essencial para sua tentativa de resolver o problema epistemológico da possível relação entre o sujeito e o objeto, consciência e realidade, com uma teoria de constituição da objetividade e da subjetividade que evitaria o dilema de ter de conhecer a faculdade cognitiva antes de conhecer.

Marx também procura estabelecer a conexão intrínseca entre objetividade e subjetividade, por meio de uma teoria da sua constituição através da prática. O universo assim constituído, no entanto, é social. Ao contrário de Hegel, Marx rejeita a ideia de conhecimento absoluto e nega que a natureza, como tal, seja constituída. A teoria de Marx da constituição através da prática é social, mas não no sentido de que é uma teoria da constituição de um mundo de objetividade social por um sujeito humano histórico. Pelo contrário, é uma teoria das formas em que os seres humanos firmam bases de mediação social que, por sua vez, constituem formas de prática social. Assim, como vimos, embora Marx postule a existência no capitalismo do que Hegel identifica como um sujeito histórico – isto é, um sujeito-objeto idêntico –, ele o identifica como a forma de relações sociais alienadas expressa pela categoria capital, e não como um sujeito humano, seja individual ou coletivo. Ele desloca, dessa maneira, o problema do conhecimento a partir da possível correlação entre "realidade objetiva" e da percepção e do pensamento do sujeito individual ou supraindividual, para uma consideração da constituição de formas sociais. Sua abordagem analisa objetividade e subjetividade sociais não como duas esferas ontologicamente diferentes que devam ser relacionadas, mas como dimensões intrinsecamente relacionadas das formas de vida social que são apreendidas por suas categorias. Ao transformar as maneiras como a constituição e a prática constitutiva são entendidas, essa mudança de enfoque e transforma o problema do conhecimento em um problema de teoria social.

Demonstrei, por exemplo, que a determinação de Marx da grandeza do valor implica uma teoria sócio-histórica da emergência do tempo matemático absoluto como uma realidade social e como um conceito. Em outras palavras, essa abordagem trata de forma implícita como socialmente constituído o nível de pré-conhecimento estruturado que Kant interpreta como uma condição transcendental *a priori* do conhecimento[114]. A teoria de Marx da constituição social tenta superar o que Hegel identifica como o dilema circular da epistemologia transcendental de Kant – que se deve saber (as faculdades cognitivas), como uma precondição para o saber – sem, no entanto, recorrer à noção hegeliana de conhecimento absoluto. A teoria de Marx analisa implicitamente como social a condição de autoconhecimento (isto é, a fim de saber explicitamente,

---

[114] Jacques Le Goff tem um argumento semelhante com relação à constituição social do espaço tridimensional: ver "Merchant's Time and Church's Time in the Middle Ages", cit., p. 36.

é preciso já ter conhecido). Esta entende esse pré-conhecimento como uma estrutura pré-consciente da consciência socialmente formada, e nem a postula como universal e transcendental *a priori*, nem a baseia em um suposto conhecimento absoluto. Essa teoria sócio-histórica do conhecimento não se restringe ao exame das determinações sociais e históricas das condições subjetivas de percepção e conhecimento. Embora a teoria crítica de Marx rejeite a possibilidade do conhecimento absoluto, ela não implica uma espécie de epistemologia kantiana social e historicamente relativizada, pois busca compreender a constituição de formas de objetividade social, com suas formas conexas de subjetividade.

A crítica marxiana, portanto, não implica uma teoria do conhecimento, no sentido próprio, mas sim uma teoria da constituição de formas sociais historicamente específicas que são simultaneamente formas de objetividade e subjetividade sociais. No âmbito dessa teoria, as categorias de apreender o mundo e as normas de ação podem ser vistas como ligadas na medida em que ambas, em última análise, são baseadas na estrutura das relações sociais. Essa interpretação sugere que a epistemologia se torna, na teoria de Marx, radical como epistemologia social[115].

---

[115] Essa interpretação das implicações epistemológicas da teoria de Marx difere da de Habermas, que descreverei no Capítulo 6. Em um nível mais geral, a minha interpretação das categorias marxianas – como expressões da conexão intrínseca das formas históricas de ser e consciência sociais – implicitamente separa a validade objetiva de qualquer noção do absoluto e a relativiza historicamente. No entanto, como essa posição relativiza tanto as dimensões objetivas como as subjetivas, ela rejeita a noção de uma oposição entre a relatividade histórica e a validade objetiva. O critério desta última é a validade social, e não a absoluta. Assim, Marx pode dizer que "formas que constituem as categorias da economia burguesa. Trata-se de formas de pensamento socialmente válidas e, portanto, dotadas de objetividade para as relações de produção desse modo social de produção historicamente determinado, a produção de mercadorias" (Karl Marx, *O capital*, cit., Livro I, p. 151).

A questão dos padrões pelos quais aquilo que existe pode ser criticado não será totalmente tratada aqui. Deve ficar claro, contudo, que, na abordagem de Marx, a fonte e os padrões da crítica também devem ser uma função das formas existentes de realidade social. Pode-se argumentar que uma compreensão da relatividade histórica como implicando que "qualquer coisa serve" está vinculada à suposição de que a validade objetiva exige uma fundamentação absoluta. Nesse sentido, a oposição entre os dois pode ser concebida como semelhante àquela que existe entre o racionalismo abstrato e o ceticismo. Em ambos os casos, a virada para a teoria social ilumina a relação intrínseca os termos da oposição, indica que eles não definem o universo de possibilidades e transforma os termos do problema. Para uma poderosa crítica dos pressupostos que fundamentam tais oposições abstratas diferentes, mas em consonância com, a crítica sugerida neste trabalho, ver Ludwig Wittgenstein, *Philosophical Investigations* (trad. G. E. M. Anscombe, Nova York, Macmillan, 1958) [ed. bras.: *Investigações filosóficas*, 7. ed., trad. Marcos G. Montagnoli, Petrópolis, Vozes, 2012].

O problema para a teoria social dos padrões de crítica é, naturalmente, difícil. No entanto, a abordagem marxiana não oferece a possibilidade de autorreflexão epistemológica consistente por

254 Tempo, trabalho e dominação social

O desdobramento das formas social categorialmente aprendidas por Marx em *O capital* é a elaboração plena da teoria social prática que ele tinha apenas apresentado anteriormente, nas "Teses sobre Feuerbach":

> O principal defeito de todo o materialismo existente [...] é que o objeto [*Gegenstand*], realidade, o sensível, só é apreendido sob a forma do objeto [*Objekt*] ou da contemplação, mas não como atividade humana sensível, como prática; não subjetivamente.

> A questão de saber se ao pensamento humano cabe alguma verdade objetiva [*gegenständliche Wahrheit*] não é uma questão da teoria, mas uma questão prática.

> Toda vida social é essencialmente *prática*.[116]

A crítica madura marxiana analisa a relação entre objetividade e subjetividade em termos de estruturas de mediação sociais, determinados modos de constituição e constituidora de práticas sociais. A "práxis" a qual Marx se refere, como deve estar claro, não é a prática revolucionária, mas a prática como atividade socialmente constituidora. O trabalho constitui formas de vida social apreendidas pelas categorias da crítica de Marx. No entanto, essa prática socialmente constituidora não pode ser entendida adequadamente em termos do trabalho *per se*, ou seja, trabalho concreto em geral. Não é apenas o trabalho concreto que cria o mundo que Marx analisa, mas uma qualidade mediadora do trabalho, que cria relações alienadas caracterizadas pela antinomia de uma dimensão abstrata, geral, objetiva e uma dimensão concreta, particular, que até mesmo se objetiva em produtos. Essa dualidade faz aparecer um tipo de campo de ser social unificado no capitalismo. Um sujeito-objeto idêntico (capital) existe como o sujeito totalizante histórico e pode ser desenvolvido a partir de uma única categoria, de acordo com Marx, porque duas dimensões da vida social – as relações entre as pessoas e as relações entre as pessoas e a natureza – são fundidas no capitalismo na medida em que ambas são medidas pelo trabalho. Essa fusão molda tanto a forma de produção quanto as formas das relações sociais no capitalismo e as relaciona internamente. O fato de as categorias da crítica da economia política de Marx expressarem ambas as

---

parte da teoria, que, assim, evita as armadilhas daquelas formas de pensamento crítico social que presumem ver a sociedade com um conjunto de normas fora do seu universo social – e que, por conseguinte, não se podem explicar. Com efeito, a abordagem marxiana implica que a tentativa de fundamentar a crítica num reino extrassocial e imutável (como, por exemplo, na tradição clássica da teoria da lei natural) pode ser analisada em termos de formas sociais que se apresentam como não sociais e trans-históricas.

[116] Idem, "Ad Feuerbach (1845)", cit., p. 533-4.

dimensões da vida social de forma unificada singular (que é, ainda assim, intrinsecamente contraditória) deriva desta fusão real.

A teoria madura de Marx da prática social no capitalismo é, assim, uma teoria da constituição pelo trabalho das formas sociais que medeiam as relações entre as pessoas umas com as outras e com a natureza, e são, portanto, formas de ser e consciência. Ela é uma teoria da constituição histórica e social de formas determinadas, estruturadas de práticas sociais assim como do conhecimento social, normas e necessidades que moldam a ação. Apesar de as formas sociais que Marx analisa serem constituídas por práticas sociais, elas não podem ser apreendidas no nível imediato apenas da interação. A teoria da prática de Marx é a teoria da constituição e possível transformação das formas de mediação sociais.

Essa interpretação da teoria de Marx transforma os problemas tradicionais da relação entre trabalho e pensamento formulando-a em termos da relação, entre formas de relações, sociais medidas pelo trabalho e formas de pensamento, mais que entre trabalho concreto e pensamento. Eu argumentei que, assim como a constituição social não é função apenas do trabalho concreto, na análise de Marx, a constituição da consciência pela prática social não deve ser entendida apenas em termos de interações dos sujeitos individuais ou grupos sociais com o ambiente natural mediadas pelo trabalho. Isso se aplica até mesmo às concepções da realidade natural: elas não foram obtidas pragmaticamente, apenas de lutas com e transformações da natureza, mas, como eu tentei indicar, também estão fundadas no caráter e em determinadas formas sociais que estruturam essas interações com a natureza. Em outras palavras, o trabalho como atividade produtiva não pode, em si mesmo dar sentido, portanto, como argumentei, mesmo o trabalho obtém seu sentido das relações sociais nas quais está inserido. Quando essas relações sociais são constituídas pelo próprio trabalho, o trabalho existe de uma forma "secular" e pode ser analisado como ação instrumental.

A noção de que o trabalho é socialmente constituído não está, portanto, baseada na redução por Marx da prática social ao trabalho como produção material, em que a interação da humanidade com a natureza se torna o paradigma da interação[117]. Esse poderia de fato ter sido o caso se Marx tivesse entendido a práxis em termos do "trabalho". No entanto, a concepção de Marx em seus textos maduros sobre o trabalho como prática social constituidora está ligada à sua análise da mediação pelo trabalho de dimensões da vida social que, em outras sociedades, não são mediadas. Essa análise, de acordo com Marx, é *sine qua non* para um entendimento crítico adequado da especificidade das formas das relações sociais, produção e consciência

---

[117] Albrecht Wellmer formula essa crítica no ensaio "Communication and Emancipation: Reflections on the Linguistic Turn in Critical Theory", em John O'Neil (org.), *On Critical Theory* (Nova York, Seabury, 1976), p. 232-3.

na formação social capitalista. A fusão citada das duas dimensões da vida social no capitalismo permite que Marx analise a constituição social em termos de uma forma de prática (trabalho) e investigue a relação intrínseca da objetividade e subjetividade social em termos de um único conjunto de categorias da prática estruturada. É possível que em outra sociedade, na qual a produção e as relações sociais não sejam constituídas como uma esfera totalizante da objetividade social por um princípio estruturante singular, a noção de uma forma singular de prática constituidora pudesse ser modificada e a relação entre as formas de consciência e formas de ser social pudessem ser apreendidas diferentemente.

Jürgen Habermas e Alfred Schmidt também argumentaram que a análise de Marx implica uma teoria da constituição da objetividade social e da subjetividade social. Apesar de avaliarem a teoria da prática constituidora de Marx de maneira muito diferente, ambos consideram esse processo constitutivo apenas em relação ao "trabalho", ou seja, em termos da transformação da natureza física externa e, reflexivamente, dos próprios seres humanos, como resultado do trabalho concreto[118].

A noção tradicional, erroneamente atribuída a Marx, de que o trabalho é socialmente constituidor apenas em virtude de sua função de atividade produtora, pode ser ela mesma explicada pela crítica marxiana de acordo com a especificidade das formas sociais no capitalismo. Como vimos, apesar de o trabalho determinado pela mercadoria ser marcado por uma dimensão historicamente específica, peculiar, ele pode ser visto tanto pelo ator social como pelo teórico como sendo "trabalho". Isso também é verdade para a dimensão epistemológica do trabalho como prática social. Eu sustentei, por exemplo, que dois momentos das relações humanas com a natureza devem ser distinguidos: a transformação da natureza, materiais e do ambiente, como resultado do trabalho social, e as concepções das pessoas sobre o caráter da realidade social. A última, como argumentei, não pode ser explicada como consequência direta da primeira sozinha, ou seja, das interações mediadas pelo trabalho entre os seres humanos e a natureza, mas também devem ser tomadas com referência às formas

---

[118] Ver Habermas, *Knowledge and Human Interests*, cit., p. 25-63; Alfred Schmidt, *Der Begriff der Natur in der Lehre von Marx* (Frankfurt, Europäische Verlagsanstalt, 1971), p. 107-28. A posição de Schmidt é muito semelhante à de Horkheimer em "Traditional and Critical Theory", cit., [ed. bras.: "Teoria tradicional e teoria crítica", cit.]. Ele enfatiza o papel do trabalho concreto na constituição da capacidade subjetiva humana de conhecimento, bem como o mundo experimental. Schmidt certamente cita as declarações de Arnold Hauser, Ernst Bloch e Marx mostrando concordar com elas no que se refere ao conceito de natureza ser também função da estrutura da sociedade (p. 126). Essa posição, no entanto, não é sistematicamente integrada ao corpo de seu argumento. Ao discutir as ciências naturais, Schmidt se concentra na ciência natural experimental e aplicada, na exclusão da consideração dos paradigmas da realidade natural (p. 118-9). A última, como argumentei, não pode ser derivada apenas do trabalho social concreto, mas deve ser elucidada em termos das formas de relações sociais para as quais serve como contexto para sua emergência.

de relações sociais nas quais essas interações ocorrem. No capitalismo, no entanto, ambos os momentos das relações das pessoas com a natureza são funções do trabalho: a transformação da natureza pelo trabalho social concreto pode, portanto, condicionar as noções que as pessoas têm da realidade, embora a fonte de sentido seja apenas a interação medida pelo trabalho com natureza. Consequentemente, a noção indiferenciada de "trabalho" pode ser tomada como princípio constitutivo e o conhecimento da realidade natural pode presumidamente desenvolver-se como função direta do grau em que os seres humanos dominam a natureza. O fato de essa posição, assumida por Horkheimer em 1937, ter sido atribuída a Marx se deve em parte à afirmação dos partidos socialistas da classe trabalhadora tradicional de "trabalho" e em parte ao modo de apresentação imanente de Marx.

O que eu apresentei como a teoria marxista tradicional da constituição social pelo "trabalho" pode ser entendida como uma tentativa de resolver a oposição entre objetividade e subjetividade. Ou seja, ela permanece em última instância dentro do quadro dos termos do problema formulado pela filosofia moderna clássica. A abordagem de Marx, como eu a apresentei, no entanto, não é uma tentativa de resolver essa oposição. Ela, de fato, transforma os termos do problema ao analisar socialmente as relações entre objetividade e subjetividade, assim como fundamenta os pressupostos da problemática clássica em si – a oposição de uma esfera externa da objetividade que aparece como legal e a autodeterminação subjetiva, individual – nas formas sociais da sociedade capitalista moderna[119].

Outras diferenças entre essas duas abordagens ao problema da constituição social são expressas em seu entendimento divergente do processo de alienação e sua relação com a subjetividade. O entendimento comumente associado à noção de constituição social pelo "trabalho" pode ser visto na resposta de Hilferding a Böhm-Bawerk, que eu citei anteriormente. Hilferding afirma o "trabalho" como o princípio regulatório da sociedade humana que é velado no capitalismo e que, no socialismo, emerge abertamente como a principal causalidade da vida humana. Visto que o "trabalho" permanece como o substrato constante da sociedade, a forma na qual aparece no capitalismo é separável de seu contexto, do "trabalho" em si.

Essa concepção da constituição social como efeito do "trabalho" implica a existência de um sujeito histórico concreto e está relacionada com um entendimento da

---

[119] Assim, a abordagem marxiana difere de outras críticas da dicotomia sujeito-objeto que sustentam a ideia de que um sujeito intencional, descontextualizado e descorporificado, não tem nenhum sentido, e que as pessoas estão sempre inseridas em um contexto prematuro. Enquanto também são críticas à dicotomia do sujeito-objeto, a abordagem marxiana não apenas refuta posições que postulam um sujeito descontextualizado, mas busca dar conta dessas posições ao analisar a aparente descontextualização como característica de determinado contexto da sociedade capitalista.

258 Tempo, trabalho e dominação social

alienação como estranhamento do que já existe como propriedade desse sujeito. Ou seja, a alienação é tratada como um processo envolvendo a simples reversão do sujeito e do objeto. Esse também é o caso no que se refere à percepção e consciência. Ao descrever a mistificação da forma-mercadoria, Hilferding escreve, "as características sociais das pessoas aparecem como atributos objetivos [*gegenständliche*] das coisas, assim como as formas subjetivas de percepção humanas (tempo e espaço) aparecem como atributos objetivos [*objektive*] das coisas"[120].

A analogia que Hilferding delineia entre "as características das pessoas" e a categorias da transcendência kantiana *a priori* ("as formas subjetivas de percepção humana") indicam que em ambos os casos ele pressupõe uma estrutura da subjetividade preexistente, e não uma socialmente constituída. A especificidade do capitalismo parece, portanto, estar no fato de que o que já existe como propriedade da dimensão subjetiva aparece como propriedade da dimensão objetiva. Hilferding então entende a teoria da alienação marxiana como "a troca da subjetividade pela objetividade e vice-versa"[121]. Essa posição implicitamente compreende a noção de fetiche da mercadoria de Marx como referente a um tipo de ilusão, portanto os atributos dos sujeitos aparecem como atributos daquilo que eles criam. Isso está relacionado com a noção de Hilferding de que a forma-mercadoria é simplesmente uma forma mistificada de "trabalho". Quando o trabalho é analisado nos termos trans-históricos de "trabalho", ele é especificamente entendido apenas extrinsecamente, em termos do modo de distribuição, e alienação é apreendida inversamente como o reverso que mistifica o que já existe. A superação da alienação, nesse quadro, é vista como um processo de desmistificação e reapropriação, como a reemergência do que é socialmente ontológico por trás do véu de sua forma de aparência mistificada. Superar a alienação, em outras palavras, requer a realização do ser do sujeito histórico.

Na interpretação que apresentei aqui, as categorias da crítica de Marx não expressam "trocas" entre o objetivo e o subjetivo, mas, a constituição de cada uma dessas dimensões. Como argumentei no caso do tempo abstrato, determinadas formas subjetivas, ao lado da objetividade que apreendem, são constituídas por formas alienadas determinadas de relações sociais, elas não são preexistentes, formas universais que, porque são alienadas, aparecem como atributos objetivos das coisas. Isso reforça posteriormente minha alegação de que, com sua análise do duplo caráter do capitalismo, Marx desenvolveu a teoria da alienação como a teoria de um modo historicamente específico de constituição social, enquanto determinadas formas sociais – caracterizadas pela oposição do abstrato universal, objetivo, com uma dimensão aparentemente legal e uma dimensão particular "coisal" – são constituídas por formas estruturantes

---

[120] Rudolf Hilferding, "Böhm-Bawerk's Criticism of Marx", cit., p. 145. (Tradução alterada)

[121] Lucio Colletti, "Bernstein and the Marxism of the Second International", cit., p. 78.

Tempo abstrato 259

de prática e, por seu turno, moldam a prática e o pensamento em sua imagem. Essas formas sociais são contraditórias. É essa qualidade que representa a totalidade dinâmica e faz surgir a possibilidade de sua crítica e possível transformação.

É parte essencial dessa teoria da constituição social e historicamente determinada da objetividade e subjetividade sociais por um processo de alienação a análise crítica da especificidade das várias dimensões da vida social no capitalismo. Essa teoria não apenas condena o estranhamento do sujeito – ou sujeitos – do que já existia como sua propriedade. De fato, ela analisa a constituição histórica das forças humanas na forma alienada. Superar a alienação, nessa visão, envolve a abolição do *sujeito* (capital) *autofundado*, *automovente*, e das formas de trabalho que constituem e são constituídas por estruturas de alienação; isso permitiria que a humanidade se apropriasse do que foi constituído de forma alienada. A superação do *sujeito* histórico permitiria que as pessoas, pela primeira vez, se tornassem sujeitos de suas próprias práticas sociais.

A noção de fetiche de Marx está centralmente relacionada com sua teoria da alienação como constituição social. Essa noção não se refere apenas a ilusões socialmente construídas, mas busca dar conta socialmente de várias formas de subjetividade. Ela é parte da teoria social da constituição e Marx, que relaciona formas de pensamento, visões de mundo e crenças a formas de relações sociais e às formas em que elas aparecem na experiência imediata. Em *O capital*, Marx busca apreender a constituição de estruturas sociais profundas historicamente específicas através das formas de prática sociais que, por sua vez, são orientadas por crenças e motivações fundadas nas formas de aparência suportadas por essas estruturas. O todo, no entanto, não é estaticamente circular e doxa, mas dinâmico e contraditório. Uma formulação adequada da teoria de Marx da constituição das formas de subjetividade e objetividade no capitalismo deve analisar a interação entre estrutura e prática em termos da natureza contraditória dinâmica da totalidade; sobre essa base, alguém poderia desenvolver uma teoria da transformação histórica da subjetividade que elucidaria a constituição social e histórica do desenvolvimento das necessidades e percepções – tanto aquelas que tendem a perpetuar o sistema quanto aquelas que o questionam.

Essa teoria da constituição da consciência e do ser social tem pouco em comum com a interpretação na qual o "trabalho" ou a forma econômica da "base" da sociedade e do pensamento como o elemento "superestrutural". É uma teoria não funcionalista da subjetividade social que, no fim, é baseada na análise das formas de relações sociais mais do que nas considerações da posição e do interesse social, incluindo posição e interesses de classe. A primeira análise fornece um quadro geral historicamente cambiante das formas de consciência na qual as considerações da última podem ser examinadas. Essa abordagem assume que se o significado e estrutura social devem ser relacionados, as categorias que os apreendem devem estar intrinsecamente relacionadas – em outras palavras, a dicotomia teórica dominante das dimensões material e cultural da vida social não pode ser superada

260   Tempo, trabalho e dominação social

extrinsecamente, tendo como base conceitos que já contenham no seu interior essa oposição[122]. Tal posição distingue a teoria social e histórica da subjetividade apresentada aqui, dessas tentativas de relacionar o pensamento e as "condições sociais" que podem explicar a função das consequências sociais de uma forma particular de pensamento, mas não podem fundamentar socialmente a especificidade desse pensamento e relacioná-lo intrinsecamente com seu contexto. A teoria marxista procura fazer isso. Em geral, ela não trata o significado de forma materialista redutiva, como um reflexo epistemológico da base material física, nem – é claro – de forma idealista, como uma esfera completamente autônoma autofundada. Ela busca, de fato, apreender a vida social com categorias que lhe permitam tratar a estrutura do significado como um momento intrínseco de uma estrutura de relações sociais constituídas e constituidoras[123].

---

[122] Essa abordagem é muito diferente daquela feita por Max Weber em sua muito conhecida metáfora de que ideias criam imagens de mundo que determinam, como um agulheiro, os trilhos nos quais a ação é empurrada pela dinâmica do interesse (ver "The Social Psychology of the World Religions", em Hans H. Gerth e Charles W. Mills (orgs.), *From Max Weber*, Nova York, Oxford University Press/A Galaxy Book, 1958, p. 280 [ed. bras.: "A psicologia social das religiões mundiais", em *Ensaios de sociologia*, 5. ed., São Paulo, Gen, 1982]). Essa metáfora relaciona as dimensões social ou material e a dimensão cultural apenas extrínseca e contingentemente. Na medida em que a posição que expressa reconhece o aspecto subjetivo da vida material, ela o faz de forma semelhante àquela feita por muitas teorias econômicas – identifica essa dimensão considerando apenas o interesse. Como resultado, o que deve ser analisado como uma forma de subjetividade ("interesse") constituída específica, social e historicamente é assumida como dada, ao passo que outras formas de subjetividade são tratadas de forma idealista. Essa inabilidade de apreender a relação intrínseca das formas de subjetividade e as formas de relações sociais é relacionada com uma abordagem que não apreende a vida material em termos de determinadas formas através das quais a vida social é mediada.

[123] Émile Durkheim, em *The Elementary Forms of the Religious Life* (trad. Joseph Ward Swain, Nova York, Free Press, 1965), também postula uma teoria do conhecimento que busca fundar as categorias do pensamento socialmente. Sob essa abordagem, Durkheim é capaz de indicar o poder de uma teoria social do conhecimento em endereçar e mudar os termos dos problemas epistemológicos, da forma como eles foram formulados classicamente. No entanto (deixando de lado seus aspectos funcionalistas), a teoria de Durkheim se concentra na organização social da sociedade mais do que nas formas de mediação social – portanto, carece de uma concepção das categorias da vida social que poderiam simultaneamente ser categorias da subjetividade e da objetividade. A abordagem de Durkheim é ambivalente no que se refere à questão da relação de contexto e pensamento sociais. Ela é tanto uma crítica do entendimento da ciência natural da vida social, que a despeito da questão do significado social, quanto é, ela mesma, trans-histórica e objetivista. Apesar de Durkheim sugerir que a própria ciência está socialmente inserida, ele não a trata como um sistema dotado de significado da tendência da ciência de ver a realidade em termos objetivos. Ele toma, de fato, isso como uma expressão do desenvolvimento evolucionário da sociedade.

É possível apreender a própria interpretação dualística de Durkheim da vida social em termos da abordagem marxiana apresentada aqui. Sua oposição entre sociedade e indivíduo, alma e corpo, o abstrato, geral e o concreto particular – onde apenas a princípio, os termos abstratos de cada oposição são entendidos como sociais – podem ser apreendidas como processos de hipostasia e projeções da forma mercadoria. Ver *The Elementary Forms of the Religious Life*, cit., p. 21-33, 169-73, 258-60, 306-8, 467-94.

6
A CRÍTICA DE MARX POR HABERMAS

Com base no que desenvolvi até aqui com relação à análise de Marx do trabalho na sociedade capitalista, a diferença entre valor e riqueza material, e o tipo de teoria sócio-histórica da consciência e subjetividade implicada por sua análise categorial, vou agora concluir a minha discussão da trajetória da teoria crítica considerando alguns aspectos da crítica de Marx por Jürgen Habermas. Essa crítica integra o esforço de Habermas na reconstrução de uma teoria social crítica adequada à natureza alterada do capitalismo pós-liberal que também passasse além do pessimismo da teoria crítica discutido no Capítulo 3[1]. Mas, como já mencionei, a crítica de Marx por Habermas, que se ligou intimamente nos seus livros anteriores à distinção que ele começou a desenvolver entre trabalho e interação[2], é predicada sobre as mesmas premissas básicas que informaram as obras de Pollock e Horkheimer. Habermas tenta ultrapassar os limites das obras de ambos colocando em questão o papel constitutivo central que eles, à maneira do marxismo tradicional, atribuíram ao "trabalho", mas não critica a noção de "trabalho". Apesar de ter modificado sua abordagem da teoria social a partir da sua primeira crítica de Marx, seu entendimento tradicional do trabalho continuou a informar a sua obra. Isso, eu argumento, enfraqueceu a sua tentativa de formular uma teoria social crítica adequada à sociedade moderna. O que se segue não é uma

---

[1] Ver Jürgen Habermas, *Knowledge and Human Interests* , cit., p. 60-3; *Communication and the Evolution of Society* (trad. Thomas McCarthy, Boston, Beacon, 1979); *The Theory of Communicative Action*, cit., v. 1 e 2.

[2] Ver idem, "Labor and Interaction: Remarks on Hegel's Jena Phenomenology of Mind", em *Theory and Practice* (trad. John Viertel, Boston, Beacon, 1973); e "Technology and Science as 'Ideology'", cit.

262 Tempo, trabalho e dominação social

discussão do desenvolvimento completo da teoria de Habermas, pelo contrário, é uma tentativa de ampliar o meu argumento anterior relativo às limitações de qualquer crítica social que procura reagir à natureza alterada do capitalismo contemporâneo enquanto permanece presa à concepção tradicional de "trabalho" – mesmo que, como a de Habermas, evite o pessimismo fundamental da teoria crítica.

A crítica inicial de Marx por Habermas

Uma das preocupações centrais de Habermas nas suas primeiras obras foi examinar a possibilidade de consciência crítica na estrutura de uma teoria capaz de apreender criticamente a natureza tecnocrática do capitalismo pós-liberal e a natureza repressiva e burocrática do "socialismo realmente existente". Em *Conhecimento e interesse*, Habermas aborda essa problemática em termos da questão de uma crítica radical do conhecimento. Ele afirma que tal crítica é necessária para solapar a identificação positivista de conhecimento com ciência – ela própria uma expressão da, e fator contribuinte da, organização crescentemente tecnocrática da sociedade – e para mostrar, pelo contrário, que ciência deve ser entendida como o único modo possível de conhecimento[3]. Habermas afirma que essa crítica radical do conhecimento só é possível como teoria social e observa que essa ideia já está implicitamente presente na teoria de Marx da sociedade[4]. Entretanto, de acordo com ele, Marx não fundamenta adequadamente essa crítica, na medida em que seu autoentendimento metodológico obscurece a diferença entre a ciência empírica rigorosa e a crítica. Por isso, Marx não foi capaz de desenvolver uma teoria que pudesse contestar a vitória do positivismo[5].

Habermas desenvolve seus argumentos relativos à teoria de Marx contra o pano de fundo da sua leitura da crítica de Kant por Hegel. Nessa crítica, de acordo com Habermas, Hegel abriu a possibilidade de uma crítica radical do conhecimento, caracterizada pela autorreflexão[6]. Hegel criticou a epistemologia de Kant por se ter deixado prender no círculo para de conhecer a faculdade cognitiva antes de saber, e expôs vários pressupostos implícitos não considerados dessa epistemologia[7]. Entre esses pressupostos havia um conceito normativo de ciência, um sujeito conhecedor e fixado, e a distinção entre a razão prática e a teórica. Hegel afirmava que epistemologia não é – nem pode ser – livre de pressupostos, como afirma Kant, mas se baseia de fato numa consciência

---

[3] Idem, *Knowledge and Human Interests*, cit., p. 3-5.

[4] Ibidem, p. vii.

[5] Ibidem, p. 24, 61.

[6] Ibidem, 5, 19.

[7] Ibidem, p. 7.

A CRÍTICA DE MARX POR HABERMAS   263

crítica que resulta de um processo de autoformação. A crítica do conhecimento, portanto, tem de tomar consciência de seu próprio processo autoformador e saber que ele próprio está incorporado na experiência da reflexão como um dos seus elementos. Esse processo de reflexão se desenvolve como um processo determinado de negação em que a razão teórica e a prática são uma só: as categorias do entendimento do mundo e das normas de comportamento são ligadas[8]. Ao sujeitar os pressupostos da epistemologia à autocrítica, Hegel radicalizou-a. Entretanto, de acordo com Habermas, ele não avançou nessa direção. Em vez de radicalizar claramente a crítica do conhecimento, Hegel negou-a abstratamente; ele tentou, com base nos pressupostos da filosofia da identidade (do mundo e sujeito conhecedor) e sua noção associada do conhecimento absoluto, superar a crítica do conhecimento como tal, em vez de transformá-la[9].

Marx, de acordo com Habermas, não usou as premissas básicas da filosofia da identidade, pois admitiu a externalidade da natureza[10]. Portanto, ele estava na posição de desenvolver uma crítica radical do conhecimento — mas não o fez. As razões dessa falha, Habermas argumenta, estão enraizadas nas bases filosóficas do materialismo de Marx, em particular, o papel atribuído ao trabalho[11]. Habermas afirma que o trabalho, na teoria social de Marx, é uma categoria tanto epistemológica quanto da existência material humana: não somente ele é uma precondição necessária de reprodução da vida social, mas, na medida em que constitui a natureza à nossa volta como uma natureza objetiva para nós, ele também cria as "condições transcendentais da objetividade possível dos objetos da experiência"[12]. Assim, o trabalho ao mesmo tempo regula o intercâmbio material com a natureza e constitui um mundo: sua função é a síntese.

A noção de síntese pelo trabalho, de acordo com Habermas, resulta na transformação materialista da filosofia do ego de Fichte, conforme a qual o ego é construído no ato mesmo da autoconsciência: o ego original postula o ego ao postular um não ego em oposição a si mesmo[13]. Na teoria de Marx, o sujeito que trabalha enfrenta um não ego, o seu ambiente, que obtém sua identidade por meio do trabalho. Assim, o sujeito ganha sua própria identidade ao interagir com a natureza que foi o objeto do seu trabalho e do trabalho das gerações precedentes. Nesse sentido, a espécie humana se postula como sujeito social no processo de produção[14]. Com essa noção do

---

[8] Ibidem, p. 13-9.

[9] Ibidem, p. 9, 20, 23, 24.

[10] Ibidem, p. 24, 33-4.

[11] Ibidem, p. 42.

[12] Ibidem, p. 28.

[13] Ibidem, p. 38.

[14] Ibidem, p. 39.

264 Tempo, trabalho e dominação social

autodesenvolvimento humano por meio do trabalho, Marx solapa a antropologia filosófica e a filosofia transcendental[15].

Entretanto, argumenta Habermas, essa concepção materialista de síntese não oferece uma base adequada para uma crítica radicalizada do conhecimento[16]. Se a síntese ocorre por meio do trabalho, o substrato em que seus resultados são expressos não é uma conexão de símbolos, mas o sistema de trabalho social[17]. O trabalho, de acordo com ele, é ação instrumental. Portanto, o conceito de síntese pelo trabalho social pode levar a uma teoria instrumentalista do conhecimento: a condição de possibilidade da objetividade do conhecimento científico natural está enraizada no trabalho. Mas, a experiência fenomenológica, portanto autorreflexão, existe em outra dimensão, a da interação simbólica[18]. Habermas afirma que Marx incorporou essa dimensão social – que é a das relações de produção – nas suas investigações materiais; no nível categorial, entretanto, dentro da sua estrutura filosófica de referência, o ato autogerador da espécie humana é reduzido ao trabalho[19]. De acordo com Habermas, Marx concebeu o processo de reflexão de acordo com o modelo de produção e, dessa forma, o reduziu ao nível da ação instrumental. Assim, ele eliminou a reflexão como uma força motriz da história – pois, nessa teoria materialista, o sujeito, ao enfrentar o não ego, não enfrenta apenas um produto do ego, mas também uma parte da contingência da natureza[20]. Consequentemente, o ato de apropriação, tal como concebido por Marx, não é idêntico à reintegração reflexiva de alguma parte antes externalizada do próprio sujeito. Por causa da noção de síntese por meio do trabalho social, então, a possibilidade de uma crítica radical do conhecimento foi solapada e o *status* lógico das ciências naturais não se distinguiu do da crítica[21].

Habermas afirma que essa concepção materialista de síntese leva a uma noção de teoria social como conhecimento tecnicamente explorável e, portanto, serve como engenharia social de apoio e controle tecnocrático[22]. Ao citar um trecho longo dos *Grundrisse*[23], que trata da emancipação da humanidade do trabalho alienado com base na transformação do processo de trabalho num processo científico, Habermas afirma

---

[15] Ibidem, p. 28-9.

[16] Ibidem, p. 42.

[17] Ibidem, p. 31.

[18] Ibidem, p. 35-6, 42.

[19] Ibidem, p. 42, 53.

[20] Ibidem, p. 44.

[21] Idem.

[22] Ibidem, p. 47.

[23] Karl Marx, *Grundrisse*, cit., p. 587-8; citado neste livro no Capítulo 1, "Repensar a crítica de Marx do capitalismo", p. 37.

que a posição expressa por ele pressupõe que a história da espécie foi construída somente pela síntese por meio do trabalho social, e que o desenvolvimento da ciência natural e tecnologia é transposto automaticamente para a autoconsciência do sujeito social. O resultado é a subordinação recíproca das ciências humanas e da ciência natural, que o jovem Marx previa[24]. O argumento de Habermas, em outras palavras, é que a teoria de Marx da síntese social pelo trabalho não oferece uma base adequada para uma teoria crítica de um mundo caracterizado pela dominação tecnocrática, engenharia social e burocratização – que, na verdade, a natureza da sua teoria é tal como pode ser e foi usada para favorecer tais desenvolvimentos.

A saída desse impasse, de acordo com Habermas, é uma reconstrução da história da espécie que conceberia sua própria reconstituição a partir de uma perspectiva dupla, a do trabalho e a da interação[25]. O problema da tentativa de Marx de apreender os dois com a dialética das forças e relações de produção (ou seja, somente em termos da esfera do trabalho) é que a estrutura institucional que resiste a um novo estágio de reflexão não é imediatamente resultado de um processo de trabalho, mas, pelo contrário, representa uma relação de forças sociais, de dominação de classe[26]. Para Habermas, a teoria de Marx da síntese social por meio do trabalho faz desabar a esfera de interação na do trabalho, prejudicando assim a possibilidade de consciência crítica e, portanto, de emancipação. Habermas propõe, portanto, uma reconstrução histórica baseada numa teoria de duas formas de síntese social: uma por meio do trabalho (ou seja, por meio da ação instrumental), pela qual a realidade é interpretada do ponto de vista técnico; e outra por meio da luta (como forma institucionalizada de interação), pela qual ela é interpretada de um ponto de vista prático[27]. Ele afirma que a síntese somente pelo trabalho leva historicamente à organização da sociedade como um autômato, ao passo que a síntese por meio da interação pode levar a uma sociedade emancipada, que ele descreve como uma organização da sociedade com base em decisões tomadas em discussões livres de dominação[28]. Então, a esfera de interação oferece uma base para crítica e para a possibilidade de emancipação.

A reconstrução da história da espécie proposta por Habermas deve ser vista como uma tentativa de passar além do pessimismo fundamental da teoria crítica e de ressuscitar a possibilidade de uma crítica emancipatória da sociedade contemporânea de forma dupla – pela crítica da noção de síntese por meio do trabalho e suplementando-a com outra de síntese por meio da interação. Mas, à luz da minha exposição até aqui,

---

[24] Jürgen Habermas, *Knowlededge and Human Interests*, cit., p. 48-50.

[25] Ibidem, p. 53, 60, 62.

[26] Ibidem, p. 52, 55.

[27] Ibidem, p. 55-6.

[28] Idem.

deve estar claro que sua crítica da concepção da síntese por meio do trabalho de Marx é baseada num entendimento de trabalho como trabalho concreto *per se*, como "trabalho", isto é, não trata da análise marxiana do duplo caráter do trabalho. Dado o seu pressuposto tradicional, não chega a surpreender que os trechos citados por Habermas para apresentar a posição de Marx são tomados das suas primeiras obras (nas quais, pode-se argumentar, o próprio Marx tinha um conceito trans-histórico do "trabalho"), ou, por exemplo, de uma seção no Livro I d'*O capital*, em que Marx descreve os elementos materiais do processo de trabalho em termos trans-históricos[29]. Como mostrarei na Parte 3, esses últimos trechos devem ser entendidos à luz da estratégia de apresentação de Marx. Partindo da descrição trans-histórica indeterminada do processo de trabalho que Habermas cita, Marx subsequentemente ocupa boa parte do Livro I indicando que todos os seus termos foram revertidos no capitalismo. Dessa forma, demonstra que a produção na sociedade capitalista não pode ser entendida simplesmente em termos trans-históricos, ou seja, em termos da interação de humanos com a natureza, porque a forma e o objetivo do processo de trabalho são moldados pelo trabalho abstrato, ou seja, pelo processo de criação de mais-valor[30]. A análise de Marx do trabalho e da produção no capitalismo, em outras palavras, não pode ser interpretada adequadamente se for entendida precisamente nesses termos trans-históricos que ele demonstrou serem inválidos para a sociedade capitalista.

Já afirmei que, em sua obra de maturidade, Marx apresenta de fato uma teoria da síntese social pelo trabalho, mas como base de uma análise da especificidade das formas sociais da sociedade capitalista. O trabalho que Marx analisa não só regula as trocas materiais com a natureza, como no caso de todas as formações sociais, mas também constitui as relações sociais que caracterizam o capitalismo. É por seu duplo caráter peculiar que o trabalho no capitalismo – não "trabalho" – está na base da dialética das forças e relações de produção[31]. O mundo constituído por esse trabalho não é apenas o ambiente material, formado pelo trabalho social concreto, mas também o mundo social. Portanto, para voltar ao modelo de Fichte descrito anteriormente, o não ego postulado pelo trabalho abstrato é de fato um produto do ego: é uma estrutura de relações sociais alienadas. Contrariamente à distinção feita por Habermas entre o nível categorial na obra de Marx e o nível das suas investigações materiais, o nível anterior na crítica madura de Marx não é o do "trabalho", mas o da mercadoria, trabalho abstrato,

---

[29] Ibidem, p. 25-9.

[30] Karl Marx, *O capital*, cit., Livro I, p. 309-574.

[31] Numa longa nota de rodapé (*Knowledge and Human Interests*, cit., nota 14, p. 327), Habermas critica a tentativa de Marx de analisar "atividade produtiva" e "relações de produção" como aspectos diferentes do mesmo processo. Mas, ele considera esse processo somente em termos de "trabalho" e não em termos do caráter específico socialmente constitutivo do trabalho no capitalismo.

A CRÍTICA DE MARX POR HABERMAS 267

valor, e assim por diante, ou seja, formas de relações sociais mediadas pelo trabalho. Ele incorpora a dimensão internacional que Habermas afirma estar incluída apenas nas "investigações materiais" de Marx.

Marx, como já afirmei, não reduz a prática social ao trabalho nem postula a atividade produtiva como o paradigma da interação. Pelo contrário, ele analisa como o que poderiam ser duas dimensões da vida social em outras sociedades são fundidas no capitalismo, na medida em que ambas são mediadas pelo trabalho. Sobre essa base, ele especifica as formas de relações sociais e de consciência na sociedade capitalista e analisa a lógica interna do desenvolvimento dessa sociedade. Habermas, como resumirei rapidamente, age com base na noção trans-histórica do "trabalho" e despreza a concepção de Marx da especificidade das formas de riqueza, produção e relações sociais no capitalismo; ele também interpreta mal a teoria sócio-histórica do conhecimento de Marx. A questão não é simplesmente se Habermas é "justo" com Marx, trata-se da adequação de uma teoria social crítica ao seu objeto. Se o processo de constituição social pelo trabalho especifica de fato o capitalismo, então projetar trans-historicamente esse modo de constituição (como fez o marxismo tradicional) ou substituí-lo por um esquema igualmente trans-histórico da existência de duas esferas separadas mas interdependentes (trabalho e interações, ação instrumental e ação comunicativa) é obscurecer o capitalismo. De modo mais geral, as implicações metodológicas e epistemológicas da análise categorial de Marx do capitalismo levantam questões sérias relativas a toda tentativa de desenvolver uma teoria social com base num conjunto de categorias que se presumem em geral aplicáveis à história da espécie humana.

Posso começar a elucidar as diferenças entre as duas abordagens examinando o tratamento de Habermas da categoria valor. Ao discutir algumas implicações da mudança tecnológica em um dos primeiros ensaios, Habermas, baseando-se até certo ponto em Joan Robinson, iguala valor e riqueza material[32]. Vale a pena examinar mais detalhadamente seus argumentos, pois eles se referem a seções dos *Grundrisse* que discuti no Capítulo 1. Lembremo-nos de que nos *Grundrisse* (bem como em *O capital*) Marx não trata valor como uma categoria de riqueza geral nem em termos de um mercado autorregulado, quase automático, mas como a essência de um modo de produção cujo "pressuposto é e *continua sendo* a massa do tempo de trabalho imediato, o *quantum* de trabalho empregado como o fator decisivo da produção da riqueza."[33]. Com o desenvolvimento do capitalismo industrial e o rápido crescimento da produtividade, a riqueza material passa cada vez mais a ser uma função do estado geral da ciência e sua aplicação à produção, e não a quantidade de tempo de trabalho e, portanto, do

---

[32] Jürgen Habermas, "Between Philosophy and Science: Marxism as Critique", em *Theory and Practice*, cit., p. 222-35.

[33] Karl Marx, *Grundrisse*, cit., p. 587 (grifos meus).

268 TEMPO, TRABALHO E DOMINAÇÃO SOCIAL

tempo de trabalho humano direto empregado[34]. A diferença entre a riqueza material e valor se transforma em uma oposição cada vez mais aguda, de acordo com Marx, porque valor permanece com a determinação essencial da riqueza no capitalismo apesar de a riqueza material depender cada vez menos do gasto de trabalho humano direto. Portanto, o trabalho humano direto é mantido como a base de produção e se torna ainda mais fragmentado, apesar de ter se tornado "supérfluo" diante do potencial das forças de produção que passaram a existir[35]. Então, o enorme aumento da produtividade sob o capitalismo não resulta em uma redução correspondente de tempo de trabalho nem em uma transformação positiva da natureza do trabalho. A contradição básica no capitalismo, vista dessa forma, é baseada no fato de a forma de relações sociais e riqueza, bem como a forma concreta do modo de produção, continuarem determinadas pelo valor mesmo quando se tornam anacrônicas do ponto de vista do potencial de criação de riqueza material do sistema. Em outras palavras, a ordem social mediada pela forma-mercadoria gera, de um lado, a possibilidade histórica de sua própria negação determinada – uma forma diferente de mediação social, outra forma de riqueza, e um novo modo de produção não mais baseado no trabalho humano direto fragmentado como parte integral do processo de produção. Por outro lado, essa possibilidade não é automaticamente realizada, a ordem social permanece baseada no valor.

Mas, no seu ensaio, Habermas interpreta erroneamente esses trechos dos *Grundrisse* como uma afirmação de Marx de que o "desenvolvimento científico das forças técnicas de produção deve ser considerado uma possível fonte de valor"[36]. Ele baseia seu argumento na seguinte declaração de Marx: "No entanto, à medida que a grande indústria se desenvolve, a criação da riqueza efetiva passa a depender menos do tempo de trabalho e do *quantum* de trabalho empregado que do poder dos agentes postos em movimento durante o tempo de trabalho"[37]. Nesse trecho Marx claramente opõe o potencial de produção de riqueza efetiva das forças de produção desenvolvidas sob o capitalismo à forma de valor da riqueza, que permanece como uma função do tempo de trabalho imediato. Ainda assim, Habermas deixa passar esse ponto quando pressupõe que Marx estava postulando uma determinação alterada de valor – um valor que não é mais baseado no trabalho humano imediato. Consequentemente, ele afirma que Marx abandonou mais tarde essa ideia "revisionista", e que ela não entrou na versão final da teoria do valor-trabalho[38]. Na tentativa de "salvar" a teoria de valor e torná-la adequada às condições da tecnologia moderna, Habermas sugere que a expressão do valor para

---

[34] Idem.

[35] Ibidem, p. 588.

[36] Jürgen Habermas, "Between Philosophy and Science", cit., p. 226.

[37] Karl Marx, *Grundrisse*, cit., p. 587.

[38] Jürgen Habermas, "Between Philosophy and Science", cit., p. 227.

A CRÍTICA DE MARX POR HABERMAS   269

capital constante (máquinas e outros equipamentos) deve ser modificada para que seja considerado o "avanço do conhecimento tecnológico" que entra na sua criação[39].

Em outras palavras, Habermas não capta a distinção de Marx entre valor e riqueza material e, portanto, entre as dimensões abstrata e concreta do trabalho que produz mercadorias. Ele pressupõe que a teoria do valor-trabalho de Marx era semelhante à da economia política clássica – uma tentativa de explicar a riqueza social em geral. Habermas afirma, portanto, que a teoria do trabalho era válida somente para o estágio de desenvolvimento das forças técnicas de produção quando a criação de riqueza efetiva dependia essencialmente do tempo de trabalho e da quantidade de trabalho empregada. Com a ascensão da tecnologia altamente desenvolvida, o valor passou cada vez mais a se basear na ciência e na tecnologia, e não no trabalho humano direto[40]. Diferentemente das posições que postulam o trabalho como a fonte trans-histórica de riqueza, Habermas reconhece os potenciais de criação de riqueza da ciência e tecnologia, e a sua relevância crescente para a vida social contemporânea. Mas ele afirma que elas constituem uma nova base de valor, e assim fundem o que Marx tinha distinguido.

Essa fusão evita que Habermas entenda a concepção marxiana da contradição do capitalismo tal qual a que surge dentro da produção capitalista como resultado da discrepância crescente entre valor e riqueza[41]. Como vou elaborar, a dialética marxiana da produção é socialmente determinada e contraditória, enraizada no duplo caráter das formas sociais fundamentais do capitalismo. Habermas, entretanto, interpreta os trechos

---

[39] Ibidem, p. 226.

[40] Ibidem, p. 229.

[41] Wolfgang Müller dá início a uma crítica muito semelhante da interpretação de Habermas dos trechos em questão dos *Grundrisse* e da sua interpretação da categoria de valor: ver "Habermas und die 'Anwendbarkeit' der 'Arbeitswerttheorie'", *Sozialistische Politik* 1, abr. 1969, p. 39-54. Ainda assim, após sua exposição da diferença entre valor e riqueza material, e a emergência da contradição, Müller rompe com a lógica de sua própria análise. Ele não reconsidera a crítica marxiana à luz dessa contradição, pelo contrário, ao longo da sua discussão da República Democrática Alemã, Müller apresenta a posição marxista tradicional. Ele caracteriza o capitalismo como um sistema em que "a socialização do trabalho [...] permanece classificada sob as formas de apropriação privada" (p. 50). A crítica de Müller de Habermas, em outras palavras, não o leva a colocar o trabalho no centro da crítica do capitalismo, pelo contrário, lá ele coloca a propriedade privada (e o mercado). Porém, a sua posição implica uma noção de "trabalho" que qualquer crítica de Habermas – assim como de Pollock – é basicamente inadequada, já que ignora a especificidade do trabalho que produz mercadorias. Para outras críticas do entendimento de Habermas de Marx, ver Rick Roderick, *Habermas and the Foundations of Critical Theory* (Nova York, St. Martin's Press, 1986); Ron Eyerman e David Shipway, "Habermas on Work and Culture", *Theory and Society* 10, n. 4, jul. 1981; Anthony Giddens, "Labour and Interaction", em John B. Thompson e David Held (orgs.), *Habermas: Critical Debates* (Cambridge, MIT Press, 1982); John Keane, "Habermas on Work and Interaction", *New German Critique* 6, 1975; e Richard Winfield, "The Dilemmas of Labor", *Telos*, n. 24, 1975.

270 Tempo, trabalho e dominação social

dos *Grundrisse* citados há pouco como expressões de uma transformação evolutiva da base do valor[42]. A teoria do valor-trabalho, de acordo com Habermas, foi válida para um estágio de desenvolvimento técnico, mas não é mais válida e deve ser suplantada por uma "teoria do valor da ciência e tecnologia". Sua noção de que a base de "valor" muda com a tecnologia implica necessariamente uma noção linear do curso da produção capitalista, e não possui nenhuma contradição nem limites intrínsecos. Na crítica da economia política, Marx tenta basear e explicar o curso dialético do desenvolvimento capitalista em termos da natureza de suas formas sociais básicas; mas Habermas, por sua vez, se vale de uma concepção basicamente evolutiva, uma noção de desenvolvimento linear, trans-histórico da produção (e da interação), que ele não fundamenta socialmente.

A abordagem de Habermas representa uma tentativa de reconceituar criticamente mudanças significativas que ocorreram na sociedade capitalista moderna. Mas, de acordo com a análise de Marx, uma teoria baseada na identificação de valor com riqueza em geral (e o conceito linear, evolutivo de desenvolvimento que isso implica) não apreende adequadamente a natureza específica da produção capitalista contemporânea e o curso do seu desenvolvimento. O problema geral que isso envolve – problema ao qual voltarei nos capítulos seguintes – é a formulação de uma teoria capaz de fazer justiça às importantes transformações da sociedade moderna no século XX e sua identificação continuada como capitalismo. Nem uma teoria do valor-trabalho, nem uma teoria de valor da ciência e tecnologia é capaz, na minha opinião, de oferecer a base para uma teoria capaz de analisar adequadamente os dois momentos.

A concepção evolutiva de desenvolvimento de Habermas é uma expressão de uma reversão fundamental da análise de Marx. Para Marx, valor é uma categoria social historicamente específica que expressa as relações sociais essenciais do capitalismo, na qual suas formas de produção e subjetividade e seu desenvolvimento histórico dinâmico podem ser entendidos. Habermas entende a categoria de valor como uma categoria técnica quase natural e trans-histórica de riqueza e afirma que a taxa de mais-valor na análise marxiana é uma magnitude "naturalmente" baseada, um fato da "história natural"[43] – sua base expressa apenas o nível técnico de produção. Em outras palavras, apesar de Habermas nem sempre tratar valor como uma categoria trans-histórica de riqueza, mas, por vezes, como uma categoria historicamente específica do mercado[44], ele não capta valor como uma forma específica de riqueza e de relações sociais e considera-o com referência à

---

[42] Jürgen Habermas, "Between Philosophy and Science", cit., p. 229-30.

[43] Ibidem, p. 227, 229-31. Infelizmente, a tradução nas páginas 229 e 230 é muito enganadora. A palavra "somente" foi omitida na seguinte frase: "Com a introdução de um fator corretivo correspondente, a taxa de mais-valor não *somente* deixaria de ser dada a priori como uma 'magnitude natural'".

[44] Ver, por exemplo, "Technology and Science as 'Ideology'", cit., p. 100-2.

especificidade do trabalho no capitalismo. Pelo contrário, ele trata valor como riqueza em geral ou como uma forma específica de distribuição de riqueza. Claramente, essa posição é intrinsecamente relacionada a um entendimento da categoria do trabalho na análise de Marx do capitalismo como trabalho concreto em geral, como uma atividade técnica que medeia as relações humanas com a natureza. A interpretação errada de Habermas da análise de Marx de valor e de trabalho determinado por mercadoria reforça, e é logicamente consistente com, o fato de ele não ter desenvolvido uma concepção da forma social de produção e tecnologia e, portanto, não ter desenvolvido uma crítica do processo de produção no capitalismo. Habermas prefere encarar a forma e desenvolvimento da produção e tecnologia em termos técnicos e evolutivos e rejeita como românticas todas as tentativas de especificá-los socialmente[45].

O tratamento de Habermas dos trechos dos *Grundrisse* discutidos no Capítulo 1 ilustra a sua identificação do trabalho, entendido como uma atividade produtiva, com as relações sociais mediadas pelo trabalho analisadas por Marx. Como já mostrei, Habermas interpreta mal, como um desenvolvimento evolutivo, a contradição delineada por Marx entre produção baseada em valor e a forma que a produção poderia assumir se não fosse pelo valor. Além disso, ele interpreta esses trechos como implicando que a transformação de ciência em maquinário leva automaticamente à liberação de um sujeito autoconsciente[46]. Em outras palavras, ele imputa a Marx, uma noção de emancipação como consequência técnica quase automática do desenvolvimento linear da produção material. No seu ensaio anterior "Labor and Interaction", Habermas já tinha colocado em questão essa visão tecnocrática de emancipação social: "libertação da fome e da miséria não converge necessariamente na libertação da servidão e da degradação, pois não existe relação de desenvolvimento automático entre trabalho e interação"[47].

---

[45] Ver, por exemplo, *Knowledge and Human Interests*, cit., p. 61; "Technology and Science as 'Ideology'", cit., p. 83-90. Neste último, Habermas rejeita a posição de Marcuse de que a racionalidade científica e tecnológica incorpora um *a priori* histórico, portanto transitório. Ele prefere afirmar que seguem papéis invariantes de lógica e ação controladas por *feedback*. Os argumentos fornecidos por Habermas, entretanto, estão longe de serem convincentes. Ele argumenta – questionavelmente – que a concepção de Marcuse de outra ciência e tecnologia está ligada a uma noção de comunicação com uma natureza ressuscitada. Mais importante, Habermas sugere que qualquer crítica das formas existentes de ciência e tecnologia tem necessariamente de resultar nessa noção romântica, o que não é de forma alguma o caso. As análises marxianas das determinações sociais do processo de produção do capitalismo e da teoria sócio-histórica do conhecimento sugerida por sua análise não são de forma alguma românticas. O próprio Habermas simplesmente ignora a questão das determinações sociais e culturais da produção, bem como as das concepções da natureza.

[46] Jürgen Habermas, *Knowledge and Human Interests*, cit., p. 50-1.

[47] Idem, "Labor and Interaction", cit., p. 169.

272 Tempo, trabalho e dominação social

Apenas superar a carência material não é condição suficiente de liberdade da dominação, de acordo com Habermas – logo, o desenvolvimento da produção por si só não conduz automaticamente à emancipação, mesmo quando for usado para livrar pessoas da privação material. Pelo contrário, como já vimos, o ponto de chegada lógico do desenvolvimento do trabalho, para Habermas, é a sociedade como um autômato, administrada tecnocraticamente. Por causa dessa interpretação da natureza e consequências da síntese social pelo trabalho, Habermas vê a distinção de Marx nos Grundrisse entre, de um lado, o controle autoconsciente da vida social pelos produtores coletivos e, de outro, a regulação automática do processo de produção que se tornou independente dos produtores, como expressão de outra posição por parte de Marx, que não é consoante com a centralidade analítica que ele confere ao trabalho[48].

Contrariamente à interpretação de Habermas, entretanto, a distinção entre regulação autoconsciente e a automática da vida social é completamente consistente com a análise de Marx da forma de constituição social efetivada pelo trabalho determinado por mercadoria, e também com a sua descrição da contradição crescente entre a produção que permanece baseada no valor e o potencial dos seus próprios resultados. Já mostrei que a crítica de Marx é muito dirigida contra a regulação automática da produção e da sociedade. Tal regulação, entretanto, não está enraizada na produção *per se*, de acordo com Marx: ela não é função do trabalho como tal. Pelo contrário, ela é função de formas sociais específicas, a forma de valor da riqueza, e o trabalho determinado pela mercadoria. Na terceira parte deste livro, mostrarei como Marx também analisa a direcionalidade da sociedade capitalista e seu modo de produção dessa forma abstrata e automática de regulação – ele mostra que o curso do desenvolvimento da produção nessa sociedade não é técnico e linear, mas social e dialético. Ciência e tecnologia estão inseridas em um modo de produção determinado por valor que as duas reforçam e contradizem, de acordo com Marx: não são transpostas automaticamente para a autoconsciência do sujeito social.

Na análise de Marx, constituição social pelo trabalho, portanto, não é trans-histórica, mas, pelo contrário, é um modo historicamente específico que está na base da regulação automática da vida social no capitalismo. Essa forma de constituição social é o objeto e não o ponto de vista dessa crítica. Segue-se, portanto, que emancipação exigiria não a realização, mas a superação das consequências desse modo de constituição social. Superar a contradição resumida nos *Grundrisse* não implica somente a emancipação da fome e da labuta: superar as relações capitalistas de produção, tal como expresso pelas categorias de valor e capital, também resulta na superação da regulação automática da sociedade. Embora isso possa não ser condição suficiente para o estabelecimento do controle autoconsciente da vida social, superar a dominação abstrata é certamente um

---

[48] Idem, *Knowledge and Human Interests*, cit., p. 50-1.

A crítica de Marx por Habermas **273**

pressuposto necessário da realização dessa autodeterminação social. A análise de Marx do processo historicamente específico de constituição social pelo trabalho envolve, assim, uma crítica precisamente do que Habermas insiste ser afirmado pela teoria de Marx.

A crítica de Marx por Habermas é uma crítica da noção marxista tradicional da constituição social pelo trabalho a partir do ponto de vista de uma posição que compartilha algumas premissas tradicionais[49]. Ele se interessa por desenvolver uma noção de emancipação em termos da liberação de muitos da privação material, além de estabelecer o controle autoconsciente pelas pessoas da vida política e social – em nítida oposição a qualquer concepção tecnocrática. Ainda assim, dado que Habermas não distingue uma forma social historicamente específica – o trabalho determinado pela mercadoria – do trabalho entendido trans-historicamente como atividade produtiva, ele é menos capaz que Marx, no meu julgamento, de apoiar o "automatismo" da vida moderna e, consequentemente, as condições de sua possível superação.

O trabalho no capitalismo pode ser uma forma de ação instrumental, como afirma Habermas, mas não em virtude do fato de ele ser uma atividade produtiva. Pode muito bem ser o caso de, independentemente da sua outra significância, vários trabalhos e seus instrumentos em todas as sociedades, poderem também ser vistos como meios técnicos de se atingir fins particulares. Mas isso não constitui a base da razão instrumental: não existe correlação necessária entre o nível de sofisticação técnica em várias sociedades e a existência e força do que se pode chamar de "razão instrumental". O caráter do trabalho não é trans-historicamente dado, mas uma função das relações sociais em que ele está inserido. Já vimos que, na estrutura da análise de Marx, é a qualidade automediadora do trabalho o que confere um caráter instrumental ao trabalho e atribui uma natureza objetiva às relações sociais que caracterizam essa sociedade. Essa abordagem, contrariamente à de Horkheimer e de Habermas, esboça o caráter técnico e orientado para os meios da razão instrumental em termos sociais e históricos, em vez de um resultado do desenvolvimento da produção, tecnicamente entendido.

As determinações problemáticas de técnico e social nas obras anteriores de Habermas se relacionam com esse tratamento trans-histórico do trabalho e acentuam o que sempre foi um paradoxo do marxismo tradicional. De um lado, Habermas trata o trabalho como "trabalho" e não apreende a análise de Marx da especificidade histórica do trabalho no capitalismo. Sua abordagem do trabalho e da produção resulta em tratar como socialmente indeterminado e técnico o que para Marx é, mas não

---

[49] Para um exemplo explícito dessas premissas, ver "Technology and Science as 'Ideology'", cit., p. 96, publicação na qual Habermas descreve o capitalismo como tendo aberto caminho para um modo de produção "que poderia ser libertado da estrutura institucional do capitalismo e ligado a mecanismos outros que não o da valorização do capital na forma privada". Em outras palavras, ele considera ser técnico o processo de produção no capitalismo e considera que as relações de produção são exógenas a ele, ou seja, propriedade privada.

274　Tempo, trabalho e dominação social

parece ser, socialmente determinado e determinante no capitalismo. Por outro lado, Habermas mantém a noção de trabalho como socialmente sintético (ainda que limite o seu alcance suplementando-o com uma noção de interação). Por isso, ele é levado a atribuir ao trabalho *per se*, a uma atividade supostamente técnica, propriedades que o trabalho no capitalismo possui por causa da sua função historicamente específica, de acordo com Marx, que não estão por toda parte, e são sempre propriedades da atividade trabalhadora. Habermas, em outras palavras, hipostasia trans-historicamente o caráter alienado do trabalho no capitalismo como um atributo *per se*. Consequentemente, seu entendimento das relações de produção no capitalismo é crucialmente inespecífico, pois lhe falta precisamente o momento caracterizador central – o caráter alienado e objetivo – que ele atribui ao "trabalho" ao vê-lo como ação instrumental.

Atribuir instrumentalidade ao trabalho por si só é naturalizar o que é socialmente constituído e projetar trans-historicamente o que é historicamente determinado. Na linguagem marxiana, deve sucumbir à aparência do fetiche ao atribuir uma qualidade da dimensão do valor abstrato das formas sociais do capitalismo à sua dimensão concreta, de valor de uso, tornando opaca a sua especificidade social e histórica. Não está em questão somente se o trabalho é ação instrumental sempre e por toda parte, mas se razão e ação instrumentais, independentemente de como são constituídas, devem ser consideradas trans-historicamente e não como expressões de uma forma particular de vida social[50].

Ao contrário de versões mais ortodoxas de marxismo, tanto a abordagem de Habermas quanto a teoria marxiana têm em comum uma atitude crítica em relação às consequências da síntese social pelo trabalho. Entretanto, dado que a concepção de Marx da síntese social pelo trabalho é historicamente específica, ela aponta consequências muito diferentes das atribuídas a ele por Habermas, o que permite uma análise, por exemplo, do crescimento da razão e ação instrumentais ou da regulação quase automática da sociedade capitalista, mais satisfatória que a proposta por Habermas na sua crítica antiga. Ela procura elucidar esses desenvolvimentos com referência à especificidade das formas sociais do capitalismo, e não em termos de categorias socialmente indeterminadas que supostamente descrevem as interações entre humanos e a natureza em todas as sociedades e em todas as épocas.

---

[50] Que Habermas tenha se referido mais recentemente ao trabalho social como combinação de ações comunicativas e instrumentais não torna óbvia a crítica da natureza trans-histórica da sua noção de razão e ação instrumentais, seja ela considerada enraizada no "trabalho" ou não. Ver Jürgen Habermas, "A Reply to my Critics", em John B. Thompson e David Held (orgs.), *Habermas: Critical Debates*, cit., p. 267-8. Além do mais, é preciso distinguir entre ver razão e ação instrumentais como formas historicamente específicas, e vê-las como trans-históricas e dominantes somente na sociedade capitalista moderna.

A CRÍTICA DE MARX POR HABERMAS 275

Uma abordagem trans-histórica também tende a não distinguir entre o trabalho como socialmente constitutivo e como individualmente autoconstituidor. Assim, formas ortodoxas de marxismo tradicional avaliam positivamente os dois casos: o socialismo é concebido como uma sociedade em que a constituição social pelo trabalho vai funcionar abertamente e coincidir com a autoconstituição individual pelo trabalho. Ainda assim, a avaliação negativa de Habermas dos efeitos da constituição social pelo trabalho, por seu caráter igualmente trans-histórico, implicitamente não confere nenhuma possibilidade criativa, positivamente autorreflexiva ao trabalho individual. Mas, quando a síntese social pelo trabalho é vista como historicamente específica, os dois momentos podem ser separados. Já vimos que, para Marx, superar o capitalismo resultaria na abolição de valor e permitiria uma transformação radical da natureza do trabalho social, o que sugere que o trabalho individual pode ser mais positivamente autoconstituidor quando o trabalho não mais funcionar como uma atividade socialmente constituidora. Além do mais, contrariamente à posição ortodoxa e à de Habermas, essa interpretação não avalia como inequivocamente positivas ou negativas as consequências do modo de constituição social efetuada pelo trabalho; pelo contrário, como já observei na minha discussão da alienação, essas consequências são vistas como bilaterais.

A interpretação errada de Habermas da especificidade histórica da forma do trabalho na crítica de Marx da economia política tem também consequências de longo alcance para uma consideração da dimensão epistemológica dessa teoria. Habermas acusa Marx de não ter distinguido suficientemente entre a ciência natural e a teoria social. E oferece como prova da afirmação de Marx ter revelado as leis econômicas do movimento do capitalismo como lei natural que opera independentemente da vontade humana[51]. Essa afirmação da parte de Marx, entretanto, não indica que ele tenha entendido que a sociedade humana como tal seguisse leis quase naturais. Reflete, pelo contrário, a sua análise da formação capitalista como governada por tais leis, porque suas relações sociais fundamentais são alienadas: são objetivadas, têm uma "vida própria" e exercem um tipo de compulsão quase natural sobre os indivíduos. Mas Habermas não interpreta a declaração de Marx como uma dominação abstrata historicamente específica do capitalismo – por exemplo, para o processo de acumulação de capital que constantemente revoluciona todos os aspectos da vida social numa escala mundial, um processo que é de fato independente da vontade do indivíduo. Ele toma a declaração de Marx, pelo contrário, como expressão de uma posição trans-histórica, segundo a qual a ciência da sociedade em geral e a ciência natural são essencialmente semelhantes.

Mas a posição de Marx implica uma relação entre ciência natural e sociedade muito diferente da que Habermas imputa a ela. Longe de considerar que a ciência natural é o único modelo de conhecimento, incluindo o conhecimento da sociedade, ela sugere uma teoria histórica de todas as formas de conhecimento, inclusive a ciência

---

[51] Jürgen Habermas, *Knowledge and Human Interests*, cit., p. 45-6.

276 Tempo, trabalho e dominação social

natural. A análise categorial de Marx das relações sociais do capitalismo como mediadas pelo trabalho não sugere que a sociedade seja igual à natureza[52], mas que existe uma semelhança entre essas formas de relação social e as formas modernas de pensamento, incluindo as ciências naturais[53]. A teoria marxiana do fetiche não somente desmascara a legitimação do poder na sociedade burguesa, como quer Habermas[54], mas é uma teoria social da subjetividade que relaciona formas de consciência a formas manifestas de relação social em uma sociedade que o trabalho medeia a si próprio e assim constitui as relações das pessoas entre si, bem como com a natureza. A razão pela qual a crítica da economia política de Marx não separa claramente o sistema de significados, uma "conexão de símbolos", do sistema de trabalho social é devida à sua análise do papel constitutivo historicamente específico do trabalho no capitalismo – não por causa de qualquer pressuposto ontológico relativo ao trabalho. Marx baseia os dois sistemas na estrutura das relações sociais mediadas pelo trabalho.

Aparentemente, Habermas não tem, nesse ponto, uma teoria social do conhecimento. (Como já observado, ele não tem uma concepção da constituição social do processo de produção.) Apesar de afirmar nas suas primeiras obras que a categoria do trabalho por si só não é suficiente para apreender a síntese social, ele parece aceitar a noção de que o conhecimento da natureza emerge diretamente da interação mediada pelo trabalho dos humanos com a natureza. Assim, Habermas implicitamente trata a ciência natural como uma forma de conhecimento pragmaticamente conquistado e, logo, não formado socioculturalmente. Já argumentei que concepções de realidade não podem ser geradas somente pelo trabalho concreto, porque o trabalho em si não comunica significado, mas, pelo contrário, recebe significado da estrutura do seu universo social. Considerando o que já sugeri até agora, pode-se argumentar que uma teoria que baseia concepções da natureza ao trabalho concreto – como a que Habermas aparentemente aceita nas suas obras anteriores – é uma forma de pensamento que expressa uma situação social em que o trabalho funciona como uma mediação social[55].

---

[52] Ibidem, p. 47.

[53] Para uma indicação explícita de que Marx interpreta de fato o pensamento natural-científico em termos de formas de relação social, e não simplesmente como função da interação do trabalho social concreto com a natureza, ver *O capital*, cit., Livro I, nota 111, p. 463, em que ele fala de Descartes como o que vê "com os olhos do período manufatureiro".

[54] Jürgen Habermas, *Knowledge and Human Interests*, cit., p. 60.

[55] A questão fundamental é a da constituição social de formas culturalmente específicas de pensamento, e não simplesmente se concepções de natureza, por exemplo, são ganhas a partir da interação com a natureza. Nesse sentido, minha crítica de uma abordagem que não considera as determinações sociais e culturais de formas de pensamento que poderiam se aplicar ao tipo de posição que Habermas aceitou mais recentemente – ou seja, entender o desenvolvimento da

Já argumentei que Habermas enfatiza a dimensão epistemológica da teoria social crítica para criticar a natureza crescentemente tecnocrática de dominação no mundo moderno, bem como tendências tecnocráticas na tradição marxista, e para fornecer um ponto de vista teórico de crítica que tornasse possível a uma teoria crítica contemporânea passar além do tipo de pessimismo fundamental que caracterizou a teoria crítica após 1940. Entretanto, a natureza da crítica de Habermas da noção de síntese pelo trabalho não oferece uma alternativa satisfatória ao que ele critica. A noção de uma epistemologia radical promulgada em *Conhecimento e interesse* não resulta em uma teoria sócio-histórica do conhecimento e da subjetividade, uma teoria de formas determinadas de consciência. A natureza da consciência crítica, portanto, permanece socialmente não especificada.

Além do mais, a interpretação de trabalho e interação de Habermas contém uma ambiguidade fundamental. Como já mostrei, Habermas baseia não socialmente o crescimento da razão e ação instrumentais numa estrutura de relações sociais mediadas pelo trabalho, mas no trabalho como tal. Afirma ele que a instrumentalidade se estendeu além do seu reino "próprio" (por exemplo, a esfera da produção) e está invadindo outras esferas da vida social; ainda assim, não está clara a razão pela qual a extensão da instrumentalidade à esfera da interação, que presumivelmente resulta da importância e complexidade crescentes da produção no mundo moderno, não é inexorável nem irreversível. Em outras palavras, Habermas não esclarece como é que a autodeterminação social pode ocorrer numa situação de desenvolvimento tecnológico avançado, dado que o resultado desse desenvolvimento seria provavelmente uma tendência crescente de a sociedade se organizar como um autômato. Dito de forma simples, existe na obra anterior de Habermas uma ambiguidade quanto a razão prática ser ou devesse ser dominante na esfera da interação. Se for o primeiro caso, então não está claro como a razão prática poderia ter sucumbido diante do "progresso do trabalho". Mas, se a instrumentalização do mundo está necessariamente ligada ao desenvolvimento da produção como tal, não é evidente a razão pela qual o apelo à razão prática poderia ser mais que uma exortação.

A tentativa anterior de Habermas de reconstituir a possibilidade de uma teoria social crítica pode ser vista à luz do viés pessimista de Horkheimer, examinado no Capítulo 3. Ali mostrei que, em 1937, Horkheimer ainda encarava como emancipatória a síntese por meio do trabalho. A totalidade que ela constitui permite uma organização racional e justa da vida social; mas essa totalidade é fragmentada e impedida pelas relações sociais (capitalistas) de se realizar. Em seguida à sua adoção da tese da primazia do político[56], Horkheimer tornou-se profundamente cético,

---

ciência natural em termos de discursos sobre a interação pragmática com a natureza, por exemplo, mas sem analisar esses discursos como social e culturalmente determinados.

[56] Habermas também adotou essa tese e, portanto, sua ênfase unilateral no modo de distribuição como socialmente determinante: ver "Technology and Science as 'Ideology'", cit., p. 100-2.

278 Tempo, trabalho e dominação social

encarando o "trabalho" como fonte de emancipação – sem, entretanto, reconsiderar o seu entendimento trans-histórico da categoria. Habermas manteve o entendimento tradicional do "trabalho" de Horkheimer e também adotou a sua avaliação negativa posterior do "trabalho" como ação instrumental, como a fonte da dominação tecnológica. Para evitar o pessimismo fundamental de Horkheimer, a estratégia de Habermas foi limitar teoricamente o alcance da significância do "trabalho", suplementando-o com uma concepção de interação. Ao argumentar que essa última esfera social serve como ponto de vista da crítica, Habermas baseia teoricamente a possibilidade de emancipação numa esfera de relações sociais fora da esfera do trabalho. Ele caracteriza essa esfera como uma dimensão social "que não coincide com a da ação instrumental", dentro da qual "se move a experiência fenomenológica"[57]. Em certo sentido, Habermas reverte a relação entre trabalho, relações sociais e emancipação postulada por Horkheimer em 1937.

Dado que Habermas interpreta a concepção marxiana da síntese social por meio do trabalho em termos de ação instrumental, sua crítica anterior de Marx é fortemente reminiscente da polêmica de Horkheimer em *O eclipse da razão* contra as formas (certamente não dialéticas e não críticas) de cientificismo e fé no progresso automático que ele via como dominante nos Estados Unidos. Horkheimer criticou o pragmatismo por fazer da física experimental o protótipo de todo o conhecimento científico[58]. Ele também polemizou contra o positivismo por considerar a ciência natural como o garantidor automático do progresso social e criticou a premissa tecnocrática de que a crítica social teórica seria supérflua porque o desenvolvimento tecnológico vai automaticamente resolver todos os problemas humanos[59]. Essas acusações são semelhantes às primeiras críticas de Habermas sobre Marx[60]. Apesar de essa crítica se justificar com relação a variantes mais ortodoxas do marxismo, ela só pode ser aplicada a Marx se o significado e implicação de valor, a categoria central da crítica da economia política, for desprezado ou interpretado de maneira redutiva como categoria de mercado. Além disso, embora Habermas atribua a Marx as mesmas noções de ciência natural, produção e trabalho criticadas por Horkheimer em pragmatismo e positivismo, ele tenta limitar a extensão de sua validade social postulando uma esfera compensatória de interação. O resultado é uma interpretação historicamente indeterminada da esfera do trabalho como a de ação instrumental, uma teoria subespecificada de formas de relação social e

---

[57] Idem, *Knowledge and Human Interests*, cit., p. 42.

[58] Max Horkheimer, *Eclipse of Reason*, cit., p. 50.

[59] Ibidem, p. 59, 74s, 151.

[60] Para uma crítica semelhante, ver Albrecht Wellmer, "The Latent Positivism of Marx's Philosophy of History", em *Critical Theory of Society*, cit.

formas de consciência, e uma volta a uma teoria trans-histórica de desenvolvimento social e histórico.

The Theory of Communicative Action *e Marx*

The Theory of Communicative Action (1981), de Habermas, representa até hoje o auge dos seus esforços para lançar a fundação de uma nova teoria crítica da sociedade moderna. Colaborou na reconstrução da história da espécie humana no contexto de uma tentativa de transformar os pressupostos fundamentais da teoria social moderna. Em comparação com trabalhos anteriores, a abordagem crítica de Habermas nessa obra já não se baseia tão fortemente no ideal de autorreflexão crítica e não atenta primariamente à crítica do cientificismo; não enfatiza tanto o trabalho como ação instrumental; tem uma teoria mais fundamentalmente desenvolvida (como uma teoria da ação e razão comunicativas); e combina uma análise historicamente específica com uma abordagem trans-histórica de maneira diferenciada[61]. Entretanto, os temas básicos, os interesses e orientações de *The Theory of Communicative Action* permanecem próximos às primeiras obras de Habermas. Como nelas, a leitura de Habermas de Marx é constitutiva da sua abordagem; a natureza tradicional da sua leitura enfraqueceu sua teoria, sugerindo que uma releitura fundamental da crítica marxiana é importante para a teoria crítica contemporânea[62].

Já observei que a tentativa de Habermas de reconstituir a crítica social fundamental com intenção emancipatória deveria ser vista no contexto da trajetória da teoria crítica. De fato, ele próprio descreve o seu projeto de reconstrução de uma teoria adequada à sociedade pós-liberal contemporânea como uma "segunda tentativa de apropriar Weber no espírito do marxismo ocidental"[63]. Ele procurou incorporar a análise de Max Weber de modernidade como um processo de racionalização social, evitando simultaneamente as limitações teóricas das apropriações anteriores das análises de Weber conduzidas por György Lukács e teóricos associados à Escola de Frankfurt, como Horkheimer e Theodor Adorno. Habermas argumenta que uma nova abordagem teórica capaz de

---

[61] Para uma discussão do desenvolvimento do projeto de Habermas nas décadas de 1960 e 1970, ver o excelente relato de Thomas McCarthy em *The Critical Theory of Jürgen Habermas* (Londres, Hutchinson, 1978).

[62] Uma versão da análise seguinte de *The Theory of Communicative Action* apareceu em Moishe Postone, "History and Critical Social Theory", *Contemporary Sociology* 19, n. 2, mar. 1990, p. 170-6.

[63] Jürgen Habermas, *The Theory of Communicative Action*, cit., v. 2, p. 302.

280 Tempo, trabalho e dominação social

atravessar essas limitações não pode ser desenvolvida simplesmente pela modificação da abordagem anterior, pelo contrário, exige uma reorientação fundamental da teoria social. Ele tenta efetivar essa reorientação com sua teoria da ação comunicativa; sobre essa base, tenta transformar a estrutura categorial da teoria social que se apoia sobre o paradigma sujeito-objeto e, portanto, uma noção de ação como essencialmente proposital-racional, em outra estrutura apoiada sobre um paradigma de intersubjetividade.

Habermas afirma no início do livro que suas intenções gerais no desenvolvimento da teoria da ação comunicativa são três[64]. Primeiro, deseja restabelecer teoricamente a possibilidade de uma crítica social . O ponto de vista da teoria crítica, para ele, deve ser universalístico e baseado na razão – o que, para ele, significa que não pode ser relativístico. Entretanto, ele procura apoiar socialmente, e não transcendentalmente, a possibilidade desse ponto de vista. Para tanto, Habermas formula uma teoria social da racionalidade e distingue várias formas de razão pelo desenvolvimento de um conceito de racionalidade comunicativa diferente da cognitivo-instrumental, e até oposta a ela. Ele enraíza as duas formas de razão nos modos determinados de ação social e, com base nisso, formula uma teoria do desenvolvimento histórico em dois processos distinguíveis de racionalização (e não apenas de desenvolvimento da racionalização proposital). Habermas procura basear a possibilidade de uma teoria social crítica no desenvolvimento da razão comunicativa. Ao fazê-lo, tenta simultaneamente defender a razão (comunicativa) contra posições pós-modernistas e pós-estruturalistas – que ele vê como irracionalistas – e oferecer uma crítica da crescente dominação das formas cognitivo-instrumentais de racionalidade no capitalismo pós-liberal.

A segunda preocupação principal de Habermas é apreender a sociedade moderna por meio de uma teoria em dois níveis, baseada em formas diferenciadoras de ação e razão. Essa teoria é um esforço para integrar abordagens que enxergam a vida social como um "mundo da vida" – uma ideia originada nas tradições fenomenológica e hermenêutica – com abordagens que enxergam a sociedade como um "sistema". Ele argumenta que a sociedade moderna deveria ser entendida com base nessas duas dimensões, como modos diferenciados de integração social, e relaciona cada uma a uma forma determinada de racionalidade ("comunicativa" e "cognitivo-instrumental"). Ele tenta fazer justiça à noção de pessoas como atores sociais, bem como à ideia de que a sociedade moderna é caracterizada por formas emergentes de integração social (por exemplo, a economia capitalista, o Estado moderno), que funcionam quase independentemente das intenções dos atores e frequentemente da sua consciência e entendimento.

A terceira preocupação de Habermas é construir sobre essa base uma teoria da sociedade pós-liberal moderna que apreenda afirmativamente o desenvolvimento histórico da modernidade como um processo de racionalização e diferenciação, e ainda assim

---

[64] Ibidem, v. 1, p. xl.

A CRÍTICA DE MARX POR HABERMAS   281

também veja criticamente os aspectos negativos "patológicos" das formas existentes da sociedade moderna. Ele interpreta essas "patologias" como um processo seletivo de racionalização sob o capitalismo que leve a dominação e penetração crescentes do mundo da vida comunicativamente estruturado pelos sistemas de ação formalmente organizados quase autônomos.

Essas três preocupações temáticas inter-relacionadas, que se referem a três níveis diferentes de especificidade histórica, definem o contornos de uma teoria baseada na concepção de ação comunicativa. Com ela, Habermas critica as principais tendências teóricas na investigação científica social contemporânea, bem como a tradição do marxismo ocidental. Tenta redimir as intenções desta última tradição questionando algumas das suas proposições teóricas fundamentais. Ele começa novamente, como se apropriasse as principais correntes da filosofia e teoria social do século XX – teoria do ato da fala e filosofia analítica, teoria social clássica, hermenêutica, fenomenologia, psicologia do desenvolvimento, teoria de sistemas – para transformar o paradigma básico da teoria social e formular uma teoria crítica adequada ao mundo contemporâneo. Entretanto, ele o faz pautado em uma compreensão de Marx que o leva, no processo de apropriação, a adotar pressupostos que basicamente estão em tensão com o objetivo crítico da sua teoria. Isso, por sua vez, acaba por questionar se uma teoria crítica de base social da modernidade que supere as limitações da teoria crítica anterior exige o tipo de ontologia social e abordagem evolutiva proposta por Habermas.

Para elaborar essa discussão, devo delinear brevemente a complexa estratégia argumentativa de Habermas em *The Theory of Communicative Action*. O ponto de partida conceitual da sua teoria da modernidade é uma crítica imanente da teoria de Weber da racionalização e sua recepção por Lukács, Horkheimer e Adorno. Como observa Habermas, Weber analisou a modernização como um processo de racionalização social que envolveu a institucionalização da ação racional-proposital na Europa entre os séculos XVI e XVIII[65]. Esse desenvolvimento, para Weber, pressupôs um processo de racionalização cultural envolvendo a diferenciação das esferas individuais de valor – das representações científica, artística, legal e moral – que começaram a seguir suas lógicas próprias, independentes e autônomas[66]. O resultado paradoxal desses processos de racionalização, segundo texto de Weber, é que a vida moderna se torna cada vez mais uma "jaula de aço", caracterizada por uma perda de significado devida à institucionalização da racionalidade cognitivo-instrumental na economia e no Estado[67].

Habermas adota a análise de Weber da modernidade em termos de processos de racionalização, mas sustenta que a "jaula de aço" não é uma característica necessária

---

[65]   Ibidem, p. 216.

[66]   Ibidem, p. 166, 175.

[67]   Ibidem, p. 241.

282 Tempo, trabalho e dominação social

de todas as formas da sociedade moderna. Antes, o que Weber atribui à racionalização como tal deveria ser tomado em termos de um padrão seletivo de racionalização que no capitalismo deve conduzir ao domínio da racionalidade intencional[68]. Habermas afirma que a própria teoria de Weber proporciona as bases para tal aproximação, pois implicitamente pressupõe, como seu ponto de vista, uma noção mais complexa de razão a partir da qual criticar o aumento da dominação da racionalidade intencional; entretanto, nunca esclareceu explicitamente esse ponto de vista[69].

Habermas explicita esse ponto de vista crítico implícito reconstruindo a teoria de racionalização cultural sugerida pelo tratamento de Weber das religiões do mundo[70]. Sua reconstrução em dois estágios postula um processo universal-histórico de racionalização de visões de mundo, o que prepara o palco para a transposição historicamente específica de racionalização cultural em racionalização no Ocidente[71]. Habermas adota e modifica essa teoria evolutiva de desenvolvimento de visão de mundo. Primeiro, ele distingue a lógica interna universal do desenvolvimento histórico de estruturas de visão de mundo a partir da dinâmica empírica de desenvolvimento de visão de mundo, que depende de fatores externos[72]. (Essa distinção é fundamental para a reconceituação de Habermas da teoria social crítica.) Segundo, Habermas afirma que o enfoque de Weber na análise da modernização como racionalização era estreito demais: ele não considerou adequadamente as implicações da diferenciação das esferas de valor, cada uma caracterizada por uma única alegação universal de validade (verdade, correção normativa, beleza) e forma de racionalidade (cognitivo-instrumental, moral-prático e estético)[73].

Essa apropriação crítica da abordagem de Weber aponta na direção de uma concepção mais ampla de racionalidade, enraizada na lógica supostamente interna de racionalização e diferenciação. Ela permite a Habermas distinguir o que foi empiricamente realizado na sociedade capitalista a partir das possibilidades contidas nas estruturas modernas de consciência que resultaram de um processo de desencantamento[74]. Habermas é então capaz de apresentar a ascensão à preeminência da racionalidade cognitivo-instrumental, à custa da racionalidade moral-prática e estético-prática,

---

[68] Ibidem, p. 181-3.

[69] Ibidem, p. 200-2.

[70] Ibidem, p. 166, 195.

[71] Ibidem, p. 174-7.

[72] Ibidem, p. 179-97.

[73] Idem.

[74] Ibidem, p. 198.

como uma expressão do caráter parcial de racionalização no capitalismo, e não a racionalização *per se*[75].

É importante notar que, dentro da estrutura da reconstrução de Habermas, as possibilidades resultantes do processo de desencantamento estão presentes no começo do capitalismo. Isso implica que o capitalismo representa uma deformação do que se tornou possível como resultado de uma lógica interna universal do desenvolvimento histórico. O ponto de vista da crítica, em outras palavras, está fora do capitalismo, no que antes tinha denominado "esfera de interação", agora interpretado como um potencial social universal. Da mesma forma, o capitalismo é implicitamente entendido apenas por meio da razão cognitivo-instrumental (o que Habermas considerou ser a esfera do trabalho nas suas obras anteriores) – ou seja, como unidimensional.

Habermas começa a explicar as precondições da sua reconstrução revelando duas razões básicas pelas quais Weber não foi capaz de realizar o potencial explicativo da sua própria teoria. Segundo ele, a teoria de Weber da ação é estreita demais: Weber a baseou num modelo de ação propositada e racionalidade cognitivo-instrumental. Mas o entendimento da racionalização de visões de mundo sugerido pela abordagem de Weber poderia ser completamente desenvolvido somente fundamentado em outra teoria de ação – uma teoria de ação comunicativa. Além disso, Habermas afirma que uma teoria da sociedade moderna não pode ser baseada somente numa teoria de ação. O que caracteriza a sociedade moderna é que dimensões importantes da vida social (por exemplo, a economia e o Estado) são integradas de uma maneira quase objetiva; não podem ser apreendidas pela teoria da ação, mas têm de ser entendidas sistemicamente. Logo, uma teoria crítica do presente exige uma teoria de ação comunicativa, além de uma teoria da sociedade capaz de combinar uma abordagem ação-teórica com outra sistêmico-teórica[76].

Lukács e os membros da Escola de Frankfurt tentaram de fato incorporar a análise de Weber da racionalização numa teoria da integração sistemática. Entretanto, de acordo com Habermas, os esforços não tiveram sucesso. No cerne dessas tentativas estava o conceito de reificação de Lukács, com o qual ele tentou, com base na análise marxiana da mercadoria, separar a análise de Weber da racionalização da sociedade da sua estrutura ação-teórica e relacioná-la aos processos anônimos de realização do capital[77]. Usando esse conceito, Lukács argumentou que a racionalização econômica não é exemplo de um processo mais geral, mas que, pelo contrário, a produção e troca de

---

[75] Ibidem, p. 223.

[76] Ibidem, p. 270.

[77] Ibidem, p. 354.

284   Tempo, trabalho e dominação social

mercadorias estão na base do fenômeno básico de racionalização social[78]. Este último, portanto, não deve ser visto como um processo linear e irreversível.

Habermas não enfrenta diretamente a análise marxiana de Lukács da racionalização; pelo contrário, critica a sua "solução" hegeliana do problema, que resultou numa deificação dogmática do proletariado como sujeito-objeto idêntico da história[79]. Horkheimer e Adorno também rejeitaram essa lógica hegeliana nas suas tentativas de desenvolver uma teoria crítica baseada no conceito de retificação[80]. Entretanto, como observa Habermas, a crítica da razão instrumental de ambos na década de 1940 levantou problemas com relação às bases normativas da teoria crítica. Eles admitiram que a racionalização do mundo tinha se tornado total e rejeitaram o apelo de Lukács à razão objetiva; consequentemente, não apoiaram mais a retificação numa forma historicamente específica e transformável (a mercadoria), mas fixaram-na trans-historicamente na confrontação mediada pelo trabalho da humanidade com a natureza. Habermas mostra que, com esse viés, a teoria crítica não podia mais articular os padrões da sua crítica[81].

O problema com todos esses esforços, alega Habermas, é eles permanecerem presos ao paradigma sujeito-objeto (que ele denomina "paradigma da filosofia da consciência"). Suas dificuldades teóricas revelam os limites de qualquer teoria social baseada nesse paradigma e indicam a necessidade de uma mudança teórica fundamental para um paradigma de comunicação intersubjetiva[82].

Sob certos aspectos, a crítica de Habermas do marxismo ocidental é paralela à interpretação que apresento aqui. O que ele chama de "filosofia da consciência" está relacionado ao conceito de "trabalho" que analisei, as duas abordagens são críticas de teorias baseadas no paradigma sujeito-objeto e colocam considerações sobre relações sociais no centro da análise. Porém, a crítica de Habermas leva a uma análise de comunicação como tal, ao passo que a minha conduz a uma consideração sobre a forma determinada de mediação social que constitui a sociedade moderna. Considerarei algumas implicações dessa diferença mais adiante.

Habermas tenta fornecer a base da mudança teórica para um paradigma de intersubjetividade desenvolvendo os conceitos de razão e ação comunicativas. Argumenta que o entendimento moderno do mundo – que, diferentemente das formas míticas de pensamento, é reflexivamente consciente de si mesmo e resulta em mundos objetivos, sociais e subjetivos diferenciados – tem base social e ainda assim tem significância

---

[78]   Ibidem, p. 359.

[79]   Ibidem, p. 364.

[80]   Ibidem, p. 369.

[81]   Ibidem, p. 377-83.

[82]   Ibidem, p. 390.

universal[83]. Usando tacitamente a teoria da ontogênese das estruturas de consciência de Jean Piaget, Habermas afirma que a visão de mundo moderna resulta de um processo universal-histórico de racionalização de visões de mundo que ocorre por meio dos processos de aprendizado histórico[84]. Esse processo de racionalização não somente resulta no crescimento da racionalidade instrumental-cognitiva, mas é primariamente associado ao desenvolvimento da racionalidade comunicativa. Habermas apreende esta última em termos procedimentais (não em termos de conteúdo), relacionando um entendimento descentralizado do mundo à possibilidade de comunicação baseada em um acordo não coagido[85].

Usando a teoria do *speech-act*, Habermas argumenta que chegar ao entendimento é o aspecto mais essencial da linguagem, embora nem toda interação linguisticamente mediada seja orientada para esse fim. Além do mais, ele afirma que discurso-atos podem coordenar interações racionalmente – ou seja, independentemente de forças externas, como sanções e norma tradicionais – quando alegações de validade que levanta são criticáveis. Finalmente, Habermas também afirma que, ao chegarem a um entendimento, os atores necessariamente reivindicam validade para seus atos de discurso[86].

Em outras palavras, Habermas fixa a racionalidade comunicativa na própria natureza da comunicação mediada pela linguagem e, assim, reivindica implicitamente que ela tem significância universal. Ela representa a forma mais complexa de razão que poderia permitir uma crítica da forma unidimensional de racionalização que Habermas vê como característica da sociedade capitalista. De fato, o potencial da crítica está construído na estrutura da ação comunicativa; isso não permite que as questões de significado sejam separadas daquelas de validade[87].

Tendo fixado abstratamente a possibilidade de racionalidade comunicativa, Habermas então tenta oferecer um relato genético do seu desenvolvimento apreendendo o processo de racionalização universal-histórico de acordo com a racionalização do mundo da vida[88]. Para fazê-lo com conceitos fora do paradigma sujeito-objeto, Habermas apropria e modifica a abordagem comunicação-teórica de George Herbert Mead[89] e a entrelaça com uma análise da noção de Émile Durkheim das raízes sagradas

---

[83] Ibidem, p. 48, 64, 70.

[84] Ibidem, p. 67-9.

[85] Ibidem, p. 70-4.

[86] Ibidem, p. 287-8; 297-308.

[87] Ibidem, p. 104-6; 295-305.

[88] Ibidem, p. 70, 336.

[89] Ibidem, v. 2, p. 10-13, 61-74.

286 Tempo, trabalho e dominação social

da moralidade e seu relato da mudança da forma de interação social de solidariedade mecânica para orgânica. Assim, Habermas desenvolve uma teoria da lógica interna do desenvolvimento sociocultural como um processo de "linguistificação do sagrado"[90]. Ele caracteriza esse processo como aquele em que o potencial de racionalidade da ação comunicativa é liberado; essa ação suplanta, então, o antigo núcleo normativo sagrado como aquele que efetua a reprodução cultural, integração social e socialização. Esse processo de passagem de um modo baseado no acordo normativamente atribuído para outro baseado num acordo comunicativamente conquistado resulta num mundo da vida racionalizado – ou seja, na racionalização de visões de mundo, a generalização de normas morais e legais, o crescimento da individualização e a crescente reflexividade da reprodução simbólica[91].

Em outras palavras, Habermas conceitua o desenvolvimento da visão moderna de mundo como um processo pelo qual a comunicação linguisticamente mediada cada vez mais "se realiza" (tal como o Geist de Hegel) e se realiza como aquilo que estrutura o mundo da vida. Essa lógica da evolução social é o padrão contra o qual a realidade do desenvolvimento moderno pode ser julgada[92]. O ponto de vista da crítica de Habermas, então, é universal; apesar de social, essencialmente não é formado culturalmente, socialmente ou historicamente, mas é baseado no caráter ontológico da ação comunicativa à medida que ela se revela no tempo. Linguagem, então, ocupa um lugar na teoria de Habermas que é diretamente análogo ao que é ocupado pelo "trabalho" nas formas afirmativas do marxismo tradicional.

Embora essa abordagem leve a uma mudança de paradigma dentro da teoria da ação, ela apreende apenas uma dimensão da sociedade moderna, de acordo com Habermas: ela explica a reprodução simbólica do mundo da vida, mas não a reprodução da sociedade no seu todo. Ações, como observa Habermas, são coordenadas não somente por processos de chegar ao entendimento, mas também por meio de interligações funcionais que não são desejadas e frequentemente não são percebidas[93]. Portanto, propõe uma teoria da evolução social, de acordo com a qual a sociedade se torna diferenciada como sistema e como mundo de vida[94]. Habermas distingue a racionalização do mundo da vida da evolução sistêmica, que é medida por aumentos na capacidade de direção da sociedade, e alega que aumentos da complexidade sistêmica dependem basicamente da diferenciação estrutural do mundo da vida. Esta última, ele baseia num desenvolvimento

---

[90] Ibidem, p. 46, 110.

[91] Ibidem, p. 46, 77, 107, 146.

[92] Ibidem, p. 110.

[93] Ibidem, p. 113, 150.

[94] Ibidem, p. 153s.

evolutivo da consciência moral que é a condição necessária para libertar a racionalidade potencial na ação comunicativa[95].

Esse desenvolvimento, de acordo com Habermas, ao final prejudica a direção normativa das interações sociais. Consequentemente, a interação torna-se coordenada de duas formas diferentes: ou por meio da comunicação explícita, ou por meio do que Talcott Parsons caracterizou como os meios de direção do dinheiro e poder – mediações sociais quase objetivas que codificam atitudes racionais intencionais e separam os processos de intercâmbio dos contextos normativos do mundo da vida. O resultado é um desacoplamento da integração do sistema (efetuado pelos meios de direção do dinheiro e poder) da integração social (efetuado pela ação comunicativa). Esse desacoplamento do sistema e do mundo da vida, que envolve a diferenciação entre Estado e economia, caracteriza o mundo moderno[96].

Depois de apresentar essa abordagem bilateral, Habermas observa que as abordagens na teoria social são, em sua maioria, unilaterais, pois procuram apreender a sociedade moderna com conceitos que se aplicam a somente uma de suas dimensões. Ele apresenta implicitamente sua própria abordagem como a terceira tentativa mais importante, depois das de Marx e Parsons, a fazer justiça aos dois aspectos da vida social moderna. Embora a teoria do valor de Marx, de acordo com Habermas, fosse uma tentativa de ligar a dimensão sistêmica de interdependências anônimas ao contexto de atores do mundo da vida, ela basicamente reduziu o primeiro ao segundo na medida em que via a dimensão sistêmica do capitalismo como não mais que a forma fetichizada de relações de classe. Portanto, Marx não podia ver os aspectos positivos da diferenciação sistêmica nem tratar adequadamente da burocratização[97]. Por isso, Habermas se volta para a tentativa de Parsons de reunir os paradigmas sistêmico-teórico e ação-teórico. Ele tenta inserir essa tentativa na estrutura de uma abordagem mais crítica que imediatamente resulta numa reconceituação da teoria de ação e, diferentemente de Parsons, trata dos aspectos "patológicos" da modernização capitalista[98].

Com base nessa abordagem bilateral, Habermas esboça uma teoria crítica do capitalismo pós-liberal. Ele começa reformulando o diagnóstico de Weber da modernidade e sua tese do paradoxo da racionalização, rejeitando posições conservadoras que atribuem as patologias da modernidade à secularização ou à diferenciação estrutural da sociedade[99]. Em vez disso, Habermas distingue duas formas de modernização: uma forma "normal", que caracteriza como uma "mediação" do mundo da vida por imperativos do

---

[95] Ibidem, p. 173s.

[96] Ibidem, p. 154, 180s.

[97] Ibidem, p. 202, 336s.

[98] Ibidem, p. 199s.

[99] Ibidem, p. 330.

288 Tempo, trabalho e dominação social

sistema, em que um mundo da vida progressivamente racionalizado é desacoplado de, e passa a depender de, domínios crescentemente complexos, formalmente organizados de ação (como a economia e o Estado), e uma forma "patológica", que ele chama de "colonização" do mundo da vida. O que caracteriza este último é que a racionalidade cognitivo-instrumental, por meio da monetarização e burocratização, se estende além da economia e do Estado para outras esferas e conquista dominante em detrimento da racionalidade moral-prática e estético-prática. Isso resulta em perturbações na reprodução simbólica do mundo da vida[100]. Habermas reformula a noção de Weber da perda de significado e perda de liberdade considerando a tese de Weber de que o mundo da vida é colonizado pelo mundo do sistema. Essa tese serve como base para sua análise do capitalismo pós-liberal[101].

Habermas afirma que essa reinterpretação da lógica de desenvolvimento sugerida por Weber oferece a justificativa para descrever os fenômenos que ele denomina patologias. Ademais, o conceito de racionalidade comunicativa também oferece teoricamente uma base social para a resistência contra a colonização do mundo a vida (que caracteriza muitos movimentos sociais contemporâneos)[102]. Entretanto, afirma ele, deve-se também entender a dinâmica de desenvolvimento do mundo moderno – ou seja, explicar por que aparecem essas patologias. Para tanto, Habermas adota a noção marxiana de o processo de acumulação que é um fim em si mesmo, desacoplado de orientações para os valores de uso[103]. Tendo incorporado a dinâmica da acumulação de capital no seu modelo de relações de intercâmbio entre sistema e mundo da vida, Habermas trata de problemas do capitalismo tardio que escaparam de tentativas marxistas mais ortodoxas, como o intervencionismo de Estado, democracia de massa, o Estado de bem-estar social e a consciência fragmentada da vida diária[104]. Fechando o círculo, ele conclui com uma agenda para uma teoria crítica da sociedade, que retoma alguns dos temas desenvolvidos na década de 1930 como programa de pesquisa do Instituto de Pesquisa Social (Frankfurt).

Apesar do alcance e sofisticação da exposição de Habermas, certos aspectos da estrutura teórica propostos em *The Theory of Communicative Action* são problemáticos. Tenta apreender uma dupla realidade virtual reunindo duas abordagens que são essencialmente unilaterais. Habermas critica Parsons por projetar um quadro acrítico

---

[100] Ibidem, p. 303s.

[101] Ibidem, p. 318s.

[102] Ibidem, p. 333.

[103] Ibidem, p. 328.

[104] Ibidem, p. 343s.

das sociedades capitalistas desenvolvidas[105] e atribui isso a uma construção teórica que obscurece a distinção entre sistema e mundo de vida; ainda, ele não parece reconhecer que a própria tentativa de teorizar "economia" e "Estado" em termos sistêmico-teóricos ("meios de direção") limita o alcance dessa crítica social. As categorias de "dinheiro" e "poder" não apreendem a estrutura determinada da economia e política, mas expressam o fato de que existem em forma quase objetiva e não são meras projeções do mundo da vida. Essas categorias não podem, por exemplo, elucidar a natureza da produção ou a dinâmica de desenvolvimento da formação social capitalista, nem permitem uma crítica das formas existentes de administração. Portanto, apesar de Habermas pressupor de fato a acumulação de capital e o desenvolvimento do Estado e criticar a organização existente da economia e da administração pública, a estrutura sistêmico-teórica adotada por ele não lhe permite estabelecer uma base para esses pressupostos e atitudes críticas.

Habermas claramente procura indicar que, contrariamente a todas as críticas românticas do capitalismo, qualquer sociedade complexa exige alguma forma de "economia" e "Estado". Entretanto, ao adotar a noção de meios de direção, ele apresenta as formas existentes dessas esferas da vida social moderna como necessárias. Sua crítica do Estado e da economia está restrita a situações em que seus princípios organizadores ultrapassam seus limites. Mas é problemática a noção de uma fronteira quase ontológica entre esses aspectos da vida que podem ser "mediatizados"[ou mediados] com segurança e os que só podem ser "colonizados". A ideia de que somente os domínios da ação que preenchem funções políticas e econômicas podem ser convertidos em meios de direção[106] – em outras palavras, que o sistema pode colonizar esferas de reprodução material, mas não de reprodução simbólica – implica que é possível conceber a reprodução material como não sendo simbolicamente mediada. Essa separação de vida material e significado, que continua a distinção quase ontológica entre trabalho e interação que Habermas fez nos seus primeiros livros, revela que ele ainda adere implicitamente ao conceito de "trabalho". Tal como Horkheimer, ele aparentemente considera que a relação sujeito-objeto está enraizada na própria natureza do "trabalho" (ou na esfera da reprodução material), não mediada simbolicamente. Isso está em nítido contraste com a posição que apresento aqui, que fixa instrumentalidade na natureza de uma forma particular de mediação social, e não nas relações dos seres humanos com a natureza.

A decisão de Habermas de apreender os modernos processos econômicos e políticos em termos sistêmico-teóricos complementa a sua tentativa de conceituar formas modernas de moralidade, legalidade, cultura e socialização para um mundo de vida racionalizado constituído pela ação comunicativa. Aparentemente, ele concebe a

---

[105] Ibidem, p. 299.

[106] Ibidem, p. 318.

290 Tempo, trabalho e dominação social

constituição cultural e social das visões de mundo e formas de vida somente em termos de formas socioculturais abertas ("tradicionais" e "religiosas"). Portanto – exceto se ao relacionar logicamente a visão de mundo moderna com as propriedades formais da comunicação linguisticamente mediada, indica necessariamente que ela é de fato assim estruturada – a concepção de Habermas do mundo da vida racionalizado é extremamente subespecificado como abordagem da vida moderna. Ela admite que, dado que a interação social no capitalismo não é mediada pelas formas tradicionais abertas, ela deve ser mediada pela comunicação linguística *per se* (ainda que distorcida pelo capitalismo). Ao tomar como verdade a forma abstrata de comunicação mediada por mercadoria, uma abordagem semelhante não considera uma teoria de ideologias seculares ou uma análise das grandes mudanças na consciência, normas e valores que ocorreram na sociedade moderna durante os séculos passados – mudanças que não podem ser apreendidas simplesmente como oposições, como "tradicional" e "moderno", ou "religioso" e "secular". Ademais, na medida em que Habermas baseia a dimensão sistêmica e a do mundo da vida da sociedade moderna em dois princípios ontológicos muito diferentes, é difícil ver como essa teoria pode explicar desenvolvimentos históricos inter-relacionados em economia, política, cultura, ciência e a estrutura da vida diária[107]. Em outras palavras, como essa teoria combina abordagens bilaterais, acaba por encontrar dificuldades em relacionar as duas dimensões supostamente apreendidas por essas abordagens.

Esses problemas estão enraizados basicamente na apropriação de Habermas de uma abordagem sistêmico-teórica, sua distinção quase ontológica entre sistema e mundo da vida, sua insistência em distinguir entre lógica de desenvolvimento e dinâmica histórica e, analogamente, sua teoria evolutiva. Não tratarei aqui dessas questões complexas, em particular, os problemas envolvidos na conceituação do desenvolvimento filogenético humano de uma maneira análoga ao esquema de desenvolvimento ontogenético de Piaget. Mas gostaria de chamar atenção para uma premissa fundamental na base da abordagem de Habermas: ele distingue a lógica histórica e a dinâmica empírica para estabelecer a base da sua crítica social da sociedade pós-liberal. Isso implica uma premissa de que essa crítica não pode ser baseada na natureza e dinâmica do próprio capitalismo moderno. Na sua discussão da teoria crítica, Habermas aponta as limitações do paradigma sujeito-objeto, sobre o qual ela é baseada. Mas o que ele aparentemente manteve daquela tradição é a tese de que o capitalismo é "unidimensional", um todo negativo unitário que não gera imanentemente a possibilidade de uma crítica social. Isso pode parecer paradoxal, dado que, como já vimos, uma das suas intenções teóricas foi passar além do pessimismo da teoria crítica. Entretanto, tornou-se claro

---

[107] Para uma crítica semelhante, ver Nancy Fraser, "What's Critical About Critical Theory? – The Case of Habermas e Gender", *New German Critique*, n. 35, 1985, p. 97-131.

A CRÍTICA DE MARX POR HABERMAS 291

que ele tentou fazer isso repensando a crítica de Marx do capitalismo como crítica da modernidade. Nessa abordagem, o pessimismo da teoria crítica deverá ser superado teoricamente ao se postular um reino social (neste caso, um reino constituído pela ação comunicativa) que existe paralelamente ao capitalismo, mas que supostamente não é intrinsecamente parte dele e também é a base teórica da possibilidade de uma crítica teórica. A ação comunicativa numa abordagem como essa é análoga ao trabalho no marxismo tradicional; como resultado, a crítica apreende o capitalismo somente como patológico e, portanto, tem de basear a si mesmo de uma maneira quase ontológica, fora da especificidade social e histórica da sua forma de vida social.

Tanto o entendimento implícito do capitalismo como unidimensional quanto a sua apropriação da noção de Parsons dos meios de direção estão relacionados ao seu entendimento de Marx. Já mostrei que a análise do capitalismo pós-liberal na teoria crítica como uma sociedade sem uma contradição estrutural intrínseca se baseou numa concepção tradicional do trabalho no capitalismo como "trabalho". O que mostrarei agora é que a crítica de Habermas de Marx em *The Theory of Communicative Action* e, portanto, sua aplicação da teoria de sistemas – para definir a sociedade moderna como aquela em que dimensões importantes da vida social são integradas quase objetivamente e, portanto, estão além do alcance da teoria da ação –, também se baseia numa leitura tradicional de Marx.

Habermas interpreta a teoria marxiana através da lente da tese da unidimensionalidade. Ele apresenta a análise de Marx do capital, da dialética do "trabalho vivo" (o proletariado) e "trabalho morto" (capital), como uma dialética da racionalização do mundo da vida e racionalização sistêmica. A crítica de Marx do capitalismo, de acordo com sua interpretação, foi uma crítica da sua influência desintegradora sobre o mundo da vida das classes trabalhadoras. O socialismo, portanto, "apoia-se sobre uma linha evanescente de uma racionalização do mundo da vida que foi desorientada pela dissolução capitalista das formas tradicionais de vida"[108].

É importante notar que a análise de Marx, assim entendida, não apreende o capitalismo como bilateral, constituindo novas formas que apontam além de si mesmo; pelo contrário, ela encara o capitalismo somente como uma força negativa que destrói e deforma o que surgiu como resultado da racionalização do mundo da vida. A possibilidade do socialismo, então, resulta da revolta do mundo da vida contra sua destruição pelo sistema. Mas isso implica que o socialismo representa não uma sociedade além do capitalismo – uma nova forma histórica –, mas uma versão alternativa, menos distorcida da mesma forma histórica.

Apesar, como veremos, de Habermas ser crítico do que encara como análise específica de Marx, sua própria abordagem adota o *topos* geral do tipo de crítica social que

---

[108] Jürgen Habermas, *The Theory of Communicative Action*, cit., v. 1, p. 343.

292 Tempo, trabalho e dominação social

atribui a Marx. Assim, ao discutir a ética protestante analisada por Weber, Habermas descreve-a como uma expressão parcial de uma visão de mundo eticamente racionalizada, como uma adaptação à forma moderna da racionalidade econômico-administrativa – portanto, como uma regressão atrás do nível que já tinha sido atingido na ética comunicativamente desenvolvida da fraternidade[109]. Em outras palavras, Habermas trata o capitalismo como uma distorção particularista de um potencial universalista que já estava presente desde o início. Essa visão é, evidentemente, paralela àquela sugerida pela noção marxista tradicional do socialismo como a realização dos ideais universalistas das revoluções burguesas cujo cumprimento foi impedido pelos interesses particularistas dos capitalistas.

Esse tema tradicional é também expresso no breve relato de Habermas dos "novos movimentos sociais" de várias das últimas décadas. Ele discute esses movimentos como essencialmente defensivos, protegendo o mundo da vida contra usurpações ou como movimentos pelos direitos civis que tentam generalizar socialmente os princípios universalistas das revoluções burguesas[110]. Mas ele não trata esses movimentos como expressões de novas necessidades e novas possibilidades – ou seja, uma possível transformação social que aponte além do capitalismo em termos do potencial gerado pela própria forma capitalista de vida.

A abordagem de Habermas pode ser entendida em um nível como mantendo alguma característica importante do marxismo tradicional. Ao mesmo tempo, entretanto, critica como quase romântica a análise específica de Marx do capitalismo. Como já observei, a apropriação por Habermas de elementos da abordagem sistêmico-teórica de Parsons está relacionada à sua avaliação da teoria do valor de Marx como inadequada da sociedade moderna, incapaz de tratar dos dois níveis analíticos de "sistema" e "mundo da vida". Habermas afirma que, apesar do caráter aparentemente "de dois níveis" da teoria marxiana, Marx não apresentou uma análise adequada do nível sistêmico do capitalismo, na medida em que tratou esse nível essencialmente como uma ilusão, como a forma fantasmagórica de relações de classe que se tornaram anônimas e fetichizadas[111]. Por isso, Marx não pôde reconhecer os aspectos positivos do desenvolvimento de interligações sistêmicas da economia capitalista e do Estado moderno; pelo contrário, ele viu uma sociedade futura baseada na vitória do trabalho vivo sobre o trabalho morto, do mundo da vida sobre o sistema – uma sociedade em que se dissolveu a aparência objetiva de capital. Mas, afirma Habermas, essa visão não capta a integridade e importância do nível sistêmico. Ademais, ela é irrealista: Weber

---

[109] Ibidem, p. 223-8.

[110] Ibidem, v. 2, p. 343s.

[111] Ibidem, p. 338-9.

tinha razão ao argumentar que a abolição do capitalismo privado não significaria a destruição do moderno trabalho industrial[112].

A crítica de Habermas pressupõe que Marx analisou o capitalismo essencialmente em termos de relações de classe, e que ao fazê-lo nas suas primeiras obras, sua interpretação da análise marxiana do capitalismo, como quase romântica, baseou-se na premissa de que Marx escreveu uma crítica do ponto de vista do "trabalho". Essa crítica do capitalismo, na visão de Habermas, aponta na direção de um processo de "desdiferenciação" de esferas da vida que se tinham tornado diferenciadas na sociedade moderna – um processo que ele considera regressivo e indesejável. Por isso, Habermas se volta para a teoria de sistemas para conceituar a dimensão quase objetiva da sociedade moderna, e tenta inserir essa teoria numa abordagem crítica.

Mas, como já demonstrei, a análise de Marx do trabalho no capitalismo não é de forma alguma a que Habermas atribui a ele. De acordo com Marx, as formas sociais categóricas de mercadoria e capital não somente velam as relações sociais reais do capitalismo, pelo contrário, elas são as relações sociais fundamentais do capitalismo, formas de mediação que são constituídas pelo trabalho nessa sociedade. A significância completa dessa diferença só estará totalmente aparente na terceira parte deste livro, quando eu analisar o conceito de Marx de capital. Mas longe de vermos o que Habermas chama de "dimensão sistêmica" como uma ilusão, uma projeção do trabalho, Marx trata-o como uma estrutura quase objetiva constituída pelo trabalho alienado. Marx critica a forma dessa estrutura e a forma abstrata da dominação que exerce. O ponto de vista da sua crítica não está fora da estrutura; ele nem pede a sua abolição completa nem aceita a sua forma presente e simplesmente exige que ela se limite à sua esfera "própria". Pelo contrário, o ponto de vista da sua crítica é uma possibilidade imanente gerada por aquela estrutura mesma.

Esse ponto de vista, como veremos, está baseado por Marx no duplo caráter do trabalho no capitalismo. Dado que Habermas admite que a crítica de Marx é feita do ponto de vista do "trabalho" – ou seja, o ponto de vista do "mundo da vida evanescente" – ele afirma erroneamente que Marx não tem critérios pelos quais distingue entre a destruição das formas tradicionais de vida e a diferenciação estrutural do mundo da vida[113]. Mas a crítica de Marx não se baseia no que *foi*, e sim no que *pôde ser*. Como mostrarei, a sua análise da dimensão temporal das formas sociais do capitalismo oferece a base para uma teoria da modelagem social intrínseca da forma material da produção, a forma de crescimento e a forma de administração no capitalismo. Essa abordagem permite que se distinga entre essas formas quando existem sob o capitalismo, e o potencial que corporificam para outras formas mais emancipatórias.

---

[112] Ibidem, p. 339-40.

[113] Ibidem, p. 340-1.

A visão de Marx da emancipação, que segue a sua análise, é precisamente o oposto do que Habermas atribui a ele. Saltando à frente por um instante, vou mostrar que, longe de conceber o socialismo como a vitória do trabalho vivo sobre o trabalho morto, Marx entende o trabalho morto – a estrutura constituída pelo trabalho alienado – como não somente o local de dominação no capitalismo, mas também o local da possível emancipação. Isso só tem sentido quando a análise crítica marxiana do capitalismo é entendida como a que aponta a possível abolição do trabalho proletário ("trabalho vivo"), não na direção da sua afirmação. Em outras palavras, contrariamente à alegação de Habermas, Marx concorda com Weber que a abolição do capitalismo privado não seria suficiente para a destruição do moderno trabalho industrial. Entretanto – e essa é uma diferença crucial –, a análise de Marx não aceira como necessária a forma existente desse trabalho.

Na terceira parte demonstrarei que a análise de Marx abre espaço para uma crítica fundamental do capitalismo que não resulta nem numa visão romântica da "desdiferenciação", nem na aceitação da "jaula de aço do trabalho industrial moderno" como a forma necessária de produção tecnologicamente avançada. Pelo contrário, ela pode oferecer uma crítica da forma de crescimento da produção tecnologicamente avançada, e da compulsão sistêmica exercida no capitalismo sobre as decisões políticas – e o faz de uma forma que aponta além dessas formas. Essa crítica não se limitaria a avaliar negativamente as usurpações do sistema, mas revelaria e analisaria as formas sociais que estão na base do seu caráter determinado e sua expansão "imperialista". Do ponto de vista de tal crítica, pode-se argumentar que Habermas não tem como distinguir entre as formas de produção e crescimento que se desenvolveram no capitalismo e outras formas possíveis "diferenciadas". A abordagem de Habermas, com suas categorias estáticas de "dinheiro" e "poder", tem de aceitar as formas desenvolvidas no capitalismo como historicamente finais, como resultados da "diferenciação" *per se*.[114]

---

[114] A crítica final de Marx por Habermas é que ele tratou da abstração real da sociedade capitalista apenas em termos de trabalho e, portanto, de forma muito estreita, em vez de tematizar a "retificação sistematicamente induzida das relações sociais em geral" (ibidem, p. 342), que teria aberto mais espaço para uma teoria mais geral, capaz de tratar da burocratização e da economia. Mas existe uma tensão entre, de um lado, o entendimento de Habermas da teoria Marx do trabalho como teoria do processo de abstração real característico da sociedade capitalista e, de outro, sua interpretação da análise de Marx do capitalismo essencialmente em termos de relações de classe. Além do mais, mesmo aqui, a crítica de Habermas é, mais uma vez, baseada num entendimento do trabalho no capitalismo como "trabalho", e não como forma de mediação social. Entendido desta última maneira, a abstração real do trabalho no capitalismo pode de fato ser entendida como um mecanismo que está na base da retificação das relações sociais em geral. Finalmente, a concepção de Habermas de "poder" e "dinheiro" como meios de direção assinalam simplesmente que um processo de abstração caracteriza a sociedade moderna, e que uma teoria crítica contemporânea deve levar em consideração a economia e o Estado. Mas, diferentemente da teoria do trabalho

A CRÍTICA DE MARX POR HABERMAS   295

À medida que continuo a expor a análise de Marx, mostrarei como ela considera um entendimento não tradicional do capitalismo como contraditório, não como unidimensional. Assim, ela evita a necessidade de basear fora do próprio capitalismo a crítica do capitalismo e a possibilidade de sua transformação, por exemplo, numa lógica evolutiva, trans-histórica da história – sendo essa história interpretada como um processo de autorrealização do "trabalho" ou de comunicação linguisticamente mediada.

A questão aqui não é simplesmente se Habermas interpretou Marx adequadamente. Pelo contrário, é se a teoria marxiana, tal como a venho reconstruindo, oferece a possibilidade de uma abordagem teórica que possa não somente passar além das fraquezas do marxismo tradicional e do pessimismo da teoria crítica, mas também evitar os aspectos problemáticos da tentativa de Habermas de estabelecer uma teoria crítica adequada à sociedade contemporânea. Valer-se de uma teoria da especificidade histórica da forma de mediação que constitui o capitalismo pode, como já observado, oferecer a base para uma reinterpretação do caráter contraditório do capitalismo e da forma de produção, da economia e, em geral, da forma de interdependência no capitalismo – de um modo que não é possível a uma abordagem sistêmico-teórica.

A noção da especificidade histórica da teoria crítica marxiana, bem como das formas de vida social apreendidas por ela, também se refere à história em si, no sentido de uma lógica imanente do desenvolvimento histórico. Na terceira parte, vou esboçar como Marx baseia a dinâmica histórica do capitalismo no duplo caráter das suas formas sociais básicas. Essa explicação social historicamente específica da existência de uma lógica histórica rejeita toda noção de uma lógica imanente da história humana como mais uma projeção sobre a história em geral das condições da sociedade capitalista. A especificidade histórica da crítica da economia política delineia o rompimento final de Marx com seu entendimento trans-histórico anterior do materialismo histórico e, portanto, com noções da filosofia da história (*Geschichtsphilosophie*). Ironicamente, a tentativa de Habermas de reformular o materialismo histórico em termos de uma lógica evolutiva da história, que ele pode postular mas não pode realmente fundamentar, permanece mais próxima da filosofia da história de Hegel – exatamente o "lastro" de que Habermas tenta livrar o materialismo histórico – do que a teoria madura de Marx[115].

---

como uma mediação social de Marx, não leva em conta uma distinção entre formas de abstração nem apreende o processo de direcionalidade temporal característico do capitalismo. Vou elaborar esses temas na terceira parte deste livro, argumentando que a teoria de Marx não é necessariamente uma teoria da primazia da esfera econômica ("dinheiro") sobre a política ("poder"), mas, pelo contrário, uma teoria do desenvolvimento histórico dialético que insere, molda e transforma a economia e política, e suas inter-relações.

[115] Ver Jürgen Habermas, "Toward a Reconstruction of Historical Materialism", em Steven Seidman (org.), *Jürgen Habermas on Society and Politics*, cit., p. 114-41; *The Theory of Communicative Action*, cit., v. 2, p. 383.

296 TEMPO, TRABALHO E DOMINAÇÃO SOCIAL

A teoria do desenvolvimento histórico sugerida pela análise de Marx das formas sociais do capitalismo pode também evitar alguns problemas associados com uma teoria do desenvolvimento trans-histórica e evolutiva. A ideia de que uma lógica histórica imanente caracteriza o capitalismo, mas não toda a história humana se opõe a toda concepção de um modo unitário de desenvolvimento histórico. Ainda assim, essa noção não implica uma forma abstrata de relativismo. Apesar de a ascensão do capitalismo na Europa ocidental poder ter sido um desenvolvimento contingente, a consolidação da forma-mercadoria é um processo global, mediado por um mercado mundial que se torna crescentemente integrado ao longo do desenvolvimento capitalista. Esse processo resulta na constituição da história mundial. Assim, de acordo com essa abordagem, existe de fato um processo universal com uma lógica imanente de desenvolvimento que oferece o ponto de vista de uma crítica geral; mas ela é historicamente determinada, e não trans-histórica.

Como uma teoria historicamente específica de mediação social, a abordagem que venho traçando também considera uma teoria de formas determinantes de consciência e subjetividade. Ela poderia servir como uma base melhor para uma teoria da ideologia e vem como para esforços de tratamento de desenvolvimentos históricos interligados em várias esferas da vida social. Dado que essa abordagem pode tratar da constituição de valores e visões de mundo em termos de formas sociais específicas e contraditórias, e não em termos do progresso cognitivo e material da espécie humana, se puder servir como ponto de partida para tentativas de apreender o caráter bilateral do desenvolvimento capitalista também em termos culturais e ideológicos. Pode-se, por exemplo, analisar desenvolvimentos históricos como a generalização da caça às bruxas ou a escravidão absoluta no início do período moderno, ou a ascensão do antissemitismo extermina-dor no final do século XIX e XX, com referência à bilateralidade do desenvolvimento capitalismo, e não em termos de uma regressão histórica ou cultural presumida que não pode ser justificada historicamente[116].

A especificidade histórica das categorias da crítica de maturidade de Marx tem mais implicações gerais para a questão de uma epistemologia social autorreflexiva. Argumentei que uma vez que a interação da humanidade com a natureza e as relações sociais essenciais são mediadas pelo trabalho no capitalismo, a epistemologia desse modo de vida social pode ser formulada em termos de categorias de trabalho social alienado. Mas as formas de interação com a natureza e de interação humana, variam consideravelmente entre as formações sociais. Formações diferentes, em outras palavras, são constituídas por modos diferentes de constituição social. Isso, por sua vez, sugere que formas de consciência e o modo mesmo de sua constituição variam histórica e

---

[116] Tratei do antissemitismo moderno nesses termos de uma nova forma e não como um modo atávico. Ver Moishe Postone, "Anti-Semitism and National Socialism", cit.

socialmente. Cada formação social, então, exige a sua própria epistemologia. Dito de forma mais geral: ainda que a teoria social evolua com base em certos princípios muito gerais e indeterminados (por exemplo, o trabalho social como pré-requisito da reprodução social), suas categorias devem ser adequadas à especificidade do seu objeto. Não existe teoria social trans-historicamente válida e determinada.

Essa abordagem marxiana historicamente determinada oferece uma estrutura dentro da qual também se pode analisar o caráter subespecificado das noções de Habermas de sistema e mundo da vida. Como já mostrei, Marx argumenta que as relações sociais do capitalismo são únicas na medida em que não parecem de forma alguma ser sociais. A estrutura de relações constituída pelo trabalho determinado pela mercadoria solapa sistemas anteriores de ligações sociais abertas sem, entretanto, substituí-los por um sistema semelhante. Pelo contrário, o que surge é um universo social que Marx descreve como um universo de independência pessoal num contexto de dependência objetiva. A estrutura abstrata e quase objetiva de necessidade e, em nível imediato, a latitude de interação muito maior na sociedade capitalista do que numa sociedade tradicional, são momentos da forma de mediação que caracteriza o capitalismo. Em certo sentido, a oposição entre sistema e mundo da vida – tal como a anterior entre trabalho e interação – expressa uma hipostasia desses dois momentos de uma forma que dissolve as relações sociais capitalistas em esferas "simbólicas" e "materiais". As características da dimensão de valor das relações sociais alienadas são atribuídas à dimensão sistêmica. Essa objetivação conceitual deixa uma esfera aparentemente indeterminada de comunicação que não é mais vista como estruturada por uma forma de mediação social (na medida em que essa forma não abertamente social), pelo contrário, e sim como autoestruturante e "neutramente social". Então, dentro da estrutura dessa abordagem, a subespecificação do mundo da vida, bem como sistema, expressa um ponto de partida teórico que manteve a noção de "trabalho".

A leitura da teoria de Marx que apresento aqui muda os termos do problema teórico a que Habermas respondeu reconceituando como historicamente determinada a noção de constituição pelo trabalho. Essa reinterpretação da noção marxiana de contradição se afasta do conceito de "trabalho" e reconsidera a tese da "unidimensionalidade" do capitalismo. Interpretar o trabalho no capitalismo como socialmente mediador permite que se passe além do pessimismo fundamental da teoria crítica de uma forma diferente da de Habermas: ela gera uma teoria da constituição social e especificidade de produção e de formas de subjetividade no capitalismo, e trata a consciência crítica e de oposição como possibilidades socialmente determinadas constituídas pelas próprias formas sociais dialéticas. Ao se basear social e historicamente dessa forma, essa teoria crítica social poderia abandonar os últimos vestígios da filosofia de Hegel da história. Numa abordagem como essa, a possibilidade de emancipação não é baseada no progresso do "trabalho" nem em nenhum desenvolvimento evolutivo de comunicação linguisticamente mediada, pelo contrário, é baseada no caráter contraditório das formas estruturantes da sociedade capitalista no seu desenvolvimento histórico. Neste ponto, passarei a uma consideração do conceito marxiano do capital e examinar as determinações iniciais da sua dialética intrínseca.

PARTE III
Rumo à reconstrução da crítica marxiana: o capital

7
RUMO A UMA TEORIA DO CAPITAL

Neste ponto, posso continuar com minha reconstrução da teoria crítica marxista da sociedade capitalista. Até agora, investiguei as diferenças entre uma crítica marxista tradicional, do ponto de vista do "trabalho", e a crítica marxiana do trabalho no capitalismo, concentrando-me nas categorias desenvolvidas por Marx nos capítulos iniciais d'*O capital*, particularmente em sua concepção sobre o duplo caráter do trabalho no capitalismo, sua distinção entre valor e riqueza material e sua ênfase na dimensão temporal do valor.

Com base nessa análise da forma-mercadoria, agora delinearei uma abordagem para a categoria de capital de Marx. O capital, para ele, é uma mediação social automovente, que torna a sociedade moderna intrinsecamente dinâmica e molda a forma do processo de produção. Ele desenvolve essa categoria n'*O capital* desdobrando-a dialeticamente da mercadoria, argumentando que suas determinações básicas estão implícitas nesta última forma social. Ao indicar a relação intrínseca entre forma-mercadoria e capital, Marx procura elucidar a natureza básica do capital e tornar plausível o seu ponto de partida – sua análise do caráter dual da mercadoria como a estrutura nuclear do capitalismo. Segundo Marx, o que caracteriza o capitalismo – devido à natureza peculiar de suas relações estruturais – é seu núcleo fundamental que incorpora suas características básicas. Em sua crítica da economia política, Marx tenta estabelecer a existência desse núcleo e demonstrar que ele está subjacente à intrínseca dinâmica histórica do capitalismo. Esse núcleo, portanto, teria de ser superado para que a sociedade fosse negada historicamente.

Neste capítulo apresentarei o percurso da exposição de Marx sobre a categoria capital e a esfera da produção. Investigar essa exposição detalhadamente ultrapassaria os limites deste livro, por isso, nos capítulos subsequentes, tentarei esclarecer alguns aspectos cruciais das formas sociais que Marx desdobra em seu tratamento

302 Tempo, trabalho e dominação social

do capital, considerando-as em relação a certas implicações das categorias iniciais de sua teoria crítica. Esse procedimento mostrará como minha análise dessas categorias implica uma reconceitualização da dialética marxiana das forças e relações de produção, e lançará uma nova luz sobre a complexa categoria capital de Marx e sobre seu entendimento da superação do capitalismo. (Essa discussão abordará aspectos do capitalismo moderno, mas apenas de maneira muito preliminar.)

Em geral, a interpretação da categoria capital de Marx que apresento aqui demonstrará que a crítica marxiana não analisa a sociedade capitalista simplesmente tendo em vista as características evidentes do capitalismo liberal, isto é, as relações burguesas de distribuição. Mais do que isso, ela entende como intrínseco ao capitalismo o processo industrial de produção baseado no proletariado bem como, de maneira mais geral, a subordinação dos indivíduos em unidades sociais de larga escala e implica uma crítica da lógica histórica produtivista do capitalismo. Dessa forma, ela implicitamente apresenta o socialismo como a negação histórica de tais características "pós-liberais" do capitalismo e das relações burguesas de distribuição.

Dinheiro

No Livro I d'*O capital*, Marx desenvolve uma análise do dinheiro e do capital com base em suas determinações iniciais da mercadoria. Ele começa examinando o processo de troca, argumentando que a circulação de mercadorias difere formal e essencialmente da troca direta de produtos. A circulação das mercadorias transpõe as barreiras temporais, espaciais e pessoais impostas pela troca direta de produtos. Nesse processo, desenvolve-se uma rede quase natural de conexões sociais que, embora constituída por agentes humanos, está além de seu controle[1]. A forma-mercadoria de mediação social historicamente origina, por um lado, o produtor privado independente e, por outro, constitui o processo social de produção e as relações entre produtores como um sistema alienado independente dos próprios produtores, um sistema de dependência objetiva generalizada[2]. De modo geral,

---

[1] Karl Marx, *O capital*, cit., Livro I, p. 184-8.

[2] Ibidem, p. 180-1. Como sugeri, essa oposição, que se desenrola com o desenvolvimento do capitalismo, poderia servir como ponto de partida para uma análise sócio-histórica da oposição comum entre teorias sociais objetivistas e teorias da sociedade que se concentram unilateralmente na atuação humana.

RUMO A UMA TEORIA DO CAPITAL 303

ela cria um mundo de sujeitos e um mundo de objetos. Esse desenvolvimento sociocultural prossegue com o desenvolvimento da forma-dinheiro[3].

Marx estrutura sua investigação do dinheiro como um desdobramento dialético, derivando logicamente tanto a forma social do dinheiro, que leva à sua análise do capital, como as formas da aparência que encobrem aquela forma social. Prosseguindo a análise da mercadoria como a dualidade valor e valor de uso, Marx determina o dinheiro como a expressão manifesta exteriorizada da dimensão valor da mercadoria[4]. Ele argumenta que em uma sociedade onde a mercadoria é a forma universal do produto, o dinheiro não torna as mercadorias mensuráveis; em vez disso, é uma expressão, uma forma necessária da aparência de sua mensurabilidade, do fato de que o trabalho funciona como uma atividade socialmente mediadora. Entretanto, esse não *parece* ser o caso, já que Marx, no curso de sua elaboração, indica as várias funções do dinheiro (como medida de valores, de meios de circulação e de dinheiro). Ele mostra que existe uma discrepância quantitativa necessária entre valor e preço, e que uma coisa pode ter um preço sem ter um valor. Por essas razões, a natureza do dinheiro no capitalismo pode estar velada – o dinheiro pode não parecer uma expressão exteriorizada da forma de mediação social que constitui a sociedade capitalista (trabalho abstrato objetivado como valor)[5]. Além disso, como a circulação de mercadorias é efetuada pela externalização do seu duplo caráter – forma-dinheiro e mercadoria –, elas parecem ser meros objetos "coisais", bens que circulam pelo dinheiro e não objetos automediadores, mas mediações sociais objetivadas[6]. Assim, a natureza peculiar da mediação social do capitalismo origina uma antinomia – tão característica das modernas visões ocidentais de mundo – entre uma dimensão concreta "secularizada" e "coisal" e uma dimensão puramente abstrata, na qual o caráter socialmente constituído de ambas, bem como sua relação intrínseca, está velado.

De acordo com Marx, a natureza da mediação social no capitalismo é ainda obscurecida pelo fato de que o dinheiro se desenvolveu historicamente, de maneira que as moedas e as cédulas passaram a servir como signos do valor. Não há correlação direta, entretanto, entre o valor desses signos e o valor que eles significam. Como até mesmo objetos sem valor podem servir como meios de circulação, o dinheiro não parece ser portador de valor. Consequentemente, a própria existência

---

[3] Ibidem, p. 162-3.

[4] Ibidem, p. 144-5, 169.

[5] Ibidem, p. 176-8.

[6] Ibidem, p. 188-9.

304 Tempo, trabalho e dominação social

do valor como mediação social, seja ela localizada na mercadoria ou na sua expressão como dinheiro, é velada pela relação superficial contingente entre significante e significado[7]. Esse processo real de obscurecimento é reforçado pela função do dinheiro como meio de pagamento de mercadorias adquiridas previamente através de contratos e como dinheiro de crédito. Em tais casos, o dinheiro não parece mais mediar o processo de troca, mas, em vez disso, a movimentação dos meios de pagamento parece apenas refletir e validar uma conexão social que estava presente de maneira independente[8]. Em outras palavras, as relações sociais no capitalismo podem aparentar não ter nada a ver com a forma-mercadoria de mediação social. Mais que isso, essas relações podem parecer tanto como anteriormente dadas ou como fundamentalmente constituídas por convenção, por contratos entre indivíduos autodeterminados.

Nessa parte de sua exposição, portanto, Marx investiga como a forma-dinheiro ao mesmo tempo expressa e oculta cada vez mais a forma de mediação social compreendida na categoria da mercadoria, e critica implicitamente outras teorias do dinheiro e da sociedade. Marx também desdobra uma inversão dialética em seu tratamento do dinheiro: ele é um meio social que se torna um fim. Essa discussão serve de ponte entre as suas análises da mercadoria e do capital.

Eu demonstrei que Marx analisa a mercadoria como uma forma objetivada de mediação social: a mercadoria, generalizada, é uma forma automediada do produto. Prosseguindo dessa determinação, Marx descreve a circulação da mercadoria como um modo no qual a produção social e a distribuição de bens – que ele chama de processo de "metabolismo social" ou "transformação da matéria" (*Stoffwechsel*) – são mediadas pela "transformação da forma" (*Formwechsel*) ou "metamorfose" das mercadorias de valores de uso em valores e novamente em valores de uso[9]. Em outras palavras, pressupondo que a mercadoria é a forma geral do produto – portanto, que ela é intrinsecamente valor e valor de uso – Marx analisa a venda da mercadoria A por dinheiro, que é usado para comprar a mercadoria B, como um processo de "metamorfose". No primeiro passo, a mercadoria A é transformada na forma manifesta da dimensão particular de seu valor de uso na forma manifesta da dimensão de valor geral (dinheiro); esta última pode ser transformada, na segunda etapa, em outra forma manifesta particular, a mercadoria B. (O impulso argumentativo dessa interpretação da troca de mercadorias ganhará maior clareza

---

[7] Ibidem, p. 198-201.

[8] Ibidem, p. 208-10.

[9] Ibidem, p. 178-80.

adiante no texto de Marx, quando o capital é tratado como valor autoexpansivo que, alternadamente, assume a forma-mercadoria e dinheiro.) Para Marx, este é um processo no qual a produção e a distribuição (a transformação da matéria) são efetuadas de uma maneira historicamente específica pela transformação da forma. Ele expressa o caráter dual do trabalho no capitalismo, a circunstância na qual as relações das pessoas entre si e com a natureza são mediadas pelo trabalho. Em outro nível, Marx inicialmente descreve a troca de mercadorias – mercadoria A-dinheiro-mercadoria B – como um processo de vender para comprar[10].

No desenvolvimento da sua investigação, contudo, Marx observa que a natureza da circulação de mercadorias é tal que a transformação da forma, de início determinada logicamente como um meio social, uma maneira de mediar a transformação da matéria, torna-se um fim em si[11]. Ele fundamenta essa inversão dialética em uma necessidade social de acumular dinheiro, que advém das relações do próprio processo de circulação, do fato de que, quando a circulação de mercadorias se torna generalizada, nem toda compra pode ser efetuada por uma venda simultânea. Em vez disso, é preciso possuir um estoque de dinheiro para adquirir os meios de consumo e pagar dívidas. Embora, em termos da lógica subjacente ao sistema, vende-se para comprar, a compra e a venda se separam e a dimensão exteriorizada do valor da mercadoria – dinheiro – torna-se um objetivo autossuficiente da venda[12]. Com a expansão da circulação, tudo passa a ser conversível em dinheiro[13], que se torna um nivelador social radical. Ele encarna uma forma nova e objetivada de poder social que é independente do *status* social tradicional e pode se tornar o poder privado de indivíduos privados[14].

Nesse ponto, Marx inicia a transição para a categoria do capital. Ao discutir a dimensão subjetiva da emergência do dinheiro como um fim – o desejo de acumular e as virtudes "protestantes" de laboriosidade, abstinência e asceticismo –, ele argumenta que juntar dinheiro não é um meio de acúmulo logicamente adequado ao valor, a uma forma geral e abstrata independente de todas as especificidades

---

[10] Ibidem, p. 180.

[11] Ibidem, p. 204.

[12] Ibidem, p. 204, 208-9, 215.

[13] "A circulação se torna a grande retorta social, na qual tudo é lançado para dela sair como cristal de dinheiro. A essa alquimia [nada escapa]" (ibidem, p. 205).

[14] Ibidem, p. 205-6. Essa forma de poder social, que é a especificação inicial do poder da classe capitalista, é uma expressão concreta da forma abstrata da dominação social que tenho articulado. Elas estão relacionadas, mas não são idênticas.

306 Tempo, trabalho e dominação social

qualitativas. Marx elabora uma contradição lógica entre a infinidade do dinheiro, quando considerado qualitativamente como a representação universal da riqueza diretamente conversível em qualquer outra mercadoria, e como a limitação quantitativa de cada soma real de dinheiro[15]. Assim, prepara o terreno para a categoria do capital, uma forma que encarna de maneira mais adequada tanto o ímpeto para o acúmulo ilimitado implícito na forma de valor como a inversão dialética há pouco descrita. Com o capital, a transformação da forma (mercadoria) torna-se um fim e, como veremos, a transformação da matéria torna-se o meio para esse fim. A produção, como um processo social de transformação da matéria que medeia os seres humanos e a natureza, passa a ser classificada sob a forma social constituída pela função de mediação social do trabalho no capitalismo.

CAPITAL

Marx introduz o capital, a categoria com a qual ele apreende a sociedade moderna, com uma fórmula geral informada por sua análise do valor e da mercadoria. Caracteriza, dessa maneira, a circulação de mercadorias como mercadoria-dinheiro--mercadoria, ou M-D-M, como uma transformação qualitativa de um valor de uso em outro; entretanto, apresenta o circuito do capital como dinheiro-mercadoria--dinheiro, ou D-M-D', no qual a diferença entre D e D' é apenas quantitativa[16]. Note-se que, assim como a análise do M-D-M, a análise do D-M-D, como necessariamente D-M-D', pressupõe a mercadoria como a forma geral do produto. Em outras palavras, com a fórmula D-M-D', Marx não tenta provar que o investimento para o ganho existe no capitalismo, nem tenta fundamentar a gênese histórica da sociedade capitalista no desdobramento lógico de suas categorias. Em vez disso, ele pressupõe a existência da sociedade capitalista e do investimento para o ganho; sua intenção é esclarecer de forma crítica, por meio de suas categorias, a natureza subjacente e o curso de desenvolvimento dessa forma de vida social.

A fórmula D-M-D' não se refere a um processo pelo qual a riqueza, de modo geral, é aumentada, mas a um processo em que o valor é aumentado. Marx chama a diferença quantitativa entre M e M' de mais-valor[17]. O valor se torna capital,

---

[15] Ibidem, p. 204-7.

[16] Ibidem, p. 224-7.

[17] Ibidem, p. 226-7.

de acordo com Marx, como resultado de um processo de valorização do valor, em que a sua magnitude é aumentada[18]. Sua análise do capital busca entender a sociedade moderna em termos de um processo dinâmico inerente a essas relações sociais que são objetivadas na forma de valor da riqueza e, portanto, na forma de valor do excedente. O que caracteriza a sociedade moderna, de acordo com essa análise, é que o excedente social existe sob a forma de mais-valor, e que esta forma implica uma dinâmica.

Essas determinações devem ser analisadas mais a fundo. A fórmula D-M-D' destina-se a representar um processo contínuo: D' não é simplesmente retirado como dinheiro no final do processo, mas se mantém como uma parte do circuito do capital. Esse circuito é, então, D-M-D'-M-D''-M... Diferentemente do movimento gerado pela circulação de mercadorias e de dinheiro, esse circuito implica crescimento contínuo e direcionalidade; esse movimento direcional, entretanto, é quantitativo e não tem um télos externo. Considerando que é possível dizer que a circulação de mercadorias tem um objetivo final, externo ao processo – ou seja, o consumo, a satisfação de necessidades –, a força motivadora do circuito D-M-D', seu propósito determinante, de acordo com Marx, é o valor em si, uma forma abstrata geral de riqueza em função da qual todas as formas de riqueza material podem ser quantificadas[19]. Esse caráter abstrato quantitativo do valor como uma forma de riqueza está relacionado com a circunstância de que ele também é um meio social, uma relação social objetivada. Com a introdução da categoria capital, é apresentado mais um momento da determinação do valor como meio: o valor, como uma forma de riqueza abstraída da especificidade qualitativa de todos os

---

[18] Idem.

[19] Idem. Embora D-M-D' descreva o movimento da totalidade social, o circuito M-D-M continua a ser fundamental para a maioria das pessoas na sociedade capitalista que dependem da venda da força de trabalho para comprar meios de consumo. Criticar os trabalhadores por se tornarem "burgueses" quando se tornam interessados em várias "posses materiais" é ignorar os meios pelos quais o trabalho assalariado é um aspecto integrante da sociedade capitalista e confundir a distinção entre M-D-M e D-M-D'. É este último que define a classe burguesa. Por outro lado, um dos objetivos da forma de apresentação de Marx é indicar que esses dois circuitos estão conectados sistemicamente. Em uma sociedade onde a mercadoria é universal e as pessoas se reproduzem pelo circuito M-D-M, o valor é a forma de riqueza e do excedente; portanto, o processo de produção será necessariamente moldado e impulsionado pelo processo de D-M-D'. Uma sociedade baseada unicamente no circuito M-D-M não pode existir; uma sociedade desse tipo não existiu como precursora do capitalismo, de acordo com Marx, mas é uma projeção de um momento da sociedade capitalista sobre o passado. Ver Karl Marx, *Contribuição à crítica da economia política*, cit., p. 128-9.

308 Tempo, trabalho e dominação social

produtos (daí seus usos particulares), e cuja magnitude é uma função apenas do tempo abstrato, recebe a sua expressão lógica mais adequada servindo como meio para haver mais valor, para ulterior expansão do valor. Com a introdução da categoria capital, o valor é revelado como um meio para um objetivo que é, em si, um meio e não um fim[20].

O capital, então, é uma categoria de movimento, de expansão; é uma categoria dinâmica, "valor em movimento". Essa forma social é alienada, semi-independente, exerce sobre as pessoas um modo de compulsão e refreamento abstratos, e está em movimento. Consequentemente, Marx lhe confere o atributo da agência. Sua determinação inicial de capital, assim, é como valor que se autovaloriza, como a substância automovente que é sujeito[21]. Ele descreve essa forma social subjetiva-objetiva automovente como um processo contínuo e incessante de autoexpansão do valor. Esse processo, como o demiurgo de Nietzsche, gera grandes ciclos de produção e consumo, criação e destruição. O capital não tem forma fixa, definitiva, mas aparece em diferentes fases de sua trajetória em espiral na forma de dinheiro e mercadorias[22]. O valor, então, é desdobrado por Marx como o núcleo de uma forma de mediação social que constitui a objetividade e a subjetividade sociais e é intrinsecamente dinâmica: ela existe necessariamente em forma objetivada, materializada, mas não é idêntica à sua forma materializada nem uma propriedade inerente a ela, seja na forma de dinheiro, seja na de bens. A maneira como Marx desdobra a categoria de capital ilumina retrospectivamente sua determinação inicial do valor como uma relação social objetivada, constituída pelo trabalho, que é portada pelas mercadorias como objetos, mas que existe "por detrás" delas. Isso esclarece o objetivo da sua análise do duplo caráter da mercadoria e sua exteriorização como dinheiro e mercadorias.

O movimento do capital é ilimitado e infinito[23]. Como valor que se autovaloriza, ele aparece como processo puro. Ao lidar com a categoria capital, lida-se com uma categoria central de uma sociedade que passa a ser caracterizada por um movimento direcional constante sem télos externo determinado, uma sociedade impulsionada

---

[20] Como argumentei, o desenvolvimento e a disseminação do que Max Horkheimer descreveu como motivo (e ação) instrumental deve ser entendido socialmente – em termos do desenvolvimento da forma peculiar de meios sociais que comecei a delinear –, e não tecnicamente, relacionado ao "trabalho" e produção como tal.

[21] Karl Marx, *O capital*, cit., Livro I, p. 229-30.

[22] Ibidem, p. 229-31.

[23] Ibidem, p. 227-8.

RUMO A UMA TEORIA DO CAPITAL 309

pela produção pela produção, por um processo que existe pelo processo[24]. Essa expansão, esse movimento incessante está, no quadro da análise de Marx, intrinsecamente relacionada à dimensão temporal do valor. Como veremos, o conceito de Marx de valor que se autovaloriza busca apreender uma forma alienada das relações sociais que possui uma dinâmica temporal intrínseca; essa forma alienada constitui uma lógica imanente da história, dá origem a uma estrutura particular do trabalho e transforma continuamente a vida social, enquanto reconstitui seu caráter capitalista subjacente. Sua investigação crítica da produção no capitalismo analisa como trabalhos individuais se tornam cada vez mais componentes celulares de um sistema alienado grande, complexo e dinâmico, que engloba pessoas e máquinas e é direcionado pelo objetivo da produção pela produção. Em suma, a forma capital das relações sociais, na análise de Marx, é cega, processual e semiorgânica[25].

Como é constituída essa forma direcionalmente dinâmica e totalística das relações sociais? Marx aborda esse problema investigando a fonte do mais-valor, a fonte da diferença quantitativa entre D e D'. O objeto da investigação é uma sociedade na qual D-M-D' representa um processo em curso, e a fonte do mais-valor deve ser uma fonte regular contínua. Marx argumenta contra teorias que tentam localizar essa fonte na esfera da circulação e, com base nas determinações das categorias que desenvolveu até esse ponto, sustenta que o crescimento contínuo da magnitude do valor deve ter origem em uma mercadoria cujo valor de uso possua a propriedade peculiar de ser uma fonte de valor. Ele especifica essa mercadoria como força de trabalho, a capacidade de trabalho vendida como mercadoria[26]. (Lembre-se que Marx está falando da fonte do valor e não da riqueza material.) A geração do mais-valor está intrinsecamente relacionada a um modo de produção baseado na força de trabalho como mercadoria. A precondição para este modo é que o trabalho seja

---

[24] Ibidem, p. 669-70. Em um nível muito abstrato, essas determinações iniciais do capital fornecem uma base sócio-histórica para a linearidade da vida na sociedade moderna, que Max Weber, referindo-se às obras de Lev Tolstói, assim descreveu de forma pessimista: "A vida individual do civilizado está imersa no 'progresso' e no infinito e, segundo seu sentido imanente, essa vida não deveria ter fim [...]. Abraão ou os camponeses de outrora morreram 'velhos e plenos de vida', pois estavam instalados no ciclo orgânico da vida [...]. O homem civilizado [...] pode sentir-se 'cansado' da vida, mas não 'pleno' dela" (Max Weber, "A ciência como vocação", em *Ciência e política: duas vocações*, 13. ed., São Paulo, Cultrix, 2005, p. 31).

[25] Uma investigação mais completa sobre a categoria do capital do que a que faço aqui deveria explorar as possíveis relações entre a forma capital, assim determinada, e o desenvolvimento no Ocidente dos modos de pensamento organicistas e biologistas nos séculos XIX e XX. Ver Moishe Postone, "Anti-Semitism and National Socialism", cit., p. 309s.

[26] Karl Marx, *O capital*, cit., Livro I, p. 231-41.

310 Tempo, trabalho e dominação social

livre em um duplo sentido: os trabalhadores devem ser proprietários livres de sua própria capacidade de trabalho e, portanto, de suas pessoas; além disso, precisam ser "livres" de todos os objetos necessários para realizar sua força de trabalho[27]. Em outras palavras, a precondição é uma sociedade na qual os meios de consumo sejam obtidos através da troca de mercadorias e na qual os trabalhadores – em oposição a artesãos ou agricultores independentes – não possuam nenhum meio de produção e sejam obrigados a vender sua força de trabalho como única mercadoria que possuem. Esta é a precondição do capitalismo.

Nesse ponto de sua exposição, Marx declara explicitamente a especificidade histórica das categorias de sua teoria crítica social. Embora a circulação de mercadorias e dinheiro seja, para ele, certamente anterior ao capitalismo, é somente no capitalismo que a força de trabalho se torna uma mercadoria, e o trabalho assume a forma de trabalho assalariado[28]. Só então a forma-mercadoria do produto do trabalho se torna universal[29], e o dinheiro se torna um verdadeiro equivalente universal. Esse desenvolvimento histórico significa uma transformação histórica de época: ele "compreende toda uma história mundial"[30]. O capitalismo marca uma ruptura qualitativa em relação a todas as outras formas históricas de vida social.

Esse trecho d'*O capital* confirma o meu argumento anterior de que o desdobramento lógico das categorias a partir da mercadoria, através do dinheiro até o capital, não deve ser entendido como uma progressão histórica necessária. A mercadoria do começo d'*O capital* pressupõe trabalho assalariado. Marx propõe seu modo de apresentação não como um desdobramento histórico, mas como um desdobramento lógico que procede do núcleo essencial do sistema. Isso é sustentado também por sua afirmação de que embora o capital dos mercadores e o capital portador de juros sejam historicamente anteriores à moderna "forma fundamental" do capital, eles são logicamente derivados dela (e são, portanto, tratados mais adiante na exposição, no Livro III d'*O capital*)[31]. A seguir, voltarei ao tema da relação entre história e lógica na análise do Marx.

Essa leitura contraria a interpretação, criticada anteriormente, de que a análise de Marx do valor no Livro I postula um modelo de uma sociedade pré-capitalista, e que sua discussão do preço e do lucro no Livro III diz respeito à sociedade

---

[27] Ibidem, p. 242-4.

[28] Ibidem, p. 244-5.

[29] Ibidem, p. 245, nota 41.

[30] Ibidem, p. 207.

[31] Ibidem, p. 238-9.

RUMO A UMA TEORIA DO CAPITAL 311

capitalista. Isso implica que, historicamente, o valor precede o preço. Ao contrário, minha interpretação sugere que, assim como a circulação de mercadorias, o dinheiro, o capital dos mercadores e o capital portador de juros historicamente precedem a moderna forma do capital, *os preços* – mesmo que não sejam os "preços de produção" aos quais Marx se refere no terceiro livro – *são anteriores ao valor*[32]. O valor como categoria totalizante é constituído *somente* na sociedade capitalista.

Nesse sentido, é significativo que somente quando Marx começa a desenvolver a categoria do capital, ele argumenta contra teorias que analisam o valor de uma mercadoria em termos de suas relações com as necessidades. Ele contrapõe que essas teorias confundem o valor de uso com o valor e não consideram adequadamente a natureza da produção[33]. O aparecimento de tais argumentos nessa altura da apresentação de Marx implica que a derivação dedutiva do valor que ele empreende no capítulo de abertura *não* é a verdadeira base do seu argumento a respeito do valor – que o valor não é uma categoria subjetiva, mas sim uma mediação social objetivada constituída pelo trabalho e medida pelo consumo de tempo de trabalho. Em vez disso, a verdadeira base para essa posição é dada pelo seu desdobramento da categoria do capital e sua análise da produção. O valor, no entendimento de Marx, longe de explicar o equilíbrio do mercado no capitalismo ou mesmo de fundamentar um modelo de sociedade pré-capitalista, aparece somente como categoria social estruturadora com a constituição do capital como forma totalizante. Ele é, como veremos, uma categoria de eficiência, racionalização e transformação contínua. *O valor é uma categoria de uma totalidade direcionalmente dinâmica.*

Por fim, deve-se notar que, dentro da estrutura do argumento de Marx, assim como o conceito de capital como valor que se autovaloriza ilumina retrospectivamente suas determinações anteriores sobre o caráter ambíguo da mercadoria, o conceito da força de trabalho como mercadoria ilumina retrospectivamente a ideia

---

[32] É o caso que, no manuscrito publicado como Livro III d'*O capital*, Marx afirma ser apropriado ver os valores das mercadorias como histórica e teoricamente anteriores aos preços de produção (cit., p. 277). (Os "preços de produção" são os preços de mercadorias trocadas como produtos do capital; eles são específicos da sociedade capitalista [ibidem, p. 275].) Todavia, essa afirmação é contrária tanto à lógica da apresentação de Marx como a inúmeras afirmações nas quais ele critica economistas políticos como Smith e Torrens por transpor o valor, como categoria da sociedade capitalista, para condições pré-capitalistas. Eu sugiro que "valor" na afirmação anterior seja entendido de maneira abrangente como valores de troca ou preços de mercadorias na sociedade pré-capitalista. Esses preços, em minha leitura, precedem tanto o valor – que Marx desenvolve esta categoria em sua crítica da política econômica – como os preços de produção.

[33] Karl Marx, *O capital*, cit., Livro I, p. 233-4.

312 Tempo, trabalho e dominação social

de que a mercadoria como valor é constituída pelo trabalho abstrato – isto é, pelo trabalho como atividade socialmente mediadora. Essa função do trabalho emerge muito claramente com a categoria da força de trabalho. Todavia, os conceitos de Marx de trabalho abstrato e trabalho assalariado não devem ser confundidos. Ao começar com a categoria de mercadoria como forma social, em vez da categoria sociológica do trabalho assalariado, Marx procura apreender a especificidade histórica da riqueza social e a trama das relações sociais no capitalismo, o caráter dinâmico dessa sociedade bem como a estrutura do trabalho e da produção. Ele faz isso por meio de categorias que também abrangem formas de subjetividade social e historicamente específicas. A categoria de trabalho assalariado, entretanto, não pode servir como ponto de partida para que essas várias dimensões da sociedade capitalista possam ser desdobradas.

A crítica da sociedade civil burguesa

Ao introduzir os conceitos de mais-valor e força de trabalho, Marx começa a mudar o enfoque de sua investigação a partir da esfera da circulação, que a caracteriza como estando na "superfície" da sociedade, exposta ao público, para "o terreno oculto da produção"[34]. Antes de fazer essa mudança, ele resume a dimensão subjetiva das categorias que desenvolveu em sua exposição até esse ponto. Em outras palavras, chama a atenção para as ideias e valores que ele implicitamente desdobrou como momentos imanentes das formas categoriais sociais que estruturam a fórmula M-D-M, a esfera da circulação. Esse resumo fornece importantes ideias sobre a natureza da análise crítica de Marx sobre a sociedade civil burguesa, à qual já aludi, e sobre a importância de seu foco na produção.

A esfera da circulação, ou troca de mercadorias, de acordo com Marx, é

> um verdadeiro Éden dos direitos inatos do homem. Ela é o reino exclusivo da liberdade, da igualdade, da propriedade e de Bentham. Liberdade, pois os compradores e vendedores de uma mercadoria, por exemplo, da força de trabalho, são movidos apenas por seu livre-arbítrio. Eles contratam como pessoas livres, dotadas dos mesmos direitos [...]. Igualdade, pois eles se relacionam um com o outro apenas como possuidores de mercadorias e trocam equivalente por equivalente. Propriedade, pois cada um dispõe apenas do que é seu. Bentham, pois cada um olha somente para si

---

[34] Ibidem, p. 250.

mesmo. A única força que os une e os põe em relação mútua é [...] de seus interesses privados. E é justamente porque cada um se preocupa apenas consigo mesmo e nenhum se preocupa com o outro que todos, em consequência de uma harmonia preestabelecida das coisas ou sob os auspícios de uma providência todo-astuciosa, realizam em conjunto [...] do interesse geral. [35]

Qual é a natureza dessa crítica? Em um nível, ela apresenta como social e historicamente constituídos esses modos estruturados de ação social e valores considerados "eternos" e "naturais". Marx claramente está relacionando as determinações da sociedade civil – como expressas no pensamento iluminista, nas teorias da economia política e direito natural, e no utilitarismo – com a forma-mercadoria das relações sociais. Ele argumenta que a diferenciação da vida social na Europa Ocidental em uma esfera política formal e uma esfera da sociedade civil (de modo que esta funciona independentemente do controle político e também está livre de muitas restrições sociais tradicionais) está ligada à expansão e ao aprofundamento dessa forma de relações sociais – do mesmo modo que os valores modernos de liberdade e igualdade, bem como a noção de que a sociedade é construída pelas ações de indivíduos autônomos agindo em interesse próprio. Ao dar embasamento social e histórico ao indivíduo moderno – que é um ponto de partida não examinado do pensamento iluminista – e aos valores e modos de ação associados à sociedade civil, Marx busca dissipar a ideia de que eles são "naturais", que surgem quando pessoas, livres das amarras de superstições, costumes e autoridades irracionais, são capazes de buscar seus próprios interesses racionalmente e de maneira compatível com a natureza humana (no qual o "racional", obviamente, é visto como independente da especificidade social e histórica). Além disso, Marx também tenta ancorar socialmente a noção de uma forma "natural" da própria vida social: o capitalismo difere fundamentalmente de outras sociedades na medida em que suas relações sociais características não são evidentes, mas sim "objetivamente" constituídas e, portanto, não parecem de forma alguma socialmente específicas. Essa diferença, no próprio tecido das relações sociais, contribui para que as diferenças entre as sociedades capitalistas e não capitalistas pareçam estar entre instituições sociais extrínsecas à natureza humana, portanto "artificiais", e aquelas que são socialmente "naturais"[36]. Ao especificar as relações sociais determinantes do capitalismo, mostrando que elas não parecem de forma alguma sociais e indicando que os indivíduos aparentemente descontextualizados, que atuam de acordo com seu próprio interesse, são social e

---

[35] Ibidem, p. 250-1.

[36] Ibidem, nota 33, p. 156.

314 Tempo, trabalho e dominação social

historicamente constituídos (como o é a própria categoria de juro), a teoria crítica de Marx da sociedade capitalista fundamenta socialmente e, assim, mina a noção moderna do "naturalmente social"[37].

No entanto, a crítica de Marx dos modos estruturados de ação e valores fundamentados na esfera da circulação não se limita a mostrar que eles são socialmente constituídos e historicamente específicos. Indiquei anteriormente que ele situa a circulação na "superfície" da sociedade, ao contrário da esfera da produção, que supostamente representa um nível "mais profundo" da realidade social (e no qual, como veremos, os valores associados à esfera de circulação são negados). Embora Marx seja crítico em relação a qualquer teoria do capitalismo que se concentre nas relações de distribuição e exclua as de produção, ele não está interessado apenas em mostrar que se pode encontrar "atrás" da esfera da circulação, com a sua igualdade formal, liberdade e falta de força externa, uma esfera de produção marcada pela dominação direta, desigualdade e exploração; sua crítica não se limita a rejeitar as instituições, estruturas e valores da esfera da circulação como meros simulacros. Em vez disso, ele argumenta que a circulação de mercadorias é apenas um momento de uma totalidade mais complexa – e ele, assim, condena qualquer tentativa de considerar esse momento como um todo.

Ao tomar essa esfera como um momento da totalidade, Marx também lhe confere real importância social e histórica, e não apenas como uma base social para as ideologias de legitimação do capitalismo. As grandes revoluções burguesas são um caso em questão, assim como a natureza e o desenvolvimento da consciência dos trabalhadores. Por exemplo, de acordo com Marx, é significativo o fato de a relação entre trabalhadores e capitalistas existir tanto na esfera da circulação como na de produção. Ou seja, um momento determinante da natureza e do desenvolvimento dessa relação é quando, na esfera da circulação, trata-se de uma relação de igualdade formal entre os proprietários de mercadorias[38]. Assim, quando Marx discute o valor da força de trabalho como mercadoria, em termos do valor dos meios de subsistência dos trabalhadores, ele enfatiza que o número e a extensão dos requisitos necessários para os trabalhadores, bem como a maneira como eles são cumpridos, não são fixos, mas variam histórica e culturalmente e dependem

---

[37] Esse argumento poderia servir de ponto de partida para uma crítica da noção de Habermas, desenvolvida em *A teoria da ação comunicativa*, de que minar as formas sociais tradicionais do capitalismo permite o surgimento histórico de um mundo da vida constituído pela ação comunicativa como tal, isto é, ação social, cujas características não são socialmente determinadas.

[38] Karl Marx, *O capital*, cit., Livro I, p. 242-4.

dos hábitos e expectativas da classe de trabalhadores livres. Como Marx coloca, "o valor da força de trabalho contém um elemento histórico e moral"[39]. Não me estenderei sobre as ricas implicações dessas passagens, exceto para apontar que um momento constituinte do elemento histórico e moral a que ele se refere é o de que os trabalhadores também são proprietários de mercadoria, ou seja, "sujeitos". Isso condiciona não apenas a natureza de seus valores (suas ideias de equidade e justiça, por exemplo), mas também a sua capacidade e vontade de se organizar nesta base.

Pode-se argumentar, por exemplo, que é apenas por meio de ação coletiva em torno de questões como condições de trabalho, as horas e os salários que os trabalhadores realmente ganham algum controle sobre as circunstâncias de venda de sua mercadoria. Assim, apesar da suposição generalizada de que a ação coletiva dos trabalhadores e as formas sociais burguesas se opõem, a propriedade mercadoria só pode ser plenamente realizada para os trabalhadores na forma coletiva; os trabalhadores, então, só podem ser "sujeitos burgueses" *coletivamente*. Em outras palavras, a natureza da força de trabalho como mercadoria garante que a ação coletiva não se oponha à posse de mercadoria, mas é necessária para a sua realização. O processo histórico da realização da força de trabalho como mercadoria, paradoxalmente, implica o desenvolvimento de formas coletivas no âmbito do capitalismo, que *não* apontam para além daquela sociedade, mas, em vez disso, constituem um momento importante na transição do capitalismo liberal para o pós-liberal[40].

A análise de Marx sobre a relação entre assalariado e capitalista e a constituição dos valores e formas de consciência dos trabalhadores naturalmente não é limitada a uma consideração da esfera da circulação. Embora os trabalhadores assalariados sejam proprietários de mercadoria e, portanto, "sujeitos" dentro da esfera da circulação, de acordo com Marx, eles também são "objetos", valores de uso, elementos do processo de produção, dentro da esfera de produção capitalista. Essa determinação simultânea de ambas as esferas define o trabalho assalariado. Apontei a dupla determinação implícita que Marx faz do indivíduo constituído na sociedade capitalista – como sujeito e como objeto de um sistema de compulsões objetivas. O fato de o

---

[39] Ibidem, p. 246.

[40] A análise de tais formas coletivas está relacionada com a interpretação de capital como a expressão adequada da categoria de valor, o que poderia servir como ponto de partida para repensar a relação entre o capital e as grandes organizações sociais e instituições burocráticas características do capitalismo pós-liberal. Em outro nível, a relação entre a propriedade efetiva da mercadoria e a categoria do sujeito burguês poderia também servir como ponto de partida para se repensar o processo de extensão da representação na Europa Ocidental e na América do Norte nos séculos XIX e XX.

316 TEMPO, TRABALHO E DOMINAÇÃO SOCIAL

trabalhador ser, ao mesmo tempo, sujeito (proprietário de uma mercadoria) e objeto (do processo de produção capitalista) representa a extensão concreta, a "materialização", dessa dupla determinação. Um tratamento adequado do entendimento de Marx sobre o desenvolvimento da consciência dos trabalhadores teria de partir de uma análise de ambos os momentos, suas interações e suas transformações históricas[41].

---

[41] A minha interpretação da abordagem de Marx é muito diferente da de György Lukács. Em sua discussão sobre a consciência de classe do proletariado, Lukács parte da noção de que os trabalhadores só podem tomar consciência de sua existência na sociedade depois de se conscientizarem de que são mercadorias (ver "Reification and the Consciousness of the Proletariat", em *History and Class Counsciousness*, cit., 1971, p. 168s.) [ed. bras.: "Reificação e consciência do proletariado", em *História e consciência de classe*, cit.]). Diferentemente de Marx, que considera os trabalhadores ao mesmo tempo objetos e sujeitos analisando-os como dois produtos e proprietários de mercadorias (*O capital*, cit., Livro I, p. 242), Lukács fundamenta ontologicamente a possibilidade de autoconsciência e subjetividade oposicional – isto é, fora das formas sociais. A análise categorial de Marx procura entender a especificidade histórica e o desenvolvimento da consciência dos trabalhadores em relação à interação e ao desenvolvimento de várias dimensões sociais da sociedade capitalista. Ele analisa as formas de consciência que permanecem no quadro da sociedade capitalista, modificando-a e transformando-a, e sugere determinações das formas de consciência que apontam para além desta sociedade. Lukács, no entanto, essencialmente abandona a análise categorial de formas determinadas de subjetividade ao tratar da consciência do proletariado. Começando com sua noção de "autoconsciência da mercadoria", ele tenta desdobrar uma dialética abstrata de sujeito e objeto, derivando a possibilidade de autoconsciência dos trabalhadores como sujeitos históricos a partir de uma autoconsciência de sua existência social como objetos (ver "Reification and the Consciousness", cit.). A diferença entre essas duas abordagens está relacionada à distinção, já mencionada, entre a análise de Marx do conceito hegeliano do sujeito-objeto idêntico em termos de uma estrutura de relações sociais (capital), por um lado, e a identificação de Lukács deste conceito com o proletariado, por outro. Enquanto a teoria de Marx fundamenta socialmente a oposição entre sujeito e objeto, a versão sofisticada de Lukács da crítica social do ponto de vista do "trabalho" permanece no âmbito da problemática sujeito-objeto. Lukács considera o capitalismo uma forma de "objetividade" social, que disfarça as "verdadeiras" relações humanas em sua essência, e concebe a abolição do capitalismo no que diz respeito à realização do sujeito histórico. Por isso, ele afirma que, reconhecendo-se como mercadorias, os trabalhadores podem reconhecer o "caráter fetichista de cada mercadoria", querendo com isso dizer que eles podem identificar as "verdadeiras" relações entre as pessoas que se encontram sob a forma-mercadoria (ibidem, p. 169). Marx, como já enfatizei, também afirma que o núcleo da formação social é velado. Esse núcleo de estruturação, no entanto, é a própria mercadoria como uma forma de relação, e não um conjunto de relações "por trás" dela. Examinarei como a análise de Marx implica também que o tipo de consciência que aponta para além do capitalismo está relacionado ao caráter de objeto do trabalho humano direto dentro do processo de produção. No entanto, a natureza e as possíveis consequências de tal consciência são diferentes da abordagem de Lukács. Para este, o proletariado percebe-se como sujeito da história reconhecendo e abolindo a sua determinação social como objeto no capitalismo; para Marx, o proletariado é um objeto e apêndice do capital, que é e permanece o pressuposto necessário do

Não empreenderei tal investigação neste livro. Desejo apenas salientar, neste ponto, que embora os valores que Marx relaciona se refiram à esfera da circulação, quando falsamente totalizados, eles servem como base para uma ideologia de legitimação na sociedade capitalista, e também tiveram importantes consequências históricas para a natureza e constituição de modos de crítica social e política, bem como de movimentos sociais de oposição. Eles têm um significado emancipatório para Marx, mesmo que permaneçam no âmbito da sociedade capitalista.

Essa breve discussão sobre aspectos da crítica de Marx da sociedade civil burguesa reforça e especifica ainda mais meu argumento anterior, de que sua análise dos valores emancipatórios da sociedade burguesa não descarta esses valores nem os defende como ideais não realizados no capitalismo, mas que serão no socialismo[42]. Nenhuma dessas interpretações faz justiça à teoria de Marx como uma teoria da constituição social de ideais culturais e formas de consciência. Embora Marx mostre, n'*O capital*, como a esfera da circulação disfarça a natureza e a existência do valor, a oposição que ele faz entre circulação e produção, entre a estrutura superficial e a profunda, não é idêntica à que existe entre "ilusão" e "verdade". A última oposição está relacionada ao *topos* de uma crítica do ponto de vista do "trabalho", em que a esfera da produção representa um momento ontologicamente mais essencial e trans-histórico, que é distorcido no capitalismo pela circulação, mas que surgiria abertamente no socialismo. Na análise de Marx, no entanto, as esferas de circulação e produção são historicamente determinadas e constituídas por trabalho em seu duplo caráter. Nenhuma das esferas representa o ponto de vista da crítica social: a superfície e a estrutura profunda seriam abolidas com o fim do capitalismo. Sua oposição, então, não é entre a aparência ilusória e a "verdade", nem, por outro lado, entre ideais da sociedade capitalista e sua realização parcial ou distorcida.

---

capital, mesmo que se torne cada vez mais anacrônico. A possibilidade que Marx busca é a auto-abolição do proletariado; essa classe não é, e não se torna, o sujeito da história.

[42] A noção generalizada de que os ideais das revoluções burguesas servem como ponto de vista de uma crítica fundamental e célebre do capitalismo, e que será realizada na sociedade socialista, pode ser analisada criticamente, em parte, com referência à ideia de que os trabalhadores organizados se constituem como um proprietário coletivo de mercadoria. Se a ação coletiva e as estruturas por si só são mal interpretadas como opostas ao capitalismo, as ações sociais e os ideais deste proprietário coletivo de mercadoria podem ser mal interpretados como apontando para a negação do próprio capitalismo, ao invés de sua fase de *laissez-faire*.

318 Tempo, trabalho e dominação social

Pelo contrário, é uma oposição entre duas esferas diferentes, mas inter-relacionadas daquela sociedade que estão associadas a tipos muito diferentes de ideais[43].

Como eu disse ao discutir a oposição entre universalismo abstrato e especificidade particularista, para Marx, a superação do capitalismo não envolve nem a simples abolição dos seus valores culturais, tampouco a realização daqueles valores da sociedade burguesa que ele considera emancipatórios. Em vez disso, sua abordagem implica que a superação do capitalismo deve ocorrer com base em valores historicamente constituídos, que representam a transcendência dos tipos de oposições internamente relacionadas e antinômicas – por exemplo, entre igualdade abstrata e desigualdade concreta – caracterizadoras da formação social capitalista.

A esfera da produção

Neste ponto, farei algumas observações preliminares sobre o tratamento que Marx dá à esfera da produção no capitalismo. Com base na minha exposição sobre as diferenças entre uma crítica do ponto de vista do "trabalho" e outra a partir do caráter do trabalho no capitalismo, pode-se dizer que a afirmação de Marx sobre a produção – de que ela constitui uma esfera social mais fundamental, "oculta" sob a esfera "superficial" da circulação – não é uma declaração sobre a primazia social da produção dos meios físicos da vida. Em vez disso, ela se refere à constituição das relações sociais, mediadas pelo trabalho, que caracterizam o capitalismo. No âmbito da sua análise, o capital – assim como a mercadoria – é uma forma de relação social. A categoria não se refere nem à riqueza nem à capacidade de produzir riqueza em geral; tampouco é entendida como forma social, pode ela ser reduzida a relações de classe. Defini, inicialmente, a forma capital de relações sociais como um Outro alienado, abstrato, automovente, caracterizado por um movimento direcional constante sem objetivo externo. A análise de Marx sobre a esfera da produção procura fundamentar essa dinâmica especificando a forma capital e investigando a constituição e o desenvolvimento da forma peculiar, intrinsecamente contraditória e dinâmica de relações sociais alienadas. Por causa do caráter dual do trabalho no

---

[43] A relação entre essas esferas muda historicamente e varia entre os países capitalistas. Uma análise de suas relações poderia fornecer a dimensão de uma abordagem de variações e transformações de ideais e valores no capitalismo, que tem como enfoque as várias maneiras pelas quais as esferas de produção e circulação são mediadas – por exemplo, pela coordenação do mercado ou pela direção estatal.

RUMO A UMA TEORIA DO CAPITAL 319

capitalismo, sua investigação é necessariamente voltada à criação do produto excedente[44]. Como veremos, Marx analisa a dinâmica do capital como um processo não linear, que é ao mesmo tempo processo de reprodução e de transformação. Ao se reproduzir, o capital transforma constantemente grande parte da vida social.

Marx, ao situar o processo dinâmico na esfera da produção, afirma que este não está enraizado nem na esfera de circulação nem na do Estado. Sua análise, em outras palavras, sugere que a divisão clássica bipartite da sociedade moderna em Estado e sociedade civil é incompleta porque não pode apreender o caráter dinâmico da formação social. Marx não identifica a "sociedade civil" com o "capitalismo" nem postula a primazia de qualquer esfera do esquema bipartite clássico. Em vez disso, ele argumenta que à medida que o capitalismo se desenvolve completamente, as esferas do Estado e da sociedade civil estão primeiramente constituídas como separadas, mas se tornam cada vez mais incorporadas em uma estrutura dinâmica superordenada, que ele procura compreender com sua análise da esfera da produção. De acordo com essa abordagem, as contínuas mudanças da formação social – incluindo a relação mutável do Estado com a sociedade civil, bem como o caráter e o desenvolvimento das instituições em cada esfera (por exemplo, o surgimento de grandes burocracias hierarquizadas tanto no setor "público" como no "privado") – só podem ser compreendidas à luz da dinâmica intrínseca da sociedade capitalista enraizada na "terceira" esfera superordenada, a esfera da produção.

Seguirei agora a categoria de valor, a partir da esfera da circulação através da "soleira" da "morada oculta da produção", por assim dizer, e mostrarei como, na análise de Marx, o valor não é apenas um regulador da circulação nem uma categoria de exploração de classe por si só, mas, como valor que se autovaloriza, ele molda a forma do processo de produção e fundamenta a dinâmica intrínseca da sociedade capitalista. As possíveis validade e utilidade analítica da categoria de valor não estão necessariamente restritas ao capitalismo liberal.

A investigação sobre o processo de produção capitalista de Marx é feita a partir de suas determinações da mercadoria. Este processo de produção, segundo ele, tem duplo caráter: assim como a mercadoria é uma unidade de valor de uso e valor, o processo de produção de mercadorias é a unidade de um "processo de trabalho" (o processo de produção de riqueza material) e um processo de criação de valor. A partir desse ponto, Marx desdobra o processo de produção do capital em unidade de um processo de trabalho e de um "processo de valorização" (o processo

---

[44] Note-se que, na análise de Marx, o mais-valor não é equivalente ao lucro, mas se refere ao excedente social total (do valor), que é distribuído na forma de lucros, juros, aluguéis e salários.

320 Tempo, trabalho e dominação social

de criação de mais-valor)[45]. Em ambos os casos, a dimensão do valor de uso é a forma material necessária de aparência da dimensão do valor e, como tal, também encobre o caráter social historicamente específico deste último.

Antes de examinar a natureza específica e o desenvolvimento do processo de produção capitalista, Marx considera as determinações mais abstratas do processo de trabalho, independentes de qualquer forma social específica[46]. Os elementos fundamentais do processo de trabalho, de acordo com Marx, são o trabalho (entendido como trabalho concreto, como atividade intencional destinada à produção de valores de uso), e os meios de produção (os objetos com os quais o trabalho é realizado e os meios ou instrumentos desse trabalho)[47]. Nas suas determinações fundamentais e abstratas, o processo de trabalho é a condição universal para a transformação da matéria, a interação metabólica (*Stoffwechsel*) entre seres humanos e natureza e, portanto, é uma condição universal para a existência humana[48].

Esse trecho d'*O capital* é frequentemente retirado de seu contexto na apresentação de Marx e entendido como a apresentação de uma definição trans-historicamente válida do processo de trabalho. Isso é particularmente verdadeiro para a famosa afirmação de Marx de que o que "distingue o pior arquiteto da melhor abelha é o fato de que o primeiro tem a colmeia em sua mente antes de construí-la com a cera [...]. Isso não significa que ele se limite a uma alteração da forma do elemento natural; ele realiza [...] seu objetivo"[49]. O que frequentemente é esquecido, no entanto, é que a apresentação de Marx subsequentemente implica uma inversão: ele passa a mostrar como o processo de trabalho no capitalismo é estruturado de tal forma que precisamente aqueles aspectos inicialmente pressupostos como exclusivamente "humanos" – por exemplo, a intencionalidade – tornam-se atributos do capital.

Recorde-se que, na sua análise do dinheiro, Marx examina como a transformação da forma (*Formwechsel*), inicialmente determinada como um meio de efetuar a transformação da matéria (*Stoffwechsel*), torna-se um objetivo em si. Agora, prosseguindo a partir de sua determinação inicial e muito abstrata do processo de trabalho, Marx leva adiante essa inversão de meios e fins: ele mostra como o processo de transformação da matéria em produção é moldado pelo objetivo da

---

[45] Karl Marx, *O capital*, cit., Livro I, p. 263, 271.

[46] Ibidem, p. 255.

[47] Ibidem, p. 256-8, 261.

[48] Ibidem, p. 261.

[49] Ibidem, p. 255-6.

RUMO A UMA TEORIA DO CAPITAL   321

transformação da forma, como expressada pela categoria do capital. Ao considerar o processo de produção capitalista, ele primeiro toma breve nota das relações de propriedade envolvidas – o capitalista compra os fatores necessários ao processo de trabalho (os meios de produção e trabalho) e, consequentemente, o trabalhador labora sob o controle do capitalista, a quem pertence tanto o seu trabalho como o produto dele[50]. No entanto, Marx não trata a produção capitalista somente em termos de propriedade nem se concentra imediatamente na produção e na apropriação do excedente; em vez disso, ele examina a especificidade do processo capitalista de produção em relação à forma de riqueza que este produz. Em outras palavras, embora Marx descreva a produção capitalista como a unidade de um processo de trabalho e um processo de criação de mais-valor, ele inicialmente busca compreendê-lo examinando suas determinações básicas em um nível lógico anterior, como a unidade de um processo de trabalho e um processo de criação de valor[51]. Ele coloca a forma de valor da riqueza no centro de suas considerações.

Marx prossegue analisando, primeiro, as implicações lógicas do processo de produção de valor. Ele, então, desdobra o processo de produção capitalista, mostrando como essas implicações lógicas se materializam. Marx começa com a observação de que os elementos do processo de trabalho adquirem um significado diferente quando considerados em termos do processo de criação de valor. Em primeiro lugar, o objetivo do processo de produção já não é o produto simplesmente como valor de uso; os valores de uso são produzidos apenas porque e na medida em que são portadores de valor. O objetivo da produção não é apenas o valor de uso, mas o valor, mais precisamente, o mais-valor[52]. Isso, no entanto, muda o significado do trabalho no processo da produção. Desdobrando ainda mais suas determinações categoriais anteriores, Marx argumenta que a importância trans-histórica do trabalho como atividade qualitativamente específica e intencional que visa à criação de produtos específicos é modificada na produção capitalista. Considerado no que diz respeito ao processo de criação do valor, o trabalho é significativo apenas quantitativamente, como uma fonte de valor, sem que se leve em conta a sua especificidade qualitativa[53]. Isso, por sua vez, implica necessariamente que a especificidade qualitativa das matérias-primas e produtos tampouco tem importância no processo. Com efeito, Marx sustenta que, apesar das

---

[50] Ibidem, p. 262.

[51] Ibidem, p. 263.

[52] Idem.

[53] Ibidem, p. 266.

322 Tempo, trabalho e dominação social

aparências, a verdadeira função das matérias-primas na criação de valor é apenas absorver determinada quantidade de trabalho e que o produto serve apenas como medida do trabalho absorvido. "Quantidades determinadas de produto [...] não representam agora mais do que quantidades determinadas de trabalho [...]. Não são mais do que a materialização de 1 hora, 2 horas, 1 dia de trabalho social."[54] Ou seja, estendendo a análise que havia começado a desenvolver em relação à circulação de mercadorias, Marx argumenta que o que caracteriza a produção capitalista é o fato de a transformação da matéria pelo trabalho ser simplesmente um meio para a criação de uma forma social constituída pelo trabalho (valor). Dizer que o objetivo da produção é o (mais-)valor é dizer que esse objetivo é a mediação social em si.

A análise que Marx faz do processo de produção visto como um processo de criação de valor fornece uma determinação lógica inicial da indiferença, estruturalmente implícita no capitalismo, para a produção de produtos específicos. Mais importante para os nossos propósitos, ele começa a especificar a esfera da produção mostrando como o processo de criação de valor transforma os elementos do próprio processo de trabalho no qual é expresso. Isto é particularmente importante no caso do trabalho: as determinações de Marx do valor e do processo de sua criação implicam que o trabalho, que em seu processo é definido como ação intencional que regula e orienta a interação humana com a natureza, é separado de sua finalidade no processo de criação do valor. O objetivo do dispêndio de força de trabalho já não é intrinsecamente vinculado à natureza específica desse trabalho, mas sim, apesar das aparências, independente do caráter qualitativo do trabalho despendido – é a objetivação do tempo de trabalho em si. Ou seja, o dispêndio de força de trabalho não é um meio para outro fim, mas, como meio, ele próprio se tornou um fim. Esse objetivo é dado pelas estruturas alienadas constituídas pelo trabalho (abstrato) em si. Como objetivo, é muito peculiar, não apenas é extrínseco à especificidade do trabalho (concreto), mas também é considerado de forma independente das vontades dos atores sociais.

O trabalho, no entanto, não é apenas separado da sua finalidade no processo de criação de valor, mas também é transformado em objeto da produção. O trabalho humano direto na produção, de acordo com Marx, torna-se a verdadeira "matéria-prima", ainda que oculta, do processo de criação do valor. No entanto, como esse processo é, ao mesmo tempo, um processo de trabalho, o trabalho pode continuar a parecer uma ação intencional que transforma a matéria a fim de satisfazer as necessidades humanas. O seu significado real em termos de processo

---

[54] Ibidem, p. 266-7.

de criação de valor, no entanto, é o seu papel como fonte de valor. Como veremos, com o desenvolvimento da produção capitalista, este significado é cada vez mais expresso na forma material do processo de trabalho.

O trabalho, como resultado de sua dupla natureza no capitalismo, torna-se "objetivo" em um duplo sentido: sua finalidade, constituída pelo trabalho em si, torna-se "objetiva", separada tanto da especificidade qualitativa dos trabalhos particulares bem como das vontades dos atores; relativamente, o trabalho no processo de produção, uma vez separado de sua finalidade, é reduzido a objeto desse processo.

Assim, tendo analisado as implicações lógicas do processo de criação do valor, Marx passa a especificar inicialmente o processo de valorização, o processo de criação de mais-valor. O mais-valor é criado quando os trabalhadores laboram por mais tempo do que o necessário para criar o valor da sua força de trabalho, isto é, quando o valor da força de trabalho é inferior ao valor que essa força cria no processo de produção[55]. Nessa etapa da exposição de Marx, em outras palavras, a diferença entre os processos de criação de valor e de mais-valor é apenas quantitativa: "se compararmos o processo de formação de valor com o processo de valorização, veremos que este último não é mais do que um processo de formação de valor que se estende para além de certo ponto"[56].

É significativo que Marx analise o processo de valorização essencialmente em termos da criação do valor: sua discussão inicial do processo capitalista de produção trata tanto da forma da riqueza – e, portanto, a forma do excedente – quanto do excedente em si. Isso apoia a minha afirmação de que a análise de Marx da produção no capitalismo não é baseada em uma teoria do trabalho da *riqueza*, e que sua crítica não deve ser compreendida como simplesmente uma crítica da exploração. Ou seja, sua investigação sobre a fonte do excedente não é uma investigação da criação pelo "trabalho" de um excedente da riqueza material, com o que ele critica a apropriação daquele excedente pela classe capitalista. De modo semelhante, Marx não considera o processo de produção no capitalismo como um processo de trabalho controlado extrinsecamente pela classe capitalista em benefício próprio, o que, no socialismo, seria usado para o benefício de todos. Tais interpretações ignoram as implicações tanto da forma de valor da riqueza como da análise de Marx da natureza dupla do processo de produção no capitalismo – isto é, de seu caráter intrinsecamente capitalista (determinado pelo capital). A produção capitalista, para Marx, é caracterizada não apenas pela exploração de classe, mas

---

[55] Ibidem, p. 271-3.

[56] Ibidem, p. 271.

324 Tempo, trabalho e dominação social

também por uma dinâmica peculiar, enraizada na expansão constante do valor; ela é caracterizada, ainda, pelas diversas determinações do processo de valorização descrito anteriormente. Como veremos, essas determinações são materializadas na forma concreta do processo de trabalho industrial. Marx fundamenta esses traços distintivos da produção capitalista na forma de valor da riqueza e, portanto, do excedente. Não se pode compreendê-los adequadamente considerando apenas o fato de que os meios de produção e os produtos pertencem aos capitalistas e não aos trabalhadores. Em outras palavras, o conceito de Marx das relações sociais constituídas na esfera da produção não pode ser compreendido unicamente em termos de relações de exploração de classe.

Examinei anteriormente o conceito marxista de constituição, pelo trabalho, de uma forma "objetiva" de mediação social que assume uma existência semi--independente. Segui o desdobramento lógico dessa mediação até um novo nível e descobri que a natureza do valor permite que o processo de sua criação transforme o trabalho em objeto de produção, enquanto o confronta com um objetivo externo à sua finalidade. O que começo a desdobrar, portanto, são mais determinações do sistema de dominação social que Marx descreve como a dominação das pessoas pelo seu trabalho. Diferentemente de interpretações mais tradicionais, o trabalho é apresentado aqui não apenas como objeto de dominação, mas também como fonte constituinte da dominação no capitalismo.

Marx delineia o desenvolvimento desse sistema de dominação explicando o processo de produção capitalista desde as determinações iniciais que examinei anteriormemte. Ele o analisa em termos da relação entre os seus dois momentos, ou seja, entre o seu desenvolvimento como um processo de valorização e como um processo de trabalho. Ao seguir o processo anterior, Marx distingue entre o "tempo de trabalho necessário", a quantidade de tempo necessária para que os trabalhadores criem o montante de valor necessário para sua reprodução, e o "tempo de trabalho excedente", em que os trabalhadores criam valor adicional, acima e além da quantidade "necessária" – em outras palavras, mais-valor[57]. O mais-valor, criado pela classe trabalhadora e apropriado pela classe capitalista, é a forma de produto excedente no capitalismo. Sua qualidade essencial é temporal: a soma de tempo de trabalho "necessário" e "excedente" resulta na jornada de trabalho[58]. Com base nisso, Marx passa a distinguir duas formas de mais-valor – a

---

[57] Ibidem, p. 293.

[58] Ibidem, p. 304.

"absoluta" e a "relativa". Para a primeira, a quantidade de tempo de trabalho excedente, portanto mais-valor, é aumentada com o prolongamento da jornada de trabalho; a última diz respeito ao aumento do tempo de trabalho excedente que é obtido – uma vez que a jornada de trabalho foi restringida – pela redução do tempo de trabalho necessário[59]. Essa redução é efetuada aumentando a produtividade geral do trabalho (ou pelo menos do trabalho nos ramos da indústria que produz meios de subsistência ou seus meios de produção), que reduz o tempo de trabalho necessário para reproduzir força de trabalho[60]. Com o desenvolvimento do mais-valor relativo, o movimento direcional caracterizador do capital como valor que se autovaloriza torna-se vinculado a mudanças contínuas na produtividade. Emerge uma dinâmica imanente do capitalismo, uma expansão incessante fundamentada numa relação determinada entre o crescimento da produtividade e o crescimento da forma de valor do excedente.

A dinâmica histórica da sociedade capitalista, na análise de Marx, implica uma dinâmica de ambas as dimensões do processo capitalista de produção – do processo de trabalho e do de valorização. As contínuas mudanças na produtividade associadas à produção de mais-valor relativo são acompanhadas por uma transformação radical das condições sociais e técnicas do processo de trabalho[61]: "a produção do mais-valor relativo revoluciona inteiramente os processos técnicos do trabalho e os agrupamentos sociais"[62]. O processo de trabalho, então, é transformado à medida que o processo de valorização se move do mais-valor absoluto para o mais-valor relativo. Marx descreve essa transformação do processo de trabalho como a passagem de um estágio de "subsunção formal do trabalho sob o capital"[63], em que "a natureza universal do processo de trabalho não se altera em nada pelo fato de o trabalhador realizá-lo para o capitalista, e não para si mesmo"[64], para um estágio em que "o capital é ocupado por sua subsunção real"[65] e a "transformação do próprio modo de produção por meio da subordinação do trabalho ao capital"[66]. Neste último estágio, as determinações do processo de valorização são materializadas no processo de trabalho: o trabalho

---

[59] Ibidem, p. 387-90.

[60] Idem.

[61] Idem.

[62] Ibidem, p. 578.

[63] Idem.

[64] Ibidem, p. 262.

[65] Ibidem, p. 578.

[66] Ibidem, p. 262.

326 Tempo, trabalho e dominação social

humano direto torna-se materialmente o objeto da produção. Em outras palavras, o trabalho proletário concreto assume materialmente os atributos que Marx lhe atribuiu logicamente no começo de sua análise do processo de valorização. Como materialização adequada do processo de valorização, essa forma de produção, a industrial, é caracterizada por Marx como "modo de produção especificamente capitalista"[67].

A análise de Marx da "subsunção real" do trabalho ao capital é uma tentativa de analisar o processo de produção no capitalismo desenvolvido como moldado pelas relações capitalistas da produção (isto é, pelo valor e pelo capital); ele trata esse processo de produção como algo intrinsecamente capitalista. Isso demonstra que, para ele, a contradição fundamental da sociedade capitalista – a contradição entre suas forças e relações de produção – não é aquela entre produção industrial e "capitalismo" (ou seja, relações burguesas de distribuição), mas sim a existente dentro do próprio modo capitalista de produção. Isto, obviamente, enfraquece o conceito tradicional do papel atribuído à classe trabalhadora na transição do capitalismo para o socialismo.

Marx, então, analisa tanto a forma concreta de produção industrial como a lógica dinâmica da sociedade industrial em relação às formas sociais duplas que constituem a sociedade capitalista. Isso é outro sinal de que as implicações de suas categorias iniciais emergem somente no decorrer de sua análise da esfera capitalista de produção. Demonstrei que Marx associa a categoria de mais-valor relativo à subsunção real do trabalho ao capital e à dinâmica histórica; no entender de Marx, o mais-valor relativo é a forma de mais-valor adequada ao capital. Somente quando essa categoria é desdobrada em sua exposição é que a forma-mercadoria de mediação social emerge plenamente desenvolvida. Ela se torna totalizadora, um momento de uma totalidade social que ela constitui; como veremos, essa mediação agora se torna um momento de uma totalidade. Com a introdução da categoria de mais-valor relativo – mais do que no caso da força de trabalho entendida como mercadoria –, as categorias com as quais Marx começa sua análise "demonstram seu potencial" e iluminam retrospectivamente seu ponto de partida lógico. Isto é especialmente verdadeiro para a dimensão temporal das categorias: somente nesse momento da argumentação de Marx é que o desdobramento lógico das categorias expressa uma dinâmica histórica da sociedade capitalista e, nesse sentido, torna-se "real" como lógica histórica. Em outras palavras, na análise de Marx, o desenvolvimento do mais-valor relativo atribui ao capitalismo uma dinâmica que,

---

[67] Ibidem, p. 578.

embora constituída pela prática social, tem a forma de uma lógica histórica. Ela é direcional, desdobra-se de maneira regular, está além do controle de seus agentes constituintes e exerce sobre eles uma forma abstrata de coação. O caráter dessa dinâmica pode ser explicado, de acordo com Marx, pelas formas dualísticas da mercadoria e do capital. Isso implica, inversamente, que, na medida em que essas formas apreendem tal lógica de desenvolvimento, elas só possuem plena validade social no capitalismo desenvolvido.

O modo de apresentação de Marx envolve uma argumentação complexa sobre a relação entre lógica e história. *O capital* começa como um desdobramento lógico cujo início, a mercadoria, pressupõe a categoria do capital: Marx ilumina o caráter essencial do capital desdobrando-o dialeticamente a partir da mercadoria. Esse caráter essencial é tal que, com o surgimento da categoria do mais-valor relativo, o desdobramento lógico da exposição se torna também histórico. A apresentação de Marx supõe que essa fusão do lógico e do histórico – isto é, a existência de uma lógica dialética da história – é específica da sociedade capitalista desenvolvida. Contudo, vimos também que Marx apresenta o desdobramento lógico das categorias *antes* do surgimento do mais-valor relativo – partindo da mercadoria, passando pelo dinheiro e chegando ao capital – de tal modo que também pode ser lido como um desdobramento histórico. Ao fazer isso, Marx sugere, de maneira implícita, que a lógica historicamente determinada da história que caracteriza o capitalismo pode ser aplicada retrospectivamente a toda a história. Sua exposição demonstra, no entanto, que o que parece ser um desdobramento histórico é, na verdade, uma projeção para trás, baseada em uma reconstrução lógica do caráter dinâmico da forma social do capital, um caráter dinâmico que esta assume somente quando plenamente desenvolvida.

O fato de que o lógico e o histórico não devem ser confundidos, embora venham a se fundir no capitalismo desenvolvido, é demonstrado muito claramente no capítulo 24 do Livro I d'*O capital*. Nesse capítulo, "A assim chamada acumulação primitiva", Marx delineia sua análise dos desenvolvimentos históricos que levaram ao capitalismo[68]. Embora possam ser entendidos retrospectivamente como coerentes, esses desenvolvimentos de forma alguma são apresentados tendo em vista o tipo de lógica dialética intrínseca que Marx apresenta nas primeiras seções do Livro I, quando ele desdobra a categoria do capital da forma-mercadoria. A exposição de Marx implica que esse tipo de lógica dialética não expressa o verdadeiro curso da pré-história da sociedade capitalista – o fato de que tal lógica histórica não existe

---

[68] Ibidem, p. 785-833.

antes do pleno desenvolvimento da forma capital. Entretanto, ela também sugere que essa lógica existe uma vez que a forma capital está plenamente desenvolvida e que pode ser entendida retrospectivamente como a pré-história do capitalismo. Desta maneira, o modo de exposição de Marx proporciona implicitamente uma crítica à filosofia da história hegeliana, da história humana entendida como desdobramento dialético, desvelando seu "núcleo racional" em uma lógica da história historicamente específica. No âmbito dessa crítica, uma história geral humana emerge historicamente (de maneira alienada), mas não existe trans-historicamente. Portanto, a história humana, como um todo, não pode ser caracterizada de maneira unitária – seja em termos de uma lógica intrínseca, seja na ausência desta.

8
A DIALÉTICA DO TRABALHO E DO TEMPO

Ao desdobrar a categoria do capital, Marx relaciona a dinâmica histórica da sociedade capitalista, bem como a forma de produção industrial, à estrutura de dominação abstrata constituída pelo trabalho como atividade produtiva e socialmente mediadora. Especificarei essa relação ao examinar mais de perto como, de acordo com a crítica de Marx, as formas sociais fundamentais do capitalismo moldam o caráter tanto dessa dinâmica histórica como dessa forma de produção. Em vez de investigar diretamente a análise de Marx sobre a esfera da produção, discutirei as características estruturais mais visíveis dessa esfera dando primeiro um "passo atrás", por assim dizer, e considerando ainda as implicações das categorias iniciais de análise de Marx. Isso esclarecerá algumas características importantes da forma capital que poderiam ficar obscuras se eu examinasse a esfera da produção mais diretamente. Em especial, isso me permitirá explicar a importância central da dimensão temporal do valor para a análise de Marx. Essa abordagem elucidará a especificidade da dinâmica do capital e lançará as bases para articular o entendimento de Marx sobre a constituição social do processo de produção. Terminada a minha análise sobre o caráter determinado da dinâmica do capitalismo nesse nível fundamental, voltarei, no Capítulo 9, a examinar os aspectos centrais do tratamento de Marx da esfera da produção, à luz desta análise.

Considerando primeiro as implicações das categorias iniciais de Marx para uma análise da dinâmica do capital e do processo de produção, a interpretação apresentada neste capítulo será capaz de situar claramente a contradição básica da sociedade capitalista – e, portanto, a possibilidade de crítica social e oposição

330 Tempo, trabalho e dominação social

prática – nas formas sociais de dupla face apreendidas pelas categorias marxistas, em vez de entre estas formas sociais e o "trabalho".

Esta abordagem deixará claro como a minha reinterpretação das categorias básicas de Marx fundamenta uma reconceituação da natureza do capitalismo, em especial, de sua dinâmica contraditória, de maneira que não privilegia considerações de mercado e propriedade privada dos meios de produção. Ela fornece a base para analisar a relação intrínseca entre o capital e a produção industrial, bem como para investigar a possível relação entre o desenvolvimento do capital e a natureza e desenvolvimento de outras grandes instituições burocráticas e organizações da sociedade capitalista pós-liberal. (Uma investigação com base nessa interpretação fundamentaria socialmente e especificaria historicamente essas instituições e organizações, e, com isso, forneceria a base para a distinção entre mecanismos econômicos e administrativos vinculados ou relacionados à forma capital, e aqueles que continuariam necessários mesmo após a abolição do capital.)

A dinâmica imanente

Concentrei-me, até agora, na importância central que tem, para a teoria crítica de Marx, o conceito do caráter dual das formas sociais fundamentais da sociedade capitalista e procurei esclarecer a natureza e a distinção entre a dimensão de valor das formas (trabalho abstrato, valor, tempo abstrato) e sua dimensão de valor de uso (trabalho concreto, riqueza material, tempo concreto). Nesse ponto, eu posso examinar suas inter-relações. A não identidade dessas duas dimensões não é uma simples oposição estática; os dois momentos do trabalho no capitalismo, como atividade produtiva e como atividade socialmente mediadora, são mutuamente determinantes de modo que dão origem a uma dinâmica dialética imanente. Deve-se notar que a investigação da relação dinâmica entre produtividade e valor pressupõe um capitalismo plenamente desenvolvido; esta relação é o núcleo de um padrão que só atinge o seu pleno efeito com o aparecimento do mais-valor relativo como forma dominante.

Ao examinar o significado da distinção entre trabalho concreto e trabalho abstrato em termos da diferença entre riqueza material e valor, demonstrei que, embora o aumento da produtividade (que Marx considera um atributo da dimensão do valor de uso do trabalho) aumente o número de produtos e, consequentemente, a quantidade de riqueza material, ele não altera a magnitude do valor total produzido em dada unidade de tempo. A magnitude do valor, portanto, parece ser uma função unicamente do dispêndio de tempo de trabalho abstrato, completamente independente da dimensão do valor de uso do trabalho. Por trás dessa oposição, no entanto, há uma interação dinâmica entre as duas dimensões do trabalho determinada pela mercadoria, o que se torna claro ao examinar cuidadosamente o exemplo a seguir:

> Após a introdução do tear a vapor na Inglaterra, por exemplo, passou a ser possível transformar uma dada quantidade de fio em tecido empregando cerca da metade do trabalho de antes. Na verdade, o tecelão manual inglês continuava a precisar do mesmo tempo de trabalho para essa produção, mas agora o produto de sua hora de trabalho individual representava apenas metade da hora de trabalho social e, por isso, seu valor caiu para a metade do anterior.[1]

Marx introduz esse exemplo no primeiro capítulo do Livro I d'*O capital* para ilustrar sua noção de tempo de trabalho socialmente necessário como medida de valor. Isso indica que, quando a mercadoria é a forma geral do produto, as ações dos indivíduos constituem uma totalidade alienada que os constrange e subordina. Assim como sua exposição geral sobre o valor no Livro I, esse exemplo opera no nível da totalidade social.

É importante para os nossos propósitos que essa determinação inicial da magnitude do valor implique também uma dinâmica. Suponhamos que, antes da introdução do tear a vapor, um tecelão produzia 20 metros de tecido em uma hora com o tear manual, gerando um valor x. Quando o tear a vapor, que duplicou a produtividade, começou a ser introduzido, mais de metade da tecelagem continuou sendo feita à mão. Consequentemente, o padrão de valor – o tempo de trabalho socialmente necessário – continuou sendo determinado pela tecelagem em tear manual; a norma permaneceu em 20 metros de tecido por hora. Assim, os 40 metros de tecido produzidos em uma hora com o tear a vapor tinham um valor de 2x. No entanto, depois que se generalizou, o novo modo de tecer deu origem a uma nova norma de tempo de trabalho socialmente necessário: o tempo de trabalho normativo para a produção de 40 metros de tecido foi reduzido para uma hora. Como a grandeza do valor produzido é uma função do tempo despendido (socialmente médio), em vez da massa de bens produzidos, o valor dos 40 metros de tecido produzidos em uma hora com o tear a vapor caiu de 2x para x. Os tecelões que continuaram a usar o método antigo, agora anacrônico, ainda produziam 20 metros de tecido por hora, mas recebiam apenas ½x – o valor de meia hora socialmente normativa – por sua hora individual de trabalho.

---

[1] Karl Marx, *O capital*, cit., Livro I, p. 117.

332 Tempo, trabalho e dominação social

Embora um aumento na produtividade resulte em mais riqueza material, o novo nível de produtividade, uma vez generalizado, produz a mesma quantidade de valor por unidade de tempo, do mesmo modo que antes do seu aumento. Na discussão sobre as diferenças entre valor e riqueza material, observei que, de acordo com Marx, o valor total produzido em uma hora de trabalho social permanece constante: "o mesmo trabalho produz, nos mesmos períodos de tempo, sempre a mesma grandeza de valor, independentemente da variação da força produtiva"[2]. Esse exemplo indica claramente que algo muda com as mudanças na produtividade: seu aumento não só produz maior quantidade de riqueza material, como também reduz o tempo de trabalho socialmente necessário. Graças à medida abstrata e temporal do valor, a redeterminação do tempo de trabalho socialmente necessário muda a magnitude do valor das mercadorias individuais produzidas em vez do valor total produzido por unidade de tempo. O valor total mantém-se constante e simplesmente é distribuído entre uma massa maior de produtos quando a produtividade aumenta. Isso, no entanto, implica que, no contexto de um sistema caracterizado por uma forma abstrata temporal de riqueza, a redução do tempo de trabalho socialmente necessário redetermine a hora de trabalho social normativa. Nesse exemplo, a hora de trabalho social foi determinada pelo trabalho no tear a vapor para produzir 20 metros de tecido e, em seguida, foi redeterminada pelo trabalho no tear a vapor para produzir 40 metros de tecido. Apesar de uma mudança na produtividade social geral não mudar o valor total do valor produzido por unidade de tempo abstrata, ela muda a determinação dessa unidade de tempo. Apenas uma hora de trabalho dentro do padrão geral de tempo de trabalho socialmente necessário conta como hora de trabalho social. Em outras palavras, a hora de trabalho social é constituída pelo nível de produtividade. (Note-se que essa determinação não pode ser expressa em termos de tempo abstrato. O que mudou não foi a quantidade de tempo que gera um valor x, mas o padrão do que constitui essa quantidade de tempo.)

A produtividade – a dimensão de valor de uso do trabalho – não altera, portanto, o valor total produzido por unidade de tempo abstrato, mas determina a unidade de tempo em si. Estamos, assim, diante do seguinte paradoxo aparente: a grandeza do valor é uma função apenas do dispêndio de trabalho, medido por uma variável independente (tempo abstrato), mas a unidade de tempo constante em si, aparentemente, é uma variável dependente, redeterminada com mudanças na produtividade. O tempo abstrato não só é socialmente constituído como uma forma qualitativamente determinada de tempo, como também é constituído quantitativamente: o que

---

[2] Ibidem, p. 123.

constitui uma hora de trabalho social é determinado pelo nível geral de produtividade, a dimensão do valor de uso. No entanto, apesar de ser redeterminada, a hora de trabalho social permanece constante como unidade de tempo abstrato.

Investigo, a seguir, a dimensão temporal desse paradoxo, mas agora deve-se notar que o exemplo de Marx implica que as duas dimensões da forma-mercadoria interagem. Por um lado, o aumento da produtividade redetermina o tempo de trabalho socialmente necessário e, assim, altera as definições da hora de trabalho social. Ou seja, a constante temporal abstrata que determina o valor é ela própria determinada pela dimensão do valor de uso, o nível de produtividade. Por outro lado, embora a hora de trabalho social seja determinada pela produtividade geral do trabalho concreto, o valor total produzido nessa hora permanece constante, independentemente do nível de produtividade. Isso implica que cada novo nível de produtividade, uma vez generalizado socialmente, não só redetermina a hora de trabalho social, mas, por sua vez, é redeterminado por aquela hora como "nível" da produtividade. A quantidade de valor produzida por unidade de tempo abstrato pelo novo nível de produtividade é igual à produzida pelo nível anterior. Nesse sentido, a dimensão do valor de uso é também determinada pela dimensão do valor (como o novo nível básico).

Esse processo de determinação recíproca das duas dimensões do trabalho social no capitalismo ocorre na sociedade como um todo. Ele está no cerne de uma dinâmica dialética intrínseca à totalidade social constituída pelo trabalho determinado pela mercadoria. A peculiaridade dessa dinâmica – e isto é crucial – é o seu *treadmill effect*[3]. O incremento da produtividade aumenta a quantidade de valor produzido por unidade de tempo – até essa produtividade se tornar generalizada; nesse ponto, a magnitude do valor produzido nesse período de tempo, por causa de sua determinação temporal abstrata e geral, volta ao nível anterior. Isso resulta em uma nova determinação da hora de trabalho social e um novo nível de produtividade. O que emerge, então, é uma dialética de transformação e reconstituição: mudam os níveis gerais de produtividade e as determinações quantitativas de tempo de trabalho socialmente necessário, mas essas mudanças reconstituem o ponto de partida, isto é, a hora de trabalho social e o nível de produtividade.

---

[3] Originalmente *treadmill* se referia a um dispositivo que utilizava animais ou pessoas como força motriz. O tracionamento desse dispositivo simulava o movimento de subida em uma escada ou em um plano inclinado, sem que se chegasse a lugar algum. Hoje em dia, exemplo de *treadmill* são as esteiras de ginástica: um aparelho de exercícios em que as pessoas caminham ou correm sem realmente avançar no espaço. O autor associa essa ideia ao capital e a sua lógica. Pois na lógica do capital o movimento de autoexpansão do valor é necessário para sua própria continuidade enquanto capital. Vir a ser capital é a condição de ser capital. (N. R. T.)

334 Tempo, trabalho e dominação social

Esse *treadmill effect* implica, mesmo no nível lógico abstrato do problema da magnitude do valor – em outras palavras, antes da introdução da categoria do mais-valor e da relação entre trabalho assalariado e capital – uma sociedade direcionalmente dinâmica, na qual se buscam níveis de produtividade cada vez maiores. Como vimos, o aumento da produtividade resulta em aumentos de curto prazo no volume de valor produzido por unidade de tempo, o que induz a adoção geral de novos métodos de produção[4]; no entanto, uma vez que tais métodos se generalizam, o valor produzido por unidade de tempo retorna ao seu antigo nível. Com efeito, os produtores que ainda não haviam adotado os novos métodos são agora obrigados a fazê-lo. A introdução de métodos ainda mais novos de aumento da produtividade gera novos aumentos de valor no curto prazo. Uma consequência de medir a riqueza pelo tempo de trabalho é que, ao ser redeterminada pelo aumento da produtividade, a constante temporal induz, por sua vez, uma produtividade ainda maior. O resultado é uma dinâmica direcional em que as duas dimensões do trabalho, concreta e abstrata, a produtividade e a medida abstrata temporal da riqueza, redeterminam-se constantemente. Como, nessa fase da análise, não podemos explicar a necessidade do acúmulo constante de capital, a dinâmica descrita aqui não representa a lógica histórica imanente do capitalismo plenamente desenvolvida. Ela representa, no entanto, a especificação inicial desta lógica e delineia a forma que o crescimento deve ocorrer no contexto das relações sociais mediadas pelo trabalho.

A redeterminação recíproca do aumento da produtividade e da hora de trabalho social tem uma qualidade objetiva e legiforme que está longe de ser mera ilusão ou mistificação. Embora social, ela é independente da vontade humana. Tanto que é possível haver uma "lei do valor" marxiana, essa dinâmica *treadmill* é a sua determinação inicial; como veremos, ela descreve um padrão de constante transformação social e reconstituição como característica da sociedade capitalista. A lei do valor, portanto, é dinâmica e não pode ser entendida adequadamente em termos de uma teoria de equilíbrio do mercado. Uma vez que se considera a dimensão temporal do valor – entendido como uma forma específica de riqueza que difere da riqueza material – torna-se evidente que a forma de valor implica, desde o início, a dinâmica descrita.

---

[4] Segundo Marx, as pessoas no capitalismo não agem diretamente nesse sentido com base nas considerações de valor; em vez disso, suas ações são moldadas por considerações de preço. Uma análise completa da dinâmica estrutural subjacente do capitalismo, como entendida pela crítica da política econômica, teria de mostrar como os indivíduos constituem essa dinâmica com base em suas formas de aparência. Como a minha intenção aqui, entretanto, é apenas esclarecer – em um nível lógico muito abstrato – a natureza dessa dinâmica estrutural, não abordarei essas considerações da relação entre estrutura e ação.

A DIALÉTICA DO TRABALHO E DO TEMPO **335**

Note-se que o modo de circulação mediado pelo mercado não é um momento essencial dessa dinâmica. O que é essencial para a dinâmica do capitalismo, uma vez que tenha sido totalmente constituído, é o *treadmill effect*, que está enraizado unicamente na dimensão temporal da forma de valor da riqueza. Se o modo de circulação do mercado tem um papel nessa dinâmica, é como um momento subordinado de um desenvolvimento complexo – por exemplo, como o modo pelo qual o nível de produtividade é generalizado[5]. No entanto, o fato de essa generalização resultar em um retorno da quantidade do valor ao seu nível original não é uma função do mercado; é uma função da natureza do valor como uma forma de riqueza e é essencialmente independente do modo pelo qual cada nova redeterminação do quadro abstrato temporal é generalizada. Como veremos, esse padrão é um momento central da forma de crescimento que Marx associa com a categoria de mais-valor. Concentrar-se exclusivamente no modo de circulação é desviar a atenção de importantes implicações da forma-mercadoria para a trajetória do desenvolvimento capitalista na teoria crítica de Marx.

Essa investigação das determinações abstratas da dinâmica do capitalismo sugere que, embora possa ter sido necessário para a gênese histórica da mercadoria como forma social totalizadora, o modo de circulação do mercado não precisa permanecer essencial para essa forma. É concebível que outro modo de coordenação e de generalização – por exemplo administrativo – pudesse cumprir uma função similar para essa contraditória forma social. Em outras palavras, uma vez estabelecida, a lei do valor também pode ser politicamente mediada. Uma implicação dessa análise lógica abstrata, portanto, é que a abolição do modo de coordenação de mercado e a superação do valor não são a mesma coisa.

Anteriormente, descrevemos a categoria de capital como uma forma social dinâmica. Agora, começamos a examinar mais de perto a natureza do seu caráter dinâmico e indicar como ela está definitivamente enraizada na interação entre valor e riqueza material, trabalho abstrato e concreto – isto é, a interação das duas dimensões da forma-mercadoria. Essa dinâmica representa os primeiros esboços da lógica histórica imanente do capitalismo, que resulta do caráter alienado e da determinação temporal das relações sociais mediadas pelo trabalho. Ela prenuncia, de maneira abstrata, uma característica central do capital, a saber, que este precisa se acumular constantemente para existir. A transformação é a condição para sua existência.

---

[5] Em outro nível, segundo Marx, a concorrência de mercado também serve para generalizar e equalizar a taxa de lucro: ver *Capital*, cit., Livro III, p. 273-302.

336 Tempo, trabalho e dominação social

Tempo abstrato e tempo histórico

Comecei a examinar como a interação dialética entre a dimensão do valor de uso do trabalho social no capitalismo e sua dimensão de valor gera uma dinâmica histórica. A interação entre as duas dimensões da forma-mercadoria também pode ser analisada em termos temporais, com referência a uma oposição entre o tempo abstrato e uma forma de tempo concreto peculiar ao capitalismo. A fim de esclarecer a importância dessa oposição, também vou extrapolar suas implicações em um nível socialmente concreto.

Como vimos, a interação entre as duas dimensões da forma-mercadoria envolve uma redeterminação substancial de uma constante temporal abstrata. Essa medida temporal abstrata do valor permanece constante, mas tem um conteúdo social mutável, embora oculto: nem toda hora é uma hora – em outras palavras, nem toda hora de trabalho conta como a hora de trabalho social que determina a magnitude do valor total. A constante temporal abstrata é, pois, ao mesmo tempo, constante e não constante. Em termos abstratos temporais, a hora de trabalho social permanece constante como medida do valor total produzido; em termos concretos, ela muda conforme a produtividade. No entanto, como a medida do valor continua sendo a unidade temporal abstrata, a sua redeterminação concreta não é expressa nessa unidade como tal. O aumento da produtividade é, com certeza, expresso na redução proporcional do valor de cada mercadoria individual produzida – mas não no valor total produzido por hora. Todavia, o nível histórico de produtividade apoia-se no valor total produzido, embora apenas indiretamente: ele determina o tempo de trabalho socialmente necessário para produzir uma mercadoria; tal norma temporal, por sua vez, determina o que constitui uma hora de trabalho social. Tornou-se claro que, com o aumento da produtividade, a unidade de tempo torna-se "mais densa", em termos de produção de bens. No entanto, essa densidade não se manifesta na esfera da temporalidade abstrata, a esfera do valor: a unidade temporal abstrata – a hora – e o valor total produzido permanecem constantes.

O fato de o período de tempo abstrato permanecer constante, apesar de ser redeterminado substancialmente, é um aparente paradoxo que apontei. Este paradoxo não pode ser resolvido no âmbito do tempo abstrato newtoniano. Ele implica outro tipo de tempo, como um quadro de referência superordenado. Como vimos, o processo pelo qual a hora constante se torna mais densa – isto é, a alteração substancial efetuada pela dimensão do valor de uso – permanece imanifesto em termos da estrutura temporal abstrata do valor. Ele pode, contudo, ser expresso em outros termos temporais, com referência a uma forma de temporalidade concreta.

Para explicar o caráter desse outro tipo de tempo, tenho de analisar também a interação entre as dimensões do trabalho quanto ao valor de uso e ao valor no capitalismo. Em certo sentido, mudanças na produtividade movem a determinação do tempo de trabalho socialmente necessário ao longo de um eixo de tempo abstrato: o tempo de trabalho socialmente necessário diminui com o aumento da produtividade. Mas, embora seja redeterminada com isso, a hora de trabalho social não se move ao longo do eixo – porque ela é o próprio eixo de coordenadas, o quadro no qual a mudança é medida. A hora é uma unidade constante de tempo abstrato; ela deve permanecer fixa em termos temporais abstratos. Assim, cada novo nível de produtividade é redeterminado "retroativamente" como nível básico, obtendo-se a mesma taxa de valor. Todavia, um novo nível de produtividade foi alcançado, mesmo que seja redeterminado como o mesmo nível. E enquanto esse desenvolvimento substancial não pode alterar a unidade temporal abstrata em termos de tempo abstrato em si mesmo, ela muda a "posição" daquela unidade. Todo o eixo temporal abstrato, ou quadro de referência, é movido com cada aumento socialmente geral da produtividade; tanto a hora de trabalho social como o nível de produtividade são movidos "para frente no tempo".

O movimento resultante da redeterminação substancial do tempo abstrato não pode ser expresso em termos temporais abstratos; ele exige outra estrutura de referência. Esse quadro pode ser concebido como um modo de tempo concreto. Anteriormente, defini o tempo concreto como qualquer tipo de tempo que seja uma variável dependente – uma função de eventos ou ações. Vimos que a interação entre as duas dimensões do trabalho determinado pela mercadoria é tal que os aumentos de produtividade socialmente gerais movem a unidade temporal abstrata "para frente no tempo". A produtividade, segundo Marx, é fundamentada no caráter social da dimensão de valor de uso do trabalho[6]. Consequentemente, esse movimento do tempo é uma função da dimensão do valor de uso do trabalho em sua interação com a estrutura de valor e pode ser compreendido como um tipo de tempo concreto. Ao investigar a interação entre o trabalho concreto e o abstrato, que ocupa um lugar central na análise do capital feita por Marx, descobrimos que uma característica do capitalismo é um modo de tempo (concreto) que expressa o movimento do tempo (abstrato).

A dialética das duas dimensões do trabalho no capitalismo também pode ser entendida temporalmente, como uma dialética de duas formas de tempo. Como vimos, a dialética do trabalho concreto e abstrato resulta em uma dinâmica

---

[6] Karl Marx, *O capital*, cit., Livro I, p. 123.

338 Tempo, trabalho e dominação social

intrínseca caracterizada por um peculiar padrão *treadmill*. Como cada novo nível de produtividade é redeterminado como novo nível básico, essa dinâmica tende a se tornar permanente e é marcada por crescentes níveis de produtividade. Considerada temporalmente, essa dinâmica intrínseca do capital, com seu padrão *treadmill*, implica um contínuo movimento direcional do tempo, um "fluxo da história". Em outras palavras, a forma de tempo concreto que estamos examinando pode ser considerada um *tempo histórico*, como constituído na sociedade capitalista.

O tempo histórico a que me referi difere claramente do tempo abstrato, embora ambos sejam constituídos socialmente com o desenvolvimento da mercadoria como uma forma totalizante. Argumentei que o tempo abstrato, definido como um quadro independente abstrato no qual ocorrem eventos e ações, emerge a partir da transformação dos resultados da atividade individual, por meio de uma mediação social total, em uma norma temporal abstrata para essa atividade. Embora a medida de valor seja o tempo, a mediação totalizadora expressa por "tempo de trabalho socialmente necessário" não é um movimento de tempo, mas uma metamorfose de tempo substancial em tempo abstrato no espaço, por assim dizer, do particular para o geral e retroativamente[7]. Essa mediação no espaço constitui uma estrutura temporal abstrata e homogênea que é imutável e serve como medida do movimento. A atividade individual ocorre e é medida em relação ao tempo abstrato, mas não pode alterar esse tempo. Embora as mudanças na produtividade movam a unidade de tempo abstrato historicamente, esse movimento histórico não é refletido no tempo abstrato. O tempo abstrato não expressa o movimento do tempo, mas constitui um quadro aparentemente absoluto para movimento, o seu "fluxo" constante e uniforme é, na verdade, estático. Consequentemente, a quantidade de valor por unidade de tempo, função desse tempo, permanece constante independentemente das variações da produtividade. Todo o quadro é reconstituído, mas não expressa essa reconstituição: o movimento da estrutura não é refletido diretamente em termos de valor.

O tempo histórico, nessa interpretação, não é um *continuum* abstrato no qual os eventos ocorrem e cujo fluxo é aparentemente independente da atividade humana, mas é o movimento do tempo em oposição ao movimento no tempo. A dinâmica da totalidade social expressa pelo tempo histórico é um processo constituído e constituinte do desenvolvimento e da transformação sociais; esse processo

---

[7] Ver György Lukács, "Reification and the Consciousness", cit., p. 90.

A DIALÉTICA DO TRABALHO E DO TEMPO **339**

é direcional e seu fluxo, enraizado na dualidade das relações sociais mediadas pelo trabalho, é uma função da prática social.

Esse processo histórico tem muitos aspectos. Considerarei apenas algumas determinações fundamentais dele, embora todas impliquem e lancem a base para os aspectos mais concretos da dinâmica analisada por Marx. Em primeiro lugar, como observado, a dinâmica da totalidade implica o desenvolvimento contínuo da produtividade, um desenvolvimento que distingue o capitalismo de outras sociedades, de acordo com Marx[8]. Envolve contínuas mudanças na natureza do trabalho, da produção, da tecnologia e da acumulação de formas de conhecimento relacionadas. Assim, o movimento histórico da totalidade social implica grandes e contínuas transformações no modo da vida social da maioria da população – em padrões sociais de trabalho e de vida, na estrutura e na distribuição das classes, na natureza do Estado e da política, na forma da família, na natureza da aprendizagem e da educação, nos meios de transporte e comunicação, e assim por diante[9]. Além disso, o processo dialético no cerne da dinâmica imanente do capitalismo implica a constituição, difusão e transformação contínua de formas historicamente determinadas de subjetividade, interações e valores sociais. (Isso está implícito pelo entendimento de Marx de suas categorias como determinações das formas de existência social, apreendendo tanto a objetividade quanto a subjetividade sociais na sua relacionalidade intrínseca.) O tempo histórico no capitalismo, então, pode ser considerado uma forma de tempo concreto constituído socialmente e que expressa uma contínua transformação qualitativa do trabalho e da produção, da vida social em geral e de formas de consciência, valores e necessidades. Ao contrário do "fluxo" de tempo abstrato, esse movimento do tempo não é uniforme, mas se altera e pode até mesmo acelerar[10].

Uma característica do capitalismo é a constituição social de duas formas de tempo – o abstrato e o histórico – que estão intrinsecamente relacionadas. A sociedade baseada no valor, no tempo abstrato, é, quando totalmente desenvolvida, caracterizada por uma dinâmica histórica contínua (e, de modo semelhante, a propagação da consciência histórica). Em outras palavras, a análise marxiana elucida e fundamenta socialmente o caráter historicamente dinâmico da sociedade capitalista em

---

[8] Karl Marx, *O capital*, cit., Livro I, p. 437-41.

[9] Ibidem, p. 369-74, 467-90, 519-74.

[10] O desenvolvimento da forma capital poderia servir como ponto de partida para uma análise sócio-histórica das mudanças do conceito de tempo no Ocidente desde o século XVII.

340 Tempo, trabalho e dominação social

termos de uma dialética entre as duas dimensões da forma-mercadoria, que pode ser compreendida como uma dialética entre o tempo abstrato e o histórico. Ele analisa essa sociedade em termos de determinadas formas sociais que constituem um processo histórico de contínua transformação social. As formas sociais básicas do capitalismo, segundo Marx, fazem com que as pessoas criem sua própria história – no sentido de um processo contínuo e direcional de transformação social. Devido ao caráter alienado dessas formas, no entanto, a história que constituem está além do seu controle.

O tempo histórico, então, não é apenas o fluxo do tempo em que os eventos ocorrem, mas se constitui como uma forma de tempo concreto. Ele não é expresso pela forma de tempo determinada pelo valor como uma constante abstrata, como o tempo "matemático". Vimos que a hora de trabalho social se move dentro de uma dimensão de tempo histórico que é concreta e não flui uniformemente; porém, a unidade temporal abstrata não manifesta a sua redeterminação histórica – ela mantém sua forma constante como *tempo presente*. Assim, o fluxo histórico existe por trás, mas não se apresenta dentro do quadro do tempo abstrato. O "conteúdo" histórico da unidade temporal abstrata permanece tão oculto como o "conteúdo" social da mercadoria.

Como esse "conteúdo" social, no entanto, a dimensão histórica da unidade temporal abstrata não representa um momento não capitalista; não constitui, por si só, o ponto de vista de uma crítica que aponta para além dessa formação social. Ao contrário de Lukács – que equaciona capitalismo com relações burguesas estáticas e postula a totalidade dinâmica, a dialética histórica, como o ponto de vista da crítica do capitalismo[11] – a posição aqui desenvolvida mostra que a própria existência de um fluxo histórico contínuo, "automático", está intrinsecamente relacionada à dominação social do tempo abstrato. *Ambas* as formas de tempo são expressões de relações alienadas. Argumentei que a estrutura das relações sociais característica do capitalismo assume a forma de uma oposição quase natural entre uma dimensão abstrata universal e uma de natureza "coisal". O momento temporal dessa estrutura também tem a forma de uma oposição aparentemente não social e não histórica entre uma dimensão formal abstrata e uma dimensão de processo concreto. Essas oposições, no entanto, não são entre momentos capitalistas e não capitalistas, mas, assim como a oposição entre formas de pensamento racional-positivista e romântica, permanecem totalmente dentro do quadro das relações capitalistas.

---

[11] György Lukács, "Reification and the Consciousness", cit., p. 143-9.

A DIALÉTICA DO TRABALHO E DO TEMPO 341

Antes de examinar mais a fundo a interação das duas formas de tempo no capitalismo, continuarei investigando suas diferenças – em especial as diferenças entre o tempo histórico e o quadro de tempo abstrato, implicadas pelas diferenças entre riqueza material e valor. Como vimos, o quadro de tempo abstrato, intrinsecamente relacionado à dimensão de valor, permanece constante com o aumento da produtividade. A hora de trabalho social na qual a produção de 20 metros de tecido resulta em um valor total de x é o equivalente abstrato temporal da hora de trabalho social na qual a produção de 40 metros de tecido resulta em um valor total de x: são unidades iguais de tempo abstrato e, como normativa, determinam uma magnitude constante de valor. Seguramente, há uma diferença concreta entre os dois, que resulta do desenvolvimento histórico da produtividade; o desenvolvimento histórico, entretanto, redetermina os critérios do que constitui uma hora de trabalho social, e isso não é refletido na própria hora. Nesse sentido, *o valor é uma expressão do tempo como o presente*. É uma medida e uma norma obrigatória para o dispêndio de tempo de trabalho imediato, independentemente do nível histórico de produtividade.

O tempo histórico no capitalismo, por outro lado, implica um processo único de transformação social contínua e está relacionado às ininterruptas transformações no nível histórico de produtividade: é uma função do desenvolvimento da dimensão do valor de uso do trabalho no contexto da totalidade social determinada pela mercadoria. É significativo que Marx analise da seguinte maneira a produtividade em termos de dimensão do valor de uso do trabalho (isto é, o caráter social do trabalho concreto):

> Essa força produtiva do trabalho é determinada por múltiplas circunstâncias, dentre outras pelo grau médio de destreza dos trabalhadores, o grau de desenvolvimento da ciência e de sua aplicabilidade tecnológica, a organização social do processo de produção, o volume e a eficácia dos meios de produção e as condições naturais.[12]

Isso significa que a produtividade do trabalho não está necessariamente vinculada ao trabalho direto dos trabalhadores, mas também é uma função da experiência e do conhecimento científico, técnico e organizacional, que Marx considera produto do desenvolvimento humano socialmente gerais[13]. Veremos que em sua explicação, o capital se desdobra historicamente de tal forma que o nível de produtividade se torna cada vez menos dependente do trabalho direto dos trabalhadores. Esse

---

[12] Karl Marx, *O capital*, cit., Livro I, p. 118.

[13] Idem, "Results of the Immediate Process of Production", cit., p. 1.024, 1.054.

342 Tempo, trabalho e dominação social

processo implica o desenvolvimento, de maneira alienada, de formas socialmente gerais do conhecimento e da experiência que não são uma função e não podem ser reduzidos a habilidades e conhecimentos dos produtores imediatos[14]. O movimento dialético do tempo que estivemos considerando representa as determinações iniciais da análise de Marx do desdobramento histórico do capital.

Quando mensurada, a dimensão do valor de uso do trabalho o é – diferentemente da dimensão do valor – mensurada com referência a seus produtos, à quantidade de riqueza material que produz. Não estando vinculada ao trabalho imediato, ela não é medida em termos de dispêndio de tempo de trabalho abstrato. A medida da riqueza material também pode ter um aspecto temporal, mas, na ausência da forma de necessidade temporal associada à dimensão do valor, essa temporalidade é função substancial da produção – a quantidade de tempo realmente necessária para produzir um determinado produto. Esse tempo é uma função *da* objetivação e não uma norma *para* o dispêndio. As mudanças nesse tempo concreto de produção, que ocorrem com o desenvolvimento da produtividade, refletem o movimento histórico do tempo. Tal movimento é gerado por um processo de constituição social relacionado a um acúmulo contínuo, de forma alienada, de experiência e conhecimento técnico, organizacional e científico[15]. Resulta da discussão feita até agora que, no quadro da análise de Marx, certas *consequências* desse acúmulo – ou seja, consequências dos desenvolvimentos sociais, intelectuais e culturais que fundamentam o movimento do tempo – podem ser medidas, tanto em termos de mudanças na quantidade de bens produzidos por unidade de tempo, por exemplo, ou em termos de alterações na quantidade de tempo necessário para produzir um produto específico. Os desenvolvimentos históricos *em si*, no entanto, não podem ser medidos: eles não podem ser quantificados como variáveis dependentes da temporalidade abstrata (isto é, em termos de valor), ainda que os requisitos da forma social do valor moldem a forma concreta de produção, na qual o acúmulo de conhecimento, experiência e trabalho é objetivado. O movimento da história pode ser expresso indiretamente pelo tempo como uma variável dependente; como um movimento do tempo, porém, ela não pode ser compreendida pelo tempo estático abstrato.

Um aspecto importante da concepção de Marx sobre a trajetória da dinâmica histórica da sociedade capitalista fica evidente nesta fase inicial da investigação. Suas categorias fundamentais implicam que, com o desenrolar da dinâmica

---

[14] Ver, por exemplo, *O capital*, cit., Livro I, p. 400-13, 434, 460-1, 495-6.

[15] Ibidem, p. 434, 460-1.

A DIALÉTICA DO TRABALHO E DO TEMPO 343

impulsionada, em última análise, pelas relações na forma-mercadoria, surge uma crescente disparidade entre os desenvolvimentos da força produtiva do trabalho (que não estão necessariamente ligados ao trabalho direto dos trabalhadores), por um lado, e o quadro de valor dentro do qual esses desenvolvimentos são expressos (que *está* ligado a esse tipo de trabalho), por outro. A disparidade entre o acúmulo do tempo histórico e a objetivação do tempo de trabalho imediato torna-se mais evidente à medida que o conhecimento científico se materializa na produção. De conformidade com distinção de Marx entre valor e riqueza material, os grandes incrementos de produtividade operados pela ciência e pela tecnologia avançada não são e não podem ser explicados adequadamente em termos de dispêndio de tempo de trabalho abstrato, seja ele manual ou mental – incluindo o tempo necessário para pesquisa e desenvolvimento e a formação de engenheiros e trabalhadores qualificados.

O desenvolvimento pode ser compreendido com referência à categoria do tempo histórico. Como veremos ao considerar a trajetória da produção, com o desenvolvimento da produção científica e tecnologicamente avançada, aumentos na produtividade também expressam o acúmulo de experiência social prévia e trabalho, bem como os aumentos frequentemente descontínuos no conhecimento geral que ocorrem com base nesse passado preservado[16]. A dinâmica do capitalismo, como compreendida pelas categorias de Marx, é tal que, com o acúmulo do tempo histórico, há uma crescente disparidade entre as condições para a produção de riqueza material e as condições para a geração de valor. Considerada tendo em vista a dimensão do valor de uso do trabalho (isto é, em termos de criação de riqueza material), a produção é cada vez menos um processo de objetivação material das habilidades e dos conhecimentos de produtores individuais ou mesmo da classe imediatamente envolvida; em vez disso, torna-se cada vez mais uma objetivação do conhecimento coletivo acumulado das espécies, da humanidade – que, como uma categoria geral, é constituída com o acúmulo de tempo histórico. Em relação à dimensão do valor de uso com o pleno desenvolvimento do capitalismo, a produção torna-se cada vez mais um processo de objetivação do tempo histórico, e não do tempo de trabalho imediato. De acordo com Marx, no entanto, o valor continua a ser necessariamente expressão da objetivação deste último.

---

[16] Ibidem, p. 459s.

344 TEMPO, TRABALHO E DOMINAÇÃO SOCIAL

A DIALÉTICA DA TRANSFORMAÇÃO E DA RECONSTITUIÇÃO

A dinâmica histórica característica da sociedade capitalista, na análise de Marx, não é linear, mas contraditória. Ela aponta para além de si mesma, mas não se supera. Examinei, em um nível abstrato e preliminar, algumas diferenças entre a produção com base na objetivação do trabalho imediato e com base no tempo histórico. Se não fosse pelo duplo caráter das formas sociais do capitalismo, o desenvolvimento da produção poderia ser entendido simplesmente como um desenvolvimento técnico que implica a superação linear de um modo de produção por outro de acordo com o seguinte padrão histórico: no curso do desenvolvimento do capitalismo, uma forma de produção baseada no conhecimento, nas habilidades e no trabalho dos produtores imediatos dá origem a outra forma, baseada no conhecimento e na experiência acumulados da humanidade. Com o acúmulo de tempo histórico, diminui gradualmente a necessidade social de dispêndio de trabalho humano direto na produção. A produção baseada no presente, no dispêndio de tempo de trabalho abstrato, gera, portanto, sua própria negação – a objetivação do tempo histórico.

Uma série de teorias da modernidade – por exemplo, as da "sociedade pós-industrial" – é baseada nesse entendimento do desenvolvimento da produção. Esse entendimento evolutivo não é totalmente adequado ao caráter não linear do desenvolvimento histórico da produção capitalista. Ele pressupõe que a forma de riqueza produzida permanece constante, o que muda é apenas o método de sua produção, compreendido unicamente em termos técnicos. Na análise de Marx, o desenvolvimento evolucionário só seria possível se o valor e a riqueza material não fossem formas muito diferentes de riqueza. Por causa do duplo caráter das formas de estruturação do capitalismo, no entanto, esse desenvolvimento representa apenas uma tendência dentro de uma dinâmica histórica dialética muito mais complexa. A análise que Marx faz do valor como uma categoria de estruturação social não trata o desenvolvimento da produção simplesmente como um desenvolvimento técnico – no qual um modo de produção baseado principalmente no trabalho humano é substituído por um baseado em ciência e tecnologia – nem ignora as grandes mudanças promovidas pela ciência e tecnologia. Em vez disso, com base nas distinções entre valor e riqueza material, trabalho abstrato e concreto (e, implicitamente, tempo abstrato e concreto), Marx analisa a produção no capitalismo como um processo social contraditório constituído por uma dialética das duas dimensões da forma-mercadoria.

A interação dessas duas dimensões faz com que o valor não seja simplesmente substituído pelo acúmulo do tempo histórico, mas continuamente reconstituído como um determinante essencial da formação social. Este processo, que implica

A DIALÉTICA DO TRABALHO E DO TEMPO 345

a retenção do valor e as formas de dominação abstrata a ele associadas, apesar do desenvolvimento da dimensão do valor de uso, é estruturalmente intrínseco às formas sociais básicas do capitalismo compreendidas nas categorias fundamentais de Marx. Ao examinar as determinações mais abstratas da dinâmica da sociedade capitalista, considerando a interação dessas duas dimensões, vimos como cada novo nível de produtividade tanto redetermina a hora de trabalho social como, por sua vez, é redeterminado pelo período de tempo abstrato como um nível de produtividade. Causadas pelo aumento da produtividade, as alterações no tempo concreto são mediadas pela totalidade social, de modo a transformá-las em novas normas de tempo abstrato (tempo de trabalho socialmente necessário) que, por sua vez, redeterminam a hora constante de trabalho social. Note-se que, uma vez que o desenvolvimento da produtividade redetermina a hora de trabalho social, este desenvolvimento reconstitui, em vez de substituir, a forma de necessidade associada a essa unidade temporal abstrata. Cada novo nível de produtividade é estruturalmente transformado no pressuposto concreto da hora de trabalho social – e a quantidade de valor produzido por unidade de tempo permanece constante. Nesse sentido, o movimento do tempo é continuamente convertido em tempo presente. Na análise de Marx, portanto, a estrutura básica das formas sociais do capitalismo é tal que o acúmulo de tempo histórico, por si só, não compromete a necessidade representada pelo valor, isto é, a necessidade do presente; em vez disso, ele altera o pressuposto concreto desse presente, reconstituindo assim sua necessidade. A necessidade atual não é "automaticamente" negada, mas paradoxalmente reforçada; ela é impelida no tempo como um presente perpétuo, uma necessidade aparentemente eterna.

Para Marx, a dinâmica histórica do capitalismo é tudo, menos linear e evolutiva. O desenvolvimento – que eu fundamentei, em um nível lógico muito abstrato, no duplo caráter do trabalho no capitalismo – é, ao mesmo tempo, dinâmico e estático. Ele implica níveis crescentes de produtividade, mas o quadro de valor se reconstitui perpetuamente. Uma consequência dessa dialética peculiar é que a realidade sócio-histórica é cada vez mais constituída em dois níveis muito diferentes. Por um lado, como já salientei, o capitalismo envolve uma transformação constante da vida social – da natureza, estrutura e inter-relações das classes sociais e outros agrupamentos, bem como da natureza da produção, do transporte, da circulação, dos padrões de vida, da forma da família e assim por diante. Por outro lado, o desdobramento do capital possui a reconstituição contínua de sua própria condição fundamental como uma característica imutável da vida social – a saber, a mediação social é feita pelo trabalho. Na análise de Marx, esses dois momentos – a

346 Tempo, trabalho e dominação social

transformação contínua do mundo e a reconstituição da estrutura determinada pelo valor – são mutuamente condicionados e intrinsecamente relacionados: ambos estão enraizados nas relações sociais alienadas constitutivas do capitalismo e juntos definem essa sociedade.

O conceito marxiano de capital, examinado nesse nível fundamental, é uma tentativa de compreender a natureza e o desenvolvimento da sociedade capitalista moderna em *dois* momentos temporais, analisar o capitalismo como uma sociedade dinâmica que está em fluxo constante e que, ainda assim, mantém sua identidade subjacente. Um aparente paradoxo está no fato de o capitalismo, diferentemente de outras formações sociais, possuir uma dinâmica histórica imanente; esta, no entanto, é caracterizada pela tradução constante do tempo histórico no presente, reforçando esse presente.

Analisar a sociedade capitalista moderna em termos de dominação de valor (e, portanto, da dominação do capital) é analisá-la em termos de duas formas aparentemente opostas de dominação social abstrata: a dominação do tempo abstrato como presente e um processo necessário de transformação constante. Ambas as formas de dominação abstrata, bem como sua inter-relação intrínseca são apreendidas pela "lei do valor" marxiana. Salientei que essa lei é dinâmica e não pode ser adequadamente compreendida como uma lei de mercado; posso acrescentar que ela apreende categorialmente a busca de níveis cada vez maiores de produtividade, a transformação constante da vida social na sociedade capitalista, bem como a contínua reconstituição de suas formas sociais básicas. Também revela o capitalismo como uma sociedade marcada por uma dualidade temporal – um fluxo contínuo e acelerado da história, por um lado, e uma constante conversão deste movimento do tempo em um presente constante, por outro. Embora constituídas socialmente, ambas as dimensões temporais exercem domínio sobre os atores constituintes e estão fora do seu controle. Portanto, longe de ser uma lei de equilíbrio estático, a lei de Marx do valor entende como "lei" histórica a dinâmica dialética de transformação e reconstituição característica da sociedade capitalista.

A análise do capitalismo, ao considerar esses dois momentos da realidade social, sugere, no entanto, que pode ser muito difícil entendê-los simultaneamente. Como tantos aspectos da vida social são transformados cada vez mais rapidamente à medida que o capitalismo se desenvolve, as estruturas estáticas subjacentes dessa sociedade – por exemplo, o fato de que o trabalho é um meio indireto de vida dos indivíduos – podem ser consideradas eternas e socialmente "naturais" da condição humana. Como resultado, a possibilidade de um futuro qualitativamente diferente da sociedade moderna pode ser ocultada.

A DIALÉTICA DO TRABALHO E DO TEMPO 347

Esta breve investigação sobre a dialética das duas dimensões das formas básicas da sociedade capitalista mostraram como, na análise de Marx, a produção baseada no dispêndio de tempo presente abstrato e a baseada na apropriação do tempo histórico não são modos claramente distintos de produção no capitalismo (sendo que o último gradualmente suplanta o primeiro). Pelo contrário, são momentos do processo de produção capitalista desenvolvido que interagem para constituir esse processo. Consequentemente, a produção no capitalismo não se desenvolve linearmente. A dinâmica dialética, no entanto, dá origem à possibilidade histórica de constituir separadamente a produção baseada no tempo histórico e a produção baseada no presente abstrato – e de superar a interação alienada entre passado e presente, característica do capitalismo. É essa possível separação futura que permite distinguir os dois momentos da esfera de produção no presente, isto é, na sociedade capitalista.

Nesse ponto, posso voltar à categoria do tempo de trabalho socialmente necessário. Vimos que tal categoria representa a transformação do tempo concreto em tempo abstrato no capitalismo e, assim, expressa uma obrigatoriedade temporalmente normativa. Meu exame preliminar da dinâmica imanente do capitalismo mostrou como essa obrigatoriedade objetiva e impessoal exercida sobre os indivíduos não é estática, mas se reconstitui continuamente ao longo da história. Os produtores não só são obrigados a produzir de acordo com uma norma temporal abstrata, mas devem fazê-lo de forma historicamente adequada: eles são obrigados a "se manterem atualizados". Na sociedade capitalista, as pessoas estão diante de uma forma historicamente determinada de necessidade social abstrata cujas determinações mudam ao longo da história – isto é, têm diante de si uma forma socialmente constituída de necessidade histórica. A noção de necessidade histórica tem, naturalmente, outro significado: a história se move necessariamente de uma maneira determinada. A discussão das categorias iniciais de Marx mostra que, de acordo com sua análise, esses dois aspectos da necessidade histórica – a obrigatoriedade mutável que se impõe aos indivíduos e a lógica intrínseca que impulsiona a totalidade – são expressões relacionadas da mesma forma de vida social[17].

---

[17] Deve ficar claro que o tipo de necessidade histórica fundamentada socialmente pelas categorias marxianas diz respeito ao desenvolvimento da formação social como um todo. Não se refere diretamente, por exemplo, a mudanças políticas dentro dos países ou entre eles. Estas poderiam ser investigadas à luz da "metalógica" histórica analisada por Marx; no entanto, seria reducionista fazê-lo sem considerar as mediações necessárias e os fatores contingentes. Da mesma forma, criticar a análise de Marx do ponto de vista de um plano mais contingente do desenvolvimento histórico é confundir os níveis de análise e realidade social que deveriam ser diferenciados.

348 Tempo, trabalho e dominação social

Essa investigação supõe, ainda, que a categoria de tempo de trabalho socialmente necessário também tem outra dimensão. Dado que o valor é a forma de riqueza social no capitalismo, o tempo de trabalho socialmente necessário deve ser entendido como socialmente necessário em um sentido adicional: refere-se implicitamente ao tempo de trabalho necessário para o capital e, portanto, para a sociedade, desde que capitalista, isto é, desde que estruturada pelo valor como forma de riqueza e pelo mais-valor como objetivo da produção. O tempo de trabalho é, então, a expressão de uma forma superordenada de necessidade para a sociedade capitalista como um todo, assim como para os indivíduos, e não deve ser confundido com a forma de necessidade a que Marx se refere na sua distinção entre tempo de trabalho "necessário" e "excedente". Como vimos, é uma distinção entre a parte da jornada de trabalho em que os empregados trabalham para a sua própria reprodução (tempo de trabalho "necessário") e a parte da qual se apropriam os representantes do capital (tempo de trabalho "excedente")[18]. Nesse sentido, tanto o tempo de trabalho necessário, como o excedente são classificados como "tempo de trabalho socialmente necessário" em todas as suas ramificações.

A categoria do valor, oposta à categoria da riqueza material, significa, portanto, que o tempo de trabalho é o material de que são feitas a riqueza e as relações sociais no capitalismo. Refere-se a uma forma de vida social em que os seres humanos são dominados por seu próprio trabalho e são obrigados a manter essa dominação. Os imperativos fundamentados nessa forma social, como discutirei adiante, impulsionam rápidos aumentos no desenvolvimento tecnológico e um padrão necessário de "crescimento" contínuo; mas também perpetuam a necessidade do trabalho humano direto no processo de produção , independentemente do grau de desenvolvimento tecnológico e do acúmulo de riqueza material. É como a base última desses imperativos historicamente específicos que o trabalho, em seu caráter dual como atividade produtiva e, como "substância" social historicamente específica, constitui a identidade do capitalismo, de acordo com Marx.

Deve estar claro agora que a complexa dinâmica que venho investigando é o núcleo essencial da dialética marxiana das forças e relações de produção no capitalismo. Minha leitura indica, primeiro, que essa dialética está fundamentada no duplo caráter das formas sociais que constituem a sociedade capitalista – nas dimensões de valor e de valor de uso do trabalho e do tempo socialmente constituído; e, segundo, que ela perpetua a obrigatoriedade abstrata de necessidade temporal tanto em sua dimensão estática quanto em sua dimensão dinâmica. Ao embasar

---

[18] *O capital,* cit., Livro I, p. 293-4.

as características fundamentais dessa dialética em um nível lógico tão abstrato, mostrei que, na análise de Marx, ela não está enraizada nem em uma contradição supostamente fundamental entre produção e distribuição, nem na propriedade privada dos meios de produção – isto é, em conflitos de classe; mas sim deriva das formas sociais peculiares constituídas pelo trabalho no capitalismo que estruturam tal conflito. A compreensão do padrão de desenvolvimento e da possível negação da sociedade capitalista é muito diferente daquela associada a abordagens provenientes da noção de "trabalho", que definem a dialética contraditória do capitalismo em termos tradicionais.

Vimos, ainda que apenas em um nível lógico preliminar, como as duas dimensões do trabalho social dinamicamente se redeterminam e se reforçam. No entanto, em minha discussão sobre as diferenças entre a produção baseada na apropriação do tempo histórico e a produção baseada no dispêndio de tempo presente abstrato, mostrei que essas duas dimensões são fundamentalmente diferentes. Na análise de Marx, o motivo do caráter contraditório do capitalismo é precisamente a circunstância de que, embora sejam muito diferentes, essas duas dimensões estão unidas como dois momentos de uma única forma social (historicamente específica). O resultado é uma interação dinâmica na qual esses momentos se redeterminam reciprocamente, fazendo com que as suas diferenças se tornem uma oposição crescente. Como demonstrei em um nível muito abstrato, essa oposição, cada vez maior dentro de um quadro comum, não resulta em qualquer tipo de desenvolvimento evolutivo linear, no qual a base fundamental do presente é quase automaticamente superada e substituída. Mesmo nesse nível pode-se ver que isso resultaria em uma crescente tensão estrutural intrínseca.

Na interpretação tradicional, as relações capitalistas de produção permanecem extrínsecas ao processo de produção, que é constituído pelo "trabalho". A contradição entre as forças e relações de produção é, portanto, vista como uma contradição entre produção e distribuição, isto é, *entre* as "instituições" e as esferas sociais existentes. No quadro desenvolvido neste trabalho, contudo, essa contradição está *dentro* dessas "instituições", esferas e processos. Isso sugere que o processo de produção capitalista, por exemplo, deve ser entendido social e tecnicamente. Como explicarei, até mesmo a forma material desse processo pode ser analisada socialmente, em termos da crescente tensão estrutural interna, a "pressão de cisalhamento", que resulta dos dois imperativos estruturais da dialética da transformação e reconstituição e alcança níveis cada vez mais elevados de produtividade, gerando valor excedente.

É a não identidade das duas dimensões das formas básicas de estruturação do capitalismo que confere uma dinâmica dialética intrínseca à formação social e se desdobra como sua contradição básica. Essa contradição, ao mesmo tempo, molda os processos sociais e instituições da sociedade capitalista e fundamenta a possibilidade imanente de sua negação histórica.

Minha análise da dialética do trabalho e do tempo mostrou claramente que Marx, longe de adotar o trabalho e a produção como o ponto de vista de uma crítica histórica do capitalismo, enfoca sua análise crítica precisamente sobre o papel socialmente constitutivo exercido pelo trabalho na sociedade. Portanto, a ideia de Marx de que o caráter contraditório do capitalismo dá origem a uma tensão crescente entre o que é e o que poderia ser não coloca a produção industrial e o proletariado como elementos de um futuro pós-capitalista. No entender de Marx, a contradição básica do capitalismo não é entre uma estrutura ou um agrupamento social existente e outro, mas por estar fundamentada na própria esfera da produção capitalista, no caráter dual da esfera de produção em uma sociedade cujas relações essenciais são constituídas pelo trabalho.

A contradição fundamental do capitalismo encontra-se entre a dimensão do trabalho e do tempo. Com base na investigação feita até agora, posso descrever tal contradição como estando entre o conhecimento geral e as habilidades cujo acúmulo é induzido pela forma de relações sociais mediadas pelo trabalho, de um lado, e por essa forma de mediação em si, de outro. Embora a base do valor do presente e, por conseguinte, a necessidade abstrata expressada pelo tempo de trabalho socialmente necessário nunca sejam automaticamente superadas, entram em tensão crescente com as possibilidades intrínsecas ao desenvolvimento por elas induzido.

Explicarei melhor essa contradição a seguir, mas antes gostaria de voltar à questão da dialética histórica. A interpretação que apresentei aqui amplia o escopo dessa dialética para além da época do *laissez-faire* do capitalismo, mas também a limita à formação social capitalista. Minha análise das categorias iniciais de Marx mostrou, ainda que apenas de maneira abstrata, que a sua concepção do caráter dual das formas sociais estruturadoras do capitalismo implica uma dialética histórica. Fundamentando socialmente a dinâmica dialética direcional de uma forma que a especifica historicamente como uma característica da sociedade capitalista, essa investigação reforça minha tese sobre a determinação histórica das categorias de Marx e seu conceito de lógica imanente da história.

Ela também ajuda a distinguir três modos de interação dialética que estão interligados na análise de Marx. O primeiro, que é o mais conhecido e o mais mencionado, pode ser caracterizado como uma dialética da constituição reflexiva

A DIALÉTICA DO TRABALHO E DO TEMPO 351

através da objetivação. Ele é expresso, por exemplo, na declaração feita por Marx no início de sua discussão sobre o processo de trabalho em *O capital*, segundo a qual as pessoas, quando agem sobre a natureza externa e alteram-na, mudam a sua própria natureza[19]. Em outras palavras, para Marx, a autoconstituição envolve um processo de externalização, tanto para a humanidade como para os indivíduos. As competências e habilidades são constituídas na prática, por meio de sua expressão. O conceito de história de Marx tem sido frequentemente entendido em termos de tal processo[20]. No entanto, minha discussão sobre o duplo caráter das formas sociais do capitalismo tem demonstrado que o processo de autoconstituição por meio do trabalho, mesmo quando o trabalho é entendido em sentido *lato*, como qualquer atividade de externalização, não implica necessariamente em um desenvolvimento histórico. Por exemplo, as interações materiais da humanidade com a natureza não são direcionalmente dinâmicas; não há terreno teórico ou evidência histórica para sustentar que os efeitos reflexivos da objetivação do trabalho concreto devam ser direcionais. Os tipos de necessidade imanente e lógica direcional essenciais para o desenvolvimento dialético que venho examinando não são intrínsecos às interações de um sujeito consciente com suas objetivações – sejam essas interações compreendidas individualmente ou em termos das interações entre humanidade e natureza. Em outras palavras, uma lógica direcional não é intrínseca às atividades que podem ser chamadas de formas de trabalho concreto.

A segunda interação dialética na teoria madura de Marx é a constituição recíproca das formas determinadas de prática e de estrutura social. Em *O capital*, como já observei, Marx começa a desenvolver uma dialética complexa de estrutura profunda e da prática, mediada pelas formas de aparência da primeira, bem como pelas dimensões subjetivas das várias formas sociais. Essa análise teoricamente permite superar interpretações objetivistas e subjetivistas da vida social, de modo a revelar os momentos válidos e os aspectos distorcidos de cada uma[21]. Contudo,

---

[19] Ibidem, p. 255-6.

[20] György Lukács pode ser interpretado desta maneira: ver "Reification and the Consciousness", cit., p. 145-9, 170-1, 175-81, 185-90.

[21] Por exemplo, a análise de Marx do valor e preço indica o "núcleo racional" de abordagens baseadas na premissa do individualismo metodológico ou da noção de que os fenômenos sociais são resultados agregados do comportamento individual. Ao mesmo tempo, a análise marxiana incorpora essas abordagens historicamente, mostrando a constituição social historicamente específica daquilo que é considerado socialmente ontológico (o agente racional maximizador, por exemplo).

352 Tempo, trabalho e dominação social

esse tipo de dialética também não é necessariamente direcional e pode implicar a reprodução de uma forma de vida social sem dinâmica histórica intrínseca[22].

Essas interações dialéticas podem existir de alguma forma em várias sociedades. O que distingue o capitalismo, segundo Marx, é que ambas se tornam direcionalmente dinâmicas porque estão embutidas e interligadas a uma estrutura intrinsecamente dinâmica de relações sociais objetivadas, que é constituída por um terceiro tipo de interação dialética – esta fundamentada no duplo caráter das formas sociais subjacentes. Como resultado, as estruturas sociais do capitalismo, que constituem e são constituídas por práticas sociais, são dinâmicas. Porque, além disso, as relações intrinsecamente dinâmicas que marcam o capitalismo são mediadas pelo trabalho, e a interação entre humanidade e natureza adquire uma dinâmica direcional no capitalismo. O que origina a dinâmica histórica, no entanto, é o duplo caráter do trabalho no capitalismo, e não o "trabalho". Essa estrutura direcionalmente dinâmica também totaliza e dinamiza o antagonismo entre agrupamentos sociais de produção e de expropriação; em outras palavras, ela constitui o antagonismo como conflito de classes.

Minha investigação sobre as implicações da dimensão temporal do valor mostrou que a análise de Marx revela a base de uma lógica dialética do desenvolvimento nas formas sociais historicamente específicas. Sua análise, então, mostra que há uma espécie de lógica na história, de necessidade histórica, mas ela só é imanente para a formação social capitalista, e não para a história humana como um todo. Isso faz com que a teoria crítica social madura de Marx não hipostatize a história como uma espécie de força motora de todas as sociedades humanas; ela não pressupõe a existência generalizada de uma dinâmica direcional da história. Em vez disso, procura explicar a existência do tipo de dinâmica direcional contínua que define a sociedade moderna e busca fazê-lo de acordo com determinadas formas sociais historicamente constituídas pelo trabalho em um processo de alienação[23]. Essa

---

[22] O estudo da sociedade cabila de Pierre Bourdieu é um bom exemplo de uma análise da reprodução dessa forma de vida social à luz de uma dialética mutuamente constitutiva de estrutura e prática (estrutura, *habitus* e prática): ver *Outline of a Theory of Practice*, cit.

[23] A noção de que a forma-mercadoria é a base fundamental para a complexa dinâmica histórica do capitalismo põe em questão qualquer oposição trans-histórica entre uma concepção de história como um processo único e homogêneo ou como resultado das interseções de vários processos sociais com suas próprias temporalidades. Meu esforço para fundamentar socialmente – em um nível lógico muito abstrato – o caráter historicamente dinâmico do capitalismo sugere que, embora não seja necessariamente marcado por um processo histórico unitário, sincrônico e homogêneo, o capitalismo é, em seu conjunto, historicamente dinâmico de uma maneira distinta de outras

análise implica que qualquer teoria que postule uma lógica imanente à história como tal – seja dialética ou evolutiva – sem fundamentar a lógica de um processo determinado de constituição social (o que é uma proposta improvável), projeta como história da humanidade as qualidades específicas do capitalismo. Essa projeção necessariamente obscurece a verdadeira base social de uma dinâmica direcional da história. O processo histórico é, portanto, transformado de objeto da análise social em seu pressuposto quase metafísico.

---

formas de vida social. As relações entre os diversos níveis sociais e os processos são organizadas diferentemente de como seriam em uma sociedade não capitalista; estão incorporados em um quadro dialético geral, socialmente constituído e temporalmente direcional.

9
A TRAJETÓRIA DA PRODUÇÃO

Abordei a concepção marxista da natureza da sociedade capitalista examinando as implicações de sua análise da mercadoria como forma social fundamental do capitalismo. Minha análise descortinou as determinações iniciais da dinâmica histórica intrínseca implícita em sua crítica do duplo caráter do trabalho e da dimensão temporal do valor determinado pela mercadoria. Dessa forma, minha abordagem começou a iluminar a categoria de capital de Marx no que diz respeito a uma estrutura contraditória e dinâmica de relações sociais alienadas constituídas pelo trabalho. Essa abordagem sustentou e esclareceu ainda mais o meu argumento de que a teoria de Marx sobre a centralidade do trabalho na sociedade capitalista é uma teoria crítica de um determinado modo de mediação social; o trabalho no capitalismo tem, nesta estrutura teórica, um significado social que não pode ser adequadamente compreendido quando se entende o trabalho apenas como atividade produtiva mediadora entre seres humanos e natureza.

Passo a reconsiderar agora a análise de Marx sobre a esfera da produção, à luz da investigação das categorias iniciais de sua teoria crítica, com especial atenção às questões de crescimento econômico, luta de classes e constituição social da produção industrial. Pretendo, então, aprofundar a compreensão do capital desenvolvida até aqui – e, por conseguinte, a reconceituação do capitalismo e da natureza de sua possível superação.

Mais-valor e "crescimento econômico"

Minha discussão preliminar sobre o conceito marxista da dialética entre as forças e as relações de produção lança luz sobre um aspecto da dinâmica

356 TEMPO, TRABALHO E DOMINAÇÃO SOCIAL

implícito em sua categoria de mais-valor, que se torna especialmente interessante face ao agravamento dos problemas ecológicos no mundo atual. A categoria, como já vimos, refere-se ao valor gerado pelo tempo excedente de trabalho, isto é, o tempo de trabalho gasto pelo trabalhador além do tempo requerido para criar o montante de valor necessário para a sua própria reprodução (tempo de trabalho necessário). A categoria do mais-valor tem sido geralmente entendida como uma indicação de que o excedente social no capitalismo não resulta de "fatores de produção" diversos, mas unicamente do trabalho. Essa interpretação sustenta que, no capitalismo, o papel produtivo único do trabalho é encoberto pelo caráter contratual das relações entre não proprietários produtores e proprietários não produtores. Essas relações tomam a forma de um intercâmbio em que os trabalhadores são remunerados pelo valor de sua força de trabalho, que é menor do que o valor que produzem. No entanto, a diferença de valor não é evidente. Em outras palavras, por ser efetuada por meio dessa troca, a exploração no capitalismo não é manifesta – diferentemente, por exemplo, da expropriação do excedente na sociedade feudal. A categoria de mais-valor, portanto, revela a exploração não manifesta característica do capitalismo[1].

Embora apreenda uma dimensão importante da categoria, essa interpretação é parcial; ela se concentra exclusivamente na expropriação do *mais*-valor, sem considerar suficientemente as implicações do mais-*valor*. Demonstrei, no entanto, que Marx analisa o processo de valorização – o processo de criação de mais-valor – em termos do processo de criação de valor; sua análise trata não só da fonte do excedente, mas também da forma de riqueza excedente produzida. O valor, como já foi dito, é uma categoria de uma totalidade dinâmica. Essa dinâmica envolve uma dialética de transformação e reconstituição que resulta da natureza dual da forma-mercadoria e dos dois imperativos estruturais da forma de valor da riqueza – a busca de níveis crescentes de produtividade e a necessária retenção do trabalho humano direto na produção. Podemos agora expandir essa análise. Como vimos, o capital, de acordo com Marx, é o "valor que se valoriza"[2]; é caracterizado pela necessidade de expansão constante. Quando o valor é a forma de riqueza, o objetivo da produção é, necessariamente, o mais-valor. Isto é, o

---

[1] Ver, por exemplo, Paul Sweezy, *The Theory of Capitalist Development*, cit., p. 56-61; e Maurice Dobb, *Political Economy and Capitalism*, cit., p. 56, 58, 75.

[2] Karl Marx, *Capital*, cit., Livro I, p. 255 [ed. bras.: *O capital*, cit., p. 641].

objetivo da produção capitalista não é simplesmente o valor, mas a constante expansão do mais-valor[3].

As características mais destacadas desse crescimento estão embasadas na forma de valor da riqueza em si. Na análise de Marx, elas incluem a natureza da acumulação de capital, instável e propensa a crises, mas não se limitam a ela. Precisamente, os aspectos da acumulação de capital têm sido objeto de muita atenção na tradição marxista. Em *Os limites do capital*, por exemplo, David Harvey discute profundamente como, na análise de Marx, o crescimento equilibrado é impossível no capitalismo[4]. Devido ao desequilíbrio necessário entre produção e consumo, bem como à contradição subjacente entre produção e circulação, as crises são inerentes ao capitalismo[5]. Além disso, de acordo com Harvey, como precisam equalizar a taxa de lucro, os capitalistas alocam trabalho social e organizam os processos de produção de maneira que não necessariamente maximiza a produção agregada do mais-valor na sociedade. Isso, segundo ele, é a base material para a sistemática má alocação do trabalho social e para o viés na organização dos processos de trabalho que conduz o capitalismo a crises periódicas[6]. Harvey também enfatiza que o próprio capital cria barreiras contra a tendência à aceleração perpétua dos avanços tecnológicos e organizacionais[7]. Em geral, ele afirma que os capitalistas, atuando em interesse próprio nas relações sociais de produção e troca no capitalismo, dão origem a um conjunto tecnológico que ameaça a acumulação adicional, destrói a potencialidade de crescimento equilibrado e põe em risco a reprodução da classe capitalista como um todo[8].

Embora a instabilidade e a propensão a crises de acumulação de capital sejam aspectos cruciais da teoria de Marx, na tentativa de desvendar as características fundamentais do capital, vou me concentrar em outro aspecto de sua análise do processo de crescimento do mais-valor. Evidentemente, a sua crítica do peculiar processo capitalista de acumular por acumular[9] não se refere apenas à distribuição, ou seja, não se trata de uma crítica ao fato de a riqueza social não ser usada em

---

[3] Ibidem, p. 644, 646-7s.

[4] David Harvey, *The Limits to Capital* (Chicago, University of Chicago Press, 1982), p. 171 [ed. bras.: *Os limites do capital*, São Paulo, Boitempo, 2013, p. 241-2].

[5] Ibidem, p. 139-40, 226.

[6] Ibidem, p. 123.

[7] Ibidem, p. 184-6.

[8] Ibidem, p. 262-3.

[9] Karl Marx, *O capital*, cit., Livro I, p. 670.

358 Tempo, trabalho e dominação social

benefício de todos. Também não é uma crítica produtivista – seu propósito não é indicar que o problema do capitalismo reside no fato de a produção agregada de mais-valor não ser maximizada de maneira equilibrada. A crítica de Marx não parte de um ponto de vista que afirma essa maximização. Antes, é uma crítica da própria natureza do crescimento imanente ao capital, da trajetória da dinâmica em si.

A especificidade do crescimento trazido pela expansão do mais-valor é baseada nas características do valor como forma temporalmente determinada de mediação social e de riqueza. Vimos que, sendo o valor total criado uma função do dispêndio de tempo de trabalho abstrato, o aumento da produtividade produz maior quantidade de riqueza material, mas resulta apenas em aumentos de curto prazo no valor produzido por unidade de tempo. Deixando de lado, neste ponto, as considerações sobre a intensidade do trabalho, "a jornada de trabalho de grandeza dada representa-se sempre no mesmo produto de valor, seja qual for a variação da produtividade do trabalho, a correspondente massa de produtos e, portanto, o preço da mercadoria individual"[10]. Por causa dessa determinação temporal de valor, a expansão do mais-valor – a meta sistêmica de produção no capitalismo – só pode ser obtida alterando-se a proporção entre tempo excedente de trabalho e tempo de trabalho necessário. Isso, como já foi dito, pode ser conseguido com o aumento da jornada de trabalho (a produção do "mais-valor absoluto")[11]. No entanto, com a limitação da jornada de trabalho (resultante, por exemplo, de lutas trabalhistas ou legislação), o tempo excedente de trabalho só pode ser aumentado se o tempo de trabalho necessário for reduzido (a produção de "mais-valor relativo"). Essa redução, de acordo com Marx, é efetuada por meio do aumento da produtividade. Embora não aumente o valor total produzido em um dado período de tempo, um aumento socialmente geral da produtividade diminui o valor dos produtos necessários à reprodução dos trabalhadores. Em outras palavras, diminui o tempo de trabalho necessário e, assim, aumenta o tempo excedente de trabalho[12]. Como resultado tanto da relação entre a produtividade e a expansão do mais-valor relativo, quanto dos aumentos de curto prazo no valor produzido por unidade de tempo resultantes do aumento de produtividade, o capital, de acordo com Marx, "o impulso imanente e a tendência constante do capital a aumentar a força produtiva do trabalho"[13].

---

[10] Ibidem, p. 588.

[11] Ibidem, p. 305s.

[12] Ibidem, p. 387-91.

[13] Ibidem, p. 393-4.

A TRAJETÓRIA DA PRODUÇÃO 359

Essa tendência a aumentos contínuos de produtividade é intrínseca à expansão do mais-valor relativo, a forma de excedente adequada ao capital. Ela é gerada pela relação peculiar entre a forma de valor do excedente e da produtividade. No âmbito da exposição de Marx, essa relação ilumina retrospectivamente sua intenção argumentativa na determinação da grandeza do valor em termos de dispêndio de tempo abstrato de trabalho humano. Aparece claramente como uma determinação inicial da dinâmica peculiar do capitalismo, como ponto de partida para a tentativa de Marx de compreender e elucidar essa dinâmica. Ainda que a maior produtividade resulte em um aumento diretamente proporcional da riqueza material, ela aumenta o mais-valor apenas indiretamente, mediante a redução do tempo de trabalho necessário, já que a jornada de trabalho é limitada; isso não resulta em aumentos na riqueza socialmente apropriável nem em reduções do tempo de trabalho imediatamente proporcionais (como seria o caso se a riqueza material fosse a forma social dominante de riqueza). Além disso, como o valor total produzido por unidade de tempo não cresce com os aumentos de produtividade sociais gerais, ele representa um limite à expansão do mais-valor: a quantidade de mais-valor produzido por unidade de tempo nunca pode ultrapassar esse valor, independentemente do grau de aumento da produtividade. Na verdade, não pode nem mesmo atingir esse limite, pois, em um nível social geral, o capital jamais pode prescindir completamente do tempo de trabalho necessário.

De acordo com Marx, é precisamente esse limite – inerente à forma de riqueza cuja grandeza é uma função do dispêndio de tempo abstrato de trabalho humano – que gera uma tendência à elevação constante das taxas de crescimento da produtividade. Com base em sua análise da medida abstrata temporal do valor e da consequente relação indireta entre aumento de produtividade e aumento de mais-valor, Marx argumenta que, quando a taxa de aumento de produtividade é constante, a taxa de aumento da massa de mais-valor por determinada porção de capital cai à medida que aumenta o tempo excedente de trabalho[14]. Em outras palavras, ele diz que quanto mais o volume de mais-valor produzido se aproximar do limite do valor total produzido por unidade de tempo, mais difícil será diminuir o tempo de trabalho necessário por meio do aumento da produtividade e, assim, aumentar o mais-valor. Isso, contudo, significa que quanto maior o nível geral do tempo excedente de trabalho e de produtividade, maior deve ser o incremento da produtividade, a fim de obter um aumento na massa determinada de mais-valor por porção determinada do capital.

---

[14] Ibidem, p. 587; Idem, *Grundrisse*, cit., p. 269-70.

360 Tempo, trabalho e dominação social

A importância da relação entre produtividade e mais-valor não se limita à questão da abordagem de Marx sobre a tendência à queda da taxa de lucro[15] ou, de modo mais geral, sobre o problema de saber se a expansão do capital pode continuar indefinidamente. Ela indica, ainda, que não só a forma de valor excedente induz aumentos contínuos de produtividade, como também a expansão do mais-valor exigida pelo capital implica uma tendência à aceleração das taxas de aumento da produtividade. O capital tende a gerar uma aceleração constante do crescimento da produtividade. Note-se que, de acordo com essa análise, enormes aumentos de produtividade são efetuados precisamente porque níveis mais elevados de produtividade aumentam o mais-valor apenas indiretamente. Da mesma forma, embora tais aumentos em produtividade resultem em aumentos correspondentes da riqueza material, eles não produzem um aumento correspondente do mais-valor. A diferença entre as duas formas de riqueza em relação à produtividade significa que, por um lado, os níveis crescentes de produtividade gerados pela acumulação de capital implicam aumentos diretamente proporcionais nas massas de produtos e de matérias-primas consumidas na produção. Por outro lado, porém, como a forma social do excedente no capitalismo é o valor, e não a riqueza material, o resultado – apesar das aparências – não é um aumento proporcional do produto excedente. O volume cada vez maior de riqueza material produzido no capitalismo não representa níveis proporcionalmente altos de riqueza social na forma de valor.

Para Marx, esse padrão de crescimento tem duplo caráter: envolve a constante expansão da capacidade produtiva humana, ainda que vinculada a uma estrutura social dinâmica e alienada, essa expansão tem uma natureza acelerada, ilimitada e fugidia sobre a qual não se tem controle. Deixando de lado considerações de possíveis limites ou barreiras à acumulação de capital, uma das consequências implícitas por esta dinâmica particular – que gera mais crescimento na riqueza material do que no mais-valor – é a aceleração da degradação ambiental. De acordo com Marx, como resultado da relação entre produtividade, riqueza material e mais-valor, a expansão permanente deste último tem consequências deletérias tanto para a natureza, como para os seres humanos:

---

[15] Embora muito se tenha escrito sobre a tendência à queda da taxa de lucro, o que frequentemente se esquece é que, no Livro III d'*O capital*, Marx a trata como fenômeno "superficial", que reflete e refrata uma tendência histórica mais fundamental no capitalismo, a saber, que as máquinas gradualmente suplantam o trabalho humano no processo de produção. Assim como a maioria das categorias analisadas no nesse volume, Marx argumenta que esse fenômeno superficial não foi reconhecido como tal pela economia política clássica, mas, em vez disso, foi considerado uma tendência histórica mais fundamental: ver *Capital*, cit., Livro III, p. 317-5.

A TRAJETÓRIA DA PRODUÇÃO 361

Assim como na indústria urbana, na agricultura moderna o incremento da força produtiva e a maior mobilização do trabalho são obtidos por meio da devastação e do esgotamento da própria força de trabalho. E todo progresso da agricultura capitalista é um progresso na arte de saquear [...] o solo, pois cada progresso alcançado no aumento da fertilidade do solo por certo período é ao mesmo tempo um progresso no esgotamento das fontes duradouras dessa fertilidade.[16]

Fundamentada em sua análise do valor em oposição à riqueza material, a crítica de Marx à indústria e à agricultura capitalistas claramente não é produtivista. Mas o fato de a crítica de Marx ser baseada em uma análise da forma específica de trabalho no capitalismo, e não no "trabalho", implica que a crescente destruição da natureza não deve ser vista como mera consequência do aumento do controle e do domínio do homem sobre a natureza[17]. Nem a crítica produtivista ao capitalismo, nem esta crítica à dominação da natureza faz distinção entre valor e riqueza material; ambas são baseadas na concepção trans-histórica de "trabalho". Assim, cada uma se concentra exclusivamente em uma dimensão do que Marx procurou compreender como um desenvolvimento mais complexo, de duplo caráter. Juntas, pois, essas posições constituem outra antinomia teórica da sociedade capitalista.

Na análise de Marx, a crescente destruição da natureza no capitalismo não se dá simplesmente em função de a natureza ter se tornado um objeto para a humanidade; mas é, sobretudo, um resultado do *tipo* de objeto em que a natureza se tornou. As matérias-primas e os produtos, de acordo com Marx, são portadores de valor no capitalismo, além de serem elementos constitutivos da riqueza material. O capital produz riqueza material como meio de criar valor. Assim, ele consome natureza material não só como substância da riqueza material, mas também como meio de alimentar sua própria expansão – isto é, como um meio de efetuar a extração e a absorção do maior volume possível de tempo excedente de trabalho da população trabalhadora. Quantidades cada vez maiores de matérias-primas devem ser consumidas mesmo que o resultado não seja um aumento proporcional na forma social da riqueza excedente (mais-valor). A relação entre homem e natureza mediada pelo trabalho torna-se um processo de consumo de mão única, em vez de uma interação cíclica. Configura-se como uma transformação acelerada de matérias-primas qualitativamente particulares em "material", em portadores qualitativamente homogêneos de tempo objetivado.

---

[16] Karl Marx, *O capital*, cit., Livro I, p. 573.

[17] Ver Max Horkheimer e Theodor W. Adorno, *Dialectic of Enlightenment* (trad. John Cumming, Nova York, Herder and Herder, 1972), p. 3-42, 89s.

O problema com a acumulação de capital não se resume à sua natureza desequilibrada e sujeita a crises, mas também diz respeito à sua forma subjacente de crescimento, marcada por uma produtividade desenfreada que, além de escapar ao controle dos produtores, não funciona diretamente em benefício destes. Esse tipo particular de crescimento é intrínseco a uma sociedade baseada no valor; ele não pode ser explicado somente em termos de pontos de vista equivocados e falsas prioridades. Apesar de as críticas produtivistas do capitalismo terem se concentrado apenas nas possíveis barreiras ao crescimento econômico inerente à acumulação de capital, Marx criticou claramente tanto a acelerada infinitude do "crescimento" sob o capitalismo como sua tendência a crises. Na verdade, ele demonstra que essas duas características devem ser analisadas como intrinsecamente relacionadas.

O padrão que esbocei sugere que, na sociedade em que a mercadoria é totalizada, há uma tensão subjacente entre as considerações ecológicas e os imperativos de valor como a forma de riqueza e mediação social. Isso implica, ainda, que qualquer tentativa de responder, no contexto da sociedade capitalista, à crescente degradação ambiental com a restrição ao modo de expansão desta sociedade seria provavelmente ineficaz no longo prazo – não só por causa dos interesses dos capitalistas ou gestores estatais, mas porque a falta de expansão do mais-valor resultaria em graves dificuldades econômicas com grandes custos sociais. Na análise de Marx, existe uma relação intrínseca entre a necessária acumulação do capital e a criação da riqueza na sociedade capitalista. Além disso, e aqui só posso abordar esse tema superficialmente, sendo o trabalho determinado como um meio necessário para a reprodução individual na sociedade capitalista, os trabalhadores assalariados continuam dependentes do "crescimento" do capital, mesmo quando as consequências de seu trabalho, tanto ecológicas como sob outras formas, são prejudiciais a eles mesmos e a terceiros. A tensão entre as exigências da forma-mercadoria e as necessidades ecológicas agrava-se com o aumento da produtividade e gera um severo dilema durante crises econômicas e períodos de desemprego elevado. Esse dilema e a tensão em que está radicado são imanentes ao capitalismo, a sua solução definitiva enfrentará obstáculos enquanto o valor continuar sendo a forma determinante da riqueza social.

O que descrevi brevemente aqui não pode, pois, ser entendido simplesmente como "crescimento econômico". Isto é outra indicação de que Marx não analisa o processo de produção e os padrões de desenvolvimento tecnológico e de expansão econômica da sociedade capitalista em termos "técnicos", ou seja, essencialmente não sociais; ele não considera a dimensão social como extrínseca (por exemplo, unicamente em termos de propriedade e controle). Em vez disso, ele analisa o processo e os padrões como intrinsecamente sociais, estruturados pelas formas sociais de mediação expressadas pelas categorias da mercadoria e do capital.

Note-se a esse respeito que, embora a concorrência entre capitais possa ser usada para explicar a *existência* de crescimento[18], é a determinação temporal do valor que, na análise de Marx, subjaz à *forma* desse crescimento. A particular relação entre o aumento da produtividade e a expansão do mais-valor molda a trajetória subjacente do crescimento no capitalismo. Essa trajetória não pode ser explicada de forma adequada em termos de mercado e propriedade privada, o que sugere que, mesmo na ausência destes, o crescimento econômico assumiria *necessariamente* uma forma caracterizada por aumentos de produtividade muito maiores que os aumentos da riqueza social produzidos por ele – contanto que a riqueza social continue sendo uma função do dispêndio direto de tempo de trabalho. O planejamento em tal situação, mal ou bem-sucedido, significaria uma resposta consciente às compulsões exercidas pelas formas alienadas de relações sociais expressas pelo valor e pelo capital; no entanto, não as superaria.

De acordo com a teoria crítica de Marx, a abolição do processo desenfreado de "crescimento" econômico e transformação socioeconômica no capitalismo, bem como a sua tendência a crises, exigiria a abolição do valor. Superar essas formas alienadas envolveria necessariamente o estabelecimento de uma sociedade baseada na riqueza material, na qual o aumento da produtividade resultaria em um aumento correspondente na riqueza social. Essa sociedade pode ser caracterizada por uma forma de crescimento muito diferente do crescimento capitalista. A distinção de Marx entre riqueza material e valor permite uma abordagem que relativiza a oposição entre crescimento incontrolado como condição para a riqueza social, por um lado, e austeridade como condição para a organização ecologicamente correta da produção e da distribuição, por outro, situando essa oposição em uma forma historicamente específica de vida social. Se sua análise do valor como forma determinante de riqueza e mediação social na sociedade capitalista é válida, então ela aponta para a possibilidade de superar esta oposição.

---

[18] Ver Ernest Mandel, *Late Capitalism*, cit., p. 31.

364 Tempo, trabalho e dominação social

As classes e a dinâmica do capitalismo

O quadro teórico desenvolvido neste livro também transforma a questão das classes e da luta de classes como tratada na teoria madura de Marx. Minha discussão mostrou claramente que sua concepção das relações sociais intrinsecamente dinâmicas do capitalismo, expressadas pelas categorias de valor e mais-valor, se referem a formas objetivadas de mediação social e não podem ser compreendidas apenas em termos de relações de exploração de classe. No entanto, de acordo com Marx, as relações de classe têm um papel muito importante no desenvolvimento histórico da sociedade. Embora esta obra não aborde esse papel profundamente, nem trate adequadamente as várias dimensões e complexidades do que Marx entende por relações de classe, a investigação feita até aqui sugere a seguinte abordagem à problemática da classe: a categoria de classe delineia uma relação social moderna, mediada de maneira quase objetiva pelo trabalho; a luta de classes no capitalismo, de acordo com a crítica da economia política, é estruturada e incorporada nas formas sociais da mercadoria e do capital.

Marx apresenta as relações de classe no Livro I d'*O capital* ao desenvolver e analisar a categoria de mais-valor, apresentando a relação entre a classe capitalista e a classe trabalhadora. Como exposto, no entanto, o caráter teórico dessa relação não é nada óbvio. Ele tem sido frequentemente tomado como uma descrição da estrutura dos agrupamentos sociais na sociedade capitalista, ou, alternativamente, como uma descrição de uma tendência histórica da população de polarizar-se em dois grupos sociais, uma pequena classe capitalista e um grande proletariado. Ambas as leituras enfrentaram críticas consideráveis. A primeira foi criticada como uma simplificação indevida da estrutura dos agrupamentos sociais no capitalismo; de fato, como se sabe, o próprio Marx apresenta, em seus escritos históricos e políticos, o que parece ser um quadro mais rico e variado dos agrupamentos sociais e de suas políticas. A segunda interpretação – de que o seu tratamento de classe no Livro I d'*O capital* é a descrição de uma tendência histórica – tem sido posta em questão diante dos recentes desenvolvimentos sociais e econômicos, em particular o declínio no tamanho relativo da classe trabalhadora industrial nas sociedades capitalistas desenvolvidas e o crescimento das novas classes médias assalariadas.

Diversas respostas teóricas para esses desenvolvimentos sociais e econômicos procuraram defender a análise marxista de classe ou reafirmar a importância central da classe na análise do capitalismo. Uma abordagem argumenta que a oposição entre classe capitalista e proletariado, também apresentada Livro I, é apenas a primeira fase de uma descrição mais completa. James Becker, por exemplo, argumenta que a relação polarizada do primeiro volume deve ser entendida como uma primeira

A TRAJETÓRIA DA PRODUÇÃO **365**

aproximação e que as investigações de Marx nos Livros II e III implicam um quadro mais complexo da estrutura dos agrupamentos sociais no capitalismo e seu desenvolvimento[19]. Becker inicia sua argumentação chamando a atenção para a seguinte crítica de Ricardo por Marx: "[Ricardo] esquece-se de enfatizar o constante crescimento da classe média, aqueles que ficam entre o trabalhador, por um lado, e o capitalista e o proprietário, por outro"[20]. Tendo, assim, demonstrado que Marx não sustenta a posição sobre a polarização empírica de classes frequentemente atribuída a ele, Becker delineia, com base na análise de Marx, uma forma de "acumulação circulatório-administrativa" que, historicamente, se segue à acumulação industrial. De acordo com Becker, é a acumulação circulatório-administrativa que gera socialmente as novas classes médias e constitui sua principal fonte de emprego e renda[21]. Ao investigar a relação entre as alterações qualitativas nas formas básicas do capital (tanto na circulação como na produção) e o desenvolvimento das classes sociais e suas inter-relações, Becker procura indicar que a análise de Marx não cai em contradição com o crescimento da nova classe média, mas, pelo contrário, é bastante capaz de explicar esse desenvolvimento[22].

Assim, a crítica de Marx à economia política fornece, em seu desdobramento, a base para uma análise mais diferenciada do desenvolvimento histórico e da transformação das classes e de outros grupos sociais no capitalismo do que frequentemente se supõe. No entanto, eu diria que, embora a relação entre a classe trabalhadora e a classe capitalista apresentada no Livro I d'*O capital* possa ser entendida como uma primeira aproximação, isso de modo algum implica que todo o significado dessa relação deve ser entendido nesses termos. Marx, naturalmente, se preocupou com a transformação da estrutura social da sociedade europeia com o desenvolvimento do capitalismo – a dissolução ou transformação de antigos estratos e grupos sociais como a nobreza, os camponeses e os artesãos tradicionais, e o surgimento de outros mais novos, como a classe trabalhadora, a classe burguesa e as novas classes médias assalariadas. Contudo, a intenção básica de Marx em *O capital* não foi fornecer uma visão completa da estrutura sociológica da sociedade capitalista, considerada

---

[19] James F. Becker, *Marxian Political Economy: An Outline* (Cambridge/New York, Cambridge University Press, 1977), p. 203-5.

[20] Karl Marx, *Theories of Surplus Value*, cit., parte 2, p. 573.

[21] James F. Becker, *Marxian Political Economy*, cit., p. 209, 231-5.

[22] Martin Nicolaus também argumentou, ainda que de forma um pouco diferente, que o crescimento dos novos estratos médios está implícito na análise de Marx: ver "Proletariat and Middle Class in Marx", em *Studies on the Left 7*, 1967.

366 TEMPO, TRABALHO E DOMINAÇÃO SOCIAL

de forma estática ou em desenvolvimento, mas o significado da relação de classes que ele apresenta no Livro I deve ser visto também no contexto da ideia central de sua argumentação.

A relação entre a classe capitalista e a classe trabalhadora tem sido geralmente considerada central na análise de Marx por ser a relação de exploração que determina a sociedade capitalista e que, na forma de luta de classes, atua como força motriz da mudança histórica[23]. Em outras palavras, tem sido entendida como a relação social mais fundamental do capitalismo. Neste livro, no entanto, argumentei que Marx conceitua as relações fundamentais do capitalismo em um nível de análise logicamente mais profundo, sua preocupação é com a mediação social constitutiva dessa sociedade. Isso levanta a questão da relação, em sua análise, entre a classe e o caráter específico da mediação social no capitalismo.

Ao discutir a categoria de mais-valor, defendi que a orientação estratégica da teoria crítica de Marx não é apenas revelar a existência da exploração, mostrando que o excedente no capitalismo, apesar das aparências em contrário, é criado pelo trabalho e apropriado pelas classes não trabalhadoras. Em vez disso, ao compreender o excedente como mais-valor, sua teoria também delineia uma dinâmica complexa, enraizada em formas sociais alienadas. Isso implica que a polarização entre as classes capitalista e trabalhadora é significativa na análise de Marx, não só porque a exploração em si é central para sua teoria, mas também porque as relações de exploração de classe são um elemento importante da dinâmica de desenvolvimento da formação social como um todo. No entanto, essas relações, por si só, não dão origem a esse desenvolvimento dinâmico; elas o fazem na medida em que são constituídas e incorporadas nas formas de mediação social que venho analisando.

Isso pode ser esclarecido pelo exame da forma em que Marx introduz a noção de luta de classes em *O capital*. Essa noção pode referir-se a uma gama muito ampla de ação social coletiva; pode referir-se, por exemplo, à ação revolucionária, ou, no mínimo, a uma ação social altamente politizada que visa alcançar objetivos políticos, sociais e econômicos por meio de mobilizações de massa, greves, campanhas políticas e assim por diante. No entanto, existe ainda um nível "cotidiano" da luta de classes. É esse nível que Marx, em sua análise das formas de mais-valor, apresenta como um momento intrínseco do capitalismo.

Ao discutir a duração da jornada de trabalho no capitalismo, Marx observa que ela é indeterminada e varia muito dentro de limites físicos e sociais[24]. Isso está

---

[23] Ver, por exemplo, Erik O. Wright, *Classes* (Londres, Verso, 1985), p. 6-9, 31-5, 55-8.

[24] Karl Marx, *O capital*, cit., Livro I, p. 306.

A TRAJETÓRIA DA PRODUÇÃO 367

diretamente relacionado ao caráter das relações entre produtores e apropriadores do excedente social na sociedade capitalista – também constituídas e mediadas pela forma-mercadoria. A jornada de trabalho resulta, pelo menos em princípio, de um contrato entre duas partes formalmente iguais em relação à compra e venda da força de trabalho como mercadoria. De acordo com Marx, o conflito é intrínseco às relações entre trabalhadores e capitalistas exatamente por serem essas relações constituídas, em parte, por tal intercâmbio:

> a natureza da própria troca de mercadorias não impõe barreira alguma à jornada de trabalho e [...] ao mais-trabalho. O capitalista faz valer seus direitos como comprador quando tenta prolongar o máximo possível a jornada de trabalho e transformar, onde for possível, uma jornada de trabalho em duas [...] e o trabalhador faz valer seu direito como vendedor quando quer limitar a jornada de trabalho a uma duração normal determinada. *Tem-se aqui, portanto, uma antinomia, um direito contra outro direito, ambos igualmente apoiados na lei da troca de mercadorias. Entre direitos iguais, quem decide é a força.* E assim a regulamentação da jornada de trabalho se apresenta, na história da produção capitalista, como uma luta em torno dos limites da jornada de trabalho – uma luta entre o conjunto dos capitalistas, i.e., a classe capitalista, e o conjunto dos trabalhadores, i.e., a classe trabalhadora.[25]

A luta de classes e um sistema estruturado pela troca de mercadorias, em outras palavras, não se baseiam em princípios opostos; essa luta não representa uma perturbação em um sistema de outra maneira harmonioso. Pelo contrário, ela é inerente a uma sociedade constituída pela mercadoria como forma totalizante e totalizada.

A luta de classes está enraizada de várias maneiras nessa forma quase objetiva de mediação social. A relação entre trabalhadores e capitalistas é marcada por uma indeterminação inerente em relação, por exemplo, à duração da jornada de trabalho, ao valor da força de trabalho e à proporção entre o tempo necessário e o tempo excedente de trabalho. O fato de tais determinações da relação não serem "dadas" e, portanto, poderem a qualquer momento ser objeto de negociação e conflito, indica que a relação entre os produtores do excedente social e seus apropriadores, no capitalismo, não se baseia fundamentalmente na força direta ou em padrões tradicionais fixos. Pelo contrário, ela é constituída, em última análise, de forma muito diferente – pela forma-mercadoria de mediação social, de acordo com Marx. São precisamente os aspectos indeterminados dessa relação que permitem a expressão de necessidades e exigências historicamente variáveis. Finalmente, essa relação de classe implica em permanente conflito também devido à forma

---

[25] Ibidem, p. 309 (grifos meus).

de antagonismo social envolvido – de direito contra direito – que é, em si, tanto uma determinação da subjetividade social como da objetividade social. Como forma de uma antinomia social "objetiva", é também uma determinação da autoimagem das partes envolvidas. Eles se veem como detentores de direitos, uma autoimagem constitutiva da natureza das lutas envolvidas. A luta de classes entre capitalistas e trabalhadores assalariados também está enraizada nas formas específicas pelas quais as necessidades e as exigências são compreendidas e articuladas em um contexto social estruturado pela mercadoria – isto é, como consciência social e concepções de direitos associados a uma relação estruturada dessa forma. Essas autoimagens não ocorrem de forma automática, mas são constituídas historicamente; além disso, seu conteúdo não é meramente acidental, mas resultado do modo de mediação social determinado pela mercadoria.

Como já foi dito, no caso da força de trabalho como mercadoria, a relação constituída pela forma-mercadoria não pode ser entendida completamente como uma relação entre indivíduos. Os trabalhadores podem adquirir algum controle efetivo sobre sua mercadoria – isto é, propriedade efetiva da mercadoria – somente por meio da ação coletiva. Sobre isso, é significativo que Marx, tendo começado o capítulo sobre a jornada de trabalho em *O capital* fundamentando logicamente a luta de classes na circunstância de que as relações entre trabalhadores e capitalistas são mediadas pela troca de mercadorias, conclui o capítulo discutindo a introdução efetiva de uma limitação legal da jornada de trabalho, que ele considera uma indicação de que os trabalhadores, como classe, ganharam algum controle sobre a venda de sua mercadoria[26]. O capítulo parte de uma determinação formal de trabalhadores como proprietários de mercadorias para o entendimento dessa determinação, isto é, uma consideração da classe trabalhadora como um proprietário real e coletivo da mercadoria. Na análise de Marx, a categoria da mercadoria, tal como se desenvolve sob a forma capital, diz respeito não só às interconexões quase objetivas de indivíduos atomizados, mas também a grandes estruturas e instituições sociais coletivas. Por outro lado, não há oposição ou tensão entre o desenvolvimento de formas coletivas, em si, e as relações sociais estruturadoras da sociedade capitalista. Em outras palavras, a teoria do capital de Marx não se limita ao capitalismo liberal. Na verdade, ao mostrar que a percepção da força de trabalho como mercadoria implica o desenvolvimento de formas coletivas, sua análise implica o início de uma transição para formas capitalistas pós-liberais.

---

[26] Ibidem, p. 305-9, 373-4.

A TRAJETÓRIA DA PRODUÇÃO 369

Quando os trabalhadores são capazes de agir coletivamente como proprietários de mercadorias, está montado o palco histórico para a forma de produção adequada ao capital, diz Marx. A limitação da jornada de trabalho é um fator importante na transição para a produção de mais-valor relativo e, portanto, para a dinâmica constante das inter-relações determinadas entre produtividade, mais-valor, riqueza material e a forma de produção que examinamos anteriormente. É nesse quadro dinâmico que o antagonismo implícito na relação de classe emerge sob a forma de conflitos constantes que, por sua vez, se tornam momentos de desenvolvimento da totalidade. Esses conflitos não se limitam a questões de carga horária e salários, mas ocorrem em torno de uma ampla gama de questões, como a natureza e a intensidade do processo de trabalho, o uso de máquinas, condições de trabalho, benefícios sociais e direitos trabalhistas. Eles se tornam aspectos intrínsecos da vida cotidiana na sociedade capitalista.

Esses conflitos afetam diretamente a proporção entre tempo de trabalho necessário e excedente e, portanto, desempenham um papel importante na dialética entre o trabalho e o tempo, que examinamos. Além disso, como esses conflitos são mediados por uma forma totalizante, a sua importância não é apenas local: a produção e a circulação de capital são tais que os conflitos em um setor ou área geográfica afetam outros setores ou áreas. Com a disseminação da relação trabalho assalariado-capital, a organização da classe trabalhadora, melhorias nos transportes e comunicações e a crescente facilidade e velocidade com que o capital circula, esses conflitos têm consequências cada vez mais abrangentes; o caráter totalizante da mediação torna-se cada vez mais realizado. Por um lado, esse processo de totalização significa que as condições locais das relações trabalhador-capitalista nunca podem ser completamente isoladas e fixadas. Consequentemente, as condições dessa relação de classe – em nível local e em âmbito geral – mudam constantemente; o conflito torna-se uma característica permanente dessa relação. Por outro lado, a luta de classes torna-se um fator importante no desenvolvimento espacial e temporal do capital, ou seja, na distribuição e no fluxo do capital, que se torna cada vez mais global, e na dinâmica dialética da forma capital. A luta de classes torna-se um elemento propulsor do desenvolvimento histórico da sociedade capitalista.

Embora desempenhe um papel importante na extensão e na dinâmica do capitalismo, a luta de classes, no entanto, não cria a totalidade nem dá origem à sua trajetória. Vimos que, de acordo com a análise de Marx, é unicamente por causa de sua forma de mediação social específica, quase objetiva e temporalmente dinâmica, que a sociedade capitalista existe como uma totalidade e possui

370 Tempo, trabalho e dominação social

uma dinâmica direcional intrínseca (cujas determinações iniciais examinamos como a dialética de transformação e reconstituição). Essas características da sociedade capitalista não podem ser baseadas nas lutas entre produtores e apropriadores; essas lutas só têm o papel que têm por causa de formas de mediação específicas desta sociedade. Ou seja, a luta de classes só é uma força propulsora do desenvolvimento histórico do capitalismo porque está estruturada e incorporada nas formas sociais da mercadoria e do capital[27].

---

[27] Gerry A. Cohen também argumenta que, por mais importante que sejam as lutas de classe (e os fenômenos correlatos da exploração, alianças e revolução) para os processos de mudança histórica, por si só elas não constituem a trajetória do desenvolvimento histórico. Em vez disso, elas devem ser entendidas com referência a essa trajetória. Ver Gerry A. Cohen, "Forces and Relations of Production", em John Roemer (org.), *Analytical Marxism* (Cambridge/Nova York/Paris, Cambridge University Press/Éditions de la Maison des sciences de l'homme, 1986), p. 19-22; e "Marxism and Functional Explanation", idem, p. 233-4. A concepção de Cohen sobre a dinâmica intrínseca da história, contudo, é trans-histórica. Assim, ele é incapaz de fundamentá-la em termos historicamente específicos e, portanto, sociais, isto é, em formas estruturadas historicamente específicas de prática social. Em vez disso, ele separa o processo de produção e o desenvolvimento tecnológico (que entende como fenômenos "técnicos") das relações sociais e conceitua a história da humanidade em termos do desenvolvimento evolutivo daqueles fenômenos "técnicos". Ele, então, procura apreender o desenvolvimento social por meio de uma explanação funcional: v. "Forces and Relations of Production", cit., p. 12-6, e "Marxism and Functional Explanation", p. 221s.

Por causa desses pressupostos trans-históricos, Cohen precisa estabelecer como necessariamente separadas essas esferas da vida social cuja "verdadeira conflação", como argumentei, caracteriza o capitalismo e confere a ele uma dinâmica imanente. Fundamentado na noção da primazia da técnica, o entendimento de Cohen do "materialismo histórico" como um processo teleológico e linear de crescimento produtivo é muito dúbio do ponto de vista histórico; além disso, ele se assemelha àquelas formas de materialismo que Marx criticou nas 'Teses sobre Feuerbach" por não serem capazes de apreender a dimensão subjetiva da vida e entender a prática como socialmente constituidora. A abordagem trans-histórica de Cohen, em outras palavras, é presa a uma concepção hipostática de história que não permite a ele fundamentar socialmente sua ideia de que a dinâmica histórica direcional não pode ser explicada unicamente em termos de luta de classe e outras formas imediatas de ação social.

Por outro lado, algumas críticas a Cohen – como a de Jon Elster, por exemplo – tentam recuperar a ação social, mas o fazem à custa da noção de uma estrutura social dinâmica e, consequentemente, de um desenvolvimento histórico direcional. Tais abordagens concebem os atores sociais prévia e independentemente de sua constituição social. As relações sociais, no contexto dessas abordagens individualista-metodológicas, são tratadas como extrínsecas a esses atores. (Ver Jon Elster, "Further Thoughts on Marxism, Functionalism and Game Theory", em John Roemer (org.), *Analytical Marxism*, cit., p. 202-20). Essas respostas unilaterais à posição de Cohen não podem enfrentar adequadamente seu desafio a explicar a dinâmica direcional e a trajetória da história (capitalista).

A TRAJETÓRIA DA PRODUÇÃO **371**

Essa abordagem, portanto, fundamenta a ideia de que a luta de classes é a força propulsora da história em termos de formas de mediação historicamente determinadas. Ela também procura especificar a própria noção de classe. Está claro que a classe, na teoria de Marx, é uma categoria relacional – as classes são determinadas em relação a outras classes. O antagonismo entre grupos sociais produtores e apropriadores, estruturado por suas relações determinadas para com os meios de produção, é central para sua análise de classe. Pode-se, no entanto, especificar a noção de classe com referência às formas de mediação social que venho analisando. De acordo com Marx, o antagonismo entre trabalhadores e capitalistas é estruturado de tal modo que o conflito permanente é uma característica intrínseca de seu relacionamento. No entanto, o conflito entre grupos sociais produtores e apropriadores, por si só, não os constitui como classes. Na análise de Marx, a estrutura dialética das relações sociais capitalistas é de importância central; ela totaliza e dinamiza a relação antagônica entre trabalhadores e capitalistas, constituindo-a como luta de classes entre o trabalho e o capital. Esse conflito, por sua vez, é um momento constituinte da trajetória dinâmica do todo social. As classes, de fato, são categorias relacionais da sociedade moderna. Elas são estruturadas por formas determinadas de mediação social como momentos antagônicos de uma totalidade dinâmica e, portanto, em seu conflito, tornam-se dinâmicas e totalizadas[28].

A oposição entre as opiniões de Cohen e Elster recapitula a antinomia clássica entre estrutura e ação, entre necessidade objetiva externa e liberdade individual. Nesse sentido, juntas elas expressam – em vez de apreender – as características da sociedade capitalista moderna. Ambas as abordagens carecem de uma noção de estruturas historicamente específicas de relações sociais como formas estruturadas de prática alienadas (portanto quase independentes), intrinsecamente presas a determinadas visões de mundo e constituem e são constituídas pela ação social. Em outras palavras, nenhuma dessas posições ilumina a especificidade histórica das relações sociais capitalistas, do capitalismo como uma forma de vida.

Para outras críticas das posições de Cohen e Elster, ver Johannes Berger e Claus Offe, "Functionalism vs. Rational Choice?", e Anthony Giddens, "Comentary on the Debate", em *Theory and Society* 11, 1982.

[28] A relação entre classe e totalização foi tratada por Marx de maneira diferente quando ele caracterizou os pequenos camponeses da França do seguinte modo: "Assim, a grande massa da nação francesa se compõe por simples adição de grandezas homônimas, como batatas dentro de um saco constituem um saco de batatas. Milhões de famílias existindo sob as mesmas condições econômicas que separam o seu modo de vida, os seus interesses e a sua cultura do modo de vida, dos interesses e da cultura das demais classes, contrapondo-se a elas como inimigas, formam uma classe. Mas, na medida em que existe um vínculo apenas local entre os parceleiros, na medida em que a identidade dos seus interesses não gera entre eles nenhum fator comum, nenhuma união

A luta de classes entre os trabalhadores e os capitalistas, como apresentada no Livro I d'*O capital* é um momento da dinâmica permanente e totalizadora da sociedade capitalista. Ela é estruturada pela totalidade social e a constitui. As classes envolvidas não são entidades, mas estruturações da prática e da consciência sociais que, em relação à produção de mais-valor, são organizadas de forma antagônica; elas são constituídas por estruturas dialéticas da sociedade capitalista e impulsionam o seu desenvolvimento, o desenrolar de sua contradição básica.

É nesses termos que deve ser entendida a importância da classe e dos conflitos de classe na análise de Marx. Seu argumento não implica que os outros estratos ou grupos sociais – por exemplo, aqueles organizados em torno de questões religiosas, étnicas, nacionais ou de gênero (e que só por vezes podem ser entendidos em termos de classe) – não desempenham papéis histórica e politicamente importantes. No entanto, é preciso distinguir entre os diferentes níveis de realidade histórica e, portanto, de análise histórica. O nível em que o conflito de classe desempenha um papel central na análise de Marx é o da trajetória histórica da formação social capitalista como um todo.

Obviamente, fui muito esquemático ao esboçar esta abordagem do conceito de Marx de classe e luta de classes. Procurei apenas, preliminarmente, esclarecer o *status* teórico da maneira como Marx apresenta a relação entre a classe trabalhadora e a classe capitalista no Livro I d'*O capital*, e indicar que esta exposição deve ser entendida com referência à sua análise da mediação social no capitalismo.

Não será possível considerar, neste livro, outras dimensões importantes dessa problemática, tais como os processos pelos quais uma classe se constitui social, política e culturalmente em um nível mais concreto, ou, com relação a isso, a questão da ação coletiva social e política. No entanto, a abordagem que desenvolvi tem algumas implicações com relação a tais questões que posso tratar brevemente.

---

nacional e nenhuma organização política, eles não constituem classe nenhuma" (*O 18 de brumário de Luís Bonaparte*, trad. Nélio Schneider, São Paulo, Boitempo, 2011, p. 142-3).

À luz da minha discussão, a descrição que Marx faz dos camponeses como sendo apenas parcialmente uma classe (diferentemente dos operários, por exemplo) não deve ser entendida apenas em termos físicos e/ou espaciais – por exemplo, que os camponeses trabalham separados em seus pequenos lotes de terra, enquanto os operários estão concentrados em fábricas, uma situação que propicia uma consciência das semelhanças, a troca de ideias, a formação de consciência política, o empreendimento de ações coletivas etc. Embora o conceito de classe em Marx não inclua esse nível, outro nível lógico abstrato é crucial: as classes, propriamente ditas, são estruturadas pela mediação social totalizadora e, por sua vez, agem sobre ela. Esse processo de totalização não pode ser apreendido adequadamente em termos de proximidade física: as classes são elementos da dinâmica totalizadora da sociedade capitalista.

A TRAJETÓRIA DA PRODUÇÃO   373

As determinações de classe – que eu admito ter apenas começado a elucidar (por exemplo, o proletariado como proprietário da força de trabalho-mercadoria e como objeto do processo de valorização) – não são simplesmente determinações "posicionais", mas sim determinações tanto da objetividade como da subjetividade social. Isso implica uma crítica a abordagens que, primeiro, definem classe "objetivamente" – em termos da posição dentro da estrutura social – e, em seguida, abordam a questão de como a classe se constitui "subjetivamente"; isso normalmente implica relacionar objetividade e subjetividade extrinsecamente, por meio da noção de "interesse".

Se a determinação inicial da classe na abordagem de Marx não é de posição objetiva, mas de objetividade *e* subjetividade, a questão da dimensão subjetiva de uma determinação de classe em particular deve ser distinta da questão das condições sob as quais muitas pessoas agem como membros de uma classe. Eu não posso aqui responder a essa última questão, mas, no que diz respeito à primeira, a dimensão subjetiva da classe não pode – mesmo no nível de sua determinação inicial – ser entendida apenas diante da consciência dos interesses coletivos se as concepções particulares desses interesses, bem como a noção de interesse em si, não são compreendidas no contexto social e histórico. Procurei mostrar como, de acordo com a abordagem categorial marxiana, a consciência não é um mero reflexo de condições objetivas; em vez disso, as categorias, que expressam as mediações sociais básicas características do capitalismo, delineiam formas de consciência como momentos intrínsecos de formas do ser social. Assim, as determinações de classe, para Marx, implicam formas de subjetividade determinadas social e historicamente – por exemplo, pontos de vista da sociedade e de si mesmo, sistemas de valores, entendimentos de ação, concepções sobre as fontes de males sociais e possíveis formas de remediação – que estão enraizadas nas formas de mediação social como constituem diferencialmente uma classe em particular. Nesse sentido, a categoria de classe é um momento de uma abordagem que busca compreender a determinação histórica e social de várias concepções e necessidades sociais, bem como de formas de ação.

A classe social, estruturada pelas formas sociais e pelo momento propulsor da totalidade social capitalista, é também uma categoria estruturadora de sentido e consciência social. Isso não quer dizer que todos os indivíduos que podem ser "situados" de maneira semelhante tenham as mesmas crenças, nem que a ação social e política siga "automaticamente" as linhas de classe. Isso de fato significa que a especificidade social e histórica das formas de subjetividade e ação social podem ser elucidadas diante da noção de classe. A natureza das exigências sociais

374 Tempo, trabalho e dominação social

e políticas, ou das formas determinadas das lutas associadas a tais exigências, por exemplo, pode ser compreendida e explicada social e historicamente em relação à classe, contanto que a classe seja compreendida com referência às formas categoriais.

Essa abordagem da subjetividade em termos de estruturações de classe de determinações mais abrangentes de formas de relações sociais é uma tentativa de apreender as formas de subjetividade social e historicamente. Além disso – e isto é crucial – como analisa com as mesmas categorias as formas de subjetividade no capitalismo e a estrutura dinâmica da sociedade capitalista, esta abordagem também pode considerar criticamente as formas de pensamento, diante da adequação da sua autocompreensão e a sua compreensão da sociedade[29]. O ponto de vista dessa crítica permanece imanente ao seu objeto

---

[29] A descrição de Marx, em *O 18 de brumário*, das concepções da oposição parlamentar democrática na França em 1849 como pequeno-burguesas é um caso exemplar. Está claro – e Marx é bem explícito quanto a isto – que ele não está fazendo uma correlação direta entre o contexto de classe sociológico e as ideias políticas. Em vez disso, sua descrição é uma tentativa de iluminar a natureza das próprias ideias. Segundo Marx, as críticas sociais e políticas e as visões positivas da democracia articuladas por aquele partido parlamentar evitaram lidar com a existência estrutural do capital e do trabalho assalariado, e expressaram uma noção de emancipação que implicava um mundo de proprietários e produtores de mercadorias livres e iguais (mesmo que organizados sob forma de cooperativas) – ou seja, um mundo no qual todos são pequeno-burgueses. (Ver *O 18 de brumário de Luís Bonaparte*, cit., p. 59s). Nesse sentido, suas ideias podem ser caracterizadas em termos daquela classe.

De modo semelhante, a descrição de Marx sobre os trabalhadores envolvidos na revolução de fevereiro e nos dias de junho de 1848 como proletariado (embora os envolvidos fossem, em sua maioria, artesãos) não é simplesmente uma descrição empírica do contexto social dos atores em questão; em outras palavras, não é parte de uma tentativa de demonstrar uma correlação direta entre a posição de classe e a ação política. Em vez disso, o uso de termos de classe é um esforço para caracterizar histórica e socialmente as formas de ação empreendidas e os tipos de reivindicações feitas – por exemplo, a "república social", que Marx caracteriza como "o conteúdo geral da revolução moderna" (ibidem, p. 33). Ao usar o termo "proletariado", Marx sugere que essas reivindicações e formas de ação representaram historicamente algo novo, que não mais expressavam os artesãos tradicionais mas, em vez disso, eram mais adequadas, como reivindicações, à nova forma que a sociedade estava tomando. Ao mesmo tempo, Marx também caracteriza essas demandas como estando em tensão com as verdadeiras condições dos trabalhadores. Por outro lado, ele trata implicitamente como artesanal a natureza histórica das reivindicações e formas de ação dos *mesmos* trabalhadores depois de o movimento revolucionário ter sido sufocado, que ele caracteriza como tentativas de obter a salvação dentro das condições existentes dos trabalhadores – em oposição a revolucionar o velho mundo com base em suas fontes potenciais (ibidem, p. 34-5). Em outras palavras, Marx não usa classe simplesmente como descrição sociológica; ele a usa como categoria social que é também uma categoria de formas de subjetividade histórica e socialmente determinadas, uma categoria que tenta compreender formas cambiáveis de consciência e ação.

A TRAJETÓRIA DA PRODUÇÃO 375

(embora, como vimos, a crítica imanente envolvida não pode ser compreendida de forma adequada como opondo os ideais de uma sociedade à sua realidade). É contra o pano de fundo desse tipo de análise das determinações categoriais de classe – como determinações sociais e históricas do ser e da consciência social – que as questões relativas à constituição social, política e cultural mais concreta de uma classe, questões de ação coletiva e autoconsciência, devem ser colocadas. Não posso, no entanto, fazer muito mais do que apontar esses temas complexos, sem desenvolvê-los neste livro.

A interpretação que apresento aqui modifica a importância central tradicionalmente atribuída às relações de classe de exploração e conflito. Expus como, na análise madura de Marx, a luta de classes é um elemento propulsor do desenvolvimento histórico do capitalismo só por causa do caráter intrinsecamente dinâmico das relações sociais que constituem a sociedade. O antagonismo entre produtores imediatos e proprietários dos meios de produção, por si só, não gera essa dinâmica permanente. Além disso, como mostrarei, o eixo lógico da exposição de Marx não sustenta a ideia de que a luta entre capitalistas e trabalhadores seja entre a classe dominante da sociedade capitalista e a classe que encarna o socialismo – e que tal luta, portanto, aponta para além do capitalismo. A luta de classes, vista da perspectiva do trabalhador, significa constituir, manter e melhorar a sua posição e situação como membro de uma classe trabalhadora. Suas lutas, além de terem sido uma força poderosa na democratização e humanização do capitalismo, também desempenharam um papel importante na transição para o capitalismo organizado. Entretanto, como veremos, a análise de Marx sobre a

---

Para algumas discussões recentes sobre o tratamento que Marx dá à classe em seus trabalhos históricos, ver Craig Calhoun, "The Radicalism of Tradition", *The American Journal of Sociology* 88, n. 5, mar. 1983, e "Industrialization and Social Radicalism", *Theory and Society* 12, 1983; e Mark Traugott, *Armies of the Poor* (Princeton, Princeton University Press, 1985).

A abordagem que esboço aqui aponta para um entendimento da ação social e política que não procede nem de uma noção de sujeito coletivo, nem da noção de indivíduos social, histórica e culturalmente descontextualizados que agem com base em interesses. Ela difere das interpretações centradas nas classes que buscam correlacionar diretamente o contexto sociológico de classe e ação política. Essas interpretações atribuem a um grupo social o caráter quase objetivo que Marx vê como característica das formas alienadas de mediação social no capitalismo. Essa abordagem também difere, entretanto, daquelas que criticam tais formas de hipostatização de classe ainda que aceitem basicamente o mesmo enquadramento do problema, na medida em que procuram explicar o comportamento. (Este é o caso, independentemente de atribuírem ou não mais peso a fatores políticos ou organizacionais, por exemplo, do que ao contexto social ao ser estabelecida uma correlação com a "orientação política".) Isso difere muito de uma tentativa de apreender a natureza histórica e social das concepções e formas de ação políticas e sociais.

376 Tempo, trabalho e dominação social

trajetória do processo de produção capitalista não aponta para uma possível futura afirmação do proletariado e seu trabalho. Ao contrário, ela aponta para a possível abolição desse trabalho. A exposição de Marx, em outras palavras, implicitamente contraria a noção de que a relação entre a classe capitalista e a classe trabalhadora é paralela à que existe entre capitalismo e socialismo, que a possível transição para o socialismo é efetuada pela vitória do proletariado na luta de classes (no sentido de sua autoafirmação como classe trabalhadora), e que o socialismo implica a realização do proletariado[30]. Assim, embora desempenhe um papel importante na dinâmica do desenvolvimento capitalista, o antagonismo entre a classe capitalista e a classe trabalhadora não é idêntico à contradição estrutural fundamental da formação social tal como comecei a articular.

Produção e valorização

A reconsideração das categorias mais fundamentais da crítica marxiana, realizada nesta obra, e a consequente reinterpretação das interações dinâmicas das duas dimensões da forma-mercadoria também lançam nova luz sobre a análise de Marx do processo de produção capitalista. Com base no que foi exposto até aqui, considerarei o tratamento de Marx do processo de trabalho no capitalismo tendo em mente dois objetivos: primeiro, esclarecer dimensões importantes do seu conceito de capital que ainda não tenham sido consideradas; e, segundo, sustentar a minha afirmação de que o eixo argumentativo da exposição de Marx implica, claramente, que a superação do capitalismo *não* envolve a autopercepção do proletariado. A lógica de exposição de Marx não defende a noção de que o proletariado é o sujeito revolucionário.

Constatei que Marx trata a esfera da produção no capitalismo não só em termos de produção de material, mas também das formas subjacentes de mediação social características dessa sociedade. Ele analisa o processo de produção não só como um processo de trabalho (um processo de produção de riqueza material), mas também como um processo de valorização (de criação de mais-valor). Como já foi dito, quando Marx introduz essas duas dimensões do processo de

---

[30] Na minha discussão, as variantes ortodoxas do marxismo podem ser entendidas como formas de pensamento com uma visão de futura sociedade em que todos seriam membros da classe trabalhadora – uma visão que implica necessariamente na universalização institucionalizada do capital (por exemplo, sob a forma do Estado).

produção, ele mostra como o significado dos vários elementos do processo de trabalho se transforma quando estes são considerados do ponto de vista do processo de valorização. Considerado o processo de trabalho, o trabalho parece ser uma atividade intencional que transforma matérias-primas por meio de instrumentos de trabalho, a fim de alcançar objetivos determinados. Entretanto, no que tange ao processo de valorização, o trabalho é importante como fonte de valor, independentemente da sua finalidade, da sua especificidade qualitativa, da especificidade das matérias-primas utilizadas e dos produtos que cria. O trabalho é separado de sua finalidade concreta e se torna um meio para um fim determinado pelas estruturas alienadas constituídas pelo próprio trabalho (abstrato). Considerado nestes termos, o trabalho é, na verdade, o objeto da produção.

Depois de fornecer as determinações iniciais das duas dimensões do processo de produção capitalista, Marx passa a desdobrá-las. Como vimos, ele inicialmente apresenta o processo de valorização, tratando-o como produção de mais-valor absoluto e relativo (sendo esta a forma de mais-valor mais adequada à categoria do capital). Passa, então, a examinar o processo de trabalho capitalista, investigando-o em termos gerais, como cooperação, e depois analisando mais especificamente suas duas principais formas históricas – a manufatura, baseada na divisão parcelar do trabalho, e a grande indústria, baseada na produção industrial mecanizada[31]. Ao discutir cooperação, manufatura e grande indústria, Marx descreve como a transformação da importância dos elementos do processo de trabalho – que ocorre em um nível formal quando esses elementos são considerados em termos do processo de valorização – se materializa na forma concreta do processo de trabalho em si. Ele demonstra que, inicialmente, o processo de trabalho é capitalista unicamente pelo fato de ser usado para o fim de valorização; o processo de valorização permanece extrínseco ao processo de trabalho em si. À medida que o capitalismo se desenvolve, no entanto, o processo de trabalho passa a ser intrinsecamente determinado pelo processo de valorização[32]. A produção industrial mecanizada é a forma do processo de trabalho adequada à produção de mais-valor relativo[33].

A materialização do processo de valorização – assim como a dinâmica histórica peculiar compreendida pela categoria do mais-valor – está, em última análise, estruturalmente enraizada na dialética entre as duas dimensões da forma-mercadoria.

---

[31] Karl Marx, *O capital*, cit., Livro I, p. 397-620.

[32] Ibidem, p. 434-5, 468, 494-5.

[33] Ibidem, p. 578.

378 Tempo, trabalho e dominação social

Ao expor esta tese, mostrarei que, da mesma forma que a importância da categoria do mais-valor não pode ser plenamente compreendida a partir da exploração ou apropriação do produto excedente por uma classe de proprietários particulares, também o processo de trabalho capitalista, tal como apresentado por Marx, não pode ser entendido como um processo técnico usado no interesse de uma classe de apropriadores particulares.

Ao analisar o papel do trabalho na crítica de Marx, dediquei grande atenção às implicações do caráter historicamente específico do trabalho como atividade social mediadora no capitalismo. Ao delinear o processo de produção, considerarei a outra dimensão social do trabalho, a saber, seu caráter social como atividade produtiva. Como apontei ao discutir tempo abstrato e histórico, o desenvolvimento, sob forma alienada, de modos de conhecimento e experiência socialmente generalizados, mas que não são uma função da habilidade e do conhecimento dos produtores imediatos, constitui um aspecto importante do desenvolvimento histórico do capital na explicação de Marx. Este desenvolvimento é um objeto central do meu exame do tratamento que Marx dá ao processo de trabalho: serve de ponto de partida para a minha interpretação da categoria do capital em termos da intersecção das duas dimensões sociais do trabalho no capitalismo e fornece a base para o meu argumento de que a concepção de Marx do socialismo não envolve a realização do proletariado.

Cooperação

A produção capitalista, de acordo com Marx, foi marcada desde o início pela produção em relativa grande escala. Histórica e conceitualmente, só tem início de fato quando números relativamente grandes de trabalhadores são empregados ao mesmo tempo, por cada unidade de capital individual (uma empresa, por exemplo) – ou seja, quando o processo de trabalho é realizado em uma escala extensiva e produz quantidades relativamente grandes de produtos. Marx afirma que, em seus estágios iniciais, a produção capitalista não envolvia uma mudança qualitativa no modo de produzir, mas apenas o aumento quantitativo no tamanho das unidades de produção, no número de trabalhadores simultaneamente empregados pelo mesmo capital[34]. Ele principia sua análise do desenvolvimento do processo

---

[34] Ibidem, p. 434.

de trabalho no capitalismo, discutindo, sem maiores determinações, a cooperação em geral – em outras palavras, a produção na qual um grande número de trabalhadores trabalha em conjunto no mesmo processo ou em processos interligados[35]. Marx indica claramente que pretende mostrar que o capital modifica o processo de trabalho tornando-o, enfim, intrinsecamente capitalista; por isso mesmo, as categorias desta análise crítica adquirem plena validade e importância apenas como categorias da esfera desenvolvida da produção no capitalismo. Assim, por exemplo, ele afirma que "a lei geral da valorização só se realiza plenamente para o produtor individual quando ele produz como capitalista, emprega muitos trabalhadores simultaneamente e, desse modo, põe em movimento, desde o início, o trabalho social médio"[36]. Essa passagem reforça a minha afirmação anterior de que as determinações do valor de Marx não se referem somente à troca no mercado, mas são concebidas como determinações da produção capitalista. Veremos que, para Marx, à medida que o capital se desenvolve plenamente, a dimensão abstrata temporal do valor estrutura a produção internamente: o valor torna-se uma determinação de uma forma particular de organizar e disciplinar o trabalho dentro de grandes organizações. Da mesma forma, é só então que a lei de valorização se torna válida.

Marx concentra sua discussão sobre a cooperação no maior grau de produtividade que esta permite. Ele afirma que a cooperação não só causa um aumento da força produtiva dos indivíduos, como também acarreta a criação de uma nova força produtiva intrinsecamente coletiva. Como já foi dito, Marx analisa a produtividade com base no caráter social do trabalho concreto, que, para ele, inclui conhecimento e experiência nos campos científico, técnico e organizacional. Nesse ponto, desenvolve tal análise considerando o aumento da produtividade que resulta da cooperação tendo em vista a dimensão do valor de uso da força de trabalho, isto é, o caráter social do trabalho como atividade produtiva:

> a força produtiva [ou *Produktivkraft*] específica da jornada de trabalho combinada é força produtiva social do trabalho ou força produtiva do trabalho social. Ela deriva da própria cooperação. Ao cooperar com outros de modo planejado, o trabalhador supera suas limitações individuais e desenvolve sua capacidade genérica [*Gattungsvermögen*].[37]

---

[35] Ibidem, p. 434, 400-1.

[36] Ibidem, p. 397-9.

[37] Ibidem, p. 405.

380 Tempo, trabalho e dominação social

Em outras palavras, na análise de Marx, a força produtiva (ou "força de produção"), que emerge como resultado da cooperação, é uma função da dimensão social do trabalho concreto. Contudo, essa força é social não só por ser coletiva, mas também por ser maior que a soma das forças produtivas dos indivíduos imediatamente envolvidos; ela não pode ser reduzida à força de seus indivíduos constituintes[38]. Esse aspecto da dimensão social do trabalho concreto é crucial para a análise de Marx.

A cooperação beneficia o capitalista de várias maneiras, de acordo com Marx. É um meio poderoso de aumentar a produtividade e, consequentemente, reduzir o tempo de trabalho socialmente necessário para a produção de mercadorias[39]. Além disso, o capitalista paga aos trabalhadores como proprietários individuais de mercadorias, isto é, por sua força de trabalho independente, não por sua força de trabalho combinada, portanto sua força produtiva coletiva é desenvolvida como um "presente" ao capital[40]. É importante notar que esse "presente" é a força produtiva da dimensão do valor de uso da força de trabalho, que, como salientei, é medida com base na produção de riqueza material, não no dispêndio de tempo de trabalho abstrato. Ou seja, Marx não está se referindo diretamente ao mais-valor, e sim chamando a atenção para o processo no qual a força da dimensão social do trabalho como atividade produtiva – uma força produtiva maior do que a de seus indivíduos constituintes – se torna a força produtiva do capital, pela qual o capitalista não tem de pagar[41].

> As forças produtivas sociais e gerais do trabalho são forças produtivas do capital. Mas essas forças produtivas só concernem ao processo de trabalho [...] Não influenciam diretamente o *valor de troca*. Trabalhem cem pessoas em conjunto ou cada uma delas de per si, o valor de seu produto é igual a cem jornadas de trabalho, seja qual for a quantidade de produtos em que se represente; [...] não importa a produtividade do trabalho.[42]

O processo pelo qual forças produtivas do trabalho passam a pertencer ao capital é um processo de alienação e é central para a análise de Marx do capital. Analisei anteriormente a alienação da dimensão abstrata do trabalho como uma atividade socialmente mediadora; estou agora me referindo à alienação da dimensão social

---

[38] Ibidem, p. 400-1.

[39] Ibidem, p. 404.

[40] Ibidem, p. 408.

[41] Idem.

[42] Karl Marx, *Theories of Surplus Value*, cit., parte 1, p. 393.

A TRAJETÓRIA DA PRODUÇÃO 381

do trabalho concreto como atividade produtiva. *Ambos* os processos são constitutivos do capital. À medida que esses processos de alienação se desenvolvem, os trabalhadores estão subsumidos e incorporados ao capital: tornam-se um modo particular de sua existência[43].

Esse processo de alienação de forças produtivas do trabalho social tem um significado histórico que vai muito além da questão da apropriação privada do produto excedente social pela classe capitalista: ele implica, como veremos, um processo de constituição histórica sob forma alienada de modos sociais gerais de conhecimento e experiência que não se limitam à habilidade e aos conhecimentos dos produtores imediatos. Esse desenvolvimento tem efeitos negativos sobre o caráter do trabalho imediato e, apesar disso, acaba possibilitando a emancipação pessoal do domínio do próprio trabalho e a reapropriação da sua força e do conhecimento socialmente generalizado, constituídos historicamente sob forma alienada.

Nesse ponto da exposição de Marx, no entanto, a natureza do processo de alienação ainda não é clara. A força produtiva alienada é maior do que a soma das suas partes, mas ainda é constituída essencialmente pelos trabalhadores imediatamente envolvidos; portanto, quando Marx fala de "capacidades de espécie" desenvolvidas na cooperação, essas parecem ser as capacidades da coletividade dos trabalhadores. Ainda não foi constituído um tipo de conhecimento e experiência socialmente geral no âmbito da produção de uma forma intrinsecamente independente dos produtores imediatos. Consequentemente, parece que a transformação das forças produtivas do trabalho em forças do capital é apenas uma função da propriedade privada. É possível, nessa fase do desdobramento categorial, conceber hipoteticamente a abolição do capitalismo – de superar a apropriação das forças produtivas do trabalho social pelo capital – somente em termos da abolição da propriedade privada dos meios de produção, os trabalhadores poderiam, então, "possuir" em conjunto a força social coletiva que eles constituem e dirigir cooperativamente o mesmo processo de trabalho que existia sob a propriedade privada. Em outras palavras, o caráter capitalista de produção aqui ainda parece ser extrínseco ao processo de trabalho.

O prosseguimento da exposição de Marx revela, no entanto, que a natureza do capital ainda não surgiu claramente em sua investigação de cooperação simples. Sua análise do processo de trabalho não mantém como definitiva a determinação de sua natureza capitalista em termos de propriedade privada, ele não se limita a passar a indicar a emergência das condições históricas que permitam a possibilidade

---

[43] Idem, *O capital*, cit., Livro I, p. 408.

382 TEMPO, TRABALHO E DOMINAÇÃO SOCIAL

real de superação da propriedade privada. Em vez disso, Marx passa a desenvolver e transformar suas determinações sobre o que constitui o capitalismo e, portanto, o que constitui a sua negação. Especificamente, ele apresenta o desenvolvimento do processo de trabalho de uma forma que modifica a determinação inicial, extrínseca do caráter capitalista da produção. Marx resume esse desenvolvimento em termos da alienação da dimensão do valor de uso da força de trabalho da seguinte forma:

> É um produto da divisão manufatureira do trabalho opor-lhes as potências intelectuais do processo material de produção como propriedade alheia e como poder que os domina. Esse processo de cisão começa na cooperação simples, em que o capitalista representa diante dos trabalhadores individuais a unidade e a vontade do corpo social de trabalho. Ele se desenvolve na manufatura, que mutila o trabalhador, fazendo dele um trabalhador parcial, e se consuma na grande indústria, que separa do trabalho a ciência como potência autônoma de produção e a obriga a servir ao capital.[44]

Esse breve esboço indica que o capital, como uma forma social, está intrinsecamente relacionado à divisão de trabalho e que, conforme esta forma categorial é desdobrada, a sua força produtiva não pode mais ser compreendida apenas em termos dos indivíduos que o constituem imediatamente. Pelo contrário, o poder do capital encarna o poder alienado da sociedade em um sentido mais geral. Então, a emancipação, a reapropriação daquilo que tinha sido alienado, já não pode ser adequadamente compreendida unicamente em termos da abolição da propriedade privada.

Manufatura

Essa trajetória de desenvolvimento do processo de produção deve ser examinada mais de perto. Após essa discussão da cooperação simples, Marx analisa a manufatura como a forma específica de cooperação que caracteriza o processo de produção capitalista na Europa de meados do século XVI até o final do XVIII[45]. Enquanto a cooperação simples deixa o modo de trabalho de cada indivíduo praticamente inalterado, a manufatura revoluciona o processo de trabalho[46]. Ela traz uma nova forma de divisão de trabalho, uma divisão parcelar do trabalho dentro da oficina

---

[44] Ibidem, p. 411.

[45] Ibidem, p. 434-5.

[46] Ibidem, p. 428s.

que Marx distingue da divisão do trabalho dentro da sociedade[47]. O que caracteriza a manufatura é o fato de o processo de trabalho ser baseado na divisão de operações de artesanato em operações parciais especializadas, ou pormenorizadas, realizadas por trabalhadores especializados utilizando instrumentos de trabalho especializados[48]. Essa forma de divisão do trabalho vincula os trabalhadores a tarefas individuais, repetitivas e simplificadas, que depois são estreitamente articuladas e coordenadas entre si[49]; assim, ela aumenta em grande medida a produtividade do trabalho pelo aumento da especialização de cada trabalhador e diminuindo consideravelmente o tempo necessário para a produção de mercadorias[50]. Assim, o modo de produção manufatureiro aumenta o mais-valor, ao passo que também aumenta a autovalorização do capital, na medida em que a simplificação de tarefas e seu consequente desenvolvimento unilateral diminuem diretamente o valor da força de trabalho[51].

Marx não trata a relação entre manufatura e capital como extrínseca nem investiga a primeira como um modo de produção que, em si, é independente do capital, mas usado pelos capitalistas em benefício próprio. Em vez disso, ao criticar Adam Smith por não distinguir adequadamente a divisão do trabalho na sociedade e a divisão do trabalho na oficina[52], Marx afirma que esta última é específica da sociedade capitalista[53]. Ele, portanto, passa a descrever a manufatura como uma "forma especificamente capitalista do processo de produção social [...] [que] é apenas um método particular de produzir mais-valor relativo ou aumentar a autovalorização do capital"[54]. Ou seja, Marx trata-a como um processo de trabalho intrinsecamente relacionado ao capital, no sentido de que é materialmente moldado pelo processo de valorização.

A forma material do processo de produção na manufatura, de acordo com ele, é uma consequência do esforço contínuo para aumentar a produtividade, que marca o capitalismo. Ele fundamenta esse esforço na forma-mercadoria – nos imperativos "objetivos", bem como nos valores culturais e visões de mundo associados a esta forma, que dão origem a tentativas de tornar o processo de trabalho o mais

---

[47] Ibidem, p. 428s.

[48] Ibidem, p. 412-3, 438-40.

[49] Ibidem, p. 418-9.

[50] Ibidem, p. 413s.

[51] Ibidem, p. 424.

[52] Ibidem, p. 424-9.

[53] Ibidem, p. 433.

[54] Ibidem, p. 438.

eficiente possível. Marx contrasta historicamente a ênfase na qualidade e no valor de uso expressa por autores da antiguidade clássica, e a ênfase na quantidade e valor de troca, expressa nas teorias modernas de economia política e materializada na forma de manufatura[55]. Esta última ênfase não se desenvolve historicamente a partir da primeira como simples resultado de algum tipo de desenvolvimento quase natural da divisão do trabalho, mas indica uma ruptura histórica. É a expressão de uma forma muito diferente, e historicamente determinada, de mediação social.

Como ressalta Marx, o princípio da redução do tempo de trabalho necessário para a produção de bens foi conscientemente formulado no início do período manufatureiro[56]. Como princípio permanente da produção, a redução do tempo de trabalho necessário – ou seja, o aumento da produtividade – foi primeiro efetuada historicamente pela divisão do processo de trabalho em suas partes constituintes, e não pela introdução da maquinaria. De acordo com Marx, cada operação parcelar de manufatura resultante mantém o caráter de um ofício manual e, portanto, permanece ligada à força, habilidade, velocidade e perícia dos trabalhadores[57]. Por um lado, o processo de produção permanece ligado ao trabalho humano individual; por outro lado, ganha maior eficácia à medida que o trabalho individual se torna mais parcelar. O resultado, de acordo com Marx, é a criação de uma "máquina" especial especificamente característica do período manufatureiro – a saber, o trabalhador coletivo, formado pela combinação de um número de trabalhadores individuais especializados[58]. Os trabalhadores individuais se tornam órgãos deste conjunto[59].

A exemplo do ocorrido no caso da cooperação simples, o conjunto – que, na manufatura, é a organização coletiva dos trabalhadores – é uma forma de existência do capital. A força produtiva da dimensão do valor de uso da força de trabalho, que aqui resulta da combinação de diferentes tipos de trabalho – em outras palavras, o grande aumento da produtividade gerado pela divisão parcelar do trabalho –, é a força produtiva do capital[60]. Na manufatura, a oposição entre os trabalhadores e o capital, como oposição entre partes individuais fragmentadas e um conjunto diretamente social, torna-se incorporada na forma material da produção em si. Marx não deixa dúvidas de que considera extremamente negativa a subsunção dos

---

[55] Ibidem, p. 438-9.

[56] Ibidem, p. 421-2.

[57] Ibidem, p. 412-3.

[58] Ibidem, p. 422-3.

[59] Ibidem, p. 423-4.

[60] Ibidem, p. 433-5.

A TRAJETÓRIA DA PRODUÇÃO **385**

indivíduos ao coletivo na manufatura. Longe de ser parte de, ou efetuar, um tipo de progresso linear e geral, o aumento da força produtiva do conjunto é constituído à custa da capacidade produtiva do indivíduo. Baseia-se em um processo que "aleija o trabalhador, converte-o numa aberração, promovendo artificialmente sua habilidade detalhista [...] suprimindo toda a riqueza restante de seus talentos e inclinações produtivas"[61]. Com a manufatura "o próprio indivíduo é dividido e transformado no motor automático de um trabalho parcial"[62]. Além disso, essa divisão do trabalho expressa um desenvolvimento mais geral, enraizado na forma-mercadoria, que transforma todas as esferas da vida e estabelece as bases para o tipo de especialização que desenvolve nas pessoas uma faculdade em detrimento de todas as outras[63]. A crítica de Marx, como já deve estar claro, não é apenas que a manufatura "desenvolve a força produtiva social do trabalho exclusivamente para o capitalista, em vez de para o trabalhador" – uma crítica à propriedade que poderia permanecer extrínseca ao processo de trabalho em si –, mas também que o faz "por meio da mutilação do trabalhador individual"[64].

A manufatura tem, então, a forma de um mecanismo de produção cujas partes são os seres humanos[65]. Ela representa um modo de produção diretamente social no sentido de que o trabalhador pode trabalhar apenas como parte do conjunto. Se antes a necessidade de os trabalhadores venderem sua força de trabalho era baseada em sua falta de propriedade, no fato de não possuírem os meios de produção de mercadorias, agora se baseia na natureza técnica do processo de trabalho em si. De acordo com Marx, esta natureza "técnica" é intrinsecamente capitalista[66].

A forma concreta desse processo de trabalho, como já foi dito, é fundamentada por Marx na economia de tempo[67]. Ao analisar a manufatura, ele continua a tratar o valor como uma categoria estruturante da organização da produção (o que começou a fazer ao discutir a cooperação), indicando, mais uma vez, que não a vê unicamente como uma categoria de mercado. Segundo Marx, a regra de que o tempo de trabalho investido na mercadoria não deve exceder o tempo de trabalho socialmente necessário não é apenas imposta extrinsecamente

---

[61] Ibidem, p. 434.

[62] Ibidem, p. 433-5.

[63] Ibidem, p. 428-9.

[64] Ibidem, p. 438.

[65] Ibidem, p. 412-3.

[66] Ibidem, p. 434-5.

[67] Ibidem, p. 418.

386 Tempo, trabalho e dominação social

pela ação da concorrência; na manufatura, a regra tornou-se "uma lei técnica do próprio processo de produção"[68]. Assim, nesse ponto da sua apresentação, Marx mostra retrospectivamente que a determinação da grandeza de valor, com a qual começou sua investigação categorial do capitalismo, é uma determinação essencial tanto do modo de produção como do modo de distribuição. A organização resultante do modo de produção – baseada no uso mais eficaz possível do trabalho humano gasto em tarefas cada vez mais especializadas e fragmentadas – é despótica e hierárquica[69].

O valor, então, é um princípio estruturante de *ambas* as formas de divisão do trabalho na sociedade capitalista. Segundo Marx, ele estrutura não só a divisão social do trabalho nessa sociedade, mas também a divisão do trabalho na oficina: "A regra *a priori* e planejadamente seguida na divisão do trabalho no interior da oficina atua na divisão do trabalho no interior da sociedade apenas *a posteriori*, como necessidade natural [...] percebida nas flutuações barométricas dos preços do mercado"[70]. Note-se que Marx não considera a estrutura planejada da oficina como um aspecto "positivo" ou "não capitalista" da sociedade moderna oposto à anarquia não planejada do mercado. Ele considera precisamente essa estrutura do processo de trabalho como despótica – o despotismo da coletividade, estruturado por considerações de produtividade e eficiência, realizado à custa dos indivíduos. Em vez de criticar a esfera de distribuição do capitalismo a partir da produção, Marx analisa-as como inter-relacionadas: "na sociedade do modo de produção capitalista a anarquia da divisão social do trabalho e o despotismo da divisão manufatureira do trabalho se condicionam mutuamente"[71].

Claramente, Marx está criticando a estrutura "planificada" de produção *e* o modo de distribuição mediado pelo mercado no capitalismo. Ele fundamenta ambos na forma-mercadoria, como desdobrada na forma de capital e, portanto, caracteriza o capitalismo do ponto de vista da oposição entre o indivíduo atomizado, aparentemente descontextualizado, e o todo coletivo, em que indivíduos funcionam como meras engrenagens. (Em outro nível, essa oposição é entre o trabalho privado e o trabalho diretamente social, que discuti no início do Capítulo 2). Sua noção de superação do capitalismo, portanto, não pode ser compreendida apenas como a superação no mercado ou a extensão, a toda a sociedade, da or-

---

[68] Ibidem, p. 420.

[69] Ibidem, p. 429-30, 434.

[70] Ibidem, p. 430.

[71] Idem.

A TRAJETÓRIA DA PRODUÇÃO   387

dem planificada vigente na oficina. Marx descreve essa ordem como a completa submissão do trabalhador ao capital (entendida não como propriedade privada, mas como uma organização do trabalho que aumenta a sua força produtiva)[72]. Em vez disso, sua análise implica que a superação do capitalismo exigiria a superação *tanto* do despotismo "planificado", organizado e burocrático gerado na esfera da produção, *como* da anarquia na esfera de distribuição, em que o primeiro recebe primazia fundamental[73].

Contudo, nessa etapa da exposição de Marx, as condições dessa possibilidade ainda não são aparentes. A manufatura é um tipo de "fase intermediária" na exposição de Marx do processo de produção capitalista. A compreensão desse caráter "intermediário" ilumina o sentido estratégico da apresentação e as implicações das categorias iniciais para a compreensão do capital e da possibilidade de superá-lo. Por um lado, como vimos, na manufatura, o caráter capitalista da produção não é mais extrínseco ao processo de trabalho – portanto, não se pode mais conceber a abolição do capital como apenas a abolição da propriedade privada, tal qual era possível no caso da cooperação simples. Os comentários críticos de Marx sobre a divisão do trabalho em parcelas indicam claramente que sua concepção da emancipação inclui a superação histórica do processo de trabalho moldado pelo capital. Por outro lado, no entanto, a possibilidade de esse processo de trabalho ser superado ainda não surgiu na exposição. Apesar das diferenças, a manufatura e a cooperação simples possuem uma característica comum: o conjunto alienado (capital) é maior que a soma das suas partes, embora ainda seja formado pelos produtores imediatos.

Para esclarecer este ponto, deixe-me colocar o seguinte cenário hipotético, que enfatiza o caráter histórico da possível negação do capitalismo e é relevante para reconsiderar o "socialismo real": tenta-se criar uma sociedade socialista com base na forma da produção que caracteriza a manufatura. Não só é abolida a propriedade privada capitalista, mas o valor é substituído pela riqueza material como a forma de riqueza social. O objetivo de aumentar a produtividade não é mais aumentar o

---

[72] Idem.

[73] A análise que Marx faz da estruturação da produção e da trajetória do desenvolvimento capitalista pela forma-mercadoria permite que essa estruturação ocorra na ausência do mercado. Assim, no âmbito dessa estrutura teórica, a invasão de áreas antes regulamentadas pelo mercado por um modo de regulamentação organizado e burocrático durante o século XX não deve ser entendida como um desenvolvimento interno do capitalismo que aponta para além dele, mas pode ser apreendida como uma extensão das grandes instituições associada ao capital à custa da esfera burguesa de distribuição, como uma mudança na forma pela qual a lei do valor prevalece historicamente.

388 TEMPO, TRABALHO E DOMINAÇÃO SOCIAL

dispêndio de tempo excedente de trabalho, mas produzir mais riqueza material para satisfazer as necessidades. Entretanto, essa mudança na finalidade da produção não envolve uma mudança fundamental no processo de trabalho. Vimos que o valor, de acordo com Marx, baseia-se no dispêndio de tempo de trabalho humano direto. Contudo, nessa fase do desenvolvimento do capitalismo, a produtividade e, por conseguinte, a produção de riqueza material são também essencialmente baseadas no trabalho humano direto, tornado mais eficiente pela divisão do trabalho em parcelas. Em outras palavras, a principal força produtiva é a própria organização do trabalho humano. Em tal situação, a produção ainda está necessariamente baseada no trabalho humano direto, independentemente de o objetivo de aumentar a produtividade ser um aumento de mais-valor ou um aumento da riqueza material.

Enquanto o trabalho humano continuar sendo a força produtiva essencial de riqueza material, a produção, a fim de gerar riqueza material com um alto nível de produtividade, implica necessariamente a *mesma* forma de processo de trabalho de quando a finalidade da produção é um aumento no mais-valor. A distinção entre essas duas formas de riqueza tem pouca relevância aqui; em ambos os casos, o processo de trabalho baseia-se na divisão do trabalho em parcelas tal como desenvolvido na manufatura capitalista. Em tal situação, a natureza unilateral, repetitiva e fragmentada do trabalho só pode ser abolida reduzindo significativamente o nível de produtividade e, por conseguinte, a riqueza social geral. Embora a análise de Marx não afirme o processo de trabalho no capitalismo, ela certamente não implica uma crítica romântica desse processo de trabalho, que remonta a uma suposta "totalidade" pré-capitalista – que, se concretizada, seria social e economicamente desastrosa. Em qualquer caso, nessa etapa da exposição de Marx, ainda não estão presentes as condições para uma eventual superação histórica do processo de trabalho no qual a divisão em parcelas pode ser abolida ao mesmo tempo que é mantido um elevado nível de produtividade.

Está claro que um dos objetivos centrais da análise categorial de Marx é precisamente determinar essa emergente possibilidade de superação do processo de trabalho capitalista. Tal possibilidade está implícita nas categorias de análise de Marx, mas, como argumentei, elas devem ser entendidas como categorias de um capitalismo plenamente desenvolvido. É somente desse ponto de vista que se pode compreender o caráter "intermediário" da manufatura na exposição de Marx. Apesar de o processo de trabalho manufatureiro ser moldado pelo capital, o cenário hipotético aqui exposto mostra que a diferença entre valor e riqueza material, tão importante para a análise categorial de Marx do capitalismo desenvolvido, ainda não tem relevância prática para a forma de produção. Em outras palavras, ainda que

A TRAJETÓRIA DA PRODUÇÃO 389

seja moldado pelo processo de valorização, o processo de trabalho manufatureiro não é – do ponto de vista da produção capitalista plenamente desenvolvida – a materialização plenamente adequada do processo de valorização e, por conseguinte, não expressa plenamente a especificidade e a natureza contraditória da tendência do capital ao aumento de produtividade.

Salientei que, considerado em termos das determinações iniciais do processo de trabalho, o trabalho funciona como uma força ativa produtiva que transforma a matéria, a fim de produzir riqueza material; no entanto, ele serve como a "verdadeira" matéria-prima, como o objeto do processo de valorização. Na análise de Marx, essa inversão é real e não metafórica e ocorre em todas as formas de produção capitalista. Contudo, não se concretiza totalmente na manufatura. Embora o trabalho tenha sido fragmentado na manufatura e só possa existir como parte do conjunto (ou seja, os trabalhadores se tornaram parte do aparato produtivo), os trabalhadores continuam a usar as ferramentas e não o contrário. A manufatura é essencialmente uma forma complexa de ofício, em que o trabalho de cada operário não é mais o de um artesão, mas sim um aspecto especializado do trabalho. O trabalho do trabalhador coletivo tem o caráter de um "superartesão". A forma do processo de trabalho é suficiente para que o trabalho humano direto – mesmo que apenas de forma coletiva – ainda pareça ser o princípio ativo e criativo do processo de trabalho, em vez de seu objeto.

Em outras palavras, na análise categorial de Marx, quando a principal força produtiva utilizada para aumentar a produtividade é a própria organização do trabalho humano, o processo de trabalho ainda não expressa a função específica do trabalho humano direto no capitalismo como uma fonte de tempo de trabalho objetivado. Da mesma forma, a força produtiva da dimensão do valor de uso da força de trabalho – de conhecimento e experiência sociais gerais – ainda não é expresso de uma forma que, potencialmente, poderia se tornar independente do trabalho humano direto. Portanto, a natureza dupla do capital ainda não está clara, e a contradição dentro da produção capitalista ainda não foi desdobrada. Assim, nessa etapa da exposição de Marx, o processo de produção capitalista ainda não incorpora a possibilidade da sua própria negação.

No entanto, a sua exposição começou a apontar o que essa possibilidade acarretaria. De acordo com a análise categorial de Marx, o processo de trabalho incorpora a contradição central do capital quando a totalidade social alienada, maior que a soma das suas partes, não pode ser entendida unicamente em termos dos indivíduos imediatamente envolvidos em sua constituição, e quando a superação do capital não pode mais ser entendida em termos de reapropriação, pelos

390   Tempo, trabalho e dominação social

trabalhadores, daquilo que constituíram. Nesse ponto, a distinção que Marx faz entre valor e riqueza material se torna relevante. A manufatura abriu o caminho, historicamente, para essa forma de processo de trabalho – a produção mecanizada em grande escala[74].

A grande indústria

Segundo Marx, é com o desenvolvimento da produção industrial em grande escala que o capital se realiza. Ele analisa esse modo de produção como a materialização adequada do processo de valorização, como a concretização da natureza dual das formas sociais subjacentes do capitalismo e, portanto, como a expressão adequada da natureza específica e contraditória da tendência do capital ao contínuo aumento de produtividade. Isso significa, por outro lado, que o pleno significado da concepção de Marx da natureza dual da produção no capitalismo só vem à tona com a sua análise da produção industrial.

Para esclarecer esse aspecto da investigação de Marx, considerarei brevemente seu propósito argumentativo. Vimos que, ao tratar da manufatura, Marx é altamente crítico ao processo de trabalho que emerge com o desenvolvimento da sociedade capitalista; ele o descreve como intrinsecamente capitalista e busca apreender suas características determinadas como intrinsecamente moldadas pelo capital. No entanto, essa caracterização ainda não foi convincentemente fundamentada. A forma de valor do excedente social pode, de fato, gerar uma tendência ao contínuo aumento da produtividade, mas um processo de trabalho cuja meta seja a riqueza material ainda não se distingue de um cuja meta seja o valor. Portanto, ainda não se pode discernir totalmente que a produção *não* seja um processo técnico utilizado por uma classe de apropriadores privados em seu próprio benefício e que poderia ser usado pelos trabalhadores em seu interesse. Se este fosse o caso, o caráter negativo do trabalho no capitalismo descrito por Marx seria simplesmente uma consequência necessária de um alto nível de produtividade – um preço lamentável, mas inevitável, a ser pago por um alto nível de riqueza social geral, independentemente de como essa riqueza é distribuída. No entanto, como veremos, ao investigar a grande indústria, Marx pretende pôr em questão a relação supostamente necessária entre altos níveis de produtividade e o trabalho fragmentado e vazio. Ele tenta mostrar

---

[74] Karl Marx, *O capital*, cit., Livro I, p. 412-3, 416-8, 438-43.

A TRAJETÓRIA DA PRODUÇÃO 391

que a forma do processo de trabalho industrial não pode ser apreendida adequadamente em termos técnicos, apenas por meio das exigências de níveis elevados de produtividade, mas *pode* ser elucidada socialmente, com referência à dualidade das formas sociais essenciais do capitalismo.

Marx começa sua investigação sobre a grande indústria examinando-a primeiro em termos da produção de riqueza material, isto é, em termos de dimensão do valor de uso da força de trabalho no capitalismo. Ao estender sua análise do desenvolvimento histórico do caráter social do trabalho concreto no capitalismo (que tinha começado em sua investigação sobre a cooperação e manufatura), Marx mostra que a produção de riqueza material é apenas um aspecto do processo de trabalho capitalista desenvolvido. O que caracteriza a dimensão do valor de uso da força de trabalho na produção industrial, de acordo com Marx, é o fato de ser constituída de forma a se tornar cada vez mais independente do trabalho dos produtores imediatos. Ele descreve resumidamente o percurso do desenvolvimento histórico em termos do desenvolvimento da produção mecanizada, começando do ponto de partida da Revolução Industrial no século XVIII – a substituição do trabalhador, que lida com uma única ferramenta, por uma máquina[75]. (Esta última é um mecanismo que opera com várias ferramentas semelhantes; a quantidade de ferramentas que utiliza simultaneamente é independente das limitações funcionais que restringem o uso de ferramentas para o artesão[76].) Marx então descreve o desenvolvimento dos mecanismos motores (por exemplo, o motor a vapor) que, tal como a máquina-ferramenta, existem de forma independente, emancipada dos limites da força humana e, diferentemente da força hidráulica ou animal, estão integralmente sob o controle humano[77]. O desenvolvimento dos mecanismos motores permite, por sua vez, o desenvolvimento de um sistema de máquinas – uma "divisão do trabalho" entre máquinas inspirada na divisão manufatureira do trabalho[78]. Para Marx, este último tem de se adaptar ao trabalhador e é, nesse sentido, "subjetivo", mas o primeiro é "objetivo": o processo de produção é analisado em seus elementos constitutivos com a ajuda das ciências naturais e sem considerar princípios anteriores da divisão do trabalho, "centrados no trabalhador"[79]. A próxima etapa desse processo histórico de superação da centralidade do trabalho humano direto no processo

---

[75] Ibidem, p. 446-7.

[76] Ibidem, p. 446-9.

[77] Ibidem, p. 449-50.

[78] Ibidem, p. 453-4.

[79] Ibidem, p. 458-9.

392 Tempo, trabalho e dominação social

de trabalho é a produção de máquinas por máquinas, que oferece a "base técnica adequada" da grande indústria[80]. Esses desenvolvimentos originam um sistema de maquinaria descrito por Marx como um vasto autômato acionado por uma força motriz autorregulada[81]. (Posteriormente, teremos ocasião de discutir os paralelos entre essa descrição e a que Marx fez do capital.) Ele sintetiza o desenvolvimento de máquinas de produção deste modo:

> Como maquinaria, o meio de trabalho adquire um modo de existência material que condiciona a substituição da força humana por forças naturais e da rotina baseada na experiência pela aplicação consciente da ciência natural. Na manufatura, a articulação do processo social de trabalho é puramente subjetiva, combinação de trabalhadores parciais; no sistema da maquinaria, a grande indústria é dotada de um organismo de produção inteiramente objetivo, que o trabalhador encontra já dado como condição material da produção.[82]

Quando descreve o desenvolvimento da grande indústria considerando a substituição de força de trabalho por forças naturais, Marx se refere não só ao uso de forças naturais, como vapor ou água, mas também ao desenvolvimento das forças produtivas sociais em geral. Portanto, ele caracteriza como "forças naturais do trabalho social" as forças produtivas resultantes da cooperação e da divisão do trabalho, observando que estas – do mesmo modo que forças naturais como o vapor e a água – nada custam[83]. Ele observa também que a ciência é como uma força da natureza; uma vez descoberto, um princípio científico não custa nada[84]. Finalmente, ao discutir os meios objetivados de produção, Marx afirma que, à parte do custo de depreciação e das substâncias auxiliares consumidas (petróleo, carvão etc.), máquinas e ferramentas fazem seu trabalho por nada; quanto maior a eficiência de produção da máquina em comparação com a ferramenta, maior a extensão do seu serviço gratuito[85]. Ele relaciona a eficiência produtiva ao acúmulo de trabalho anterior e conhecimento produtivo, descrevendo a grande indústria como uma forma de produção na qual "o homem aprende a fazer o produto de

---

[80] Ibidem, p. 458.

[81] Ibidem, p. 453-5.

[82] Ibidem, p. 459.

[83] Idem.

[84] Idem. A primeira parte deste enunciado, "*Wie mit den Naturkräften verhält es sich mit der Wissenschaft*", não aparece na edição inglesa. Ela pode ser encontrada em *Das Kapital* (Berlim, 1962, Marx-Engels Werke, vol. 23), Livro I, p. 407.

[85] Karl Marx, *O capital*, cit., Livro I, p. 460-1.

A TRAJETÓRIA DA PRODUÇÃO **393**

seu trabalho anterior [...] atuar gratuitamente, em larga escala, como uma força da natureza"[86].

Note-se que aquilo a que Marx se refere como "forças naturais", que substituem a força humana e as habilidades tradicionais em uma produção mecanizada, são precisamente os poderes sociais gerais por meio dos quais ele tinha formulado o caráter social do trabalho concreto – a saber, "o grau de desenvolvimento da ciência e de sua aplicabilidade tecnológica, a organização social do processo de produção [e] o volume e a eficácia dos meios de produção"[87]. Assim, um aspecto do desenvolvimento da grande indústria é a constituição histórica de capacidades produtivas sociais gerais e formas de conhecimento científico, técnico e organizacional que não são uma função e não podem ser reduzidas à força, ao conhecimento e à experiência dos trabalhadores; envolvem também o acúmulo permanente de trabalho anterior e experiência socialmente geral. Esse aspecto historicamente constituído da dimensão do valor de uso da força de trabalho no capitalismo é como uma "força natural" na medida em que é independente do trabalho imediato, não custa nada e substitui cada vez mais o esforço humano como o fator social central na transformação da matéria, o "metabolismo" social da humanidade com a natureza, condição necessária da vida social. Assim, com o desenvolvimento da grande indústria, a incorporação dessas "imensas forças naturais" na produção[88] – isto é, a capacidade adquirida de explorar as forças da natureza e objetivar e fazer uso do passado – substitui cada vez mais o trabalho humano direto como principal fonte de riqueza material. A produção de riqueza material torna-se cada vez mais uma função da objetivação do tempo histórico.

O desenvolvimento histórico do caráter social do trabalho concreto diferencia fundamentalmente a grande indústria da manufatura. Ele não só aumenta enormemente a produtividade do trabalho, mas, na medida em que torna a produção de riqueza material essencialmente independente do dispêndio de trabalho humano direto, também enfraquece a necessidade técnica para a divisão do trabalho característica da manufatura, tanto no interior da oficina, como em toda a sociedade[89]. Em outras palavras, esse desenvolvimento histórico aponta implicitamente para a possibilidade de uma nova organização social do trabalho.

---

[86] Idem (grifos meus).

[87] Ibidem, p. 118.

[88] Ibidem, p. 460.

[89] Ibidem, p. 491-4, 554-5.

394   Tempo, trabalho e dominação social

Esta possibilidade, contudo, não é realizada na grande indústria. De fato, a verdadeira estrutura da produção industrial é muito diferente da possibilidade implícita por uma consideração abstrata do desenvolvimento da dimensão do valor de uso da força de trabalho em si. De acordo com Marx, embora as forças produtivas da sociedade sejam altamente desenvolvidas com a grande indústria capitalista, a forma pela qual essas forças são constituídas historicamente não livra os trabalhadores do trabalho parcial e repetitivo. Ao contrário, ela os subsume à produção e os transforma em engrenagens de um aparato produtivo, partes de máquinas especializadas[90]. Ele descreve o modo de produção resultante como uma forma que acarreta um trabalho ainda mais fragmentado e especializado do que na manufatura[91]. O trabalho industrial, diz Marx, "reprime o jogo multilateral dos músculos e consome todas as suas energias físicas e espirituais"[92]. Em geral, a verdadeira forma de produção mecânica tem consequências extremamente negativas: o trabalho se torna ainda mais fragmentado, mulheres e crianças são empregadas em funções repetitivas e mal remuneradas, cai o nível intelectual do trabalho e ou há ampliação da jornada ou aumento da intensidade de trabalho[93]. Além disso, os efeitos negativos não se restringem ao local da produção imediata: esse modo de produção prejudica a segurança dos trabalhadores e acarreta a criação de uma população trabalhadora descartável, deixada como reserva para as necessidades da exploração capitalista[94]. Ele afeta negativamente a saúde, o nível geral das capacidades intelectuais e sensibilidades morais e a vida familiar da população trabalhadora[95]. Marx resume os efeitos negativos da grande indústria sobre os

---

[90] Ibidem, p. 494.

[91] Ibidem, p. 554-5.

[92] Ibidem, p. 494-5.

[93] Ibidem, p. 468-73, 480-1.

[94] Ibidem, p. 501-13, 523-30, 557.

[95] Ibidem, p. 467-75, 557-60. Embora Marx descreva extensamente os "terríveis e repugnantes" efeitos da "dissolução do velho sistema familiar no interior do sistema capitalista" na população trabalhadora durante a primeira metade do século XIX (p. 559), ele não considera esses laços como um modelo de relações humanas íntimas que deveriam ser reestabelecidas. Tampouco, obviamente, considera a entrada de grande número de mulheres e crianças em processos de produção estruturados pelo trabalho alienado como sendo, em si e por si, um avanço positivo ou benéfico. Em vez disso, em conformidade com sua análise do duplo caráter do capitalismo, ele o considera um desenvolvimento que, apesar de negativo, dá origem a condições que poderiam permitir uma "forma superior da família e da relação entre os sexos" (p. 559-60).

A TRAJETÓRIA DA PRODUÇÃO 395

trabalhadores, a natureza do trabalho e a divisão social do trabalho contrastando o potencial incorporado na produção mecânica com suas consequências reais:

> a maquinaria encurta o tempo de trabalho, ao passo que, utilizada de modo capitalista, ela aumenta a jornada de trabalho; como, por si mesma, ela facilita o trabalho, ao passo que, utilizada de modo capitalista, ela aumenta sua intensidade; como, por si mesma, ela é uma vitória do homem sobre as forças da natureza, ao passo que, utilizada de modo capitalista.[96]

Na produção industrial capitalista, as forças produtivas da sociedade são desenvolvidas de uma maneira que domina as pessoas e desfavorece o seu desenvolvimento – uma maneira muito diferente da concebível quando se considera apenas o desenvolvimento da dimensão do valor de uso do trabalho. Em vez de levar à abolição da divisão fragmentária do trabalho característica da manufatura, o verdadeiro desenvolvimento do caráter social do trabalho concreto é tal que "a forma capitalista da grande indústria reproduz aquela divisão do trabalho de maneira ainda mais monstruosa, na fábrica propriamente dita [...] e [...] em todos os outros lugares"[97].

Essa divisão "monstruosa" do trabalho é central na análise de Marx. Por um lado, sua investigação do desenvolvimento da dimensão do valor de uso da força de trabalho e o contraste que ele faz entre sua forma potencial e sua forma real indicam claramente que a divisão do trabalho na grande indústria, diferentemente da manufatura, não é necessariamente um requisito técnico para o aumento da produção. Por tal razão, ele critica duramente como "apologistas da economia" aqueles que – entendendo a produção industrial em termos puramente técnicos e não conseguindo distinguir a "aplicação capitalista da maquinaria" da "maquinaria propriamente dita" – são incapazes de conceber uma utilização da maquinaria diferente da capitalista e, com isso, desacreditam todos os críticos do sistema capitalista de produção industrial como inimigos do progresso técnico[98]. Por outro lado, apesar de empregar termos como "utilização" e "aplicação" capitalista da maquinaria, Marx não considera extrínseca a relação entre capitalismo e produção industrial. O que converte em capitalista a grande indústria não é apenas a propriedade privada; mas, como explicarei, a produção industrial é intrinsecamente capitalista por ser,

---

[96] Ibidem, p. 513.

[97] Ibidem, p. 554-5.

[98] Ibidem, p. 513-4.

ao mesmo tempo, um processo de valorização e um processo de trabalho[99]. Seu fim último não é a riqueza material, mas o mais-valor. Embora, segundo Marx, essa dualidade também seja característica de formas anteriores de produção capitalista, é somente com a grande indústria que as diferenças entre valor e riqueza material, trabalho abstrato e trabalho concreto, se tornam significativas e passam a constituir a forma do processo de trabalho propriamente dito. O enfoque da análise de Marx da produção industrial, portanto, é mostrar que a divisão de trabalho característica da produção industrial em grande escala não é fruto de uma necessidade técnica nem acidental, mas uma expressão de seu caráter intrinsecamente capitalista. Ou seja, um objetivo importante de sua teoria crítica categorial é entender o modo capitalista de produção industrial em termos sociais – em termos de uma análise das formas de mediação social que estruturam o capitalismo – e assim articular a disparidade entre as possibilidades implícitas pelo desenvolvimento da dimensão do valor de uso da força de trabalho no capitalismo e o desenvolvimento histórico real das forças produtivas.

Antes de continuar, devo salientar que do ponto de vista da análise social da produção, abordagens que apreendem a produção industrial capitalista unicamente em termos técnicos são como aquelas que entendem o trabalho no capitalismo somente como interações entre homem e natureza. Em ambos os casos, a dimensão concreta não é entendida como a forma materializada da mediação social; ao contrário, a forma fetiche de aparecimento da mediação social é tomada pelo valor de face. Este é o caso das críticas à produção capitalista centradas exclusivamente na propriedade privada e no mercado, bem como de teorias que tratam o desenvolvimento industrial como um processo de "modernização" sem reconhecer a categoria social do capital.

Tratarei agora da relação entre o conceito de Marx das formas sociais básicas que caracterizam o capitalismo e sua análise da grande indústria. Ao acompanharmos o desdobramento das categorias de Marx, vimos que sua determinação temporal da grandeza do valor só assume pleno significado quando é introduzida a categoria de mais-valor relativo; de modo semelhante, o pleno significado de sua determinação do valor como a objetivação do trabalho humano (abstrato) só se torna claro quando Marx analisa a grande indústria. Como já foi dito, uma vez que o propósito da produção capitalista é o mais-valor, ele gera uma tendência permanente de aumento da produtividade, que leva à substituição do trabalho humano direto pelas forças

---

[99] Idem, "Results of the Immediate Process of Production", cit., p. 983, 1.024; idem, *O capital*, cit., Livro I, p. 578.

A TRAJETÓRIA DA PRODUÇÃO 397

produtivas dos conhecimentos sociais gerais como principal fonte social de riqueza material. Ao mesmo tempo – e isto é crucial – a produção capitalista é e continua sendo baseada no dispêndio de tempo de trabalho humano precisamente porque seu propósito é o mais-valor.

Marx apreende a produção industrial capitalista em termos desta dualidade: como processo de criação de riqueza material, ela deixa de depender necessariamente do trabalho humano direto; contudo, como processo de valorização, ela continua necessariamente baseada nesse trabalho. A grande indústria é definida pela ascensão de forças produtivas que não são mais uma função do trabalho humano direto – mas isso no contexto da contínua importância deste trabalho. Com o desenvolvimento desse modo de produção, o trabalho vivo gradualmente deixa de ser a força ativa e reguladora da produção. Vimos que, do ponto de vista da análise de Marx do processo de valorização, o trabalho humano direto é importante como uma fonte de valor, independentemente de sua especificidade qualitativa e do nível de produtividade; o propósito do dispêndio de trabalho é a objetivação do próprio tempo de trabalho. É precisamente quando a produção de riqueza material deixa de depender do trabalho humano direto, mesmo que tal trabalho continue parte integrante do processo produtivo, que a função do trabalho humano como mera fonte de tempo de trabalho objetivado passa a ser expressa na forma do processo de trabalho em si:

> Toda produção capitalista, por ser não apenas processo de trabalho, mas, ao mesmo tempo, processo de valorização do capital, tem em comum o fato de que não é o trabalhador quem emprega as condições de trabalho, mas, ao contrário, são estas últimas que empregam o trabalhador; porém, apenas com a maquinaria essa inversão adquire uma realidade tecnicamente tangível [...] o próprio meio de trabalho se confronta, durante o processo de trabalho, com o trabalhador como capital, como trabalho morto a dominar e sugar a força de trabalho viva.[100]

Marx vê a produção industrial como a materialização adequada do processo de valorização – um processo no qual a riqueza material é produzida como meio de gerar mais-valor e não como o objetivo final da produção; logo, um processo no qual o trabalho vivo serve como objeto de produção e fonte de valor. Nesse sentido, a função final das forças produtivas é "sugar" o máximo possível da força de trabalho viva. Esse processo é expresso materialmente na grande indústria pela natureza fragmentada do trabalho e também – uma vez que as forças produtivas não são mais uma função essencial do trabalho humano direto – pela crescente diferença

---

[100] Idem, *O capital*, cit., Livro I, p. 495.

398 Tempo, trabalho e dominação social

entre a relação das forças objetivadas de produção e da formação de valor e sua relação com a formação da riqueza material[101]. A máquina entra integralmente no processo de trabalho, gerando grande volume de riqueza material, mas entra no processo de valorização somente à medida que transmite aos produtos o valor que compõe sua criação ou altera a proporção entre o tempo excedente de trabalho e o tempo de trabalho necessário para a reprodução dos trabalhadores[102]. Como já foi dito, a análise implica que, com a produção industrial, o crescimento da riqueza material resultante de níveis cada vez maiores de produtividade excede em muito o crescimento do mais-valor – particularmente porque as próprias máquinas são produzidas por máquinas, o que aumenta muito a lacuna entre sua capacidade de criar riqueza e o tempo de trabalho despendido em sua construção[103].

As crescentes disparidades criadas pelo desenvolvimento das forças produtivas, entre os aumentos da riqueza material e do mais-valor, são expressão das crescentes diferenças entre as forças produtivas da dimensão do valor de uso da força de trabalho e o trabalho vivo. Anteriormente, mencionei a noção de Marx da relação entre as formas de relações sociais que caracterizam o capitalismo e o desenvolvimento de capacidades produtivas extremamente poderosas, com as visões de mundo e concepções de realidade relacionadas a esse desenvolvimento. O importante para nossa investigação, neste ponto, é a forma determinada desse desenvolvimento. No contexto de um modo de produção no qual o trabalho vivo permanece essencial para a produção e a maquinaria é usada como meio de mais-valor crescente, as forças produtivas da dimensão concreta do trabalho são constituídas em oposição ao trabalho vivo como forças produtivas do capital[104]:

> A cisão entre as potências intelectuais do processo de produção e o trabalho manu-
> al, assim como a transformação daquelas em potências do capital sobre o trabalho,
> consuma-se, como já indicado anteriormente, na grande indústria, erguida sobre a
> base da maquinaria. A habilidade detalhista do operador de máquinas individual,
> esvaziado, desaparece como coisa diminuta e secundária perante a ciência, perante
> as enormes potências da natureza e do trabalho social massivo que estão incorpora-
> das no sistema da maquinaria e constituem, com este último, o poder do "patrão"
> (*master*).[105]

---

[101] Ibidem, p. 459-60.

[102] Ibidem, p. 445-6, 452-3.

[103] Ibidem, p. 459-64.

[104] Ibidem, p. 458-9, 490s.

[105] Ibidem, p. 445-6, 452-3.

A TRAJETÓRIA DA PRODUÇÃO   399

O processo de produção capitalista induz, segundo Marx, o desenvolvimento histórico de poderosas forças produtivas sociais gerais; entretanto, esse processo de constituição histórica – que descrevi como o acúmulo de tempo histórico – foi criado como um processo de alienação. Essas forças emergem historicamente sob forma alienada, como forças do capital, do "patrão".

Discuti esse processo de alienação da dimensão do valor de uso da força de trabalho ao examinar o tratamento que Marx dá à cooperação e à manufatura e, a seguir, investigarei mais a fundo seus fundamentos estruturais. O importante neste ponto é que na grande indústria as forças produtivas sociais do trabalho concreto – que Marx chama de "capacidades de espécie" constituídas sob forma alienada como "presenteado gratuitamente" ao capital – não apenas são maiores que a soma das forças produtivas dos produtores imediatos, como também não são mais constituídas principalmente por elas. Diferentemente da manufatura, as forças do todo social não mais expressam sob forma alienada o conhecimento, as habilidades e a força de trabalho do trabalhador coletivo, mas sim o conhecimento coletivo acumulado e a força da humanidade, da espécie. Por conseguinte, como a passagem agora citada indica claramente, com o desenvolvimento da grande indústria, as forças do capital não podem ser consideradas como do trabalhador coletivo sob forma alienada, mas se tornaram maiores que este.

Outro aspecto desse desenvolvimento é um declínio das habilidades e forças dos trabalhadores individuais bem como – e isto é crucial – do trabalhador coletivo. Como a produção de riqueza material se torna cada vez mais uma função do conhecimento técnico, organizacional e científico socialmente geral, e não de habilidades, conhecimento e força de trabalho dos produtores imediatos, a força de trabalho combinada dos trabalhadores deixa de ser comparável à força de trabalho de um "superartesão", como na manufatura. A produção não mais é uma forma de ofício manual, baseada no trabalho dos trabalhadores. Entretanto, como as forças produtivas sociais gerais são desenvolvidas como aquelas do capital – logo, no quadro de um sistema que pressupõe o dispêndio de tempo de trabalho – as forças objetivadas da produção na grande indústria, *em um nível social total*, não tendem a substituir o trabalho humano direto na produção. Em vez disso, são usadas para extrair níveis maiores de mais-valor da força de trabalho que deixou de ser essencial para a produção de riqueza material e logo perde gradualmente seu caráter de trabalho artesanal qualificado ou como um aspecto especializado desse trabalho.

Assim, há um antagonismo estrutural entre as forças alienadas da produção e o trabalho vivo, na qual a primeira se torna mais desenvolvida enquanto a última

400 Tempo, trabalho e dominação social

se torna cada vez mais vazia e fragmentada: "Mesmo a facilitação do trabalho se torna um meio de tortura, pois a máquina não livra o trabalhador do trabalho, mas seu trabalho de conteúdo"[106]. A lógica da produção industrial em grande escala implica, então, um longo declínio das habilidades dos trabalhadores[107]. Como já disse, para Marx, a função do trabalho humano como fonte do valor no processo de valorização ganha expressão material no processo de trabalho industrial. Nesse ponto, posso acrescentar que, à medida que o faz, o trabalho se torna cada vez mais vazio, pouco mais que o simples dispêndio de energia.

A relação antagônica e socialmente constituída entre as forças produtivas objetivadas e o trabalho vivo molda a forma do processo de produção industrial. No caso da manufatura, as diferenças entre valor e riqueza material ainda não são significativas para a forma do processo de trabalho. Esta forma, portanto, pode ser explicada tendo em vista a tendência ao aumento de produtividade. A forma do processo de trabalho industrial, no entanto, não pode ser explicada apenas nesses termos. Seu caráter antagônico e contraditório, segundo Marx, emerge da tensão crescente entre as duas tendências geradas pelo duplo caráter da mediação social subjacente – a tendência ao constante aumento de produtividade e o necessário dispêndio de tempo de trabalho imediato. Essa tensão resulta no desenvolvimento de um sistema produtivo que confronta os trabalhadores como um sistema objetivo no qual eles são incorporados como peças integrantes[108]:

---

[106] Ibidem, p. 494-5.

[107] Ibidem, p. 504-10. A tendência de longo prazo ao declínio das habilidades dos trabalhadores no capitalismo industrial foi extensamente investigada por Harry Braverman em seu clássico *Labor and Monopoly Capitalism*, cit. Braverman foi criticado por minimizar a consciência e as lutas dos trabalhadores na modificação e orientação do desenvolvimento do processo de trabalho. Contudo, como destaca David Harvey, a análise de Braverman, assim como a de Marx, está preocupada em fazer uma ampla varredura da história da acumulação do capital e saber se há ou não transformações unidirecionais no processo de trabalho (*Os limites do capital*, cit., p. 166-83). Ou seja, a questão não é somente se os trabalhadores são sujeitos ou objetos da história ou mesmo se a luta de classes altera o desenvolvimento do processo de trabalho, mas sim, em um nível mais alto de abstração, se o capitalismo possui uma trajetória histórica. Como argumentei, tal trajetória, que Marx procura apreender com o conceito das formas sociais constitutivas do capitalismo, não pode ser explicada apenas com referência à luta de classes. Questões conectadas consistem em saber se essa trajetória de desenvolvimento aponta para uma possível superação do capitalismo e, além disso, se esta possibilidade implica na autorrealização do proletariado ou, ainda, na abolição do trabalho proletário.

[108] Karl Marx, *O capital*, cit., Livro I, p. 458-9, 467-8.

A TRAJETÓRIA DA PRODUÇÃO **401**

Na manufatura [...], o trabalhador se serve da ferramenta; na fábrica, ele serve à máquina. Lá, o movimento do meio de trabalho parte dele; aqui, ao contrário, é ele quem tem de acompanhar o movimento. Na manufatura, os trabalhadores constituem membros de um mecanismo vivo. Na fábrica, tem-se um mecanismo morto, independente deles e ao qual são incorporados como apêndices vivos.[109]

Com o desenvolvimento da produção em grande escala, os trabalhadores tornaram-se objetos de um processo que se tornou o "sujeito", de acordo com Marx. Ele se refere à fábrica como um autômato mecânico que é um sujeito, composto por vários órgãos conscientes (os trabalhadores) e inconscientes (os meios de produção), todos subordinados a uma força motriz central[110]. Isto é, Marx descreve a fábrica industrial com as mesmas palavras que usou anteriormente para descrever o capital, implicando com isso que aquela deve ser considerada a expressão física deste. Ao analisar a grande indústria, portanto, Marx busca entender socialmente um sistema caracterizado por grandes forças produtivas, por um lado, e trabalho humano direto vazio e fragmentado, por outro. Para Marx, a natureza do trabalho e da divisão do trabalho no capitalismo industrial não são subprodutos necessários, e lamentáveis, de um método tecnologicamente avançado de produzir riqueza, mas são expressões de um processo de trabalho moldado pelo processo de valorização.

Embora eu tenha demonstrado que Marx relaciona o caráter antagônico da produção industrial aos imperativos duais da valorização, uma explicação completa de como esses imperativos duais são efetuados — isto é, como a tendência ao aumento da produção no capitalismo é tal que, em um nível social total, o trabalho humano direto é retido como elemento integral da produção — excederia os limites deste livro. Isso requereria explicar como o valor opera como forma socialmente constituída de dominação abstrata, embora os atores não estejam conscientes de sua existência. Tal explicação, por sua vez, requereria elucidar a análise de Marx da dialética da estrutura e, consequentemente, empreender uma investigação mais profunda da relação entre os níveis de análise nos Livros I e III d'*O capital*[111].

Entretanto, na minha discussão anterior da dialética entre transformação e reconstituição, expus, ainda que em nível lógico abstrato, uma dimensão dessa explanação — a saber, as bases *estruturais* fundamentais na análise de Marx da contínua reconstituição dos imperativos duais da valorização e, por conseguinte,

---

[109] Ibidem, p. 494.

[110] Ibidem, p. 491-2.

[111] Ibidem, nota 153, p. 480.

402 Tempo, trabalho e dominação social

da forma antagônica da produção capitalista. Nesse ponto, voltarei brevemente a considerar a dialética que, como já foi dito, está enraizada na determinação temporal da grandeza do valor. Ao examinar a interação das duas dimensões da forma-mercadoria, vimos que o aumento da produtividade não aumenta a quantidade de valor produzido em uma hora de trabalho social, mas redetermina essa hora historicamente; deste modo, as formas de necessidade associadas ao valor são reconstituídas em vez de substituídas. Em outras palavras, a dialética das duas dimensões do trabalho e do tempo no capitalismo é tal que o valor é reconstituído como um presente perpétuo, embora tenha se movido historicamente no tempo. Essa reconstituição, como sugeri, é a determinação mais fundamental da reprodução estrutural das relações de produção, ou seja, das formas sociais básicas que se mantêm constitutivas no capitalismo, apesar das enormes transformações características dessa formação social.

Com relação ao processo de produção propriamente dito, um aspecto da forma de necessidade intrínseca ao valor é o dispêndio de tempo abstrato de trabalho humano na produção. A reconstituição do quadro de tempo abstrato pelo desenvolvimento da produtividade do trabalho social implica, assim, a reconstrução da necessidade de despender esse tempo de trabalho. Em outras palavras, a dialética da transformação e da reconstituição, enraizada nas formas estruturais básicas do capitalismo, faz com que o dispêndio de trabalho humano no processo imediato de produção continue necessário independentemente do grau de desenvolvimento da produtividade. Por conseguinte, embora o desenvolvimento da grande indústria acarrete o desenvolvimento histórico do caráter social do trabalho concreto de maneira independente dos produtores imediatos, a produção baseada no tempo histórico objetivado não se limita a substituir a produção baseada no presente, isto é, o dispêndio de tempo de trabalho imediato. Em vez disso, esta última é continuamente reconstituída como elemento essencial e necessário da produção capitalista. Esta é a base estrutural fundamental para a "constante reprodução ou perpetuação do trabalhador [que] é a condição sine qua non da produção capitalista"[112].

A reconstituição do valor e a redeterminação da produtividade social acarretadas pela dialética que descrevi são as determinações mais básicas de um processo de reprodução da relação entre trabalho assalariado e capital que é ao mesmo tempo estática e dinâmica; essa relação é reproduzida de maneira que transforma cada um dos termos. Este processo de reprodução, na análise de Marx, é fundamentalmente uma função da forma de valor e não seria o caso se a riqueza material fosse a forma

---

[112] Ibidem, p. 646.

definidora de riqueza. É, como vimos, um aspecto de uma necessária dinâmica de esteira (*treadmill*), na qual o aumento da produção não resulta em um aumento proporcional da riqueza social nem em uma redução proporcional do tempo de trabalho, mas na constituição de um novo nível de produtividade – que leva a mais aumentos de produtividade. Mesmo nesse nível lógico muito abstrato, pode-se derivar algumas características do processo de trabalho industrial e do trabalho proletário das implicações dessa dialética. A reconstituição dinâmica da necessidade de trabalho produtor de valor (trabalho assalariado) implica, ao mesmo tempo, a transformação da natureza concreta desse trabalho. Considerado de maneira abstrata e em um nível social total, o efeito do aumento da produtividade no trabalho humano direto, dentro do quadro caracterizado pela retenção estrutural desse trabalho na produção, é tornar esse trabalho mais uniforme e simples e intensificar o seu dispêndio. Ele dá ao trabalho humano uma forma concreta que começa a se assemelhar às determinações iniciais de sua forma social fetiche (trabalho abstrato) – o uso de músculos, nervos etc. Em outras palavras, a crescente fragmentação do trabalho proletário, segundo Marx, está intrinsecamente relacionada ao padrão dialético no qual ele permanece necessário como fonte de valor mesmo que se torne cada vez menos importante como fonte das forças produtivas sociais alienadas como capital. O desenvolvimento de enormes forças sociais de uma maneira que é estranha aos trabalhadores e os controla, e a tendência de longo prazo, a isso relacionada, de unilateralização e esvaziamento do trabalho proletário, são as bases fundamentais para a afirmação de Marx que "à medida que o capital é acumulado, a situação do trabalhador, seja sua *remuneração alta ou baixa*, tem de piorar"[113].

Na análise de Marx, esses desenvolvimentos claramente não derivam apenas da propriedade privada dos meios de produção, mas estão enraizados na estrutura profunda das relações sociais que estou investigando. Agora já se pode ver mais claramente que, ao desenvolver a categoria do capital a partir da categoria da mercadoria, Marx assenta as bases para analisar a forma concreta do processo de produção capitalista desenvolvido – que ele chama de "produção de mais-valor relativo" ou "verdadeira subordinação do trabalho ao capital" – como uma materialização (ao nível da sociedade como um todo) do duplo movimento baseado nas formas sociais subjacentes. Esse processo de produção é, ao mesmo tempo, um processo de produção de riqueza material, cada vez mais baseado nos conhecimentos sociais gerais, e um processo de produção de valor, baseado no dispêndio de tempo de trabalho imediato. Logo, analisar sua

---

[113] Ibidem, p. 720-1 (grifos meus).

404 Tempo, trabalho e dominação social

forma concreta é examinar um modo de produção que, em nível profundo, incorpora os imperativos estruturais contraditórios de atingir níveis cada vez mais altos de produtividade e produzir um excedente de valor. Transformações históricas na forma concreta da produção capitalista plenamente desenvolvida podem, de acordo com tal abordagem, ser apreendidas em termos de uma crescente "pressão de cisalhamento" gerada por esses dois imperativos cada vez mais opostos. Isso resulta em um modo de produção caracterizado pela oposição material entre o geral e o particular, pela crescente fragmentação e esvaziamento do trabalho humano com o aumento da produtividade e a redução dos trabalhadores a engrenagens de um aparato produtivo. Em suma, para Marx, a grande indústria não é um processo técnico usado para fins de dominação de classe que entra cada vez mais em contradição com essa forma de dominação, mas sim, como constituído historicamente, é a expressão materializada de uma forma abstrata de dominação social – a forma objetivada da dominação dos indivíduos pelo seu próprio trabalho. A produção industrial em grande escala é intrinsecamente capitalista – "o modo de produção especificamente capitalista (no qual a maquinaria etc. se torna o real patrão do trabalho vivo)"[114].

Ao longo desta investigação, mostrei que o propósito estratégico da lei do valor de Marx não é somente explicar as condições de equilíbrio do mercado, mas apreender a sociedade capitalista em termos de uma "lei" histórica, uma dialética de transformação e reconstituição. Essa dialética acarreta tanto uma lógica particular do "crescimento" como uma determinada forma material de produção. Nesse sentido, a análise categorial de Marx em *O capital* pode ser entendida como uma tentativa de fundamentar, social e historicamente, a dupla natureza do progresso capitalista, descrita por ele da seguinte maneira:

> Nos nossos dias, tudo parece prenhe do seu contrário. Observamos que maquinaria dotada do maravilhoso poder de encurtar e fazer frutificar o trabalho humano leva à fome e a um excesso de trabalho. As novas fontes de riqueza transformam-se, por estranho e misterioso encantamento, em fontes de carência [...]. Todo nosso engenho e progresso parecem resultar na dotação das forças materiais com vida intelectual e na redução embrutecedora a vida humana a uma força material.[115]

---

[114] Idem, "Results of the Immediate Process of Production", cit., p. 983.

[115] Idem, discurso no aniversário do *People's Paper*, 14 de abril de 1856, em Robert C. Tucker (org.), *The Marx-Engels Reader* (2. ed., Nova York, Norton, 1978), p. 577-8.

A TRAJETÓRIA DA PRODUÇÃO 405

Totalidade substantiva

O capital

Ao examinar a análise de Marx da produção industrial como a materialização do duplo caráter da forma de relações sociais que caracterizam a sociedade capitalista, foi também elucidado o conceito de capital. Vimos que a categoria do capital de Marx não pode ser entendida somente em termos "materiais", ou seja, em termos dos "fatores de produção" controlados pelos capitalistas; nem pode ela ser apreendida inteiramente em termos da relação social entre a classe capitalista e a classe trabalhadora, estruturada pela propriedade privada dos meios de produção e mediada pelo mercado. A categoria do capital refere-se, antes, a um tipo particular de relação social, uma forma social dinâmica, totalizante e contraditória constituída pelo trabalho em sua dualidade como uma atividade que medeia as relações entre os indivíduos e com a natureza.

Marx primeiro determina conceitualmente esta forma totalizante da dimensão do valor como valor que se autovaloriza e a desdobra como estrutura direcionalmente dinâmica, a base social para um padrão determinado de desenvolvimento histórico. Mas seu conceito de capital não pode ser plenamente apreendido apenas em termos da dimensão do valor, já que, como vimos, a dimensão do valor de uso da força de trabalho na sociedade capitalista é constituída historicamente como atributo do capital. Nos casos de cooperação e manufatura, a apropriação das forças produtivas do trabalho concreto pelo capital pode parecer ser uma questão de propriedade e controle, ou seja, uma função da propriedade privada, porque essas forças ainda são constituídas pelo trabalho humano direto na produção e, por conseguinte, podem parecer apenas extrinsecamente relacionadas ao capital. A análise de Marx sugere, no entanto, que embora tenha desempenhado um papel central neste processo de alienação na emergência histórica do capitalismo, a propriedade privada não se mantém estruturalmente central com o desenvolvimento da grande indústria. Nesta última situação, as forças produtivas sociais do trabalho concreto apropriadas pelo capital não são mais aquelas do produtor imediato, elas não existem primeiro como forças dos trabalhadores que são tomadas deles. Em vez disso, são forças produtivas gerais e seu caráter alienado é intrínseco ao próprio processo de sua constituição – na verdade, a condição para sua realização histórica é precisamente o fato de serem constituídas de maneira separada e oposta aos produtores imediatos. Esta forma, como deve estar claro, é o que Marx procura apreender com sua categoria do capital. O capital não é a forma mistificada de forças que "na verdade" pertencem aos trabalhadores; ele é a forma real de existência das "capacidades de espécie", não mais dos trabalhadores apenas, que são constituídas historicamente sob forma alienada como forças sociais gerais.

Se a dimensão social do trabalho concreto constituída como "brinde" para o capital não pode ser adequadamente apreendida em termos das forças dos produtores imediatos e o processo de alienação não pode ser adequadamente apreendido em termos de propriedade privada, esse processo de constituição alienada deve ser situado em um nível estrutural mais profundo. As determinações iniciais desse processo de alienação estruturalmente fundamentado já estão implícitas pela dialética entre o trabalho e o tempo descrita anteriormente. Como vimos, essa dialética promove o desenvolvimento de forças produtivas sociais gerais; essas forças produtivas, no entanto, apenas aparentam ser meios à disposição dos produtores, a serem usadas em seu benefício. Como observamos ao analisar a dialética de esteira (*treadmill*), essas forças não dão origem a um aumento da forma dominante de riqueza social produzida por unidade de tempo nem transformam positivamente a estrutura do trabalho. Em vez disso, como o aumento da produtividade reconstitui estruturalmente as determinações do valor, essas forças produtivas servem para reforçar as compulsões abstratas exercidas pelos produtores; elas aumentam o grau e a intensidade do esforço necessário, bem como a fragmentação do trabalho. Nesse sentido, funcionam como atributos da dimensão do trabalho abstrato e tornam-se meios que dominam os produtores. Este processo é estruturalmente fundamentado no duplo caráter da forma-mercadoria propriamente dita, como desdobrei. A dialética na qual cada novo nível de produtividade é redeterminado como piso do quadro de referência abstrato temporal, que funciona como norma obrigatória socialmente geral, pode ser conceituado como um processo no qual o caráter social do trabalho como atividade produtiva se torna um atributo da totalidade – que, embora constituído pela prática social, é oposto e domina os indivíduos. Desse modo, a divisão concreta do trabalho é "apropriada", como era, por sua dimensão abstrata.

Esta apropriação estrutural da dimensão do valor de uso da força de trabalho por sua dimensão abstrata é a expropriação fundamental da formação social capitalista. Ela precede logicamente, e não resulta fundamentalmente da expropriação social concreta associada à propriedade privada dos meios de produção. Está implícito no modo como Marx expõe – isto é, desdobrar a categoria do capital a partir da mercadoria – o argumento de que a forma de mediação efetuada pelo trabalho induz um enorme aumento das forças produtivas da dimensão do valor de uso da força de trabalho, ao mesmo tempo que constitui essas forças produtivas sob forma alienada. (O processo de constituição alienada obviamente não pode ser

A TRAJETÓRIA DA PRODUÇÃO   407

adequadamente apreendido em termos do mercado e da propriedade privada. Mais uma vez, então, vemos que as categorias de Marx do valor e do capital engajam um nível estrutural mais profundo da vida moderna do que as interpretações marxistas tradicionais das características básicas da sociedade capitalista.)

Ao descobrir, primeiro, que a categoria do capital se refere à totalidade alienada constituída pela função mediadora do trabalho no capitalismo e, segundo, que como "valor que se autovaloriza" a totalidade abstrata se "apropria" do caráter social da atividade produtiva como seu atributo, demonstrei que o capital, segundo Marx, assim como a mercadoria, tem um duplo caráter – uma dimensão abstrata (valor que se autovaloriza) e uma dimensão social concreta ou substantiva (o caráter social do trabalho com atividade produtiva). *O capital é a forma alienada de ambas as dimensões do trabalho social no capitalismo*, confrontando os indivíduos como um Outro, estranho e totalizante:

> O capital não é simplesmente uma coisa material, mas sim uma determinada relação social de produção. Correspondente a uma determinada formação histórica da sociedade, o capital toma corpo em uma coisa material e lhe incute um caráter social específico. [...] Nada mais é do que o conjunto dos meios de produção convertido em capital, que em si, tem tão pouco de capital como o ouro e a prata têm de dinheiro. É o conjunto dos meios de produção monopolizados por uma determinada parcela da sociedade, os produtos e as condições de exercício da força de trabalho substantivados face à força de trabalho viva e a que este antagonismo personifica como capital. *Não são apenas os produtos dos trabalhadores transformados em forças independentes* – produtos que dominam e compram de seus produtores –, *mas também, e sobretudo, as forças sociais e a forma desse trabalho que se apresentam aos trabalhadores como propriedades de seus produtos.*[116]

Como forma alienada do vínculo social abstrato constituído pelo trabalho e das forças produtivas historicamente constituídas da humanidade, o capital como totalidade é abstrato e concreto; além disso, cada uma de suas dimensões é geral. Ao examinar o valor, analisei-o como uma mediação social abstrata, geral, homogênea; está claro agora que essa mediação induz o desenvolvimento de forças produtivas e determina modos de conhecimento sociais gerais (nos quais, como vimos, as formas abstrata e concreta da generalidade diferem). Em outro nível, o capital só pode ser entendido como a dualidade objetivada do tempo abstrato e do tempo histórico, como uma totalidade na qual o tempo histórico é acumulado sob forma alienada que oprime os vivos. O capital é a estrutura da história da sociedade moderna, uma

---

[116] Idem, *Capital* (trad. Ben Fowkes, Londres, Penguin, 1976), Livro III, p. 953-4 (grifos meus).

408   Tempo, trabalho e dominação social

forma social constituidora que é formada de tal maneira que "a tradição de todas as gerações passadas é como um pesadelo que comprime o cérebro dos vivos"[117].

Posso agora ampliar minha discussão da noção marxiana de dialética das forças e relações de produção. Se o valor é a categoria fundamental das relações sociais de produção capitalista, e se a dimensão do valor de uso da força de trabalho engloba as forças produtivas, então o capital pode ser entendido como uma estrutura alienada de relações de produção mediadas pelo trabalho que promove o desenvolvimento de forças produtivas sociais gerais enquanto as incorpora como atributos. *A dialética entre as forças e relações de produção* – cujas determinações fundamentais analisei como dialética entre transformação e reconstituição – *é, pois, uma dialética entre duas dimensões do capital*, e não entre o capital e forças a ele extrínsecas. Essa dialética está no cerne do capital como uma totalidade social dinâmica e contraditória. Longe de denotar apenas os meios de produção possuídos pela classe de expropriadores privados, a categoria do capital refere-se a uma estrutura alienada e dual de relações mediadas pelo trabalho em termos das quais o peculiar tecido da sociedade moderna, sua forma abstrata de dominação, sua dinâmica histórica e suas formas características de produção e de trabalho podem ser entendidas sistematicamente. Para Marx, o capital, como forma-mercadoria desdobrada, é a categoria central e totalizadora da vida moderna.

Descrevi anteriormente a produção industrial na análise de Marx como intrinsecamente capitalista. Posso agora ampliar essa descrição: *a produção industrial é a materialização do capital* e, como tal, é a materialização *tanto* das forças *como* das relações de produção em sua interação dinâmica. Claramente, esta análise afasta-se muito do entendimento marxista tradicional das forças e relações de produção no capitalismo e sua contradição.

Como um momento da dialética do capital, a dimensão do valor de uso – da acumulação de tempo histórico, dos conhecimentos e das forças sociais gerais – não é idêntica nem completamente independente da dimensão do valor abstrato. Isso implica, por um lado, que embora seja necessariamente alienada, a totalidade não é unidimensional, mas tem um caráter dual; o todo totalizado não é uma unidade não contraditória. Por outro lado, indica que a forma na qual a dimensão do valor de uso foi constituída historicamente não é independente do capital e não deveria ser vista como o *locus* da emancipação.

Já vimos que a força e o conhecimento geral da espécie gerados pela dinâmica do capital se desenvolvem sob forma alienada e em oposição aos indivíduos. Portanto,

---

[117] Idem, *O 18 de brumário de Luís Bonaparte,* cit., p. 25.

A TRAJETÓRIA DA PRODUÇÃO 409

não se pode atribuir justificadamente a Marx, como fez Habermas, a noção de que o rápido desenvolvimento da ciência e tecnologia no capitalismo industrial traga progresso social e emancipação humana[118]. Contrariamente aos pressupostos do marxismo produtivista, contra os quais Habermas reagiu, o desenvolvimento da ciência e tecnologia, na abordagem de Marx, não representa um progresso linear que seria simplesmente continuado no socialismo. Mesmo deixando de lado a questão da relação entre a forma social e a forma de pensamento científico, vimos que Marx não trata o desenvolvimento da ciência e tecnologia como um desenvolvimento puramente técnico ou como um desenvolvimento social independente e oposto às relações capitalistas de produção. Ao contrário, as formas de conhecimentos sociais e forças gerais desenvolvidas no capitalismo são, em sua análise, formadas socialmente e incorporadas ao processo de produção como atributos do capital. Elas reforçam a dominação do tempo abstrato, funcionando como momentos de um processo dialético que retém o trabalho humano direto na produção enquanto o esvazia concretamente e o intensifica temporalmente. No capitalismo industrial, a "libertação" das capacidades produtivas humanas gerais dos limites da força e da experiência individuais, em outras palavras, é realizada à custa dos indivíduos.

Ao gerar essa relação antagônica entre as capacidades produtivas humanas sociais gerais e a força de trabalho viva, o capital as molda. O fato de a dimensão do valor de uso do trabalho social ser constituída sob a forma alienada significa que ele opera estruturalmente em detrimento dos produtores imediatos e, assim como o trabalho concreto dos trabalhadores, é modelado intrinsecamente pelos processos dialéticos já descritos. Consequentemente, embora não seja idêntico à dimensão do valor, ele não poderia servir de base para a emancipação humana na forma como foi constituído historicamente.

A noção de que elementos da dimensão social substantiva historicamente constituída – modos determinados de conhecimentos e práticas sociais gerais nos campos científico, técnico e organizacional – são moldados pela dimensão do valor é de importância central para uma teoria crítica que busca analisar a sociedade moderna pós-liberal como capitalista. Ela deu profundidade à minha discussão no Capítulo 4 da base social para o que Horkheimer descreveu como caráter cada vez mais instrumental da vida social no mundo moderno, isto é, a transformação do mundo em um lugar de meios, e não de fins, racionalizados.

Argumentei anteriormente que o processo de crescente instrumentalização descrito por Horkheimer em última análise está enraizado no caráter do trabalho

---

[118] Jürgen Habermas, *Knowledge and Human Interests*, cit., p. 50-51.

no capitalismo como atividade socialmente mediadora e, por conseguinte, na natureza do valor como forma de riqueza que é também uma forma de mediação social. Quando o objetivo da produção é o mais-valor, a produção deixa de ser um meio para um fim substantivo, para ser um meio para um fim que, em si mesmo, é um meio e, portanto, é puramente quantitativo. Consequentemente, a produção no capitalismo visa à produção; o processo de produção de qualquer produto é apenas um momento em um processo ininterrupto de expansão do mais-valor.

Este fim revela a própria natureza da produção. Como vimos, de acordo com a análise de Marx da produção capitalista, a compulsão abstrata temporal associada ao valor também determina a forma concreta do processo de trabalho. A começar com a manufatura, o valor torna-se um princípio estruturador da organização da produção em grande escala; a produção é organizada de acordo com o uso mais eficaz possível do trabalho humano engajado em tarefas cada vez mais especializadas e fragmentadas a fim de obter maior produtividade. Em outras palavras, a dimensão do valor de uso da força de trabalho torna-se estruturada pelo valor.

Embora não possa analisar plenamente este processo, posso sugerir, com base no que desenvolvi até aqui, que ele também é baseado estruturalmente na dialética entre trabalho e tempo. Os modos sociais gerais de conhecimento e prática que emergem ao longo do desenvolvimento do capitalismo são constituídos historicamente em um contexto social determinado por uma dimensão social abstrata, homogênea e quantitativa e, consequentemente, voltada para constantes aumentos da produtividade e da eficiência. Os vários aspectos da dimensão do valor de uso não apenas são desenvolvidos e utilizados para servir aos propósitos dados pela estrutura determinada pelo valor, como também funcionam estruturalmente para reforçar e reconstituir essa estrutura – isto é, como atributos do capital. Essa função, contudo, não é extrínseca ao seu caráter: não apenas servem para redeterminar a dimensão do valor, mas, por sua vez, são determinadas por ela. Isso sugere, pois, que a interação dialética das duas dimensões do trabalho no capitalismo é tal que a dimensão substantiva vem a ser estruturada intrinsecamente pelas características da dimensão do valor.

O que chamei de "apropriação" da dimensão do valor de uso pela dimensão do valor pode, portanto, ser visto como um processo no qual a dimensão do valor de uso é estruturada por meios do tipo de racionalidade formal cuja fonte é a dimensão do valor. O resultado é a tendência na vida moderna que Weber descreveu em termos da crescente racionalização (formal) em todas as esferas da vida e que Horkheimer buscou articular em termos da crescente instrumentalização do mundo. Como esse processo envolve cada vez mais a dimensão substantiva do

A TRAJETÓRIA DA PRODUÇÃO 411

trabalho e da vida social – isto é, a racionalização administrativa da produção e das instituições da vida social e política no capitalismo pós-liberal – Horkheimer localizou a fonte no trabalho *per se*. No entanto, a base última desse desenvolvimento substantivo não é a dimensão concreta do trabalho, mas sua dimensão do valor. Embora esta molde naquela a sua imagem, minha análise demonstrou que as duas não são idênticas. A não identidade das duas dimensões do capital é a base da contradição fundamental que subjaz à sua dinâmica dialética: ele cria a possibilidade de separar essas duas dimensões no futuro e, consequentemente, a possibilidade histórica que os modos sociais gerais de conhecimento e forças desenvolvidos no capitalismo possam ser transformados. Nesse processo, esses modos de conhecimentos e forças poderiam se tornar meios à disposição das pessoas, em vez de meios socialmente constituídos de dominação abstrata.

Essa abordagem é, pois, um esforço de fundamentar o processo histórico de instrumentalização, que Horkheimer considerou ser uma indicação do crescente caráter *não contraditório* e unidimensional do capitalismo pós-liberal, no caráter *contraditório* das formas estruturadoras do capitalismo. Ela sugere que a perda de significado associada a esse processo de racionalização ou instrumentalização não é uma função da produção tecnologicamente avançada *per se* nem da secularização como tal; em vez disso, está enraizada em modos de vida social e produção estruturados por formas de relações sociais que moldam tanto a produção como as vidas das pessoas em segmentos de um processo contínuo sem fim substantivo. Essa abordagem, teoricamente, ensejaria a possibilidade de existência de uma forma de vida secular baseada na produção tecnologicamente avançada que não fosse moldada pela razão instrumental – e, assim, teria para as pessoas maior significado substantivo do que a forma de vida estruturada pelo capital.

O proletariado

Posso agora voltar às questões do papel histórico da classe trabalhadora e da contradição fundamental do capitalismo, como são implicitamente tratadas na teoria crítica madura de Marx. Ao tratar da análise das formas estruturadoras da mediação social constitutiva do capitalismo, mostrei que a luta de classes, em si, não gera a dinâmica histórica do capitalismo, mas é um elemento impulsionador desse desenvolvimento somente porque é estruturada por formas intrinsecamente dinâmicas. Como já foi dito, a análise de Marx contradiz a noção de que a luta entre a classe capitalista e o proletariado seja entre a classe dominante da sociedade

412 Tempo, trabalho e dominação social

capitalista e a classe que corporifica o socialismo e que o socialismo, portanto, implique a autorrealização do proletariado. Essa ideia está inextricavelmente ligada ao entendimento tradicional da contradição fundamental do capitalismo como sendo entre produção industrial, por um lado, e o mercado e a propriedade privada, por outro. Cada uma das duas classes principais do capitalismo identifica-se com um dos termos desta suposta contradição; o antagonismo entre trabalhadores e capitalistas é visto como expressão social da contradição estrutural entre as forças e relações de produção. Todo este conceito se apoia sobre uma noção de "trabalho" como fonte trans-histórica de riqueza social e elemento constitutivo da vida social.

Critiquei extensamente os pressupostos subjacentes a esse conceito elucidando as distinções que Marx faz entre trabalho concreto e abstrato, valor e riqueza material e demonstrando a importância central que têm em sua teoria crítica. Com base nessas distinções, desenvolvi a dialética entre trabalho e tempo, que está no cerne da análise que Marx faz do padrão de crescimento e da trajetória da produção característicos do capitalismo. Longe de ser a materialização das forças de produção que estruturalmente estão em contradição com o capital, segundo Marx, a produção industrial baseada no proletariado é moldada intrinsecamente pelo capital; ela é a forma materializada das forças *e* das relações de produção. Portanto, não pode ser apreendida como um modo de produção que, sem qualquer alteração, poderia servir como base para o socialismo. A negação histórica do capitalismo na crítica madura de Marx não pode ser entendida como uma transformação do modo de distribuição de uma maneira que seria adequada ao modo industrial de produção desenvolvido sob o capitalismo.

Do mesmo modo, ficou claro que o proletariado não é, na análise de Marx, o representante social de um possível futuro não capitalista. O eixo lógico de Marx ao desdobrar a categoria do capital e sua análise da produção industrial contraria os pressupostos tradicionais com relação ao proletariado como sujeito revolucionário. Para Marx, a produção capitalista é caracterizada por uma enorme expansão nas forças produtivas e nos conhecimentos sociais constituídos em um quadro determinado pelo valor e, portanto, existem sob forma alienada como capital. À medida que a produção industrial se desenvolve plenamente, essas forças produtivas do todo social se tornam maiores que a soma das habilidades, força de trabalho e experiências do trabalhador coletivo. São socialmente gerais, as forças e conhecimentos acumulados da humanidade constituindo-se como tais sob forma alienada; não podem ser apreendidos adequadamente como forças objetivadas do proletariado. O "trabalho morto", para usar o termo de Marx, não mais é simplesmente a objetivação do "trabalho vivo"; tornou-se também a objetivação do tempo histórico.

Segundo Marx, com o desenvolvimento da produção industrial capitalista, a criação de riqueza material se torna cada vez menos dependente do dispêndio de trabalho humano direto na produção. No entanto, esse trabalho continua desempenhando um papel indispensável visto que a produção do (mais-)valor depende necessariamente dele; a reconstituição do valor fundamentada estruturalmente, já aqui examinada, é, ao mesmo tempo, a reconstituição da necessidade do trabalho proletário. Como resultado, à medida que a produção industrial capitalista continua a se desenvolver, o trabalho proletário se torna cada vez mais supérfluo do ponto de vista da produção da riqueza material e, consequentemente, anacrônico; porém, continua necessário como fonte do valor. Conforme essa dualidade se manifesta, quanto mais o capital se desenvolve, mais ele esvazia e fragmenta o trabalho necessário para sua constituição.

A "ironia" histórica dessa situação, como analisada por Marx, está no fato de ser constituída pelo próprio trabalho proletário. Nesse sentido, é significativo que Marx, ao considerar a categoria político-econômica do "trabalho produtivo", não a trata como atividade social constituidora da sociedade e da riqueza em geral – em outras palavras, não a trata como "trabalho". Em vez disso, define o trabalho produtivo no capitalismo como trabalho que produz mais-valor, ou seja, contribui para a autovalorização do capital[119]. Marx, assim, transforma o que foi uma categoria trans-histórica e afirmativa da economia política em uma categoria historicamente específica e crítica, apreendendo o que é central no capitalismo. Em vez de glorificar o trabalho produtivo, Marx argumenta:

> o conceito de trabalhador produtivo não implica de modo nenhum apenas uma relação entre atividade e efeito útil, [...] mas também uma relação de produção especificamente social, [...] que cola no trabalhador o rótulo de meio direto de valorização do capital. Ser trabalhador produtivo não é, portanto, uma sorte, mas um azar.[120]

---

[119] Karl Marx, *O capital*, cit., Livro I, p. 578.

[120] Idem. Isso confirma, mais uma vez, que a centralidade do trabalho proletário para a análise que Marx faz do capitalismo não deve ser tomada como uma avaliação afirmativa de sua parte na primazia ontológica da vida social nem como parte de um argumento de que os trabalhadores são o grupo mais oprimido na sociedade. Em vez disso, é central para a análise de Marx, como elemento constitutivo fundamental da forma dinâmica e abstrata da dominação social característica do capitalismo – isto é, como enfoque da sua crítica. A análise que Marx faz do trabalho determinado pela mercadoria e sua relação com a noção do sujeito, da mesma maneira como

414 TEMPO, TRABALHO E DOMINAÇÃO SOCIAL

Quer dizer, o trabalho produtivo é a fonte estrutural de sua própria dominação.

Na análise marxiana, o proletariado é, pois, estruturalmente importante para o capitalismo como fonte do valor, mas não da riqueza material. Isso se opõe diametralmente aos entendimentos tradicionais com relação ao proletariado: longe de constituir as forças produtivas socializadas que entram em contradição com as relações sociais capitalistas e assim apontam para a possibilidade de um futuro pós-capitalista, a classe trabalhadora, para Marx, é o elemento constitutivo essencial dessas próprias relações. *Tanto* o proletariado *quanto* a classe capitalista estão atrelados ao capital, mas aquele mais do que esta: o capital concebivelmente poderia existir sem os capitalistas, mas não sem a força de trabalho criadora de valor. De acordo com a lógica da análise de Marx, a classe trabalhadora, em vez de corporificar uma possível futura sociedade, é a base necessária para a sociedade atual, sob a qual sofre; está amarrada à ordem existente de maneira a torná-la objeto da história.

Em suma, a análise de Marx da trajetória do capital não aponta, de forma alguma, para a possível autorrealização do proletariado em uma sociedade socialista como o verdadeiro sujeito da história[121]. Ao contrário, aponta para a possível abolição do proletariado e do trabalho que executa como condição para a emancipação. Essa interpretação exige necessariamente repensar a relação entre as lutas da classe trabalhadora na sociedade capitalista e a possível superação do capitalismo – uma questão à qual posso apenas fazer alusão neste trabalho. Ela indica que a possível negação histórica do capitalismo implícita na crítica de Marx não pode ser entendida como a reapropriação pelo proletariado do que foi constituído e, portanto, apenas da abolição da propriedade privada. Em vez disso, o eixo lógico da exposição de Marx claramente implica que sua negação histórica deve ser con-

---

sugere uma abordagem histórico-estrutural a questões com as quais atividades se tornaram socialmente reconhecidas como trabalho e que pessoas na sociedade foram consideradas sujeitos. Essa interpretação poderia contribuir para a discussão da constituição sócio-histórica de gênero e mudaria o direcionamento de muitas discussões recentes a respeito da relação entre a crítica marxiana e questões da posição social e histórica das mulheres e de minorias étnicas ou raciais, bem como outros grupos. Essas discussões em geral procederam de ou surgiram como reações a posições marxistas tradicionais. (Essa tendência foi expressa, por exemplo, na estruturação de questões como saber se o trabalho doméstico é tão importante para a sociedade como o trabalho na fábrica, ou se a classe – em oposição a gênero, raça ou outras categorias sociais – é necessariamente a categoria mais relevante de opressão social).

[121] Jean Cohen também argumenta contra o postulado do proletariado como sujeito revolucionário. Entretanto, ela identifica essa posição marxista tradicional com a análise que Marx faz do processo capitalista de produção: ver Jean Cohen, *Class and Civil Society:*, cit., p. 163-228.

A TRAJETÓRIA DA PRODUÇÃO   415

cebida como a reapropriação, pelas pessoas, de capacidades sociais gerais que não estão fundamentadas na classe trabalhadora e foram constituídas historicamente sob forma alienada como capital[122]. Tal reapropriação só seria possível se a base estrutural desse processo de alienação – o valor, logo, o trabalho proletário – fosse abolida. A emergência histórica dessa possibilidade depende, por outro lado, da contradição subjacente à sociedade capitalista.

Contradição e negação determinada

Podemos agora voltar a essa contradição. Minha análise do tratamento de Marx à produção industrial em *O capital* foi claramente contra as interpretações tradicionais de seus conceitos da contradição básica do capitalismo e da relação entre o proletariado, o capitalismo e o socialismo; vimos que, na análise de Marx, a produção industrial é a forma materializada do capital e que, em vez de encarnar um futuro possível fora da dominação do capital, o proletariado é um pressuposto necessário dessa dominação. Assim, a investigação confirmou retrospectivamente a importância das diferenças entre uma crítica baseada na noção de "trabalho" e uma cujo enfoque crítico é o caráter historicamente específico do trabalho no capitalismo. Contudo, a moldagem intrínseca da produção pelo capital e a subsunção do proletariado não significam que o capitalismo seja unidimensional na visão de Marx. Em vez disso, mostrei que ele compreende essa sociedade como fundamentalmente contraditória, embora não situe sua contradição entre os modos de produção e distribuição. Isto sugere que a abolição das relações de distribuição do capitalismo liberal não é uma condição suficiente para a abolição do capital, e permite uma abordagem a formas pós-liberais do capitalismo baseadas em uma análise do caráter essencialmente contraditório dessa formação social.

A contradição fundamental do capitalismo, como sugere a lógica da exposição de Marx, está enraizada em suas formas sociais estruturadoras básicas. Não tentarei esgotar aqui o desdobramento histórico dessa contradição em suas dimensões objetiva e subjetiva; em vez disso, apenas buscarei esclarecer, em um nível lógico abstrato, o conceito de Marx do caráter geral dessa contradição e alguns aspectos

---

[122] Essa análise contradiz interpretações que atribuem a Marx a noção quase romântica de que a superação do capitalismo implica a vitória do "trabalho vivo" sobre o "trabalho morto". Ver Jürgen Habermas, *The Theory of Communicative Action*, cit., v. 2, p. 340. Como explico na próxima seção, a análise de Marx, implica, pelo contrário, que a possibilidade de uma futura sociedade qualitativamente diferente está enraizada no potencial do "trabalho morto".

416 Tempo, trabalho e dominação social

essenciais da negação histórica determinada do capitalismo, implicada por minha investigação até agora.

O conceito de Marx da contradição estrutural da sociedade capitalista, que é necessariamente uma contradição entre o que é historicamente específico nessa sociedade e o que aponta para fora dela, não pode ser entendido como uma contradição entre capital e dimensões da vida social supostamente independentes. Minha investigação da dialética entre as dimensões do tempo e do trabalho no capitalismo mostrou que a dimensão concreta do trabalho social é constituída como um atributo da dimensão do valor. Tanto a dimensão social concreta como a abstrata na sociedade capitalista são dimensões do capital, de acordo com Marx; nenhuma delas, em sua forma existente, representa o futuro.

Embora nenhuma forma social existente represente a negação determinada do capitalismo, a exposição de Marx aponta, no entanto, para a possibilidade de tal negação. A trajetória de desenvolvimento que ele apresenta implica uma tensão crescente entre as duas dimensões das formas sociais básicas do capitalismo, ou seja, entre os conhecimentos e capacidades sociais gerais cuja acumulação sob forma alienada é induzida pela forma de mediação social constituída pelo trabalho, por um lado, e a forma de mediação propriamente dita, por outro. Vimos que o valor, uma forma historicamente específica de mediação social que é também uma forma de riqueza, é a base fundamental do capital, da totalidade. Em sua interação dialética com a dimensão do valor de uso da forma-mercadoria, ele é continuamente reconstituído; porém, o desenvolvimento da esfera de produção também aponta para a possível superação histórica do valor. Como o valor está necessariamente ligado ao dispêndio de trabalho humano direto, ele se torna uma base cada vez mais estreita para os enormes aumentos na produtividade que induz.

Quando se fala em "grilhões" sobre as forças produtivas, essa noção não se refere principalmente ao mercado ou à propriedade privada como entraves ao pleno desenvolvimento da produção industrial. De fato, a própria noção do pleno desenvolvimento das forças de produção certamente não se refere principalmente à possível produção de uma massa ainda maior de produtos (já que, como se viu, é precisamente a produtividade desenfreada que caracteriza um momento da expansão do capital). Na verdade, o grilhão em questão, na concepção de Marx, é que as forças gerais da humanidade, em um sistema estruturado pelo valor, *devem* ser usadas para extrair o máximo possível de tempo excedente de trabalho dos trabalhadores – embora cada vez mais *possam* ser usadas para aumentar diretamente a riqueza social e transformar a divisão parcelar do trabalho. Essa compulsão sistêmica resulta em certos modos de "crescimento" e produção. Portanto, os grilhões

A TRAJETÓRIA DA PRODUÇÃO **417**

impostos pelas relações capitalistas de produção devem ser vistos como intrínsecos a estes modos, e não como fatores externos que entravam seu desenvolvimento.

Esses grilhões tornam-se mais limitadores com o acúmulo de tempo histórico. A apresentação de Marx indica que, com o desenvolvimento do capitalismo industrial, abre-se uma lacuna cada vez maior entre as capacidades produtivas sociais gerais constituídas como capital e da totalidade baseada no valor. Essa lacuna, porém, não significa a suplantação linear da forma existente por uma nova forma. A dialética da mútua transformação e reconstituição das duas dimensões das formas sociais estruturadoras do capitalismo é tal que essa sociedade não evolui e não pode evoluir de maneira quase automática em direção a uma forma fundamentalmente diferente de sociedade; de modo semelhante, esta não pode surgir automaticamente de nenhum tipo de colapso do sistema atual. Em vez disso, a crescente lacuna que descrevi possui dois momentos opostos. Por um lado, sendo estruturada pelo valor, ela se torna manifesta em uma oposição cada vez mais antagônica entre a totalidade objetivada e os indivíduos: aquela se torna cada vez mais rica e poderosa, enquanto o trabalho e as atividades individuais se tornam cada vez mais vazios e impotentes. Na explicação de Marx, o crescimento das capacidades produtivas que passam a existir como capital não liberta as pessoas, mas as subsume. Por outro lado, contudo, o mesmo desenvolvimento – que significa uma crescente disparidade entre as condições para a produção da riqueza material e as condições para a produção do valor – torna o trabalho proletário mais supérfluo como fonte de riqueza material. Ao tornar o trabalho proletário potencialmente anacrônico do ponto de vista da produção de riqueza material, esse desenvolvimento torna o próprio valor potencialmente anacrônico.

Claramente, portanto, a exposição de Marx do desenvolvimento da produção capitalista implica a possível abolição do valor e do trabalho proletário. (Este último se torna cada vez mais supérfluo diante do potencial da dimensão do valor de uso, embora continue constitutivo do valor.) Minha análise mostrou que apesar de ambas as dimensões do trabalho social com capitalismo serem dimensões do capital, segundo Marx, é o valor que constitui a base do capitalismo e está necessariamente vinculado a ele. A dimensão do valor de uso é, certamente, constituída em uma forma moldada pelo capital; diferentemente do valor, no entanto, ela não está necessariamente vinculada ao capital. A lógica da exposição de Marx sugere que a abolição do valor permitiria o que foi constituído como dimensão alienada do valor de uso do trabalho social a existir sob outra forma: em outras palavras, o eixo lógico da exposição de Marx indica que o acúmulo de tempo histórico ocorre em uma forma alienada que reconstitui a necessidade do presente; ao mesmo

418 Tempo, trabalho e dominação social

tempo, sugere que esse acúmulo também enfraquece o momento necessário do presente que ajuda a reconstituir e, assim, gerar a possibilidade histórica de uma transformação fundamental da organização da vida social.

Isso provoca uma distinção na análise de Marx entre a forma manifestada da dimensão do valor de uso, estruturada pelo valor e aspecto integral no crescente caráter instrumental da vida social, e o potencial latente do que foi assim constituído. Sugere também que a noção de Marx da contradição fundamental do capitalismo é, em última análise, a noção de uma contradição entre o *potencial* das capacidades gerais da espécie acumuladas e a sua *forma existente, alienada* como constituída pela dialética entre as duas dimensões do trabalho e do tempo. A relação entre o existente e seu potencial determinado é de importância central para o conceito de Marx da possível superação do capitalismo. Como a crescente oposição entre as duas dimensões de trabalho social no capital é entre dois momentos da mesma forma social, resulta em uma crescente tensão ou uma pressão de cisalhamento econômico e social entre o existente e sua forma determinada. Essa tensão reforça o capital e gera a possibilidade de separar ambas as dimensões constitutivas das relações estruturadoras do capitalismo. Ela aponta em direção à possível separação entre a sociedade e sua forma capitalista. Segundo Marx, é esta lacuna gerada estruturalmente entre o que é e o que poderia ser que permite a possível transformação histórica do capitalismo e, relacionalmente, fornece as bases imanentes para a possibilidade da própria crítica. A necessidade social passa a ser dividida historicamente entre o que é e continua sendo necessário para o capitalismo e o que seria necessário para a sociedade se não fosse para o capitalismo.

A crítica de Marx, então, não é "positiva". Seu ponto de vista fundamental não é uma estrutura ou agrupamento social existente considerado independente do capitalismo; de fato, não é a forma existente de nenhum dos termos da contradição básica capitalista, como quer que se interprete essa contradição. Vimos que a exposição de Marx indica que a emancipação histórica geral esta fundamentada não na possível realização plena da forma de produção já existente, mas na possibilidade de sua superação. Essa crítica tem sua raiz não no que é, mas no que se tornou possível – porém não pode ser realizada dentro da atual estrutura da vida social. No contexto dessa teoria social crítica, a possível realização da liberdade não é "garantida" por nenhum agrupamento ou estrutura social existente cujo pleno desenvolvimento é verificado pelas relações de produção. Tampouco é uma possibilidade historicamente indeterminada. Em vez disso, acarreta a negação determinada da ordem existente – a criação de novas estruturas que emergiram como possibilidades históricas, mas requerem a abolição da base da ordem capitalista

A TRAJETÓRIA DA PRODUÇÃO 419

como condição de sua real e efetiva existência social. Como vimos, precisamente aquilo que fundamenta a possibilidade de uma nova organização da sociedade segundo Marx – a saber, o tempo histórico objetivado – reforça, em sua forma existente, o sistema capitalista de dominação abstrata. Um objetivo essencial de sua teoria crítica é elucidar o desenvolvimento estrutural paradoxal e assim contribuir para sua possível transformação. O ponto de vista da crítica "negativa" de Marx é, portanto, uma possibilidade determinada que emerge historicamente do caráter contraditório da ordem existente e não deveria ser identificado com a forma existente de nenhuma das dimensões desta ordem. Nesse sentido, o ponto de vista da crítica é mais temporal do que espacial.

Essa interpretação da contradição básica do capitalismo implica, evidentemente, um entendimento da negação determinada do capitalismo muito diferente da implícita pela interpretação tradicional. Na interpretação tradicional, a superação da contradição básica do capitalismo envolve a realização aberta da centralidade do trabalho na vida social. Argumentei, bem ao contrário disso, que, segundo Marx, a centralidade constitutiva do trabalho para a vida social caracteriza o capitalismo e forma a base fundamental para seu modo de dominação abstrato. Essa abordagem interpreta a noção de Marx da contradição básica do capitalismo em termos de uma tensão crescente entre a forma de vida social mediada essencialmente pelo trabalho e a possibilidade historicamente emergente de uma forma de vida na qual o trabalho não desempenha um papel socialmente mediador. Demonstrei que a lógica do desenvolvimento histórico que ele descreve aponta para a possível superação histórica do valor e, portanto, do modo de mediação social objetivo e quantificável constituído pelo trabalho. Isto provocaria a superação da forma de dominação social que se encontra no cerne do capitalismo, os tipos de compulsões abstratas e objetivas que caracterizam os padrões de crescimento e modo de produção próprios do capitalismo. A trajetória do desenvolvimento capitalista, de acordo com a análise de Marx, implica uma possível negação histórica determinada que permitiria a constituição de outra forma de mediação social não "objetiva", uma forma diferente de crescimento e um modo de produção tecnologicamente avançado não mais moldado pelos imperativos do valor. As pessoas, em vez de serem dominadas e subsumidas por suas próprias capacidades produtivas sociais gerais, poderiam aproveitá-las em benefício próprio.

Um aspecto dessa negação determinada do capitalismo é, pois, o fato de que a vida social não mais seria mediada quase objetivamente pelas estruturas que examinamos, mas, em vez disso, poderia ser mediada de maneira abertamente social e política. Em tal sociedade, uma esfera política pública poderia ter um papel mais central do que no capitalismo, já que poderia não apenas estar livre dos efeitos distorcedores das enormes disparidades de riqueza e poder que caracterizam as sociedades de classes, mas também livre de várias limitações fundamentais que Marx analisou como características do capitalismo (e não da "economia").

Por exemplo, o eixo lógico da exposição de Marx implica que se a base do valor de produção fosse abolida, a riqueza material não seria mais produzida como portador do valor, mas seria ela mesma a forma social dominante de riqueza em uma situação de capacidades produtivas tecnologicamente avançadas. Dada a análise que Marx faz do capital, isso significaria que a natureza e as consequências do crescimento econômico seriam bastante diferentes do capitalismo. O aumento da produtividade não aumentaria a riqueza social indiretamente com a diminuição do tempo de trabalho necessário, gerando, assim, uma tendência ao crescimento incontrolado como uma condição para a "saúde" econômica – como acontece quando o valor é a forma dominante de riqueza; em vez disso, resultaria diretamente no crescimento da riqueza social. Nessa situação, não haveria lacuna entre o volume de riqueza material produzida e o volume de riqueza social. Em um nível sistêmico, isso não apenas superaria a base mais fundamental para a existência da pobreza (em termos de "riqueza" da sociedade) em meio à aparente abundância (a massa de bens produzidos),mas também permitiria uma forma de crescimento econômico não diametralmente oposto aos interesses ecológicos da humanidade no longo prazo.

A trajetória lógica da análise categorial de Marx também aponta para a possível transformação da estrutura de produção, considerada em um nível social geral. Vimos que, para Marx, a natureza da produção industrial – ou melhor, a lacuna entre o potencial dos crescentes conhecimentos e experiências produtivas da humanidade e a forma antagônica da produção capitalista com sua extrema divisão parcelar do trabalho – tem sua raiz na dialética entre as duas dimensões do capital e, portanto, na forma de valor. O eixo estratégico da crítica de Marx nesse sentido é mostrar que a relação entre altos níveis de produtividade e trabalho fragmentado e vazio é uma relação histórica determinada que, com o desenvolvimento do capitalismo, se baseia cada vez menos na necessidade técnica e mais em uma forma específica de necessidade social. O capital, ao mesmo tempo, mantém tal relação como necessária e a torna potencialmente dispensável; reconstitui o trabalho proletário enquanto o torna cada vez mais insignificante como fonte social da riqueza material. A abolição do valor, nessa análise, envolveria a abolição dos dois imperativos da valorização – a necessidade de produtividade cada vez maior e a necessidade estrutural de que o tempo de trabalho imediato seja gasto na produção. Isso permitiria tanto uma grande mudança *quantitativa* na organi-

A trajetória da produção 421

zação social do trabalho – isto é, uma grande redução social geral no tempo de trabalho – bem como uma transformação *qualitativa* fundamental da estrutura da produção social e da natureza do trabalho individual. O potencial da dimensão do valor de uso, não mais limitado e moldado pela dimensão do valor, poderia ser usado reflexivamente para transformar a forma material da produção. Como resultado, grande parte do trabalho que, como fonte do valor, se tornou cada vez mais vazio e fragmentado, poderia ser abolido; tarefas unilaterais remanescentes poderiam ser revezadas socialmente. Em outras palavras, a análise de Marx alude que a abolição do valor permitiria uma transformação social geral da produção que acarretaria a abolição do trabalho proletário – por intermédio da transformação da natureza do trabalho no capitalismo industrial, e a abolição de um sistema no qual as pessoas passam a maior parte da vida adulta atreladas a esse trabalho – ao mesmo tempo que conserva um alto nível de produtividade. Isso permitiria uma forma de produção baseada diretamente na apropriação do tempo histórico.

A análise crítica de Marx sobre a produção industrial, portanto, aponta para a possível abolição de grande parte do trabalho unilateral e a possibilidade de redefinir e reestruturar esse trabalho de modo a se tornar mais interessante e intrinsecamente compensador. Ela sugere que enquanto o trabalho humano direto for a base social imediata para a contínua produção de excedente, haverá necessariamente uma oposição entre riqueza social (seja na forma de riqueza material, seja na forma de valor) e o trabalho que a produz, na medida em que a primeira é criada à custa do último. Essa oposição torna-se mais evidente no sistema de produção baseado no valor. No entanto, as contradições desse sistema, de acordo com Marx, apontam para uma possível transformação da produção que poderia superar a velha oposição entre riqueza social e trabalho. Sua análise aponta na direção da possível criação de modos de trabalho individual que, livres das amarras da divisão parcelar do trabalho, poderiam ser mais completos e ricos para os indivíduos. Além disso, podem ser variados; as pessoas não necessariamente passariam a maior parte da vida adulta ligados a um tipo de trabalho.

Superar a oposição antagônica entre indivíduos e sociedade não implica, então, a subsunção dos indivíduos pela sociedade. Ao contrário, a análise de Marx demonstra que precisamente tal subsunção já existe – como característica do capital. Superar essa oposição antagônica requer a superação de uma estrutura concreta do trabalho em que a "pobreza" do trabalho individual é o pressuposto da riqueza social, que exige uma nova estrutura de trabalho na qual a riqueza da sociedade e a possibilidade de trabalho "criador de riqueza" para o indivíduo são paralelas, não contrárias. Tal estrutura torna-se uma possibilidade na análise crítica de Marx,

422 Tempo, trabalho e dominação social

quando a crescente contradição do capitalismo gera a possibilidade histórica de que as capacidades produtivas que tinham sido constituídas sob forma alienada sejam reapropriadas e utilizadas na esfera da própria produção.

A possibilidade de que o trabalho social, em uma sociedade pós-capitalista, seja mais interessante e gratificante não expressa, contudo, uma utopia do trabalho. Ela não está vinculada à noção da importância central do trabalho como constituidor da vida social, mas é atribuída à *negação* histórica desse papel socialmente constituidor que o trabalho desempenha no capitalismo. Além disso, a análise que Marx faz do papel mediador do trabalho ao estruturar o trabalho e a produção no capitalismo pode ser estendida à estruturação do lazer e sua relação com o trabalho, bem como a relação entre vida pública e trabalho, por um lado, e vida privada, por outro. Isso sugere que a superação da forma historicamente específica de mediação não somente permitiria uma nova estruturação do trabalho, como também uma reestruturação fundamental e a atribuição de um novo significado à vida social em geral – não apenas para uma minoria favorecida (ou marginal), mas para a maioria.

Essa possível transformação da produção e do trabalho repousa, como vimos, na distinção implícita na análise de Marx entre a forma existente da dimensão do valor de uso, moldada pelo valor, e seu potencial latente. Como a possível reapropriação, pelas pessoas, da dimensão do valor de uso do trabalho constituída sob forma alienada depende da abolição do valor, ela pressupõe implicitamente uma separação das duas dimensões das formas sociais básicas do capitalismo; isso, por sua vez, dá origem a uma possível transformação dos elementos da dimensão do valor de uso. Em outras palavras, a abordagem que esbocei pode tratar as formas existentes desses elementos como instrumental em seu caráter – porque são moldadas pelo valor – e, ainda assim, permitir teoricamente a possibilidade de que, caso o valor seja abolido, o que era historicamente constituído como dimensão concreta do capital (incluindo formas de conhecimento técnicas e científicas, por exemplo, além do modo de produção) poderia existir de outra forma. Assim, a análise de Marx sugere que a abolição do valor permitiria um modo diferente de produção tecnologicamente avançada que não seria intrinsecamente estruturada da maneira antagônica que marca a esfera da produção no capitalismo; essa análise também sugere a possibilidade de uma remodelagem e uma reestruturação mais abrangentes do conhecimento técnico e científico desenvolvido no contexto das formas sociais alienadas do capitalismo. De modo mais geral, a crítica de Marx ao capitalismo permite uma posição que nem afirma o conhecimento técnico e científico em suas formas existentes como emancipatórios nem implicitamente advoga sua negação abstrata. Em vez disso, ao analisar socialmente o potencial

A TRAJETÓRIA DA PRODUÇÃO 423

emancipatório do que foi constituído historicamente em forma alienada, a crítica marxiana busca apreender criticamente o que existe de uma maneira que aponta para além dela historicamente.

Uma vertente da análise de Marx pode, então, ser resumida da seguinte maneira: a dinâmica do capital gera o desenvolvimento da produtividade de forma concreta que se mantém como instrumento de dominação. Porém, seu crescente potencial forma a base para uma transformação final da sociedade, do modo de mediação social e da organização social da produção, de tal maneira que a estrutura e a meta da produção passarão por mudanças fundamentais. A possibilidade dessa transformação reflexiva da esfera de produção lança a base para uma crítica social que possa se mover para além da antinomia de dois tipos de crítica social. O primeiro tipo é uma crítica ao trabalho alienado e à alienação das pessoas em relação à natureza que rejeita a tecnologia industrial em si na esperança historicamente impossível de um retorno à sociedade pré-industrial; o segundo tipo é uma crítica à distribuição não equitativa e injusta do poder social e da grande massa de bens e serviços produzidos no capitalismo, que aceita como necessária a continuação linear da produção determinada pelo capital.

Ao considerar o significado da abolição do trabalho assalariado implícito na lógica da exposição de Marx, concentrei-me na dimensão concreta de sua abolição – ou seja, na possível abolição do trabalho proletário e, relativamente, na possível transformação do próprio processo de trabalho – de modo a deixar claro o quão fundamentalmente minha interpretação difere do marxismo tradicional. Nesse ponto, contudo, devo observar que a análise categorial que Marx faz do desenvolvimento da produção capitalista também aponta para a possível abolição do outro aspecto do trabalho assalariado, isto é, do sistema de distribuição baseado no intercâmbio de força de trabalho por salários com o qual os meios de consumo são adquiridos. Vimos que o trabalho proletário se torna cada vez mais insignificante como fonte social da riqueza material, mesmo que seja sistemicamente reconstituído como fonte do valor. Deixando de lado a questão da exploração, isso significa que surge uma lacuna entre os significados dos salários considerados em termos de valor e considerados em termos de riqueza material. Uma vez que a capacidade produtiva social geral do trabalho concreto se torna maior do que a soma dos trabalhos individuais, surge uma crescente discrepância entre *input* de tempo de trabalho e *output* material. O sistema de salários, considerado do ponto de vista da riqueza material, torna-se uma forma de distribuição social geral e só na aparência é a remuneração pelo dispêndio de tempo de trabalho. Ele não está mais baseado na produção de riqueza material; sua retenção sistêmica é uma

424 Tempo, trabalho e dominação social

função da dimensão do valor apenas. Como não há mais uma relação necessária entre *input* de tempo de trabalho e a produção de riqueza material, a abolição do valor sob essas condições também permitiria o desenvolvimento de outro modo de distribuição social – na qual a aquisição de meios de consumo não seria uma função "objetiva" do dispêndio de tempo de trabalho[123].

Portanto, um aspecto central da realização do potencial da dimensão do valor de uso da força de trabalho acumulada, uma vez livre das restrições do valor, é o fato de que o excedente social não teria mais de ser o produto do trabalho imediato de uma classe de pessoas subsumidas ao processo produtivo, o trabalho das pessoas não mais seria um meio quase objetivo de obter meios de consumo. Essa é uma característica importante da concepção de Marx da sociedade socialista como superação da pré-história humana. Segue-se, portanto, que a condição mais básica para superar a sociedade de classes não é a abolição de um conjunto de relações de propriedade – portanto, de uma classe de expropriadores privados –, mas uma transformação fundamental do modo de mediação social e o modo de produção a ela associado. Tal transformação envolveria a abolição da classe cujo trabalho imediato na produção é a fonte do excedente. Na ausência dessa transformação, a sociedade de classes continuaria a existir, independentemente de se poder ou não considerar os expropriadores do excedente como uma classe no sentido marxista tradicional.

Modos de universalidade

A abordagem sobre a possível transformação de formas sociais existentes, implícita na análise crítica de Marx sobre o duplo caráter das relações estruturadoras do capitalismo, também tem implicações para a relação de determinadas formas de universalidade para o capitalismo e sua possível negação histórica. Como já foi dito, para Marx, modalidades modernas de generalidade social e política e ideias universalistas não são resultados históricos de processos evolutivos trans-históricos

---

[123] A discussão de André Gorz em *Paths to Paradise* sobre a possibilidade de uma renda garantida é baseada em uma abordagem semelhante à interpretação da abolição do valor apresentada aqui. Ele argumenta que quando o aumento da produção é obtido mediante a queda do custo de trabalho, esse aumento só pode ser socialmente distribuído se propiciar a criação e distribuição de meios de pagamento proporcionais ao seu volume (o que seria o caso se a riqueza material fosse a forma de riqueza dominante na sociedade), e não ao valor do trabalho dispendido. Ele sustenta, ainda, que a função essencial de uma renda garantida para a vida seria distribuir a cada um a riqueza criada pelo conjunto das forças produtivas da sociedade e não pela soma dos trabalhos individuais. Ver *Paths to Paradise*, cit., p. 42.

A TRAJETÓRIA DA PRODUÇÃO **425**

ou teleológicos. Em vez disso, emergem historicamente e são moldadas em um contexto constituído pelas formas sociais estruturadoras subjacentes ao capitalismo. Sua relação com essas formas é intrínseca; ou seja, são fundamentadas social e historicamente em formas determinadas de vida social.

Vimos que a análise de Marx da mercadoria como princípio estruturador fundamental da prática social e do pensamento na sociedade capitalista moderna fornece um ponto de partida para uma abordagem crítica sócio-histórica do caráter da moderna universalidade e igualdade. Com a emergência histórica do capital – da mercadoria como forma social totalizadora – nasce um modo de mediação social abstrato, homogêneo e geral: cada instância dessa mediação (isto é, cada mercadoria considerada como valor) não é qualitativamente determinada, mas um momento de uma totalidade. Ao mesmo tempo cada, mercadoria, considerada como valor de uso, é qualitativamente particular. Como uma forma de prática, a forma-mercadoria de mediação social gera uma forma social de igualdade que é potencialmente universal, estabelecendo a comunalidade entre objetos, entre trabalhos, entre proprietários de mercadorias e potencialmente entre todas as pessoas. A forma dessa universalidade, contudo, é abstraída da especificidade qualitativa de indivíduos e grupos particulares; a forma-mercadoria gera uma oposição entre uma forma de universalidade abstrata e homogênea e uma forma de particularidade concreta que exclui a universalidade[124].

Tal análise evita tratar a forma de universalidade que se torna quase metafisicamente dominante na sociedade capitalista com o Universal *per se*, em favor de tratá-la como uma forma de universalidade socialmente constituída, historicamente específica que *aparece* em forma trans-histórica como o Universal. Essa abordagem não opõe simplesmente a realidade da sociedade capitalista aos seus ideais, mas fornece uma análise histórica desses ideais em si. Uma análise que relacione a forma moderna e abstrata de universalidade à dimensão do valor da forma-mercadoria não implica necessariamente desprezar essa forma de universalidade, mas permite uma análise social de seu caráter ambivalente – que, como já foi dito, essa forma de universalidade teve consequências políticas e sociais positivas e, ainda assim, em sua oposição a toda particularidade, também tem sido um aspecto de dominação abstrata.

---

[124] Um exemplo desta oposição é a distinção clássica na sociedade capitalista liberal entre o indivíduo como cidadão, equivalente e idêntico a todos os cidadãos, e o indivíduo como pessoa física, inserida em relações sociais específicas. Poder-se-ia também argumentar que uma expressão mais mediada dessa oposição é a maneira pela qual as diferenças de gênero são constituídas e concebidas na sociedade capitalista.

426 Tempo, trabalho e dominação social

Ao analisar as formas universais em termos sociais e históricos, a análise de Marx não considera todos os modos de universalidade constituídos no capitalismo como necessariamente vinculados ao valor. Com base na distinção entre valor e valor de uso, sua teoria também sugere a constituição histórica de uma forma paralela de universalidade que não é abstrata e homogênea e não existe necessariamente em oposição à particularidade. Ao considerar a categoria do trabalho concreto, salientei como a mediação social geral abstrata que estrutura a sociedade capitalista também dá origem a essa outra forma de generalidade; atividades e produtos que podem não ser considerados semelhantes em outras sociedades se tornam socialmente organizados e classificados como semelhantes no capitalismo – por exemplo, como variedade de trabalho (concreto) ou como valores de uso específicos. Essa generalidade, no entanto, não é uma totalidade, mas um todo, feito de particulares. Esse tipo de generalidade também é evidente no conceito de Marx sobre o desenvolvimento de modos de conhecimento e capacidades gerais da espécie constituído historicamente com o desenvolvimento do capital. Como essa dimensão geral socialmente substantiva emerge dentro de um quadro determinado pelo valor, ela é estruturada de acordo: torna-se parte do mundo abstrato, racionalizado, técnico-administrativo constituído pelo capital. Por outro lado, segundo a análise de Marx, essa dimensão geral substantiva não é idêntica ao valor e, portanto, à universalidade homogênea abstrata – embora, assim como a dimensão concreta do capital, ela seja moldada pelo valor. Consequentemente, a crescente tensão entre o potencial da dimensão do valor de uso da força de trabalho no capitalismo e a realidade do mundo constituído pelo valor pode também, em um nível, ser vista como permitindo uma separação potencial das duas formas de generalidade. Nesse nível extremamente preliminar, portanto, a teoria crítica marxiana aborda implicitamente a constituição histórica de dois tipos de generalidade. Um deles é a generalidade abstrata e homogênea, baseada na dimensão do valor e intrinsecamente relacionada a um conceito de humanidade geral, abstrato, homogêneo e, portanto, necessariamente em oposição à particularidade concreta como sua antítese; o segundo é outro tipo de generalidade que não é homogêneo. Embora, segundo Marx, esse último seja constituído sob forma alienada, sua análise sugere que, em uma sociedade pós-capitalista, poderia existir sob uma forma livre do valor estruturador e, então, não necessariamente oposta à particularidade – uma forma que poderia ser relacionada ao desenvolvimento de um novo conceito de humanidade como geral e, ainda assim, variada.

Esta análise da universalidade determinada pelo valor é como o tratamento de Marx da produção determinada pelo capital. Para Marx, superar o capitalismo não

A TRAJETÓRIA DA PRODUÇÃO 427

implica a abolição de todas as formas de produção tecnologicamente avançadas nem a realização da forma de produção industrial desenvolvida no capitalismo. De modo semelhante, ela não implica a erradicação da universalidade nem pode ser entendida em termos da efetiva extensão, a todas as pessoas, da forma de universalidade abstrata e homogênea que se desenvolve como momento do modo de vida social estruturado pela mercadoria. Em vez disso, sua análise aponta para a possibilidade de que outra forma dominante de universalidade seja constituída.

Essa discussão preliminar das duas formas de universalidade socialmente constituída implícita na análise categorial de Marx dá profundidade à minha discussão sobre o papel atribuído à classe trabalhadora na crítica à política econômica e tem implicações mais gerais para uma consideração de vários movimentos sociais em termos das formas de universalidade que delineamos. Na tradição marxista, o proletariado tem sido visto frequentemente como uma classe universal e, com base nisso, tem sido contrastado com a classe capitalista, cujos interesses são considerados particularistas pelo fato de não coincidirem com (ou se oporem a) aqueles da sociedade como um todo. É por causa desse caráter universal que o proletariado foi concebido como o representante de uma possível futura sociedade. Minha discussão sobre a fundamentação social de modos de universalidade implícitos na análise de Marx indica, no entanto, que a relação entre o capitalismo e sua possível negação histórica não deve ser entendida como esse tipo de oposição entre particularidade e universalidade, visto que tal oposição em si é característica das formas sociais do capitalismo. Em vez disso, a relação entre o capitalismo e sua possível negação deve ser vista em termos de diferentes formas dominantes de universalidade. A relação entre a universalidade representada pelo proletariado e a possível superação do capitalismo não deveria, pois, ser abordada apenas quantitativamente em termos da extensão na qual a universalidade é realizada. Ela deveria, ao invés disso, ser considerada qualitativamente, em termos do tipo de universalidade que a classe representa.

Acabamos de ver que, com sua análise do duplo caráter do capital, Marx fundamenta implicitamente a constituição histórica de dois modos muito diferentes de generalidade – um é a forma objetiva da mediação social apreendida pela categoria do valor, e outra como um aspecto da dimensão do valor de uso. Essa última, de acordo com Marx, é gerada historicamente pela forma abstrata de mediação, mas é separável dela. Parece claro que, dentro desse quadro, a universalidade representada pelo proletariado é, em última análise, aquela do valor, quer sua forma seja inclusiva ou coletiva. Longe de representar a negação do valor, o proletariado essencialmente constitui essa forma de riqueza abstrata e homogênea, a mediação social cuja generalidade é oposta à especificidade qualitativa. Além disso, ao discutir

428 TEMPO, TRABALHO E DOMINAÇÃO SOCIAL

que Marx trata os trabalhadores como sujeitos e objetos da produção, mostrei que, ao determiná-los como sujeitos, ele os determina como proprietários (coletivos) de mercadoria. Essas determinações preliminares apontam que a extensão dos princípios universalistas da sociedade burguesa a segmentos maiores da população – isto é, a realização desses princípios, que é, em parte, levada a efeito pelos movimentos da classe trabalhadora, bem como por aqueles elementos de movimentos das mulheres e das minorias que lutaram por direitos iguais, não deve ser entendida como um desenvolvimento que aponta para além da sociedade capitalista. Embora esses movimentos tenham democratizado enormemente a sociedade capitalista, a forma de universalidade que ajudaram a constituir continua, segundo Marx, vinculada à forma de valor de mediação e, em última análise, opõe-se à especificidade individual e do grupo.

Se a contradição básica do capitalismo não é representada pela oposição social entre a classe trabalhadora e a classe capitalista, e se a superação do capitalismo não implica a realização da forma abstrata de universalidade associada a essa sociedade, então a questão da natureza e das fontes das formas historicamente constituídas de subjetividade que aponta para além da ordem existente precisa ser repensada. Ao delinear algumas dimensões da contradição básica do capitalismo – e, assim, a natureza de sua negação histórica determinada – como implícitas na análise que Marx faz da esfera capitalista de produção, toquei em uma série de tensões que descrevi como uma crescente lacuna entre as possibilidades geradas pelo desenvolvimento do capital e sua verdadeira forma. Essa lacuna gera uma pressão de cisalhamento que estrutura as instituições da sociedade capitalista e molda seu curso de desenvolvimento. Minha discussão dessa pressão concentrou-se principalmente na estrutura da produção e na natureza do trabalho na sociedade capitalista e, em menor extensão, na constituição social dos modos de universalidade. Entretanto, as tensões que Marx fundamenta no caráter dual das formas sociais subjacentes do capitalismo devem ser entendidas não apenas em termos "objetivos" – por exemplo, econômicos e sociais –, mas também em termos "subjetivos", em relação às mudanças nas formas de pensamento e sensibilidades. Um exame mais completo da sociedade capitalista exigiria, obviamente, um nível mais concreto de análise; em nenhum nível, porém, sua ênfase na contradição, mesmo que redeterminada, deveria ser entendida como supondo um colapso automático da sociedade capitalista ou a necessária emergência de formas de consciência opostas ou críticas apontando para além da formação social existente. A interpretação que expus aqui sugere, contudo, que a análise marxiana implica uma abordagem das *mudanças históricas qualitativas* em formas de subjetividade e em estruturas de necessidades –

A TRAJETÓRIA DA PRODUÇÃO 429

que poderia explicar essas mudanças, não só meramente em termos de contexto social dos atores envolvidos, mas também como possibilidades constituídas pelo desenvolvimento das formas sociais no cerne do capitalismo. Em outras palavras, a análise marxiana implica uma teoria social histórica da subjetividade.

Embora não possa elaborar aqui essa abordagem sócio-histórica, ressalto que a análise que Marx faz do capitalismo aponta, como importante elemento dessa análise, a crescente contradição entre a necessidade e a não necessidade de trabalho criador de valor, a noção de que precisamente aquilo que constitui a formação social e é necessário para ela – o trabalho atuando como atividade socialmente mediadora – torna-se cada vez mais desnecessário diante do potencial do que ele constitui. Isso, por sua vez, sugere a existência de uma lacuna crescente entre o trabalho que as pessoas continuam fazendo em uma sociedade mediada pelo trabalho e o trabalho que poderiam fazer se não houvesse essa "necessidade" do capitalismo.

Poder-se-ia, por exemplo, investigar a mudança nas atitudes em relação ao trabalho e o que constitui atividade significativa desse desenvolvimento contraditório. Isso envolveria uma análise da emergência histórica de novas necessidades e formas de subjetividade em termos de uma nova tensão estrutural entre o caráter cada vez mais anacrônico da estrutura do trabalho (e de outras instituições de reprodução social) e sua posição central na sociedade moderna. Essa análise poderia, por exemplo, começar a investigar o surgimento, nos anos 1960, de valores "pós-materialistas" em escala maciça com relação a essa tensão, e examinar o subsequente declínio desses valores em termos de uma série de crises e transformações estruturais em países capitalistas desenvolvidos que reestabeleceram dramaticamente a conexão "necessária" entre trabalho, como definido aqui, e reprodução material. Essa abordagem poderia também ajudar a iluminar mudanças nas definições e relações entre as esferas pública, privada e íntima da vida social moderna, bem como um recente fenômeno observado por teóricos tão diversos com Daniel Bell e André Gorz – a saber, a crescente importância do consumo para a autoidentidade. Essa última questão não deve ser entendida somente como a crescente dependência do capitalismo em relação ao consumo de massa (uma posição que não raro considera esse consumo meramente como gerado e manipulado pela publicidade, por exemplo); nem deve esse estudo reificar o consumo de maneira culturalista como local de identidade e resistência, de modo análogo à reificação da produção no marxismo tradicional. Em vez disso, ela deve analisar também a crescente importância subjetiva do consumo em termos do declínio do trabalho como fonte de identidade e relacioná-lo ao caráter cada vez mais anacrônico da estrutura do trabalho e os efeitos negativos da produção pela produção sobre o caráter do trabalho excessivo.

430 Tempo, trabalho e dominação social

A ideia de que o papel necessário do trabalho como atividade socialmente mediadora e, com ele, uma estrutura determinada de produção se torna anacrônica
mesmo sendo continuamente reconstituído pode servir de base para uma análise
das transformações históricas mais profundas da moralidade e do eu.

Essa abordagem geral pode ser um ponto de partida frutífero para recon-
ceitualizar a relação entre a classe trabalhadora e a possível superação do capitalismo. Vimos que, segundo a análise de Marx, o proletariado é um elemento
essencial das relações de produção determinadas pelo valor e, como tal, também
se torna anacrônico à medida que o capitalismo se desenvolve. Superar o capitalismo deve ser entendido como a abolição do trabalho proletário e, portanto,
do proletariado. Isso, contudo, torna muito problemática a questão da relação
entre as ações sociais e políticas da classe trabalhadora e a possível abolição do
capitalismo; isso implica que tais ações, e o que é normalmente chamado de
consciência da classe trabalhadora, permaneçam dentro dos limites da formação
social capitalista – e não necessariamente porque os trabalhadores foram corrom-
pidos material e espiritualmente, mas porque o trabalho proletário não contradiz
fundamentalmente o capital. As ações sociais e políticas das organizações da
classe trabalhadora têm sido historicamente importantes nos processos pelos
quais os trabalhadores têm constituído e defendido a si mesmos como uma classe
dentro do capitalismo, no desdobrar da dinâmica do trabalho assalariado-capital
e, especialmente na Europa ocidental, na democratização e humanização social
da ordem capitalista. Por mais militantes que tenham sido as ações e as formas
de subjetividade associadas à autoasserção do proletariado, contudo, elas não
apontaram e não apontam para a superação do capitalismo. Representam formas
de ação e consciência constituidoras do capital, e não transcendentes. Esse seria
o caso mesmo se a estrutura do trabalho assalariado se tornasse verdadeiramente
global – o que ela está se tornando como resultado da atual forma de globalização
do capital – e se os trabalhadores se organizassem adequadamente. A questão
não é simplesmente o grau de globalização da relação entre capital e trabalho
assalariado (embora, em um nível mais concreto de análise, a extensão espacial
do capital tenha consequências importantes). Tampouco é simplesmente uma
questão de "reformismo"; o problema fundamental não é o fato de que a política
baseada na existência da força de trabalho como mercadoria leve à consciência
sindical, mas que o capital repouse, em última análise, no trabalho proletário
– portanto, a superação do capital não pode se basear na autoasserção da classe
trabalhadora. Mesmo a noção "radical" de que os trabalhadores produzem o
excedente e, por conseguinte, são seus proprietários "legítimos", por exemplo,

aponta para a abolição da classe capitalista – mas não para a superação do capital. Isso exigiria superar a forma de valor do excedente e a forma do processo de trabalho determinada pelo capital.

Essas considerações podem servir como ponto de partida para um exame das condições objetivas e subjetivas para a abolição do trabalho proletário e, portanto, para a abolição do capitalismo. Poderia iluminar historicamente, por exemplo, diferentes insatisfações dos trabalhadores ou falta de identificação com seu trabalho. Entretanto, essa interpretação também salienta um dilema quando se considera a possível relação entre as organizações da classe trabalhadora e a superação do capitalismo. Ela sugere que não há relação linear ou continuidade direta entre as ações e políticas associadas à classe trabalhadora que se afirma (ainda que de forma radical ou militante), por um lado, e ações e políticas que apontariam para além do capitalismo, por outro. De fato, essa abordagem sugere que há uma tensão profunda entre ações e políticas que representam os trabalhadores exclusivamente como trabalhadores (e, portanto, completamente atentos a empregos definidos dentro do quadro socioeconômico existente como meio necessário de reprodução individual) e aqueles que iriam além dessa definição exclusiva. Ela sugere que se um movimento, preocupado com os trabalhadores, apontasse para além do capitalismo, ele teria de defender os interesses dos trabalhadores e, ao mesmo tempo, participar de sua transformação – por exemplo, questionando a estrutura atual de trabalho, deixando de identificar as pessoas somente em termos dessa estrutura e participando na reformulação desses interesses. Contudo, só posso aqui mencionar esses temas e problemas.

Visto que a ideia de tensão crescente entre necessidade e não necessidade do trabalho constituidor de valor se refere à forma de mediação social, suas implicações não se limitam a uma investigação da estrutura do trabalho em si. Um exemplo, que já mencionei, do que se poderia investigar para o entendimento da contradição do capitalismo é o da mudança de conceitos e atitudes para com a universalidade. A noção das diferentes formas de universalidade constituída socialmente implícita na análise que Marx faz do desenvolvimento das formas estruturadoras da formação social poderia servir como base para uma investigação sócio-histórica de alguns movimentos sociais – por exemplo, o movimento feminista – que tentam formular uma nova forma de universalismo, para além da oposição entre universalidade homogênea e particularidade. Essa abordagem poderia também servir como ponto de partida para repensar a relação entre os novos movimentos sociais e políticas de identidade nas últimas décadas e o capitalismo e sua possível superação. Esses vários exemplos,

432 Tempo, trabalho e dominação social

contudo, são apenas sugestões. No nível lógico preliminar do presente estudo, não posso empreender adequadamente uma investigação dessas possíveis implicações da minha interpretação.

Resumindo minha discussão sobre a negação determinada do capitalismo como implícita na crítica de Marx: essa negação não pode, de maneira alguma, ser apreendida em termos de uma simples transformação do modo burguês de distribuição. O socialismo, segundo Marx, também envolve outro modo de produção, que não é organizado como uma metamáquina baseada essencialmente no trabalho humano direto. Ele, portanto, permitiria novos modos de trabalho e atividade individual que seriam mais ricos e gratificantes, e uma relação diferente entre o trabalho e outras esferas da vida. A possibilidade dessa transformação está fundamentada, em última análise, na possibilidade de uma negação histórica determinada – na abolição de um modo objetivo de mediação social e das compulsões abstratas associadas a ela, um modo de mediação social que é, fundamentalmente, constituído pelo trabalho e que constitui a dinâmica direcional quase automática da formação social capitalista e sua forma de produção. Portanto, a negação histórica determinada do valor vislumbrada por Marx como uma possibilidade histórica poderia libertar as pessoas da influência alienada do seu próprio trabalho, enquanto permitiria que o trabalho, livre de seu papel social historicamente específico, se transformasse de maneira a enriquecer os indivíduos, em vez de empobrecê-los. Libertar as forças produtivas das compulsões impostas pela forma de riqueza baseada no tempo de trabalho imediato exige libertar a vida humana da produção. À luz da interpretação tradicional, é irônico que a análise de Marx implique que a maior parte do trabalho dos indivíduos poderia se tornar mais gratificante e autoconstitutiva apenas quando o trabalho não fosse mais socialmente constitutivo.

O entendimento de Marx da abolição da forma capitalista de trabalho e produção refere-se não à produção em um sentido estrito, mas ao próprio princípio estruturador de nossa forma de vida social. Nesse sentido, sua crítica do capitalismo não tem como alvo a mediação social *per se*, mas a forma específica de mediação constituída pelo trabalho. O valor é uma forma de riqueza automediadora, mas a riqueza material não o é; a abolição da primeira implica necessariamente a constituição de novas formas de mediação social, muitas das quais presumivelmente seriam de natureza política (o que de forma alguma origina necessariamente um modo de administração hierárquico, centrado no Estado).

A TRAJETÓRIA DA PRODUÇÃO 433

Tem importância central no conceito de Marx sobre a superação do capitalismo sua noção da reapropriação, pelas pessoas, dos conhecimentos e das capacidades sociais gerais que foram constituídos historicamente como capital. Vimos que, que acordo com Marx, tais conhecimentos e capacidades, como capital, dominam as pessoas; a reapropriação, portanto, implica a superação do modo de dominação característico da sociedade capitalista, que em última análise está fundamentado no papel historicamente específico do trabalho como atividade socialmente mediadora. Assim, no cerne de sua visão de uma sociedade pós-capitalista está a possibilidade gerada historicamente de que as pessoas comecem a controlar o que criam, em vez de serem controladas por ele.

O desenvolvimento da divisão social do tempo

No início deste trabalho, afirmei que a noção de especificidade histórica do valor que Marx desenvolve nos *Grundrisse* fornece a chave para a interpretação de sua crítica madura à economia política. Mostrei que essa ideia é, na verdade, a essência da análise que Marx faz n'*O capital* sobre a natureza da moderna sociedade capitalista e sua possível negação determinada. Agora, irei recapitular brevemente o que desenvolvi neste capítulo e reconfirmar a continuidade essencial da análise de Marx nos dois textos, resumindo seu conceito da trajetória da produção capitalista em *O capital* diante das categorias temporais apresentadas nos *Grundrisse* – ou seja, diante do desenvolvimento do que chamarei de "divisão social do tempo". No processo, enfatizarei a importância central da noção da não necessidade histórica. Como vimos, a crescente não necessidade histórica do trabalho que constitui o valor – isto é, o pressuposto necessário do capitalismo e o elemento constituinte de sua forma característica de necessidade social abstrata – é essencial ao entendimento da contradição fundamental do capitalismo como uma contradição entre aquilo que é e aquilo que poderia ser (e não entre duas coisas que são).

No início dos *Grundrisse*, Marx diz:

> O próprio capital é a contradição em processo, [pelo fato] de que procura reduzir o tempo de trabalho a um mínimo, ao mesmo tempo que, por outro lado, põe o tempo de trabalho como única medida e fonte da riqueza. Por essa razão, ele diminui o tempo de trabalho na forma do trabalho necessário para aumentá-lo na forma do supérfluo; por isso, põe em medida crescente o trabalho supérfluo como condição – questão de vida e morte – do necessário.[125]

---

[125] Karl Marx, *Grundrisse*, cit., p. 588-9.

434 Tempo, trabalho e dominação social

Minha investigação d'*O capital* permite-nos agora apreender essas categorias temporais. A oposição que Marx faz entre tempo de trabalho "necessário" e "supérfluo" não é idêntica à oposição entre tempo de trabalho "necessário" e "excedente". A primeira oposição refere-se à sociedade como um todo, enquanto a última se refere à classe dos produtores imediatos. Na teoria de Marx, a existência de produção excedente – mais do que o necessário para satisfazer as necessidades imediatas dos produtores – é uma condição de todas as formas "históricas" de vida social. Pode--se distinguir em cada forma histórica entre o volume de produção exigido para reproduzir a população trabalhadora e um volume adicional, expropriado pelas classes não trabalhadoras, "necessário" para a sociedade como um todo. De acordo com Marx, no capitalismo o excedente é valor, e não riqueza material, e não é expropriado por meios da dominação direta. Em vez disso, a expropriação é mediada pela própria forma de riqueza e existe na forma de uma divisão não manifestada entre aquela porção da jornada de trabalho em que se trabalha para sua própria reprodução (o tempo de trabalho "necessário") e a porção que é apropriada pelo capital (o tempo de trabalho "excedente"). Dada a distinção entre valor e riqueza material, uma vez que a produção de riqueza material depende largamente do dispêndio de tempo de trabalho imediato, tanto o tempo de trabalho "necessário" como o "excedente" podem ser considerados socialmente necessários.

Isso, contudo, deixa de ser o caso à medida que a produção de riqueza material passa a se basear nos conhecimentos e capacidades produtivas sociais gerais em vez do trabalho humano direto. Em tal situação, a produção de riqueza material pode ter tão pouca relação com o dispêndio de tempo de trabalho imediato que o volume total de trabalho socialmente necessário, em *ambas* as suas determinações (para a reprodução individual e para a sociedade em geral), poderia ser reduzido significativamente. O resultado, como diz Marx, seria uma situação caracterizada não pela "redução do tempo do trabalho necessário [...] para pôr trabalho excedente", mas pela "na redução do tempo de trabalho de toda a sociedade a um mínimo decrescente"[126].

Meu exame da dialética entre as duas dimensões de formas sociais subjacentes do capitalismo mostrou que, segundo a análise de Marx, não pode ocorrer uma redução geral do trabalho socialmente necessário que seja totalmente proporcional às capacidades produtivas desenvolvidas no capitalismo enquanto o valor for a fonte de riqueza. O que Marx chama de tempo de trabalho "supérfluo" nos *Grundrisse* é a diferença entre o tempo de trabalho total determinado como socialmente

---

[126] Idem.

necessário pelo capital, por um lado, e o volume de trabalho que seria necessário em vista das capacidades produtivas sociais gerais desenvolvidas caso a riqueza material fosse a forma social de riqueza, por outro. A categoria pode ser entendida tanto quantitativamente, quanto qualitativamente como se referindo tanto à duração do trabalho quanto à estrutura de produção e à própria existência de excesso de trabalho na sociedade capitalista. Como é aplicada à produção social em geral, ela é uma nova categoria histórica, gerada pela trajetória da produção capitalista.

Até essa fase histórica do capitalismo, de acordo com a análise de Marx, o tempo de trabalho socialmente necessário em suas duas determinações definia e preenchia o tempo das massas trabalhadoras, permitindo a poucos um tempo livre. Com o avanço da produção industrial capitalista, o potencial produtivo desenvolvido torna-se tão grande que surge uma nova categoria histórica de tempo "extra" para a maioria, permitindo uma redução drástica em ambos os aspectos do tempo de trabalho socialmente necessário e uma transformação da estrutura do trabalho e a relação entre o trabalho e outros aspectos da vida social. Mas esse tempo extra surge apenas como potencial: como estruturado pela dialética entre transformação e reconstituição, ele existe na forma de tempo de trabalho "supérfluo". O termo reflete a contradição: conforme a determinação das velhas relações produtivas, ele continua sendo tempo de trabalho; mas julgado em termos do potencial das novas forças produtivas ele é, na velha determinação, supérfluo.

Deve estar claro que "supérfluo" não é uma categoria não histórica de julgamento desenvolvida a partir de uma posição supostamente externa à sociedade. É, em vez disso, uma categoria crítica imanente fundamentada na crescente contradição entre o potencial das forças produtivas desenvolvidas e sua forma social existente. A partir desse ponto de vista, pode-se fazer a distinção entre o tempo de trabalho necessário para o capitalismo e o que seria necessário para a sociedade não fosse pelo capitalismo. Como indicou minha discussão da análise de Marx, essa distinção se refere não apenas à quantidade de trabalho socialmente necessário, mas também à própria natureza da necessidade social. Isto é, ela aponta não apenas para uma possível grande redução no tempo de trabalho total, mas também para uma possível superação das formas abstratas de compulsão social constituídas pela forma de valor de mediação social. Nesses termos, entende-se "supérfluo" como o oposto imediato e historicamente gerado de "necessário", uma categoria de contradição que expressa a crescente possibilidade de distinguir entre a sociedade e sua forma capitalista e, assim, isolar a conexão necessária entre elas. A contradição básica do capitalismo, em seu desdobramento, permite julgar a forma antiga e imaginar uma nova forma.

436   Tempo, trabalho e dominação social

Minha análise da dialética da transformação e reconstituição mostrou que, segundo Marx, a necessidade histórica não pode, por si, gerar liberdade. A natureza do desenvolvimento capitalista, no entanto, pode gerar e gera seu oposto imediato – a não necessidade histórica – que, por sua vez, permite a negação histórica determinada do capitalismo. Esta possibilidade só pode ser realizada, segundo Marx, se as pessoas se apropriarem do que foi constituído historicamente como capital.

O entendimento da negação determinada do capitalismo implícito no desdobramento das categorias de Marx n'*O capital* é paralelo ao que ele apresenta nos *Grundrisse*. Nesse último, ele caracteriza uma possível sociedade pós-capitalista em termos da categoria de tempo "disponível":

> por um lado, o tempo necessário de trabalho terá sua medida nas necessidades do indivíduo social, por outro, o desenvolvimento da força produtiva social crescerá com tanta rapidez que, embora a produção seja agora calculada com base na riqueza de todos, cresce o tempo disponível de todos.[127]

Marx define o tempo "disponível" como "espaço para o desenvolvimento das forças produtivas plenas do indivíduo singular, logo também da sociedade"[128]. Essa é a forma positiva tomada por aquele tempo extra, libertado pelas forças produtivas, que continua vinculado como "supérfluo" no capitalismo desenvolvido. A categoria do tempo supérfluo expressa apenas negatividade – a não necessidade histórica de uma necessidade histórica anterior – e assim se refere ao sujeito: a sociedade em geral em sua forma alienada. A categoria do tempo disponível reverte essa negatividade e dá a ela um novo referencial: o indivíduo social[129]. Ela pressupõe a abolição da forma de valor de mediação social: só então, de acordo com Marx, podem o tempo de trabalho (não alienado) e o tempo disponível complementarem-se positivamente como constituidores do indivíduo social. A superação do capitalismo implicaria, então, não apenas a transformação da estrutura e do caráter do trabalho social, mas também do tempo de não trabalho e da relação entre estes. Na ausência da abolição do valor, contudo, qualquer tempo extra gerado como resultado da redução da jornada de trabalho é determinado negativamente por Marx como a antítese do tempo de trabalho (alienado), como o que chamaríamos de "tempo de lazer": "*O tempo de trabalho como medida de riqueza* põe a própria riqueza como riqueza

---

[127] Ibidem, p. 591.

[128] Idem.

[129] Para uma discussão sobre tempo disponível que se concentra em um possível sistema de emprego rotativo, ver James F. Becker, *Marxian Political Economy*, cit., p. 263s.

A TRAJETÓRIA DA PRODUÇÃO **437**

fundada sobre pobreza e o tempo disponível como tempo existente *na e por meio da oposição ao tempo de trabalho excedente*"[130].

A trajetória da produção capitalista apresentada por Marx pode, então, ser vista como o desenvolvimento da divisão social do tempo – do socialmente necessário (individualmente necessário e excedente), através do socialmente necessário e supérfluo, até a possibilidade do socialmente necessário e disponível (que implicaria a superação da antiga forma de necessidade). Essa trajetória expressa o desenvolvimento dialético do capitalismo, de uma forma alienada de sociedade constituída como totalidade ricamente desenvolvida à custa dos indivíduos, que gera a possibilidade de sua própria negação, uma nova forma de sociedade na qual as pessoas, individual ou coletivamente, podem se apropriar das capacidades gerais da espécie constituídas sob a forma alienada como atributos do sujeito.

O desenvolvimento da divisão social do tempo é na análise de Marx a função da complexa dialética entre as duas dimensões das formas estruturadoras subjacentes do capitalismo. Como argumentei, ao fundamentar a dinâmica direcional do capitalismo no duplo caráter das estruturas fundamentais desta sociedade, Marx rompe com qualquer noção de uma única história humana trans-histórica com um princípio imanente de desenvolvimento; além disso, ele demonstra que a dinâmica direcional não pode ser subestimada, mas deve ela mesma ser fundamentada por uma teoria da constituição social. Dentro do quadro dessa interpretação, o surgimento do capitalismo pode ser visto como um desenvolvimento cada vez menos aleatório, com a ascensão e pleno desdobramento da forma-mercadoria – mas não como o desdobramento de um princípio imanente de necessidade. Para Marx, a história da formação social capitalista possui, contudo, uma lógica imanente, em oposição a uma lógica retrospectiva; como resultado de sua forma de mediação social, o capitalismo é marcado por uma forma de necessidade histórica. Entretanto, a dialética de suas formas sociais subjacentes faz com que o capitalismo aponte para além de si mesmo, para a possibilidade de uma sociedade futura baseada em uma forma diferente de mediação social, que não seria constituída quase objetivamente nem seria dada tradicionalmente. A análise de Marx mostra que a sociedade, assim constituída, permitiria às pessoas um maior grau de liberdade em suas vidas, tanto individual como coletivamente, e poderia ser considerada uma situação de liberdade histórica. Na medida em que se pode falar de uma noção de história humana na obra madura de Marx, então, não é em termos de um princípio trans-histórico único, mas se refere a um movimento, inicialmente contingente, de várias histórias

---

[130] Karl Marx, *Grundrisse*, cit., p. 591.

438 Tempo, trabalho e dominação social

para a História – para uma dinâmica direcional, necessária e cada vez mais global constituída por formas sociais alienadas e estruturadas de modo que aponte para a possibilidade de liberdade histórica, de uma futura sociedade livre de qualquer lógica direcional quase objetiva de desenvolvimento.

A especificidade da dinâmica dialética do capitalismo, como analisada por Marx, implica uma relação entre passado, presente e futuro muito diferente da implícita em qualquer noção linear de desenvolvimento histórico. A dialética do tempo presente objetivado e do tempo histórico objetivado pode ser resumida da seguinte maneira: no capitalismo, o tempo histórico objetivado é acumulado sob forma alienada, reforçando o presente e, como tal, domina os vivos. Contudo, também permite a libertação das pessoas do presente ao solapar seu momento necessário, tornando possível, assim, o futuro – a apropriação da historia tal que as velhas relações são revertidas e transcendidas. Em vez de uma forma estruturada no presente, no tempo de trabalho abstrato, pode haver uma forma social baseada na plena utilização de uma história não mais alienada, tanto para a sociedade como para o indivíduo[131].

Para Marx, então, o movimento histórico do capitalismo, movido pelos conflitos sociais estruturados pela dialética entre trabalho e tempo, pode ser expresso em termos de desenvolvimento da divisão social do tempo, e resulta na possibilidade de modificar o significado social do tempo: "o tempo de trabalho não é mais de forma alguma a medida da riqueza, mas o tempo disponível"[132].

Reinos da necessidade

Demonstrei que a teoria crítica madura de Marx é baseada em uma análise do papel historicamente específico do trabalho no capitalismo como constituidor do modo peculiar e quase objetivo de mediação social que estrutura esta sociedade. Mas diversas passagens comumente citadas do Livro III d'*O capital* parecem pôr em questão algumas proposições centrais das interpretações apresentadas aqui – em especial, de que a superação do capitalismo envolveria a superação do valor, uma forma de riqueza automediadora e trabalho alienado. Quero encerrar este

---

[131] Pode-se traçar um paralelo entre este entendimento da história da formação social capitalista e a noção de Freud da história individual, na qual o passado não aparece como tal, mas de maneira velada e internalizada que domina o presente. A tarefa da psicanálise é desvelar o passado para que sua apropriação se torne possível. O momento necessário de um presente repetitivo compulsivo pode ser superado, permitindo ao indivíduo mover-se em direção ao futuro.

[132] Karl Marx, *Grundrisse*, cit., p. 591.

A TRAJETÓRIA DA PRODUÇÃO 439

capítulo e, com ele, esta etapa da investigação, considerando essas passagens à luz do que desenvolvi até aqui, para mostrar que são, na verdade, coerentes com minha interpretação.

Tem sido central para minha leitura o argumento de que o valor é uma forma determinada de riqueza, historicamente específica do capitalismo e temporalmente determinada. A necessidade objetiva exercida pela forma do tempo abstrato foi mostrada como um aspecto da forma abstrata de dominação social constituída pelo trabalho como atividade socialmente mediadora. No Livro III d'*O capital*, contudo, Marx parece sustentar que essa determinação temporal da riqueza seria mantida mesmo depois da superação do capitalismo:

> Depois da abolição do modo de produção capitalista, mas com a manutenção da produção social, a determinação do valor continuará predominante no sentido de que a regulamentação do tempo de trabalho e a distribuição do trabalho social entre os diferentes grupos de produção e, por fim, a contabilidade quanto a isso se tornarão mais essenciais do que nunca.[133]

Embora Marx use o termo "valor" neste ponto do seu manuscrito, sua afirmação de que a regulamentação do tempo de trabalho continuaria importante em uma sociedade pós-capitalista (tecnologicamente desenvolvida, globalmente interdependente) deve ser diferenciada da noção de que o valor continuaria sendo a forma de riqueza. Posso começar a esclarecer essa distinção com uma passagem dos *Grundrisse* na qual ele trata da mesma questão do papel da regulamentação do dispêndio de tempo de trabalho em uma sociedade pós-capitalista:

> Economia de tempo, bem como distribuição planificada do tempo de trabalho entre os diferentes ramos de produção, continua sendo também a primeira lei econômica sobre a base da produção coletiva. Permanece lei até mesmo em grau muito mais elevado. Todavia, isto é essencialmente distinto da mensuração dos valores de troca (trabalhos ou produtos de trabalho) pelo tempo de trabalho. Os trabalhos dos indivíduos singulares em um mesmo *ramo de trabalho* e os diversos tipos de trabalho são diferentes não só quantitativamente, mas também qualitativamente. O que pressupõe a diferença puramente *quantitativa* das coisas? A uniformidade [Dieselbigkeit] de sua qualidade. Logo, a mensuração quantitativa dos trabalhos pressupõe a igualdade, a uniformidade [*Dieselbigkeit*] de sua qualidade.[134]

---

[133] Idem, *Capital*, cit., Livro III, p. 851.

[134] Idem, *Grundrisse*, cit., p. 119-20.

440 Tempo, trabalho e dominação social

É significativo que Marx faça uma distinção clara entre a "distribuição planificada do tempo de trabalho" e a "mensuração dos valores de troca pelo tempo de trabalho", que ele discute, em seguida, considerando a equação qualitativa de vários tipos de trabalho. A diferença entre ambos, segundo Marx, é que a forma de riqueza baseada no dispêndio de tempo de trabalho está intrinsecamente relacionada a uma forma quase objetiva de mediação social. Em tal situação, o tempo não é uma medida descritiva, mas se tornou uma norma objetiva quase independente. *Isto* fundamenta a dialética entre o trabalho e o tempo e, assim, a lógica do desenvolvimento e a forma de produção material que caracteriza o capitalismo na análise de Marx. Esta dialética e as formas de necessidade social a ela relacionadas são funções não de uma economia de tempo como tal, mas da forma temporal de riqueza. Pelo mesmo motivo, nem toda economia de tempo implica uma forma de riqueza automediadora. Marx distingue as duas claramente.

A afirmação de Marx de que considerações de tempo de trabalho continuariam importantes em uma sociedade pós-capitalista não significa, portanto, que a forma de riqueza em si seria temporal em vez de material. Pelo contrário, é outro exemplo de sua tese de que o que foi constituído historicamente em uma forma alienada que domina as pessoas – neste caso, a economia de tempo – pode ser transformado e controlado pelas pessoas em seu benefício, se o modo de mediação constituído pelo trabalho fosse abolido. Essas passagens, portanto, não contradizem minha afirmação de que são centrais para a análise crítica de Marx a distinção entre valor e riqueza material e a noção de que superar o capitalismo exige abolir aquela forma de riqueza e suplantá-la por esta. Como ele diz no Livro III, várias páginas antes da passagem citada anteriormente,

> Depende da produtividade do trabalho quanto valor de uso é produzido em um tempo determinado, então também em um excedente trabalho-tempo definido. A verdadeira riqueza da sociedade e a possibilidade de expansão constante de seu processo de reprodução, portanto, não depende da duração do trabalho excedente, mas da sua produtividade e suas condições mais ou menos conspícuas de produção sob as quais ele é executado.[135]

Esta passagem mostra claramente que Marx pensava que a forma de riqueza em uma sociedade pós-capitalista seria a riqueza material. Embora uma economia de tempo continuasse sendo importante, esse tempo seria presumivelmente descritivo. Dentro do quadro da análise de Marx, como a apresentei, as diferenças entre essa ordem socioeconômica e uma ordem dominada pela forma temporal de riqueza

---

[135] Idem, *Capital,* cit., Livro III, p. 820.

A TRAJETÓRIA DA PRODUÇÃO 441

seriam consideráveis. Na sociedade pós-capitalista constituída como possibilidade determinada pela trajetória do capital, o crescimento da riqueza social poderia ser diretamente proporcional ao crescimento da produtividade – logo, a relação entre as considerações de dispêndio de tempo e produção de riqueza poderiam ser essencialmente diferentes do que seriam em uma situação na qual o valor é a forma social de riqueza. Além disso, como o processo de produção não mais possuiria um duplo caráter como processo de trabalho e processo de valorização, não seria necessário estar baseado na extração de tempo de trabalho dos trabalhadores; nem seria sua forma moldada estruturalmente pelo papel necessário do trabalho humano direto na produção como fonte essencial de riqueza (na forma de valor). Assim, o processo de produção poderia ser fundamentalmente transformado. Como demonstrei, a dialética do capital, na análise de Marx, aponta para a possibilidade de que o antigo pressuposto necessário da riqueza social poderia ser superado – que a humanidade, como tal, poderia se livrar da maldição de Adão[136].

A noção de Marx de uma possível economia de tempo pós-capitalista e sua análise do capitalismo em termos de forma temporal de riqueza não são idênticas e devem ser distintas. A trajetória do desenvolvimento capitalista, tal como ele a analisa, implica que uma possível sociedade capitalista seria baseada na riqueza material e que seria também caracterizada por uma economia de tempo. Em suma, como observa Paul Mattick, quando Marx se refere ao valor na passagem do Livro III citada no início desta seção, "o termo valor nesta conexão é simples forma de dizer"[137].

Assim como é preciso distinguir entre uma economia de tempo e a dominação do tempo, na teoria madura de Marx, também é preciso, ao considerar a relação entre trabalho e necessidade social, distinguir entre a necessidade social trans--histórica e a necessidade social historicamente determinada. Um exemplo desta última necessidade, para Marx, é o fato de que uma forma de trabalho concreto, por mais determinada que seja, é necessária para mediar as interações materiais entre seres humanos e natureza e, assim, manter a vida social humana. Alguma

---

[136] A ênfase na superação do trabalho alienado como uma condição para a emancipação humana é central para o pensamento de Herbert Marcuse, que foi um dos primeiros a reconhecer o significado tanto dos *Manuscritos econômico-filosóficos* como dos *Grundrisse*. Como a dimensão histórica das análises de Marcuse tem sido por vezes negligenciada, as suas posições têm sido consideradas mais romantizadas do que realmente são. Ver Herbert Marcuse, "The Foundation of Historical Materialism", em *From Luther to Popper* (trad. Joris de Bres, Londres/Nova York, Verso/Schocken, 1972), p. 3-48, e *One-Dimensional Man*, cit.

[137] Paul Mattick, *Marx and Keynes:*, cit., p. 31.

442 TEMPO, TRABALHO E DOMINAÇÃO SOCIAL

atividade desse tipo, de acordo com Marx, é uma condição necessária para a existência humana em todas as formas de sociedade[138]. A noção implícita de Marx deste último tipo de necessidade, segundo minha interpretação, refere-se às compulsões abstratas e impessoais exercidas pelas formas alienadas e objetivadas de relações sociais no capitalismo que são, enfim, constituídas pelo trabalho como atividade socialmente mediadora. Suas análises da trajetória da produção capitalista e a constituição histórica de enormes capacidades produtivas como capital também podem ser descritas em termos do desenvolvimento desta segunda forma de necessidade social. O desenvolvimento histórico do capitalismo, de uma sociedade baseada numa forma abstrata e quase natural de dominação social, implica não só a substituição de formas diretas e pessoais de dominação social, mas também a superação parcial da dominação dos seres humanos pela natureza. Em outras palavras, se, com o desenvolvimento do capitalismo, a humanidade se liberta de sua enorme dependência dos caprichos do ambiente natural, ela o faz pela criação inconsciente e não intencional de uma estrutura quase natural de dominação constituída pelo trabalho, uma espécie de "segunda natureza"; ela superou a dominação da primeira, do ambiente natural, ao preço de constituir a dominação desta segunda natureza.

Como resultado de seu caráter dual, portanto, o trabalho determinado pela mercadoria, na análise de Marx, está ligado a duas formas diferentes de necessidade, uma trans-histórica e uma específica do capitalismo. Deve-se ter isto em mente ao considerar a seguinte passagem do Livro III, citada com frequência:

> O reino da liberdade efetivamente começa apenas onde o trabalho, que é determinado por necessidades e objetivos externos, cessa; ou seja, a própria natureza das coisas está além da esfera da produção material [...]. Liberdade, nesse sentido, só pode consistir em seres humanos socializados, os produtores associados, que regulam racionalmente suas trocas materiais com a natureza, mantendo-a sob seu controle comum, em vez de serem dirigidos por ela como que por uma força cega e atingindo isso com o menor dispêndio de energia e sob condições mais favoráveis a, e merecedoras, de sua natureza humana. Mas ela, contudo, permanece no reino da necessidade. Para além dela começa o desenvolvimento da força humana, que é um fim em si mesmo, o verdadeiro reino da liberdade, que, no entanto, só pode brotar tendo esse reino da necessidade como base.[139]

Esta passagem refere-se a dois tipos diferentes de natureza – a da necessidade social trans-histórica e a da necessidade social historicamente determinada. O

---

[138] Karl Marx, *O capital*, cit., Livro I, p. 119-20.

[139] Idem, *Capital*, cit., Livro III, p. 820.

"verdadeiro reino da liberdade" refere-se à primeira forma de liberdade. A liberdade de *qualquer* forma de necessidade deve necessariamente começar fora da esfera de produção. De acordo com Marx, também pode existir, no entanto, uma forma de liberdade dentro desta esfera: os produtores associados podem controlar seu tempo em vez de serem controlados por ele. Em termos do que desenvolvi até aqui, está claro que ele não está se referindo ao controle sobre a produção em um sentido estrito, mas à transformação da estrutura de produção social e a abolição da forma abstrata de dominação fundamentada no trabalho determinado pela mercadoria – ou seja, à abolição da necessidade social historicamente determinada. Vimos que, para Marx, superar a forma de valor das relações sociais significaria superar a necessidade social alienada. A humanidade poderia assim se libertar das compulsões sociais quase naturais anteriormente discutidas, por exemplo, a forma de produtividade desenfreada associada à acumulação de capital e à crescente fragmentação do trabalho – em suma, os vários aspectos do automatismo social e histórico. Na visão de Marx, portanto, a abolição do trabalho alienado implicaria a superação da necessidade histórica, a necessidade social historicamente específica constituída na esfera de produção capitalista; permitiria liberdade histórica. "Liberdade histórica" pode ser usada para caracterizar a concepção de Marx de uma sociedade na qual as pessoas são livres de dominação social alheia, seja sua forma pessoal ou abstrata, e na qual seria possível aos indivíduos associados fazer sua própria história.

Na concepção de Marx, a liberdade histórica envolve a libertação da necessidade social historicamente determinada e permite uma expansão do "verdadeiro reino da liberdade". Entretanto, ela não implica nem pode implicar em liberdade, em um nível social total, de qualquer tipo de necessidade: a sociedade, para Marx, não pode ser baseada em liberdade absoluta. Uma restrição restante é a natureza. Embora o trabalho dos indivíduos não precise ser um meio necessário de adquirir meios de consumo, *alguma* forma de produção social é um pré-requisito para a existência social humana. A forma e a extensão desta necessidade social, "natural" e trans-histórica podem ser historicamente modificadas; esta necessidade em si, no entanto, não pode ser abolida. Mesmo se o trabalho humano direto na produção não fosse mais a principal fonte de riqueza social e a sociedade não fosse estruturada por uma forma quase objetiva de mediação social constituída pelo trabalho, o trabalho social ainda teria de ser feito, diz Marx. Por essa razão, como já observei, nesse ele sustenta que, por mais lúdico que o trabalho individual possa se tornar, em um nível social geral o trabalho jamais pode adquirir o caráter de pura diversão.

444 Tempo, trabalho e dominação social

A abolição do trabalho alienado, implícita na análise do capitalismo feita por Marx, não significa a abolição da necessidade de todas as formas de trabalho social, embora o caráter desse trabalho, o volume de tempo de trabalho (e tempo de vida) exigido e os vários modos possíveis de efetuar a distribuição social do trabalho seriam consideravelmente diferentes de uma sociedade dominada pela necessidade histórica. Dentro do quadro da análise de Marx, a existência continuada da necessidade do trabalho como condição da vida social humana não deveria ser identificada com alienação, com as formas abstratas da dominação social constituída pelo trabalho que analisei. Aquela necessidade está enraizada na própria vida humana – na circunstância de que os seres humanos são parte da natureza, mas de maneira mediada, na medida em que também regulam seu "metabolismo" com o meio natural por meio do trabalho.

Há ainda um aspecto da última passagem citada que merece ser mencionado. A interação mediada pelo trabalho entre seres humanos e natureza como precondição necessária para a existência da vida social humana destaca uma dimensão da crítica de Marx ao capitalismo que frequentemente passa despercebida. Vimos que, de acordo com Marx, a riqueza material é constituída por trabalho (concreto) e natureza, mas o valor é uma função do trabalho (abstrato) apenas. Como valor que se autovaloriza, o capital consome natureza material para produzir riqueza material – não como um fim, mas como meio de aumentar o mais-valor, de extrair e absorver o máximo possível de tempo excedente de trabalho da população trabalhadora. Essa transformação de matéria em unidades de tempo objetivado é um processo unidirecional, e não cíclico, de consumo produtivo. Neste contexto, a produção determinada pelo capital é como a agricultura de queimada em um nível mais "alto"; ela consome as fontes de riqueza material e segue adiante. A produção capitalista, nas palavras de Marx, "a produção capitalista só desenvolve a técnica e a combinação do processo de produção social na medida em que solapa os mananciais de toda a riqueza: a terra e o trabalhador"[140]. Os enormes aumentos na produtividade induzidos e exigidos pelo capital se devem precisamente ao fato de que a criação de mais riqueza material não é um fim, mas um meio de diminuir o tempo de trabalho necessário. Uma consequência da forma de valor, portanto, é que o capital é caracterizado por um movimento em direção à expansão ilimitada; como vimos, a produção capitalista visa mais produção. Essa tendência acelerada do capital é uma função da forma de riqueza baseada no dispêndio de tempo de trabalho imediato. Vimos que essa base se torna menos significativa e cada vez

---

[140] Idem, *O capital*, cit., Livro I, p. 574.

A TRAJETÓRIA DA PRODUÇÃO 445

mais estreita como fonte de riqueza material enquanto permanece necessária como fonte de valor, de acordo com Marx. Os impulsos ilimitados do capital e sua base estreita estão interligados, mas de forma não manifestada. O sonho implícito pela forma capital é de total ausência de limites, uma fantasia de liberdade como a total libertação da matéria e da natureza. Esse "sonho do capital" está se tornando o pesadelo daquilo do que ele se esforça para se libertar – o planeta e seus habitantes.

A humanidade pode acordar plenamente desse estado sonambúlico somente abolindo o valor. Essa abolição implicaria abolir a necessidade de aumentar constantemente a produtividade da maneira discutida aqui e permitiria uma estrutura diferente do trabalho, um grau mais alto de controle pelas pessoas sobre suas vidas e uma relação mais consciente para com o meio natural. A afirmação de Marx de que alguma forma de trabalho é uma necessidade social trans-histórica é uma crítica aos conceitos de liberdade absoluta, uma crítica baseada no reconhecimento da limitação da humanidade como parte mediada da natureza. Ela sugere que a situação de liberdade histórica permitiria também um processo conscientemente regulado de interação com a natureza, uma relação com a natureza que não seria entendida em termos da "harmonia" romantizada que expressa a sujeição da humanidade às forças cegas da natureza, ou a "liberdade" que implica a sujeição cega à natureza.

A teoria crítica de Marx tem sido frequentemente criticada como "prometeica", como uma teoria baseada no pressuposto perigosamente utópico de que as pessoas podem moldar o mundo como quiserem. A análise da sociedade moderna em termos de relações sociais mediadas pelo trabalho apresentada nesta obra põe em questão um pressuposto assumido por essas críticas – a saber, que as pessoas moldariam o mundo à sua volta por uma questão de escolha. A análise de Marx pode ser entendida como uma tentativa muito poderosa e sofisticada de mostrar que, com o desenvolvimento da mercadoria como forma social total, as pessoas já "fazem" o mundo ao seu redor. Isso indica retrospectivamente que as pessoas também constituíram seu mundo antes; a forma pela qual as pessoas fazem o mundo sob o capitalismo, no entanto, é muito diferente das formas anteriores de construção social. O mundo capitalista moderno, de acordo com Marx, é constituído pelo trabalho, e esse processo de constituição social é tal que as pessoas são controladas por aquilo que fazem. Marx analisa o capital como forma alienada de conhecimentos e habilidades gerais da espécie, historicamente constituídos, e, portanto, apreende seu movimento cada vez mais destrutivo em direção à ausência de limites como um movimento de capacidades humanas objetivadas que se tornaram independentes do controle humano. Em termos do que desenvolvi neste livro, o conceito de Marx de superação do capitalismo pode ser entendido como

446 TEMPO, TRABALHO E DOMINAÇÃO SOCIAL

pessoas ganhando controle sobre desenvolvimentos quase objetivos, sobre processos de transformação social contínua e acelerada, que elas mesmas constituíram. Dentro desse quadro, a questão não é tanto se as pessoas deveriam tentar moldar seu mundo – elas já o fazem. Em vez disso, a questão é a maneira segundo a qual elas moldam seu mundo e, logo, a natureza desse mundo e sua trajetória.

10
CONSIDERAÇÕES FINAIS

O objetivo deste trabalho foi reinterpretar a teoria crítica de Marx em sua fase madura, examinando atentamente suas categorias mais básicas para, a partir daí, começar a reconceituar a natureza da sociedade capitalista. Uma preocupação importante dessa reinterpretação foi mostrar até que ponto há diferenças significativas entre a teoria e as interpretações tradicionais de Marx. Na verdade, mostrei que a teoria de Marx pode propiciar uma poderosa crítica a tais interpretações, situando-as socialmente e analisando-as de acordo com as mesmas categorias adotadas na análise crítica do capitalismo. Em outras palavras, esta reinterpretação da análise de Marx permite uma crítica do marxismo tradicional que expressa, ao mesmo tempo, outra teoria crítica do capitalismo. Ela também transforma os termos de discurso entre a teoria marxiana e outros tipos de teoria social.

A chave para a reinterpretação da teoria de Marx desenvolvida aqui foi a distinção entre uma crítica do capitalismo a partir do ponto de vista do "trabalho", em sua acepção tradicional, e outra baseada na análise crítica do caráter historicamente determinado de trabalho no capitalismo. Minha investigação mostrou que a concepção anterior está no cerne do marxismo tradicional e que a análise marxiana não deve ser entendida nesses termos. Vimos que a análise de Marx sobre o caráter historicamente único do trabalho como atividade socialmente mediadora no capitalismo é essencial para a sua investigação das relações sociais e formas de subjetividade que caracterizam esta sociedade. Segundo Marx, a dupla função do trabalho no capitalismo, como trabalho abstrato e trabalho concreto – atividade mediadora das relações interpessoais e com a natureza –, constitui a forma fundamental de estruturação da vida social no capitalismo – a mercadoria. Ele trata a mercadoria como uma forma de prática social, isto é, socialmente constituída e constitutiva, tanto "subjetiva" como "objetiva". A teoria de Marx sobre a importância central do trabalho na vida social no capitalismo é, pois, uma teoria sobre a natureza específica da forma de mediação social nessa sociedade – constituída pelo trabalho e possuidora de um caráter quase objetivo – em vez de uma teoria da necessária primazia social da interação entre homem e natureza mediada pelo trabalho. Esse enfoque na mediação social e não no "trabalho" (ou classe) significa que a teoria social do conhecimento de Marx, que relaciona trabalho e consciência, deve ser entendida como uma teoria que considera as formas de mediação social (constituída por formas estruturadas de prática) e as formas de subjetividade como intrinsecamente relacionadas. Essa teoria nada tem em comum com a teoria reflexiva do conhecimento ou com a noção de que o pensamento é "superestrutural". Ela também contraria a frequente identificação de uma teoria "materialista" da subjetividade com uma teoria de interesses.

Minha investigação demonstrou que, com base na concepção do duplo caráter da forma-mercadoria de mediação social de Marx, ele reconstrói as características fundamentais da sociedade capitalista. Sua análise categorial caracteriza a vida social moderna por meio de vários aspectos relevantes, que ele procura inter-relacionar e fundamentar socialmente. Esses aspectos incluem o caráter "necessário" e quase objetivo de dominação social – isto é, a natureza impessoal, abstrata e penetrante de uma forma de poder sem *locus* institucional pessoal ou concreto –, a permanente dinâmica direcional da sociedade moderna e sua forma de interdependência e de reprodução individual material, mediada pelo trabalho. Ao mesmo tempo, a análise categorial de Marx procura explicar algumas das aparentes anomalias da vida social moderna como aspectos intrínsecos de suas formas de estruturação social: a produção contínua de pobreza em meio à abundância, os efeitos aparentemente paradoxais da tecnologia voltada para a economia de trabalho e para o tempo na organização do trabalho e do tempo social, e o grau de controle da vida social por forças abstratas e impessoais, apesar do crescente potencial de controle que os indivíduos têm sobre seu ambiente social e natural.

Assim, a análise de Marx sobre a mercadoria como unidade contraditória do trabalho abstrato e concreto, do valor e da riqueza material, é fundamental para a sua concepção de capitalismo e do que sua abolição implicaria. Ela fornece a base conceptual para a dialética da transformação e reconstituição descrita anteriormente e, assim, permite uma análise crítica social e histórica da forma de crescimento econômico, da natureza e da trajetória da produção, distribuição e administração e da natureza do trabalho na sociedade capitalista. As categorias básicas de Marx não só fundamentam uma análise social desses aspectos essenciais da sociedade capitalista, mas o fazem de maneira que os relaciona intrinsecamente a uma

CONSIDERAÇÕES FINAIS 449

crescente separação entre a debilidade e a fragmentação do trabalho e da existência individuais, por um lado, e o poder e a riqueza da totalidade social, por outro. Minha investigação da análise de Marx sobre a esfera da produção demonstrou que a crítica da oposição entre a totalidade social e os indivíduos não se limita aos processos históricos de "diferenciação" social em si, realizados a partir do ponto de vista de uma concepção romantizada da unidade imediata do indivíduo e da sociedade. Ao contrário, sua crítica é baseada em uma análise da especificidade dessa oposição no capitalismo. Ele a analisa como uma função da forma alienada, segundo a qual capacidades humanas e conhecimentos socialmente difundidos são historicamente constituídos no capitalismo e explica tal forma alienada em termos da natureza das relações sociais mediadas pelo trabalho. Com base na análise do capital, Marx faz uma crítica poderosa do caráter específico da oposição constituída na sociedade capitalista entre uma dimensão social geral objetivada e os indivíduos. Ele, assim, contraria a noção de que essa oposição, materializada na forma de produção industrial capitalista, por exemplo, é um acompanhamento necessário de qualquer modo de produção tecnologicamente avançado com base em uma divisão social do trabalho altamente desenvolvida. Assim, a análise sugere a possibilidade de um modo fundamentalmente diferente de "diferenciação".

O desenvolvimento histórico da sociedade capitalista, de acordo com essa abordagem, é socialmente constituído, não linear e não evolucionário. Não é condicionado e aleatório, como pode ser a mudança histórica em outras formas de sociedade, nem se trata de um desenvolvimento trans-histórico evolucionário ou dialético; mas é, antes, um desenvolvimento dialético historicamente específico que resulta de determinadas circunstâncias históricas e condicionadas, mas depois se torna abstratamente universal e necessário. Essa dialética histórica implica processos permanentes e acelerados de transformação de todos os aspectos da vida social, por um lado, e a contínua reconstituição das características estruturais mais fundamentais do capitalismo, por outro. Para os nossos propósitos, é importante lembrar que a dialética de transformação e reconstituição, na análise de Marx, é fundamentada na diferença entre valor e riqueza material, ou seja, no duplo caráter da mediação social constituidora do capitalismo. Embora o mercado possa servir como meio pelo qual a dialética é generalizada no capitalismo burguês, a dialética em si não pode ser completamente explicada com as relações burguesas de distribuição.

Na análise de Marx é o duplo caráter do trabalho que constitui o núcleo essencial do capitalismo, e não o mercado e a propriedade privada dos meios de produção. Sua apresentação da trajetória da produção, por exemplo, indica que

450 Tempo, trabalho e dominação social

as relações burguesas de distribuição tiveram importância fundamental no desenvolvimento inicial do capitalismo; em uma sociedade plenamente desenvolvida, no entanto, essas relações perdem sua posição estrutural central. De fato, minha investigação mostrou que um enfoque exclusivo sobre os aspectos burgueses do capitalismo pode encobrir a importância crucial que têm, na análise de Marx, as distinções entre trabalho abstrato e concreto, valor e riqueza material.

Uma "teoria da riqueza-trabalho", por exemplo, pode ser capaz de fundamentar a exploração de classes, em tese; uma teoria que enfatiza que a produção no capitalismo é voltada ao lucro e não ao uso pode ser capaz de mostrar como esse objetivo enseja a introdução de inovações técnicas na produção; e uma abordagem marxista tradicional pode ser capaz de explicar a propensão a crises do processo capitalista de reprodução social. No entanto, todos esses objetivos teóricos podem ser alcançados ignorando as distinções fundamentais introduzidas por Marx no início da sua exposição. Como já afirmei, no entanto, a teoria de Marx implica também uma crítica do caráter do crescimento econômico no capitalismo e da natureza e trajetória do processo de produção capitalista, a sua oposição intrínseca entre conhecimento objetivado socialmente difundido e o trabalho vivo. Essa crítica, que também diz respeito ao caráter quase objetivo e direcionalmente dinâmico da compulsão social no capitalismo e na estruturação do universo social em termos da oposição entre dimensões abstratas e concretas, baseia-se, em última instância, na análise crítica de Marx sobre o duplo caráter do trabalho no capitalismo. É muito diferente de uma crítica do capitalismo do ponto de vista do "trabalho", compreendido trans-historicamente.

Além disso, a análise do capital de Marx trata o conceito de totalidade de uma forma que está em desacordo com o marxismo tradicional, bem como com muitas críticas atuais a ele. Vimos que a teoria marxiana analisa o capital como uma totalidade social, como uma forma alienada que, em última análise, é constituída por relações sociais mediadas pelo trabalho. Por isso, implica uma crítica da totalidade social. Esta não afirma a totalidade à maneira do marxismo tradicional, como aquilo que será realizado no socialismo quando o particularismo da sociedade burguesa for superado. Diferentemente de muitas posições atuais que também associam criticamente totalidade e dominação, no entanto, a teoria de Marx não nega sua existência social, mas analisa a totalidade como uma função da forma dominante de mediação social e procura indicar a possibilidade de sua superação. Segundo essa abordagem, tanto a afirmação da totalidade como a negação de sua existência servem para manter a dominação do capital.

CONSIDERAÇÕES FINAIS 451

As diferenças entre a crítica marxiana e o marxismo tradicional são, portanto, consideráveis. Na verdade, ambos são opostos em muitos aspectos; muito do que é afirmado por este último é apreendido criticamente pela primeira. Assim, vimos que a teoria de Marx não considera as relações de classe, estruturadas pela propriedade privada e pelo mercado, como as relações sociais mais fundamentais do capitalismo. De modo semelhante, o objetivo crítico de suas categorias de valor e mais-valor não é simplesmente fundamentar uma teoria da exploração. A teoria de Marx não afirma o processo de produção capitalista a fim de criticar os padrões de distribuição capitalista, nem implica que o proletariado é o sujeito revolucionário que se realizará em uma futura sociedade socialista. Para Marx, a contradição intrínseca da sociedade capitalista não é, estruturalmente, entre as relações capitalistas e de produção industrial, nem socialmente, entre a classe capitalista e a classe trabalhadora – com o segundo termo, em cada caso, considerado intrinsecamente independente do capitalismo, apontando em direção a um possível futuro socialista. Em um nível geral, a teoria de Marx não afirma que o trabalho é o princípio estruturador trans-histórico da vida social; não abrange a constituição da vida social como dialética sujeito-objeto mediada pelo trabalho (concreto). Na verdade, ela não oferece nenhuma teoria trans-histórica do trabalho, classe, história ou natureza da vida social.

Minha investigação das categorias da crítica autorreflexiva de Marx revelou uma concepção da natureza do capitalismo e sua superação muito diferente das interpretações marxistas tradicionais. Vimos que o trabalho no capitalismo, longe de ser o ponto de vista da crítica de Marx, é o seu objeto. Na fase madura de sua teoria, a crítica da exploração e do mercado está inserida em uma crítica muito mais fundamental, na qual a importância central do trabalho na constituição do capitalismo é analisada como o fundamento último para as estruturas abstratas de dominação, a crescente fragmentação do trabalho individual e da existência individual e a lógica de desenvolvimento cego e incontrolado da sociedade capitalista e de grandes organizações que subsumem cada vez mais pessoas. Essa crítica analisa a classe trabalhadora como um elemento integrante do capitalismo e não como a personificação de sua negação. Ao apontar para a possível superação do valor, a crítica marxiana aponta para as possibilidades de superação das estruturas da compulsão abstrata característica do capitalismo, de abolição do trabalho proletário e de reorganização da produção, enquanto sugere a existência de uma relação intrínseca entre elas.

No início deste trabalho, sugeri que os acontecimentos históricos dos últimos cinquenta anos – como o desenvolvimento e a recente crise do capitalismo

452 Tempo, trabalho e dominação social

pós-liberal e seu Estado intervencionista, a ascensão e o subsequente colapso do "socialismo real", a emergência de novos problemas sociais, econômicos e ambientais em escala global e o aparecimento de novos movimentos sociais – evidenciaram a inadequação do marxismo tradicional como teoria crítica social com intenção emancipatória. Esses acontecimentos demonstram a necessidade de reconceituar fundamentalmente a sociedade capitalista. A teoria marxista, como a reinterpretei, poderia fornecer um ponto de partida vantajoso para uma reflexão fundamental sobre a natureza do capitalismo e sua possível transformação histórica.

Como a abordagem que esbocei leva a atenção da crítica do capitalismo para longe de uma preocupação exclusiva com o mercado e a propriedade privada, ela poderia servir de fundamento para uma teoria crítica da sociedade capitalista moderna, que seria mais adequada ao capitalismo pós-liberal e poderia fornecer uma base para a análise do "socialismo real". Demonstrei, por exemplo, que a contradição entre as forças e relações de produção desenvolvidas n'*O capital* não é essencialmente entre produção industrial e instituições capitalistas liberais e não aponta para a realização daquela. Longe de fornecer uma crítica do mercado e da propriedade privada do ponto de vista da produção industrial e do proletariado, a teoria marxista fornece a base para uma análise do processo industrial de produção como intrinsecamente capitalista. As categorias marxistas de mercadoria e de capital procuram expressar o princípio interno de organização da produção industrial em larga escala, bem como a dinâmica quase automática do capitalismo. Além disso, também fornecem um ponto de partida para a análise de formas pós-liberais fora da esfera da produção imediata, como as formas coletivas de organização social. De fato, vimos que o pleno desenvolvimento da forma-mercadoria, na verdade, implica o desenvolvimento dessas formas sociais coletivas. Vale lembrar que a mercadoria só se totaliza com a mercantilização da força de trabalho; no entanto, a determinação lógica da força de trabalho como mercadoria só se realiza historicamente quando os trabalhadores exercem um controle efetivo sobre essa mercadoria. Na análise de Marx, eles só podem fazê-lo na condição de proprietários coletivos da mercadoria; a totalização do valor exige formas coletivas de organização.

A análise marxiana do capitalismo não está, portanto, necessariamente vinculada ao capitalismo liberal; ela implica que o pleno desenvolvimento das formas sociais do capitalismo, categorialmente apreendidas, aponte para além de sua fase liberal. Além disso, embora o enfoque deste livro tenha sido a estruturação do processo de produção, as implicações da análise categorial de Marx vão muito além da esfera da produção imediata. Demonstrei que sua análise da estruturação da vida social pela mercadoria não se restringe a essa esfera: ele analisa a mercadoria

CONSIDERAÇÕES FINAIS   453

como a mediação social mais fundamental e mais geral da sociedade capitalista. Também demonstrei que Marx concebe o valor como uma forma social não manifestada, porém determinante em um nível estrutural profundo da existência social moderna, que opera à revelia dos atores sociais. O valor, de acordo com Marx, é parte constitutiva da consciência e da ação e, por outro lado, é constituído pelos indivíduos, embora estes ignorem sua existência. Por conseguinte, seu funcionamento não precisa ser limitado ao âmbito da produção imediata, onde supostamente seria gerado. Isso implica que minha análise da forma de organização hierárquica em grande escala gerada pela mercadoria e pelo capital, na qual os indivíduos são inseridos como engrenagens de um mega-aparato racionalizado, não se restringe à esfera da produção imediata.

Essas considerações sugerem que a teoria de Marx permite uma análise crítica social do desenvolvimento das organizações de massa, racionalizadas e burocráticas, de produção e administração características do capitalismo avançado, com base em uma análise sistemática da estruturação da vida social pela forma-mercadoria[1].

---

[1]   David Harvey também argumenta que as importantes transformações do capitalismo no século XX não necessariamente evitaram a análise marxiana, mas podem ser entendidas nos termos desta análise: ver *Os limites do capital*, cit., p. 203-33. Procedendo do entendimento de Marx de que a noção de equalização da taxa de lucro, desenvolvida no Livro III d'*O capital*, depende da facilidade com que o capital pode ser movido, Harvey sustenta que as dramáticas mudanças nas formas organizacionais das firmas no século passado estão relacionadas com a concentração e centralização do capital. Essas concentração e centralização 203-9). O surgimento de firmas capitalistas burocraticamente organizadas em larga escala ocorre ao mesmo tempo que grandes melhorias no transporte, comunicações e técnicas bancárias – todas elas rebaixaram as barreiras à concorrência e facilitaram o movimento do capital (p. 212). Harvey sustenta que a coordenação gerencial não contradiz a lei do valor. Ao se referir ao reconhecimento por Alfred Chandler da "revolução gerencial" (*The Visible Hand: the Managerial Revolution in American Business*, Cambridge, Harvard University Press, 1977), Harvey argumenta que, na virada do século, o volume de atividades econômicas tinha atingido um nível que tornou a coordenação administrativa mais eficiente e lucrativa que a coordenação de mercado (p. 213). Ele aponta que as grandes firmas são capazes de mover de maneira rápida e eficiente o capital e a força de trabalho de uma linha para outra. Além disso, desde a década de 1920, grandes empresas (lideradas pela General Motors nos Estados Unidos) promoveram descentralização internamente, de acordo com as responsabilidades de cada subdivisão financeira. Harvey conclui que a estrutura gerencial moderna deu origem uma forma que afetou a equalização da taxa de lucro de forma administrativa (p. 216-7).

A extensão na qual cada modo administrativo de distribuição de valor (pela equalização da taxa de lucro) pressupõe a existência de competição em algum nível – nacional ou internacional – é uma questão que não posso tratar aqui. O argumento de Harvey sustenta que apenas da coordenação de mercado não ser mais essencial para o capitalismo, a competição permanece sendo central. O que muda é o *locus* da competição – muda, por exemplo, para os mercados de capital, onde a

454 Tempo, trabalho e dominação social

Em outras palavras, a teoria de Marx permite uma análise que poderia fundamentar socialmente e compreender como intrinsecamente contraditório aquilo que Weber analisou como a racionalização de todas as esferas da vida social no mundo moderno[2].

Tal análise não partilharia os pressupostos fundamentais subjacentes à análise da Escola de Frankfurt do capitalismo pós-liberal como universo social unidimensional e totalmente administrado. Minha investigação da análise de Marx do processo de produção demonstrou que seu entendimento da natureza contraditória da sociedade capitalista é muito diferente do entendimento tradicional informado pela tentativa de Friedrich Pollock de compreender as mudanças qualitativas do capitalismo no século XX. Uma análise baseada na teoria de Marx compreenderia como determinados pelo capital e internamente contraditórios precisamente aqueles importantes avanços qualitativos que, de acordo com Pollock, indicam que a contradição fundamental do capitalismo foi superada, embora não se tenha alcançado uma transformação emancipatória da sociedade.

A interpretação, descrita neste livro, da concepção de Marx sobre o caráter contraditório das formas de estruturação do capitalismo e a dialética de transformação e reconstituição que ela implica, também permite – em nível lógico muito abstrato – uma análise dos eventos recentes que parecem marcar uma nova fase do desenvolvimento capitalista. Ao recuperar a noção de um desenvolvimento histórico dialético em um nível mais fundamental do que o do modo de distribuição, essa abordagem é menos linear do que o tratamento de Pollock da superação do capitalismo liberal pelo capitalismo de Estado. Poderia, portanto, servir como ponto de partida para a compreensão do que pode ser uma nova transição no desenvolvimento do capitalismo, caracterizada por um enfraquecimento de formas centradas no Estado no Ocidente e um colapso das formas controladas pelo Estado

---

competição é por capital dinheiro. Essa competição é um meio pelo qual a disciplina do capital pode ser imposta tanto às firmas quanto aos Estados (p. 218-23). A abordagem de Harvey sobre a viabilidade da lei do valor no século XX é sofisticada e iluminadora. Diferentemente da minha abordagem, no entanto, Harvey não se concentra na especificidade do valor como uma forma de riqueza temporalmente determinada. Ao considerar o processo de acumulação pela acumulação no capitalismo, ele se preocupa com a competição e com a propriedade privada mais do que com a distinção entre trabalho concreto e abstrato, valor e riqueza material. Harvey, portanto, não fundamenta a dinâmica da produção e sua forma material na contradição que eu delineei; do mesmo modo, sua ênfase na competição não deixa claro como ele analisaria as sociedades do "socialismo realmente existente".

[2] Lukács, como vimos, assume essa tarefa em *History and Class Consciouness*, cit. No entanto, sua abordagem é minada por seus pressupostos tradicionais de trabalho, totalidade e de proletariado.

CONSIDERAÇÕES FINAIS 455

no Oriente – isto é, pela reversão parcial da tendência a um crescente controle do Estado, que marcou a transição do capitalismo liberal para o organizado. A partir dessa perspectiva, a análise de Pollock tratou como linear o que agora parece ter sido uma etapa de um desenvolvimento mais dialético. A abordagem que apresentei poderia ser mais adequada àquele desenvolvimento e lançaria a base para conceituar as trajetórias históricas semelhantes do capitalismo de Estado intervencionista e do "socialismo real", como duas variações muito diferentes de uma fase comum do desenvolvimento global do capital.

Repensar a natureza do capitalismo significa reconceituar sua superação. A teoria marxiana, tal como interpretada aqui, sugere uma abordagem que não ratifica as formas existentes de produção e administração social como concomitantes necessárias à "modernidade", nem prega sua abolição; em vez disso, ela aponta para além da oposição dessas duas posições. Vimos, por exemplo, que Marx não trata o processo de produção em termos técnicos, mas o analisa socialmente por meio de duas dimensões que, embora interligadas no capitalismo, podem ser separadas. Na qualidade de teoria crítica da sociedade moderna, a teoria marxiana analisa a dominação social como intrínseca ao processo de produção e outras "instituições" dessa sociedade. E faz isso sem lançar um olhar nostálgico para o passado, mas distinguindo conceitualmente o que é indistinguível em um nível prático e imediato no capitalismo – a saber, o que *é* necessário para uma sociedade com produção tecnologicamente avançada e divisão social do trabalho altamente desenvolvida, e o que *seria* necessário para essa sociedade se o capital fosse abolido. A crítica de Marx da economia política é uma teoria crítica da modernidade, cujo ponto de vista não é o passado pré-capitalista, mas as possibilidades desenvolvidas pelo capitalismo que apontam para além dele. Na medida em que procura fundamentar socialmente e criticar as relações sociais abstratas e quase objetivas do capitalismo e a natureza do trabalho, da produção e dos imperativos do crescimento nessa sociedade, a crítica de Marx poderia fornecer a base para uma análise dos eventos contemporâneos, abordando, mais adequadamente do que o marxismo tradicional, as fontes de muitas preocupações, insatisfações e aspirações atuais.

Essa abordagem, com sua compreensão do caráter contraditório do capitalismo, permite distinguir três formas principais de oposição e crítica socialmente constituídas no capitalismo. A primeira fundamenta-se no que as pessoas consideram ser formas tradicionais e opõe-se à destruição dessas formas pelo capitalismo. A segunda estabelece suas bases sobre a lacuna entre os ideais da sociedade capitalista moderna e sua realidade; esta última forma caracteriza uma ampla gama de movimentos, que vão desde os liberais e de direitos civis até movimentos da classe trabalhadora

456 Tempo, trabalho e dominação social

(uma vez que esta tenha sido constituída). A interpretação que apresento delineia a terceira importante forma de crítica e possível oposição – baseada na crescente disparidade entre as possibilidades geradas pelo capitalismo e sua realidade. Essa abordagem pode servir como base frutífera para a análise dos novos movimentos sociais das últimas décadas[3].

A crítica marxiana, tal como interpretada aqui, implica também uma abordagem da questão das condições para a democracia em uma sociedade pós-capitalista, que, nesse momento, só posso tratar superficialmente. Primeiro, ela fornece a base para uma análise dos limites sociais para a democracia na sociedade capitalista, que vai além da crítica tradicional à diferença entre a igualdade política formal e a desigualdade social concreta. A posição tradicional argumenta que a minimização das enormes disparidades de riqueza e poder enraizadas nas relações capitalistas de distribuição são uma condição social necessária para a realização significativa de um sistema político democrático. À luz do que apresentei aqui, pode-se dizer que tais considerações apreendem apenas um aspecto dos limites sociais à democracia na sociedade capitalista. Também devem ser compreendidas as restrições à autodeterminação democrática impostas pela forma abstrata de dominação fundamentada na forma de mediação social historicamente dinâmica, quase objetiva e totalizante que constitui o capitalismo.

Vimos que, para Marx, essa forma de dominação social molda a natureza do crescimento, a forma de produção e reprodução social e as relações entre homens e natureza na sociedade capitalista. Esses processos, no entanto, em nada parecem sociais, e a discussão de sua transformação pode soar demasiado utópica. A análise de Marx, contudo, insiste no caráter social dessas restrições: elas não são de natureza técnica, nem constituem aspectos necessários da modernidade. Além disso, as formas de compulsão enraizadas na mercadoria e no capital não são estáticas, mas dinâmicas. A abolição desse aspecto das relações capitalistas de produção não é apenas desejável, de acordo com minha reconstrução da análise marxiana, mas

---

[3] Mesmo em um nível lógico abstrato preliminar, no entanto, o desenvolvimento histórico de valores, necessidades e preocupações que parecem apontar para além do capitalismo não devem ser interpretados como lineares. A transição para uma nova fase pós-liberal do capitalismo, por exemplo, parece ter restabelecido a necessidade de conexão entre formas de trabalho e reprodução individual e ajudou a mudar o que parece ser uma preocupação crescente com a natureza da atividade trabalho na direção da noção de realização através do consumo. Ver T. J. Jackson Lears, "From Salvation to Self-Realization", em Richard W. Fox e T. J. Jackson Lears (orgs.), *The Culture of Consumption* (Nova York, Pantheon, 1983).

CONSIDERAÇÕES FINAIS   457

necessária se a humanidade quiser libertar-se dinamicamente da dominação social, cujos efeitos se tornam a cada dia mais destrutivos.

Diferentemente de muitas interpretações tradicionais, essa concepção das condições sociais para a autodeterminação democrática não precisa ter implicações estatais. Vimos que, para Marx, as relações básicas de produção no capitalismo não são equivalentes a mercado e propriedade privada e, portanto, a superação destes por parte do Estado não significaria a superação do valor e do capital. Na verdade, o termo "capitalismo de Estado", que Pollock usou, mas não conseguiu fundamentar, refere-se a uma sociedade em que as relações capitalistas de produção continuam a existir, enquanto as relações burguesas de distribuição foram substituídas por um modo de administração estatal-burocrático ainda sujeito às compulsões e restrições enraizadas no capital.

As diferenças entre a abordagem marxiana e a dos marxistas tradicionais, nesse sentido, são paralelas a suas diferenças em relação à questão da mediação social. Demonstrei que a crítica marxiana tem como objeto uma determinada forma de mediação social constituída pelo trabalho e não a mediação social em si. Considerando que este último tipo de crítica tende a equacionar mediação e mercado e aponta para a substituição destes por meio da administração, a crítica marxista põe de imediatamente a possibilidade de formas políticas de mediação em uma sociedade pós-capitalista – ou seja, uma concepção de uma esfera política pública no socialismo que se encontra fora do aparelho formal do Estado.

Minha intenção, no entanto, não foi elaborar uma teoria completa da natureza, do desenvolvimento e da possível superação da sociedade capitalista avançada, nem elaborar uma abordagem do "socialismo realmente existente". Este é um trabalho preliminar de esclarecimento teórico e reorientação em um nível lógico fundamental. Meu principal objetivo foi fornecer uma reinterpretação dos fundamentos categoriais da teoria marxiana tão coerente e poderosa quanto possível, distinguindo-a do marxismo tradicional e sugerindo que ela pode ser capaz de fornecer a base para uma análise crítica adequada do mundo contemporâneo. Expus os suportes de tal análise – as categorias básicas e orientações com as quais buscaria entender o capitalismo e seu percurso histórico.

Embora essa reinterpretação das categorias básicas da teoria crítica madura de Marx torne plausível a noção de que sua teoria poderia servir de base para uma poderosa teoria crítica social do mundo contemporâneo, não tenho a pretensão de ter demonstrado a adequação dessa teoria como uma análise da sociedade capitalista ou moderna. Minha reinterpretação, no entanto, transforma fundamentalmente os termos nos quais a questão da adequação da análise categorial de Marx deve

458 Tempo, trabalho e dominação social

ser colocada. Em geral, essa questão tem sido discutida no âmbito da interpretação tradicional, isto é, como se suas categorias fossem categorias trans-históricas de uma crítica social a partir do ponto de vista do "trabalho", categorias de uma economia política crítica, em vez de uma crítica da economia política. Assim, por exemplo, a maioria dos debates sobre a validade da "teoria do valor-trabalho" de Marx considera-a uma teoria dos preços ou da exploração, com base na concepção trans-histórica de "trabalho". No processo, tem-se confundido o que demonstrei serem distinções fundamentais da teoria de Marx, tais como aquelas entre valor e riqueza material, trabalho abstrato e trabalho concreto[4]. A questão da validade de uma "teoria da riqueza social-trabalho" trans-histórica é, contudo, muito diferente daquela da adequação de uma "teoria do valor-trabalho" historicamente específica. A questão da validade de categorias historicamente específicas, dinâmicas e temporalmente determinadas é bastante diferente daquela das categorias consideradas trans-historicamente válidas. Além disso, minha investigação revelou que precisamente as distinções fundamentais confundidas no marxismo tradicional constituem, para Marx, a base para a tentativa de entender o que ele viu como características essenciais da sociedade capitalista. Em outras palavras, o objeto da teoria de Marx, seu enfoque crítico, é diferente daquele das teorias que não fazem a distinção entre valor e riqueza material. Por ambas as razões, a adequação da teoria crítica de Marx não pode ser devidamente avaliada, seja positiva ou negativamente, com base em argumentos que basicamente traduzem suas categorias como economia política.

A questão da adequação da teoria de Marx deve, então, ser formulada em termos da suposta especificidade histórica de suas categorias e da natureza de seu objeto. Vimos que, com a sua análise categorial, Marx busca entender a sociedade capitalista por meio de uma forma subjacente de mediação social, constituída pelo trabalho, que tem um duplo caráter e gera uma complexa dialética direcional. Baseado nisso, procura analisar e fundamentar socialmente o que ele claramente considera características essenciais dessa forma de vida social, de maneira que expõe sua relação intrínseca. Essas características incluem a natureza quase objetiva e dinâmica da necessidade social no capitalismo, a natureza e a trajetória da produção

---

[4] Para uma breve descrição dessas discussões, ver Michael W. Macy, "Value Theory and the 'Golden Eggs': Appropriating the Magic Accumulation", *Sociological Theory*, v. 6, n. 2, 1988. Macy tenta reformular a crítica da economia política de Marx em termos do conceito de alienação, mas aceita a interpretação trans-histórica das categorias daquela crítica.

Considerações finais 459

industrial e do trabalho, o padrão específico de crescimento econômico e a forma especial de exploração (bem como as formas de mudança da subjetividade).

É com referência a essas características da sociedade capitalista que deve ser colocada a questão do poder explicativo da análise categorial historicamente específica de Marx. Examinei sua análise do valor como forma de riqueza e de mediação social e procurei elucidar o argumento de Marx segundo o qual, apesar das aparências, o valor – entendido como função do dispêndio de tempo de trabalho imediato –, e não a riqueza material, é a forma social de riqueza dominante no capitalismo. Demonstrei como sua teoria implica que o valor seja reconstituído estruturalmente como o cerne do capitalismo, mesmo que dê origem a situações que o tornem anacrônico – e, portanto, que a sociedade capitalista é moldada pela dialética das dimensões do valor e do valor de uso do capital e pela pressão de ruptura entre elas. Nesse sentido, este livro é uma tentativa de esclarecer a natureza e os contornos básicos da teoria do valor de Marx e sua relação com o que ele considerava traços fundamentais do capitalismo. Isso foi feito, porém, apenas em um nível lógico preliminar. Essa teoria teria de ser mais bem desenvolvida antes que se pudesse tratar adequadamente a questão de sua viabilidade.

Uma importante questão teórica que deveria ser examinada é a relação entre estrutura e ação. Ao elucidar a dialética da transformação e reconstituição no centro da análise de Marx do capital, notei que, como apresentado, a dialética apreende apenas a lógica estrutural subjacente dessa dinâmica. Uma descrição mais completa exigiria a investigação de como o valor é constituído por indivíduos, embora eles ignorem sua existência, e pode ser operacional. A análise de Marx implica que, embora os atores sociais não estejam cientes das formas essenciais que estruturam a sociedade capitalista, há uma relação sistemática entre essas formas e a ação social. O que medeia os dois é que as formas sociais subjacentes (por exemplo, o mais-valor), aparecem necessariamente em formas manifestas (por exemplo, o lucro) que tanto as expõe como encobre e servem de base para a ação. Conforme observado, uma discussão mais completa sobre este problema implicaria reexaminar a relação da análise de Marx do Livro I d'*O capital* com a do Livro III e também exigiria investigar se é possível, então, demonstrar que os indivíduos, agindo com base no caráter imediato das formas manifestas, reconstituem o que Marx alega serem as formas sociais subjacentes ao capitalismo.

Outros aspectos da análise marxiana teriam de ser desenvolvidos antes que se possa avaliar adequadamente seu poder de explicação. Por exemplo, a fim de explorar mais a fundo a questão de saber se o padrão subjacente de crescimento no capitalismo pode ser compreendido adequadamente pela dialética do que Marx

460 TEMPO, TRABALHO E DOMINAÇÃO SOCIAL

analisa como as duas dimensões da mediação social constituidora da sociedade, seria necessário investigar sua análise da circulação no Livro II d'*O capital* e sua análise da interpenetração de circulação e produção no Livro III. Além disso, seria necessário fazê-lo com base na distinção fundamental, que ressaltei, entre valor e riqueza material. Isso implicaria, ao mesmo tempo, repensar a análise de Marx sobre a base estrutural das crises no capitalismo.

Essa análise seria necessária para explorar a viabilidade das categorias de Marx entendendo as dimensões temporais e espaciais da expansão do capital – ou seja, os processos inter-relacionados da transformação qualitativa da sociedade capitalista e a natureza mutável da globalização capitalista. Um importante ponto de partida para tal empreendimento seria a análise que comecei da categoria de valor de Marx como categoria estruturadora da organização da produção em massa sob condições de subsunção real do trabalho ao capital. Esta análise, se desenvolvida, poderia servir de base para uma investigação mais intensiva de um problema que apontei repetidas vezes – a possível relação entre a estruturação da produção industrial por uma dialética da dimensão do valor e do valor de uso do capital, como analisado por Marx, e a ampla, racionalizada e burocratizada organização da produção social e da administração no capitalismo industrial. Tal investigação seria um passo importante para dois fins: primeiro, determinar se a teoria marxiana poderia de fato fornecer a base para uma abordagem capaz de entender as mudanças qualitativas na natureza e no desenvolvimento da sociedade capitalista e, segundo, se poderia servir de base para uma análise das mudanças históricas qualitativas na subjetividade, em formas de pensamento e sensibilidade. Ao fazê-lo, essa investigação poderia também servir como ponto de partida para a análise da última transição do capitalismo mencionada e aprofundar nossa compreensão dos novos movimentos sociais das últimas décadas. A teoria da mediação social que expus aqui também poderia fornecer a base para uma proveitosa reconceituação da constituição social e da transformação histórica de gênero e raça na sociedade capitalista.

Finalmente, uma maior elaboração da minha reinterpretação teria de abordar as implicações, para algum entendimento da possível superação do capitalismo, do argumento de que (de acordo com a lógica da análise de Marx) o proletariado não é o Sujeito revolucionário.

Tais extensões e elaborações desta reinterpretação seriam necessárias, a fim de examinar mais a fundo a adequação da análise categorial de Marx como base para uma teoria social da sociedade contemporânea – investigar mais profundamente o poder explicativo da concepção de Marx sobre o valor como forma de riqueza e mediação social constituída por dispêndio de tempo de trabalho abstrato,

CONSIDERAÇÕES FINAIS 461

examinar a noção de que o valor se torna cada vez mais anacrônico, sem perder sua importância central na estrutura do capitalismo e avaliar a análise da dinâmica direcional e das instituições do capitalismo à luz desta tensão intrínseca.

Argumentei que, embora pareça altamente improvável à primeira vista, a teoria do valor de Marx – segundo a qual, apesar dos avanços científicos e suas aplicações tecnológicas, a riqueza social no capitalismo continua a ser uma função do dispêndio de tempo de trabalho – só pode ser julgada em termos daquilo que pretende explicar. Procurei mostrar que, em vez de ser uma teoria da constituição e apropriação de uma forma trans-histórica de riqueza, a teoria marxiana do valor é uma tentativa de explicar em termos sociais características da sociedade capitalista, como a natureza de sua dinâmica histórica e do seu modo de produção. Essa reinterpretação não é, evidentemente, uma "prova" da teoria do valor de Marx; mas indica, no entanto, que a questão de sua adequação não é tão simples como pode ter parecido à primeira vista.

Em geral, a plausibilidade da teoria marxiana, como a apresentei, depende de sua capacidade de caracterizar adequadamente os aspectos essenciais da sociedade moderna, e se a sua análise categorial das relações sociais básicas do capitalismo explica esses aspectos de maneira adequada. O que está em debate é a questão da natureza do capitalismo. Essa questão pode ser concebida, em um nível, em termos da plausibilidade da tese de que o capitalismo e o socialismo são diferenciados não só pela forma como a riqueza social é apropriada e distribuída, mas também pela natureza dessa riqueza em si e seu modo de produção. Minha investigação demonstrou as extensas ramificações desta última tese. Mostrei que, no quadro da análise de Marx, o valor constitui uma forma de riqueza que não é extrínseca à produção ou a outras "instituições" sociais do capitalismo, mas, ao contrário, é intrínseca a elas e as molda; como uma forma de mediação, ela gera um processo contínuo de transformação e reconstituição. O socialismo não pode, pois, ser entendido como uma sociedade com um modo diferente de apropriar e distribuir a mesma forma de riqueza social, com base na mesma forma de produção; em vez disso, ele é determinado conceitualmente como uma sociedade na qual a riqueza social tem a forma de riqueza material. Por isso, é concebido como um tipo muito diferente de sociedade, livre das compulsões abstratas socialmente constituídas (nas formas de tempo abstrato e histórico) características do capitalismo. Isso, por sua vez, implica a possibilidade de um modo de produção tecnologicamente avançado e de uma divisão social de trabalho altamente desenvolvida, estruturadas de forma diferente daquela do capitalismo. Essa reformulação das determinações distintivas do capitalismo e do socialismo é rica, teoricamente poderosa e pertinente às

462 TEMPO, TRABALHO E DOMINAÇÃO SOCIAL

condições contemporâneas – o suficiente para garantir um desenvolvimento sério da abordagem teórica que apresentei aqui.

Em conclusão, deve-se notar que a interpretação que apresentei aqui não só questiona as abordagens marxistas tradicionais, mas também levanta questões de relevância para a teoria social em geral. Apresentei a teoria de Marx como uma teoria autorreflexiva, historicamente determinada, como uma abordagem consciente da especificidade histórica de suas categorias, bem como da sua própria forma teórica. Além de ser historicamente determinada, a crítica marxiana é uma teoria da constituição social – a constituição, por uma forma determinada de prática social, de uma forma historicamente específica de mediação social que está no cerne da sociedade capitalista e que é constitutiva de formas de objetividade e de subjetividade sociais. Por um lado, é uma teoria da constituição social de uma dinâmica direcional determinada; e explica essa dinâmica como um processo pelo qual práticas sociais historicamente determinadas e estruturas sociais historicamente específicas são mutuamente constitutivas. Ao analisar as estruturas e instituições historicamente dinâmicas da sociedade capitalista como uma forma de mediação constituída pelo trabalho, a teoria marxiana confere a elas uma realidade social quase independente e analisa-as como socialmente constituídas (por formas de prática social que, por sua vez, são moldadas por essas estruturas). Ela, assim, questiona como parciais as posições que partem da realidade social de tais estruturas sem as entender como socialmente constituídas, bem como aquelas que enfatizam o processo de constituição social de uma maneira que dissolve estruturas de mediação em um amontoado de práticas atuais.

Por outro lado, a teoria marxiana é também uma teoria social da consciência e da subjetividade, que analisa a objetividade e a subjetividade sociais como intrinsecamente relacionadas; ela entende ambas como formas determinadas de mediação, formas objetivadas de prática. Mesmo como uma teoria social da consciência, no entanto, ela é historicamente específica: devido a sua análise da especificidade da forma de mediação social, a teoria marxiana sugere que os conteúdos da consciência, bem como a forma da constituição social de sentido, sejam historicamente específicos no capitalismo. Isso implica que o significado não seja necessariamente constituído da mesma forma em todas as sociedades e, assim, coloca em questão teorias trans--históricas e transculturais da constituição do sentido e, por conseguinte, da "cultura".

A força da teoria de Marx da constituição social está justamente no seu caráter historicamente determinado. Ele não a apresenta como uma teoria geral, indeterminada, com suposta aplicabilidade universal, mas como sendo inseparável das formas sociais básicas constitutivas da sociedade capitalista. Este modo de

CONSIDERAÇÕES FINAIS **463**

apresentação em si propicia uma crítica poderosa, ainda que implícita, a qualquer abordagem teórica que universaliza o que foi desdobrado por Marx de uma forma teoricamente rigorosa, como um aspecto determinado da sociedade capitalista – incluindo a teoria dessa sociedade.

A análise de Marx da sociedade moderna como capitalista é, portanto, uma tentativa teoricamente sofisticada de compreender esta sociedade do ponto de vista de sua possível transformação por meio de uma teoria socialmente autorreflexiva, historicamente determinada de constituição social. Vimos, por exemplo, que essa categoria do capital de Marx pode fundamentar socialmente a dinâmica direcional da sociedade capitalista, o caráter do "crescimento" econômico e a natureza e a trajetória do processo de produção no capitalismo. Sua análise exige implicitamente que outras posições teóricas forneçam uma explicação social dessas características da sociedade capitalista. Ele faz isso questionando qualquer abordagem que trate a produção industrial exclusivamente em termos técnicos, bem como aqueles que ou simplesmente pressupõem a existência da história, ou hipostasiam como um desenvolvimento trans-histórico aquilo que a teoria de Marx analisa como forma de história socialmente constituída e historicamente específica. De modo geral, a abordagem de Marx é implicitamente decisiva para todas as teorias trans-históricas, bem como para teorias que abordam estruturas ou práticas sociais sem entender as suas inter-relações.

A questão da adequação da teoria de Marx, portanto, não diz respeito apenas à viabilidade de sua análise categorial do capitalismo. Ela também levanta questões gerais sobre a natureza da teoria social. A teoria crítica de Marx, que entende a sociedade capitalista por meio de uma teoria da constituição pelo trabalho de uma mediação direcionalmente dinâmica, totalizante e historicamente específica, é uma análise brilhante desta sociedade e, ao mesmo tempo, um poderoso argumento sobre a natureza de uma teoria social adequada.

BIBLIOGRAFIA SELECIONADA PELO AUTOR

Obras de Marx (em alemão)

Fontes utilizadas que aparecem na coleção Marx-Engels Werke (MEW). Berlim, Fischer, 1956-1968

MARX, Karl, *Briefwechsel*, v. 27-39.
Das Elend der Philosophie, v. 4.
Das Kapital, Livros I-III, v. 23-25.
Der achtzehnte Brumaire des Louis Bonaparte, v. 8
Kritik des Gothaer Programms, v. 19.
Lohn, Preis, Profit, v. 16.
Lohnarbeit und Kapital, v. 6.
Ökonomisch-Philosophische Manuskripte, v. suplementar 1.
Randglossen zu Adolf Wagners "Lehrbuch der politischen Ökonomie", v. 19.
Theorien über den Mehrwert, Livros I-III, v. 26.1-26.3.
Thesen über Feuerbach, v. 3.
Zur Judenfrage, v. 1.
Zur Kritik der Hegelschen Rechsphilosophie, v. 1.
Zur Kritik der Hegelschen Rechsphilosophie: Einleitung, v. 1.
Zur Kritik der politischen Ökonomie, v. 13.
MARX, Karl; ENGELS, Friedrich. *Die Deutsche Ideologie*, v. 3.
Die Heilige Familie, v. 2.
Manifest der Kommunistischen Partei, v. 4.

Outras fontes utilizadas

Fragment des Urtextes von *Zur Kritik der politischen Ökonomie*. In: *Grundrisse der Kritik der politischen Ökonomie*. Berlim, Dietz, 1953.

Grundrisse der Kritik der politischen Ökonomie. Berlim, Dietz, 1953.

Resultate des unmittelbaren Produktionsprozesses. Frankfurt, Neue Kritik, 1969.

Ware und Geld. In: *Das Kapital*. 1. ed. Org. Iring Fetscher (*Marx-Engels Studiensgabe*, v. 2), Frankfurt, Neue Kritik, 1966.

466   Tempo, trabalho e dominação social

Obras de Marx (em inglês)

Capital. Trad. Ben Fowkes. Londres, Penguin, 1976, v. 1.

Capital. Trad. David Fernbach. Londres, New Left Books, 1978, v. 2.

Capital. Trad. David Fernbach. Londres, Penguin, 1981, v. 3.

Contribution to the Critique of Hegel's Philosophy of Law. In: *Collected Works: Marx and Engels: 1843-1844.* Nova York, Lawrence & Wishart, 1975, v. 3.

A Contribution to the Critique of Political Economy. Trad. S. W. Ryazanskaya. Moscou, Progress, 1970.

Critique of the Gotha Program. In: *Collected Works: Marx and Engels: 1874-1883.* Nova York, Lawrence & Wishart, 1989, v. 24.

Economic and Philosophic Manuscripts of 1844. In: *Collected Works: Marx and Engels: 1843-1844.* Nova York, Lawrence & Wishart, 1975, v. 3.

The Eighteenth Brumaire of Louis Bonaparte. In: *Collected Works: Marx and Engels: 1851-1853.* Nova York, Lawrence & Wishart, 1979, v. 11.

Grundrisse: Foundations of the Critique of Political Economy. Trad. Martin Nicolaus. Londres, Penguin/New Left Review, 1973.

Marginal Notes on Adolf Wagner's Lehrbuch der politischen Ökonomie. In: *Collected Works: Marx and Engels: 1874-1883.* Nova York, Lawrence & Wishart, 1989, v. 24.

On the Jewish Question. In: *Collected Works: Marx and Engels, 1845-1848.* Nova York, Lawrence & Wishart, 1976, v. 3.

The Poverty of Philosophy. In: *Collected Works: Marx and Engels: 1845-1848.* Nova York, Lawrence & Wishart, 1976, v. 6.

Results of the Immediate Process of Production. Trad. Rodney Livingstone. In: *Capital.* Trad. Ben Fowkes. Londres, Penguin, 1976, v. 1.

Discurso no aniversário do *People's Paper,* 14 de abril de 1856. In: Robert C. Tucker (org.), *The Marx-Engels Reader.* 2. ed., Nova York, Norton, 1978.

Theories of Surplus Value, parte I. Trad. Emile Burns. Moscou, Progress, 1963.

Theories of Surplus Value, parte II. Trad. Renate Simpson. Moscou, Progress, 1968.

Theories of Surplus Value, parte III. Trad. Jack Cohen e S. W. Ryazanskaya. Moscou, Progress, 1971.

Theses on Feuerbach. In: *Collected Works: Marx and Engels: 1845-1847.* Nova York, Lawrence & Wishart, 1976, v. 5.

Value, Price and Profit. In: *Collected Works: Marx and Engels: 1864-1868.* Nova York, Lawrence & Wishart, 1985, v. 20.

Wage Labor and Capital. In: *Collected Works: Marx and Engels: 1849.* Nova York, Lawrence & Wishart, 1977, v. 9.

Obras de Marx e Engels (em inglês)

The German Ideology. In: *Collected Works: Marx and Engels: 1845-1847*. Nova York, Lawrence & Wishart, 1975, v. 5.

The Holy Family. In: Lloyd D. Easton; Kurt H. Guddat (orgs.), *Writings of the Young Marx on Philosophy and Society*. Garden City (NY), Doubleday, 1967.

Manifesto of the Communist Party. In: *Collected Works: Marx and Engels: 1845-1848*. Nova York, Lawrence & Wishart, 1976, v. 6.

Outras obras

ADORNO, Theodor W. *Drei Studien zu Hegel*. Frankfurt, 1970.

_____. Introduction. In: *The Positivist Dispute in German Sociology*. Trad. Glyn Adey e David Frisby. Londres, Heinemann, 1976.

_____. *Negative Dialectics*. Trad. E. B. Ashton. Nova York, Seabury, 1973.

_____. On the Logic of the Social Sciences. In: *The Positivist Dispute in German Sociology*. Trad. Glyn Adey e David Frisby. Londres, Heinemann, 1976.

_____. Spätkapitalismus oder Industriegesellschaft. In: *Gesammelte Schriften*. Frankfurt, Suhrkamp, 1972, v. 8.

ALTHUSSER, Louis. *For Marx*. Trad. Ben Brewster. Nova York, Verso, 1970.

_____. Lenin Before Hegel. In: *Lenin and Philosophy*. Trad. Ben Brewster. Nova York/ Londres, New Left Books, 1971.

ALTHUSSER, Louis; BALIBAR, Etienne. *Reading Capital*. Trad. Ben Brewster. Londres, New Left Books, 1970.

ANDERSON, Perry. *Considerations on Western Marxism*. Londres, New Left Books, 1976.

_____. *In the Tracks of Historical Materialism*. Chicago/Londres, Verso, 1983.

ARATO, Andrew. Introduction. In: Andrew Arato; Eike Gebhardt (orgs.). *The Essential Frankfurt School Reader*. Nova York, Urizen, 1978.

ARATO, Andrew; BREINES Paul. *The Young Lukács and the Origins of Western Marxism*. Nova York, Seabury, 1979.

ARIÈS, Philippe. *Centuries of Childhood*. Nova York, Knopf, 1962.

ARNASON, Jóhann Páll. *Zwischen Natur und Gesellschaft:* Studien zu einer Theorie des Subjects. Frankfurt, Europäische Verlagsanstalt, 1976.

ARON, Raymond. *Main Currents in Social Thought*. Trad. Richard Howard e Helen Weaver. Londres, Penguin, 1991, v. 1

ARONOWITZ, Stanley. *The Crisis in Historical Materialism:* Class, Culture and Politics in Marxian Theory. Nova York, Bachelard, 1981.

AVINERI, Shlomo. *The Social and Political Thought of Karl Marx*. Londres, Cambridge University Press, 1968.

468 Tempo, trabalho e dominação social

BACKHAUS, H. G. Materialien zur Rekonstruktion der Marxschen Werttheorie. In: *Gesellchaft:* Beiträge zur Marxschen Thorie, Frankfurt, Surhkamp, n. 1, 3 e 11, 1974, 1975 e 1978.

_____. Zur Dialektik der Wertform. In: Alfred Schmidt (org.). *Beiträge zur Marxistischen Erkenntnistheorie.* Frankfurt, Suhrkamp, 1969.

BAHR, Hans Dieter. *Kritik der "politischen Technologie".* Frankfurt/Viena, Europäische Verlagsanst, 1970.

BECKER, James F. *Marxian Political Economy:* An Outline. Cambridge, Cambridge University Press, 1977.

BEER, Max. *Allgemeine Geschichte des Sozialismus und der sozialen Kämpfe.* Erlangen, Buchhandlung und Verlag Politladen, 1973.

BELL, Daniel. The Cultural Contradictions of Capitalism. In: *The Cultural Contradictions of Capitalism.* Nova York, Basic Books, 1978.

BENHABIB, Seyla. *Critique, Norm and Utopia:* On the Foundations of Critical Social Theory. Nova York, Columbia University Press, 1986.

BERGER, Johannes; OFFE, Claus. Functionalism vs. Rational Choice? *Theory and Society*, v. 11, n. 4, 1982, p. 521-26.

BERLIN, Isaiah. *Karl Marx:* His Life and Environment. 2. ed., Londres, Oxford University Press, 1952.

BILFINGER, Gustav. *Der bürgerliche Tag.* Stuttgart, W. Kohlhammer, 1888.

_____. *Die babylonische Doppelstunde:* Eine chronologische Untersuchung. Stuttgart, A. F. Prechter, 1888.

_____. *Die mittelalterlichen Horen und die modernen Stunden.* Stuttgart, W. Kohlhammer, 1892.

BÖHM-BAWERK, Eugen von; HILFERDING, Rudolf. In: Paul M. Sweezy (org.). *"Karl Marx and the Close of his System" by Eugen von Bohm-Bawerk & "Bohm-Bawerk's criticism of Carl Marx" by Rudolf Hilferding.* Nova York, A. M. Kelley,1949.

BOLOGH, Roslyn Wallach. *Dialectical Phenomenology: Marx's Method.* Boston/Londres/ Henley, Routledge & Kegan Paul, 1979.

BORKENAU, Franz. Zur Soziologie des Mechanistischen Weltbildes. *Zeitschrift für Sozialforschung*, n. 1, 1932, p. 311-35.

BOTTOMORE, Tom. Introduction. In: *Karl Marx.* Englewood Cliffs (NJ), Prentice-Hall 1973.

_____. Sociology. In: David McLellan (org.). *Marx: The First Hundred Years.* Nova York, St. Martin's Press, 1983.

BOURDIEU, Pierre. *Outline of a Theory of Practice.* Trad. Richard Nice. Cambridge, Cambridge University Press, 1977.

BRANDES, Wilhelm. *Alte japanische Uhren.* Munique, Klinkhardt & Biermann, 1984.

BRANDT, Gerhard. Ansichten kritischer Sozialforschung, 1930-1980. Gesellschaftliche Arbeit und Rationalisierung. *Leviathan*, Opladen, edição especial n. 4, 1981.

BIBLIOGRAFIA SELECIONADA PELO AUTOR 469

_____. Max Horkheimer und das Projekt einer materialistischen Gesellchaftstheorie. In: Alfred Schmidt; Norbert Altwicker (orgs.). *Max Horkheimer heute: Werke und Wirkung.* Frankfurt, Seabury, 1986.

BRAUDEL, Fernand. *Capitalism and Material Life, 1400-1800.* Nova York, Harper and Row, 1975.

BRAVERMAN, Harry. *Labour and Monopoly Capital:* The Degradation of Work in the Twentieth Century. Nova York e Londres, Monthly Review, 1974.

BURAWOY, Michael. *The Politics of Production.* Londres, Verso, 1985.

CALHOUN, Craig. Industrialization and Social Radicalism. *Theory and Society*, Princeton University Press, v. 12, n. 4, 1983, p. 485-504.

_____. The Radicalism of Tradition. *The American Journal of Sociology*, Princeton University Press, v. 88, n. 5, mar. 1983, p. 886-914.

CARUS-WILSON, Eleanora. The Woolen Industry. In: Michael M. Postan; Edwin Ernest Rich (orgs.) *The Cambridge Economic History of Europe.* Cambridge, Cambridge University Press, 1952.

CASTORIADIS, Cornelius. *Crossroads in the Labyrinth.* Trad. Kate Soper, Martin H. Ryle. Cambridge (MA), MIT Press, 1984.

_____. From Marx to Aristotle, from Aristotle to Marx. *Social Research*, v. 45, n. 4, 1978, p. 667-738.

CHANDLER, Alfred. *The Visible Hand:* The Managerial Revolution in American Business, Cambridge (MA), Harvard University Press, 1977.

CIPOLLA, Carlo M. *Clocks and Culture, 1300-1700.* Londres, Collins, 1967.

COHEN, G. A. Forces and Relations of Production. In: J. Roemer (org.). *Analytical Marxism.* Cambridge/Nova York/Paris, Cambridge University Press/Éditions de la Maison des Sciences de L'Homme, 1986.

_____. *Karl Marx's Theory of History:* A Defence. Oxford, Oxford University Press, 1978.

_____. Marxism and Functional Explanation. In: J. Roemer (org.). *Analytical Marxism.* Cambridge/Nova York/Paris, Cambridge University Press/Éditions de la Maison des Sciences de L'Homme, 1986.

COHEN, Jean. *Class and Civil Society:* The Limits of Marxian Critical Theory. Amherst (MA), University of Massachussetts Press, 1982.

COLLETTI, Lucio. Bernstein and the Marxism of the Second International. In: *From Rousseau to Lenin.* Trad. John Marrington e Judith White. Londres, New Left Books, 1972.

_____. *Marxism and Hegel.* Londres, New Left Books, 1973.

CORNU, August. *Karl Marx und Friedrich Engels:* Leben und Werke. Berlim, Aufbau, 1954, v. 1-3.

CROMBIE, A. C. Quantification in Medieval Physics. In: Sylvia Thrupp (org.). *Change in Medieval Society.* Nova York, Appleton-Century-Crofts, 1964.

DEBORD, Guy. *Society of the Spectacle.* Detroit, Black & Red, 1983.

470   Tempo, trabalho e dominação social

DOBB, Maurice. *Political Economy and Capitalism*. Londres, G. Routledge & Sons, 1940.

DUBIEL, Helmut. Einleitung. In: *Friedrich Pollock:* Stadien des Kapitalismus. Munique, Beck, 1975.

_____. *Theory and Politics:* Studies in the Development of Critical Theory. Trad. Benjamin Gregg. Cambridge/Londres, MIT Press, 1985.

DURKHEIM, Émile. *The Division of Labor in Society.* Trad. George Simpson. Nova York/Londres, Free Press, 1964.

_____. *The Elementary Forms of Religious Life*. Trad. Joseph Ward Swain. Nova York, Free Press, 1965.

EDGLEY, Roy. Philosophy. In: David McLellan (org.). *Marx: The First Hunderd Years*. Nova York, St. Martin's Press, 1983.

EISENSTADT, Shmuel N. The Structuring of Social Protest in Modern Societies: The Limits and Direction of Convergence. *World Society Studies*, Londres, World Society Foundation, 1992, v. 2.

ELIAS, Norbert. *The Civilizing Process*. Trad. Edmund Jephcott. Nova York, Urizen, 1978, 2 v.

ELSON, Diane. The Value Theory of Labour. In: Diane Elson (org.). *Value: The Representation of Labour in Capitalism*. Londres, CSE, 1979.

ELSTER, Jon. Further Thoughts on Marxism, Functionalism and Game Theory. In: J. Roemer (org.). *Analytical Marxism*. Cambridge/Nova York/Paris, Cambridge University Press/Éditions de la Maison des Sciences de L'Homme, 1986.

_____. *Making Sense of Marx*. Cambridge/Paris, Cambridge University Press/Éditions de la Maison des Sciences de L'Homme,1985.

EUCHNER, Walter; SCHMIDT, Alfred (orgs.). *Kritik der politischen Ökonomie heute:* 100 Jahre "Kapital". Frankfurt, Europäische Verlagsanstalt, 1968.

EYERMAN, Ron; SHIPWAY, David. Habermas on Work and Culture. *Theory and Society*, v. 10, n. 4, jul. 1981, p. 547-66.

FETSCHER, Iring. The Changing Goals of Socialism in the Twentieth Century. *Social Research*, n. 47, 1980, p. 36-62.

_____. Das Verhältnis des Marxismus zu Hegel. In: Ludwig Landgrebe; Iring Fetscher (orgs.), *Marxismusstudien*, Tübingen, JCB Mohr, 1960, v. 3.

_____. *Marx and Marxism*. Trad. John Hargreaves. Nova York, Herder & Herder, 1971.

_____. *Überlebensbedingungen der Menscheit*. Munique, Piper, 1980.

_____. Vier Thesen zur Geschichtsauffassung bei Hegel und Marx. In: H.-G. Gadamer (org.). *Stuttgarter Hegel-Tage 1970*. Bonn, Bouvier, 1974.

_____. Von der Philosophie zur proletarischen Weltanschauung. In: *Marxismusstudien*. Tübingen, JCB Mohr, 1959, v. 2.

_____. *Von Marx zur Sowjetideologie*. Frankfurt/Berlim/Bonn, Diesterweg, 1957.

FETSCHER, Iring (org.). *Marx-Engels Studienausgabe*. Frankfurt, Fischer, 1966, v. 2.

BIBLIOGRAFIA SELECIONADA PELO AUTOR 471

FOUCAULT, Michel. *Discipline and Punish:* The Birth of the Prison. Trad. Alan Sheridan. Nova York, Pantheon, 1977.

_____. *The Order of Things*. Nova York, Vintage, 1973.

FRASER, Nancy. What's Critical about Critical Theory? The Case of Habermas and Gender. *New German Critique*, n. 35, 1985, p. 97-131.

GAINES, Jeremy G. *Critical Aesthetic Theory*. Coventry/Londres, University of Warwick, 1985, tese de doutorado.

GIDDENS, Anthony. *Central Problems in Social Theory:* Action, Structure, and Contradiction in Social Analysis. Berkeley, University of California Press, 1979.

_____. Commentary on the Debate. *Theory and Society*, v. 11, n. 4, 1982, p. 527-39.

_____. *A Contemporary Critique of Historical Materialism*. Berkeley, University of California Press, 1981.

_____. Labour and Interaction. In: John B. Thompson; David Held (orgs.). *Habermas: Critical Debates*. Cambridge (MA), MIT Press, 1982.

GODELIER, Maurice. *System, Struktur und Widerpruch im "Kapital"*. Berlim, Merve, 1970.

GORZ, André. *Critique of Economic Reason*. Trad. Gillian Handyside e Chris Turner. Londres/Nova York, Verso, 1989.

_____. *Paths to Paradise:* On the Liberation from Work. Trad. Malcolm Imrie. Boston, South End, 1985.

_____. *Strategy for Labor:* A Radical Proposal. Trad. Martin A. Nicolaus,Victoria Ortiz. Boston, Beacon, 1967.

GOULD, Carol C. *Marx's Social Ontology*. Cambridge (MA), MIT Press, 1978.

GOULDNER, Alvin. *The Two Marxisms:* Contradictions and Anomalies in the Development of Theory. Nova York, Seabury, 1980.

GRAMSCI, Antonio. *Selections from the Prison Notebooks*. Trad. Quentin Hoare e Geoffrey Nowell Smith. Nova York/Londres, International Publishers, 1971.

GROSS, David. Time, Space, and Modern Culture. *Telos*, n. 50, 1981-1982, p. 59-78.

GROSSMAN, Henryk. *Das Akkumulations- und Zusammenbruchsgesetz des kapitalistischen Systems*. Frankfurt, Neue Kritik, 1970.

_____. Die gesellschaftlichen Grundlagen der mechanistischen Philosophie und die Manufaktur. *Zeitschrift für Sozialforschung*, n 4, 1935, p. 161-229.

_____. *Marx, die klassische Nationalökonomie und das Problem der Dynamik*. Frankfurt, Europäishe Verlagsanstalt, 1969.

GUREVICH, Aaron J. Time as a Problem of Cultural History. In: L. Gardet et al. *Cultures and Time*. Paris, Unesco, 1976.

GURJEWITSCH, Aaron J. *Das Weltbild des mittelalterlichen Menschen*. Trad. Gabriele Lossack. Munique, Beck, 1980.

HABERMAS, Jürgen. Between Philosophy and Science: Marxism as Critique. In: *Theory and Practice*. Trad. John Viertel. Boston, Beacon, 1973.

_____. *Communication and the Evolution of Society*. Trad. Thomas McCarthy. Boston, Beacon, 1979.

_____. *Knowledge and Human Interests*. Trad. Jeremy Shapiro. Boston, Beacon, 1971.

_____. Labor and Interaction: Remarks on Hegel's Jena Phenomenology of Mind. In: *Theory and Practice*. Trad. John Viertel. Boston, Beacon, 1973.

_____. *Legitimation Crisis*. Trad. Thomas McCarthy. Boston, Beacon, 1975.

_____. A Reply to my Critics. In: John B. Thompson; David Held (orgs.). *Habermas: Critical Debates*. Cambridge (MA), MIT Press, 1982.

_____. Technology and Science as Ideology. In: *Towards a Rational Society*. Trad. Jeremy J. Shapiro. Boston, Beacon, 1970.

_____. *The Theory of Communicative Action*. Volume 1: *Reason and the Rationalization of Society*. Trad. Thomas McCarthy. Boston, Beacon, 1984.

_____. *The Theory of Communicative Action*. Volume 2: *Lifeworld and System: A Critique of Functionalist Reason*. Trad. Thomas McCarthy. Boston, Beacon, 1987.

_____. Toward a Reconstruction of Historical Materialism. In: Steven Seidman (org.). *Jürgen Habermas on Society and Politics*. Boston, Beacon, 1989.

HARVEY, David. *The Condition of Postmodernity:* An Enquiry into the Origins of Cultural Change. Oxford/Cambridge, Blackwell, 1989.

_____. *The Limits to Capital*. Chicago, University of Chicago Press, 1982.

HEATH, L. R. *The Concept of Time*. Chicago, Univesity of Chicago Press, 1936.

HEGEL, G.W.F. *Phänomenologie des Geistes*. Frankfurt, Suhrkamp, 1970.

_____. Preface de *Phenomenology*. Walter Kaufmann (org.). *Hegel: Texts and Commentary*. Garden City (NY), University of Notre Dame Press, 1966, 2 v.

_____. *Wissenschaft der Logik*. Frankfurt, Suhrkamp, 1970, 2 v.

HEILBRONER, Robert L. *The Nature and Logic of Capitalism*. Nova York, Norton, 1985.

_____. *The Worldly Philosophers:* The Lives, Times and Ideas of the Great Economic Thinkers. 5. ed., Nova York, Simon and Schuster, 1980.

HELD, David. *Introduction to Critical Theory*. Berkeley, University of California Press, 1980.

HELLER, Agnes. *The Theory of Need in Marx*. Londres, Allison & Busby, 1976.

HILFERDING, Rudolf. Böhm-Bawerk's Criticism of Marx. In: Paul M. Sweezy (org.). *"Karl Marx and the Close of His System" by Eugen Böhm-Bawerk & "Böhm-Bawerk's Criticism of Carl Marx" by Rudolf Hilferding*. Nova York, A. M. Kelley, 1949.

_____. *Finance Capital:* A Study of the Latest Phase of Capitalist Development. Intr. Tom Bottomore. Trad. Morris Watnick e Sam Gordon. Londres/Boston, Routledge & Kegan Paul, 1981.

_____. [Resenha de *Der soziale Gehalt der Marxschen Werttheorie*, de F. Petry.] *Archiv für die Geschichte des Sozialismus und der Arbeiterbewegung*, Leipzig, n. 8, 1919.

_____. Zur Problemstellung der theoretischen Ökonomie bei Karl Marx. *Die Neue Zeit*, v. 23, n. 1, 1904-1905.

HIRSCH, Joachim. *Staatsapparat und Reproduktion des Kapitals*. Frankfurt, Suhrkamp, 1974.

HIRSCH, Joachim; ROTH, Roland. *Das neue Gesicht des Kapitalismus*. Hamburgo, VSA, 1986.

HORKHEIMER, Max. The Authoritarian State. In: Andrew Arato; Eike Gebhardt (orgs.). *The Essential Frankfurt School Reader*. Nova York, Urizen, 1978.

_____. *Dawn and Decline:* Notes 1926-1931 and 1950-1969. Trad. Michael Shaw. Nova York, Seabury, 1978.

_____. Die Juden in Europa. *Zeitschrift für Sozialforschung*, n. 8, 1939, p. 115-36.

_____. *The Eclipse of Reason*. Nova York, Oxford University Press, 1974.

_____. Traditional and Critical Theory. In: *Critical Theory*. Trad. Matthew J. O'Connell et al. Nova York, Herder & Herder, 1972.

HORKHEIMER, Max; ADORNO, Theodor W. *Dialectic of Enlightenment*. Trad. John Cumming. Nova York, Herder & Herder, 1972.

HOWARD, Dick. *The Marxian Legacy*. Nova York, Urizen, 1977.

HYPPOLITE, Jean. *Studies on Marx and Hegel*. Trad. John O'Neill. Nova York, Basic Books, 1969.

JAY, Martin. *The Dialectical Imagination:* A History of the Frankfurt School and the Institute for Social Research, 1923-1950. Boston/Toronto, Little Brown, 1973.

_____. *Marxism and Totality:* The Adventures of a Concept from Lukács to Habermas. Berkeley, University of California Press, 1984.

KANT, Immanuel. *Critique of Pure Reason*. Trad. Norman Kemp Smith. Nova York/ Toronto, Macmillan, 1965.

KAUFMANN, Walter (org.). *Hegel: Texts and Commentary*. Garden City (NY), Double-day, 1966.

KAUTSKY, Karl. *Karl Marxs oekonomische Lehren*. Stuttgart, Dietz, 1906.

KEANE, John. On Tools and Language: Habermas on Work and Interaction. *New German Critique*, n. 6, 1975, p. 82-100.

KELLNER, Douglas. *Critical Theory, Marxism, and Modernity*. Baltimore, Johns Hopkins University Press, 1989.

KOLAKOWSKI, Leszek. *Main Currents of Marxism:* Its Rise, Growth, and Dissolution. Trad. P. S. Falla. Oxford, Clarendon, 1978, v. 1-3.

_____. *Toward a Marxist Humanism*. Trad. Jane Zielonko Peel. Nova York, Grove, 1968.

KORSCH, Karl. *Die materialistische Geschichtsauffassung und andere Schriften*. Frankfurt, Europaische Verlagsanstalt, 1967.

_____. *Marxism and Philosophy*. Trad. Fred Halliday. Nova York/Londres, Monthly Review, 1970.

KOSIK, Karel. *Die Dialektik des Konkreten*. Frankfurt, Suhrkamp, 1967.

KRAHL, Hans Jürgen. *Konstitution und Klassenkampf*. Frankfurt, Neue Kritik, 1971.

474 Tempo, trabalho e dominação social

KULISCHER, J. *Allgemeine Wirtschaftsgeschichte des Mittelalters und der Neuzeit*. Munique, Oldenbourg, 1965, 2 v.

LANDES, David S. *Revolution in Time:* Clocks and the Making of the Modern World. Cambridge, Belknap Press of Harvard University Press, 1983.

LANGE, Oskar. Marxian Economics and Modern Economic Theory. In: David Horowitz (org.). *Marx and Modern Economics*. Londres, MacGibbon & Kee, 1968.

LASH, Scott; URRY, John. *The End of Organized Capitalism*. Madison (WI), University of Wisconsin Press, 1987.

LEARS, T. J. Jackson. From Salvation to Self-Realization. In: Richard W. Fox; T. J. Jackson Lears (orgs.). *The Culture of Consumption:* Critical Essays in American History, 1880-1980. Nova York, Pantheon, 1983.

LEFEBVRE, Henri. *The Sociology of Marx*. Trad. Norbert Guterman. Nova York, Vintage, 1969.

LE GOFF, Jacques. Labor Time in the "Crisis" of the Fourteenth Century: From Medieval Time to Modern Time. In: *Time, Work, and Culture in the Middle Ages*. Trad. Arthur Goldhammer. Chicago/Londres, University of Chicago Press, 1980.

_____. Merchant's Time and Church's Time in the Middle Ages. In: *Time, Work, and Culture in the Middle Ages*. Trad. Arthur Goldhammer. Chicago/Londres, University of Chicago Press, 1980.

LEISS, William. *The Limits to Satisfaction:* An Essay on the Problem of Needs and Commodities. Toronto/Buffalo, University of Toronto Press, 1976.

LICHTHEIM, George. *From Marx to Hegel*. Londres, Praeger, 1971.

_____. *Marxism: An Historical and Critical Study*. Nova York/Washington, Praeger, 1965.

LOWE, Adolf. M. Dobb and Marx's Theory of Value. *Modern Quarterly*, v. 1, n. 3, 1938.

LÖWITH, Karl, *From Hegel to Nietzsche:* The Revolution in Nineteenth-Century Thought. Trad. David E. Green. Garden City (NY), Doubleday, 1967.

LUKÁCS, György. *History and Class Consciousness*. Trad. Rodney Livingstone. Londres, Merlin, 1971.

_____. *The Ontology of Social Being*. Trad. David Fernbach. Londres, Merlin, 1978.

LUXEMBURGO, Rosa. *The Accumulation of Capital*. Trad. Agnes Schwarzschild. Londres, Routledge and Kegan Paul, 1963.

McCARTHY, Thomas. *The Critical Theory of Jürgen Habermas*. Londres, Hutchinson, 1978.

McLELLAN, David. Politics. In: David McLellan (org.). *Marx: The First Hundred Years*. Nova York, St. Martin's Press, 1983.

_____. *The Thought of Karl Marx:* An Introduction. Londres/Basingstoke, Macmillan, 1980.

MACY, Michael W. Value Theory and the "Golden Eggs": Appropriating the Magic of Accumulation. *Sociological Theory*, v. 6, n. 2, 1988, p. 131-52.

MANDEL, Ernest. Economics. In: David McLellan (org.). *Marx: The First Hundred Years*. Nova York, St. Martin's Press, 1983.

BIBLIOGRAFIA SELECIONADA PELO AUTOR 475

_____. *The Formation of the Economic Thought of Karl Marx*. Nova York/Londres, Monthly Review, 1971.

_____. *Late Capitalism*. Trad. Joris De Bres. Londres, New Left Books, 1975.

_____. *Marxist Economic Theory*. Londres, Merlin, 1968.

MARCUSE, Herbert. *Counterrevolution and Revolt*. Boston, Beacon, 1972.

_____. *Eros and Civilization*: A Philosophical Inquiry into Freud. Nova York, Vintage, 1962.

_____. The Foundation of Historical Materialism. In: Joris De Bres (org.). *From Luther to Popper*. Londres/Nova York, Verso/Schocken, 1972.

_____. *One-dimensional Man: Studies in the Ideology of Advanced Industrial Society*. Boston, Beacon, 1964.

_____. Philosophy and Critical Theory. Trad. Jeremy J. Shapiro. In: Stephen Bronner; Douglas Kellner (orgs.). *Critical Theory and Society*. Nova York/Londres, Routledge, 1989.

_____. *Reason and Revolution:* Hegel and the Rise of Social Theory. Boston, Beacon, 1964.

_____. Some Social Implications of Modern Technology. *Studies in Philosophy and Social Sciences*, n. 9, 1941, p. 414-39.

_____. Über die philosophischen Grundlagen des wirtschaftswissenschaftlichen Arbeitsbegriffs. In: *Kultur und Gesellschaft*. Frankfurt, Suhrkamp, 1965, v. 2.

MÁRKUS, György. Die Welt menschlicher Objekte. Zum Problem der Konstitution im Marxismus. In: Axel Honneth; Urs Jaeggi (orgs.). *Arbeit, Handlung, Normativität*. Frankfurt, Suhrkamp, 1980.

MARRAMAO, Giacomo. Political Economy and Critical Theory. *Telos*, n. 24, 1975, p. 56-80.

MATTICK, Paul. *Kritik der Neomarxisten*. Frankfurt, Fischer Taschenbuch, 1974.

_____. *Marx and Keynes*: The Limits of the Mixed Economy. Boston, Extending Horizons/Porter Sargent, 1969.

_____. Nachwort. In: Henryk Grossman (org.). *Marx, die Klassische Nationalökonomie und das Problem der Dynamik*. Frankfurt/Viena, Europäischer Verlagsanstalt/Europa, 1969.

MAUKE, Michael. *Die Klassentheorie von Marx und Engels*. Frankfurt, Europäische Verlagsanstalt, 1970.

MEEK, Ronald. *Studies in the Labour Theory of Value*. 2. ed., Londres, Monthly Review, 1956.

MEHRING. Franz. *Karl Marx:* The Story of His Life. Trad. Edward Fitzgerald. Ann Arbor (MI), University of Michigan Press, 1962.

MÉSZÁROS, István. *Marx's Theory of Alienation*. Londres, Merlin, 1970.

MILL, J. S. *Principles of Political Economy*, 2. ed., Londres, J. W. Parker, 1849, v. 1.

MOORE, Stanley. *Marx on the Choice between Socialism and Communism*. Cambridge (MA), Harvard University Press, 1980.

476 Tempo, trabalho e dominação social

MÜLLER, Rudolf Wolfgang. *Geld und Geist: Zur Entstehungsgeschichte von Identitätsbewusstsein und Rationalität seit der Antike.* Frankfurt, Campus, 1977.

MÜLLER, Wolfgang. Habermas und die "Anwendbarkeit" der "Arbeitswerttheorie". *Sozialistische Politik,* n. 1, abr. 1969, p. 39-54.

MUMFORD, Lewis. *The Myth of the Machine.* Nova York, Mariner, 1966.

_____. *Technics and Civilization.* Nova York, Harper, 1934.

MURRAY, John Patrick. Enlightenment Roots of Habermas' Critique of Marx. *The Modern Schoolman,* v. 57, n. 1, nov. 1979, p. 1-24.

_____. *Marx's Theory of Scientific Knowledge.* Atlantic Highlands (NJ), Humanities, 1988.

NEEDHAM, Joseph. *Science in Traditional China:* A Comparative Perspective. Cambridge (MA)/Hong Kong, Harvard University Press/The Chinese University Press, 1981.

NEEDHAM, Joseph; LING, Wang; PRICE, Derek De Solla. *Heavenly Clockwork:* The Great Astronomical Clocks of Medieval China. 2. ed, Cambridge, Cambridge University Press, 1986.

NEGRI, Antonio. *Marx beyond Marx:* Lessons on the Grundrisse. In: Jim Fleming (org.). Trad. Harry Cleaver, Michael Ryan e Maurizio Viano. South Hadley (MA), Bergin & Garvey, 1984.

NEGT, Oskar; KLUGE, Alexander. *Geschichte und Eigensinn.* Frankfurt, Zweitausendeins, 1981.

NELL, E. Value and Capital in Marxian Economics. In: Daniel Bell; Irving Kristol (orgs.). *The Crisis in Economic Theory.* Nova York, Basic Books, 1981.

NICOLAUS, Martin. Introduction. In: Karl Marx. *Grundrisse.* Trad. Martin Nicolaus. Londres, Penguin, 1973.

_____. Proletariat and Middle Class in Marx. *Studies on the Left,* v. 7, n. 1, jan.-fev. 1967, p. 22-49.

_____. The Unknown Marx. *New Left Review,* n. 48, mar.-abr. 1968, p. 41-61.

OFFE, Claus. *Disorganized Capitalism:* Contemporary Transformations of Work and Politics. Org. John Keane. Cambridge (MA), MIT Press, 1985.

_____. *Strukturprobleme des kapitalistischen Staates:* Aufsätze zur politischen Soziologie. Frankfurt, Suhrkamp, 1972.

OLLMAN, Bertell. *Alienation:* Marx's Conception of Man in Capitalist Society. 2. ed., Cambridge, Cambridge University Press, 1976.

PETRY, Franz. *Der Soziale Gehalt der Marxschen Werttheorie.* Jena, Fischer, 1916.

PICCONE, Paul. General Introduction. In: Andrew Arato; Eike Gebhardt (orgs.). *The Essential Frankfurt School Reader.* Nova York, Urizen, 1978.

PIESOWICZ, Kasimierz. Lebensrhythmus und Zeitrechnung in der vorindustriellen und in der industriellen Gesellschaft. *Geschichte in Wissenschaft und Unterricht,* v. 31, n. 8, 1980, p. 465-85.

BIBLIOGRAFIA SELECIONADA PELO AUTOR 477

PIORE, Michael J.; SABEL, Charles F. *The Second Industrial Divide*: Possibilities for Prosperity. Nova York, Basic Books, 1984.

PIRENNE, Henri. *Belgian Democracy*. Trad. J. V. Saunders. Manchester, The University Press/Longmans Green & Co., 1915.

POLANYI, Karl. *The Great Transformation*. Nova York/Toronto, Octagon, 1944.

POLLOCK, Friedrich. Bemerkungen zur Wirtschftskrise. *Zeitschrift für Sozialforschung*, Frankfurter Institut für Sozialforschung, n. 2,1933, p. 321-53.

_____. Die gegenwärtige Lage des kapitalismus und die Aussichten einer planwirtschaftlichen Neuordnung. *Zeitschrift für Sozialforschung*, n. 1, 1932, p. 8-27.

_____. Is National Socialism a New Order? *Studies in Philosophy and Social Science*, n. 9, 1941, p. 440-55.

_____. State Capitalism. *Studies in Philosophy and Social Studies*, n. 9, 1941, 200-25.

POSTONE, Moishe. Anti-Semitism and National Socialism. In: Anson Rabinbach; Jack Zipes (orgs.). *Germans and Jews since the Holocaust*. Nova York, Holmes and Meier, 1986.

_____. History and Critical Social Theory. *Contemporary Sociology*, v. 19, n. 2, mar. 1990, p. 170-6.

_____. Necessity, Labor and Time. *Social Research*, n. 45, 1978, p. 739-88.

POSTONE, Moishe; BRICK, Barbara. Critical Pessimism and the Limits of Traditional Marxism. *Theory and Society*, n. 11, 1982, p. 617-58.

POSTONE, Moishe; REINICKE, Helmut. On Nicolaus's "Introduction" to the *Grundrisse*. *Telos*, n. 22, 1974-1975, p. 130-48.

REICHELT, Helmut. *Zur logischen Struktur des Kapitalbegriffs bei Karl Marx*. Frankfurt, Europäische Verlagsanstalt, 1970.

REINICKE, Helmut. *Ware und Dialektik*. Darmstadt/Neuwied, Luchterhand, 1974.

RICARDO, David. *The Principles of Political Economy and Taxation*. Cambridge, University Press for the Royal Economic Society, 1951.

RITSERT, Jürgen. *Probleme politisch-ökonomischer Theoriebildung*. Frankfurt, Athenäum, 1973.

ROBINSON, Joan. *An Essay on Marxian Economics*. 2. ed., Londres/Melbourne/Toronto, Macmillan/St. Martin's Press, 1967.

RODERICK, Rick. *Habermas and the Foundations of Critical Theory*. Nova York, St. Martin's Press, 1986.

ROSDOLSKY, Roman. *The Making of Marx's Capital*. Trad. Pete Burgess. Londres, Pluto, 1977.

RUBIN, Isaak Illich. *Essays on Marx's Theory of Value*. Trad. Milos Samardzija e Fredy Perlman. Detroit (MI), Black & Red, 1972.

RUBIN, Isaak Illich et al. *Dialektik der Kategorien*: Debatte in der UdSSR (1927-1929). Trad. Eva Mayer e Peter Gerlinghoff. Berlim, VSA, 1975.

SAHLINS, Marshal. *Culture and Practical Reason*. Chicago, University of Chicago Press, 1976.

478 Tempo, trabalho e dominação social

SAPIR, Edward. *Language:* An Introduction to the Study of Speech. Nova York/Harcourt, Brace and Company, 1921.

SARTRE, Jean-Paul. *Critique of Dialectical Reason.* Org. Jonathan Rée. Trad. Alan Sheridan-Smith. Londres, New Left Books, 1976.

SAYER, Derek. *Marx's Method:* Ideology, Science, and Critique in "Capital". Atlantic Highlands (NJ), Humanities, 1979.

_____. *The Violence of Abstraction:* The Analytic Foundations of Historical Materialism. Oxford/Nova York, Blackwell, 1987.

SCHLESINGER, Rudolf. *Marx, His Times and Ours.* Londres, Routledge & Kegan Paul, 1950.

SCHMIDT, Alfred. *The Concept of Nature in Marx.* Trad. Ben Fowkes. Londres, New Left Books, 1971.

_____. *History and Structure:* An Essay on Hegelian-Marxist and Structuralist Theories of History. Trad. Jeffrey Herf. Cambridge (MA), MIT Press, 1981.

_____. Zum Erkenntnisbegriff der Kritik der politischen Ökonomie. In: Walter Euchner; Alfred Schmidt (orgs.). *Kritik der politischen Ökonomie heute: 100 Jahre Kapital.* Frankfurt, Europäische Verlagsanstalt, 1968.

SCHMIDT, Alfred; ALTWICKER, Norbert (orgs.). *Max Horkheimer heute*: Werke und Wirkung. Frankfurt, Seabury, 1986.

SCHUMPETER, Joseph. *Capitalism, Socialism and Democracy.* Nova York/Londres, Harper & Brothers, 1947.

_____. *History of Economic Analysis.* Nova York, Oxford University Press, 1954.

SHAIKH, Anwar. The Poverty of Algebra. In: Ian Steedman; Paul Sweezy et al. (orgs.). *The Value Controversy.* Londres, New Left Books, 1981.

SHEROVER-MARCUSE, Erica. *Emancipation and Consciousness*: Dogmatic and Dialectical Perspectives in the Early Marx. Oxford, Blackwell, 1986.

SIMMEL, Georg. *The Philosophy of Money.* Trad. Tom Bottomore e David Frisby. Boston/Londres, Routledge & Kegan Paul, 1978.

SMITH, Adam. *An Inquiry into the Nature and Causes of the Wealth of Nations.* Nova York, The Modern Library, 1937.

SOHN-RETHEL, Alfred. *Geistige und körperliche Arbeit.* Frankfurt, Suhrkamp, 1972.

_____. *Intellectual and Manual Labor:* A Critique of Epistemology. Trad. Martin Sohn--Rethel. Atlantic Highlands (NJ), Humanities, 1978.

_____. *Warenform und Denkeform.* Frankfurt, Europäische Veragsanstalt, 1971.

SWEEZY, Paul. *The Theory of Capitalist Development.* Nova York, Monthly Review, 1968.

THOMAS, Paul. The Language of Real Life: Jürgen Habermas ande the Distortion of Karl Marx. *Discourse: Berkeley Journal of Theoretical Studies in Meda and Culture*, n. 1, 1979, p. 59-85.

THOMPSON, E. P. Time, Work-Discipline, and Industrial Capitalism. *Past and Present*, n. 38, dez. 1967, p. 56-97.

BIBLIOGRAFIA SELECIONADA PELO AUTOR 479

THOMSON, George. *The First Philosophers*. Londres, Lawrence and Wishart, 1955.

THRUPP, Sylvia. Medieval Industry, 1000-1500. In: Carlo M. Cipolla (org.). *The Fontana Economic History of Europe*. Glasgow, William Collins, 1972, v. 1.

TÖNNIES, Ferdinand. *Karl Marx:* His Life and Teachings. Trad. Charles P. Loomis e Ingeborg Paulus. East Lansing (MI), Michigan State University Press, 1974.

TRAUGOTT, Mark. *Armies of the Poor:* Determinants of Working-Class Participation in the Parisian Insurrection of 1848. Princeton, Princeton University Press, 1985.

TUCHSCHEERER, Walter. *Bevor "Das Kapital" entstand*: Die Herausbildung und Entwicklung der ökonomischen Theorie von Karl Marx in der Zeit von 1843-1858. Berlim, Akademie-Verlag, 1968.

TUCKER, Robert C. *The Marxian Revolutionary Idea*. Nova York, Norton, 1969.

UCHIDA, Hiroshi. *Marx's "Grundrisse" and Hegel's Logic*. Org. Terrell Carver. Londres/Boston, Routledge, 1988.

VRANICKI, Predrag. *Geschichte des Marxismus*. Frankfurt, Suhrkamp, 1972-1974, 2 v.

VYGODSKI, Vitali Solomonovich. *The Story of a Great Discovery*. Berlim, Die Wirtschaft, 1973.

WALTON, Paul; GAMBLE, Andrew. *From Alienation to Surplus Value*. Londres, Sheed and Ward, 1972.

WEBER, Max. *Economy and Society:* An Outline of Interpretive Sociology. Org. Guenther Roth e Claus Wittlich. Trad. Ephraim Fischoff et al. Berkeley, University of California Press, 1978.

_____. *The Protestant Ethic and the Spirit of Capitalism*. Trad. Talcott Parsons. Nova York, Scribner, 1958.

_____. Science as a Vocation. In: H. H. Gerth; W. Mills (orgs.). *From Max Weber: Essays in Sociology*. Nova York, Oxford University Press/A Galaxy Book, 1958.

_____. The Social Psychology of the World Religions. In: H. H. Gerth; W. Mills (orgs.). *From Max Weber: Essays in Sociology*. Nova York, Oxford University Press/A Galaxy Book, 1958.

WELLMER, Albrecht. Communication and Emancipation: Reflections on the Linguistic Tum in Critical Theory. In: John O'Neill (org.). *On Critical Theory*. Nova York, Seabury, 1976.

_____. *Critical Theory of Society*. Trad. John Cumming. Nova York, Herder and Herder, 1974.

WENDORFF, Rudolf. *Zeit und Kultur*: Geschichte des Zeitbewusstseins in Europa. Opladen, Westdeutscher, 1980.

WHITROW, G. J. *The Nature of Time*. Londres, Penguin, 1975.

WHORF, Benjamin L. *Language, Thought and Reality*. Cambridge, MIT Press, 1956.

WIGGERSHAUS, Rolf. *Die Frankfurter Schule*: Geschichte, theoretische Entwicklung, politische Bedeutung. Munique, C. Hanser, 1986.

WILLIANS, Raymond. Culture. In: David McLellan (org.). *Marx: The First Hundred Years*. Nova York, St. Martin's Press, 1983.

WINFIELD, Richard. The Dilemmas of Labor. *Telos*, n. 24, 1975, p. 113-28.

WITTGENSTEIN, Ludwig. *Philosophical Investigations*. Trad. G. E. M. Anscombe. Nova York, Macmillan, 1958.

WOLFF, Robert Paul. *Understanding Marx:* A Reconstruction and Critique of "Capital". Princeton (NJ), Princeton University Press, 1984.

WRIGHT, Erik O. *Classes*. Londres, Verso, 1985.

ZELENY, Jindrich. *Die Wissenschaftslogik bei Marx und "Das Kapital"*. Frankfurt, Europäische Verlagsanstalt, 1970.

ÍNDICE ONOMÁSTICO

Adorno, Theodor W. 30-1, 105, 108, 110, 115, 125, 138, 143, 215, 279, 281, 284, 361

Althusser, Louis 95, 98, 179

Arato, Andrew 14, 94-5, 106, 108, 127, 133

Ariès, Philippe 247

Aronowitz, Stanley 26

Backhaus, Hans Georg 90, 155-6

Becker, James 364-5, 436

Bell, Daniel 210, 429

Benhabib, Seyla 14, 106

Berger, Johannes 371

Biernacki, Rick 237

Bilfinger, Gustav 234-42, 246, 248

Böhm-Bawerk, Eugen von 80, 157-8, 172, 257-8

Borkenau, Franz 205-6

Bourdieu, Pierre 59, 160-1, 193, 352

Brandt, Gerhardt 13, 143

Braverman, Harry 232, 400

Breines, Paul 94

Brick, Barbara 13, 105, 488

Calhoun, Craig 14, 375

Castoriadis, Cornelius 14, 198-9, 209

Chandler, Alfred D. 453

Cohen, Gerry A. 370-1

Cohen, Jean 14, 68, 77, 190, 414

Colletti, Lucio 172-3, 258

Crombie, Alistair C. 246

Descartes, René 167, 204, 276

Dobb, Maurice 22, 68-73, 77-9, 84, 86, 155, 158, 356

Dubiel, Helmut 106, 108

Durkheim, Émile 58, 260, 285

Eisenstadt, Shmuel N. 18

Elias, Norbert 247

Elson, Diane 175

Elster, Jon 33, 42, 370-1

Engels, Friedrich 56, 75-6, 156, 158, 160, 165, 170, 196, 254

Eyerman, Ron 269

Fetscher, Iring 13, 30, 102, 169

Fichte, Johann Gottlieb 263, 266

482 TEMPO, TRABALHO E DOMINAÇÃO SOCIAL

Foucault, Michel 186, 191
Freud, Sigmund 438

Gaines, Jeremy 13, 107
Gamble, Andrew 70, 230-1
Gebhardt, Eike 95, 106, 108, 133
Giddens, Anthony 19, 52, 188, 210, 245, 249, 269, 371
Gorz, André 37, 50, 210, 424, 429
Gross, David 250
Grossmann, Henryk 71, 125, 205-6
Gurevich, Aaron J. 233, 235, 248, 471

Habermas, Jürgen 30, 35, 53, 99, 108, 112, 144, 150-1, 167-8, 184, 217, 251, 253, 256, 261-97, 314, 409, 415
Harvey, David 27, 357, 400, 453-4
Hegel, G. W. F. 85, 92-103, 126, 132, 137, 163-4, 168, 182-4, 186-7, 249, 251-2, 262-3, 286, 295, 297
Held, David 106, 269, 274
Hilferding, Rudolf 78-82, 157, 172, 257-8
Hirsch, Joachim 27
Horkheimer, Max 30, 35, 105, 107-8, 111-2, 115, 125-44, 149, 208-10, 256-7, 261, 273, 277-9, 281, 284, 289, 308, 361, 409-11
Huygens, Christiaan 247

Jay, Martin 14, 92, 101, 106, 108, 193

Kant, Immanuel 129, 206, 251-2, 262
Kautsky, Karl 85, 172
Keane, John 27, 269
Kellner, Douglas 31, 106
Korsch, Karl 91

Landes, David 235-40, 242-4, 246-7
Lange, Oskar 71-2, 154
Lash, Scott 27
Lears, T. J. Jackson 456
Le Goff, Jacques 236, 241-7, 252
Leiss, William 213
Lichtheim, George 70, 155
Locke, John 73
Lowenthal, Leo 105, 108
Lukács, György 30-1, 93-5, 98-9, 103, 105, 108, 139, 143, 165, 173, 183, 185, 200, 249-50, 279, 281, 283-4, 316, 338, 340, 351, 454
Luxemburgo, Rosa 172

Macy, Michael W. 458
Mandelbaum, Kurt 112
Mandel, Ernest 27, 61, 64-5, 70, 74, 112, 363
Marcuse, Herbert 30, 37, 105, 107-8, 115-6, 125, 142, 247, 271, 441, 488
Márkus, György 14, 200, 209, 475
Marramao, Giacomo 108, 125
Mattick, Paul 441
McCarthy, Thomas 14, 35, 112, 261, 279
Mead, George Herbert 285
Meek, Ronald 22, 154-6
Meyer, Gerhard 13, 112
Mill, John Stuart 37, 41
Moore, Stanley 57
Müller, Wolfgang 183, 269
Mumford, Lewis 236
Murray, John Patrick 14, 17, 167

Needham, Joseph 234-5, 237-8
Nicolaus, Martin 71, 164, 365

ÍNDICE ONOMÁSTICO 483

Offe, Clauss 27, 232, 371

Ollman, Bertell 14, 173, 186

Parsons, Talcott 287-8, 291-2

Petry, Franz 217-9

Piaget, Jean 285, 290

Piccone, Paul 95

Piore, Michael J. 27

Pirenne, Henri 243

Polanyi, Karl 175-6

Pollock, Friedrich 35, 105, 107-8, 111-
-27, 133, 135, 140-4, 151, 261, 269,
454-5, 457

Postone, Moishe 36, 103, 105, 165, 203,
279, 296, 309

Price, Derek de Solla 234

Reichelt, Helmut 65, 81

Reinicke, Helmut 13, 103, 165

Ricardo, David 68, 70, 73-9, 95, 103,
126, 132, 137, 144, 158, 161-3, 172,
218, 365

Robinson, Joan 79, 231, 267

Roderick, Rick 269

Rosdolsky, Roman 37, 153

Roth, Roland 27

Rubin, Isaak I. 171-3, 217-9

Sabel, Charles F. 27

Sahlins, Marshall 213

Saint-Simon, Henri de 85

Sapir, Edward 182

Sartre, Jean-Paul 179

Sayer, Derek 17, 173

Schlesinger, Rudolf 155

Schmidt, Alfred 31, 102, 143, 256

Schumpeter, Joseph 158

Seidman, Steven 110, 143, 295

Shaikh, Anwar 65

Shipway, David 269

Simmel, Georg 58

Smith, Adam 50, 69, 75-6, 155-6, 159,
161-2, 218, 311, 383

Sohn-Rethel, Alfred 183, 206-7, 214

Su Sung 237, 239

Sweezy, Paul 22, 62-5, 68, 71, 80, 157-8,
172-3, 217-9, 356

Thompson, Edward P. 233, 246, 250

Thomson, George 183

Tolstói, Lev 309

Torrens, Robert 156, 162, 311

Traugott, Mark 375

Uchida, Hiroshi 102

Urry, John 27

Vico, Giambattista 193

Vygodski, Vitali 64

Walton, Paul 70, 230-1

Wang, Ling 234

Weber, Max 58, 93, 139, 203, 208, 211,
260, 279, 281-3, 287-8, 292, 294,
309, 410, 454

Wellmer, Albrecht 13, 53, 255, 278

Whitrow, Gerald J. 233-5

Winfield, Richard 269

Wittgenstein, Ludwig 253

Wright, Eric Olin 366

SOBRE O AUTOR

Moishe Postone é historiador e crítico teórico social. Nascido em Edmonton, no Canadá, estudou na Universidade de Chicago, nos Estados Unidos, e na Universidade J. W. Goethe, em Frankfurt, na Alemanha. Atualmente, é professor de história moderna na Universidade de Chicago, codiretor do Chicago Center for Contemporary Theory e coeditor da revista semestral *Critical Historical Studies*.

É autor de *Critique du fétiche-capital: Le capitalisme, l'antisemitisme et la gauche* (Puf, 2013), *History and Heteronomy: Critical Essays* (The University of Tokyo Center for Philosophy, 2009), *Marx Reloaded: Repensar la teoria critica del capitalismo* (orgs. Alberto Riesco e Jorge Garcia Lopez, Traficantes de Sueños, 2007), *Deutschland, die Linke und der Holocaust: Politische Interventionen* (Ça Ira, 2005), entre outros. Também organizou os volumes *Catastrophe and Meaning: The Holocaust and the Twentieth Century* (University Press of Chicago, 2003) e, com Craig Calhoun e Edward LiPuma, *Bourdieu: Critical Perspectives* (University Press of Chicago, 1993).

Postone tem vasta produção escrita sobre teoria crítica, Marx, antissemitismo, e capitalismo global.

Originalmente publicado pela Cambridge University Press em 1993, *Tempo, trabalho e dominação social: uma reinterpretação da teoria crítica de Marx* recebeu, em 1996, o prêmio de melhor obra teórica da American Sociological Association e, desde então, tem sido editado em diversos países, como Alemanha, França, Espanha e Japão, entre outros.

Da esquerda para a direita, Barbara Brick, Moishe Postone e Harold Marcuse, em pequena cerimônia fúnebre em homenagem a Herbert Marcuse após sua morte em 29 de julho de 1964, em Starnberg, na Alemanha.

Publicado em agosto de 2014, 35 anos depois da morte de Herbert Marcuse e 50 anos após a publicação de seu *O homem unidimensional*, este livro foi composto em Adobe Garamond Pro, corpo 11/14,3, e reimpresso em papel Avena 80 g/m² pela gráfica Forma Certa, para a Boitempo, em abril de 2025, com tiragem de 500 exemplares.